アイヌの祭具 イナウの研究

北原次郎太
Jirota Kitahara

北海道大学出版会

はじめに

本書の目的——アイヌ民族の宗教文化をめぐる動向

　イナウは，カムイへの贈り物である。それはアイヌ民族[1]の祭礼において捧げられる。和人（日本国内の民族的マジョリティ）やヨーロッパ人研究者は，しばしばイナウを「依り代」や鳥の象徴と見なしてきたが，アイヌ自身はそのように考えない。イナウは様々な形でアイヌを助ける「木の人」である。

　本書は，アイヌ文化において使用されてきたイナウの形と意味について調べ，知り得たこと，考えたことをまとめたものである。私の関心はアイヌ民族の宗教文化の探求に向いているが，イナウの研究は日本列島とその周囲に展開してきた他の文化とも深く関わっている。

　また，本書執筆にあたっては，アイヌの宗教文化復興に携わる人々が，求める情報にアクセスするための手引きとなることを目指した。私の研究の端緒も，私自身がイナウを作り宗教儀礼を行いたい，と考えたことに発している。宗教儀礼の様式，イナウの形や使い方は，地域や家系によって一様ではない。ある地域の文化が記録されたとしても，それでアイヌ文化全体がわかるわけではない。ところが，多くの地域の宗教文化は日常生活から姿を消し，かつての姿をおぼろげにつかむことさえ難しい地域も多い。また，近年は北海道内や北海道外の都市部へ移り住む人が増え，異なる地域にルーツを持つ人々が協同で儀礼を復興する，あるいは新たな文化を創造するケースも生まれるなど，アイヌの宗教儀礼をめぐる状況は大きく動いている。

　かつて，宗教儀礼が盛んに行われていた時期にも，地域を超えて儀礼に参加することは見られた。例えばクマ送りのような規模の大きい祭礼には，近隣の人々が多く参加し，特に儀礼の進行を担う祭司は必ず他村から招くという地域もある。この場合は参列者どうしが異なる習慣を持っている場合もあるが，どの地域の様式に則って儀式を営むかは慣習や協議によって決定された。しかし，近年展開している状況はそれとは大きく違う。

　例えば，札幌市の豊平河畔で1982年から実施されている「アシリチェップノミ」という儀礼がある。これは，北方に見られる「初サケ儀礼」の1つで，サケ漁の時期に最初に捕獲したサケを客として屋内に招き入れて客座に安置し，酒食を捧げながらサケの来訪への感謝を伝え，豊漁を祈願する。こうした儀礼は，樺太でも北海道でも各家庭を単位として催行されていたが，その具体的なありようが記録されている地域はけっして多くない。

　札幌市は北海道の政治・経済の中心であり，近代以降の史料は周縁地域に比べて豊富である。だから意外に思われるかもしれないが，札幌市近郊に暮らしていたアイヌの生活は，実はほとんど分からない。近代に入り，北海道の中枢都市として札幌市が建設される過程で，アイヌ民族の多くは他地域に移転して行った。現在，札幌市に暮らすアイヌ民族の大半は近代以降に北海道内の他の地域から移住した人々であり，「アシリチェップノミ」に参列する人も，札幌を故地とする人はごくわずかである。この儀礼の復元的実施を中心となって進めたアイヌの男性，豊川重夫氏（木彫家）は石狩市生振出身だが，石狩川下流域，現在の石狩市付近の言語・文化の資料を得ることは難しかった。豊川氏は，イナウの製作等，祭具作りに関する知識は千歳市の栃木政吉に師事し，祈り詞や式次第については静内町（現：新ひだか町）の葛野辰次郎の指導を仰いだ。現在行われている儀礼の式次第には，道東地方の儀礼に見られる要素も加っているが，これは参列者の間での様々な提案や協議を経て作られた形であろう。

　この「札幌アシリチェップノミ」はその後の儀礼復興の先行例となった。90年代以降は，道内の他の地域でも初サケ儀礼が復元的に実施されるようになったが，多くは「札幌アシリチェップノミ」を間接・直接

にモデルとしていると思われる。むろん，実施の経緯や形態は地域ごとに異なるものの，「札幌アシリチェップノミ」参列の経験と，そこでできた人のつながりを元に各地の実情に合わせて実施可能な形態が作られたと言えるだろう。

また千歳市の野本久栄氏は独自に儀礼やイナウ製作を学び，千歳市での「アシリチェップノミ」を始めとした諸々の儀礼の実施に中心的に関わったメンバーの一人である。同氏は北海道内各地の宗教儀礼に多数参加するようになり，97 年のアイヌ文化振興法成立以降は，東京都や登別市，様似町などのアイヌ関連団体に協力し，イナウ製作や儀礼の式次第に関する指導を行っている。

また，白老町の(財)アイヌ民族博物館は年 2 回の「コタンノミ(集落大祭)」や「シリカプ送り(メカジキ神の霊送り)」，「チセノミ(新築儀礼)」，クマ送り等の大がかりな儀礼をたびたび実施してきた。同博物館は白老町内に暮すアイヌ民族を主体として設立されたが，儀礼の実施にあたっては初期の段階から他地域の指導者を招致してきた。同館が実施した 7 回のクマ送りのうち，1977 年と 78 年，80 年は千歳市の栃木政吉，1989 年と 90 年は弟子屈町の日川善次郎を指導者として実施した。また，97 年に実施した新築儀礼は，新ひだか町静内の葛野辰次郎の指導によって行った。

本州に移住したアイヌ民族のうち特に関東圏に暮らす人々の間では，1990 年代に入る頃から移住先で宗教儀礼についての学習，あるいは実践が増えた。私が初めて東京で宗教儀礼に触れたのは中学生だった 90 年のことである。旭川市から川村カ子ト記念館館長の川村兼一氏を招き，関東ウタリ会に所属する男性の自宅で執り行われた。これと前後して，関東ウタリ会が定例会の場としていた板橋区立勤労福祉会館の一室で，イナウやイクパスイ(捧酒箆)製作の学習会が行われ，私も初めてイクパスイを作った。

93 年頃から，複数の団体や知人を集めてイチャラパ(先祖供養祭)がたびたび行われるようになり，94 年からは中野駅付近の公園を会場として，沖縄県から移住した人々との共同による「チャランケ祭り」が始まるなど，徐々に東京都内でも宗教儀礼の挙行が増えていった。

アイヌ民族の宗教儀礼は，自分たちの生活地と強く結びついた形で行われる。祈りを捧げるのは，自分たちが暮らす土地の神，そこから恵みを得る川や山の神である。祭壇を作り神々に捧げたイナウは，特に必要がない限り手を触れず，土に還るに任せる。そのままそっとしておくことが，すなわち敬意の現れである。

こうした祈りの形は，和人の入植とともに姿を消していった。それまで利用していた土地は，国家あるいは大規模地主の管理するところとなり，アイヌの信仰を解さない隣人たちからは時に冷たい視線を投げかけられて，1 本のイナウを立てておくことも難しくなった。こうして代々祈りを捧げてきた神々との間には，徐々に隔たりが生れてしまった。1947 年に録音された平取町二風谷の貝澤清太郎(萱野茂の父)のイノンノイタク(祈り詞)に次のような一節がある。

トノ　イレンカ　シサム　イレンカ	日本人の取り決めが
ホカンパ　クスタプ　テエタネノ	厳しいので，昔のように
アエプ　ネヤッカ　アクプ　ネヤッカ	食物であれ飲物であれ
イオチクシ　ソモキ　クス　タプ	そろえられないけれども

(日本放送協会 1947 年『アイヌ歌謡集』第 1 集(北海道立図書館所蔵)より)

これは，火の神に向けた祈りの中で，焼酎を捧げながら唱えたものである。アイヌ民族が作る酒は，ヒエやアワ，コメから作る濁り酒である。なかでもヒエの酒が最も良いとされるが，時代状況が許さず，そうした酒が用意できないことを神に詫びているのである。1968 年に録音された高橋勝次郎(帯広市)の祈りにも同じような一節が見える。

タネ アナクネ シサムプリ トノプリ	今となっては日本の習慣が
タン シリタ ネ ワ ネ クス	広まっているので
カシホカンパ テエタ トノト	得難くなったものこそ昔ながらの酒
シンリッ ウタラ エカムイノミ ロㇰ ペ	先祖たちがそれで神を祀ってきた
アイヌカラサケ チカラサケ	我ら作った酒，アイヌが作った酒
ネ アル ネ ワ	でありまして

（斉藤明採録「東北北海道のアイヌ古謡録音テープ」(帯広市図書館所蔵)より）

　このような表現は，静内や千歳の祈り詞にも聞かれ，けっして特殊なものではない。このことからも，当時のアイヌの宗教文化がどれほど危機的な状況にあったかが伝わってくる。さらに戦後になると，仕事を求めて，あるいは抑圧から逃れるために本州へ移住する人が増えた。北海道においてさえ思うように祈りができない中で，住み慣れた土地を離れることは断絶を決定的なものにしかねない危機でもあった。もとより生活に追われている人が多いから，儀礼を行う余裕もない。加えて，本州で宗教儀礼を行う際には，異郷の神々を祀ることに始まり，祭具の材料確保や安置場所の悩みなど，先人たちも経験しなかった難題が伴う。それにも関わらず，3人，4人と集まっては信仰を取り戻すべく様々な試みを続けてきたことを思い起こすと，改めて人々が先祖や神々とのつながりを強く求めていたことが感じられる。

　やや長くなってしまったが，以上述べてきたように，アイヌ民族の宗教文化は長年にわたって厳しい状況に置かれ，またアイヌ自身の生活も大きく変容したけれども，信仰を取り戻そうという動きは既に30年以上にわたって進められて来た。こうしたこれまでの歴史的経過を仮に区分するとすれば，①和人入植以前，②入植開始から高度成長期，③文化の取り戻し運動の展開期の3つに分けられるだろうか。私は取り戻し運動の始まりを70年代〜80年代と考えているが，これは先住民に対する国際的な関心・理解が高まった時期でもある。この時期の活動をになった人々は，上の世代と言語的・文化的に大きな断絶を経験している。そのため，前述の「アシリチェップノミ」や白老の事例のように，複数の地域に由来する情報をつなぎ，1つの儀礼の形にしていく方法がとられた。各地の人々が協力しあうなかで文化の混成化が進み，儀礼の画一化が起こることを危惧する見方もあるが，私自身はこれを復興過程の第一段階と考えている。おそらく当面は，このようにして生まれた混成的な儀礼形態を共有する状態が続くだろうが，復興の取り組みが地域に浸透し，儀礼に携わる人が増えていけば，次のステップに向かう余裕が生まれる。研究の成果を取り込み，地域ごとの要素を加えていけば，ふたたび多様性をもった儀礼の文化が生まれていくものと思われる。もとより文化は日々の暮らしの中で創られ，常に変化していくものである。変容することが問題なのではなく何を変え，何を継承するかを決めるイニシアティブを持つことが求められているのだ。

　そうした営みを継続し，実りあるものにしていくには，何よりも散逸した情報を集成し，参照しやすく整備することが重要であろう。私自身は，祖母が生れた樺太西海岸の泊居支庁久春内郡三浜村大字小田州字小田州（現サハリン州パルスノエ）[2]の文化を探ることを目的に調査をつづけて来たが，その過程で参照した資料は，他の地域の人々にとっても，有用であろうと思う。そこで本書での考察にあたっては，なるべく多くの資料を図版とともに掲載し，本文中に紹介できなかったものも，収蔵先・計測値といった基礎データを巻末に載せた。

関心の所在

　アイヌ民族について論じるとき，かつて居住した地域にもとづき，大きく樺太（サハリン）・北千島（クリル）・北海道の3グループに分けることが多い。このグループは，言語や生活様式において地域的特性を有しながらも，全体としては高い共通性を持つ文化圏を作ってきた。

本書が考察の対象とするイナウは，樹木を刃物で削ることによって，薄く軽い房飾りのように加工したもので，どこの地域のアイヌにもみられる重要な木製品である。在来的なアイヌの世界観では，人間が神々との関係を良好に保つことで世界の秩序が保たれるとされてきた。アイヌ文化における儀礼は，生活の節目ごとに神々に語りかけて神と人との関係を思い起こさせ，両者の結びつきを更新・強化するための行為である。神と人間の関係は互酬的なものであり，神から受ける様々な恩恵への返礼として人間側からは感謝の祈りや人間の加工した品を贈る。この贈与物の1つがイナウである。

　神々は擬人的な存在として捉えられ，男女の別や喜怒哀楽があり，神界で人間と同じような社会生活を送っている。人間から尊敬と贈り物を受けることは，神にとって喜ばしいことであり，人間に加護を与えたにも関わらず，供物が滞ったり，他の神に比べて不遇だと感じると気を悪くする。

　このようにイナウは，神の気持ちをやわらげ，良好な関係を築くために贈るものであるから，その用い方にも神に関する認識が反映している。例えば，イナウの素材は，それぞれの神の好みに合うものを選ぶ。あるいはイナウにも男女の別があり，北海道の日高地方では男神に女性のイナウを，女神に男性のイナウを贈ると祈願が受け入れられやすいとされる。また，イナウには格式の序列があり，格の高いイナウを受けることは，神にとって名誉なことされる。どのようなイナウを贈るかは，その神との関係の深さ，祈願の重さなどを勘案して決める。

　このように，イナウには神に対する観念が形として表現されている。そして，表現の方法，さらには背景にある思想にさえも，地域によって大きな違いがある。イナウの読み解き方が練られていけば，こうした多様な世界観を探るための手がかりともなりうる。

　第1章で述べるように，初期の儀礼研究では，地域性を視野に入れた，幅広い資料収集が行われていた。しかし，論文等によって紹介された資料はごく僅かである。集積された資料の多くは未発表であり，以後の研究に十分に引き継がれずに今日に至っている。近年新たな調査報告が行なわれることも，ほとんどない[3]。

　また，報告は個別的で，アイヌのイナウ全体をどのように体系付けるかという課題は持ち越されたままである。アイヌ文化の概説書等では，北海道の日高西部沙流川流域のイナウを代表として示すことが多く，同地域に限って見られる局所的な現象を一般化してとらえる認識を生んだ。そうした問題を見落としたまま，イナウの発生や，周囲の文化との関連を述べる研究も出てきた。

　こうした状況から，私は，次のような手順によって研究を行ってきた。すなわち，①研究者によって収集され，未紹介のままであった資料の所在調査，②それらの観察所見に基づく多様なイナウ像の提示，③多様性の背景にある思想の検討，④周囲の文化との比較を通してより多角的に検討する，というものである。

本書の構成

　本書の構成は以下のとおりである。

　第1章では，アイヌの在来的な世界観と，イナウの用いられかたについて概論を述べる。また，この分野での先行研究を振り返り，未検討の部分について問題提起を行う。

　第2章では，イナウの素材となる樹木と，その選び方，用い方を詳述する。樹種の選択については，作り手が判断の根拠としている信仰にも触れる。

　私の民具研究では，これまで植物研究の成果をほとんど参照してこなかった。また，アイヌの精神文化に関する研究は，クマ送りを中心として進められ，精神世界における植物の存在を軽視してきた一面がある。一方，植物研究も，近年は植物の利用法に偏重する傾向がある。精神文化研究と植物研究の連携は，アイヌ文化研究の新たな方向を開くと期待される。

　第3章では，イナウ製作の技術について述べる。製作技術・製作工程は，イナウについてより深く理解する上で重要であるとともに，周辺の文化と比較する上での視角ともなる。

また，近年は儀礼が行われる頻度が増し，儀礼に関するより詳細な情報が求められている。イナウについても同様であるが，イナウの研究は，この要望に十分に応えられるほど整備が進んでいない。その中で，イナウの製作法は博物館資料のみを用いて比較的速やかに発信できる情報の一つであろう。また，観察の要点を共有することで，民具研究等の専門家でなくとも製作法を推測でき，資料の利用者が自分で必要な情報を得ることも可能になる。

　こうした意図から，筆者がこれまでに知りえた加工技術と，それによって生じる加工痕，および製品を示すことで，製作工程を考察するための基礎資料を提示する。

　第4章では，イナウを形状によって分類するための論点整理と資料の提示を行う。先に述べたように，これまでのイナウ研究は資料報告が主であり，イナウの体系的な分類・説明が不十分であった。ここでは，広範な地域の資料を提示するとともに，イナウの用途・性質と細部の形式の相関を指摘する。こうした，変化を起こす部位をイナウの構成要素とし，地域間の比較を行う基準として設定することを提案する。

　第5章以降は，構成要素の分布などをもとに，イナウの歴史的展開の過程を考察するものである。

　第5章では，第4章で述べた構成要素の概念を使って，シトゥイナウ／ストゥイナウと呼ばれるイナウの一群を検討する。このイナウは，形状がシンプルであることから，最も原初的なイナウと見なされてきた。知里真志保は，ストゥの語源分析から，イナウの起源を除魔用の棍棒だとし，現存する様々なイナウは本州からの鉄器流入に伴って発生したと述べた。

　このイナウの重要な特徴は，私が三生短翅と呼ぶ要素である。ここでは，北海道各地に見られる同名のイナウの資料をあげ，知里が論拠とした三生短翅を持つイナウが，北海道南西部の一部にしか存在しないことを指摘する。一方，サハリン・本州を含む多くの地域には，南西部に見られない輪生短翅という要素が存在し，結果としてどちらの地域も同程度のバリエーションを保持していることを述べる。また，イナウの地域差について詳しく記した19世紀初頭の文献『蝦夷生計図説』の内容を検討し，イナウの地域差の発生時期について検討する。

　第6章では，樺太のイナウに見られる，胴体に施された刻印を中心に，刻印の諸問題を再検討する。胴体の刻印の存在は，形状の面では，北海道のイナウと最も大きく異なる点である。北海道では，刻印はイナウの頭部に刻まれ，祈願者の家系や祈る神を示すといわれる。頭部の刻印は樺太でも用いるので，同じ機能を持つ要素が頭部と胴部に併存しているころになる。L.シュテルンベルグは，胴の刻印が人面の象徴と見なされることを報告しているが，その後の研究で刻印の重複が注目されることはなかった。

　ここでは，刻印に関する従来の論点・未検討の点を，事例とともに示す。また，樺太のイナウや木偶，柱などに刻印が刻まれ，これらに食物を捧げて儀礼を行う事例があること，刻印を人面と同一視するという，アイヌ自身の証言があることを紹介する。そして，アイヌと隣接して居住するウイルタ民族とニヴフ民族の事例では，刻印の代わりに人面を刻み，儀礼を行っていることを紹介する。

　第7章では，家族の守護神に見られる地域性と，そのほかの未検討の問題を取り上げる。家族の守護神は，第5章で検討したイナウの分布に関わって，形状の上で大きな地域差が存在する。また，火神や家屋神についての認識とも関わって，未検討の問題が残っている。ここでは，各地で作られていた家族の守護神の資料を挙げ，ついで，それぞれの地域における火神，家屋神との関係を確認する。十勝の事例を紹介し，道東に見られる男性の火神が，家族の守護神と発生上密接に関わっている可能性を述べる。

　終章では，各章での検討を踏まえ，イナウの歴史的変遷とアイヌの造形史について考察した。アイヌの物質文化を紹介した研究として知られている金田一・杉山(1942)は，アイヌの造形を芸術段階に発達する以前のものと位置づけた。例えば同書では，守護神のイナウを宗教的な偶像の前段階にあるものとしている。そこには，人類の造形文化は，単純なものから複雑なもの，抽象から具象へと高度化していくという前提があり，アイヌの造形はその過渡期にある原始芸術だという。しかし，今日では関連諸分野の研究が進展したこ

とにより，我々の知る近世アイヌ文化よりも古い時代に具象的な造形物が作り出されていたことがわかっている。北海道の胆振・日高では，イナウの脚部にあたる部分を守護神として用いる。また，樺太でも，人面と関わりの深い刻印を脚部(胴)に刻むなど，脚部を重視する傾向がある。また，本州の山梨県では，人面を刻んだ棒の上にイナウを挿し込んだものを作るなど，削りかけの下に人面を持つ像を配置するという組み合わせは広く見られる。

こうした分布状況から，かつてのイナウの脚部は人面をほどこした一種の木偶であり，メッセンジャーや守護神としての役割を担っていた。やがてアイヌ文化に人面を忌避する思想が生まれ，人面を刻まなくなった木偶部分は単なる脚として，イナウの一部に取り込まれた。形態上の融合にともない，それぞれが担っていた機能も融合した。この結果，贈与物(削りかけ)と守護・仲介等の擬人的機能(木偶)を併せ持つイナウが成立したという仮説を述べた。

〈注〉
1) 本書で民族名を示す際，初出時のみ「民族」を付し，それ以降は略すこととする。
2) 以下，南樺太の地域名は1927年時に定められた町村名によって示し，略称としては，アイヌが居住していた字名を用いる。
3) 内田祐一は，十勝地方の文化について，地域性を意識した報告を行っている。儀礼に関しては『アイヌ民族博物館研究報告第2号』及び『山川弘の伝承』として，帯広伏古の山川弘氏の事例を報告している。これは，近年の道東地域の報告の中においては，豊富かつ網羅的な情報を含み，地域性の議論に優れた材料を提供している。

凡例

- 本書では，多くの民族誌資料を参照している。刊行されているものは，文中では「筆者名(出版年)」の形で，文末では[ ]内に筆者・発行年・ページ数を示した。更科源蔵のフィールドノートである『コタン探訪帳』(未公刊)，知里真志保のフィールドノート『知里真志保遺稿ノート』を参照した場合は，ノートNo.とページ数を示し[更科11：6]のように表した。マイクロフィルム等で公開されているものについては，所蔵館と資料番号を示した。
- 手書き資料を引用する場合は，改行部を「／」で示した。アイヌ語の表記は著者によって異なるが，引用文中ではそのまま表記した。また，本文中で筆者が用いる表記は全て[北海道ウタリ協会編 1994]に従った。
- 文献から図版を引用する場合は，文章の引用と同じ様式で出典を示した。また，筆者が撮影・作図した図版については資料収蔵館の略号と収蔵番号を示した。略号は，旭川市立博物館→旭，北海道開拓記念館→記，(一財)アイヌ民族博物館→白，北海道大学北方生物圏フィールド科学センター耕地圏ステーション植物園(前：北海道大学農学部博物館)→北，北海道立北方民族博物館→北民，国立民族学博物館→民，浦河町立郷土博物館→浦，ロシア科学アカデミー人類学民族学博物館→MAE，ロシア民族学博物館→REM，サハリン州郷土博物館→ユ，とした。
- 本書での考察・説明のために製作したものについては，キャプションに[製作]と明記した。
- 図は，主にデジタルカメラで撮影した写真をトレースしたものである。削りかけが密集する等の理由により形状が把握しにくい場合は適宜省略を施した。また，強調したい箇所に着色を施した場合もある。寸法は全てcmで示し，Lは主軸の全長，∅は主軸の最大径である。
- 削りかけの向きがわかりにくい場合には，刃物を動かす方向を「→」で図中に示した。
- 故人については敬称を略した。
- アイヌなどの民族名は，初出時のみ「アイヌ民族」のように示し，後は略した。
- 地域名は資料収集地・語り手の生活体験地を示した。なお，語り手が移住している場合は「原居住地(移住地)」のように示した。

目　　次

はじめに　i

地　図　xii

第1章　総　　論 …………………………………………………………………… 1

1．精神文化とイナウの関わり　2

1-1．世　界　観　2

1-1-1．諸々の精霊・神　3
1-1-2．動　物　神　6
1-1-3．植　物　神　8
1-1-4．自然界の神　10
1-1-5．物　　神　15
1-1-6．人間の霊魂　17
1-1-7．儀　　礼　21

　1-1-7-1．日常的儀礼　21
　1-1-7-2．漁　労　儀　礼　22
　1-1-7-3．送　り　儀　礼　24
　1-1-7-4．物神の霊送り　26
　1-1-7-5．葬儀・祖霊祭　26

1-1-8．巫　　術　30
1-1-9．アイヌの霊魂観　31

　1-1-9-1．ラマッの一般的理解　31
　1-1-9-2．知的活動の根源　32
　1-1-9-3．ラマッはどんな姿をしているか　33
　1-1-9-4．細分化したラマッ　34
　1-1-9-5．チラマッコレ──入魂／説論　37
　1-1-9-6．結　　語　39

1-2．イナウについて　39

1-2-1．イナウが指し示す範囲　39
1-2-2．イナウの機能　40

2．先行研究・資料の概要　47

2-1．近代以前の研究　47

2-2．近代以降の研究　47

2-2-1．B．ピウスツキの研究　49
2-2-2．V.N．ヴァシーリエフの研究　50
2-2-3．葛西猛千代の研究　50
2-2-4．N.G．マンローの研究　51
2-2-5．名取武光の研究　51
2-2-6．河野広道の研究　52
2-2-7．更科源蔵の研究　53
2-2-8．藤村久和の研究　54

3．課題と研究方法　54
　　3-1．先行研究の課題　54
　　3-2．研究の方法と意義　56

第2章　イナウに用いる樹種・用い方 ……………………………………………61
　1．樹種の選択　62
　　1-1．祭具のイナウ　62
　　1-2．守護神のイナウ　63
　2．樹木に対する認識　63
　　2-1．性　別　63
　　2-2．木の上(梢)と下(根)　64
　小　括　65

第3章　イナウの製作技術 …………………………………………………………67
　は じ め に　68
　1．アイヌが使用する工具と作業姿勢　69
　　1-1．樺太の事例　69
　　1-2．北海道の事例　69
　2．加工上のポイント　70
　　2-1．木 取 り　70
　　2-2．切 断 面　70
　　2-3．削りかけの状態　70
　　　2-3-1．巻きの強さ　70
　　　2-3-2．巻きの方向　71
　　　2-3-3．削りかけの重なり方　71
　　　2-3-4．削 り 跡　71
　　2-4．削りかけの二次加工　71
　　　2-4-1．仕 付 け　72
　　　2-4-2．S 撚 り　72
　　　2-4-3．Z 撚 り　72
　3．製作工程の復元　72
　　3-1．石狩市浜益区　山下三五郎　72
　　3-2．美幌町　菊地儀之助　74
　4．本州各地の工具と作業姿勢　76
　　4-1．ハナカキナタ　76
　　4-2．小　刀　76
　　4-3．鎌　76
　　4-4．セ　ン　76
　　4-5．鉈　77
　　4-6．不　明　77
　5．ボルネオ島諸民族の工具と作業姿勢　77
　　5-1．ム ル 村(ブラワン民族)　77

5-2．ムル村プナン居住区(プナン民族)　77
　　5-3．ロング・パナヤ村(カヤン民族)　77
　　5-4．バラン地区・キプット村(キプット民族)　77
　　5-5．ドック・アナック・キアイ村(イバン民族)　77
　小　括　78

第4章　イナウのかたち──構成要素の事例　…………………………………81
はじめに　82
1．構成要素　82
　1-1．主軸部　82
　　1-1-1．頭部および脚部　82
　　1-1-2．外　皮　82
　　1-1-3．腕状枝　83
　　1-1-4．頭頂形状　83
　　1-1-5．樹　種　84
　1-2．削りかけ　84
　　1-2-1．短　翅　84
　　1-2-2．長　翅　85
　　1-2-3．刻　印　86
　1-3．要素の構成(配列)法　86
2．各地の事例　87
　2-1．鵜城の事例　87
　2-2．来知志の事例　89
　2-3．多蘭泊の事例　93
　2-4．新問の事例　96
　2-5．白浜の事例　99
　2-6．余市町の事例　104
　2-7．石狩市の事例　105
　2-8．石狩市浜益区の事例　106
　2-9．新十津川町の事例　108
　2-10．八雲町の事例　111
　2-11．長万部町の事例　112
　2-12．平取町二風谷の事例　112
　2-13．浦河町荻伏の事例　114
　2-14．芽室町(毛根)の事例　116
　2-15．帯広市伏古の事例　116
　2-16．音更町の事例　117
　2-17．白糠町の事例　117
　2-18．釧路市(徹別，幣舞)の事例　118
　2-19．標茶町塘路の事例　119
　2-20．美幌町の事例　120
　2-21．斜里町の事例　121

2-22．エトロフ島の事例　123
2-23．シムシュ島（シコタン島）の事例　123
構成要素の分布から見るイナウの地域性　124

第5章　シトゥイナウの分布と歴史的変遷　129

はじめに　130
1．先行研究　130
　1-1．河野広道　130
　1-2．N.G.マンロー　131
　1-3．知里眞志保　132
　1-4．更科源蔵　132
　1-5．藤村久和　132
2．各地の事例　132
　2-1．八雲町　132
　2-2．長万部町　132
　2-3．石狩市浜益区　133
　2-4．新十津川町　133
　2-5．旭川市　133
　2-6．網走市　133
　2-7．美幌町　134
　2-8．弟子屈町屈斜路　134
　2-9．阿寒町徹別（釧路市春採）　134
　2-10．釧路市（鶴居村）　135
　2-11．白糠町和天別　135
　2-12．白糠町石炭岬　136
　2-13．足寄町　136
　2-14．芽室町　136
　2-15．様似町　136
　2-16．浦河町荻伏　136
　2-17．新ひだか町東静内　137
　2-18．平取町紫雲古津　137
　2-19．平取町二風谷　137
　2-20．白老町　137
　2-21．虻田町　137
3．考察　138
　3-1．分布から見えること　138
　3-2．外皮対生短翅　139
　3-3．発生の時期　140
4．小括　145

第6章　刻印と人面意匠　149

はじめに　150

1. 先行研究　150
　2. イナウに見られる刻印　151
　　2-1. 北海道のイナウ　151
　　2-2. 樺太のイナウ　153
　　　2-2-1. 胴の刻印　153
　　　2-2-2. 頭　印　154
　3. 刻印・人面に関わる他の事例　154
　　3-1. ウイルタ・ニヴフのイナウ　155
　　3-2. 冬季住居の柱の例　155
　　3-3. 木製守護神の例　155
　4. 本州の事例　156
　　4-1. サンクロウ　156
　　4-2. オホンダレ様　156
　5. 小　括　156

第7章　火神と家屋神・家族神 ……………………………………161
　1. はじめに　162
　2. 家族神・家屋神の事例　163
　　2-1. 樺太西海岸　163
　　2-2. 樺太東海岸　163
　3. 北海道の事例　164
　　3-1. 北海道中央部　164
　　3-2. 北海道南西部　165
　　3-3. 北海道東北部　166
　　小　括　167
　4. 火神の祭壇の事例　168
　　4-1. 北海道中央部　169
　　4-2. 北海道西南部（渡島・胆振・日高）　170
　　4-3. 北海道東北部　171
　小　括　175

終章　イナウの歴史へ──かたち・はたらきの変遷を考える──……………179
　おわりに　180
　1. イナウ文化史の試み　182
　2. 融合と分離　183
　　むすび　185

図　版　編 ……………………………………………………………187

資　料　編　文献抜書き ……………………………………………273

参考文献　295
おわりに　305
（日本国内）イナウ関連主要資料一覧　307

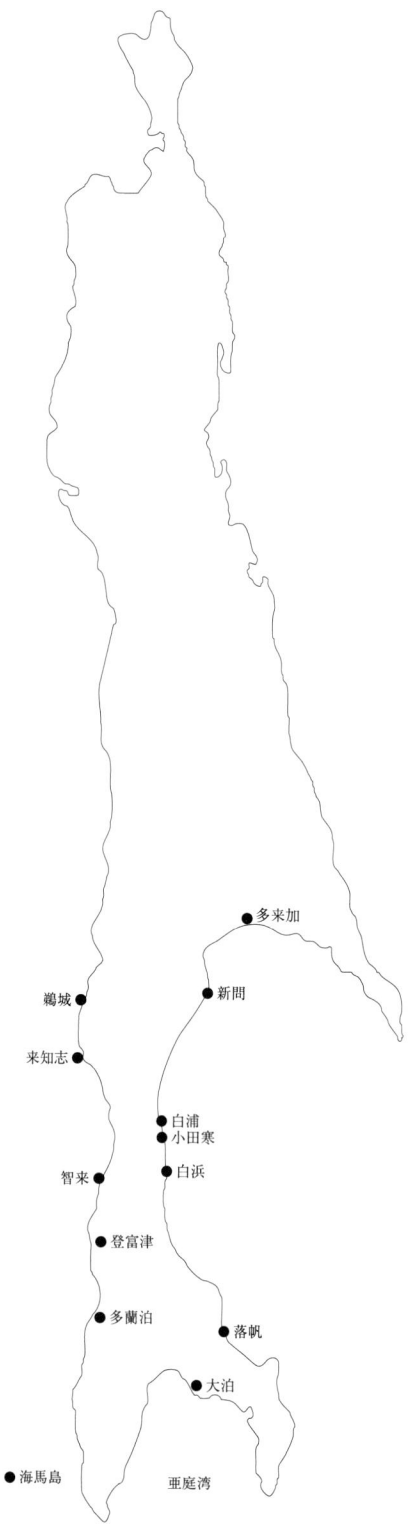

南樺太関連地名分布図

北海道関連地名分布図　[更科 1968]をもとに一部変更

第1章 総 論

1. 精神文化とイナウの関わり

1-1. 世界観

　在来的なアイヌの世界観は，日本や他の北方民族のそれと同じく霊魂の存在を前提としている。事物は霊魂と，霊魂の拠り所である身体からなり，霊魂は生命や心性の根源，身体は霊魂をつなぎとめるものである。一般に生物として想起される動植物ばかりでなく，山，川，天体などの無生物，火や風，病気などの自然現象にも，やはり霊魂が存在していると考えられてきた。船や道具などの人間が作ったものも同様である。ただ，あらゆるものに霊魂が宿るというのは一つの原理であって，現実には何から何まで視野に入れて意識しているわけではないし，その必要もない。生活圏にある巨岩などの特異な景観，くしゃみや眠りなどの生理現象や人が発する言葉など実体の無いもの，また異教の神や為政者などでも，人々の暮らしにおいてその事象が認識されたときに，そこに内在する，あるいは間接的にその事象を起こしている精霊が見出され解釈されて精霊の体系に加えられるのである。人間も霊魂を持つ存在であるが，他の霊魂とは多少性質を異にするとされた。このため，世界は人間とその他の存在（精霊）に二分してとらえられる。精霊は人間によく似た姿と喜怒哀楽，性別を持つものとされ，その多くは，カンナモシリ「上方の世界」，カントモシリ「天の世界」などと呼ぶ「神界」に由来を持つと言われる。人間界と人間の霊魂は，精霊によって創造された存在であり，多くの精霊は人間界に何らかの使命を受けて，あるいは自らの意志で降臨してきている。

　人間は精霊と直接対話することはできず，その本来の姿を見ることもできない。精霊の意思は，天候やイナウの状態，夢など何らかの現象を通じて推測される。ただしシャマン的な霊能力を備えた者は，精霊と直接的に意を交わすことができるとされる。したがって，アイヌの世界観はアニミズム的であり，一部にシャマニズムを含むとされてきた。

　アイヌの精神文化は，こうした人間の生活空間を含む自然界のあらゆる場所に存在する個性豊かな精霊たちの性質や由来，精霊が起こす事象への対処法といったことに関する知識の総体として形成されている。これらの知識は，生業活動のノウハウや様々なルール，家系や地域の歴史とともに，生活の中で折に触れて語られる。文学的な形式を持って語られるものもあれば，特定の形式を持たない語りもある。文学の中には物語文学や，祈り詞，まじない等のジャンルがあり，そこに語られる神々の姿はジャンル[1]ごとに微妙に異なっている[2]。聞き手は，そうした伝承から得た知識のピースに解釈を加えながら，他のピースとつなぎ合わせて世界観を構築する。解釈が個人に委ねられているため，そこには微小な差異が生まれる余地がある。コミュニティの中で繰り返し語りを聞き，また自らも語ることによって差異は修正されると考えられるが，同じ事柄を巡っても細部にいたると地域や個人によって見解が異なることもある。また，個人の内面においても，必ずしも全てが固定しているわけではなく，新たな知識を得ることで常に変化する可能性を持っている。

　地震が起こった際に唱えるまじないの言葉を例にとって見てみよう。

・日高地方西部平取町
　ホッ！　エイッケウェ　コッケ！
　（お前の腰を突くぞ！）[3]

・十勝地方芽室町
　ホッ！　クマンチャリクマンチャリクマンチャリクマンチャリ
　シリポクナ　クシ！　シリポクナ　クシ！
　（地底を通れ！　地底を通れ！）[4]

　日高地方西部の沙流川流域では上記のような言葉を繰り返し唱えながら，杵や杖で地面を突く。これは地底奥深くにいる巨大な魚（この地方ではアメマス）が地震を起こしているという伝承に基づいている。魚が身じろぎするのを止めようと威嚇の言葉を発するのである。十勝地方では小刀で炉の灰を突きながら唱えた。地震が起きたとき，屋外にいれば地

面を，屋内にいれば炉を突くのであろう。両地方とも地底に向かって突く仕草は共通するものの，言い回しはかなり違う。最初に唱える「クマンチャリ」はあまりアイヌ語らしからぬ響きだが，これは東北地方で地震の際に唱える「万歳楽(マンザイラク)」から来ているらしい。「マンザイラク」がアイヌ語風に発音されて「マンチャリク」となり，繰り返し唱えられるうちに切れ目が移動して「クマンチャリ」となった。実際，地方によっては「マンチャイラク」と唱えられることもあるというから，「万歳楽」が何かのきっかけでアイヌのまじないに取り入れられたことは間違いなさそうである[5]。

私の曾祖母は樺太西海岸のアイヌだが，戦後樺太から移住して新冠付近に住んでいたころに地震を体験し，床板の隙間を小刀で刺して唱えごとをした。このように，まじないの文言として発現する内容には多少のズレがあり，場合によっては他文化の要素を取り込んでいることもあるけれども，その一方でまじないの発想の根源には共通した観念が流れている。もっとも，「万歳楽」の例でわかるように，アイヌ社会の外にまで共通して見られる観念はいくつもある。例えば，船に乗って流れ着いた女が，犬と出会って身の回りの世話をされる内に身ごもり，そこから生まれた子が人間の祖となったという「犬祖説話」[6]や，文化英雄がスネを割って穀物の穂を隠し持ち帰ったという説話，「月中人の説話」などはアジアに広く分布するタイプの説話である。説話ばかりではない。入れ墨の文化や，サケ類の頭を叩いて仕留める魚叩き棒の文化，本書が扱うイナウに類似した木製品もアイヌ文化の南北に広がっている。アイヌの精神文化は，こうした南北の民族と接する中で流入した思想や，内発的に生まれてきた思想を土台としている。内発の要素も外来要素も，数次にわたって発生・流入したと考えるのが自然であるから，思想的土壌が形成されてきた過程はそれだけ複雑であると考えられる。こうした事情を映して，アイヌの神々は実に個性豊かである。一口に神を祀るといっても，対象となる神によって異なる点も多い。神々の中には異なる時代，思想に起源を持つものがあると考えられるが，こうした多様な神々は「定位的な神」と「来訪神」の2つの型に収斂され，「定位的な神」に対しては年中行事を通じて祈る，「来訪神」に対しては後述する送り儀礼を行うというように体系化がなされてきたものと考えられる。

アイヌの宗教儀礼に関する民族学・歴史学分野の研究としては，J. バチェラーや，B. ピウスツキ，金田一京助，N.G. マンロー，河野広道，久保寺逸彦，知里真志保，名取武光，更科源蔵，鍋澤モトアンレク(元蔵)・扇谷昌康，和田完，萱野茂，大貫恵美子，藤村久和，藤本英夫，ポンフチ(野上ふさ子)，大塚和義，佐々木利和，難波琢雄，中川裕，山田孝子，内田祐一，秋野茂樹らの研究があり，近年発表されたものとしては内山達也，佐々木馨，計良光範の研究がある。これらは19世紀後半から20世紀にかけての主として北海道で行われた調査に基づいており，以下に述べる世界観についての概説も，基本的にこの時期に得られた知見に依っている。このほかアイヌ以外の北方民族に関する研究として本書ではE.A. クレイノヴィチ，加藤九祚，大林太良，荻原眞子，佐々木史郎らの研究を，本州の文化については，神野善治，阪本英一，赤坂憲雄，今石みぎわの研究を参照している。

1-1-1. 諸々の精霊・神

精霊の由来についての伝承は，神産み型と降下型の2つに分けられる。北海道日高地方の沙流川流域や胆振地方鵡川には，創世神が人間界とそこに住む精霊たちを作り出したとする伝承がある。沙流川荷菜の伝承では，創世神が海山の動植物の姿を描き，そこから精霊たちが生まれたという[久保寺 1977：381]。また，沙流川平取の伝承では，創世神が使った発火具の煤や灰から，諸神が生まれたという[名取 1941]。

一方，同じ沙流川流域にも，バチェラーの記録や，鍋澤コポアヌの息子タイノアシの伝承など，降下型の伝承が多数ある。タイノアシが語るところによれば，精霊は人間界が創造される前から存在しており，彼らは人間と同じ姿をし，喜怒哀楽を持った存在として神界に暮らしていた。そして人間界が創造された後に降下し，そこで暮らすようになった。また，荷菜で語られていたケソラプの神謡のように，創世神が作った世界があまりに美しいので，天界の神々

が見物にやってくるという伝承も多数見られる。

　新ひだか町静内の葛野辰次郎は，カントコロカムイの命を受けた巨神コタンカラカムイが大地の形を整えた。龍神やクマ神が降下を希望したが，カントコロカムイは認めず，結局半神半人のアイヌラックルが冬の試練，夏の試練を乗り越えて降下した，と語る。また，この時，人間を助ける事が全ての精霊の義務として課されたともいう[葛野 1999]。十勝では，創世神が世界を作った後に，シマフクロウとイケマが最初に降下したと伝えられる[吉田 1957]。知里が記録した美幌町の神謡では，人間の始祖オアイヌオルシクルが人間界を創造したとされているが，神産みは語られていない[高橋 2008]。人間界にはオアイヌオルシクルの知らない神が大勢おり，それらは天界からやってきていることが示唆されている。従って美幌の伝承も降下型に含まれる。旭川地方でも創世神と文化神が1柱の神とされて，サマイェカムイと呼ばれる。樺太の伝承では，こうした創世神話が残っていない。B.ピウスツキが東海岸富内で記録した文化神の説話には，神々が遊ぶ神秘の庭が語られるが，その神々は夜半に天から降り，夜明け前にまた天へ帰っていく。こうして見ると，神産み型の伝承は沙流川流域の一部でしか確認されていないことに気づく。山田（1996）は，神々の中に天津神と国津神の類型を立てているが，それがどこまで一般化しうるのかは慎重に見きわめなければならない[7]。

　精霊の中には，創世神から何らかの役割を与えられて人間界に降りてきたものもおり，自発的にやってくるものもいる。平取町紫雲古津の鍋澤モトアンレクは，前者をフンタコロペ「役目を持つもの」と呼び，自らの意思で降りてきた者をフンタサクペ「役目を持たないもの」と呼ぶ[鍋澤・扇谷 1966]。もっとも，沙流川流域で1種の格言のように語られる「ヤク　サクノ　カント　オロワ　アランケプ　シネプ　カ　イサム（この世に）役割を持たずに天から降ろされたものは一つとてない」という言葉が表しているように，どのようなものであっても広義には何らかの役割を果たしているという考え方もある。

　精霊は，霊力の強いもの弱いもの，穏やかなものや気性の荒いものなど，様々な性質を持っている。それらのうち，霊力の強いもの，人間の暮らしにおいて特に重要な働きをするものを特に敬ってカムイと呼ぶ。火や水，太陽など，人間の生命に欠かせないものは，誰しもが認めるカムイである。いっぽう，人間と関係を結び，人間から尊敬や感謝を受けることで，カムイとして尊ばれるようになるものもいる。このように精霊が昇格することを，エヤイカムイネレ「（尊敬を受けること）によって自ら神になる」と表現する。

　一方で，カムイと呼ばれていたものが，人間を害したために悪神として扱われることもある。カムイとは，いわば人間が特別視する霊魂に与えられる称号のようなものであり，何をカムイと見なすかということは個人の価値観によっても異なってくる。カムイの配下にいる精霊を，クンチやパクサ，トゥンチ，トポチなどと呼ぶことがある。

　精霊たちは，人間に恩恵を与えることを義務としているが，一方で人間から感謝と返礼を受けることを期待している。上記のように，精霊がカムイとなるには人間との関係が必須であるとする考えもある。次に引用する，新ひだか町静内の葛野辰次郎が唱えた祈り詞では，精霊と人の互恵性が明確に述べられている。

カムイ オカイ ロクアクス	神がいらっしゃるおかげで
アイヌ ウタリ ネ ヒ ネヤッカ，	人間たちというものも
ウスクプトゥラシテレ キ クニプ	互いの成長を助ける
ネルウェ タパン ナ。	ものなのです。
アイヌ ウタリ オカイ ロク アクス	人間がいるからこそ
カムイ ウタリ ネヒ ネヤッカ	神々も
アリクレロクテ キ クニプ	あがめたてまつられる
ネ ルウェ タパン ナ。	ものなのです。
[奥田編 1990:5]	

　また，精霊と人間の関係には，交易のイメージも重なる。沙流川流域の神謡には，シカやサケが人間界へ降下して自らの肉体を授ける代わりに，人間からイナウを受け取ることが理想的な関係として描かれる。人間界へ赴くことをアイヌ語では「イラウケトゥパクス パイェ（稼ぎに行く）」と表現しているが，ここには精霊が一方的に恩恵を与えるのではなく，対価を受け取ることを前提とする考えが見える。ニヴフの世界観における動物たちとの交渉もこ

れと近く，例えば「山の人」と呼ばれるクマは，毛皮をまとって下流に住む人（ニヴフ）のもとを訪れ，肉・毛皮と交換にニヴフの作る料理やタバコを持ち帰るとする［クレイノヴィチ 1993］。興味深いのは，クマたちはニヴフ社会の9つの氏族と対応した9つの氏族に分かれて暮らしていることと，人間は同じ氏族のクマに捧げた食糧に手をつけてはならないとされることである。クレイノヴィチは，クマ社会に滞在して帰ってきた男の伝承を紹介している。これによれば，男はクマ社会に迷い込んでそこで暮らす間，人間たちからクマに贈られた食糧を分けてもらっていた。ところが。その男の氏族からクマに贈られた食糧だけは，手をつけてはならない決まりだと教えられたという。アイヌの神謡にも，これに類似した話がある。沙流川流域に伝わるタヌキの神謡によれば，人間にとらえられたクマやタヌキは，人間たちが料理した自分の肉（人間に対する贈与物）がどれほど美味であっても，それに手をつけてはならないとされる。タヌキはこの禁忌を破ったために，神界に帰ることを許されず，戸口の神として人間の家を守ることになったという［久保寺 1977］。ニヴフとアイヌの伝承はちょうど対象をなしていて，人間と精霊の関係が交換の原理で成り立っていることを示している[8]。付け加えれば，北海道アイヌはキツネやタヌキをクマの従者，または親類としてクマと一緒に送るが，樺太アイヌの文化ではイヌがこの位置にある。タヌキが戸口の神となったように，樺太では長く働いた良いイヌを戸口の神として祀る。これらは，ニブフからの影響であろう。また，アムール川流域のナナイ文化ではブタをクマと一緒に送る［佐々木 2007］。このように，何らかの動物をクマと結びつけて儀礼の対象とする文化も，アイヌ社会の枠を超えて北へつながっている。

　動物を擬人的にとらえ，その恩恵を受けて人間が食糧を得るといった思想は北米などにも見られるが，ここに交易のイメージを重ねたことがアイヌとニヴフの独自性を生んだ。そしてアイヌ社会では，多様な精霊の神格や性質に応じて返礼をするためにイナウも細分化していき，複雑で豊かな体系が形作られることとなった。

　精霊たちの中には，上記のクマのように来訪者的な性格を持つ者がいる。この場合は，人間が利用した時点を以て神界へ戻ると考えられるため，帰還の時期が明瞭である。このような来訪神のうち，特に動物神を対象とした霊送り儀礼が顕著に見られる。一方，火神や水神などのように常に人間界にいる神，あるいは神界にいて動植物を人間界に送り出す支配的な神（主宰神）や人間の誕生を司る神などは基本的にあまり移動しない[9]。火神は，新築時に勧請され，その家を廃棄するか家主が死去する時点で役割を終える［Ohnuki 1968］。また，ポロシリ岳の伝承に見るように，山を司る神も代替わりすると語られることがある［知里 1973(1954)］。そうして見れば，地上にやってくる神はやはり来訪神の一部と見なすこともできるが，平素は意識されない。こうした定位的な精霊には主として年中行事のような定期的な儀礼を通じて礼拝がされる[10]。

　いずれの精霊にも共通しているのは，本来は人と同じ姿をしていながらも人間の目に映る際には何かに姿を変えることである。これは精霊が人間界に降りる際，それぞれの性質に応じた衣をまとって（動植物などに姿を変えて）顕現するためだとされる。このとき，一時的に実体をともなう存在となるが，身に付けた衣（動物であれば皮や肉，植物であれば果実，樹皮，木質など）を脱ぐことで，再び霊的な存在になり，神界へ戻っていく。精霊が衣から抜け出ることは，人間の目には肉体の死として映る。しかし，精霊そのものは滅びることなく神界と人間界を往還する。

　神界の位置は，高天にあるとする伝承がある一方で，海獣類は沖へ，クマやキツネなどの陸獣は水源にある高山へ帰るとも言う。空知では，シマフクロウ，クマ，キツネ，オオカミは地上にいるが，シマフクロウを送るときは天に送り返すのだという［更科 11：123］。沙流川流域の子グマの神謡に語られたところによれば，送られたクマの霊魂は水源にある神山に帰り，そこで祖父母や両親に迎えられることになっている。もっとも，その神山に暮らすクマ神たちは，その山を守護するために天から遣わされたという［久保寺 1977：113］。つまり，天に起源を持つ神々が地上にも領域を作っている，という理解である。おそらく海の神々についても同様に理解さ

叙事詩の中では，肉体から離れた霊魂が東へ向えば再生し，西へ向かえば本当に死ぬ等々，東方は再生，西方は死のイメージを以て語られる。神謡や祈り詞の一部にも，東を上位に位置づけるものがある。人間の他界に関する伝承も一様ではなく，他界に通じる洞窟の先にあるとする水平方向のイメージと，地下に，あるいは天にあるとする垂直方向のイメージが混在している。

1-1-2. 動物神

クマやキツネ，タヌキなどの陸獣，あるいはシャチ，アザラシなどの海獣は，それぞれの個体をカムイと呼ぶが，より高位の，種全体を統括するもの（主催神）が存在することもある。更科源蔵が鵡川，沙流川下流域の女性たちから聞き取りをしている中で，話し手が「鳥にも王様がいる[11]，虫にでもなんでも王様がいる」といったことを語っている場面がある。実際には，伝承の中で語られる主宰神の例には限りがあるが，話し手たちにはそのような原理が意識されていた，すなわち「実際に聞いたことがないとしても，必ずそういう者がいる」という認識があったようである。

主宰神は，プクサトノ（ギョウジャニンニクの王），ホロケウトノ（山犬の王）のように，動物植物名の後ろに「トノ」等を添えて呼び表される場合と，独自の呼び名を持つ場合がある。例えばクマの統括者は，セクマウンカムイ「山の稜線に座す神」（樺太東海岸），メトゥシカムイ「奥山に座す神」（日高）などと呼ばれ，森林の統括者はシランパカムイ（一般の樹木神はシリコロカムイ）あるいはニラピンナカムイ等と呼ばれる。後者は，祭壇に祀られ，地域差もあるが，ある程度地位が確立した神である。前者には，おそらく後者のような主宰神の思想が成立した後に派生してきた者が含まれるのではないか。また，トノはアクトノケ（弟君）やアパウシタカットノ（戸口を作る和人＝建具屋）のように，一般的な尊称や和人の意味でも使われるため，こうした言葉が冠した精霊即ち主宰神であるとは言えない点にも注意を要する。

主宰神は，多くの場合，年老いた，あるいは高位の個体であり，彼らの眷族（つまり個々のクマなど）の挙動，人間界と神界の行き来を管理している。後述する送り儀礼によって人間界から送り返された精霊は，人間から渡された手土産を背負って神界の仲間のところへ帰る。

クマに対する儀礼は北方に広く見られるが，その意義は多様である。例えば，本州東北部山形県のマタギが行う「熊まつり」は，クマではなくクマを授けた「山の神」に対する感謝の色彩が強い。アイヌの場合は，主宰神にも祈りをあげるが，儀礼の中心となっているのは送られる個体そのものへの祈りである。これは，次に述べるシカやサケでは個体よりも統率者が前面に出ていることと対照的である。

シカは，重要な食糧であったにもかかわらず，角に削りかけを結びつける程度のごく簡単な拝礼で済まされる傾向にある（もっとも，狩猟者の判断で，やや改まった送りをすることもあるという）[犬飼1987(1952)：17]。

シカは，ユクランケカムイ「シカを降ろす神」，ユカッテカムイ「シカを増えさせる神」などと呼ばれる神に管理されており，こうした神がシカの原料となる骨，毛を人間界に降ろすと，それらがシカに変じるとされる。沙流川流域の伝承では，シカがこれらの神の眷族である，つまりシカとシカ主の神は同質な存在として語られている例がある[久保寺1977：371]。また，シカの群れの中には，群れを率いている特別な個体がいるともいう。三石や静内，平取では，ヘラ状や瘤状の特殊な角を持ったシカを仕留めると幸運を得るという。なお，静内では「鹿の王」に12の種類があり，善神が作ったものが6種，悪神が作ったものが6種あるという[更科12：13]。

サケもシカと同様にチェプランケカムイ「魚を降ろす神」（日高），チェペヘテカムイ「魚を来させる神」（樺太）などと呼ばれる神に率いられている。釧路の八重九郎は，シマフクロウをチェパッテカムイと呼んでいる[道教委1977]。空知地方の杉村キナラプクとその娘太田コウテカンはチェパッテカムイを大きなサケだとする伝承を伝えているが，これは次に述べる魚群を率いる特殊な個体の例と考えた方が良いかもしれない[道教委1980]。

チクニカムイ(立木の神)に対するイノンノイタク(祈詞)
タン　テ　ワノ	今から
チプ　ネ　アエカラ	舟に　造り
ネ　ワ　クス	ますので
エニシテカミ	あなたの固い肉を
エヌイナ　カネ	かくして
エアプルカミ	あなたの　柔らかい肉を
エヤイコサンケ	出すよう
キ　クスネ　ナ	頑張って下さい
オロワ　カンナ　ルイノ	それから　さらにまた
モシリ　ソ　カタ	大地の　上に
アシリ　チクニ　ネ	新しい木に　なって
エテクピラサ	枝を　広げ
エハムピラサ	葉を　繁らせる
エアシカイ　クニ　ナ	ようにし　て下さい
オロワ　カムイ　ネ　アン　マッ	そして　神である婦人(舟の神)
エネ　ルウェ　ネ　コロカ	になるのですから
チプ　ネ　アエカラ　ヤクネ	舟に　造ったなら
アシリキンネ	今新しく
ペチワンカ	川に下りて
エエホユプ	疾く　走り
エウプソロ	ふろころに(舟)に
チェプ　ネ　ヤッカ	魚だとか
ワッカ　オッタ　ヘメシパ	水の中を　上がってくる
ウサ　チェピヒ	いろいろな魚で
エウプソロ　オロケ	あなたの　ふろころの中を
アエトムテカラ	飾って(一杯にして)
キ　クスネ　ナ	あげますからね

［由良　1995：86-87］

掘り上げた舟を山から引き下ろす時舟に話しかける言葉
エコシネカミ	軽い肉になって
エヤイコサンケ	(引きやすいように)
キ　クスネ　ナ	頑張って下さい

［由良　1995：86-87］

チプサンケ(舟下ろし)の時川の神に言う言葉
テワノ　ペチワン　カシ	今から　あな方(川の事)の上に
エホユプ　カッケマッ	走る(舟)婦人を
アサンケ　ルウェ　ネ　ナ	下ろし　ますので
イコペカ　ワ　イコロパレ　ヤン	どうぞお受け取り　下さい

［由良　1995：86-87］

チプサンケの時舟に話しかける言葉
タン　テワノ	今から
ペチワン　カ	川の上に下ろしますから
エエホユプ	滑り下るように
エエチャラセ	早く走って
チェプ　ネヤッカ	魚　などを
ポロンノ	どっさり
エウプソロロケ	あなたのふところの中
アエトムテカラ	一杯に
クスネ　ナ	して上げますよ

［由良　1995：86-87］

祈り詞 1-1　千歳市

白糠や虹別では鼻曲がりのサケをイナウコッチェッポ(イナウを受け取る魚)と呼んでイナウを付け，干し魚にして重要な客への贈り物やクマ送りの供物とした。一方，日高・胆振では，極端に小型なもの(二風谷・静内)，反対に90 cmを超える大きなもの，強い輝きを放つものといった特殊な魚体をしているサケをイナウコッチェッポ，またはカムイチェプ(神の魚)と呼という[12]。イナウコッチェッポを捕らえると，家に運んで炉のそばに安置し，火神に向かって神魚の来訪を伝える祈りを，次に神魚に向かって来訪に感謝する祈りを捧げる。久保寺の1951年から1954年にかけての調査では，登別市幌別，登仁加，鵡川町(チン)，沙流川流域，新ひだか町静内農屋，同三石，浦河町杵臼で同様の習俗が聞かれたという。

　イヌは，アイヌ社会における唯一の家畜であり，動物の中では特殊な存在である。北海道では猟犬としてクマ猟に連れて行くが，このときイヌは火神の伝言をあずかり，クマに伝える役目を負っているという(白老町，平取町新平賀)。日高地方や幌別地方の伝承では，イヌの中にも長がいることになっており，イヌたちはその管理のもとで人間界と神界を行き来する。いっぽう，後述するように，死者の霊魂は精霊たちとは別の世界へ移って生活するが，死後の世界を描いた説話に唯一登場する動物がイヌである(虻田町)。もっともこれはイヌの特殊性というよりも，他界のイメージと他の精霊についての説明の間に齟齬が起こっているように思える。また，樺太地方では，イヌはクマの従者として位置づけられており，クマの霊送りの際にあわせて送られる。北海道では，タヌキやキツネがこの地位にある。

　鳥類の中では，シマフクロウやワシ・タカなど大型の猛禽が高位の存在とされる。いっぽうクマゲラやミソサザイ，カワガラスなどの小鳥類の中にも重く扱われるものがある。ニワトリは外来種だがセキレイとともに創世の際に重要な働きをしたと伝えられる。

1-1-3．植物神

　山林の立ち木はそれぞれシリコロカムイ(地を司る神)と呼ばれる(沙流)。これらを統べる神をシリコロカムイ(新ひだか町静内[13])，シランパカムイ(地を掌握する神)(旭川町，平取町，白老町)，ニラピンナカムイ「？・神」(平取町紫雲古津)，ハシタイコロカムイ「林を司る神」(浦河町，新ひだか町三石)，ニハシラポケネカムイ「梢の下にいる神」(樺太東海岸)などと呼ぶ。他の多くの樹木は，どの種であってもこの神の配下にいると考えられる。この点は，動物神の場合に，それぞれの種ごとに主催神がいる点と異なっている。また，鍋澤モトアンレクの考えるニラピンナカムイの統括する範囲は非常に広く，山中の動植物全てを掌握しているという。

　また興味深いのは，鍋澤が1本の木の東側には良い精神，西側には悪い精神が宿るとしている点である。何かの用途で木を伐採する際には，東に多く枝がでているものを選ぶと良いという[更科 19：9]。

　樹木も，木質や樹皮，果実などの恩恵を人間に与えて感謝を受ける点では動物神と同じであるが，拝礼の様相は異なっている。伐採や樹皮採取の前に祈りを捧げることはあるものの，伐採後に樹木の霊を送るという記録はないようである。むしろ，樹木の根が生き続けてひこばえが出ることを祈願しており，植物としての樹木のあり方が祈りにも反映していて興味深い。特に，船材や臼材となる大木を伐採する場合には，イナウを立てて儀礼を行うことが19世紀初頭の文献にも見えている。千歳市の白沢ナベは，父親が唱えていた伐木の祈りを回想して語り残した。伐木する木の前にチェホロカケプと呼ぶイナウを2本立て，1-1のように唱える(表記は一部変更したが，訳文は原書のままである)。

　この例からもわかるように，伐採された幹の霊魂は，様々な器具に加工された後もその内に宿りつづけていると考えられる。また，伐採後に残った根にも，造船の際に削り取られた木片にも霊魂が宿るとする伝承がある。沙流川流域には，センノキ製の丸木舟が，カツラ製の丸木舟と争うという物語がある。舟の所有者は，センノキの神は性質が良くないことを理由に，センノキ製の舟を廃棄するよう父親から言いつけられる。このとき父親は，舟を砕いて燃やし，船材を切り出した切り株も細根まで掘り起こして全て燃やし，煙が流れていく方角を見極めて6年間はその方角に行かないように，という徹底した指

シシリムカ ケナシ ソ カシ	（沙流川の木原の上に）
アオランケ プ イケマ ウナラペ	（降ろされたイケマおばさん）
アイヌ エライケ クス アエランケ	（人間を殺すために貴方が降ろされた）
シリ カ ソモ ネ。アイヌ エラナㇰ ペ	（のではない。人間が困ることを）
エエカスイ ワ エコチャシヌレ。	（手伝い，清めるために）
ウェンペ アナㇰ エトゥイマスウェ クス	（悪しき者は遠くへ追うために）
ケナシ ソ カ アエオランケプ ネ ナ。	（木原の上に降ろされたのだぞ。）

祈り詞1-2　平取町

カムイコロ オイナ サランベコソンデ	神の尊い絹衣を
カムイ オレン アコホシビレ キワネヤクン	神のもとへお返ししましたら
カムイレンカイネ オカイ ペ ネクス	神の意思により
タナンパネヤッカ ハルピリカ キワネヤクン	本年も豊作となるのなら
タパンカムイコルロク コソンデオシケ	この神の絹衣の中に
オイナマッ カムイオイナマッ	（穀物の）女神をたくさん入れて下さい

祈り詞1-3　新ひだか町静内

示を出している[久保寺 1970：222]。結局男はこの言いつけを守れず，6年目が終わらないうちにその方角へ行ったためにセンノキの報復を受けることになるのだが，悪神に対する非常に強い恐れと，根株や土中の根一片を残してもそこから再生するほどの強い生命力を植物に認めていたことが表れている。

新十津川町の樺梅次郎は，丸木舟を製作する際，削り出した木片を直ちに燃やした[アイヌ文化保存対策会議 1970：430]。それは，葛野辰次郎が筆録した次の伝承と関係があるだろう。

　　東方から帆掛け舟でやって来た者が，村々を巡って富裕な者を選んでは自分の出自を問いかけ，答えられないと財宝を奪って行く。やがて私の所にもやってきて，同じように問答をふっかけてきた。
　　すると思いもかけず私の口が開き「東方でアイヌラッカムイが舟を作ったとき，削られて落ちた木片がそのまま腐ることをよしとせず，人に化けた者がお前だ」と答えた。するとその者はしばらく黙っていたけれども「あなたはさすがの知恵者だ。それでは私が天へ帰れるよう祈りをあげてください」と言った。そして上座に横になったかと思うと，木片になってそこに散らばったのだった。拝礼してそれらを拾い集め，祭壇に納めて祈ると，それきり現れなくなった。
[葛野 1999：78]

おそらくこれに類する伝承は空知地方にも伝わっていたのだろう。幹と根が離れ，木片になってもそれぞれが霊魂を宿しているとすれば，ここでは霊魂の分割が起こっていることになる。また，1本の木材から複数の器物を製作した場合も，それぞれに霊魂が宿っていることが予想できる。動物神の場合には1つの体に1つの霊魂という対応で理解できそうに見えるが，それをそのまま植物神に適用しようとしてもうまくいかない。霊魂は複数あるのか，あるいは分割できるのか，こうした点はアイヌの霊魂観を明らかにする上できわめて重要である。

草花の精霊にも人格神として文学に現れるものがあるが，その種類は比較的限定されており，文化的に重要なものに集中している。沙流川流域には，ギョウジャニンニクとウバユリの首領が人間に食べ方を教えたという伝承があり，主宰神のイメージが草花の世界にも適用されていることがわかる。新ひだか町静内野屋の伝承では，ギョウジャニンニク，ウバユリ，ザゼンソウ，エゾノリュウキンカが登場する。これらの神は姉妹であり天界から食糧の神に

よって降ろされたもので，人間に食糧を提供する一方，それを独占する者を戒める。

魔除けのまじないに使われるイケマの神も，魔を追う役割を負って天から降ろされたとされる。鵡川や沙流川下流域では，イケマを食べて中毒者が出た際に1-2のように唱える[14]。

こうした草花の役割や由来についての伝承は多いが，草花の統括者に関する明確な伝承はない。また，霊送りの事例も見当たらない。

穀物は，糠をまとめて祭壇に納める。葛野辰次郎は，糠を穀物の神の神聖な絹衣だとし，祭壇神の祭壇に収めるとして祭壇の手前に糠の山を作る。その際に祈り詞(1-3)をあげる[道教委 1995：241-242][15]。これは，動物や魚の骨・囲炉裏の灰を他の廃棄物とは区別し，それぞれを1ヶ所に集めて土に還す習俗と同じものであろう。灰が神聖視されるのは，それが火の神のからだから出たものだからとされるが，動物・魚の骨は精霊が再生する上で重要だと考えられているために特別視される。糠もまた，穀物の再生において意味を持っていたのである。

様似町や浦河町では，オオウバユリを採取するときに「トゥレプ　サラ　アシ　ナンコンナ！（大うばゆりの原っぱができるように！）」等と唱えながら，切り落とした根や葉を撒いて再生を願う。様似町ではギョウジャニンニクの採取時にも同じことをする。

沙流川では，マイタケを見つけると「ユクカルシ　イランカラプテ！　エポロ　ルウェ！　ヒオイオイ！　オヤパ　スイ　エチホタヌカラ　クスネナ！　イヤイライケレ！（マイタケよこんにちは！　大きいねえ！　ありがと！　来年また様子見に来るからね！　ありがとう！）」と唱える。こうすれば，マイタケが気を良くして来年また生えるという考えだろう。

このように草花やキノコ類の再生に関する儀礼的な行為は若干の事例があるものの，唱えごとをするだけといったものが多く，動物への霊送り儀礼に比べはるかに簡素である。このほか，エゾノリュウキンカやギョウジャニンニクなどの多年草の場合には採取時に根の一部を埋め戻す。船材を切るとき同様，植物の生態が儀礼にも反映している。

1-1-4. 自然界の神

火の精霊は，ロロワエカシ「炉の上手の老翁」（釧路），アペフチカムイ「火の老婆神」（日高），ウンチアハチ「火の老婆」（樺太）などと呼ばれ，人間界にいるカムイの中では最も重要な存在である。火神の役割は，人間を暖め，食物を加熱するほか，家の中全般を見守ることである。また，諸々の神々と人間の仲立ちをし，人間が神々に祈願する際には言づてを添え，神々が祈願を聞き入れるようにいろいろと取り計らう。

釧路市春採，同市阿寒，美幌町，網走市など北海道の東北部では，火神を男女一対の夫婦神と考えている。空知地方でも，アペウチカムイ（火神）は男性で，ミンタラコロフチ（下座の姥）と夫婦だとされる[16]。これに対し，北海道南西部や樺太では，火神は女性であるとされた。火神を女性と見なす胆振・日高地方では，家の守護神がその夫であるとされる。この地方では，家の守護神の神体を作る際，囲炉裏の消し炭を神体に縛り付ける。そして，これを守護神の心臓と呼ぶことからすると，家の守護神にも火神との深い縁が感じられる。十勝地方の音更では，火神は男女一対であるが，男神は普段は囲炉裏の中にはおらず，家の奥の神聖な隅に座しているという。これは，前記の2つの類型の中間にあたる考え方であり，火神にまつわる思想の形成過程を考える上で大きな示唆を与えるものである。

火神の発生には諸説あり，同じ地方に複数の伝承がある場合もある。沙流川流域の鍋澤タイノアシの伝承では，人間界が創造されたとき，ここを統べる者として誰が適任かを神々が話し合った。その結果，火神が選ばれてイレンカカムイ（裁判神）とともに地上に降下したという[17]。二谷国松の祈りにも，火神が天界から降下したことが述べられている。同じ沙流川流域の平村コタンピラの伝承では，コタンカラカムイ（創生神）が人間界に生えたハルニレの木をこすり合わせて火神を生んだという。鍋澤モトアンレクは，二説がつながった説を伝える。人間界が創造された後，東方の神々によってハルニレから火神が生み出され，創世神の命を受けて降臨した，と述べている。これに対し，新ひだか町静内では，火神

も動植物も全て精霊たちは天界から降下したとする考えで一貫している。同町三石では，ススランペッの王であるニサッチャオッカムイ（明けの明星）が火神を降ろしたという［更科 12：20］。本別町の澤井トメノの伝承では，ある女性が身ごもったところ，焼けるように体が熱くなり，灼熱の中で生まれた女児が火神だという。結婚することもできず，子供もできないのでフチ（老女）と呼ぶ，としている［道教委 1981］。

金田一（1944）では，ここに述べたことの多くが大まかにではあるが指摘されているほか，山中で火を起こす際の焚き火の火は，自家の囲炉裏で燃えている火神の孫だとする興味深い事例を紹介している（1-4）。

クシトゥレンテ	わたしが一所にもつて来た
モシリコロフチ	国土の主のおばあさんの
シロマ　カムイ	やさしい神さまの
カムイ　サンニッポ	神孫で
エネ　ワ　タプタプ	お前はあるから
チシトゥレンテ	一所にもつて
エチエカラカン　ナ。	こゝへ来たんだ。

祈り詞 1-4　平取町紫雲古津

囲炉裏から燃えさしや消し炭を携えてきて火を起こすためにこう表現するのだろうか。囲炉裏の火は，屋外で祖霊祭を行うときにも一部が運び出され，あるいは夜間に外出するときなどには消し炭の状態で携行し，お守りとされる。酒を仕込む際にも，発酵を見守るものとして，もろみの中に燠を入れ，できあがった酒を搾る際には消し炭になったものを囲炉裏に戻す。

水にまつわる精霊としては湖沼や河川，湧き水に住まう神がいる。また，1つの川筋の中にも，支流との合流点，滝になった所，瀬や淵になった所にそれぞれ神が座していると考えられるが，このような箇所を神の座所と見なす点は，日本の神道と共通している。それらの神の配下に，さらにまた無数の眷族がおり，水面に波紋をなしているのだという。神事において祈願する際は，河川の本流・支流を単位として祈るが，1本の河川の各部にも多くの神がい

ることになる。バチェラーは，それら水神の総称が，ワッカウシカムイ「水の神」であるとした。一方鍋澤は，水神を統べる主宰神がワッカウシカムイであるとしている。

水の起源譚は見当たらないが，創世神が手と足で大地を搔いて川をつくったとき，善神の住処と悪神の住処をそれぞれ作ったという。水の神は，文学中では女性として描かれることが多く，祈り詞においても水を神の母乳に喩えるなど，女性的なイメージで語られる。二谷国松が唱えた祈りの中では「カムイエカシ（神なる翁）」と呼ばれているが，これは祈り詞特有の修辞法で，女神に対してもごく敬って呼ぶ場合にはエカシ（翁）と呼びかけるのだという［北原 2012］。一方，釧路の八重九郎は，水神をワッカウシエカシ（水の翁）とワッカウシフチ（水の媼）という夫婦神としている［道教委 1977］。

海の場合は，海水そのものに神性はあまり前面に出ない。噴火湾では，外洋の神や波に宿る神が祀られている（1-7-2参照）が，通常は海の神と言えばシャチやサメなどの海棲動物である。シャチはレプンカムイ「沖にいる神」と呼ばれる。樺太地方では，カムイチヒ「神の船」とも呼ばれ，その背に海神が乗っているという。ほかに，アザラシやトド，魚類ではカジキマグロやサメが重視される。クジラは，重要な食糧であるにもかかわらず，シャチによって人間のもとに送り届けられる受動的な存在と見なされているためか，神としての性格はあまり見えない。この点は，シカやサケの場合と似ている。ただし，噴火湾沿岸では，フンペカムイオマンテという名でクジラの霊送りが記録されている。シャチの捕獲例や霊送りを行った例はあまり見られないが，新ひだか町静内にシャチ神を銛で仕留め，霊送りを行ったことを語る神謡がある［葛野 1999：256］。

温泉をヌまたはカムイヌと呼び，方言によってはセセッカ（沸かした湯）と区別する。釧路の八重九郎は，温泉は神が何かを煮炊するための場所だから，入るときには断ってから入るという［更科 11：148］。虻田町や釧路市阿寒町・弟子屈町屈斜路では，ヌコロカムイ（温泉の神）にイナウを捧げてから入湯する［更科 12：108，更科 13：194］。

山のカムイと言うと，その山に座している高位の

アプトアシクニカムイノミ　　　　　　　（雨を願う祈り）
　ワッカウシカムイ　　　　　　　　　　（水の神よ）
　メトッコロカムイ　　　　　　　　　　（奥山の神よ）（シリコロカムイ　森林の神よ）
　コタンコロカムイ[19]　　　　　　　　（集落の神よ）
　タンパ　ネウン　アン　ペ　ネ　ワ　　（今年はどのような訳か）
　イチレスクシ　　　　　　　　　　　　（焼けるような日差しで）
　ウレシパコタン　オロワ　　　　　　　（ともに育つ世界の）
　ネプ　アネトイタプ　ネヤッカ　　　　（どんな作物も）
　キ　サッテク　キ　ワ　オケレ　　　　（やせこけてしまって）
　ネイタ　パクノ　　　　　　　　　　　（いつまでも）
　エネ　アン　ホカンパ　パトゥム　　　（このような気候が）
　アン　ワ　ネ　チキ　　　　　　　　　（つづいたなら）
　ネウン　シリキ　ワ　　　　　　　　　（いったいどうして）
　カムイ　ヘネ　　　　　　　　　　　　（神々や）
　アイヌ　ミッポ　ネ　チキ　　　　　　（人の子達が）
　ウレシパ　クニプ　　　　　　　　　　（暮らせるはず）
　ネ　エトクシ　シリ　タ　アン？　　　（があるというのでしょう？）
　イアナサプカ　ネ　ナ　　　　　　　　（なんとおそろしい。）
　カムイ　パセ　ウタラ　　　　　　　　（偉大な神々よ）
　タ　タ　オッタ　　　　　　　　　　　（いまこのときに）
　ウコハウトゥルン　ワ　　　　　　　　（互いに仲立ちとなり）
　タネ　ペッネカ　　　　　　　　　　　（作物の種が湿る）
　パクノ　ポカ　　　　　　　　　　　　（ほどにでも）
　ルヤンペ　アシ　クニ　　　　　　　　（雨がふるように）
　カムイ　ウタラ　　　　　　　　　　　（神々が）
　ウコサンニヨ　ワ　　　　　　　　　　（みなで話し合い）
　ウレシパコタン　　　　　　　　　　　（ともに育つ世界の）
　クルカシケ　　　　　　　　　　　　　（上に）
　シネト　ポカ　　　　　　　　　　　　（1日だけでも）
　ルヤンペカムイ　　　　　　　　　　　（雨の神を）
　アノランケ　クニ　　　　　　　　　　（降ろされるよう）
　カムイ　ウタラ　　　　　　　　　　　（神々が）
　ウコハウトゥルン　ワ　　　　　　　　（互いに仲立ちとなり）
　ウレシパ　ハル　　　　　　　　　　　（人を育む食べ物の）
　カムイラマチ　　　　　　　　　　　　（尊い魂の）
　オウペカ　クニ　　　　　　　　　　　（傾きが直りますよう）
　ネ　ヒ　エペカ　　　　　　　　　　　（それについて）
　タパント　ネヤッカ　　　　　　　　　（本日も）
　パセオンカミ　カムイ　　　　　　　　（大切にお祀りする神の）
　チエランポキウェンテ　　　　　　　　（情けにおすがり）
　チキ　ハウェ　ネ　ナ　　　　　　　　（いたします）
　イタク　エトコ　　　　　　　　　　　（言葉の先を）
　チコイヌノ　　　　　　　　　　　　　（良くお聞き届け）
　ウンコレ　ヤン　　　　　　　　　　　（願います）
　パセカムイ　ウタリ　　　　　　　　　（尊い神々よ）
　ハ　オンカミアシナ　　　　　　　　　（拝礼します）[20]

ピリカ　スクシ　アン　クニ　カムイノミ　（晴天を願う祈り）
　リコマプカムイ　　　　　　　　　　　（天におられる神の）
　カムイ　ヌペキ　　　　　　　　　　　（神々しい輝きが）
　サラ　ワ　　　　　　　　　　　　　　（表に出て）
　ウレシパコタン　　　　　　　　　　　（ともに育つ世界に）

ピリカ　スクシ	（暖かな日差しを）
チオランケ　クニプ	（降ろされるよう）
カムイ　ウタラ	（神々が）
ウコハウトゥルン　ワ	（互いに間に立ち）
ニサッタ　ワノ	（明日より）
ナンエトク	（神のお顔が）
サラ　クニ	（見えるよう）
ネ　ヒ　エペカ	（そのことについて）
イタㇰ　オウン　ペ	（言葉をつむぎます）
ウレシパ　コタン　タ	（ともに育つ世界に）
オカ　ロㇰ　カムイ	（おられる神々）
イナウチパ	（イナウの列を）
トノト　トゥラノ	（お酒とともに）
チオテクヌレ	（捧げる）
エペカ　カムイノミ	（ためのお祈り）
クウタラパケ	（私の親しい立派な人）
ウタッ　トゥラノ	（達とともに）
オンカミアシ　ナ	（お祈りします）
チポロセ　イタㇰ	（私達の言葉の）
イタㇰ　エトコ	（言葉の先を）
チコイヌノ	（良くお聞きに）
エオマ　ナンコンナ	（なられますよう）
ハエエエエ	
ウレシパコタン[21]	（ともに育つ世界）
カムイ　ネ　チキ	（神々や）
カムイ　マウケシタ	（神のそばの）
アイヌミッポ	（人の子も）
シネイキンネ	（ともに）
カムイトット　ネ	（尊い母親と）
アポロセ　コタン	（呼び習わす世界の）
クルカシケ	（その上に）
ルヤンペニシ	（雨雲が）
ヘンパラ　ト　タ	（いつの日に）
イキヤッカ	（であっても）
ウレシパコタン	（ともに育つ世界の）
クルカシケ	（その上に）
ニシクル	（雲が）
オマ　ヤクン	（かかったなら）
ネプ　アネトイタ　ハル	（どんな作物）
ネヤッカ	（であっても）
トゥㇰ　ポカ	（芽を出すことも）
エアイカプ　ヤクン	（できなければ）
アイヌ　パテㇰ	（人間だけが）
ウェンペ　カ　ソモ　ネ	（困るのではありません）
カムイ　オヤペ	（神のほかに）
ウレシパコタン	（ともに育つ世界を）
エプンキネカムイ	（守る神は）
コハシタプ　ネ　ナ	（おられません（？））
ネウン　ポカ	（なにとぞ）
カムイウタリ	（神々が）
アリキキ　ワ	（力を出して）
リコマプカムイ	（天におられる神の）

カムイ　ヌペキ	（神々しい輝きが）
ウレシパコタン	（ともに育つ世界の）
クルカシケ	（その上に）
キヤイ　オランケ　クニ	（輝きを降らせるよう）
カムイ　ウタラ	（神々が）
アコハウトゥルン	（互いに仲立ちとなられよ）
ハエエエ！	

祈り詞 1-5　平取町

クマやキツネなどを指すこともあるが、山岳そのものに神性を認めていることもある。道南の八雲町では山の精霊を女性と見なしハシナウコロカムイ　カムイウナラペ「枝幣を持つ神なるおば」と呼ぶ。山全体がこの神の着物の裾にあたり、草木や動物は、この神の心に住んでいるという。有珠では、山々の精霊をイケウェウセクル「？・者」と呼ぶ。他に、山そのものが神格化された例として、北海道東部には山どうしが争ったという伝承が多く見られる。代表的なものは、十勝岳、雄阿寒岳、雌阿寒岳、斜里岳、国後のチャチャ岳などである。

太陽や月も重要な神である。北海道の胆振・日高では祭祀の対象としない地域が多いが、それ以外の地域では代表的な祭神に加えられている。両者を同一視する地域と、男女の神であるとする地域がある。男女とする場合も、どちらを男性・女性とするかは一定しない。金田一が紹介した新平賀の伝承では、太陽が雲井の神の妹に2人の男子を産ませ、その子供が文化神アイヌラックルから種々の知識を授けられて人間の始祖となった。また、萱野(1974)に収録された伝承でも、太陽神は男性として現れている。

一方、鍋澤モトアンレクや、幌別の金成マツの伝承では、アイヌラックルの養い姉が天の神の末娘である太陽神となっている[稲田編 1989：p.119]。金成の伝承では、天に最高神の兄弟があり、その弟神とハルニレの女神の間に生まれたのがアイヌラックルである。養い姉は、天の兄神の末娘で、長女が明けの明星、次いで真夜中星、暮れの明星、次が月で、末娘が太陽神であるという。

このように太陽と月を姉妹とする伝承がある一方、名寄の北風磯吉のように両者を夫婦の神とする伝承も広く見られる[更科 11：143]。空知でも、太陽は女性だと言っている。

天候・気象に関わるものとしては、風、雷、雨、雪、冷気の神の伝承がある。風は、キツネやカワウソ、あるいは憑神が起こす爆風など何らかの神によって引き起こされるケースと、風そのものに精霊が宿っているとされるケースがある。知里(1960)に紹介された、高所に鎌を立てておく風鎮めのまじないなどは、風そのものを精霊とする発想に立っている。いずれにせよ風そのものはあまり良いイメージを持たれていないように見える[18]が、農作業において脱穀後の殻と実を分離する作業には風を利用するため、レラスイェプという1種のうなり板を使って風を呼ぶまじないを行うこともある[沖野 1994]。

知里(1960)に収められた幌別のものと思われる伝承には、地上に降ってくる雪そのものがカムイであり、春になってとけると天界へ帰っていくとされている。阿寒の舌辛音作は、雨はルアンペアシテカムイ(雨を降らせる神)によって、雪はウパシアシテカムイ(雪を降らせる神)によって降るとしている。雪や雨をやませるまじないは、晴れた日に生まれたものが行わなければ効果がないという。雪をやませるには、両手に燃えさしを持って、それを打合せながらウパシアシテカムイに向かって唱えごとをする。雨を止ませるには、ざるにイナウをつけてぶら下げ「このざるを満たすことができぬならすぐに止め」と唱える。むろん、雨が必要なときの祈りもある。新ひだか町静内では、水辺に台を作ってカメの頭骨を置き、ここまで水を来させろ、という[更科 12]。平取の鹿戸イノンチャルクの事例(祈り詞1-5)は、イナウを用いた本格的な儀礼をともなっている。

雷は龍神によって起こされるとする地域が多い。龍神をカンナカムイと呼び、角を持つ蛇体の神、すなわち中国や日本における龍の姿でイメージされているが、羽根を持つとする場合もある[22]。道東地

```
家屋神に対する祈り
  アノトノケ              （貴方の首領である）
  シランパカムイ          （森林の神の）
  カムイ　ケウトゥムオロ  （御心に）
  エコイタッカラ          （言葉を述べることを）
  クキ　ロク　サマ        （私がし，その傍ら）
  カムイ　プンキネ        （神のご加護が）
  シロマ　クス            （揺ぎないものであったので）
  アプニタラ              （いと穏やかに）
  カトゥ　チカラカラ      （形作りを）
  チラマッコレ            （申し聞かせを）
  アイエカラカラ          （貴方に対して）
  シペッテク　クス        （し終えましたので）
［北原 2012：296］
```

祈り詞 1-6　平取町二風谷

方では，カンナカムイに捧げるイナウには龍のような姿の刻印を刻む地域があり，あるいは屈斜路などではウロコの形を削り出す．ポロシリ岳など，信仰上重要な山や湖の神は，龍神であることが多い．龍神は，人間界に秩序を与えることを職能とし，しばしば人間界の上空を通って見回りをする．雷鳴が通り過ぎるまでの間は仕事の手を止め，静かにかしこまっていなければならないとされたが，これには大名行列のような日本の慣習の影響を感じる．鵡川の片山カスンデアシは，雷があまりに激しいときにはカスプニ（桑の木）を火にくべると良いと語った．カンナカムイほどこの匂いを嫌う神はなく，すぐにどこかへ立ち去るというのだが，ここにも「桑原」とのつながりがどことなく漂う．文学中の龍神は，やたらに大きな音を立て，気が短くてすぐ暴れるなど，あまり好意的でない描かれ方もする．

アイヌの健康観においては，種々の体調不良の原因の1つに精霊がもたらす影響が挙げられる．病気は，ヘビなど何らかの精霊に危害を加えた報復として起こるものと，病気を広めることを職能とする精霊が引き起こすものとがある．疱瘡や天然痘，インフルエンザなどの病気は後者で，パコロカムイと呼ばれる神が仲間を連れて世界中を旅しながら広めていく．疱瘡神は強い畏れと同時に尊敬の念を持たれており，多くの集落を滅ぼしたという伝承から，人文神の父となったというものまで，様々な伝承を生んでいる．パコロカムイの伝承については久保寺・知里（1940）にまとめられている．

1-1-5. 物　神

萱野（1974）に収められた散文説話には「アイヌテケカラペ　アナクネ　ネプ　ネヤッカ　アラマッコレ　ワ　オカイ　ペ　ネ（人間の手で作られた物はどんな物でも魂が込められているものだ）」という一節がある．ここに表れている通り，人間が製作した器物にも霊魂が宿ると考えられ，それがカムイと呼ばれることもある．では，物の霊魂とは何に由来するのか．こうした物に宿る霊魂に関する伝承をつぶさに見ていくと，アイヌの霊魂観を考える上での重要なポイントが浮かび上がってくる．

船と臼は器物の中でも特に重視され，祭祀の対象となるカムイである．臼をはじめ，杵，鎌，箕，ざるなど農機具の中には，特別な力を持つと考えられ，まじないに用いられる物が多い．その中でも臼は，日常的に祈りを受ける重要な神である．臼はニスフチ（臼のお婆さん）と呼ばれる女神であり，杵はイユタニオッカヨ（杵の男）と呼ばれる男神である[23]．

1-1-3 で見たように，北海道では船の霊魂を女性とすることが多く[24]，その素材となる樹木の霊魂が，船として作り上げられた後も宿っていると考える．一方，船の各所に座す神の名を歌い上げた神謡が，鵡川町や長万部町に伝えられており，長万部町の司馬リキンテが語った神謡では，船底，波切，波受け，かいご，とも，高間，舵，あかくみ，帆柱，

シロシカムイ(印の神)を送る祈り詞	
タパイ シロシ アナクネ テエタイ ワノ,	(これなる印の神は、昔から)
エカシ コロ ペ ネ ワクス,	(祖翁が使ってきた印なので)
エチエイワンケ コロ カナ コロカ	(あなたを使っていたけれども)
タネ オホンノ ネ ワ カムイ カ,	(もう長い時を経たので、神も)
シニウカ クス, イナウ トゥラノ	(お疲れだから、イナウとともに)
カムイ オッタ ピリカノ エアラパ ナンコンナ。	(神界へお戻りください)
タパンペ クス イナウ カ クケワ,	(このために、イナウも削り)
エチコレ シリ ネ ナ。タパイ シロシ カムイ,	(差し上げるのです。印の神よ)
イテキ イルシカノ カムイ オッタ エアラパ ヤク	(お怒りにならず神界に行かれたなら)
エヤイコトムカ ナ。タパンペ ヌ ワ	(それこそが神にふさわしい事です。これを聞き届け)
アプンノ パイェ ワ, エンコレ ヤン。	(おだやかに旅立ってください。)

祈り詞 1-7　平取町

帆布，帆綱にそれぞれ男女ひと組の神が，都合22柱の神が座していることになっている。

　木を削って作るイナウも，素材となった樹木の性質を引き継いでおり，樹木の霊魂を宿していると考えられる。

　家屋にも霊魂が宿っており，チセカムイ(家屋の神)，またはチセカッケマッ(家の淑女)と呼ばれて祭祀を受ける。家屋には，チセサンペ(家の心臓)が取りつけられるが，その形態は様々である。削りかけを丸めたものを上座の柱の隙間に入れる(平取町二風谷)，家の各所に削りかけをさす(平取町)，天井の隅からカヤの束を吊るす(新ひだか町静内)などである。釧路市では，家の屋根の妻側の面をチセサンペと呼ぶ。

　家屋を新築すると，チセノミ(家の祈り)と呼ばれる落成式を行う。これはアイヌの宗教儀礼の中ではかなり規模の大きいもので，霊送り，結婚式と落成式の3つがアイヌ文化における大祭だと言われる。チセノミの記録としてまとまっているのはいずれも平取町二風谷のものである。久保寺が1935年に行った二谷国松からの聞き書き(久保寺 1968)，1953年に二谷が東京の保谷で実施した際の記録(北原 2012)，萱野茂が中心となって実施した際の記録(萱野 1976)がある。建築にあたっては，建材となる樹木の主宰神シランパカムイに祈願をする。二谷が保谷で唱えた家屋神への祈りの中には，1-6のような1節がある。

　ここでは，家屋神が森林神の配下にあると述べられており，やはり船神と同様に家屋神の霊魂も，素材となった樹木に由来していることがわかる。一方，金田一が記した沙流川下流域の神謡には，炉縁，炉頭杭，寝所，部屋の隅，戸口，軒など，家屋の各所に座す夫婦神の名が謡われている。水神や船神の伝承に見られたのと同じく，ここにも全体を統合する神と，細部に宿る小さな神々という関係が見られる。後述するように似たような構造は，人間の霊魂にも見られる。

　イコロ「宝物」と呼ばれる宝刀や漆器類，マチコロ「女の宝物」と呼ばれる宝飾品は強い霊力を持っていると考えられる。特に金属製品やガラス製品などは，病気を治したり，仮死状態になった者を蘇生させるほどの力を持つと考えられた(有珠町，千歳市)。B. ピウスツキが北海道で記録した祈りの中に，首飾りと耳飾りに対して唱えられた言葉がある。その中では，宝物に向かってタン マチコロカムイ(これなる女性の宝の神よ)と呼びかけ，これらの宝飾品がフチ トゥレンペ(祖母の守り神，この場合は女系全体を守護するという意味か)であることが明確に述べられている。

　アイヌ文化においては，様々な器物に刻印を刻む。これにはその家の男系が共有している印と，この一部を変えて作った個人の所有印がある。狩猟用の矢や銛などには親から受け継いだ印を刻む。これは神々がそれによって所有者である人間を識別するものでもあるから，使用や変更にあたっては神々にも通知をする神聖な印である。B. ピウスツキの記録

> エムシ(礼刀)への祈り詞
>   エカシムッペ　カムイイペタム，　　　　　　　(先祖の佩き代，神なる刀よ，)
>   アイヌミッポ　アアプテ　クス　　　　　　　　(人の子孫は，(何事も)覚束ないものですから，)
>   テクサモロケ　アエコプンキネ　オカ　ア　ヤクン　(その側を，見守って下さるならば，)
>   イレスカムイ　カムイ　パケセ　　　　　　　　(火の神が口を付けた尊いお酒を，)
>   アエパウヌ　シッタパン　ナ　　　　　　　　　(貴方の口につけますよ。)
>   [北原 2012]

祈り詞 1-8　平取町二風谷

には，印の神にイナウと酒を捧げて神界へ送る祈り詞(1-7)がある。

ここでは，器物ではなく，そこに刻まれた印そのものに対して神として呼びかけをしている。儀礼の状況についての記録がないため推測せざるを得ないが，おそらく印を刻んだ矢を集めて献酒し，イナウを添えて送るのではないだろうか。矢そのものにも霊魂があるはずだが，印を刻むことによって，そこにもう1つのカムイが共存することになる。

アイヌの刀剣には大別してエムシとイコロとがある。エムシは，刃金が無く，刀身を錆びたままにした鈍刀であり，目釘が入っていないなど実際の武器としての機能は持っていない。対人の威力ではなく，悪神に対しての霊的な威力を重視して大切にされたもので，エムシの錆びた刀身で切られると強力な悪神でも再生できないと言われる。儀礼の際に男性が身に付けて盛装とするが，エムシに祈った言葉を見ると，エムシを帯びる意図が武装やアクセサリーではなく，霊的な助力にあったことがわかる(1-8)。

大きな儀礼に際して，特に重要な神への祈りを割り当てられた人はエムシを帯びて祈願した後に，このように唱えてイクパスイで神酒をつける。また，刀の鍔・切羽は宝刀の一部であるが，単独でもカムイと呼ばれ，宝壇に祀ったり護符として子供の首から下げることもある。したがって，エムシそのものが守護神であるけれども，その一部に別な神である鍔が併存していることになる。英雄詩曲の主人公が持つ刀はもっと顕著で，柄や鍔，鞘，鞘尻などにオオカミや龍神，キツネ，クマなどのレリーフがあしらわれ，それらが全て守護神として持ち主に協力して戦う。

これに対し，イコロは，柄と鞘全体を金属板で覆った飾り太刀で，多くの場合刀身が入っていない。イコロは，儀礼の際に祭壇や上座の壁にかけて飾る程度で，身に付けることはない。ただし，中には特殊な使い方をするイコロがある。1つは，ラマッタクイコロ(魂を招く宝刀)と呼ばれる，宝刀を模して小型に作った木製の模型である。これを病人の枕の下に入れて，病気の神にこれを捧げるかわりに立ち去ってくれるよう頼むのである[萱野 1978：298]。さらに物語中では，これを死んだ者の胸の上に置いて祈願すると死者の魂をも呼び戻して生き返らせると考えられている。もう1つはポンイコロ(小さい宝刀)と呼ばれるもので形はラマッタクイコロと同様である。これは，男児が欲しいときに妊婦の枕の下に入れておくと男の子が生まれるというものである。

飾り矢筒はイカヨプイコロ(矢筒-宝物)と呼ばれ，イコロと同様もっぱら儀礼の座を飾り付けることに使われる。新ひだか町静内には，矢筒の模様の光が，魔物を遠ざけた伝承がある[更科 17：154]。また，ラマッタクイカヨブというものがあり，やはり病人の枕もとに置かれる。また女児が欲しいときに妊婦の枕の下に入れる。

衣服もまたカムイであると考えられる。衣服そのものをカムイと呼ぶことは稀だが，虻田町ではコッパラカムイ(襟の神)，オクスッカムイ(襟首の神)，トゥサパラカムイ(袖口の神)，チンキカムイ(裾の神)など，着物の各部に神がおり，夜間の外出や危険な場所を通過する際には加護を祈願したという[更科 18：145]。

1-1-6．人間の霊魂

人間は，創世神，またはその命を受けた神が創造

クコロ　アナイシリ	わたしのほとけさまよ
クコン　ヌペポ	わたしの涙子よ
クイタク　チキ	わたしのいふことを
ピリカノ　ヌ	ようく聞きなさいよ。
タネ　アナクネ	今はもう
カムイ　エネ　ワ	お前は神様になって
カムイラマッポ　イエウヌ	神様の魂がいつて
カムイ　シリカポ　イエウヌ　ワ	，神様の格好をして
エアンコロアナク	ゐるんで
アイヌ　イェ　イタク	人間の言ふ言葉は
ソモ　エヌ　ナ	聞こえないんだらうが
イレスフチ	お前を育てたおばあさん
タンカムイフチ	即ちこの火の神の様子
オロワノ	からの
チカシパオッテ	おしへさとしが
アエエカラカラ　クス	あったことだろうから
[金田一　1944：301]	

祈り詞 1-9　　平取町紫雲古津

した存在であるという。バチェラーの記録（おそらく沙流川周辺の伝承）では，創世神が人間の体を土で作り，髪をハコベ，背骨をヤナギで作ったという。美幌町では，創世神にともなわれていた夜の神が同じようにして人間を作ったものに，創世神が食欲や睡眠欲など 12 の欲の玉を入れて男性になった，昼の神が作った人間は女性になったという。鵡川町春日では，人間界に座す神々が相談してハルニレの木から人間を作り，人間を増やすために，海山の様々な神々と人々が婚姻したため，容貌や気質が多様になったのだという。新ひだか町三石では，ニサッチャオッカムイ（明けの明星の神）が，青草から人間を作ったという。同じ三石に，シラカバとハルニレが夫婦になって，間に人間が生まれたという伝承もある。

家系によっては，先祖が何らかの精霊と縁を持っていることもある。このような場合，その精霊は，その家系にとっての特別な祭祀神となる。

人間が，生まれると何らかの精霊が付き添って，一生見守るという。このような精霊をコシンプフ（憑き神 m 樺太），トゥレンカムイ（憑き神，北海道）と呼び，誰でも 1 柱から 2 柱の憑き神がついているという。憑き神になる精霊は決まっておらず，どの精霊が憑いたかによって，その人の性格やクセ，嗜好にも影響するという。

人間の霊魂も，精霊と同様に消滅することなく循環する[25]。人間界での死を経た霊魂は，他界へと向かい，そこで生前と同じ暮らしをする。やがて一定の時期を経て，人間界へ生まれ変わるという。稀に，耳朶に穴のある子供が生まれるのは，生まれ変わる前に耳飾をしていた名残であるという。死者の霊魂をアナイシリカムイ（冥界の神）と呼ぶことがある。また，葬儀の際の祈りには，死者をカムイと表現する例が多く見られる。山田（1996）は，金田一が紹介した祈り詞（1-9）を引いて，人間が死後神になることがアイヌの宗教観の特徴だと述べている。

しかしながら，こうした表現は祈り詞の中に限定的に見られるものであり，なおかつ次に述べるように，死者の世界は精霊の世界とはやはり厳然と区別されている。それだから死者と精霊では祭祀の方法も変えるのである。このことは，後述するように精霊の世界へ行った死者は通常とは異なる祀り方をすることにも明確に現れている。死者をカムイと表現することは，おそらく肉体から離れ，霊魂となったことの表現なのだろう。こうした修辞は神に対しても用いられ，しばしばクマ送りにおいてクマを殺害することを「神にする」と表現したり，また神が人間界での肉体を離れることによって「ソンノカムイ（本当の神）になる」と言う［鍋澤・扇谷 1966：84］。したがって，精霊も死者も死後は同じ存在になると

いう理解は，ともに霊体になるという意味では当たっているけれども，そこには明確な区別がある。

先に述べたように他界の語られ方は様々で，天または地下にある，水平に移動した位置にあるというイメージが混在しており，判然としない点も多い。

他界の呼び方も様々だが，ポクナモシリ／ポホナモシリ（下方の世界）という呼び名は北海道・樺太に広く見られる。また先祖を表す言葉がシンリッ（根）やチンケウ（脚）であることから見ても，他界が地下と結びつけられていることがうかがえるが，ポクナモシリは通常の他界ではなく，罰せられるものが向かう場所だとする場合も多い。例えば，八重九郎は，普通の死者が行く世界をエカシコタン（祖翁の世界）・フチコタン（祖媼の世界）としており，罰せられて行く先はテイネ ポクナモシリ（湿った下の世界），スマ ポクナモシリ（石の下の世界），サッテク ポクナモシリ（干上がった下の世界）と呼ぶ。葛野辰次郎もポクナモシリは罰せられるものが行く世界だとしているが，生前に良からぬ行いをした人でも，葬儀の際にはその罪を祓い，ポクナモシリに行かないようにするものだという。

こうした地下のイメージがあるいっぽう，アフンパラ（入る道の入口）やアフンチャラ（入口）と呼ばれる他界へ通じる洞窟に入り，延々と歩くうちに（水平方向に移動するうちに）他界へたどりつくという伝承も北海道・樺太のどちらにも見られる。他界は人間界とは，季節や時間が逆になっているとする地域が多く，また他界の人間には生きている人間が見えないという。白老町の伝承では，他界に通じる穴の先に行くと，大きなエゾマツが立っており，そこには墓標の新しいものや古いものが立てかけられていた。海が見えたので行くと，人々が船荷を降ろしているのに出くわしたが，誰も自分に気づかない。とある家に入ると死んだ両親が怒った顔をしていて「ここは死んだ者のみが来るオヤモシリだ。お前はまだ生きているが，言うことがあって呼んだのだ。お前はよそで人が死んでも，何も持っていかない。ここでは子孫から供物が届くと人を呼んで宴を開くことになっているが，お前がお悔やみを持っていかないので，私たちも宴に呼んでもらうことができず悲しい思いをしているのだ。誰か死んだときには物を持っていけば，ここで私たちが呼んでもらえるのだから必ず供物を持って行け」と文句を言われた。男はこのことを話して早死にしたという［更科 18：95］。白糠町の伝承では，他界への穴の先には美しい世界が広がっているが，そこの住人は逆さに立っているという［平良・田村ほか（編）2011］。樺太西海岸来知志では他界の入口をオヤシルントゥフソ（別の世界の洞窟）と呼び，そこをくぐった者の伝承や体験談がいくつか記録されている。ある妻を亡くした男が，キツネ用の仕掛け弓をかけておいて様子を見に行くと，キツネがかかって血を流して逃げた跡がある。血の跡をたどっていくと，オヤシルントゥフソに入っていった。やがて行く手が明るくなり外に出ると大きな山や川があり，川伝いに歩いて村にたどり着いた。そこで，死んだ妻が家のそばで針仕事をしていた。男がそばへよって袖を引くと，手に針を刺して倒れてしまい，人々が大騒ぎして家にかつぎ込んだ。帰るとき，小屋いっぱいに干し魚があったので2, 3本とって帰り玄関の上に投げあげておいた。帰りが遅くなったので周囲の人々から理由を聞かれるまま，見てきた話を聞かせ，その魚を出してみると木の皮のようになっていた。その男は話をした途端に倒れて死んでしまった［更科 191：18］。

鵡川町では，死者が他界へ向かう道の途上に二手に分かれた所があり，そこを守るルエプンキネカムイ（道の番をする神）が，死者を生前の行いによってカムイコタン（神の村），ウェンモシリ（良くない世界）のいずれかへ送り出すという。これなどは，日本の影響が強く感じられる。

葬儀の場で唱える祈りの中では他界のことをカムイモシリ（神の世界）と呼ぶことが多いが，神界と区別されていることは先に述べた通りである。新ひだか町静内では他界をススランペッと呼び，天の星の1つにその世界があるという。ススランペッに上った人々はその西側に達し，やがて東側から人間界へ降りて転生する［葛野 1999：113］。このように他界のイメージには地下，水平，天の3つの類型があるが，いずれの場合にも人が誕生する場合には天から降りてくると考えられているようである。沙流川の伝承によれば，ラマッカラカムイ（魂を作る神）とい

うカムイが，天界の家の中で，上座と下座に60ずつの揺籃を吊るし，その中で赤ん坊を育てているという。ラマッカラカムイは散文説話にも2例出てくるが，そのうちの1篇には黒ギツネと赤バチの神が子供のいない夫婦のためにラマッカラカムイから子供の魂をもらい受ける場面がある［萱野 1974:130］。もう1篇ではラマッカラカムイがイソラマッ（狩りの魂）を入れ忘れたために猟運が無かった男のエピソードが語られる[26]。新ひだか町静内ではポエカシヌカラカムイ（子供を授ける神）が，出生する霊魂を送り出すとされる。

人間界から他界へ向かうときには，記憶も姿かたちもそのままに移行し，先に亡くなった人々と再会してもとの通りの生活をつづけるとされる。中川（2010）は沙流川の葬儀で死者に向かって述べられた言葉を2例引用しているが，男性の死者に向けた言葉では自分の両親の許へ行くよう，女性の死者に向けた言葉では夫のもとへ向かうべきことが唱えられている。アイヌ社会では婚姻に際して男女どちらの家に入るケースもありえたが，上の例では女性が夫方の家に入り，そこを軸として親族社会が再構成されているように見える。同じ地域でも，別な話し手のテキストでは「先祖のもとへ」と言われているだけで，具体的にどこへ行くのかが明確でないことが多い。新ひだか町静内では，死者が男女いずれであっても「行った先には先に亡くなった翁・媼が待っている」と唱えた例があるが，「翁・媼」は亡くなった人の両親とも，祖先全体とも解釈できるため，さらに検討を要する。一方，中川（2010）では，女性は女系の先祖のもとへ，男性は男系の先祖のもとへ向かうという考え方もあることを実例とともに示している。これら2つの考えは，それぞれまったく異なる他界を描いているのだろうか。鍋澤・扇谷（1966）には結婚式に関する祈りも収められているが，そこで例となっているのは門別町と平取町の男女による婚姻である。婚姻の重要なステップとして，婚家の先祖達に対して祖霊祭を行い，別な家系の者が新たに家庭に加わることが報告される。このとき何が述べられているかというと，ひとまず門別方の祖霊へ向けて供物を送り，その後に平取から新婦側の祖霊を招いて饗宴を開き楽しんでくれるように，そ して両家ともに若い夫婦を見守ってくれるように，といった内容である。つまり，他界において離れた場所にいたとしても往来は可能なのであり，男女がそれぞれの祖霊のもとへ向かったとしても，その後に再会することも可能であるようにも思える。それとも，男系と女系の他界は，まったく往来不能な異世界なのだろうか。八重九郎の言うエカシコタン・フチコタンは，名称からして独立している世界を思い浮かべさせる。

このことについてこれ以上何かを言う材料は今のところないが，アイヌ社会において男系と女系は完全に分かれており，どちらか一方ではなくそれぞれに存続させる必要があるという意識は比較的明確に現れている。例えば散文説話などの締めくくりでは平穏で理想的な日常が描かれ，子供が生まれてすくすくと成長することがその1つの象徴となる。そのとき，生まれる子供は男女1組以上であることが多い。あるいは何らかの理由で養子を取る場合も，男女の子供を引き取り男系女系それぞれが永続していくようにという配慮がなされる。このように，系譜が存続するということは，必ずしも血筋の上でのつながりを重視しない。というよりも，血のつながりとはまた別の面で重視すべき事柄があったということである。

養子を取ってでも後継者を維持しようとする習慣は，しばしば神祭りの維持であるとか，自分に対して祖霊祭を行ってくれるものを育てておくという理由で説明される。他界は人間界とよく似た世界であるけれども，そこでは食糧を得ることができないため，遺族による祖霊祭によって届く供物が重要なのだという。仮に子孫がいなくとも，祖霊祭では供養する人のいない無縁仏に対しても供物を捧げるなど手立ては用意されているが[27]，やはりたいへん肩身が狭い思いをすると言われるから，自分を供養する者を育てておきたいという発想は理解できる。

それに加えて，家系の存続は霊魂の循環システムの永続という意味を持っているのではないだろうか。千歳市の小田イトの伝承では，他界にたどり着いた者は徐々に他界の奥へと移り住んでいくことになっている。おそらく最も奥までたどり着いた者は，再び人間界に生まれてくるのであろう。そのときには

全ての記憶が消え，新たな人間となるのである。このときには当然，生きた人間の体を介さなければ生まれてくることができない。もしも，他界から人間界へ戻るコースが，同一の系譜の中で循環する閉じたサイクルだとしたらどうだろうか。サイクルに支障が起こらなければ，一定の時間を経て生まれ変わることができるが，それが途中で途絶えてしまえば祀ってもらえないどころか再生も不可能になる。

中川(2010)は神々が子孫を増やすためには，実体を持って人間界に来る必要がある可能性を指摘し，あわせて人間界にウワリモシリ(出産する世界)という呼称もあることを紹介している。実体を持たなければ子孫を増やせないのは人間も同じことで，他界との往来を自由に行うことができる神々に比べ，人間の方がより深刻ではないだろうか。仮に，理念上は他界で子供を産むことができたとしても，そのことは現実の人間には何の影響もないのだから。とすれば，養子を取るということは，養われる子供にとってメリットがあるだけでなく，育てる側にとっても同じ霊魂のサイクルに迎え入れ，これをつないでもらうという重大な意味があることになる。こうして，養父母と子供の間には，血のつながりとはまた違った強い絆ができるのではないだろうか。

1-1-7. 儀　礼

様々な精霊からの恩恵に対し，儀礼を行って感謝の祈りとイナウ，神酒などを贈ることが人間の義務である。また，儀礼は精霊たちに特別な援助を求める手段でもある。儀礼を通じて，神々と人間の関係性が確認され，同時に人間社会における相互の関係も確認される。

1-1-7-1. 日常的儀礼

儀礼は，家庭内で行うものから，近隣の人々が集う大規模なものまである。魚類が溯上する時期の前後，ヒシなどの植物の収穫期など，生業のサイクルの中で固定的に行われる儀礼と，人生儀礼やクマが獲れたときなど，そのときどきの事態に応じて行われるものがある。

人生儀礼：出産，養子取り，命名，結婚，新築，葬儀，祖霊祭等
緊 急 時：けが，流行病，災害(地震，津波，日食)等
漁　　労：漁期前・後の祈り，初サケ儀礼，メカジキ送り
狩　　猟：狩猟時(クマ穴の前で，仕留めた後)，霊送り，矢の印を変えるとき
採　　集：家を出る前，山に入る前・後，採集後，帰宅後，ヒシ採取
農　　耕：種まき，風を呼ぶ・止める，雨を呼ぶ・止める
そ の 他：遠出の前後，新年，新月，巫術，戦争

儀礼に際しては，祈り詞と拝礼が捧げられ，必要に応じて供物が捧げられる。最も簡素な祈りは何も持たずに行うが，何か食べ物を捧げるのが普通で，規模が大きくなれば特別な衣装を身に付け，模様入りの茣蓙で室内を飾り，供物も宝器類に盛る。供物はイナウと神酒，タバコなどが一般的で，神酒には，自製の濁酒のほか，清酒や焼酎，ビール，ウォッカも使われるが，酒類ではなく水でもよいという[道教委 1980：105]。そのほか人間が好むもの，珍しいものが選ばれる。反対に，人間が嫌うものは精霊も嫌うと考えられ，病気や事故を起こす好ましくない精霊には，悪臭のあるもの，トゲのあるもの，粗末な食物を捧げる。

儀礼の記録はクマ送りやヒシ祭等，どちらかと言えば規模が大きい儀礼に関するものが多く，日常的な儀礼の実態はあまりよくわからない。ここではOhnuki(1968)に記された来知志の年中行事の例を示す。来知志では，季節と月の満ち欠けを基準として，次のような儀礼を行った。日常的にいたるところで行う祈りと区別し，ある程度改まった，祭具・料理等を用意し着座して行う儀礼としては，①火の神をはじめとする身近な神への祈りを夏季に3回，冬季に3回行った。これは家族単位で行うもので，料理と神酒，イナウを用意し，新月から満月までの間で適宜日取りを決めていった。また，②太陽神・月神への祈りを年2回(3月と8月)，③山と海の神への祈りを年1回(夏季)行った。いずれも規模は①と同様である。

その他は，必要に応じて適宜行う。命名式は吉田厳が紹介したもので，レイワイ（名前の祝い）と呼ぶ。アイヌ文化では，子供が5歳位に成長した頃に正式な命名を行うが，そこで決めた名前を神々に通知する儀礼である[吉田 1911]。養子の儀礼とは沙流川の川上シンが語ったもので，養子となる子供の首にイナウキケをかけ，その家の系統に迎え入れることを神々に対して宣言するのだという[道教委 1980：81]。

以下，主だった儀礼について簡単に解説する。

1-1-7-2．漁労儀礼

シシャモ，マス，サケなどの遡上にともない，漁期前に豊漁祈願，漁期後に感謝の祈りを行う。シシャモ漁の祈りは犬飼(1941b)，サケ漁の祈りは犬飼(1954)，知里(1959)，犬飼(1961)，犬飼(1965)，久保寺(1977)に詳しい。白老町ではサケ漁前の儀礼をペッカムイノミ（川の神祭り）と呼び，河口に祭壇を立ててトマリオルンカムイ（入江の神），チワシコロカムイ（河口の神），ペッルワッカウシカムイ（川下の神），ペッノワッカウシカムイ（川上の神），チロンヌプカムイ（キツネの神）を祭って，サケの遡上が順調であるように祈願する[犬飼 1954：81]。釧路では，網漁の開始前にシトゥイナウまたはハシナウというイナウを作り，チワシコロカムイ（河口の神）に捧げてから，ヤナ漁の前にはワッカシカムイ（川の神）にピンネシトゥイナウとマッネシトゥイナウという男女のイナウを捧げてから漁に入る。

サケに対しては，他の魚種に比べてまとまった儀礼が用意されており，特にアシリチェプ（初サケ）儀礼とイナウコッチェポに対する儀礼が特徴的である。これらサケにまつわる習俗については久保寺(1977)のp338からp341に詳しくまとめられている。

初サケとは，漁期に入って最初の出漁時に捕獲されるサケのことで，この魚を歓待することで，多くの仲間を呼び寄せ豊漁となることを祈願するものである。平取町二風谷の二谷国松によれば，初漁で得たサケは全て神窓から運び入れて炉頭の敷物に安置し，火神にチェホロカケプというイナウを捧げながら感謝の祈りを述べ，新ひだか町三石，浦河町，杵臼，幕別町白人，芽室町，本別町，釧路市春採では，上下の顎，特に下顎を，白糠町では頬の一部を切り取って火の上に置く。白人，芽室，伏古では，下顎を小さなイナウにつけ，神窓の下に立てておく，あるいはチセコロカムイイナウ[28]のところに立てかけておき，漁期の終わりに「また来年仲間を連れてくるように」と言いながら川に流す。また白人では，サケの遡上が少なく不漁のときには，祈り詞をあげながらこの下顎を川へ流すとも言う。他の部位は，火神が食べた残りを食べるのだとして，近隣の人々や親戚に分けて食べる。久保寺の1951年〜1954年にかけての調査では，登別市幌別，同市登仁加，鵡川町（チン・辺富内），沙流川流域，新ひだか町静内農屋，同町三石，浦河町杵臼，帯広市伏古，幕別町白人，芽室町，高島ケナシパ，本別町（フラッナイ・チエトイ），白糠町，釧路市春採，標茶町塘路，美幌町でこの儀礼が確認されたという。

こうした初サケ儀礼については，本州や北米西海岸にもよく似た儀礼が行われることが犬飼(1954)や菅(1995)によって報告されている。八雲町や長万部町ではチェプエカノクカムイノミ（サケを迎える神り）と呼び，アシリチェプノミと呼ぶところも多い。名寄市ではチュクチェプイノミ（サケの祭り）とサクチェプイノミ（マスの祭）を行うが，マスはサケほど大切にしないという。アシリチェプノミを行うのはサケだけで，マスには行わなかったという[更科11：143]。近年は豊漁祈願と初サケ儀礼が混同されている場合があるが，本来は別の儀礼である。久保寺の資料から，沙流川流域の初サケ（マス）に向かって唱えた祈り詞(1-10)を引用する。この内容を見ると，魚が賓客として扱われていること，また魚に期待されている内容がよく表れている。

アシリチェプオルン。	（新しい魚へ）
サキペ　カムイ	（マスの神よ）
（カムイチェプカムイ	（（サケの神よ））
チコラムウセ	（貴方が来訪を(?)）
アエネカラカラクスタプ	（してくださったので）
イレスカムイ（フチ）	（火の神の）
カムイ　キレトク	（膝もとに）
アイエモシカラ	（お席を設えました）
シラン　ヤクン	（そうしますれば）

```
トゥ　イマカケ　　　　　　（この先も）
アイィポトゥンケ　　　　　（貴方の兄弟）
ウタリヒ　　　　　　　　　（たちを）
アエシルオカ　　　　　　　（貴方の後ろに）
オッテ　クニ　　　　　　　（率いてくる）
ネヒ　タパンナ。　　　　　（ことでしょう）
ハ　エ　エ　エ！29)
```

祈り詞 1-10　平取町二風谷

このほか，イナウコッチェプやカムイチェプと呼ぶ特殊なサケを捕らえたときにも，アシリチェプとほぼ同じ内容の祈りをあげる。

初漁の魚は顎の骨を囲炉裏の上にかけるなどして保存しておき，占いに使うことが各地で報告されている。美幌町の菊地股吉の事例を例にとれば，出漁前に囲炉裏の前でマスの顎の骨を頭上に載せ「タヌクラン　ラカン　アン　ア？（今晩は群来があるか？）」と唱えてから頭を前に倒す。顎骨が床に落ちたときに，歯を上にして顎の先端が自分に向く（魚が自分に向かって泳いでくるように見える）ように落ちれば豊漁であるという。八重九郎は，このような占いをニウォクと呼び，イトウの顎骨を頭に乗せて願い事を唱えながら前に落とす。やはり歯が上に，自分に向いて落ちると吉で，願いがかなうという [道教委 1977]。更科は十勝での調査において，漁期の間に取れた全ての鮭の顎骨を保存しておき，漁期の終わりに酒をつけ「また来年きてくれ」といって川へ流すという事例を記録している。このように，魚の場合にも顎骨を特別視する習俗があることに注目しておきたい。

沖漁についてはこれまでの研究でもあまり触れられておらず，筆者もわずかな資料を見ただけだが，名取（1940）にまとめられているように，陸での生業とはまた違った信仰の世界があり，多くの興味深い事象を含んでいる。例えば，噴火湾地域の人々は山猟用の神窓とは別に，もう1つ，ソユンアパと呼ぶ沖の神々に向けた入口を持っており，海で得た物や漁具の出し入れにはソユンアパを使うという習俗を持っていた。

沖の幸を授ける神は「レプンモシカルカムイ」と呼ばれ，神窓とソユンアパの間にいるという30)。出漁前には火神と「ケンルソパカムイ（おそらく家族神）」，「レプンモシカルカムイ」に祈願する。次に戸外に出て「ピシュンヌサ（浜の祭壇）」へ行き「マクンマサレコロカムイ（波打ち際の上手の神）」，「サンケマサレコロカムイ（波打ち際の下手の神）」，「カイベチュップカウンカムイ（波の神）」，「トマリコトカムイ（噴火湾の神）」，次いで「シアトイバタカムイ（外海の神）」，「カムイフンベ（レプンカムイ＝シャチ）」に祈る。レプンカムイは「シハチャンクル」と「モハチャンクル」31)の兄弟神で，祈りの際には「モハチャンクル・シハチャンクル・イモンカヌカルクルカムイオッテナ」と2神同時に呼びかける。これらの神々への祈願が終え，船の神に祈って出漁する。

噴火湾では，沖漁に出ると，家に残ったものは昼までは静かにしていなければ不漁になると言うが，

```
シャチに向けた豊漁祈願の祈り32)
    タント　オッタ　　　　　　（今日のこの日に）
    ポイヤウンペ　　　　　　　（ポイヤウンペが）
    シオカケ　タ　　　　　　　（後の者に）
    アッテ　クニ　プ　　　　　（広めたものが）
    タン　レパ　ネ　クス　　　（この沖漁というものですから）
    チコイキプカムイ　　　　　（獲物の神を）
    キナポ　ポカ　　　　　　　（マンボウばかりでも）
    ポンチェッポ　ポカ　　　　（小魚ばかりでも）
    チコウンヌカラ　　　　　　（授けることを）
    エネカラカラ　　　　　　　（してください）
    キ　ナンコン　ナ　　　　　（ますように）
    レプンカムイ　　　　　　　（沖の神よ）
```

祈り詞 1-11　登別市

```
カジキへの祈り
  ポイヤウンペ          （ポイヤウンペが）
  エシルオカアッテ プ    （後の者に広めたものが）
  タン レパ ネ ワ       （この沖漁というものですから）
  イカネイペカ          （けっして）
  アイヌピト            （人間に）
  エキロロカスレ        （はむかうことの）
  キ ナンコン ナ        （ないように）

  イシムカ イシムカ
  イシムカ イシムカ
  チコイキプ アナクネ    （獲物というものは）
  ポロペッコタン        （幌別村の）
  コタン ノシキ タ      （村の真ん中で）
  モシカラ カ タ        （敷き草の上に）
  ラッチ クニ プ        （休まるべきもの）
  ネ ナンコン ナ        （でしょう）
  イカネイペカ          （けっして）
  アイヌピト            （人間に）
  エキロロカスレ        （歯向かうことの）
  キ ナンコン ナ        （ないように）
```

祈り詞 1-12　登別市

これは北方民族の狩猟文化に広く共通するタブーだが，こうした習俗が北海道の南端近くにも行われていたのである。

登別市のカジキ漁では，家を出て船出した後と，沖でカジキを見つけ銛を打ち込む前に祈りをあげる。深夜1時ごろに2人連れで丸木舟に乗って出漁し，海上でイナウを削り次のように祈る(1-11)。

やや難解だが意図するところとしては「沖漁に行くのは何も自分の都合ではなく，偉大なポイヤウンペに教えに基づいた由緒ある行いであるから，シャチ神もそれに応えて獲物を授けてくれるように」ということであろう。自分の要求は偉大な人物の教えに基づいた正当なものであるから応えよ，というわけだが，このような論理で神に何かを求める際には，人文神アイヌラックル／アエオイナカムイが引き合いに出されることが多い。ここでは英雄詩曲の主人公であるポイヤウンペが，その位置に立っている。

このように祈ってから船を進めカジキに遭遇すると，進行方向に回り込んで銛を打ち込む。銛が命中すると，1-12のように祈り，カジキが弱るまで格闘する。その際，イケマの根をかじって銛の曳き綱に吹きかける。

イケマを吹きかけるとは，その魔力によってカジキの力を弱めるまじないであろう。カジキを仕留めると集落へ持ち帰り，霊送りを行う。白老町では，屋外で解体したあと屋内に運び込み，膳等に乗せて囲炉裏の上座へ安置する。次に，祈りをあげてから頭部を解体し，吻（ふん：尖った鼻のような部位。アイヌ語ではハイ）を切り落としたあと，頭部の皮を剥ぐ。こうした手順と内容は陸獣の送りと共通するが，大きく異なるのは，頭骨を割って汁にして食べてしまうことである。吻やヒレ，頭部の皮などは家の壁にかけて乾燥させておくが，吻は銛等の材料にし，ヒレや皮は食べるのみで，祭壇に収めるということもない点などは，かなり異なっている[33]。

1-1-7-3．送り儀礼

動物を人間が捕らえることは，その霊魂を賓客として招く行為として考えられる。動物を解体して，皮や肉を分離する作業は，精霊の荷を降ろさせ，衣装を解く行為である。このようにして人間と縁を持った精霊に，儀礼にかなった手順で土産を持たせ，

神界へと送り出す儀礼を霊送りと呼ぶ。霊送り後に残った皮や肉，骨は精霊の置き土産であり，人間への恵みとなる。いっぽう，動物も，人間の歓待と返礼を期待して訪ねてくるものだという。

霊送りの中核をなすのは，精霊の宿っている頭骨を諸々の供物とともに祭壇に納め，そこから旅立たせるまでの過程である。この儀礼によって，精霊が神界で復活を遂げ，再び人間界を訪れると考えられている。名寄市では，ある男がクマを捕らえて解体すると，頭骨の中が半分イナウだったという伝承がある。霊送りの際には，頭骨に穿孔して脳漿を取り出し，代わりにイナウを詰めておく[34]。このクマはまだ送られて間がなかったため，完全に蘇生していなかったのだという。

クマの霊送りは全ての地域で行うが，その他の動物については若干の地域差がある。シカは釧路など北海道東部では祭壇を設けるが，西部では簡略化されている。

北海道では，屋背の祭壇に頭骨を祀って送り儀礼を行うが，樺太では祈りを行う祭壇と頭骨を祀る祭壇を分け，頭骨を収める祭壇をケヨホニウシと呼んで山中に設置する。西海岸来知志ではスマリケヨホニウシ(キツネの送り場)，ホイヌケヨホニウシ(テンの送り場)，トゥナハカイケヨホニウシ(トナカイの送り場)，セタケヨホニウシ(イヌの送り場)，アトゥイカウシカムイイナウシ(海獣類の送り場)とクマのケヨホニウシを作った。クマを送る際は雌雄のイヌを同時に送り，ケヨホニウシの向かって右(山手)に雄，左(浜手)に雌を祀る。雄は山へ行く案内役，雌は後からついてくる悪神を追う役割をする[更科 19：116, 117]。

霊送りは，狩猟時に行うばかりでなく，クマなどの動物を一定期間飼養してから送ることもある。飼いグマ送りはアイヌのほかには，ニヴフ，ウリチ，サハリンに暮らすウイルタ，アムール川河口付近のウリチといったトゥングース系民族，両地域にまたがるニヴフの間でしか見られない。ウリチやウイルタの飼いグマ儀礼はニヴフから伝わったと考えらえるが，ニヴフとアイヌのどちらが先行して飼いグマ送りを行ったかについては決定的な説はない[佐々木 2007]。また，アイヌもニヴフもクマ以外の動物をも飼養するが，こうした文化は他のトゥングースにも見られるという[大林 1985]。

動物の飼養は，肉や毛皮を得る時期を自由に選択することを可能にする。このため，飼養型の霊送りを家畜化と見なし，その主眼はクマの胆嚢や肉，毛皮といった資源を増大させることにあるとする見解もある。しかし，クマの飼養には膨大な飼料を要すること，飼養する動物はクマばかりではなく，カラスやカケスなどのような食糧とも交易資源ともなりがたい生物までを大切に飼養して送る(静内・美幌)ことを考えれば，こうした解釈に直ちに同意することはできない。霊送りには複数の効果があるだろうが，アイヌの場合には，儀礼を通して精霊たちとの間にかたい縁を結ぶことが中心である。この発想に立って，クマだけでなく陸獣，海獣，鳥類，植物，器物にまで送り儀礼が広まっている。もっとも，送り儀礼に関する世界観は，動物の方が整然としており，動物の霊送りを軸に他のものに対象とした霊送りの観念が確立してきたと見ることは可能だろう。また，動物の送りに関する細かな習俗は，ニヴフとの間にかなりの共通性を持っている。クマと他の動物に特別な関係を認め，クマと前後して同時に送る点，クマの雌雄によって捧げ物の量を変えること，頭部の化粧の仕方，陸獣・海獣を送る場所と手法といった霊送りの特徴は，ニヴフやアムールのトゥングース諸文化と比較することで，より理解が深まるだろう。

エゾイタチ，キツネ，キツツキ，アホウドリ，ウミガメ，マス，サケなどの動物は，頭骨を守護神として屋内に祀ることがある。この場合は霊送りの手順をふまず，それらの精霊は，頭骨に宿りつづけていると考えられる。キツネや魚類の頭骨は占いに用いる。占いを行う際は，下あごの骨を外して頭に載せ，前方に落として落ち方で占う。エゾイタチは猟運を与えると考えられており，猟があったときには獲物の血を捧げる。これらの神も，長くとどめておくと疲弊するとされ，頃合いを見て役を解き，霊送りをする。

海獣類の霊送りは，頭骨を海へ返すことが中心となる。海獣を狩猟すると，肉・毛皮・脂肪等を利用するのは陸獣と同じだが，頭骨を送るには特定の祭

壇を用いない。知里によると，樺太東海岸白浜では，海が結氷している時期は沖の氷の上にイナウを立てて送り，船で沖に出られるときは，イナウ・供物とともに沖で流してくるという。

樺太西海岸来知志では，頭骨から脳を取り出したあとに煙草・ギョウジャニンニクなどを詰めてイナウで巻き，沖で流した。また体の骨は浜の側に立てた祭壇に置いた。

釧路市阿寒町では，アザラシやトドの頭をイナウで包み，盆に載せて海岸へ運ぶ。渚で祈りを唱えながら砂をかけ，そのまま海へ押し流したという。

1-1-7-4. 物神の霊送り

沙流川の神謡では，使用しなくなった船の霊魂は，森の中へ送り返し，そこから昇天すると語られる。臼も女性であることが多く，廃棄時は，臼材を切り出した切り株のところへ運んで送る(新冠町)。葛野辰次郎は，霊送りをする臼や器を祭壇神の祭壇へ安置し「今日に至るまで，私らが子供育てる間，色々と御手助けをしてくれた。ありがとうございました」と言って感謝し，「貴方のご神体はもう老衰になった」ために「貴方のご神体はヌサコロフチサ，お預けする」ので，この祭壇から「その霊魂は天界に立ち昇って下さい」と祈る[北海道教育委員会 1995：242-243]。

家屋神に対する霊送りの実例は未見だが[35]，関連するものして鍋澤・扇谷(1966)に収められた火災後の祈りがある。ここでは，ラムヌサコロカムイ(低い祭壇の神＝森林神)に対し，火災によって焼けた家屋神や宝物神や臼神，器の神の霊魂が煙とともに昇天するから，それを迎え入れて再び人間のもとに送り返してくれるように，と述べられている。家屋神の帰る場所は，やはり森林神の世界なのである。

前述した家の守護神も，木で作った一種のイナウである。守護神として祭ったイナウを送るときには，樹木の主催神のもとへ送り返す(平取町)。千歳市では守護神の帰る所を，カント オッタ カムイオシニウシ「天にある神が休む所」と呼ぶ。

その他の細々とした道具類も，使用に耐えなくなる，あるいは役割を終えると霊送りを行う。その際，どこかに傷をつけることで，霊魂が抜け出して神界へ戻ることができるという。着物は，襟や襟首，袖に精霊が宿っていると言われる(虻田町)。樹皮製の着物は，林に持っていって送る(音更町)。

このように器物の霊魂は，素材となったものの世界へ帰っていくと考えられている。なお，霊送りした後の器物を2次利用する事例もいくつかある。白沢ナベの父は，船の舳先と艫を切り落として霊送りをし，中央部はイヌの給餌器などとして再利用したという[由良 1995]。金田一が釧路市春採で聞き取った伝承にも，クマゲラの神が老朽化した船からイクパスイを削り出したというものがある。

1-1-7-5. 葬儀・祖霊祭

人間は死後，他界へ移行し，そこでの生活に入る。葬儀においては，他界での暮らしに備えて生活用具一式を持たせるとともに，思いを残したり道を誤ったりせず，まっすぐに他界へ向かうよう繰り返し言い聞かせる。こうした内容は送り儀礼と共通するものであり，萱野茂は，葬儀を人を対象とした霊送りであると表現している。中川(2010)には，他界での生活について，生前と同じ社会関係のもとで同様の生活がつづくというものと，男は男の先祖，女は女の先祖のもとへ行くという2通りの考えがあることを述べている。鍋澤・扇谷(1966)には葬儀の際の祈りが3篇(男性1，女性2)，萱野(1998)には1篇が収められている。これだけの事例で傾向をつかむことは難しいが，男性の葬儀に際しては他界に待つ両親のもとへ行くよう述べられており，女性の葬儀では夫のもとへ行くように述べられている。

埋葬地には墓標を立てる。墓標はクワ(杖)またはイルラカムイ(人を運ぶ神)と呼ばれ，死者の霊魂は墓標の肩に手を当てて，墓標の発する光に導かれながら歩いていくという。墓標は性別や年齢，家系，社会的地位，死因によって形状が変わることがある。性別による違いについては河野(1931)が詳しく報告しているが，そのほかについては不明な点も多い。

樺太の西海岸では横枝のある円柱状の墓標，東海岸では板状の墓標を用いることが多い。来知志では，事故死の場合は模様のない着物を着せ，墓地まで刀を持って威武行進をする。病死の場合は通常の葬儀と同じである。通常，遺体は茣蓙に包んで埋葬地ま

で運び，墓穴に入れてから茣蓙を解く。このとき，茣蓙には刃物で切れ目を入れるという。地位のある人物は棺に入れて，頭を北に向けて樹上に置くという[更科 19：117-118]。

胆振から日高の静内にかけては，墓標の頭部に窪みを作り，そこを炭で黒く着色する。これは墓標に火神の霊力を込めるのだというが，こうした習俗は，家族神（チセコロカムイ）にまつわる習俗と相関をなしているように見える。胆振から日高の静内では家族神の神体に炭を結びつけて，家族神の心臓とする。浦河町の家族神は心臓の位置が炭で着色されているが，同じ意図からであろう。通常の墓標は外皮を除き若干の装飾と布・組紐が巻かれているが，変死者の墓標は外皮も剥かず，切り出したままの丸太のような形状をしている。鍋澤・扇谷(1966)には，水難による死者の葬儀の言葉があるが，「先祖の言葉にしたがい，事故死者には本当の墓標がさずけられず，ただ切った墓標が渡されるのだ」と述べているだけで，本当の墓標が渡されない具体的な理由については述べられていない。

近代以降は禁止され廃された習慣であるが，釧路・北見地方では家長が死亡すると，家に火をつけて道具類と一緒に燃やす。他の地方では，特に女性が死亡した場合に燃やすことが多い。家のかわりに仮小屋を作って燃やすこともある。こうすることで，家が死後の世界へ届くという。

祖霊祭は，シンヌラハパやイチャラパ，イヤレ等の名称で呼ばれ，他界に暮らす先祖や亡くなった家族のもとへ食糧やイナウを届けるもので，死者の直接の子孫が行うことが多いが，白老町の森竹竹市は，他家の祖霊祭に参列した際は，その家の先祖に向かって供物を捧げるとしている。男性1名と女性数名が戸口から供物を持って出ていき，まず男性の先祖に黒い酒盃で酒を捧げる。白老ではイナウは用いず，供物はちぎって地面に置く。その後，女性たちがかわるがわる供物を捧げる。自分の先祖に捧げたものは直接先祖に届くが，他家の先祖に祈った場合は，供物が届いた後に捧げた者の先祖が招かれて酒宴が催される。したがって，他家の祖霊祭に何も供物を持っていかないと，他界で先祖が肩身の狭い思いをするという伝承がある[更科 19：94-96]。

死者は，死後一定の期間を経て他界へ到達するため，その死者に対して祖霊祭を行うのも一定の期間を経てからである。例えば，新ひだか町静内では死後3年経ってから祖霊祭の対象に加えられる。これに対し空知地方ではごく短く，数日で祖霊祭を行う。この際，シンヌラッパイナウとシュトイナウというイナウを作る。シンヌラッパイナウは死者が祖霊祭を怠っていた場合に，他界にいる死者たちに詫びとして渡し，快く迎え入れてもらうためのもの，シュトイナウは他界でも神々を祀るので，その際に使用できるようにという意図で用意するのだという[名取 1934]。

また，数代を経た死者には祖霊祭を行わなくなるが，これは死者が他界で一定の期間を経ると人間界に転生すると考えるためであろう。

北海道では墓地へ近づくことを禁忌とし，先祖供養は屋外の祭壇付近で行う。樺太の来知志では墓参をし，そこにイナウを立てた[Ohnuki 1968]。白老ではイナウを用いず，おおよそ決まった場所で，供物として用意した食物をちぎって地表にまく。釧路地方では現在でも，屋内の火のそばでイチャラパを行う光景を目にするが，八重九郎の聞き書きにもそのことが語られている。八重によれば，本式には春に屋外で行うが，屋内でエカシノミ（祖翁への祈り）やフチノミ（祖媼の祈り）を行う場合は炉の下手のシソ（本座）側で行う。また，祖霊祭には酒をそのまま用いず，水で薄めたものをまく[道教委 1977：54]。

祖霊祭は不祝儀ではなく，むしろ，珍しい食べ物を入手したといった喜ばしい場面で行われ，あるいは心配ごとを解決する手段として（例えば悩みごとの原因が祖霊祭を怠っていることによると考えられる場合など），また神々に対する儀礼の後に連続して行われる。ただし，様々なレベルで神々への儀礼と逆転した形を取る。死者は祈りの対象ではあるものの，神々とは別の存在であるから，神々に対してはばかるようである。具体的には，神事に用いる祭具等は神窓から運び出すが，祖霊祭の場合は戸口を用いる。祖霊祭の祭壇を作る場合は，屋背の神々の祭壇から少し離して設けられていることが多いが，戸を出てから祭壇へ向かう際に，神々に祈るときと反対のルートを取る。また，祖霊祭用のイクパスイ

はレタラパスイ(白いパスイ)またはシンヌラッパパスイ、イチャラパパスイと呼ばれる模様の無いものが用いられる。旭川市では無文のイチャラパパスイを用い、浜益・日高・余市・長万部では通常のイクパスイを裏返しにして用いる。

また、イクパスイを揺らして献酒する際にも、手の位置より下に向かってしか揺らさない[名取1934]。先祖に捧げるイナウも、神に用いるものよりも若干簡素なものを用いるが、女性よりも男性の方が大きなイナウを受ける傾向がある。来知志では男性には足をつけた長いイナウ、女性には短いものを捧げた。

もう一つ、祖霊祭と神事の顕著な違いとして、祖霊祭では加護を願ってはならないと言われる。次に、静内の栄栄吉が唱えた祖霊祭の祈り詞(1-13)を引用する。

同じく、静内の織田ステノの祈り詞(1-14)にも次のような表現が見える。

これらの例のように、静内の祖霊祭においては人間界を振り返らぬように祖霊に言い聞かせる。これは、願いをかけることによって死者が人間界に意識を向けることを忌避しているものと考えられる。また、葛野(1999)には、死者は「エホロカ ケウツム」を持つものだから加護を願うものではないと述べられている。つまり、加護を願うと反対の結果を招くということらしい。ただ、祖霊祭の祈りの中に祈願を含む地域も多い。平取町二風谷の萱野茂は次のような祈り(1-15)を唱えた。

上記の例のほか、久保寺逸彦が筆録した沙流川流域の祈り詞にも「アプノ イエプンキネ ヤン(懇ろに私をお守りください)」等の表現で、加護を祈願する例が数例見られ、また、鍋澤・扇谷(1966)に収められた結婚式の祈りでも、新郎新婦の行く末

静内 栄栄吉氏	
(亡クナッタ人ノ名前ヲ言ウ)	
イサムペ キリサマ	亡クナッタ人ノソバ
クホクペ	私ノ買ッタ
タパン トノト	コノ酒
タパン マラット36)	コノゴ馳走デ
イチャラパ クキ ナ	オマツリヲシマス
イレスフチ	火ノ火神ニ
ピリカ ソンコ	ヨク言伝テ
エオマレ	ヲシテ
カムイ マウケセ	神ノモトニ
クイェ ハウェ ネ ナ	私ノ言ウコトハ
タパン トノト	コノ酒
タパン マラブト	コノゴ馳走ガ
カムイ オッタ	神ノトコロニ
アプニタラ	シズカニ
ピリカ マラット	リッパナゴ馳走ガ
エオマ ナンコロ。	トドクダロウ
イマカケタ	ソノアトハ
イレスフチ	火ノ女神
カムイ キリサマ	神ノソバ
エコヘキル	ノ方ニ、フリ向ク
ソモ キ ナンコンナ	ノデハアリマセンヨ。
[栄ほか 1978：19]	

祈り詞 1-13　新ひだか町静内

タネ アナクネ	今や
ウコオリパクアン ナ．	遠慮し合う仲なのですよ。
イテッケ シオカ クッウン	後ろを振り向いては
イテッケ キ ヤン．	いけませんよ。
[ウタリ協会編 1994：115]	

祈り詞 1-14　新ひだか町静内

を先祖が見守ることを期待するという内容が述べられており、祖霊祭の言葉でも子孫を見守るようにと告げている。アネサラの木村ヤウェウェアシ、帯広の高橋勝次郎が述べた祖霊祭の祈りにも、断片的で

アイヌ イキリ ニシパ サンテク	アイヌの血統 絶えることなく
シピラサ ワ	繁栄する
ドクノ クニ アシノ クニ	そして幸せに暮らせるように
カムイモシリ ワノ チコプンキネ	神の国から 守って
アエカラカラ クニ ネ ルウェ ネ ナ。	くださることと思います
[ウタリ協会編 1994：112]	

祈り詞 1-15　平取町二風谷

N14 Sinnurapa inon ita	「祖霊祭の祈り詞」
Ku kor hengi utari	（私の祖父たち）
tani anatne	（今日では）
usa irenka	（さまざまな制度が）
kotaj sijufte	（社会を縛って（？））
anuwa an-kusu	（いるため，）
tono texka	（日本人の手から）
aneuf kara	（得た）
tonoto eunkitoxne	（酒を捧げることを（？））
ecikara-kara-jan	（貴方達に向けて取り行います）
haciko hene ki jaxka	（わずかな量であっても）
euntakan isinne	（ともに）
eukopi-janu jan.	（分かち合ってください。）
taha ku jete	（このことを申し上げますので）
eci-ajnu-mit-utarhi	（貴方達の子孫の）
koro kasihi	（上に）
eci-ranki- kun cufki	（貴方達が降ろす輝き）
mau rapokihi	（その下で（？））
esiraxki kuni	（加護を受けるように（？））
tambe pate	（このことだけを）
ejajko-itaxne	（私みずから）
eciki-kara-jan.	（申します（？））
N15	
An-ciari inomi	（捧げ物の祈り）
sinnuraxpa	（祖霊祭を）
ecinuraxpa-jan,	（貴方達に向けて執り行います。）
sijupu turi	（よく目を凝らして）
ikaso inkara jan.	（私達を守ってください。）
Sisnuwank	（生ある者を）
ikaso inkara;	（見守ってください。）
oja pa suj	（来年ふたたび）
ecinomi-an kusu iki.	（貴方達に祈ります。）
"jajrajgere" nax je-jan.	（ありがとうと言ってください。）
Anokaj okaj, poro jajrajgire.	（私たちは大いに感謝しています。）

祈り詞 1-16　樺太東海岸

はあるが，加護を求める言葉が含まれている[37]）。また，美幌町の聞き書きでは，呪いをかけられた際にエカシノミ（男性の祖霊への祈り）をして保護を求めた事例がある。なお，美幌町でも祖霊祭のイナウや供物等は戸口から出すという［更科 12：123］。

次に，B. ピウスツキが残した資料から樺太の，おそらく東海岸で記録された祈り詞(1-16)を引用する[38]）。

最後から2行目は，祖霊に対して礼を述べることを求めており，いささか尊大に見える表現だが，その意味するところは「祈りを快く受けてほしい」といったことであろう。このように，祖霊祭における祈願を強くタブー視する地域がある一方，積極的に祈願をする地域も多い。

人間の霊魂と精霊は別々に循環するが，精霊は気に入った人間を仲間に引き入れることがある。例えば，美貌や心がけの良さを精霊に見初められた人は，早世するという。これは，精霊がその人の霊魂を自分の世界へ連れて行って伴侶とするためである。溺死者は川の神の眷族に，クマに殺されたものはクマの眷族になる（千歳市）。病死者などの霊魂も，病気を司る精霊の眷族となる（新ひだか町静内）。こうし

た場合，その霊魂は，数年の間，あるいは永遠に人間の霊魂の循環からは外れることになる。祖先供養を行う際も，通常のやり方ではなく，神への祈りと同様のやり方で行う。1940年代の樺太西海岸鵜城では，クマに殺害された男性に対する供養として，墓地にイナウを立て，カムイとして祈ったという。このように，クマに殺された人間に対し特別な儀礼を行う慣習はニヴフにも見られる。ニヴフの場合はもっと明確に，祈願の対象となることが記されている。また，殺害したクマを探し出して報復し，肉を細かく刻んでまくこと，その肉は決して口にしないこともアイヌとよく似ている［クレイノヴィチ 1993：310］。

　特殊な死を経験した先祖を神として祀ることとの関連が考えられる慣習として，日高地方のパセオンカミ（尊貴神）にも注目しておきたい。日高地方ではパセオンカミという特別な祭神を祭っている場合がある。この神は，その家系にとって特に重要だとされる神で，久保寺（1953）に詳しい紹介がある。パセオンカミへの祈りは儀礼のクライマックスに行われ，晴れ着も祭具も最上のものに取り替えて祈る。何神をパセオンカミとするかは家系ごとに定まっているが，他家でも祭っている狩猟神やクマの主宰神のほか，特別な伝承をともなう祖霊であることがある。新ひだか町静内のある家系では，かつて流行病が猛威を振るった際に，自ら病気の神の眷族となって（罹患により死亡して），人間たちを守った先祖をパセオンカミとしている。パセオンカミと関係するかもしれないが，来知志では，70歳以上の男性が死亡して1，2年が経過すると，遺族はこの人をカムイと呼び，病気平癒等の祈願をする。その際，樹皮を剥いだ棒にイナウを結んで立て，献酒するという。この儀礼を行うのは遺族に限られ，女性は70歳以上になって死んだ者でも祈願の対象にはならないという。

1-1-8．巫　　術

　アイヌ社会では儀礼に専従する神職のようなものはなく，男性であれば誰でも経験に応じて儀礼を行う。女性は，男性に比べ制限されているものの，やはり儀礼を行う。そうした通常の儀礼とは別に，トゥスと呼ばれる憑依型の巫術を用いて占い，病気治療などを行う霊能者が存在する。

　通常の儀礼が，神々に関する知識，イナウ等の製作にかかる工芸技術，祈り詞を構成し詠唱するための言語運用力と音楽的センスによって執り行われるのに対し，トゥスは，憑き神の能力によって行うもの，つまり先天的な才能によって行われる点が大きく異なっている。トゥスクル（巫者）になるかどうかは，生まれ落ちるときに憑く憑神によって決まり，後天的な努力によってトゥスクルになることはできない。また，トゥスクルの中にも憑神の能力に応じて力の違いがある。イナウやガラス玉などの用具を使って，憑き神の力を引き出したり補ったりすることもある。樺太におけるトゥスは，形式的にもシベリアやアラスカの諸民族のものに類似しており，専用の太鼓と被り物を用いる。カチョと呼ばれるアイヌの太鼓は，撥の握り方が他の民族と異なる。軽く沿ったヘラ状の撥の中央を握り，両端で膜面や枠を叩いてリズミカルに演奏する。巫者は太鼓の音と自らの歌・口笛，イソツツジを火にくべて煙を出し，海水を大量に飲むことなどによってトランス状態に入っていく。巫者の憑神は巫者の体にのり移り，巫者の口を借りて託宣を述べる。このときの言葉は常人にはわからない言葉であるため，巫者のそばには言葉を聞き取る役割の助手が常についており，巫者の託宣を伝える。トゥスが終了すると，憑き神に対しイナウや貴重な布，あるいはイヌなど感謝の品を贈る。

　なお，これまでの研究では，弦楽器のトンコリと女性用の金属装飾付き帯カーニクフを巫術の道具だとすることがあったが，どちらも研究上の誤解であって，樺太アイヌ自身がそのように述べたわけではない。カーニクフは，単にトゥングース諸民族の巫者が用いる帯と形態が類似していたことによる混同である。

　トンコリは，楽器の各部位に人体になぞらえた名称がつけられ，内部に心臓／魂と呼ぶ珠が入れられていること，トンコリ自体に特殊な力があるとする伝承から特別視されてきた。しかしながら日本語で「パンの耳」や「イスの脚」といった表現があることをつかまえてパンやイスが精霊だと言うものはい

ない。同じように、アイヌ語にもケマウシシントコ（脚付き行器）やテクシパッチ（手＝取っ手の付いた鉢），エトゥヌプ（鼻を持つもの＝片口）という表現はある。加えて，これまで例示してきたように，アイヌ文化にとって，器物が生きているということ自体は取り立てて珍しいことではない。使わなくなったトンコリを霊送りせず放置したために，人に化身して歩き回ったという伝承もあるが，アイヌ文化では鍋がぼやいたり，炉縁が告げ口したり，矢が恐怖で震えたりなどいくらでも同じような例を拾うことができる。トンコリの音色には流行病の神を遠ざける力があると言われ，また演奏によって戦争の相手を眠らせたり，嵐を沈めたり等々，トンコリの特別な力を伝える伝承があるのは事実である。ただ，それはエムシやイクパスイと同じで，道具そのものに力があるのであり，どのような凡人でもその力を借りることのできる。いっぽう，凡人がトゥスの太鼓を叩いても何も起こらない。繰り返すが，トゥスはあくまでも巫者自身の力によって行われるのである[39]。

1-1-9. アイヌの霊魂観

ここでアイヌの霊魂観についてまとめておきたい。霊魂を表す語彙は知里（1975(1954) 人間編）に20語以上が紹介されているが，主だったものとしてはこれまでにも言及してきたラマッのほかに，イノトゥとタマ，ライタマヌムなどがある。イノトゥについては，知里（1975(1954) 人間編）や児島（1996）が指摘しているように英雄詩曲に特に顕著に現れる語彙である。知里は，イノトゥが用いられる地域として沙流と幌別のみを挙げており，他地域の方言を記載した辞書類，公刊テキストを見てもイノトゥの使用が見られないことから，あるいは沙流・幌別の，それも英雄詩曲にのみ見られる特殊な語彙である可能性が高い。タマは宝珠を表す言葉で，しばしば霊魂の意味にも用いられる。ライタマヌム（死者の魂の粒）という表現や，田村（1996）にはラマッタマという表現もあり，ラマッの用法と重なり合うところが多いように思うが，後述するように，タマという言葉で表現される丸い形状は重要なポイントである。ライタマヌムは知里（1975(1954) 人間編）が指摘す

るように，樺太の説話中にも見られる。また，樺太西海岸の火神の神謡では，小鳥の姿をとった例がある。以下，本項では主としてラマッについて検討する。

1-1-9-1. ラマッの一般的理解

1-1-1から1-1-6まで例示しながら述べたように，アイヌの精神文化の基盤には，事物が霊的要素であるラマッと物質的要素の2つから成っているという前提がある。ラマッの最も一般的に見られる性質・用法は下記の①と②で，今日の日本語における「魂」や「生命力」と同じ意味，すなわちその人（人以外も）の生命全体を指して使われている。これをラマッ1と呼ぶ。

①何者かが魂を盗んでいくと死んでしまう。例えば知里（1977(1944)）に収められたキツネ神が人妻の魂を盗んで妻にしようとする話など。
②人が寝ている間に魂が虫などの姿になって遊離していることがあり，それを追い払ってはならない。また，急に人を起こしても魂が落ちてしまうことがある。そうすると死ぬか，そうでなければ狂人になってしまう。
③萱野茂が採録した説話に「山菜のラマッ」が出てくる。山菜を独り占めした女が神々から罰されて病気になったため，山菜のラマッを返すして野山に山菜をばらまいて）謝罪すると回復した[40]［萱野 1979：90］。

③はやや特殊な例だが，ラマッが無いと山菜が再生できない，ということで一般的なラマッ1の意味合いに近いものとしておく。

さらにラマッの用例をいくつか見てみたい。
④田村（1996）には次のような記載がある。
ラマッ ramat【名】［概］（所はramatu(hu)/ramaci(hi) ラマトゥ（フ）／ラマチ（ヒ） 魂。
・nen poka ne wa ramat kasi a＝konitata yakun ネン ポカ ネ ワ ラマッ カシ ア コニタタ ヤクン 何とかして魂を押えてもらえば（＝命をとりとめさせてもらえば）。《W会話》
・aynu ramat, ray aynu ramat tama ani kane

an tekehe アイヌ ラマッ, ライ アイヌ ラマッ タマ アニ カネ アン テケヘ 人の魂，死んだ人の魂の玉を持っている彼の手を。《W民話》
- pirka isoytak, pirka ramat kor uwepeker ピリカ イソイタク，ピリカ ラマッ コロ ウウェペケレ よい話，よい魂を持つ民話。《W独話》｛E: the soul; the spirit.｝

ここでも，ラマッとタマが並列されている。3つ目の例文にある「話のラマッ」とは「すぐれた内容」や「味わい」といった意味だろうか。このように実体の無いものにラマッが宿るとする例がいくつかある。

⑤萱野(2002)に収録されたイタクラマッも同様に，実体のない所にラマッが宿る例である。

アイヌイタク　アナクネ
人間の言葉というものは
ラマッコロワ　コエドレンノ
魂を持っていて，それとともに
ケマコロペコロ　パラコロペコロ
足があるように，　口があるように，
イタクラマッ　シネンネ
言葉の魂が独りでに
アプカシペ　ネルウェネワ
歩くものなのだよ

これは一種の人生訓を文学的に表現したもののような印象も受けるが，後に触れる葛野の事例にも同様の例が見られる。文字通りに解釈すれば発せられた言葉そのものに霊魂が宿っていることになる。なお，これらは後述するイタクラマッの例（⑦⑧⑩）とは異なる性質を持つものであることに注意しておきたい。

久保寺が採録した神謡などに出てくる，やや難解な例もある。

⑥久保寺編(1991)
アコロ ソン，アプンノ エレス，キワネヤク，タパンペ ポカ，イナウラマッ ネ，アサンテケ，シトゥリ ナ。　我が子を大事に育てて呉れ．さうしたならば．(我死すとも)この子ばかりが残つてゐて呉れれば，先祖の祀をたたずに自分の血統が続いて行くだらう．

この例は，アサンテケ「私の子孫・系統」がイナウ ラマッ ネ シトゥリ「イナウのラマッとして続いて行く」と解釈できる。ここでのイナウは儀礼を象徴する言葉であり，ラマッも「それを遂行する力」といった一種の比喩表現なのであろう。ラマッの比喩的な用いられ方については，⑪の事例でも検討する。

1-1-9-2．知的活動の根源

ところで，ラマッを含む合成語を見ていると，ラマッのもうひとつの性質に気づく。大林(1993)は，アイヌの霊魂観を検討する中で，J.バチェラーがラマッと知能の結びつきを指摘していること引き，知里が幌別で記録したラマッチャク(霊魂を欠く＝愚かである)やオラマト(霊魂がある＝ませている)という動詞の分析からも，バチェラーの観察はある程度妥当だと述べている。新ひだか町静内や美幌町，旭川市の方言には，大林が挙げた例と対応するラマッコロ(魂を持っている＝利口である)という動詞もある。これらの動詞をラマッ1の意味で解釈すれば，ラマッコロは「生きている」，ラマッチャクは「死んでいる」としか解釈できない。ところがこれらの動詞においては，ラマッの有無は生／死ではなく，精神活動の機能／停止に関与している。ここから，ラマッには精神的活動を担う霊魂という性質があることがわかる(ラマッ2)。②の例では，ラマッが飛び去った結果として精神的活動が止まってしまうわけだから，ラマッ2の解釈と合致する。

大林はさらに，本州の文化においてもかつては精神的活動を担う「タマ」と，肉体的生命の根源となる「イノチ」を分けていたと述べている。世界的に見れば，道教における「魂魄」(魂は知的活動を，魄は肉体を支える)や，キリスト教における「プシュケー」と「プネウマ」など，霊魂の中に身体的活動と精神的活動を持つものを区分する文化は決して珍しくない。むしろ，生命をなしている要素として身体・生命・精神という3要素を立てることは，かな

り普遍性を持っていると言える。なお，大林自身はアイヌ語に身体魂に対応する語彙が無いことから，アイヌには二元的霊魂観は無かったと結論づけているが，私はやはり霊魂の下位区分を認めた方が，諸々の宗教的習俗を理解しやすいように思う。

ラマッが精神的領域を担うとすれば，肉体を生かしているものは何か。それは，おそらくサンペ（心臓）ではないだろうか。近代以降の資料では，ラマッとサンペは同一視されることもあり[41]，必ずしも明確に区分できるわけではない。しかし，ラマッがかつて部分霊の意味を持っていたと仮定したとき，他の領域を担うものが存在するならばその仮定が補強されるはずである。

アイヌは日常的に動物の解体を経験するから，心臓についての解剖学的知識は持っていたはずだが，文学の中で語られるサンペは，これとは多少異なる。文学中では，サンペはサンペアッと呼ばれるヒモでぶら下がっており，沙流川流域や美幌町では，通常のカムイは6本，強力なカムイであれば金のサンペアッがもう6本あると考えている。サンペアッが全て切れると，サンペが落ちて死ぬことになる。神謡における神々（特に動物神）の戦いは，しばしばサンペアッの奪い合いとして描かれる。静内方言にはサンペアッシュ（サンペアッを持つ＝元気を取り戻す）という動詞があり，サンペアッが身体的な活力と結びつけて考えられていることがわかる。樺太東海岸白浦では，心臓の大動脈および背中にある旋毛をサンペアハと呼ぶ。「サンペアハ オタネ アイヌ ナンペ ラム タネ（心臓のひもが長い人は気が長い）」ということわざがあるところを見ると，精神的活動にも結びつけられているようである。サンペアッはサンペとアッに分解でき，アッは紐を意味する。知里はラマッをラム（心）とアッ（紐）に分けたが，両者が言葉の構造上も対照をなしていることは興味深い。近代以降の用例ではラマッが紐状のものとしてイメージされることはないが，語源的には「心の紐が精神を，心臓の紐が肉体を司る」という構図が推定できる。

なお，知里（1944）や山田（1996）のように霊魂の座所を心臓とする見解もあるが，これはいささか早計ではないかと思う。アイヌ語にも上記の白浦の例のほか，サンペトクトクセ（心臓がどきどきする）やサンペタクネ（心臓が短い＝気が短い），ウェイサンペコロ（悪い心を抱く）のように心臓を心的な動きと結びつける表現は多数ある。もし両者が完全に同一視されているなら，ラマットクトクセのような語彙の存在が予想されるが，ラマッが臓器としての心臓の意に用いられることはまったくない。文学中で，動物の身体から抜け出たラマッは，その耳と耳の間（頭上）に座っていると描写されることや，送り儀礼で頭部を最重視することを見れば，ラマッの位置は児島（1996）が言うように頭部だと考えるのが自然だろう。

1-1-9-3. ラマッはどんな姿をしているか

ラマッは本来目に見えないものだが，文学中ではラマッが視覚的に語られることがある。児島（1996）は，ラマッの描かれ方に注目するという興味深い視点を挙げている。児島の関心は，ラマッの描かれ方，あるいは描かれるかどうかが文学のジャンルごと異なっていること，その差異からアイヌ文学の古い形式を考えることに向かっているようである。私はここでは，ラマッの形象に分化が見られることと，ラマッの性質が分化してきたことを関係づけて考えてみたい。ラマッの振る舞い方が変われば，語り手たちはそれに合う描写を選ぶだろう。そうであれば，描かれたラマッの姿から，語り手たちが持っていたラマッのイメージをつかめるのではないか。

まず，ラマッは人の姿をとることがある。久保寺の記録した人文神の神謡等では，戦闘によって人文神が死ぬ場面で「気を失って我に返ると梁の上にいた。下を見ると自分によく似た青年が倒れている」といった表現が用いられる。これは，体から抜け出したラマッが，梁の上で自分の死体を見ている場面であり，つまりラマッは本人の肉体的な外見をそのまま持っているのである。これは，死者の霊魂が生前の姿のまま他界へ向かい，先祖と再会する，といった実生活上の信仰における観念とも共通している。なお，児島は人文神の例と対比して，クマの体から出たラマッはクマの姿をしてると述べているが，それを裏づける事例はないのではないか。サクソモアイェプ（龍蛇）の神謡においても，龍蛇が死んだ場

面では人文神の場合と同じような描写が見られ「樹上で手足をぶらぶらさせながら下を見ると胴の太さが大木程もある大蛇が死んでいる」と語られる。ヘビの霊魂が手足をぶらつかせるというのであるから，これは明らかに肉体的外見と霊魂の姿が違う。一般に神も本来の姿は人間と同じだと言われるが，文学中でもそのように理解されていると考えられる。付け加えれば，沙流の子守唄では，ラマッカラカムイが育てている魂（これから生まれる人のラマッ）も赤ん坊の姿をして泣いたり笑ったりしている。

　樺太西海岸小田洲の浅井タケが語った説話では，死んだカニの「ラマトゥフ（ラマッの所属形）」がカニの姿のまま現れる場面がある［村崎 2000］。本節の冒頭で触れたように，霊魂が小鳥の姿をしている例もあり，樺太についてはもう少し資料の増加を待って再度検討をする必要がある[42]。

　この人型のラマッは，ラマッ1の性質を持つ。ラマッが，当人の姿をしているということは，霊体になっているということを除けば当人の全人格そのものだということである。ちなみに，梁の上で気絶してるという描写からはラマッのサイズも等身大のような印象を受ける。一方で，フクロウやクマの耳と耳の間に座っているという描写を見ると，ラマッ1はかなり小さいことになる。

　また，ラマッが小さな玉であるような描写もある。キツネが女のラマッを盗み出したり，手に隠して持ち帰ったり，遺体の胸の上に返したりする描写からは，人間の格好ではない玉のようなものとしてイメージされていることがうかがえる。こうした場合にはアイヌ語でもタマヌムなどが用いられているのだから，その通りのイメージなのだろう。タマになっているときのラマッには，あまり人格が感じられず，タマ自体が何か行動を起こすということも無いようである。そして，持ち主が神の助けなどで蘇生すると，死んでいた間の記憶はなく，眠っていただけだと思い込んでいる。この点は人型のラマッと大きく違う点である。

1-1-9-4．細分化したラマッ

　その人の能力・知的活動の各分野（思考，話す・狩りをする等）を担うラマッ（ラマッ3），あるいは運勢といった狭い領域を担うラマッもある（ラマッ4）。そこで，以下の考察ではラマッを，持ち主の生死を左右する全体霊と，部分的な能力・運勢を左右する部分霊に区分して整理することとする。次に挙げる部分霊の事例は全て沙流川流域の伝承で，⑦〜⑨は中流域，⑩⑪は下流域の伝承である。各事例の当事者はほぼ普通の生活を送っている（つまり全体霊としてのラマッは持っている）ものの，何らかの不自由さを抱えている。それが即ち，部分霊の欠如として語られるのである。

⑦ パコロカムイ（疱瘡神）が自分の息子にイタクラマッ（言葉の魂）を入れ忘れたので生まれつき話せなかった。疱瘡神が気づいてイタクラマッを入れたことで話せるようになった［中川 2010：45］（ラマッ3）。

⑧ ラマッカラカムイがイソラマッ（狩猟の魂）を入れ忘れたために猟運がなかった。また誰かに妬まれて，イソラマッを握られる（霊的に封じられる）ようなことがあると獲物がとれなくなる（ラマッ4）[43]。

⑨ イソラマッセッパ（狩猟の魂である切羽または鍔）をトイレの底に隠され，糞尿をかけられたためにセッパの力が弱まって獲物が取れなくなった。洗ってイナウをつけることにより猟運が回復した（ラマッ4）[44]。

⑩ 狼神の妹が人間の男に惚れ込み，「言葉の魂」を握って離さないために男は言葉が話せなくなった［金田一 1944］（ラマッ3）。

⑪ サパウンペ（礼冠）を「イタクラマッ　ネ（として）」身につけると，言葉が不得手なものでも上手に祈ることができる。キセルはイタクラマッで，これを持ちながら話すと上手くいく（ラマッ3）[45]。

　⑦⑧⑩のラマッがどのような姿をしているのかは不明だが，タマのようなものを想像させる。これらが先天的なものであるのに対し，⑪のキセルや礼冠，⑨の切羽／鍔は後天的に，それも身に帯びるような形で獲得できるものである。さきに物神として例示した礼刀もこれに類するものと見なすことができ，

シラッキカムイなどとも似た性質を持っている。いずれも「何かを遂行する力」を持ち主に貸し与える存在であり，これをラマッと呼ぶのは1種の比喩表現であろう。例えば礼冠やキセルを身に付けた者は「まるで強いイラクラマッを備えているかのように」言葉を操る力を発揮することができという意味である。これらの魂になぞらえられるモノは，どれもアイヌ文化における宝物のイメージと重なっているところが面白い。和人にとって人のタマも，やはりモノとしての宝珠の持つ美しさに神秘的な力が凝っていると想像したところに由来するのだろう。つまり，アイヌも和人も，希少なもの・美しいものに神秘的な力が宿るという発想を持っており，アイヌ文化では，それを身に帯びることでそこに内在する力を受け取ることができると考えた。これは，木を削ったイナウや，綺麗な糸・布に神秘的力を感じ，それを神に贈ると喜ばれる，神の霊力が増すという思想にもつながっている。

　こうした特別な物に限らず，先天的なラマッにしても，神であればそれを与えたり封じたりすることができると考えられている。⑩は実際にラマッを封じられた例であり，⑧では実際には封じられていないものの，そのような事態が起こり得ると想定されている。重要なのは，これらのラマッが欠けたりうまく働かなくても死ぬわけではない。ただ，多く持っていればそれだけ多くの能力を発揮できるということである。ここからは，1人の人間の中に複数のラマッが存在し得ることが理解できる。中川は，イタクラマッや憑き神の例を示しながら，アイヌが人間の精神をいくつかの独立したユニットの集合として捉えていた可能性を指摘した［中川 2010：58］。

　こうしたカテゴリー別のラマッの事例は沙流川流域に集中している。これは，単に記録の偏りによるものかもしれないが，ラマッの内に全体霊と部分霊を見出す感覚が，沙流川流域を中心として局所的に展開したものである可能性も無くはない。そこで他地域の事例として，新ひだか町静内の葛野辰次郎の例を検討する。葛野（1999）には，ラマッとそれに関連する語彙が多数用いられている。以下に主な箇所を抜粋し，ラマッおよび関連語彙は下線を付して表示する。⑫から⑮までは，⑤と同じく「言葉」や「供物」の霊魂を意味する，すなわちラマッ1的な用法であり，⑯から㉔は「精気」や「気力」，「活力」とでも言うようなエネルギーを意味している。㉕から㉗は，④で見たような「内実」や「価値」といった意味である。

⑫葬儀の詞のなかで，火の神に向かって「イタウッカシカムイ（言霊）」を受け止めて欲しいと述べる(p.110)。同じ祈りのなかで「イポロセラマッ（お唱えの霊）」という表現も見られる(p.119)。

⑬女性の葬儀の詞のなかで「イタッ　カシカムイ　ポロセ　イタッ　ラマッ（言霊　唱え語の霊）」が，火神の登らせる煙に乗って他界の祖霊のもとに届く，という表現が用いられている(p.125)。

⑭祖霊祭にて，上と同じ文脈で「シオイナネ　シブヤ　クウル　カシケ　シノオイナネ　マラット　ラマッ　ネワ　イタウッ　ポロセ　ラマウッ　エイオ　キ　ワ（聖なる煙の頂上に聖なる供物の霊とお唱え言葉の霊がお乗りになりまして）」(p.153)。

⑮航空機事故に対する追弔の詞の中で「イタウッ　ポロセ　コロ　カムイラマウッ　イタウッ　ポロセ　カシカムイ（唱え語の神霊　唱え語の神霊）」を聞き入れるよう求めている。(p.231)

⑯病気平癒の祈りの中で「カムイ　コルロッア　シオイナ　ケウツム　カムイ　コルロッア　ピリカ　セリマッ　アシコメエ（神が領される聖なる心神が領される完全な霊心を引き寄せ）」(p.159)

⑰病気平癒の祈りにて「カムイ　コルロッア　シオイナ　ヌプルペ　アェイヌ　コルロッア　セリマッ　オシケ　エン　アコ　オシンヌカ　キ　クニネオ（神が領されまする聖なる威力あるものを人間の領する御霊の中へ御収納なされるよう）」(pp.159-160)

⑱病気平癒の祈りにおいて「カムイ　コルロッア　シオイナ　ヌプルペ　アェイヌ　ラモロ　オシケ　アコ　オシンヌカ　アンキワ　ネヤ

⑱ クン(神の領されます偉き物を人々の心中へ治め致しましたなら)」(p.162)

⑲ 病気平癒の祈りにおいて「ヘマンタ ケウツム ヤイコ サンケ キワ ネヤクン カムイ コルロッア シオイナネ ケウツム アエ カシヌカル キワ イコレキヤン(いたらぬ心を自ら出しましたなら神が領されます尊い心を彼にお授けなさって下さいませ)」(p.163)

⑳ 病気平癒の祈りの中で「ペウレスクウッ オッカヨ ウコルロッア シオイナ ヌプル ラマウッ ホツヱカルキイタウッ ネルヱネアクス(若き男子が持たれましたる聖なる偉き御霊を呼びもどします言葉なのでありますから)」(p.164)

㉑ 病気平癒の祈りにおいて「アェイヌ コルロッア シオイナ カムイ ラマウッ アエカンホウッ アンキ ポロセ イタウッ リキンテ アンキ ハエ ネルヱ タパンナ(人間の領しまする聖なる神霊をお迎え致します言葉を捧げまする声なのであります)」(p.164)

㉒ 病気平癒の祈りにおいて「カムイ コルロッア シオイナ ヌプウル ツウム(神 領しまする聖なる偉力物)—が入ります様にといい、ニサシヌ ラマウッ コ アフンキ クニネノ(元気な霊魂が入ります様に)」(p.165)

㉓ 結婚式の詞の中で,新郎新婦が健やかに生活できるよう「カムイ コル オイナ ヌプル ラマウッ アハンケ ニナンケレ(神の尊い偉霊を近きに引き寄せ)」るよう唱えた(p.326)。

㉔ 札幌市での初サケ儀礼において「カムイ コルロッア シノオイナ ヌプル ツウム アシコニナンケレ(神 領します最も貴い霊力近くに引き寄せる)」(p.337)。

㉕ 通常礼拝の中で,穀物が順調に実ったことに触れて「ハル ラモル オシケ コラマウッ オマ コイペオマ ウキロッアクス(穀物の御心へ魂が入り実りが入りましたので)」(p.168)

㉖ 上と同じ祈りの中で,人々が平穏に働けることを願う文脈で「ウピリカ モンライケ エイカンクルカシ ヌプル ウンキ クニネノ ラマウッ ウンキ クニネノ(完全な働きその致しまする形に偉力が入ります様に御霊が入ります様に)」(p.167)

㉗ ネンカイヌという老人の願いが通じるように,という文脈で「ネンカイヌ エカシ イタッカルパレ キロッア ポロセ ラマッオマ キクニネノ(念吉じいさん 申された 言葉 実りますように)」(p.320)。

葛野氏は独自のカタカナ表記を考案しているので,これを尊重し,そのまま引用した。「イタウッ」はイタク,「ラマウッ」はラマッである。用例⑫から⑯までは発せられた言葉に宿る全体霊(ラマッ1)の意味で用いられ,⑤とよく似た用法である。また,供物の霊を指して「マラットラマッ」と表現しており,ほかに「イペラマッ」なども使っている(p.151)。これらの霊魂は,火の神の立ち上らせる煙に乗って天界へ達すると考えられている。

⑫⑬⑮ではラマッと同義の言葉としてカシカムイが用いられている。カシカムイは憑神を指すほか,しばしば霊魂の意味で用いられるが,静内でもそうした用法があることがわかる[46]。

⑯から㉒までは病気快復の祈願,㉓は新たに夫婦となった男女の健やかな暮らしを願う箇所,㉔は豊漁と儀礼に集まった人々・同族全体の平穏を願う箇所である。これらに共通しているのは,人々の身体に,健康な霊魂が入ることで健康になるという発想である。このエネルギーとは,生死を左右するような全体霊ラマッ1ではないし,意識を司るようなラマッ2とも異なる。沙流の事例で見たような「言葉」や「狩猟」といった特定の能力を担うわけではないが,これを入れることで人に活力,精気,あるいは幸運を授けるラマッ3やラマッ4にあたるものである。重要なのは,身体とエネルギーを表す語彙が,どちらも複数ある点である。エネルギーは「ヌプルラマッ(霊力に満ちた霊魂)」のほか「ヌプルペ(霊力に満ちた水)」,「ヌプルトゥム(霊的に満ちた力)」,「ヌプルケウトゥム(霊力にみちた精神)」,

「ヌプルセレマク(霊力に満ちた霊魂)」と表現され，それを注ぐ場所には「セレマク(霊魂)」，「ラモロ(心)」が用いられている。ヌプルペやヌプルトゥムが外から注ぐ力の表現として使われるのはわかるが，ラマッやケウトゥムにもこうした用法があることは興味深い。

1-1-9-5. チラマッコレ――入魂／説論

さて，ラマッの諸相を見てきたが，これを踏まえて本書の課題に関連する問題の検討に入りたい。それはラマッコレという動詞である。家屋や舟，そしてイナウを作った際に，しばしばできた物に対してチラマッコレをする，と語られることがある。川上まつ子や二谷国松，鍋澤モトアンレク，鵡川町の片山カスンテアシにチラマッコレの用例が見られ，葛野辰次郎はカムイラマッコレ，本別町の沢井トメノはラマッコレという動詞を用いており，多くの場合「入魂」という訳語があてられている[47]。

ここで問題となるのは，この場合のラマッの解釈である。仮に，ラマッ1だと解釈した場合，先に述べたように，家，舟，臼そしてイナウには，素材となった樹木の霊魂が宿っていると考えられる。千歳市の祈り詞にはそのことが明確に現れていたが，そうでなくとも大木の神が船神になるタイプの神謡が，広く沙流や登別市，新冠町，新ひだか，白糠町，旭川市に伝わっている。また，チラマッコレをする器物は限られているが，イクパスイなどのようにチラマッコレをせずとも自ら意思を持って働くと考えられている物もある。

だとすれば，そこへ別のラマッ1を込めた場合，霊魂の競合が起こるではないか。また，ここで込められる霊魂はどこに由来するのか。先に見た様々な民俗事例では，動物にせよ植物にせよ，はじめからそこに内在している霊魂との接し方・送り方は語られるけれども，霊魂のないところに人間の手で何かを込めるという発想は見られない。こうした問題意識に立ちながら，以下，具体的な用例について検討してみたい。二谷の用例は先に引用した通りであるので，ここでは鍋澤の用例(㉘，㉙)を引用する。文脈を読み取るため，チラマッコレの前後についても要約を記す。

㉘顔面神経痛の治療に際して，トゥレプニカムイ(桑の木の神)に向かって述べた祈り。これより先に，沢の神に向かって祈り，桑の木の神への口添えを願っている。
「桑の木の神よ，あなたの御心を呼び覚まして申します。私だけでなく沢の神からもチラマッコレ・チケウトゥムコレしていただきました。太古，人文神オイナカムイは，大勢いる樹木の神のうち，桑の木の神こそ最も霊力の強い神であり，それがために治療の祈祷を担うこととなった，と人々に教えました。若い娘が何者かに害され，目と口が曲がってしまったので，オイナカムイの言葉通り，桑の木の神に祈願します。あなたは強い霊力を持つ治療の祈祷の神ですから，あなたの木鈎と沢の神の手草によって，若い娘にかかった悪しき霓を除いてください(後略)」[鍋澤・扇谷 1966：118-119]

㉙狂人の治療のために，ハンノキのイナウ7本(うち1本は，他の6本を統率するもの)とニワトコのイナウ7本(同前)を立てた祭壇を作り，庭の神に向かって述べた祈り。
「火の神の配下なる庭の男神・庭の女神よ。火の神からお聞きの通り，あなた方の庭を清める祈祷の神としてハンノキのイナウ6本を頭領たる神とともに頼み，ニワトコの神・6本のイナウを頭領たる神とともに頼みました。これら全てに庭の神からチラマッコレ・チケウトゥムコレをしてください(後略)」[鍋澤・扇谷 1966：136-137]

なお，鍋澤の例には「桑の木の神」，「ハンノキの神」，「ニワトコの神」が現れるが，桑の木は立木であり，後の2神はイナウにした状態である。「頭領たる神」と表現しているものも，やや大型のイナウである。次に葛野の用例(㉚，㉛)，沢井の用例(㉜)を引用する。

㉚守護神のイナウに入れる川石または消し炭を「カムイラマッ(神の魂)／カムイセルマク(神

の霊魂)／カムイサンペ(神の心臓)」と呼び，これを入れることをカムイラマッコレという。神であってもこれを入れないと人を守る力が無い[北海道教育委員会 1995：149-151]

㉛カントコロカムイ(天の最高神)が，アイヌラックルにイナウを授けた事について「キケチノエ ピンネ イナウ キケパルセ マッネ イナウ ウムレッイナウ タアン アェイヌ コルロッア ケウツム オシケ エン ラマッオマレ ラマッコレ アンキルエネ(房ねじる男子御幣と房ねじらん女子御幣夫婦御幣(を)この人間領する心中へ入魂霊上げ致します)」と語った[葛野 1999：287]

㉜仕掛け弓やスポブと呼ぶ小動物用の箱型罠を「アイヌテケカラカムイ(人間の手で作った神)」と呼び，これらに向かって獲物を獲ってくれるよう祈願することを「魂を入れる」と表現する。別な機会のインタビューでは「物に魂を入れる」という文脈でラマッコレという動詞を用いた。

　その他，関連がありそうな伝承としては，1-6で紹介した美幌の創世説話がある。夜の神(月だろうか)が土から男性を，昼の神が女性を作り，創世神が12の玉を込めて人間になったという。アイヌ語の原文が残っていないのが残念だが，ここで言う「玉」とは，タマまたはラマッではなかろうかと思う。

　これらの事例のうち，「心臓」や「霊魂」と呼ぶ何か具体的な物の封入をともなうのは㉚のみであり，ほかの事例ではラマッコレが具体的に何を指しているのかが明確ではない。鍋澤の事例㉘では，桑の木は立木のまま祈りを受けており，祈りの内容からも，樹木の内に桑の木の神が存在していることが読み取れる。㉙のニワトコ製のイナウも「ニワトコの神」と表現されており，イナウの内部にニワトコの霊魂が存在していることがうかがえる。いずれも，桑の木やニワトコの神がそれ自身の特性を生かして魔を祓うことが期待されているのであり，別な霊魂・人格によって上書きされるとは考えにくい。魔祓いのイナウに対しては，儀礼が終わると霊送りを行う。

文献7-③には，鍋澤がエンジュ製のイナウを送った祈りを引用したが，ここでも「エンジュの神」と呼びかけ，森林の奥にある神界へと帰るよう促されている。こうした祈りの内容を見ても，イナウの内部には一貫して樹木の霊魂が宿っていると考えられる。

　一見矛盾が生じているように見えるのは，チラマッコレを「入魂」と解釈していることによる。この場合のチは自動詞を作る接頭辞で，残るラマッコレの意味を整理すると，ここには「ramat(霊魂)＋kore(与える)」と「ramatkor(物事をわきまえる)＋e(〜させる)」の2通りの解釈が成り立つ。ラマッコレは辞書類には見えないが，久保寺(1991)に樺太方言の単語として「ラマハコンテ(懲らしめる)」という語が見える。コンテ(与える)は，北海道方言のコレに相当し，ラマハコンテとラマッコレは同じ構造を持っている。北海道南西部方言では，「教える」に当たるパカシヌが「懲らしめる」とも訳されるように，アイヌ語ではこの2つの概念を連続したものとしてとらえていることから，ラマハコンテにも「教える」という意味が含まれていると予想される。

　つまり，チラマッコレは「魂を持たせる」とも「教え諭す」とも解釈することが可能である。ここで，㉘㉙ともにチラマッコレと対句になる形でチケウトゥムコレという動詞が用いられていることが重要になる。チケウトゥムコレは，ケウトゥムコレ(心がけを持たせる)という他動詞に，自動詞を作る接頭辞チが付いた形であり，チラマッコレ・チケウトゥムコレの2行は「(魔祓い等の)役割を教える・心得させる」という似た意味の動詞を重ねた対句になっていると考えられる。魔祓いや屋内の守護といった重要な役割を負わせるにあたって責任の重さを伝え，また守護神の場合には強大な力を備えているので，大きすぎる力が人間を害さないように，ということを丁重に言い聞かせる。チラマッコレは，そのような新造儀礼のステップとして位置づけられていると考えられる。

　㉛もやはり，男性のイナウ・女性のイナウの重要さと作り方をアイヌラックルに教えた，と解釈可能である。それに対し，㉚は形としてラマッ／サンペ

を入れる行為をともなう点が上記の事例と異なる。これは火神の霊力が込められた消し炭、あるいは水神の霊力が込められた川石を、ラマッ4のようなもの即ち外部から付加可能な活力・運気の根源として与えているのではなかろうか。㉜の事例は、説諭の意味に思えるが判断しがたい。

1-1-9-6. 結　語

これまでの考察を整理すると、まず、ラマッコロという動詞は、ラマッ2「知的活動の源」およびラマッ3「細分化した能力の源」を前提に成り立っていると考えられる。これらは、生死を左右する全体霊ではなく、仮に欠けていたとしても生存可能だけれども、所有することによってより高い能力を発揮できる、というものである。ここから、「ラマッを所有している＝利口である」という意味のラマッコロが成立し、その他動詞形としてラマッコレが成立した。北海道各地にラマッコロの使用例が見られ、樺太方言にラマハコンテという語があることから、上記の用法はアイヌ語全体に広がっていたと推測できる。

一方、トンコリや一部のイナウ、魔除け人形、家屋、祭壇などには、そのものの能力を強化する意味でサンペを付加する慣習があった。ラマッの中にはラマッ3やラマッ4のように、加えたり除いたりすることが可能な部分霊としての意味もあるため、両者の意味が融合した。その結果、「入魂」という訳語が用いられるようになったが、その意図するところは「無の状態に生命を与える」のではなく、現代日本語でいう「○○魂を教え込む」や「精神注入」に近いのではないだろうか。あるいは、ラマッ2の意味が薄れ、ラマッがもっぱら全体霊として考えられたケースもあり得るが、それはごく新しい現象だと考えられる。

1-2. イナウについて

1-2-1. イナウが指し示す範囲

アイヌ語のイナウに対する訳語としては、イナウが用いられることが多い。イナウの字が示す通り、典型的なイナウは木を削って作られた御幣状のものである。そうしたものを典型としつつも、ただの小枝のようなものから複数の部材をつないだ非常に複雑なものまで、イナウの形状にはかなりの幅がある。素材としても、数種の樹木を用いるほか、綿糸をやヨモギの茎を用いたものをイナウと呼ぶ例がある。また、イナウという名称がついてはいないものの、イナウキケと置き換えて、あるいは併用してササ束やマツの枝、シナノキなどの内皮、布などが用いられる例はかなりある。現在製作されるイナウはもっぱら木製であり、本書の研究対象も木製イナウだが、イナウの語義を考える上で重要だと考えられるので、ここで主な事例を紹介しておきたい。

なお、イナウの語源についてはアイヌ語で解釈する立場、日本語からの借用とする立場があるが、私は池上(1980)に示されたトゥングース語を語源とする見解を指示する。これによれば、アイヌ語のイナウ、ニヴフ語のイナウあるいはナウ、ウイルタ語のイッラウは、ともにアムール河流域のトゥングース系の言語から派生した。その原義は「縦に裂ける」ことだというが、そうであれば削り掛けのみならず、布や糸、草皮、樹皮などのどれにも用いうる言葉である。削り掛けと布等を併用する習俗はニヴフやトゥングース系の諸民族にも見られるので、これらの文化で儀礼的に用いられる布等をなんと呼ぶのか興味のあるところである。

以下、樹木と他の素材が併用、または置き換えられて用いられている例を示す。資料名、収蔵情報または出典、地域、用途、素材の順にデータを示す。

①ソコンニカムイ(記89468　図1-1)：新ひだか町東静内。男性が体調を崩した際にソコンニ(ニワトコ)製の守護神を作って祀る。本体は樹皮を残した棒状のニワトコで、シナノキの内皮を縛り付けてある。守護神一般について言えば、内皮の代わりにイナウキケ(木をリボン状に削ったもの)を用いることもある。

②ノヤチャウンノカストゥイナウ(記89469　図1-2)：新ひだか町東静内。ヘビに祟られたときに作る守護神。本体はヨモギ製。頭部を斜めに切断して割れ目を入れ、イナウキケをさし込んでいる。

③ノヤチャウンノカシンヌカムイ(記89470　図1-3)：新ひだか町東静内。戦争時に食物を供えて祭壇に収め、無事を祈願する守護神。本体はヨモギ製

で，頭部は水平に切断している。頭部付近に鉢巻状にイナウキケを縛り付け，そこに別のイナウキケをさし込んでいる。

④憑き物に捧げるイナウ（白　図1-4）：千歳市。ヘビなどが憑いたとき，火の神に祈願したのち首にかけて，憑いた霊に捧げる。トゥスをする際，首か手にイナウキケと赤い布または紅白の布を撚り合わせたものでガラス玉（憑神への返礼）を縛る。トゥスが終わると，神にイナウを捧げるといって首にかけてやる。こうするとトゥスクルは楽になるが，これをしないと体中が痛むようになる。憑神がヘビの場合はクルミのイナウキケを使う。パウチ（淫魔）がついた場合にはヤナギのイナウを捧げる[更科 19：3]。

⑤ノヤイモシ（更科(1968)p.33　図1-5）：千歳市。流行病などの際，病魔を遠ざけるための守護神。ヨモギの茎を束ねた人形に，ブドウ蔓の皮を巻きつけている。ヨモギ人形にはイナウキケを巻きつけることも多い（平取町二風谷　図1-6）。

⑥ヨモギで作った守護神（萱野(1974)pp.39-40）：平取町二風谷。泊まりがけで働いているとき，夢見が悪いので小屋の戸口に立てた守護神。本体はヨモギで作り，綿糸を帯のように巻く。

⑦メノコイナウ／メノコカライナウ（萱野(1978)p.298　図1-7）：平取町二風谷ほか。女性に体調不良や心労・悩みなどがある場合に，その女性の憑神に捧げる（身近な女性が作って与える）。白と黒の綿糸を撚り合わせ，ガラス玉や貨幣を通すこともある。糸の端を焼く（燃えさしに当てる，火をつけてもみ消す，など）。イナウレクトゥンペやイナウムリリと言って，イナウキケで作ることもある。

⑧ニポポ／セニシテヘ（記27115　図1-8）：樺太。子供や病弱な者の守護神。木製の人形を，削りかけや布で包んで壁に懸架する。木偶ではなくイナウをセニシテヘとして用いることもある（北33851および北34631）。

⑨トゥスタクサ（記89510　図1-9）：鵡城。トゥスの際に，屋内や体を祓ってそこに潜む魔を叩き落とす。木製の長い削りかけを持つイナウで，主軸を持ち手のように握る。東海岸の新聞，白浜でも記録されている。北海道では，ヨモギやササを束ねたものを用いる（図1-10）。

①と④から⑧までの事例は，いずれも守護神の神体，または人に憑いている霊魂に捧げる物としてイナウキケ以外のものを代替使用，または併用した例である。ここに共通しているのは，長くしなやかで美しいことであり，加えて綿糸や布は外来の品であるという価値も加わる。

いっぽう，②と③は，通常は樹木で作られる神体の部分がヨモギと置き換えられたものである。このような神体の部分は，イナウよりは「〜カムイ」と呼ばれることが多い。このことから考えれば，イナウという語は主として「贈与物」という機能に注目して用いられていることが伺える。一方，⑨および⑧に付随する例として木製イナウの形を持つものが別な名称で呼ばれる事例を示した。⑧では守護神の役割を持つ木偶に木製イナウと他の物を捧げる例だが，しばしば木製イナウ自体がセニシテへと呼ばれて祭られる。

⑨については，ササやヨモギの代替としてイナウが用いられたと見られる例である。このような置き換えが起こる理由は不明だが，「払う」という動作に，イナウの形状が適していたからだろうか。樺太では，魔祓いの用途に限らず，長い削りかけを指す部位名称としてタクサが使われている[藤村ほか1973b]。

イナウが贈与物という役割を持つものに当てられるように，セニシテへは魔を撃退する守護神／護符の機能を持つものを広く指し得るし，タクサは人や物についた魔を払い落とす物を指す。木製イナウはその全ての働きを担うことができるために，様々な名称で呼ばれるのである。

1-2-2．イナウの機能

イナウの主な働きとして，神への捧げ物，メッセンジャー，守護神の3つが挙げられる。しばしば言われる依り代としての働きはない。上で見たように，樺太では魔祓いの用途にも用いる。どのような形状のイナウでも，幾通りかの使い方があり得るし，多くのイナウは捧げ物とメッセンジャーの役割を兼ねている[48]。

イナウの機能の中心がどこにあるかについては先行研究でも議論され，伝令を主とする，あるいは捧

げ物を主とする立場がある。私は，起源的にはメッセンジャー・守護神といった意思性のある働きは主軸部分が，贈与物としての役割は削り掛けとその代替物が担っていたと考える多元的起源の立場を取る。しかし，前節でも見たように少なくとも近現代においてはイナウの3つの働きは完全に融合しており，どれか1つを取り出して議論することは不可能である。アイヌにとっての物神は，本来の機能とは離れた様々なはたらきをすることが多いし，イナウには実用的用途が無い分，より抽象的で，広い職能を持つ(期待される)のは当然とも言える。作り手の意図が，そのままそのイナウの働きとなるのであって，何を第一義とするかという議論は，共時的な研究においてはあまり意味がない。次に，それぞれの働きについて，少し詳しく述べる。

・贈与物

　イナウは，神が最も喜ぶ捧げ物だという。噴火湾地方の虻田や沙流川流域，静内には神祭りとイナウの起源譚があり，イナウを作って儀礼を行うことが人間の義務であることと，その方法を文化神が教えたとされている。次に吉田巌が記録した虻田の伝承の梗概を引用する。

>「太古このモシリが出来た時，天より神がキラウシ・カムイ(額に角ある鬼のような神)を使に，下界にイナヲというものをあまた持たして下し，このイナヲを人間が皆作り且これでよろずの悪を除き善徳を得させるよう教えひろめようとした。そこでキラウシ・カムイはおのれひとり最多く慾深く，イナヲをもって下界したの功績を自分一手に収めようと慾ばった。おろされるままに今の有珠の焼山に下りようとした。天神はその慾心をにくみ彼キラウシ・カムイをひきとらえイナヲを奪って彼を火口から地獄にまでふみにじりおとして絶命させた。そのとりかえしたイナヲこそ今日のイナヲの起源である。イナヲに男女の区別がある。これをつくる木材にもいろいろある。(明治43.8.23末部加屋吉談)」[吉田 1957：10-11]

　沙流の伝承としては，平賀エテノアが語ったものが久保寺(1977)に「聖伝4」として収録されている。同様の伝承がネフスキー(1991)にも見られる。次に「聖伝4」から，原初のイナウが降下する場面を引用する(伝承1-1)。

リクン　カント　ワ	高天原より
キケチノイェイナウ	キケチノエ幣
イナウピンネクル、	男の幣神
キケパラセイナウ	キケパルセ幣
イナウ　マッネクル	女の幣神
アエコランテ　ワ　ネ　ヤクネ	汝の許を指し下したる上
アイヌ　オッタ	人間たちに
エウサライェ、	汝が頒ち与へ
アイヌ　ウサブキ　ネ	人間の仕事として
エエイパカシヌ	汝より（人間に）教へ
キ　クニヒ	諭さしめんため
カムイ　ウコラムコロ　ネ　ワ　クス	神々相談して決め、そこをもて
アトムウンノ	汝の許を指して
イナウ　ピンネクル	男の幣神
イナウ　マッネクル	女の幣神
アラプテ　ア　ワ	天降らしめしに

伝承1-1　平取町

　新ひだか町静内の伝承には2つの型がある。どちらも葛野辰次郎が口述・筆録したものだが，1つは上に引いた「聖伝4」と同じ内容である[49]。もう1つは，文化神アイヌラックル自身が天界でカントコロカムイから男女のイナウを授けられて降下するというものである[葛野 1999：41, 287]。後者には，天の最高神であるカントコロカムイが，神々に向かって人間を助けることを義務づける場面がある。一方，人間の祖であるアイヌラックルには，神々と渡り合うためにイナウが与えられている。つまり，イナウはカントコロカムイが独占していたもので，その製法が人間に伝えられ，神々との交換の関係が成立した，と読めなくもない。それに対し，「聖伝4」などから，そこまでの内容を読み取ることは難しいし，神々がイナウを作る伝承も複数ある[50]。

　神々がイナウを受け取ることはどのようにイメージされていたのか。儀礼の際にイナウを立て，神酒と祈り捧げると，イナウの霊魂は，これらを携えて

"ヘマンタ　ウェン　チロンヌプ	「何でこんな腐れ狐
シヌマ　ポカネ	なんかとるために
フンナ	誰が
クワリ　カラペ	仕掛け弓なんか掛けるものか
クオロ　オシマ　ルウェ	（それなのに）狐めが弓引っかかった
オカヤ？"セコロ	もんだな？」と
ハウェオカ　コロ	言いながら
シネ　イナウキケ	一本の削花を
アレクチ　コテ　ヒネ	私の喉につけて
イオスルパ	私を棄てた．
アエヤイカムイ	（そうしてもらったお蔭で）私も神らしい
ネレ　カネ	ものとなって
アナン　ルウェ	暮らしている
ネナ．セコロ	次第だ．と
シクナク　チロンヌプ	盲の狐が
ハウェアン　ルウェ　ネ。	物語った．
[久保寺 1977：147-148]	

伝承 1-2　平取町

神々のもとに届けるという。そしてイナウ自体も神のもとへ着くと，その素材に用いた樹種に応じて金，銀，銅のイコロ「宝物」になる。神々は，イナウを受けることによって神格を増すという。このように，贈り物と伝令者の働きは一体のものであって，どちらかを第一義とすることは難しい。このような，イナウの抽象的かつ多義的な性質は，アイヌ文化における宝物に対する観念にも通じる[51]。

イコロは一般に宝物と訳されるが，物神についての説明でも述べたように，アイヌにとってのイコロは，単なる調度品ではない。

一般にイコロというと交易で手に入れた，装飾的な金属製の鞘を持つ宝刀を指す。ほかに飾り矢筒，切羽，鍔，ガラス玉の首飾り，金属製の耳飾もその範疇に含まれると考えられる。

ガラス玉は，主に女性が身に付けるもので，「フチトゥレンペ（祖母＝女系の守り神）」とも呼ばれることからもわかるように，装身具であり護符でもある。B. ピウスツキが平取町で記録した祈り言葉には，長期にわたる遠征をする前に，耳飾りと首飾りに向かって旅行中の加護を祈った例がある。ガラス玉を身に付けることは，着用者の憑き神に捧げることでもあり，イコロに宿る霊力で，憑き神の力を増すことが本人の健康や運気の向上につながる。

このように宝刀や礼冠，鍔，そしてガラス玉など，宝物は様々な形で持ち主を直接助け，あるいは憑き神の霊的な力を強めると考えられていた。神がイコロであるイナウを欲するという考えの背景には，宝物に関するこうした思想があると考えられる。久保寺逸彦が採集した口承文芸中にも次のような例が拾える（伝承 1-2）。

これは自叙者である盲目のキツネが，あやまって仕掛け弓の矢に当たり死んだ場面である。人間界での死を迎えることにより，神界に帰るのだが，手ぶらでは帰れない。人間が不本意な獲物に怒りながらも，小さい剝幣を1つくれたので，神となることができたと語っているのである。

このように，イナウを受けられるか否かは，精霊にしてみれば重大なことである。更科源蔵による民族誌的聞き書きにはこうした精霊の事情を見越した，まじないの例がある。

①虹別の事例（1953.5.22）
家に弱い人があると狐の頭を祭り，なほしてくれたら本当のイナウをやると／いひ，なほさない　チメシュイナウも取りもどすからといっていじめる。なほったら／siyaniinau, トッパイナウをつけ，その頭はピアルから出してやる

[更科 8：20]。
②虹別の事例(1953.5.22)
　漁占い　イトウ　よければ歯上，魚とれたらチメスつけて川にながしてやる．[更科ノート 8：20]
③阿寒の事例(1956.4.25)
　山猟の守神(sacirikamuy エゾイタチを6本の cimesyuinau で包んでふだん situinau にしばりつけ，／makkuwakamuy に置き，狩に行くとき abesamu にもって来て火の神に向け弓と矢筒も／一緒に，獲物をさづけたら酒も木幣もやるが，獲物をさづけなければ何もやらない／いひ，獲物があると inau の頭と sacirikamuy の頭に血をつけるから，沢山をさづけ／たのは血で眞黒くなる．inaukasikamuy（イナウの魂の神）もいふ．これは何十年も／使ふ．神様を休ませるときは青草の出ないうちに送る．(送るときは inau も sacirikamuy も解いて／魂を解く)[更科 11：4]

　「チメシュイナウ(cimesyuinau)」とは後に述べる剝幣のことである。1-1-7-4で述べたようにキツネやイタチを捕らえると，その頭骨を剝幣に包んで祭っておく。そして上記のような祈願をし，要求を聞かなければ地位を剝奪すると迫るのである。「ピアルから出す」とは，神聖な窓から屋外に出し，霊魂を送り帰すことを意味している。②は，イトウの下顎骨を使った占いの事例である。出漁前に，イトウの下顎骨を頭上から落とし，落ち方で吉凶を占う。しかし，ここでは占いというよりも，イトウに豊漁を約束させる呪術のような雰囲気がある。漁があった場合にはイナウを与えて送り帰す儀礼を行うとある。精霊にとって，イナウが何よりも貴重だとする認識が表れている。

・伝令者
　イナウは，人間が述べた祈りや捧げ物を持って，神のもとへ赴く。言葉だけでなく，物を運ぶことも，イナウの働きとして語られる。例えば，名取武光は八雲町の先祖供養に用いるイナウについて，供物を先祖のもとへ届ける「護衛」の役目を持つとしている[名取 1934：269]。更科源蔵は，まったく同じ説明を浦河町で聞き取っている[更科 18：1]。
　イナウが運ぶのは，捧げ物だけではない。霊送りの際に立てられるイナウは，霊に代わって土産を背負って行くほか，送られる霊の杖や足，乗り物になると言われる。クマ送りの終盤に，クマの頭骨を乗せるイナウのことを，樺太でも北海道でも sinta「揺籃」と呼ぶ。こうした働きは，irurakamuy「送り届ける神」と呼ばれ，使者を他界へ導くとされる墓標とも似ている。
　また，イナウを通じて神々の意向が人間に伝えられることもある。北海道東部の釧路市・白糠町では，囲炉裏にイナウを立てて火神に祈ったあと，イナウの根本に火のついた燃えさしなどを寄せる。やがてイナウに火が移って倒れるが，その倒れた方向に次の狩猟の獲物がいるとする。また，新ひだか町静内では，祈りの後にイナウを抜き取って，手に持ったまま囲炉裏の火をうつして燃やす。削り掛け部分が燃え落ちた後の灰のつき加減で，祈りが受け入れられたかどうかを判断する。また，祈りの翌日は，早朝のうちに祭壇に立てたイナウの様子を見にいく。イナウが無事に立っていれば祈りが問題なく受け入れられたと考える。万一イナウが倒れていた場合には，祈りに不備があるか，あるいは神々のほうから危難を知らせようとしていると考える。
　伝令者としての働きに関わる思想として，イナウの性別がある。祈願する神によっては，男女いずれのイナウを捧げるかが意識されることがある。美幌では，川の神や，食べられる木の実をつける木などは，物を産み増やす女性の神であるとし，これらの神に祈るときは，必ず男性のイナウを捧げるという[青柳編 1982：110]。
　一方，樺太では，男神に男性のイナウというように，関係が逆転している。その対応関係がわかれば，イナウの形式から，それを受ける神が男女いずれの神として考えられていたかを探る手立てともなる。このようにイナウは，アイヌの世界観の一端を表している。それを読み取ることができれば，文献記録の不足を補う物になり得る。
　性別の表現方法や，神・人との対応関係は様々だが，性別を重視する認識自体は樺太・北海道に広く

見られる。現在では性別に関する意識が見られない地域についても，注意して資料にあたる必要がある。例えば，近年の帯広では，イナウの性別はほとんど意識されない。しかし，帯広を挟んで様似と白糠には性別の表現が見られることを考えれば，十勝地方にもその慣習があった可能性を考えることができる。事実，第5章で取り上げる資料(民K 2025, 民K 2026)の存在によって，この地域にも男女のイナウのあったことがわかったのである。

・守護神

　贈与物・伝令者としてのイナウは，儀礼を経て霊魂が神のもとへ向かうため，人間のもとには，形だけが残る。これに対し，守護神としてのイナウは，霊魂が人間の世界にとどまって人間を助ける。上記のようにこの場合には，イナウの霊魂をカムイと呼ぶ。

　チセコロカムイ(家を持つ神)等と呼ばれる家族の守護神は，これまでの多くの研究でも注目されて来た。普段はイナウの姿で宝壇の奥に安置されているが，家人に危難が及ぶときには，自らの意思で動き回りすさまじい活躍をする。久保寺の筆録した家族神の神謡では，悪神に盗み出された秘宝を奪還し，悪神が潜む岩山ごと踏みくだいて地底へ落としたことが語られる[久保寺 1977：335]。家族の守護神は，家長が生涯祀りつづけ，よほどのことが無い限り作り変えることはない。家族の中に病弱なものがいれば，その者を守る個人的な守護神も祀られる。子グマを飼養している家庭では，クマの檻にも，同じような守護神を立てることがある[52]。こうした，ある程度長期にわたって祭られるもののほかに，臨時に作られるものがある。文献6に見るような，山中で危機にあったときに祭るトゥナシニスクカムイというものがある。また，山で狩猟したクマを持ち帰ることができない場合に，クマの饗応訳と守護神を兼ねて立てるイナウがある。文献5-①に新平賀の例を挙げた。次の例は，釧路市の八重九郎の談である。

「熊とって持って帰れないとき／自分のかぶりものを近くの木にしばり，木に傷(印)つけ／て帰る。／もし何日も来れないような時は，チケイナウをつくりトッパ／したのたてイナウにイノンノして帰り，《中略》iri して帰るときには番をしてくれた inau にお礼によい肉を／emekkori(いっぱにあげ)て帰る，／sakorpe や uchasikuma に inau が人間にな／り番をするとある。」[更科 19：51]

　このようにして人間を助け，役割を終えると，霊送りを受けることになる。これまで述べてきたように，物神，それも臼や船などは，その素材となった樹木の霊魂を引き継いでいると考えられる。ここでは，先に挙げなかった事例を3つ示す。

①千歳市の小山田新次郎が唱えた，船下ろしの祈り(冒頭の抜粋)。

…チプ　セコロ	(…船と)
アイェ　ヤッカイキ，	(申しましても，)
シリ…イウォロソ　クルカ	(猟場の上を)
エサパネ，	(おさめる)
シリコロカムイ	(地の神)
ネ　ルウェ　ネ。	(であります。)
シリコロカムイ	(地の神の)
エモトロケ	(出自は)
チクニ　ネ　ワ…	(立木であって…[53])

　また，船材となった立ち木が語る物語が，北海道に広く見られる。白糠町と平取町新平賀の例を挙げる。

②白糠の四宅ヤエによる船神の神謡(要約)。

「私は，高い枝を神天に揺らし，低い枝は人間界に揺らして立っていた。ある日ポノキキリマが来て高いイナウを立て，これから狩小屋に行くので，雌熊120匹，牡熊120匹，牡鹿を授けてくれといって出かけていった。そのようにしてやると，春になって獲物をもって下がってきて，小さいイナウを立てながら，今度来たらあなたを切り倒して船にしたいといって帰った。しばらくすると，斧を持ってやってきたので，硬い肉を外側に出し，柔らかい肉を内側に入れて，斧の刃をみんな欠いてやった。またあるときポイサマイェクルが来て，同じように獲物を欲しがるので授けてやった。春になって獲物を

下げてきて，高いイナウを立てながら，あなたを切って船にしたいというので切らせてやった。私は船にされて松前までウイマㇺに行き，もどると大変丁寧に感謝の祈りを受けた。私が年を取ると，ポイサマイェクㇽは新しい船を作ったが，私のことも変わらず大切にしてくれて祈りを受けている，と船神が語った。」[田村 2011：42]

③沙流川下流域平賀エテノアによる船神の神謡
「私は空知川の滝の落ち口にいた。オキクㇽミがやってきて船に作られ，日本人の所へ交易にでかけた。小オキクㇽミの代になり，ふたたび日本人の所へ行ったが，私は年をとったため，交易の帰りに腰が折れてしまった。小オキクㇽミは私を丁寧に祭り，帰り道を教えてくれた。空知川をさかのぼると，昔切られた切り株があり，そこから神天へあがると私達の総大将（kamuy oyakata＝樹木の主宰神）の所へ行けるという。そこで言われたとおりに，空知川をさかのぼって行くと，昔切られた大きな切り株があった。そこから神界へ上り，神々から労いをうけた。」[久保寺 1977：319]

このように，船神はもとをたどれば木の神だと考えられている。イナウの場合も，文献5-②に見るように，木々の神がイナウの霊となっていると考えられる。特に守護神となるイナウは，その樹種に備わった「雄弁さ」（ハシドイ），「とげ」（ハリギリ），「強い匂い」（エンジュ，ニワトコ）などによって魔を寄せないと考えられている。したがって，守護神のイナウを送り返すときには，前節で述べた樹木の主宰神のもとへ送られることを前節で述べた。しばしばイナウは「依り代」つまり，人間の領域外からやってきたの神などの霊魂が宿る場所だと見なされてきた。しかし，樹木の霊魂がイナウに内在していることをこれまでに挙げてきた多くの事例を考え合わせると，この解釈は成り立たない。

守護神にも男女の別がある。樺太，北海道ともに，火神と家の守護神を夫婦の神とみなす地域があり，この場合には家の守護神は男性として作られる。樺太の鵜城，小田寒，北海道の余市町など，男女一対の守護神を祭る地域もある。個人の守護神を作るときにも，性別が意識される。新ひだか町静内では，病気治療のための神体を作るとき，病者が男性なら女神を作って頼み，病者が女性なら男神に頼む[更科-5：71]。

このように，イナウには複数のはたらきが混在しているのはなぜだろうか。イナウの周辺には，部分的に重複する機能を持つ祭具・神が存在している。例えば，イクパスイや，シラッキカムイと呼ばれる守護神がそれにあたる。

シラッキカムイの役割は，先にキツネやエゾイタチの例を見たとおりである。イクパスイは，イナウとともに重要な祭具である[54]。儀礼の際に，神酒を入れた酒器とともに持ち，先端に神酒をつけて振りまく道具である。イクパスイは祈りの中で，イタㇰノカムイ（雄弁な神）やパワシヌピト（弁の立つ神）とも呼ばれ，人間が発した言葉を補い，神酒とともに神々へ届けるというものである。これは，イナウの機能のうち，伝令者の機能と重複するものであるが，イナウが多義的であるのに対し，イクパスイは明確に言伝のみを役割とする。

イクパスイは人間の祈りをイナウに伝え，イナウがそれを持って神のところへ赴くという解釈もある。しかし，例えば口承文芸での語られ方を見ると，神に直接語りかけるのは常にイクパスイである。その典型的な表現は，神が自分の家で暮らしていると，人間が捧げた盃が神窓に現れ，盃の上のキケウシパスイ（重要な神に用いるイクパスイ）が人間からの言伝を語り始める，というものである[久保寺 1977：341]。イナウが，こうした振る舞いをするという描写を私は知らない。物語の中でのイナウは，常に神々の財宝として語られるか，あるいは守護神として活躍するかのいずれかである[55]。

葛野辰次郎が記した祈り詞においては，イナウが神の手元に届くと宝物としての杖（ピㇼカ テㇰワ）や，魔祓いの採物（タクサ）として使われることが述べられる[アイヌ民族博物館編 2002]。また，葛野は，儀礼の始まりと終わりに，イクパスイへ拝礼を行ったが，イナウへは行わない。これは，イクパスイに仲介者としての役割が意識されていることの反映であろう。

これら他の祭具と対比してみると，イナウの独自性は贈与物としての働きにこそあるように感じられる。しかし，大林(1991)に見られるように，先行研究の多くが伝令者としての働きを第一義としているのはなぜだろうか。それは日本人研究者にとって，器物が人間の言葉を携えるということが特異に感じられたためかもしれない。しかし，こうしたことはアイヌの世界観においては，特別視されることではない。

　参考として，結婚式での結納品の例を挙げる。結納にあたっては，新郎側から宝刀や漆器，新婦側からは新婦が縫い上げた晴れ着などが贈られるのが一般的である。結納に先立って，新郎の家では，家長が火神に向って縁談がうまくまとまるよう祈りを捧げる。この中で，火神から結い納品に対しても，当日の役割を言い聞かせ，先方の火神に言伝するように，という内容が述べられる。更に結納品に向かって次のような祈りを捧げる(祈り詞1-17)。

エエパキタ	(さらにまた
エカシ　トゥルシペ	祖翁の手に馴染んだ
イコロ　カムイ	宝物の神よ
(トミ　カムイ)	(宝の神よ)56)
(エカシ　ムッペ)	(祖翁の佩き代よ)
(エカシ　イヨイペプ)	(祖翁の器よ)
ホシキ　イタク	先に祈りで
イレスカムイ	火の神に
エコイタッカラ	私が言挙げを
クキ　ロク　ア　ヤク	しましたなら
アニ　オピッタ	全てそのまま
イレスカムイ	火の神から
シピリカヌレ	申し聞かせ
イエカラカラ　ワ	られたこと
シラン　ナンコロ	でしょう
ネヒ　アナッカ	しかしながら
カムイ　エトゥレン	神が寄り添う
ニシパ　ケウトゥモロ	紳士のお心に対して
エコイラウェ	お願いをし
エコイシラムネ	頼み込む
タパンペ　クス	こうしたわけで
クセレマク　オロケ	私の後について
アエアプカシ　ナ。	貴方は行かれるのです
クス　クアプカシ　ペ	私の目的
クコロ　イラウェ	私の望みが
チオタプコレ	こばまれる
コイサムノ	ことなく

クエヤイカムイオロ	私の神のもとへ
エコヘコモ　クニ	戻れるよう
アコロ　サンニヨ	ご配慮を
オカ　ナンコンナ。	たまわりますよう)57)
ハ　エ　エ　エ！	

祈り詞1-17　平取町二風谷

　ここでは，結納品そのものに，結納の成功を依頼している。こうした祈りを受けた品は，結納の場へ運ばれると，相手方の囲炉裏のそばに置かれる。そして，両家の挨拶が交わされる傍らで，火神から火神へのメッセージが伝えられるのである。そのことによって，新婦側の火神が，婚姻を了承することが願われているのである。むろん，火神どうしでも，こうしたやり取りはあるだろうが，宝物の霊魂にも，助力を依頼しているわけである。しかし，こうした伝言が，結納品の主たる役割でないことは言うまでもない。これらの品々は，あくまで婚資として相手方に贈られるのであって，その傍ら言伝も行うのである。

　一般的なイナウの役割もこの例に近く，イナウ独自の働きはやはり贈与物であって，言伝の役割は，副次的なものであるように思える。このことについては終章でもう一度扱う。

　イナウについて考える上で，周囲の民族との比較検討は必須だが，このように多義的で形も素材も様々なイナウのどこに焦点を当てるかによって，その対象も変わってくる。ウイルタ，ニヴフ，ウリチ，そして本州の削り掛けのように素材・形状とも類似するものに加え，前述したような他の素材との併用，または代替使用に注目すれば「機能・使用形態が類似するもの」という枠組みで比較対象を探すことも可能である。例えばサハ文化では，馬のタテガミと絹糸を撚り合わせたものを「salama」と呼び，剝幣のように用いる。馬乳酒祭という行事において立てられる装飾的な柱に張り巡らし，あるいは遠隔地へ移動する際，移動路の側に立っている特別な木にsalamaをしばって垂らし，旅行中の安全を祈る。これらはいずれも神々への贈与を意図して行われるのだという58)。ここに，剝幣との共通点が見えている。また，カムチャッカでは，ハマニンニクの茎

を木偶に巻きつけて用いる。これも素材は異なるが，意図・使用形態という点からいえば，剝幣との比較対象に入れるべき文化である。

このように，見方によって，比較研究の対象地域は大きく広がる。従来は，木製であること，削りかけを持つことがイナウの本質のとしてとらえられたために，比較対象といえば本州の削りかけが主であった。しかし，上記の様に贈与物として用いられる多様なものの1つの形態として木の削りかけをとらえれば，視野は一変する。

2. 先行研究・資料の概要

イナウを対象にした研究は少ない。イナウが取り上げられるのは，精神文化や民具などについて触れる一環であることが多い。あるいは文化間の比較の文脈で，その起源や，日本文化との関係などといった関心が向けられることもしばしばである。これらの内には，木幣そのものの追求とは関係しないものもあり，イナウそのものについての研究はごく少数の研究者によって牽引されてきた。

2-1. 近代以前の研究

イナウの文献上の初出と言われているのは，1356年に成立した『諏訪大明神絵詞』である［佐々木 2013（1976）：86］。しかし，そこに記されたイナウらしい物の在り方は近世以降の事例とかなり隔たっている。1643前半に北海道・樺太沿岸を航海したフリースは，樺太東海岸で，クマが飼育されている様子や，クマ檻の4隅にイナウらしいものが立てられている様子を書きとめている［北構 1983］。これなどは我々が知ることのできるイナウの様子とほぼ同じだと考えることができるだろう。こうした断片的な資料はあるものの，イナウのまとまった記録として最古の部類に属するのは，秦檍丸らによる1823（文政6）年の『蝦夷生計図説』であろう。同書には，イナウの詳細なスケッチと，名称・用い方が記されている。スケッチは，読者がイナウの形状を正確に把握できるよう，細かな形状の違いまで書き分けている。これらは，文によるイナウの記述を視覚的に理解するための挿図として描かれており，そもそも他の絵画資料とは意図が異なるのである。

これらの図については第5章で詳しく見るが，後述する長翅や頭印，輪生短翅，対生短翅，対生短翅の方向の違いなどが確認できる[59]。また，本書の重要な点は，こうしたイナウの特徴と地理的分布と合わせて記録している点である。スケッチに対応する説明文にはその木幣が使用される地域が書かれており，同書に記されたイナウは，北海道の太平洋に面した地域のものであることがわかる。そして，現在のえりも町付近にあたる幌泉を境とし，東西でイナウの違いがあることを示している。これらから読み取れるイナウの形状と分布状況は，20世紀初頭の状況とほぼ同じと言ってよい。このことからも，本書の持つ高い資料性が了解されるとともに，現在知ることのできるイナウの形状や分布が，少なくとも200年前まで遡ることがわかるのである。

他の近世資料としては，菅江真澄が，『蝦夷生計図説』成立とほぼ同時期（1788-1792 初渡島）に蝦夷地へ渡り，イナウについての記述も残している。今石みぎわによれば，菅江の残したイナウの資料は，一定の質と分量を持っている。ただ，絵図については，写実を意図したものではなく，形状の研究には適さない［今石 2006］。

2-2. 近代以降の研究

19世紀後半になると，ヨーロッパ人による調査，資料収集が盛んになり，それを追う形で日本人による研究が進められた。

ヨーロッパ人として，主たる業績を残したのは，北海道に移住し，詳細な伝承を書き残したJ.バチェラーや，サハリンを調査したA.シュテルンベルグ，サハリンに居住し調査収集を行ったB.ピウスツキ，一時ピウスツキに同行し，北海道でも収集を行ったV.N.ワシーリエフ，二風谷に移住し，釧路や北見方面でも調査収集を行ったN.G.マンローなどである。

日本人の業績としては，渡島，日高，十勝で教員を務めながら膨大な聞き書きを残した吉田巌，樺太

庁の役人として，樺太各地を調査した葛西孟千代，アイヌ語・英雄叙事詩の研究者金田一京助，美術史の観点から，アイヌの民具を研究した杉山寿栄男らがいる。そして，現在のイナウ研究の基盤を作ったのは河野広道，馬場修，名取武光などの考古学者，言語・文学研究の久保寺逸彦，知里真志保，郷土誌研究家の更科源蔵，萱野茂らである。インフォーマントとして久保寺や知里，更科を助けた二谷国松や鍋澤モトアンレク，2002年に没した葛野辰次郎も，筆録・出版等の形で地域の信仰や文学に関する資料を残している。そして最も新しい世代の研究者として，葛野から多大な影響を受けた藤村久和，難波啄雄，内田祐一らがいる。

また，本州文化の研究者も，削りかけとの類似からイナウにも多少の関心を持っていた。柳田國男は当初イナウと削りかけ，オシラサマの類似に関心を示したが，昭和初年の論考を境に，アイヌ文化と本州文化の間に明確な境界線を引き，アイヌ文化を考察の対象から除いていった[赤坂 1994]。ただ，柳田が，木製削りかけ以前のイナウ文化を探る必要性を述べた事は重要であるし，彼の言説は梅原猛や大林太良など，その後の研究者の認識に影響を残した。民俗学の分野でイナウに関わる近年の研究としては，赤坂憲雄や今石みぎわの一連の論考がある。

これらには，通時的研究と共時的研究の二つの方向性が混在している。知里真志保は，通時的な関心を強く持っていた研究者の1人であり，多くの重要な指摘を行った。アイヌ語を駆使し，アイヌの世界観にそって文化事象を説明してみせる知里の研究は，大きな影響を与えた。たとえば，サケを捕獲した際に頭部を打ってしとめるサーモンバット（魚たたき棒）はサケが遡上する地域に広く見られる漁具だが，アイヌ文化においては一種のイナウでもあり，サケへの贈与物と見なされる。この事は今でこそよく知られているが，この習俗を「イナウコル（イナウを持って行け）」というサケを叩く際の唱えごとと共に紹介したのは知里である。このように，知里の関心は物に付された名称や，素材となる樹木の色，臭気などによって象徴されるものの解明に向けられていた。知里が遺したフィールドノートを見ると，民具やイナウについても詳細なデータを得ていたことがわかるが，それらの形状は知里にとってさほど重要でなかったようである。

イナウに関する知里の言説で最も注目されてきたのは，イナウの祖形が魔神を威嚇し戦うための棍棒だとした説であろう。これは，最も簡易なイナウがストゥイナウ（ストゥには棍棒という意味がある）と呼ばれることから着想されたものである。知里の時代には，人類文化はヨーロッパ社会を到達点として単系的に「進化」するものであり，世界各地の多様な民族文化が見られるのは，「進化」の各過程にあるためとする考え方が支配的であった。最も簡素なものが原初の形を留めているとする発想や，生命を脅かす者への恐怖から魔の観念が生まれ，やがて神が生まれるといった知里の発想にも，こうした思潮の影響が色濃く見られる。イナウの起源説について言えば，鉄器流入のインパクトを非常に大きなものとして捉えており，それ以前の社会で作られていた単純なものから複雑な造形へ，抽象表現から具象表現へ，という文化の「発展」過程を前提として構想されている[60]。こうした知里の説は，今日ではそのまま受け入れがたい物もある。

これに対し，1次資料の収集と提示に重きを置き，イナウの形状と働きに注目して共時的な研究を展開する動きもあった。1地域の文化に根ざす研究の先駆的なものとしては白老の満岡伸一がおり，白老地方の様々なイナウについて，その特徴をよく捉えた挿図と共に紹介している。網走市郷土博物館を創設した米村喜男衛は，網走市の工藤レヌエケシ（レンヌイケシとも）及び美幌町の菊地儀之助らのイナウと，写真資料を収集し，戦後は樺太から移住した樺太アイヌやウイルタ，ニヴフの資料も残している。これらは網走市郷土博物館と北海道立北方民族博物館に収蔵されている。

二風谷のイナウについては久保寺逸彦や萱野茂，伊福部宗夫らの研究がある。久保寺はアイヌ文学の研究者として知られるが，一方で建築儀礼，葬儀，祖霊祭，尊貴神儀礼などについての優れた研究残した。アイヌ文化研究者としてはかなり早い時期に録音機を導入し，写真のほか映像フィルムも残している。この中には，樺太東海岸新問で撮影された巫術の記録がある。1936年にはクマ送りの撮影も行っ

ている。儀礼についての久保寺の記述は他に類を見ない詳細なものであり、また個々の儀礼に付随する膨大な祈り詞の記録にも力を注いだ。久保寺の記録した祈り詞は主として筆録の形で記録され、タイプライターで清書した原稿をマイクロフィルムにしたものが北海道立図書館で公開されている。そこに書かれたアイヌ語の正確さと、多岐に渡る内容は文学研究者にして儀礼にも造詣の深い久保寺だからこそ書き留められたものであろう。イナウについては、1971年に主として二谷国松からの聞き書きをまとめた論考を執筆している、久保寺は実物資料も収集しているが、それは国立民族学博物館に収蔵されている。

萱野茂は二風谷出身のアイヌとして、沙流川流域を中心に民具と口承文芸資料の収集などを手がけたほか、1970年代からは結婚式や船下ろし宗教などの儀礼の復元的実施にも力を入れ、多くの記録を残した。他の研究者が記録する儀礼は、年中行事や新築儀礼など比較的あらたまったものが多く、日常の儀礼ほど実態がわかりづらくなっている。これに対し萱野の記録には、簡素な護符を作る際の祈りや言葉の力だけで病魔を払う祈り、様々なシラッキカムイに助力を請う祈りなど、実生活の中での見聞が多く含まれ貴重な資料となっている。二風谷およびその上流には敗戦後に樺太から移住したアイヌが暮らしており、萱野の収集品にも来知志出身の山田藤作の製作品などが含まれる。

次節からは、本書の考察に特に関わりの深い研究者と収集資料の概要を述べる。

2-2-1. B. ピウスツキの研究

ポーランド人であるB. ピウスツキ (1866-1918) は、ペテルブルグ大学在学時にポーランドを支配していたロシア皇帝の暗殺計画に関わったとして逮捕され、サハリン島で10年の流刑を経験した。この間にニヴフと接触し、その後、ロシア科学アカデミー等の要請を受けてウイルタ・アイヌについての調査を行った。アイヌ語を習得し、東海岸を中心にアイヌ社会に深く入りこみ、言語、文学、宗教、生業について資料を残すと共に、先住民の教育や行政の改革にも尽力した。主要な調査としては、1902年のロシア科学アカデミーの要請による調査、1903年の「中央・東アジア歴史学、考古学、言語学及び民族学研究ロシア委員会」から許可を得ての調査である。この中で、膨大な実物資料と紀行文、そして当時としては最新のエジソン式ロウ管式レコードと写真機による記録が残された。1902年9月には東海岸小田寒でクマ送りに参列し、祈りや式次第を記録した。

ピウスツキの業績のうちアイヌ語および文学に関するものは金田一京助や和田文治郎、知里真志保らによって早くから紹介され、1983年のロウ管レコード再生プロジェクトによって再び注目を集めた。また、同じ頃からヨーロッパ各国の博物館に収蔵されるピウスツキの収集品を含むアイヌ資料が日本国内に紹介され、その業績の全貌が徐々に知られるようになってきた。

ピウスツキの生涯や業績全般については伝記等が複数あり、著作集も刊行されつつあるのでここでは触れない。ピウスツキ自身による論考のいくつかが翻訳され和田(1999)や荻原(2000)として紹介されている。ピウスツキの収集品のうち、ペテルブルグの「ロシア科学アカデミー人類学民族学博物館(通称MAE)」および「ロシア民族学博物館(通称REM)」に収蔵される資料は1995年度から2000年度にかけて、ユジノサハリンスクの「サハリン州郷土史博物館」およびウラジオストクの「アルセーニエフ郷土博物館」に収蔵される資料は2000年度から2002年度にかけて、千葉大学(当時)の荻原眞子教授を中心とする科学研究費を受けての調査によって所在確認、計測・観察調書作成、撮影が行われた。このうちMAE資料についてはspb-アイヌプロジェクト調査団(1998)として、REM資料については荻原・古原・ゴルバチョーバ(2007)として、写真と詳細データを収録した資料目録の形で刊行されている。サハリン州郷土史博物館とアルセーニエフ郷土博物館の収蔵品については井上(2002)にまとめられている。

本書に引用しているMAEのコレクションのうち、コレクションNo.700, 829, 839に含まれる資料はピウスツキの収集品である。

2-2-2. V.N. ヴァシーリエフの研究

V.N. ヴァシーリエフはロシア科学アカデミー人類学・民族学博物館，帝室地理学協会に所属し，1912(大正元)年に樺太と北海道で収集，写真撮影を行った。この調査行の詳細を記した紀行文によれば，樺太では東海岸のボリショイタコイ(大谷)，リョリ(魯礼)，ナイビチ(内淵)，アイハマ(相浜)，オタサン(小田寒)，シラロコ(白浦)，マヌエ(真縫)，オハコタン(箱田)，トンナイチャ(富内)，オチョボカ(落帆)，西海岸のマウカ(真岡)，多蘭泊で，北海道では沙流川流域のピラトリ(平取)とニプタニ(二風谷)で収集を行い，合計2400点あまりを収集した［荻原 2004］。富内では次に述べる葛西孟千代とも対面し，北海道調査では河野常吉(河野広道の父)の協力を得ている。

本書に引用したREM収蔵品のうち，コレクションNo.2816に含まれる資料はヴァシーリエフの収集品はである。ヴァシーリエフの収集品には，現地調査の際に実際に祀られていたイナウが含まれている。富内では屋内の上座に置かれていたイナウ，ボリショイタコイでは「家の主人のイナウ」，真岡では家の建て替えに伴って山中に置かれていたイナウ，多蘭泊ではクマ送りの際にクマをつなぐ杭を入手している。また，樺太・北海道で人物，家屋，祭壇などの写真を撮影している。

2-2-3. 葛西猛千代の研究

葛西猛千代(1870〜1951)は日露戦争による日本の樺太領有後，樺太庁の役人として東西両海岸に居住するアイヌ，ニブフ，ウイルタの生活状況を調査した。

葛西の著した『樺太土人研究資料』や『樺太アイヌの民俗』は樺太アイヌ研究の基本文献である。これらの著作においてイナウの記述に割かれた紙数は決して多いとはいえないが，簡潔な文の中に部位名称，素材，祭壇の形式など重要な情報が含まれている。葛西は，イナウを「ヌサ」「タクサ」「エプス」の「三種」が１つになって形成される物として説明した(文献3-②)。この際，タクサ・エプシはヤナギ類で作り，ヌサは祈る神によって素材を変える。これは素材によってイナウの性別が変わるため，祈願する神と同じ性になるよう素材を選択するということである。

葛西が「ヌサ」と呼んでいる部位は，北海道ではイナウケマ(イナウの足)と呼ばれる，削りかけ部の下に継ぎ足された棒状の部材である。イナウに関する研究の多くは，イナウの脚部として連結される部位を添え物程度に見なして，収集・記述の対象外としてきた。これに対し葛西は，こうしたイナウの脚部から上端までの全てが１つのイナウであると同時に，その各部が個別の名称を与えられて他と識別され，特に「エプス」と「タクサ」と「ヌサ」は別個に作って連結することが可能だと示したのである。これは次節で述べる個別成形式に相当する。

図1-1(市川文庫写真集15-3　余市町図書館蔵)は，「始政三十周年記念歴史参考館」[61)] の敷地内に建てられたジオラマの一部である。樺太アイヌの家屋内を再現したもので，上座に３本のイナウが立てられている。中央の大きなイナウの各部に説明札がかかり，上から「サパ　／エプシ」「タクサ」「ヌサ」と読める。これらの展示は，葛西が監修したか，その説明を踏襲したと思われる。この写真を見ると，葛西の言う「エプス」は，後述する輪生短翅，「タクサ」は長翅，「ヌサ」は胴に相当することがわかる。

しかし，この写真に写ったイナウも，あるいは他の博物館資料を見ても，輪生短翅，長翅，胴が，全て別個に作られている資料は見られない。多くの場合，輪生短翅(エプス)と長翅(タクサ)を一体として作り胴(ヌサ)に連結する，あるいは輪生短翅(エプス)と胴(ヌサ)を一体として作り長翅(タクサ)を結びつける方法で作られている。図1-1は前者であろう。これらを全て別個に作った例は未見であり，おそらく葛西が目にしていたのも，上記のいずれかの方法で作られているものだったろう。一方，囲炉裏に立てられる「ウンジエプス」(火のエプス)のように「エプス」だけを単独で作って用いることも，ごく普通に行われた。こうして葛西は，３つのパーツが場合によっては一体で作られることを知りながらも，独立した要素だと経験的に知ったに違いない。葛西の樺太滞在が長く，儀礼に接する機会が多かったこと，最初に目にしたイナウが脚部に特色を持ち，個別成形を頻繁に行う樺太のものであったことも理

2-2-4. N.G.マンローの研究

マンローはスコットランド中部に生まれ，開業医の息子として医学を学ぶ一方で，考古学に関心を持ち続けていた。1893年に横浜の病院長となって以降は日本国内の各地で調査を行うようになった。北海道には1898年に初めて旅行し，白老，有珠，近文を巡った。以後，1907年に平取，1909年に釧路春採でクマ送りを撮影，1916年1917年に白老に滞在して習慣調査を行うなど，アイヌについての調査を重ねる。後にロンドン大学の社会人類学者C.G.セリグマンの勧めによってロックフェラー財団からの研究費を受け，1932年に二風谷へ移住した。マンローは調査地の人々に密着し，無償診療や生活改善の相談，提言などを通じて信頼を得ていった。身辺の人々が資料収集に積極的に協力した逸話が多く残っている。

二風谷には移住前の1930年からたびたび滞在しており，1931年にクマ送りの記録フィルムを撮影したほか，新築儀礼，病魔払い，男性による踏舞など貴重な映像資料と写真資料を残している。

1938年頃から著書『アイヌ 信仰と儀礼』の草稿をセリグマンのもとに送付しはじめた。これらはマンローの存命中には刊行の機会が得られなかったが，セリグマンの妻ブレンダ.Z.セリグマンによって1963年に刊行された。同書に収められた世界観，イナウについての解説，新築儀礼，霊送り，病魔払い，葬儀，祖霊祭その他様々な宗教的慣習についての記述はそれまでに例を見ない詳細なものであり，かつセリグマンの助言もあって，調査地と実物資料を明確に示し，話者と自身の解釈の混同を避けて極めて実証につづった物であった。

初期の調査過程で収集した資料はスコットランドへ送られ，国立スコットランド博物館，大英博物館，オックスフォード大学ピットリバース博物館に収蔵されている。これらには羽角を持つイナウが含まれる。後期に収集した資料の多くは酪農大学を経て北海道開拓記念館に収蔵されている。これらのうちイナウについては主として二風谷のもので，種々の宗教儀礼に用いられる特色あるイナウを収集している。また，網走の工藤レンヌイケシを二風谷に招いて聞き書きを行い，数種のイナウや偶像の製作を依頼している。これらの多くは写真のみが残されているが，イナウ頭部の刻印のサンプルが現存している。樺太の資料としては木偶，五弦琴，巫術用太鼓などが収蔵されているが，マンロー自身は樺太での調査を行っていないため，これらは知人等を通じて入手したものと見られる。

2-2-5. 名取武光の研究

イナウの地域差を視野に入れた研究が本格的に開始されたのは1930年代に入ってからのことで，聞き書きと実物資料の収集によって研究の基盤を作った主要な研究者は名取武光と河野弘道，更科源蔵である。

名取は上司である犬飼哲夫とともにクマ送りのほか，生業と信仰に関わる研究を行った。名取・犬飼の業績と収集活動については，沖野(2001)と加藤(2008)が，北海道大学農学部博物館(以後，北大)の資料収集史をまとめた中で詳しくふれている。また『北海道考古学』第24輯に詳しい略年譜や著作目録が掲載されている。それらによると，名取は北海道帝国大学(現北海道大学)農学部農業生物学科を卒業後，1931年から農学部付属博物館に勤務した。1932年から民族調査を開始し，アイヌの狩猟活動とそれに関る信仰，儀礼を中心に調査・報告を行った。1933年からは，北海道内各地から宗教儀礼の知識を持つ男性を招聘し，植物園内での儀礼実施を依頼して，その製作品をそのまま収蔵するというスタイルが見られるようになる。ここでの儀礼は，実際に霊送りを行ったケースと，動物学資料として収蔵されていた動物骨を転用して模擬的に行われたケースがある。

名取の研究は観察と記述が緻密であり，実際の資料から見出される特徴と，それを生み出す慣習の双方を描こうとしている。また，地域性の研究のために，資料提供者の移住の歴史等も可能な限り跡付けている。例えば樺太アイヌの集落は名取が訪れた頃にはほぼ集住化が終了していた。1つの集落内に複数の小集落出身者が居住しているため，集住化以前にさかのぼって家系を記録している。樺太では，

1936年と1941年の2回調査を行い，新問，白浜，落帆，多蘭泊，智来，登富津で聞き書きと観察・収集を行った。この成果は「樺太千島アイヌのイナウとイトクパ」として1959年にまとめられた。

樺太の資料は，ピウスツキや河野広道，馬場修らによっても収集されているが，収集地のわかっているものは多蘭泊と白浜が多い。したがって落帆，智来などの資料は特に貴重である。また，全ての調査地で火神に捧げるイナウを収集している。比較研究のためにできるだけ均一な資料を収集しようとした意図がうかがえる。

戦前に発表した論文中においては，話者の姓名をそのまま書いていたが，樺太での調査は戦後に発表され，話者の姓名はイニシャル表記にしている。そのため，資料の製作者は特定しにくいものの，河野や知里・山本など他の研究者が接触した話者の氏名と照合すると，さほど異同はないようである。また東海岸では1人の話者から複数の集落の情報を聴取している場合が多い。つまり資料はそれぞれの地域で収集しているが，民族誌的な聴取は別の地域の話者に大まかに語らせていたことになる。時間的な制約のためか，あるいは話者を探すのが困難だったためか，いずれにせよ十分な調査はできなかったらしく，北海道の調査に比べればかなり大まかな記述にとどまっている。また，資料を写真で示し，聴取した情報を記す形で紹介している。が，資料には馬場の収集品が含まれる（新問・多蘭泊など）ため，情報提供者と資料の製作者は必ずしも一致しない点に留意しなければならない。

また，名取はこの論文中で，樺太のイナウが胴部に刻印を持つこと，イナウが幣脚に接続する場合は，胴部ではなく幣脚に刻印を刻むことを指摘した。これは葛西の見解と同じく幣脚が単なる附属品ではなく，イナウの胴部の延長と考えられていることを示す重要な指摘であった。

名取の業績を概観すると，刻印や花矢など家系によって同一性が保持されていると考えられるものの分布からアイヌ間に存在する小集団の系統関係を明らかにしようとする志向が認められる。イナウ研究においても，刻印に対する関心の比重が高かったことが窺える。こうした研究の志向は，墓標の型式からアイヌ諸集団の系統を論じた河野広道にも共通して見られ，当時のアイヌ文化研究において1つの流れをなしていた。

名取らの収集品は，上記の研究に必要な資料として集められたものであり，樺太・北海道にまたがる広範な地域で収集されている。特に，北海道全域と樺太の資料を含む祭壇のコレクションには，落帆，新十津川，増毛，余市，八雲など，現在ではほとんど資料の得られない地域のものが含まれている。祭壇の資料には，通常は収集されない脚部などが含まれるうえに，地域ごとの信仰を反映したイナウの配列や高さの違いといった多くの情報を含んでいる。それだけにこの資料群は極めて重要な価値を持つが，収蔵に大きなスペースを要することから，これまでに数度移動され，組み直された痕跡のあるものもある。資料に付随して残されているデータだけでは，祭壇の原状を復元することは困難であり，名取らが論文に掲載している写真の鮮明なプリントやフィールドノート類の発見が待たれる。

これらの祭壇を含め，いわゆる依頼製作と思われるものが多く，各地から儀礼の知識を有する人物を招き，北大植物園内で製作させてそのまま収集したものも多い［沖野 2001：5］。その際，動物標本として収集された動物骨を転用するケースのあったことは先に述べたが，そのほか名取（1941）中に示されている写真のうち増毛，塘路のものは，祭壇を飾っている花茣蓙や，製作者と思われる男性の衣装が同一である。これは北大の収蔵品か，名取らの所蔵品を転用した可能性が高い。

2-2-6．河野広道の研究

河野広道（1905～1963）は，北海道の昆虫学・考古学の草分けとされる。名取よりも少し早くイナウの研究を開始し1934年には樺太と北海道各地の木幣の分類を試みた「イナウ概論」を発表している。同年にイナウその他に施される刻印についてまとめた「アイヌのイナウシロシ」をも発表しており，これらの中で，北海道の木幣における諸特徴，刻印についての論点はほぼ網羅されている。樺太の木幣についても，ほぼ網羅的に述べ，この時点で木幣研究の基盤が作られたといってよい。敗戦後の1950年代

からは更科源蔵・知里真志保と合同で調査を行うことが多くなり，1954年までの調査記録がある。樺太には，1932年と1942年の2度渡航しており，西海岸の来知志，多蘭泊，東海岸の多来加，敷香，新問，白浜，落帆で調査を行っている。アイヌ資料のほか，ウイルタ・ニヴフの資料，大興安嶺のオロチョンの資料も収集している。

河野は，多くの実物資料と聞き書き資料を残したが，それらの多くは河野自身によって公表される機会が無かった。1982年に，河野自身がまとめた整理ノート6冊のうち，クマ送りとイナウに関する2冊分の内容が青柳信克によって編集され『河野広道ノート 民族誌篇1』として公刊され，河野が収集した実物資料と対照して河野の研究の一端を知ることができるようになった。

河野の収集したイナウ関連資料は帆北海道開拓記念館と旭川市博物館に収蔵されている。どちらも目録が整備されており，特に旭川市博物館の資料は，大判の写真を掲載した目録が2度作成され，目録からも全容をつかむことができる。

2-2-7. 更科源蔵の研究

更科源蔵(1904〜1985)の略歴，特にアイヌに関わる調査履歴は，小野寺克巳編『原野彷徨 更科源蔵書誌』に詳しくまとめられている。

更科は，昭和初期から屈斜路の集落を訪れ，動植物の利用法や信仰についての聞き書きを行い，その成果を1942年に『コタン生物記』として発表する。この中で，屈斜路の人々が祭っていた家の守護神を詳しく報告している。更科以前も以後も，道東地方の文化を詳しく記した研究は少なく，こうした守護神についての報告は，かろうじて更科の著述に見られるのみである。

1950年から河野，知里真志保らとともに北海道各地を回り，民族誌的な調査を行った。1961年からは，NHKの『アイヌ伝統音楽』の収集整備専門委員会委員となった。1964年からは，NHKの記録映画『ユーカラの世界』，『北方民族の楽器』の製作に関わり，総監修を勤めるなど戦後のアイヌ研究の主だった事業に多数関与している。

更科の研究対象も非常に幅広いが，中でも宗教文化，とくにイナウに関心を寄せていたことは，収集品の内容からも見て取れる。また，本州の削り掛け資料も多数収集しており，比較研究を構想していたものと思われる。

更科が収集した実物資料は，北海道開拓記念館(以後記念館)と浦河町立郷土博物館(以後浦河博)に収蔵されている。記念館への受入れは1982年に行なわれ，ほぼ全ての民具資料が記念館へ収蔵されたと考えられる。一方，浦河博には更科の資料を収蔵するに至った経緯の記録がないが，記念館の受入れよりも以前であろうと推測される。

イナウは，ほとんどが依頼製作であると思われる。資料には収集地や製作者が記されているが，収集年代は不明なものが多い。収集地を，野帖の記述と対照させることである程度推測は可能である。また，記89489-1〜4のように，上記『ユーカラの世界』の撮影に使われたものも含まれている。撮影用に製作を依頼し，撮影後にコレクションに加えられたものだろう。

更科資料には樺太アイヌの資料も含まれるが，更科は樺太での実地調査は経験しておらず，戦後北海道に移住した人々の製作品と，他の研究者から譲り受けた品で構成されていると考えられる。

更科が接触した移住者の多くは「アイヌ伝統音楽」の出演者であったと思われる。筆者の知る限り，この時期の調査に協力した樺太アイヌは大半が女性であることから，更科に資料を提供した可能性がある男性は2名ほどに絞り込むことができる[62]。もっとも確実なのは，樺太西海岸鵜城出身の柳川助太郎である。筆者の調査の結果，更科コレクションに含まれる樺太の木幣55点の内32点(槍等付属品含む)が，柳川の製作と考えられた[63]。いま一人は，西海岸来知志の山田藤作である。同氏は，移住後常呂町に住み，晩年は平取二風谷に暮らしていた。これら樺太関連資料の多くは，模型である。記憶を頼りに製作されたことにも注意する必要がある。

また，本書では更科の未公刊資料を参照している。それらは，20冊余の大学ノートに『コタン探訪帳』『アイヌ歌謡ノート』等と題が付けられたフィールドノートであり，1950年代の知里・河野との共同調査，60年代の『アイヌ伝統音楽』の調査に関

わった時期のデータが記録されている[64]。この中には調査に携行した原ノートと思われるものと，後に更科自身が清書したと見られるものが含まれる。また，収集品を撮影した写真も残されている。これらの一部は，更科の著作に掲載されたが，未発表のものも多い。実物資料は収集から半世紀をすぎ，変形しているもの，破損しているものもある。そうした資料の原状を知る上で重要である。これらの内容と，更科の収集した民具資料，著作を照合する作業は，未完である。同資料は現在，蔵書・書簡等とともに弟子屈町立図書館が収蔵している。

2-2-8. 藤村久和の研究

藤村久和はアイヌ文化全般にわたる研究を展開しているが，イナウに関わって特に重要な成果は，北海道開拓記念館創設時の1970年から開始した北海道アイヌ及び，北海道へ移住した樺太アイヌからの聞き書きに含まれている。その成果は1973年に『民族調査報告書 資料編I・II』，74年に『民族調査報告書III』，75年に『民族調査報告書 総集編』として公表された。このうち『I』と『II』に収められた灰場武雄（東海岸白浜（小田寒）から移住）からの聞き取りが，イナウに関する最も詳細な報告である。儀礼に限らず，藤村の文化研究のスタイルはいわゆる参与観察を多く用いるものであり，実際に儀礼を行なえるほど詳細な記述がなされる。木幣についての記述も，材料採取などの準備段階からイナウを製作する場面までの流れを詳細に跡付けて記している。同告書には，家族神の祀り方の詳細など，戦前の調査にも見劣りしない情報が収められていると同時に，樺太アイヌの木幣に関する報告としては最後のものとなった。先に述べた『報告書 総集編』は，信仰に関する藤村自身の調査と，ピウスツキや犬飼・名取，知里などの先行研究から項目別に拾った情報をまとめた集大成といえる。更に木幣に関しては1984年のシンポジウム「東北文化と日本」において北海道全域にわたる型式の整理と分類を行なっている。この分類は，現時点における最も詳細なものである。

3. 課題と研究方法

3-1. 先行研究の課題

ここでは，先行研究が示した課題と本書の研究方法を述べる。例として扱うのは，河野広道が1934年に発表した「イナウ概論」である。

河野(1934)は，イナウの「種」を数百にのぼると推計した上で，主として形態上の特徴から「キケチノエイナウ」「キケパルセイナウ」「イナウル」「シュトイナウ」「チホロカケップ」「ハシイナウ」6つのタイプに分けた。これは，現在のイナウの説明にもほぼそのまま踏襲されている。

図1-12は，「キケチノエイナウ」の一例である。長い削りかけを数枚ずつ撚って房を作り，それを軸の周囲に垂らしてある。図1-13は「キケパルセイナウ」である。同じく長い削りかけをつけ，撚らずに垂らす。図1-14は「イナウル」である。軸から削り出した削りかけを，根元から剝ぎ取って使う。

「シュトイナウ」という項目には，大別して2つのグループがあるとしている。図1-15は胆振・日高西部のストゥイナウの例である。全体に外皮を残し，頭部に割れ目を入れ，削りかけをさし込む。胴体には，短く外皮を削り起こしたものを3ヶ所3段つける。他の地域では，次の「チホロカケップ」に似た形のものを「シュトイナウ」と呼ぶとしている。図1-16は「チホロカケップ」の例である。上から下に向けて削った削りかけの対を3段つける。図1-17は「ハシイナウ」である。胆振・日高西部のストゥイナウに枝がついた形をしている。

河野の分類は，北海道全体を視野に入れようとしたものだが，グループの名称に用いたアイヌ語が胆振・日高西部の方言であることからもわかるように，同地方のイナウを念頭に置いて構想されている。北海道の東部や北部のイナウには，胆振・沙流には見られない特徴があり，分布から言えば，こちらの方がはるかに広く存在している。しかしながら，考察の軸が日高に置かれているために，東北部のイナウらは周縁的なものという印象になっている。樺太に

ついては「北海道のそれとかなり趣を異にし，象形的なものが多い」として事例を挙げただけで，統一的な分類体系には組み込まれなかった[河野 1934：551]。

河野以後のイナウ研究でこの点が問題にされることはなく，日高西部のイナウによってアイヌのイナウを代表させることが常態化している。

例えば，伝統的アイヌ社会についての総合的な研究書として，参照される機会が多いと思われるものに『アイヌ民族誌』がある。同書では，高倉新一郎がイナウの概説をしており，イナウに地域差があることを断った上で，「今，最も発達していると思われ，調査も行きとどいている沙流川流域のものを中心に見ておこう」と述べている[アイヌ文化保存対策協議会 1970：634]。ここでは，「キケチノエイナウ」と「キケパラセイナウ」を1つの項目にまとめ，新たに「キケウシパシュイ」を項目に加えるなど，若干の異同があるが，ほぼ河野と同じ視点に立っているといる。これらの分類は胆振・日高西部のイナウを見ている限りでは違和感なく受け入れられ，今日まで見直される機会がなかったが，そのために北海道東北部，千島樺太といった大多数の地域のイナウが棚上げされたままになってきたのだ。

上記の6分類から漏れるものに，図1-18の様なイナウがある。これは，河野の言う「キケチノエイナウ」の上に，短い削りかけが，軸を1周するようにつけられている。『アイヌ民族誌』では，こうしたものの存在を認めているが，「キケチノエイナウ」の変異のように扱っている。しかし，図1-17のようなイナウは余市，空知，旭川，美幌，斜里，釧路，音更など北海道の北部から東部にかけて，さらには樺太南部の全域に分布している。したがって，分布という点から見ると，むしろ短い削りかけを欠く胆振・日高西部のキケチノイェイナウの方が特殊というべきである。

また，図1-19，図1-20をのようなものがある。図1-19は，「チホロカケップ」に似たものだが，一方で，図1-20は，下は「チホロカケップ」に似たものの上に，図1-18の頭部についていたような，短い削りかけがついている。図1-20の右は，この部分を上から見た図である。こうした形のものもけっして特殊なものではなく，広い地域に分布する。したがって，やはりチェホロカケプの変異としてかたづけてしまうことはできない。先行研究の問題の1つは，こうした「軸の周囲を一周する削りかけ」をはじめとするいくつかの重要な特徴を取り上げなかった点にある。

もう1つ問題がある。『アイヌ民族誌』では，キケチノイェイナウ，キケパㇻセイナウに，ケマと言われる台木が接続することが述べられているが，ケマはあくまでイナウを高く掲げるための台と見なされ，イナウについての議論には加えられていない。

しかし，葛西が指摘したように，樺太のイナウは連結された全ての部材が一体となったものである。北海道でもケマ「脚」に対して，削りかけの部分をネトパ「胴体」と呼ぶように，どちらも一本のイナウの部位であることは言葉の上からも明白である。また，八雲と美幌ではヤイニッコㇿイナウ(図1-21)という，削りかけ部とケマを1木で作り出したものが確認されている[北原 2002：77]。このような一体成形のイナウは樺太にもあり(北10866)，空知(北10190)や屈斜路(記8120)でも確認されている。このように，削りかけ部とケマの結びつきの強さを示す現象がいくつかの観点から認められることから，やはりケマはイナウの一部として，考察に加えるべきであると考えられる。

また，20世紀初頭の樺太では，図1-22(地域不明)のようなイナウが収集されている。こうしたものを見ると，キケチノイェイナウ類以外のイナウにもケマがつく例があることがわかる。したがって，ケマは特定のイナウにしかつかないとしてきたことや，ケマを単にイナウの付属品のように扱ってきたことは見直さねばならない。

先行研究の問題の1つは，こうした「軸の周囲を一周する削りかけ」をはじめとするいくつかの重要な特徴を取り上げなかった点にある。

また，満岡伸一は白老に図1-23のようなイナウがあることを紹介している。これを見ると，上はキケチノイェイナウと同じ形であり，下はストゥイナウのような形をしている。同じようなものは千歳と二風谷でも確認されている[名取 1987(1941)：50，73-74]。図1-24は，熊送りの際に子熊をつなぐ杭

である。ストゥイナウの上にチェホロカケプがさし込まれたような形をしている。同じものが，千歳でも確認されている［青柳編 1982：72］。

　また，道北や樺太に目を移すと，図1-26～1-28のようなイナウがある。これを上記の6分類のいずれかにおさめることは無理がある。このように，複数の特徴をあわせ持ったイナウ位置づけを保留したままであったことも問題の1つである。先に述べたように，河野が，樺太のイナウは異質だとして考察から外しているのはこのためであろう。たしかに，樺太と北海道の胆振・日高西部の間には大きな隔たりがある。しかし，北海道のほかの地域（北東部～日本海側）のイナウも，注目する箇所によっては，樺太のイナウと共通性が高いと言える。したがって，樺太を基準にして整理を行えば，北海道のかなりの部分もカバーすることができると思われる。

3-2．研究の方法と意義

　これまでの分類は，1本のイナウを単位とし，その中で削りかけや外皮，枝など，特徴的な部位を指標として型式を設定していた。この分類は1本のイナウに，1つの指標しか現れない場合には有効だが，図1-18～1-24に見るように，複数の指標を1本のイナウが持っている場合も少なくない。これらをそれぞれ別型式としなければならないため，膨大な数の型式を設定することになる。河野（1934）が，イナウの種は数百にのぼるとしているのは，こうした分類を実際に行った場合に予測される数字だろう。それを避けるために，直感的に分類できる胆振や沙流地方のイナウが代表例とされてきたのだと思われる。

　そのように，小変異が多い故に煩雑になるのであれば，小変異を起こす部位を単位として分類を考えてはどうだろうか。例えば，図1-19のイナウの削りかけと図1-20の下の部分はよく似ている。この部分をいわば共通の部品として考え，その上に別の部品が加えられている，と考える。同じように，図1-20の上の部分は，図1-18の頭部と似た形をしているから，これも同じ部品と考える。つまり，これらはイナウを形作る上で用いられる共通の部品で，イナウはこれらの組み合わせでできていると考えるわけである。

　これはけっして新しいアイディアではなく，少し違った言い回しで，以前から論じられているものである。よく知られている例では，イトクパという刻印がある。例えば，空知地方では，イナウの頭部両側面に図1-25のような刻印を刻む。同じものをヘペレアイ「花矢」やキケウシパスイ「有翼酒箸」，熊送りの際に使カムイパスイ「熊神用の箸」にも刻む［名取 1985：55，134，211］。これらの刻印は，刻む対象がまったく違うにもかかわらず，「家系」や「祈願の対象となる神」といった一定の概念を表す同じマークであると考えられる。つまり刻印は，「家系」などの概念を表す他から独立した部位として製作者の意識の中にあり，必要に応じてイナウや，別の祭具にも刻まれるのである。

　イナウには「家系」のほかにも，イナウの性別や用途，ランクの高低[65]といった概念が付されている。製作者たちの説明によると，用途やランクの差を表示しているのはイナウの各部位（削りかけの長さ，数，削る方向，撚りの有無等）であることが多い。そのほか原材とする樹種，頭部の形状（切断の仕方）などもイナウの性質と関連している。刻印についても，必須の要素ではなく，ランクの表示と結びついていることがある[66]。一見して同じようなイナウでも，こうした一部の形状を変えることで，微妙に異なる意味を持つ新しいイナウとなる。

　例えば，三石で祖先の霊がたたったときには，一対のニワトコのイナウを作る。一方は頭部のこぐちに口として切り込みを1本入れ，もう一方は何もつけない。前者は「言葉を伝える者」，後者は「供物を運ぶもの」とされる［更科 18：13］。両者を分けているのは，ただ1本の線のみである。

　また，美幌の例では，後述する輪生短翅と撚長翅を備えたイナウ（図1-19）をランクの高いイナウの基本形とし，頭部に刻む刻印によって，雷神，熊神，月神などの様々なカムイに捧げるイナウを作り分ける。また，頭頂に羽角状の削りかけをつければ鳥神に捧げるイナウとなり，輪生短翅をつけなければ，男性の先祖に捧げるイナウとなる［青柳編 1982：110，113］。

　このような小変異を起こす部位をイナウの構成要素と呼ぶことにする。上に見たように，これらは観

念上のピースとして，イナウにある特定の概念を付加するために作りつけられるものである。これらは，物理的に分断されたピースの中に複数の要素が並ぶこともあり，また前述のケマの様に，物理的な境界の外側に連なることもある。つまり製作者の意識に注目して，イナウを物理的な区切りよりも小さくとらえたり，大きくとらえたりする視点が必要なのである。

　イナウは，上記のような概念を表示する要素が，1本の木の上に線状に配列される（あるいは除かれる）ことによって，多様な意味を担ったものとして形成されている。したがって，同じ地域（制作者）のイナウを比較して，形状に違いがあるとすれば，そこには何らかの意味の違いがあると仮定することにする。イナウの地域差は，こうした構成要素の種類や，意味づけ（出現の条件），構成法（並べ方）などが，地域ごとに若干のズレを持っていることによって生まれていると予想される。探る方法としてこうした製作者の意識を「探る方法として」は，フィールドワークによる調査が最も望ましいが，既にそれを行うことはかなり困難になっている。これに代えて，実物資料と，民族誌データを併用する方法をとる。博物館に残されているイナウを調査し，そこに観察される構成要素をピックアップする作業と，収集者の著作やフィールドノートから，それらの要素が担っている意味を考察してグルーピングしていく作業を並行して行うのである。そして抽出された要素の意味や，地理的分布，要素の構成法などを比較することにより，イナウの地域性を論じるのが本書のイナウ研究の方法である。ただし要素の切り出し方，意味の解釈などは，既に報告された例との対照や，多くの資料に共通する現象などに基づく推測の域を出るものではない。また，出現頻度の極端に少ない要素もあり，帰納的に意味を考えることができない場合もある[67]。このような問題はありながらも，この整理法に一定の有効性はあるものと考え，以下考察を進めていく。

〈注〉
1) 本書では，物語文学を散文説話，神謡，叙事詩に分類する。これは語りの形式からの大まかな分類であり，神謡と叙事詩は韻文体の文学である。神謡は精霊を，散文説話と叙事詩は人間を語り手とすることが多いとされるが，語りの形式と叙述者の組み合わせは様々である。本書中では，例を引用するたびに必要に応じて補足する。アイヌの物語文学に関する詳細は中川(2010)等を参照されたい。
2) 1-4参照。例えば火神の由来について，祈り詞と物語では異なった解釈が述べられる。鍋澤・扇谷(1966)や萱野(1998)に収められた祈り詞の中では，火神を指す表現としてチランケピト（降臨した神）という句が頻繁に用いられる。この表現からは，火神が神界から地上へ降りたことが示唆される。これに対し，名取(1941)で紹介されている平取の創世神話では創世神コタンカラカムイが地上で火神を生み出したとされる。同様に，他の動物神・植物神についても神界から降下したとする伝承と，地上で生まれたとする伝承がある。太陽神は，沙流川流域の物語文学では非常に思い神とされる。ところが現実の祭祀では，太陽神は祭神とならない。また物語文学のうち，金田一(1923)の叙事詩では女神とされ，萱野(1974)に収められた散文説話では男神とされている。他にも男女どちらの例も複数ある。1-1-4を参照。
3) 日本放送協会1961年収録『アイヌ伝統音楽』より。
4) 斉藤明1967年採録「東北北海道のアイヌ古謡録音テープ」（帯広市図書館所蔵）より。
5) 北海道大学の佐藤知己教授からの教示による。
6) 千徳太郎治は樺太東海岸豊栄郡栄浜村内淵のケーランケという男性の伝承を紹介している[千徳 1929(1980)：2-3]。また19世紀初頭成立の『蝦夷島奇観』にも，同様の伝承が記録されている。
7) 美幌では，コタンカラカムイがケネ（ハンノキ）で炉縁を作ったが，不出来であったので海に投げ捨てたところ，それがエタシペ（トド）に化身したという伝承がある。知里幸恵の『アイヌ神謡集』には，この話の類話としてイヌンペイペという魚の起源譚が収められている。このように，創世神が廃棄したものが化身したという話は北海道の各地に見られる。
8) クレイノヴィチは，人間から超自然的な存在へ贈られるものは，相手が持っていないものでなければならないとしている。例えば山の霊にクマを贈っても意味がなく，イヌでなければならないという。同じように，アイヌが酒やイナウを捧げることも同様に「神々にはそれが作れないから」と説明されることがある。しかし，後述するように，最初のイナウは天から降りたもので，人々はそれを模倣してイナウを作っているのだとも言う。二風谷の貝沢トゥルシノが語った散文説話には，黒狐の神が特殊なイナウを作り，護符として人間の青年に与える。青年が窮地に立ったとき，このイナウを地面に突き刺すと，イナウから数頭のオオカミが飛び出し青年を救う[萱野 1988：177]。また，浦河町の浦河タレはウバユリ採取後に，群生地の神々にウバユリの根を捧げて祈った。また，本田(2006)が資料を挙げて示したように，衣服の材料として樹皮を剝いだ後に，テープ状にした樹皮の一部を

「返礼」として幹に巻く(あるいは剥ぎ残す)という事例は北海道各地に見られる。これらは交換の原理だけでは説明できない。

　クレイノヴィチが指摘した原則は、精霊と人の関係を交易的にとらえる認識が成立するとともに形成されてきたのであろうが、アイヌの場合はここから外れる例が多い。おそらくは、人が採取し人の世界のモノに移項することで価値が付与されることと、人から捧げられること自体に意味があるのであろう。つまり、それらを受けることによって威信が高まることが重要なのである。

9) 火神が語り手となる神謡には、火神が外出したまま戻らない夫を追う話や、人間の女性を救うために外出する話もある［知里 1987(1953)］。
10) 霊送りの際には、送られる神だけでなくこれらの神にも拝礼する。
11) ここではケソラプという、クジャクのような想像上の鳥を指している。
12) 二谷国松は70歳頃の談話の中で、子供の頃に2度だけこの魚を見たことがあると語った［久保寺 1977：340］。
13) 葛野辰次郎は、シリコロカムイを女神だと述べている。葛野はシリコロカムイを樹木そのものではなく、山全体を統括する存在とし、その姿については不明としている。また葛野は女神には男性のイナウを贈ることを常としていたが、シリコロカムイに限っては女性のイナウを贈るという［北海道教育委員会 1995：202, 250］。二谷国松は狩猟神に捧げた酒盃を女性に渡すことをタブーとしていた［北原 2012：282］。それは女神である狩猟神の不興を買うためだと言うが、葛野家の事例もこれと同種のタブーかもしれない。
14) 日本放送協会1962年収録『アイヌ伝統音楽』より。
15) 訳文は改めた。
16) 太田コウテカンからの聞き書き［道教委 1980：34］。なお、アペウチトノ(火神の高貴な男性)という神が登場する説話もある。詳細は第7章を参照。
17) 北海道立図書館が所蔵する金田一京助資料のマイクロフィルム「wakarupa Folkrole III」中に原文が記されいる(請求番号 HM 419)。
18) 例えば、風を意味するレラは、屈斜路では「ホラ吹き」の隠語となっている。
19) ここに神名が3つ並んでいるのは、3神にそれぞれ同じ内容で祈るという意味と、3神を一時に祈るという2通りの解釈ができる。祈り詞一般の傾向としては、夫婦や兄弟の神を除けば複数の神の名を呼ぶことはむしろ珍しいが、鍋澤・扇谷(1966)には難産を助ける2神に同時に祈った例もある。なお、太田満氏の教示によれば、旭川にも火神に向けた祈りの最後に水神への祈りを織り交ぜた例がある。
20) 本資料は、北海道立図書館収蔵久保寺逸彦ノートHM 453(マイクロフィルム)に収録されている(p 693)。訳文は北原による仮訳。以下の2篇も同じ。
21) この行以下は言い換えの文案か。
22) 織田ステノ(新ひだか町静内)は、カンナカムイを天界に住む神の総称とし、雷鳴はそれらの神々が歩く音だとしている。
23) 樺太では近代に入るまで臼を用いていなかったので、臼にまつわる習俗は北海道に限定される。
24) 足寄町でも、船の神を「cipkakkema」(神の淑女)と呼ぶ［更科 6：50］。
25) ただし、幼児が死亡すると、その霊魂は他界に行かずにすぐ生まれ変わってくると考える。葛野辰次郎は、6歳までの子供が死亡すると、また生まれ変わるという［北海道教育委員会 1995：179］。鵡川町や来知志では、幼児の遺体は便所のそばに埋めるが、これも幼児の霊魂がはやく母親の胎内に入るように、という意図である。
26) 川上まつ子の散文説話。アイヌ民族博物館収録。あらすじはアイヌ民族博物館ホームページ「アイヌ語アーカイヴス」で閲覧できる。
27) 旭川市では、祖霊祭の最後に祀る人のいない死者に向かって供物が捧げられる。葛野辰次郎も、必ず祀る人のない死者に向かって供物を捧げなければならないと述べている。葛野の祈り言葉には、供物が届いた後に、他界の住人どうしで身寄りのない者へも分配をしてくれるよう促す箇所がある。
28) 久保寺はこのイナウ名に「家の守護神幣」という訳を当てているが、第7章で述べるように、十勝地方ではこうした守護神のイナウを作らない。したがって、このイナウは家屋神に捧げたイナウであろう。
29) 二谷国松口述、久保寺逸彦筆録および清書。本資料は、北海道立図書館収蔵久保寺逸彦ノートHM 453(マイクロフィルム)に収録されている(p 693)。訳文は北原による仮訳。
30) ちなみに山猟の獲物を授ける神は「キムンモシカルカムイ」で、神窓と宝壇の間に座所がある。モシカラとは、仕留めた獲物を安置するために草の葉や松葉を厚く敷いたものである。こうした海幸の神やソウンアパよりも神窓およびキムンモシカルカムイの方が神格が高いという。
31) これらの兄弟神は、モアチャンクル、シアチャンクルという名で鍋澤・扇谷(1966)にも見える。神名のモ(小さい)、シ(大きい)は背びれの大きさを表していると言われる。
32) 日本放送協会1962年収録『アイヌ伝統音楽』より。
33) (財)アイヌ無形文化伝承保存会による記録映画『白老川：アイヌ文化伝承の担い手たち』(1980年)。
34) クマおよび他の陸獣の頭部は共通した様式にのっとって飾り付ける。口吻部と目の周囲、耳を残して全ての皮と肉を除き、頭骨は穿孔して脳漿を取り出す。代わりに、イナウの削りかけ頭蓋いっぱいに詰める。眼球と舌も切除し、切り離した部分は眼球を除いて全て料理する。眼窩には削りかけを丸めて詰め、眼球は削りかけに包んで頭骨のそばに下げる。舌は軟骨を取り出してこれを削りかけで包み、口中に戻す。代わりに笹の葉を入れる地域もある。鼻腔にはイナウをさし込む。皮と肉を除いて露出した部分を全て削りかけで覆う。このほか、頭に礼冠を載せる、耳飾りをつける等の多少の地域差がある。ここに述べた装飾の方法は、ニブフでもほぼその通りに行われ、その共通性の高さは驚くほどである［クレイノ

35) 北海道教育委員会のインタビュー調査の中に，新ひだか町静内での聞き取りが2例見られる．1例は栄貞蔵の親戚の家を解体する際の祈り［北海道教育委員会 1979：105］．もう1例は，老朽化した家屋を解体するにあたって高田勝利が唱えた祈り詞［北海道教育委員会 1980：52］．どちらも詳細は不明．
36) この資料には「マラット」と「マラプト」の両方が見られるが，全てそのままとした．
37) 斉藤明1968年収録．
38) 訳は筆者による．難解で意味がとれない箇所には「？」を付した．
39) トンコリ・カーニクㇷとシャマニズムが結びつけられてきた経緯などについての詳細は北原（2003）にまとめた．
40) ポンフチ（1980）に類話が収録されているが，こちらでは野原に空の編み袋を放り投げて「山菜の神へチラマッコレ」するというような表現である．アイヌ語の原文が部分的にしか示されていないので判断しがたいが，ここでいうチラマッコレは後述する「説諭」の意味を持っているように思える．
41) サンペは物神に関して言えば必須のものではない．例えば，トンコリの内部に入れるガラス玉や川石はラマハともサンペとも呼ばれ，これを入れた方が音が良くなると言われる．また，沙流川の魔除け用人形には胴と四肢合わせて5つのサンペを入れるといい，チセコロカムイ（家族神）と呼ばれる守護神のイナウにも心臓を入れる．一方，チセコロカムイ以外にもしばしば守護神としてのイナウが作られるが，それらにはサンペを入れないことが多い．1-5で触れたチセサンペも複数取り付けられることがある．こうしてみるとサンペという言葉も必ずしも「心臓」という訳語だけではとらえきれないところがあり，ゼロでも良いが，多くあればそれだけ力を発揮するという性質はラマッとよく似ている．
42) この神謡のストーリーは，火神がヤイレスプの妹を蘇生させるために魂を探しに行き，墓地に行って死者の体に残っていた小鳥の姿をした霊魂を持ち帰って，薬液で洗って妹の口から入れると蘇生した，というものである［知里 1958：31］．墓地ではじめに呼び起こした死者は，「自分は死んで間もないために心が迷っているために良くない．もっと古い死者の所へ行け」と忠告している．火神はこれを聞き入れて，古い遺体の所へ行き，霊魂を入手している．つまり，ここでは霊魂は身体と人格を司るものに分離しているが，死後一定の期間を経るまでは両者が強く結びついていると解釈できる．人格部分が分離した霊魂を体に入れることで，ヤイレスプの妹は人格を保持したまま蘇生したと考えられる．ただ，このように他人の身体魂だけを取り込んで蘇生することや，死者の霊魂が他界に行かず墓地に残ったままになっている点などはやや特殊な伝承である．なお，ピウスツキが採録した散文説話には，女の姿をしていた霊魂を小鳥に変えるという描写があることから，霊魂は常に小鳥の姿であるわけではないらしいことがうかがえる［知里 1973a（1944）：276］．

43) 注26に同じ．なお，ラマッに関わる例ではないが，人に向かって，心の中では反対のことを念じながら「漁があると良いね」等と声をかけることを「逆言葉」と言う．これによって人の猟運を左右することができるとする習俗があった［名取 1987（1940）］．
44) 注26に同じ．
45) 北海道立図書館が所蔵する金田一京助資料のマイクロフィルム「wakarupa Folkrole Ⅲ」中に原文が記されている（請求番号 HM 419）．
46) カシカムイはトゥレンカムイとも言い，人に憑依する守護霊のことである．アイヌ文化では人間の霊魂とはあくまで区別されるが，ニヴフ文化やシベリアの文化では，人間の霊魂の1つに加えていることもある．アイヌ文化においても明確に区分することが難しいケースもあり，これも今後検討すべき問題である．
47) 二谷，片山自身が日本語でどのように説明したかは不明だが，鍋澤と葛野は自著の中で「入魂」を用い，沢井氏も「魂を入れる」と表現している．なお，沢井の用例は，高橋靖以氏（アイヌ語学：北海道大学アイヌ・先住民研究センター博士研究員）によるインタビュー調査の中で得られたものである．高橋氏には，この他にも本別の言葉・生活文化について多くのご教示をいただいた．
48) ただ，第7章で見るように，守護神などの特定の用途と，形態が慣習的に結びついていることはある．また，刻印で対象神を表示したものなどは用途が限定されていく．
49) 北海道教育委員会収録「アイヌ民俗文化財伝承記録CD 70」（北海道立図書館収蔵，請求番号 CD 667）に収められたユカㇻの内容による．北海道教育委員会（1981）のp.9に，この録音の梗概が掲載されているが，内容の取り違え（イナウが天界から降下する場面を，人間が天の神に捧げるとしている）があるため注意されたい．なお，増田（2010）の付属CDに収録された「イナウユカㇻ」（語り：森崎藤吉）も，葛野の伝承と同内容ではないかと思われる．
50) 注8参照．
51) アイヌの木偶も，ウイルタ・ニヴフの木偶に比べて用途が広い．ウイルタ・ニヴフの木偶が，下痢，歯痛，夜泣きなど具体的な用途を持ち，用途の数だけ形状も多様である［和田 1987（1958）］のに対し，アイヌの木偶が担うのは健康・幸福を見守るといった抽象的な役割である［和田 1987（1959）］．
52) 第4章の多蘭泊，二風谷の項を参照．
53) （財）アイヌ無形文化伝承保存会製作の記録ビデオ『千歳川アイヌ文化伝承の人々』より．聞き起こしと仮訳は筆者．
54) イクニヒ「飲酒の串」，とも呼ばれる．
55) 口承文芸中にイナウが表れる事例については，今石（2006）が丹念にまとめている．
56) （　）内は，別の言い回しや，結納品が器である場合の例文かと思われる．
57) 二谷国松口述，久保寺逸彦筆録および清書．本資料は，北海道立図書館収蔵久保寺逸彦ノートHM 453（マイク

ロフィルム）に収録されている（pp.540-541）。訳文は北原による仮訳。
58) サハ共和国出身の言語学者ナタリア・ネウストローエヴァ氏からの教示による。
59) 他の絵画資料にも，いくつかイナウを書き分けたものがあるが，それらのほとんどが『蝦夷生計図説』の写しであると考えられる。
60) 同様に金田一京助と杉山寿栄男は『アイヌ芸術』の中で，守護神のイナウに「口」と呼ばれる切込みがあることなどに触れ，人型の神像が発生する以前の段階を示すと述べた［金田一・杉山 1942：40］。一方，マンローや，木偶の研究をした和田完（1957）は，これとは逆に，具象から抽象へという変化の仮定を想定していた。これについては，終章で詳述する。
61) 日本による樺太統治30周年を記念した事業にともなって設けられた展示施設。江戸期の日本人による樺太探検の様子や，開拓者の生活などを再現したジオラマを展示した。
62) 私は1998年から千葉大学大学院の丹菊逸治，田村将人のフィールド調査に加わり，北海道に移住した樺太アイヌへのインタビュー調査を行った。この調査で知りえたところによれば，移住前から，イナウの製作や儀礼を行う人はかなり少なくなっていた。また，同じ土地に住み続けていれば，儀礼を行わなくなっていたとしても，家内や祭壇に古いものが残されることがある。しかし，敗戦後の混乱期に移住が行われたため，荷物の持ち出しも制限され，着の身着のまま北海道へ来たというケースもある。それまで使用されていた祭壇は破棄され，守護神などを祀っていた人も移住時に霊送りをしてきたという。
63) 判断の根拠は，資料本体の記載と，更科の著述である。更に削りかけや刻印に見られる刃物の使い方，全体の雰囲気などいわゆる「作風」というようなものも判断材料に加えた。
64) 前記の通り，河野が残した調査内容は，青柳信克が整理・公開した。更科・知里のフィールドノートの内容は，これと重複する個所が多いため，重複個所は原則として公刊された河野の資料から引用し，それに漏れる部分は更科・知里から引用した。
65) ここで言うランクとは文字通りイナウの等級のことを指す。ランクの高いイナウほどカムイに喜ばれるが，みだりにランクの高いイナウを送ることはタブー視されている［更科 8：100］。イナウのランクは，祈願の内容や相手のカムイと見合うように意識される。
66) 新十津川町では，刻印によって家系を表示するが，刻まなくともよい。刻印を刻んだイナウであれば1本，刻印の無いものは2本捧げる［名取 1987(1941)：60］。前者はより正式なものであるので，後者2本分に相当するのであろう。
67) 例えば，空知地方では比較的頻繁に輪生短翅を用いるのに対し，余市ではクマ送りの際，頭部につけるイナウにしか用いない。余市の輪生短翅は，たまたま1例だけ確認できたが，これは幸運な例であろう。

第 2 章　イナウに用いる樹種・用い方

1. 樹種の選択

　イナウを作る作業に入るにあたり，最初に検討されるのは素材の選択である。樹木を切り出してイナウを製作し儀礼で用いることをアイヌの信仰に沿って言いかえれば，それは森林界から木の神を勧請して伝令者や守護神としての働きを依頼する行為である。キツネやウミガメ，トリなどの動物は，頭骨をイナウで飾って屋内に祀る慣習が広く見られる。それらは普段は屋内の奥座に安置しておくのみだが，占いや病気治療などの場面で取り出して拝礼し，助力を求める。つまり，動物神を一時的に人間界に引き入れて，供物を捧げつつ人間のために働くことを促すのだが，樹木をイナウにすることはちょうどこれと同じ行為で，整形し人の手を加えることによって神界から人の領域に引き入れ，人の意に応えることを求めるのである。

　イナウに用いる木材は，樺太や北海道の各地方において入手しやすいものが選ばれることが多い一方，ある場合には特定の樹種が選択されることがある。その判断基準は，信仰上の様々な事象に引き当てて語られ，イナウの機能・用途と関連して選択される。もっとも，通常の祭祀においては，樹種の選択は比較的大らかに行われ[1]，必ず特定の木を使わなければならないということは稀である。樹種の選択が特に重要となるのは，病魔除けなどのように製作の目的自体が特殊な場合であると考えて良い。例えば，ニワトコの木は，樺太でも北海道でももっぱら魔祓いに使われる。このような場合を除けば，手に入れやすい木なら何を使っても良いと語られる。アイヌ全体を通して，ヤナギが最も普遍的に使われるのは，その分布が広い上に成長が早く，入手しやすいことの反映とも考えられる。

　後述するように，北海道では，神によって特定の樹種を好むという伝承がある。イナウには，格式と性別があり，これは多くの場合イナウの大きさと形状によって表現される。祈願の際には，対象となる神に最も適合するものを作るよう意識するが，これに加え，その神が好む木があればそれを用いる。作り手は，これらの要素を，祈願する神ごとに考えあわせ，より神の意に沿うイナウを贈ろうとする。

　一方，樺太の諸地域では，樹種と性別が対応していることがある。例えば，エゾマツやシラカバは男性の木とされ，これらで作ったイナウは全て男性となる。したがって，樺太では，イナウの性別表示，形状と樹種という2つの方法があることになる。北海道では，同一の樹種からでも，形状を変えることによって男女のイナウを作り出すことができるので，こうした表現のあり方自体が，樺太と北海道では部分的に異なるということになる。

1-1. 祭具のイナウ

　イナウの機能を，大きく祭具（伝達者兼贈与物）と守護神に分けると，前者は更に善神に対するものと悪神に対するものに二分することができる。

　悪神に捧げるイナウは，ウェンイナウ「悪いイナウ」，ニッネイナウ「堅いイナウ」などと呼ばれ，簡素なものが多い。ただ，この種のイナウは，後述する守護神のイナウとの差異が明瞭でないものも多い。

　善神に捧げるイナウは，白くやわらかい削りかけを基調として作られるため，材料には，まっすぐに伸びて節が少なく，削りやすい樹木が好まれる。この要件を満たす材として，最も広く使われている樹木はヤナギである。また，神々によっては特定の樹種を好むため，その意にかなうイナウを贈ることが望ましいとされる[2]。

　ミズキは，木肌が白く，節が少ないなめ，ヤナギに次いでよく用いられる。ミズキのイナウは，神のもとに届くと，銀に変わると言われる。近年の白老地方ではもっぱらミズキを用いている。千歳の栃木政吉は，火神にはキハダ（シコロ）製のコンカニイナウ（金のイナウ）とミズキ製のシロカニイナウ（銀のイナウ）を対で捧げるという［更科 19：15］。また，特にクマがミズキを好むとする地域も多い。釧路市阿寒の秋辺福治は，次のような証言をしている。

　「ミズキのイナウ(utokanniinau)／一番神様の

喜ぶイナウで，特にクマが喜ぶので，何日も熊の後を追ふ／(ruykari)てもう少しといふときに／utokanni inau／ikon rusuy siki／inko maraputo ne／ミズキのイナウを欲しければ／俺のところに来いといふものだ。／kimun-kamuyは人の言ふことをよくきくもの／だから，後から言はれてもよくわかるものだ，このイナウをやると熊が／yairaikeするといふことだ。」[更科 11：5-6]

キハダ（シコロ）は，イナウ材となる樹木の中でも最高位に位置づけられることが多い。キハダ製のイナウは，神のもとに届くと金に変わるという。さきに見た千歳で火神に捧げる事例以外は，シマフクロウに捧げる事例が目立つ。次に見る鵡川の事例のように，キハダのイナウを濫用することを戒める証言もある。

「sikerebeni の inau は金の ekoro にするから神様がリンキして／ケンカしてしまいあげた人にたたりくるからうっかり使われない．／ケカチの時に山の方の sirikorkamui の一番えらい神にあげる inau／sikerebeni でつくる」［更科 8：100]

このほか，北海道では，クマ送りの際，頭骨を載せる叉木と，頭骨の下に入れる横棒をキハダで作ることがある。

ハンノキには，ヤチハンノキ，ケヤマハンノキ，ミヤマハンノキの3種があるが，イナウ材に用いられた例はほぼミヤマハンノキである[3]。ハンノキ製のイナウは，神のもとへ届くと銅に変わると言う。北海道・樺太の各地で，特に海神に用いられる例が見られる[4]。創世神が投げ捨てたハンノキ製の道具から，太刀魚が生まれたなど，ハンノキと海を結びつける説話が複数あるのも興味深い。

クルミは，通常はイナウ材に用いない。毒性があるとして，忌避されることもあるが，ヘビ神に限ってはクルミ製のイナウを欲するという[Munro 1996(1962)：45]。

1-2．守護神のイナウ

守護神となるイナウの典型は，独特の臭気を持つ樹種の一群を素材とし，その臭いによって悪神を遠ざけるという。エンジュ，ハシドイなどは，小枝をそのまま窓や戸口にさすだけで魔を寄せ付けないと言われる。家の守護神や，墓標にもよくこの木が用いられる。ニワトコも，同じく守護神や墓標に用いられる。この木には，人間界に降臨した墓標の神が化生したという伝承が残されている[久保寺 1977：381]。

ハリギリやタチイチゴは，その棘を悪神が嫌うとされる。ハリギリは，病者の守護神に使用された例がある[5]。タチイチゴは，タクサと呼ばれる魔祓い用の採り物に使われる。

ヨモギやブドウヅルなどは，それらが本来持っている神聖性が前面に出される。ヨモギは人間界が創造されたとき，2番目に生えた草だとされ，強力な魔物も滅ぼしてしまう力を持つとされる。ヨモギを使ったイナウは，静内で2例記録されている[6]。ブドウヅルは，コクワとともに神界に生えていた金と銀の蔓で，これらで作った製品を身に付けていると，その生命力を得ることができるという。そのためか，毒草を食べて中毒を起こした人間を助けたという説話のように，魔を追うのではなく，人間を直接癒すというイメージが与えられている（文献 4-①）。

2．樹木に対する認識

2-1．性　別

在来的なアイヌの世界観では，樹木にも霊魂が宿っていると考える。霊魂は擬人的にとらえられ，男女の性別があるとされる。

北海道では，それぞれの樹種の中に男女の別がある様に語られることが多い。例えば，久保寺逸彦が採録した「聖伝4」では，ヤナギ，エンジュ，ハンノキ，ハシドイ，ニワトコの男女が，守護神（イナウ）となって主人公に加勢する[7]。「聖伝4」にはいくつか類話が伝えられており，上記5種にハリギリ

表 2-1　祭神と樹種の対応一覧

クマ	トドマツ(来知志，小田寒)，ミズキ(天塩，浜益，新十津川，美幌，阿寒，本別，八雲)，ヤナギ(本別，帯広伏古)，キハダ(平取，白老)
山	エゾマツ(白浜)
海	ハンノキ(新問，白浦，天塩，北見，網走)，トドマツ(白浜)，シラカバ(多蘭泊)，ミズキ(浜益)，ヤナギ(網走，斜里)，ホオ(斜里)，ハシドイ(網走)
太陽	トドマツ(来知志)，エゾマツ(多蘭泊，新問)
シマフクロウ	キハダ(浜益，名寄，新十津川，千歳)，ヤナギ(斜里，帯広伏古)
ヘビ	クルミ(美幌，阿寒，滑若，二風谷)，ヨモギ(東静内※祟ったとき)，ヤナギ(帯広伏古)
火	ヤナギ(小田寒，帯広伏古，様似，二風谷)，エゾマツ(小田寒)，シラカバ(小田寒)，イチイ(小田寒)，ハンノキ(小田寒)，キハダ(千歳)，ミズキ(千歳，白老)，エリマキ(浜益)，サワシバ(虻田)，ハシドイ(東静内)，エンジュ(様似)
戸口	サンザシ(釧路)，エンジュ(石狩)
家族神	シラカバ(来知志)，エゾマツ(来知志)，ハシドイ(静内農屋，二風谷，穂別ルベシベ，穂別，白老)，エンジュ(様似)，ヤナギ(多蘭泊，名寄，静内)，ハンノキ(余市)
守護神	ハシドイ(千歳，白老)，エンジュ(美幌，二風谷，穂別，白老)，ミズキ(白老)，ハンノキ(鵜城，来知志)，ニワトコ(鵜城，来知志)，ハシドイ(来知志)

※屈斜路ではドロノキ，ヤナギ，キハダ，トチナラ，ミズキをどの神にも用いることができる。

が加わる例もある[8]。

このように，北海道では同じ樹種の内に男神と女神がいることになっており，それらから作り出したイナウにも男女がある。もっとも，北海道アイヌのイナウの性別は，製作の際に，その形状を部分的に変えることによって表現される。「聖伝4」において主人公は，上記の木々に加勢を頼む際「Shutu-inau-kamui」という守護神のイナウに形作っている。このとき，話者や聞き手は，イナウの性別が頭部の形状を変えることによって表現されたと認識していたことだろう[9]。同じく「聖伝4」に現れる「inaupinnekur」(イナウの男性)，「inaumatnekur」(イナウの女性)も，削りかけの形状によって性別を表現している。前者は長く削り出した削りかけ数枚を撚り合わせた房を10数本下げた姿，後者は削りかけに手を加えずふわりと垂らした姿に作られる。

これに対し，樺太では，樹種ごとに性別が決まっている[10]。来知志の藤山ハルはエゾマツ，シラカバをオホカヨニー(男性の木)，トドマツ，ハンノキをマハネニー(女性の木)と呼ぶ[11]。そして，エゾマツで作ったイナウは全て男性，トドマツのイナウは全て女性というように，樹種の性別はイナウにも引き継がれる。

また，祈願の対象神との関連性で見ると，樺太では男神に男性のイナウ，女神に女性のイナウを捧げるというように，神とイナウの性がそろえられる[12]。また，守護神の場合でも，女性には女性守護神を与えた例が複数あり[13]，祭具のイナウと同様の対応関係であると考えられる。これに対し北海道では，男神には女性のイナウ，女神には男性のイナウという対応関係が一般的である。守護神の場合も，男性に女性守護神を与えた例が確認できる[14]。

興味深いのは，樺太でも最もよく使われるヤナギには，性別が語られないことである。ヤナギは，一木でイナウに作られるほか，イナウの部品として，他の樹種と連結されることがある。例えば，屋外に立てられる大型のイナウの多くは，胴をマツなどで作り，その上にヤナギの削りかけ部を連結した形になっている。この場合，イナウの性別は胴に用いた樹種に応じて決定される。ヤナギはこのような使い方をされるために，固定的な性を持たない中性的な樹種と見なされているのかもしれない[15]。

2-2．木の上(梢)と下(根)

イナウに限らず，樹木を素材として何かを作る場合には，樹木の上下が強く意識される。住居の柱など縦にして使うものは，上下と梢・根の方向が一致するようにし，逆柱を嫌う。イクパスイ[16]の様に横にして使うものは，先端が梢の方になるように作

られる。旭川市近文の門野ナンケアイヌは，丸木船製作の際，舳が梢にあたるように作る[更科11：66]。

イナウの場合は立てて用いるものがほとんどであるから，梢を上にして用い，これを逆にすることは強く忌まれている。例えば，旭川市近文の石山長次郎は，根を上にしてイナウを作ると，家系が絶えると述べている[石狩川中流域文化研究会編 2002：443]。

ところが，第4章で述べるように，樺太では根を上にしてイナウを作る例がしばしば見られ，特に守護神として祀るイナウにこのような用い方が多く見られる。非常に特異な現象であるが，逆木の守護神はナナイなど隣接する北方民族や秋田県など本州北部にも見られるものであり，これらの民族からの伝播も考えられる（図2-1, 2-2）。

また，東海岸北部の新問では，川や海の神に捧げられたイナウにも逆木が用いられている。こうした例は，分布が限られていることから，比較的新しく現れてきた傾向であろうと思われるが，こうした傾向を生んだ理由や，逆木が持つ意義などは未詳である。

イナウ材の用い方には，アイヌ文化における美醜の感覚も反映していると考えられる。どの地域でも，良いイナウとされるのは，樹皮を取り去って美しい木肌を出し，薄くやわらかく削った削りかけを持つものである。アイヌ語で，上質の表現として慣用的に用いられるカパラ（薄い）という言葉があるが，薄い削りかけを良しとする感覚もこれに通じるところがあろう。

このような薄い削りかけに対置されるのは，上に述べたニッネイナウやウェンイナウである。これらは，樹皮をつけたままの丸太に近い形をしている。北海道の南西部では，こうしたイナウを守護神の神体に用いることも多い。家の守護神などは，形状はウェンイナウとほぼ同じでありながら，高位の神として丁重に祈拝を受ける。こうしたイナウの「堅さ」は，守護神としての強さを連想させる。また，アイヌ文化において「高位」の意味にも通じるパセ「重厚である」という性質を備えていることも関連するかもしれない。

樺太の守護神も，根ごと掘り起こした木を逆さに立て，わずかに樹皮を削り起こしただけのものであり，堅さと重厚さを持っている。また，逆木の与える禍々しい印象が，魔に対する強さを連想させるのかもしれない。

小　括

上で見たように，樺太と北海道ではイナウ材となる樹種は共通している。これは，この地域の自然環境の中で，実際に削ってイナウを作ることが可能な樹種がある程度限定されることも関係しているだろう。

一方，樹種の選定に関わる思想や，用い方に大きな差がある。北海道では，シコロやハンノキなど特別な樹種を用いるのは，祈願対象となる神の好みに応じた結果であって，複数のイナウを捧げたとしても同一の樹種が用いられると思われる。また，そうして選ばれた樹木は削りかけの部分に使用される。これに対し，樺太では，樹種は性別と対応しているのであって，ある神に男女のイナウを捧げることは，複数の樹種を捧げることを意味する。また，性別など，イナウの性質を決定する樹木は胴の部分に使われることが多く，削りかけ部は，中性的なヤナギが使われる。つまり，樺太と北海道では，樹種の選択と関わる部位が大きく異なっているのであり，同時にイナウの中核と見なされる部位が，樺太と北海道では異なるということでもある（図2-3）。

また，第1章3節で述べたように，イナウの製作法には，一体成形と個別成形の2つの手法がある。上に述べた，削りかけ部にヤナギを用いるという例は寄木造の場合である。一体成形の場合には，当然ながら，マツなりカバなりで胴と削りかけ部を作ることになる。個別成形に用いるヤナギは，削りやすさから選ばれた代替物なのだろうか。それとも，削りかけは本来ヤナギで作るべきで，その工程を省いてしまったのが一体成形なのか。このように考えると，樹種の考察は，2つの製作法の発生にまで及ぶ

ことになる。

　樺太と北海道の比較を行う際，従来は形状の差異が強調されてきた。しかし，実際には北海道のイナウはかなり多様な形状をしており，北海道北東部のイナウは形態的にはむしろ樺太に類似する点が多い。反面，樹木の使用，およびその背景に見える植物についての観念には，やはり宗谷海峡を境に大きな隔たりがあると言える。この点は，ニヴフ・ウイルタおよび本州といった，周囲の民族事例とも比較してみたい問題である[17]。

〈注〉
1) 例えば，新ひだか町静内の葛野辰次郎は，シコロを用いるべき場面でも，入手できなければヤナギを用いることを述べている（文献2-①）。また，釧路市阿寒町の秋辺福治は，キハダの木をあまり用いないが，その理由として，キハダの色が好みに合わないことを挙げている［更科 11：5-6］。
2) 地域ごとの樹種と神の対応は，表2-1を参照。
3) 安田千夏氏の教示による。
4) 名取は樺太東海岸北部の新問村で海神にハンノキ製のイナウを捧げる事例を記録している［名取 1987(1959)：84］。第4章参照。
5) 二風谷の例として記89456がある。
6) 記89469，記89479。第1章および第5章参照。
7) 文献5-①。
8) 例えばネフスキー(1991) p.168の「樹々の神イナウ」，葛野(1983) p.17の「神の語り神互いに話しあう(2)副題じゃりがにと木の名の話し」など。
9) 詳細は第4章を参照。
10) もっとも，全ての樹種について言及があるわけではない。イナウなどに用いられる樹種について，特に性別が語られる。
11) 文献6および文献3，文献11を参照。
12) 文献2-①参照。
13) 記89516（鵜城）など。第4章を参照。
14) 記89468（東静内）など。第1章および第4章を参照。
15) 第4章で示すように，樺太でも一部のイナウは形状によって性別を表す。ヤナギの様に中性的な樹種の場合は，形状で性別を表示するという考え方もできる。
16) 儀礼の際，献酒に用いられる祭具。先端に神酒をつけ，振りまく所作をすることで，神々に神酒と祈りが届くとされる。
17) 本州の削りかけについては，樹種も含めて今石(2009)などの詳細な研究が進みつつある。

第 3 章　イナウの製作技術

はじめに

ここでは，博物館資料等の実物資料に見られる製作技術について述べる。また，製作工程の復元についても試論を述べる。

イナウの製作は，明治期以降徐々に行われなくなり，特に戦後は急速に人々の生活から消えていったと見られる。

筆者は，2000年ころに平取町二風谷の「チプサンケ」行事[1]に参加した折，そこで使用したイナウを製作した貝澤貢男氏から，イナウ製作を習得した経緯として，次のような話を聞かせてもらった。

1964年に，NHKが『ユーカラの世界』と題した近代以前のアイヌの生活を再現した映画を製作した。貝澤氏はこの映画に出演したが，それには次のような経緯があったという。映画の中で儀礼を行う場面が数回あり，イナウ製作・儀礼の実施を行える男性を探したが，当時平取地域にも適任者がなかなかおらず，貝澤氏に声がかかったという。貝澤氏は，二谷善之助から手ほどきを受けてこのときにイナウ製作を習得した。これ以降，萱野茂とともに各地の博物館に展示するアイヌ民具資料の製作に携わるようになり，この仕事の中で経験を積んだという[2]。

もちろん，実際にはイナウを製作できる人がいたものの，当時の社会状況から映画への協力を避けたという可能性は大いに考えられる。それを考慮しても，かつて男性であれば誰でもイナウを製作したことを考えれば，イナウの文化がいかに危機的な状況であったかがうかがえるエピソードではないだろうか。

そのような状況にありながらも，イナウ製作を継承しようとする人々が一部におり，80年代以降に復興的な儀礼が各地で行われるようになると徐々に普及するようになっていった。こうして，ある程度の技術は伝承されてきたが，資料の中には，現代に伝わっている技術では製作できない形状をしたイナウがある。そこで，本章ではこれまでに記録された一般的な技術を整理して提示することに加え，資料の観察から推定される技術を用いて，実際に木材を加工し，検証した結果についても報告する。

また，アイヌ文化以外のイナウ状製品についても，製作技術の比較を行うこととし，ここでは本州各地とボルネオ島(マレーシア)の事例を取り上げる。本州の習俗については文献や映像資料により，ボルネオ島については現地調査によって得られた情報をもとに比較を行う。特に，製作に用いる刃物とその用い方に注目して検討する。

イナウの加工技術には，製作者が意図して選択するものと，工程上の都合から結果的に選択されるものとがある。近代以降の記録には，イナウの製作から使用までの過程における様々なルールが見られる。例えば，樺太東海岸小田寒の灰場武雄は，削りかけの数や樹種の使い分けなどについて明確な規範を語っている[3]。北海道でも樹種の使い分けは広く見られ，削りかけの数に関する規範もしばしば報告されている[4]。それらのうちには全地域に共通する傾向もあれば，局所的に見られる傾向もある。後者は，ある地域内で慣習的に行われていたことが，やがて規範として意識されるようになったものも含まれると考えられる。また，規範というよりは，製作者の美意識がイナウの形状を規定していると解釈できる証言もある[5]。

地域内に存在する規範は，次代へ正確に伝承されていくと考えられているが，図面などによって画一的なものを作るわけではない。灰場武雄や白老町の野本亀雄(1917年生)の証言を見る限り，技術の伝達は周囲の人々のイナウ製作を見たり，作業に参加することによって行われるようである[野本・岡田 2000]。

私は1994年から1998年にかけて，藤村久和氏の主催する儀礼の学習会に参加し，そこで数人の参加者とともにイナウ製作を経験した。そのときの経験では，同じ指導を受けて同じイナウを製作しながらも，各人の有する経験の違いが反映されて，それぞれに若干異なる美意識を形成していった。また，技術の習得も一様ではない。したがって，同じイナウを製作しても，人によって印象の大きく違うものができるし，いちど形成された美意識も，経験に応じ

て常に変化するものである。こうした個人的な要因と，地域内で共有されている規範の双方が反映されて１つ１つのイナウが形成されていると考えられる。

工程には，製作の際に生じる物理的な制約によって決定される部分もある。イナウの各部位を作り出す手順は，製作するイナウの形が決まった時点でおのずと決定する。例えば，図3-25のイナウの場合，②を削り出した後に①を削り出すことは不可能である。したがって，この場合は①を削ってから②という工程を変更することはできない。

また，削りかけの巻きの強さには，製作者の美意識が反映される場合があるが，これとは別に原木採取の時期に関わる習慣から副次的に決まる場合も考えられる(2-3-1参照)。このように，資料から読み取れる技術，工程を生み出す要因は実に多様であり，製作者の意図がどこまで働いているのかも慎重に見きわめる姿勢が必要である。

1. アイヌが使用する工具と作業姿勢

アイヌのイナウ全体を見ると，形状や用途は概ね共通しているが，工具と作業姿勢については樺太と北海道で大きな違いがある。ただ，いずれの場合も必ず右手で削ることは共通している。N.G. マンローは，左手で削ることを禁忌だと述べている[Munro 1996(1962)：29]。

1-1. 樺太の事例

図3-1に示したのは，樺太のイナウ用小刀である。アイヌ語の名称としてはイナウケマキリ「イナウを削る小刀」が一般的だが，「ceykimakiri 我々がそれで(製作)する小刀」[6]という名称も記録されている[藤村ほか 1973：22]。左刃[7]に作られた短い刀身を持ち，「左マキリ」という通称で呼ばれる。多くの場合，刀身が軽く湾曲しており，刃はあまり鋭利ではない。灰場武雄は，市販の切出しナイフでは刃が鋭すぎるので，西洋鋏の刃の様に研ぎなおすという[藤村ほか 1973：23]。筆者の聞き取りでも，西海岸来知志出身のＳ・Ｈ氏(1920年生)から同様のことを聞いている。

作業姿勢を図3-2に示した。小刀を逆手に持ち，刃が身体の方に向くようににぎった状態で，遠くから手前へ引き寄せるように削る。刃の当たり方は，図3-3の上のようになる。

1-2. 北海道の事例

これに対し，北海道では図3-4の右端のような右刃の小刀を使う。アイヌ語ではイナウケマキリと呼ぶ。小刀の先端についているのはマキリエウシペ「小刀の先端についているもの」と呼ばれる木片である。これは，木を削る際，常に刃の同じ部分が木に当たるようにするためのガイドの役割をする。

群馬県や埼玉県など本州の各地では，マキリエウシペにあたる部分を刀身の一部として作り出した「ハナカキナタ」等と呼ばれる削りかけ専用の小刀が用いられる[阪本 1997]。図3-4の左側2本がこれにあたる。新ひだか町静内でも，同様のものが大正中期以降に使用されるようになったという[藤村 1984：117]。図3-5は，これを模したもので，秋田県の鍛冶屋に依頼して製作したものである。私は通常これを用いており，本書に掲載した加工例もこれを用いて製作した。なお，スミソニアン博物館で行われた大規模なアイヌ文化展示「Ainu: Spilit of a Northern People」の展示解説書 p.231には図3-5と同様の刀身を持つ小刀が掲載されている。

作業姿勢を，図3-6に示した。小刀を順手に持ち，刃を身体に向けた状態で遠くから手前へ引き寄せるように削る。まれに，しゃがんだ姿勢で削っている例も見られる[8]。刃の当たり方は，図3-3の下のようになる。樺太とは刃の当たり方が逆になり，やや刃を起こし気味にする。

また，白糠町や標茶町塘路・釧路市阿寒町など北海道東部では，手前から遠くへ押して削る方法も記録されている。白糠の貫塩米太郎は，小刀を手前に引いて削るイナウにはイトッパ「刻印」を刻み，小刀を押すように削る「逆さ削り」のイナウにはイトッパを入れないと述べている[北海道教育庁生涯学習部文化課編 1992：98，103]。貫塩の説明は，

白糠地方のイナウの体系に照らして考えれば、長い削りかけは引いて削り、短い削りかけは押して削る、と解釈できる。塘路と阿寒でも、同様に短い削りかけを押して削っている様子が映像で記録されている[9]。

文献等の記録はないが、資料から判断するに旭川市近文の門野ナンケアイヌや帯広市伏古の古川コサンケアンは短い削りかけを押して削っていることがわかる。また、いわゆるイナウではないが、野本亀雄は花矢の先端部分の削りかけを、押して削る技法で作っている[10]。キケウシパスイ[11]という削りかけのついた祭具も、押して削る例が多い。また平取地方などで外皮を剥き起こした削りかけを作る場合には押して削る技法が用いられることが多い。

このほか、木材の切断や下端を尖らせるなどの大まかな加工に用いる道具としてムカラ「まさかり」やタシロ「山刀」が用いられる。平取地方ではタシロを押して使い、短い削りかけを作ることもある[12]。また、鉈と鋸が普及するにつれて、これらも使用されるようになった。

2．加工上のポイント

2-1．木取り

イナウに使用する樹種は、第2章1節に記した通りである。

原木の外皮を剥くだけで丸木のまま用いることが多く、原木の形が残る程度の加工しかしない。したがって、同じ形状のイナウを意図しても、原木の形によって完成時の印象が異なる。小型のイナウを作る場合は、木を4つ割りにし、芯を外して用いる。イナウの上下は、原木の上下に対応するように作る。

2-2．切断面

イナウの切断面を観察すると、刃物による切断、鋸による切断、両者の複合（鋸で切断した後、刃痕を削り落とす）という3つのパターンが見られる。刃物で切断する場合は、芯に直交する方向から垂直に刃物を入れ、次にやや斜めに刃物を入れる。こうすると、V字型の切り込みができる。この作業を全方位から繰り返すと、徐々に切断部分が細くなっていき、最後は手で折れるようになる。折った部分は繊維がケバ立っているので、この部分を削り取る。断面を横から見ると、芯の部分を中心に、ドーム状に盛り上がったシルエットになっている。中央部にケバ立ちが残ることもある。この方法は木が割れにくいので、鋸を用いない場合によく採用されるようである。

鋸を使用した場合は、断面が水平になる。断面には、切断面全体に横線を引いたような鋸の刃痕が残る。また、縁の部分に、繊維をむしったようなケバ立ちや細かい傷が残る。この部分を面取りによって整える、あるいは断面全体を薄く削いで鋸の刃跡を完全に消すなど、仕上げ加工を施した例もある（図3-7参照）。

イナウのうち地面にさして用いるものは、下端を円錐状に尖らせる。ヤナギなどは、木質の中心にやわらかい部分（芯）がある。下端を尖らせる際、芯が先端に出ないように削ってある例が多い。平取町紫雲古津の鍋沢元蔵は、これを意図的に行うのだと証言している[更科 19-8]。芯の部分は組織がやわらかいため、地面にさしにくい、腐りやすいなどの理由があるのだろう。

2-3．削りかけの状態

2-3-1．巻きの強さ

削りかけの巻き方は、原木の乾燥時間と厚み（刃を入れる深さ）に比例する。水分を多く含んだ状態で削ると、巻きのゆるい厚い削りかけになり、ケバ立ちが多くなる。乾燥した状態では、巻きが強く薄い削りかけになる。図3-8は、伐採後に皮を剥かない状態で24時間陰干しにしたヤナギを削った例である。下方の付箋を貼った位置が削り始めである。図3-9は、伐採直後に皮を剥いて同じく24時間陰干しにしたヤナギを削った例である。3日ほどおいて更に乾燥が進むと図3-10のようになる。巻きが強いので、削った長さに対して、できあがる削りかけが短くなる。このほか、刃を起こし気味にすると、若干巻きが強くなる。

なお，乾燥した状態で加工した削りかけでも，加工後に水分を含むと巻きが伸びる。屋外の祭壇に立てられていたイナウは，雨に当たることによって削りかけが伸びた状態になる。博物館等の資料には部分的に削りかけが伸びているものがある。これは，使用の形跡（儀礼に際して酒をかけた）とも考えられる。

2-3-2．巻きの方向

削りかけは，常に木の芯と平行方向に削り出される。したがって，小刀は芯と直交するように当てられる。小刀は常に右手で持ち，刃の傾け方によって，削りかけの巻き方は3つに変化する。

刃が芯と完全に直交し傾きがまったく無い場合は，ゼンマイの様に真上に巻き上がっていく削りかけになる（図3-11）。これに対し，製作者から見てやや右下がりに刃を当てた場合，削りかけは左方向に流れて螺旋を描いていく（図3-13参照）。この螺旋は，上下いずれから見ても右下がりになっている。これが，アルファベットの「S」に似ていることから「S巻き」と呼ぶ。一方，左下がりに刃を当てると，削りかけは右方向に流れて螺旋を描いていく。この螺旋は，左下がりになっているため，「Z巻き」と呼ぶ（図3-12）。

小刀を右手に持って手前に引いて削った場合，削りかけは自然にS巻きになる。Z巻きを作り出すには，手首を不自然に内側に返して削らなければならない。実際に試みた結果，不可能ではないが非常に作業しづらかった。反対に，押して削った場合は，手首の角度をわずかに変えるだけでZ巻きも真上に巻き上げる削りかけも無理なく削ることができた（図3-14）。したがって，資料にこれらの削りかけが見られる場合，それは押して削る技法によって作られている可能性が高いと考える[13]。

先に述べたように，削りかけは水分を含むと巻きが伸びる性質を持つ。また，展示・収蔵の際にイナウを寝かせたり，梱包材に包むことで削りかけにクセがつき，本来の状態を把握しづらいことがある。その場合には，削りかけの先端を観察することで，削り方を推測することができる。削りかけの先端は，刃物の傾斜を反映して左右いずれかに傾いている場合があり，これによって製作時の刃物の持ち方が推測できる（図3-15）。

2-3-3．削りかけの重なり方

多くの場合，削りかけは隣の削りかけと少しずつ重なり合うように削り出される。図3-16のような重なり方は，製作時に右方向へ螺旋を描くように削っていった（原木を左に回転させながら削った）結果である。こちらの方が一般的であり，反対の重なり方はごく稀である（図3-17）。

2-3-4．削り跡

削りかけは，乾燥が進むともろく折れやすくなる。また，資料として作られたものでなく，実際に屋外の祭壇に立てられていたイナウを収集した場合などは，風化が進んで削りかけがほとんど落ちてしまっていることがある。そのような場合は，イナウの胴部に残った削り跡を見ることによって凡その長さが推測できる。

削り跡（A）に重なるように，別の削りかけ（B）や刻印（C）が作られていることがある。この場合は，Aの加工後にBやCの加工が行われたことがわかり，製作工程を推測することができる。

また，削りかけの基部や加工痕から刃の傾きを判断し，削りかけがZ巻き・S巻きのいずれであったか推測することができる（2-3-2参照）。

削り跡の特殊な例として，図3-18のようなものがある。これは，図3-19のような削りかけを剝ぎ取った痕跡である[14]。この削りかけは，使用直前まで削りかけを束ねておくために使用される（2-4-2参照）。削りかけを束ねておくことは普遍的に行われるが，その際に製作の過程で生じた削りかけの切れ端などで済ませる場合と，削りかけを作って束ねる場合がある。後者はイナウとの一体性が意識されていることが多く，イナウの胴から削り出すことが重要であるようである。図3-18のような痕跡があるということは，製作時に削りかけを1本剝ぎ取り，それで削りかけの房を束ねていたということである。

2-4．削りかけの二次加工

削りかけに，二次的に手を加えて変化をつける場

合がある。代表的なものは以下の通りである。

2-4-1. 仕付け

樺太の大泊や多蘭泊、来知志のイナウには、削りかけの基部から先端付近まではまっすぐで先端だけに撚りがかかったものがある[15]。新十津川町や浦河町、ウイルタのイナウにも同様のものが確認できる（図3-20）。このような削りかけを作る方法について、管見の限り聞き取りによるデータは無い[16]。私は、次の3通りの方法を想定した。

① 原木の一部分だけ外皮を剝いて乾燥を速め、乾燥の度合いに変化をつける。削るときは、乾燥した部分だけがカールする。
② 削り出すと同時に削りかけの先端を押さえ、そのまま小刀で削る。そののち、削りかけが乾燥するまで束ねておくと、かんぴょうのような削りかけができる[17]。
③ 通常の方法で削りかけを作り、1枚1枚手で伸ばしてから束ねて乾燥させる。

①の方法では、乾燥の度合いが低い箇所でも多少カールしてしまい、うまくいかなかった。②の方法はうまくいくが、③の方法でも同様の効果が得られた（図3-21）。③は、特別な技術を要さない。また、後述するように削りかけに仕付けをするという技法は他地域にも広く見られ、アイヌのイナウ製作において普遍的な技術であると言える。これらのことから、先端だけがカールした削りかけは、③の技法で作られたと考えるのが最も妥当であろう。

藤村は、長い削りかけを持つイナウに仕付けをして、肩を張ったようなシルエットを作り出すという技法を報告している［藤村 1984：123］。削りかけを作り出してから下方を束ね、そのまま押し上げると図3-22のようになる。この状態で乾燥させると、ほどいたときに削りかけがやわらかく広がる。

2-4-2. S撚り

削りかけ数枚をまとめて撚りをかけ、房を作る。できあがった房の撚り目は、右下がりになる。これをS撚りと呼ぶ（図3-23）。できあがった房は、下方を束ねて仕付けておく。このまま乾燥すると、使用時にほどいても撚りが解けることはない。また、全ての房を一まとめにして綱のようにする場合もある。

2-4-3. Z撚り

S撚りにした房を撚り合わせて、太い房を作ることがある。房の撚り目は左下がりになる（図3-24）。これをZ撚りと呼ぶ。Z撚りの房は2本撚りが最も一般的だが、3〜4本撚りのものも見られる[18]。灰場武雄によれば、3本撚りの房は、はじめに2本撚りの房を作り、更に1本のS撚りの房を巻きつけるようにして作る［藤村ほか 1973：23］。できあがった房は、1本ずつ下端をしばって仕付けをする。このまま乾燥すると、使用時にほどいても撚りが解けることはない。

3. 製作工程の復元

ここでは、浜益出身の山下三五郎、美幌出身の菊地儀之助の製作品を取り上げ、前節で示した観点に立って観察し、製作工程の復元をこころみる。

3-1. 石狩市浜益区　山下三五郎

山下の製作品として参照したのは、北海道大学北方生物圏フィールド科学センター耕地圏ステーション植物園、旭川市立博物館、北海道開拓記念館が収蔵するもののうち私自身が調査した24点[19]、安田（2001）で紹介されているキケウシパスイ5点である。

以下に代表的なものを挙げる。

資料1　北10718（図3-25）

L 72.5 cm、W 3.1 cm。ペンで「コタンクルチカップ　山下」と書かれている。原木を割らずに用いている。頭部は鋸で水平に切断し、切断面を刃物で削り、面取りを施している。下端は、前後から長めにはつり、左右から短めに切り落として四角錐状にしている[20]。

胴部に①長翅（長い削りかけ）と②短翅（短い削り

かけ)を削り出している。①は下から上に向かって削っている。巻き方はＳ巻き，削り跡は約 55 cm である。削り跡の先端が，下端の加工痕によって削り取られていることから，①を削った後に下端を加工したことがわかる。胴をほぼ 1 周するように削り出し，左側を 1 ヶ所だけ削らずに残す。削りかけの重なり方から，原木を左に回転させながら削ったことがわかる。削りかけ数枚を一まとめにしてＳ撚りをかけ，14 本の房を作る。房は，全体がゆるいＺ撚りになるようにまとめ，中ほどを別の削りかけで縛る。

②は，胴の正面中ほどに上から下に向かって削り出している。削り跡は約 15 cm で，Ｓ巻きである。①の削り跡の上に削り出されているので，①を削った後に②を削ったことがわかる。②の少し下に，別の削りかけを結びつけてある。

頭部の前後に刻印を刻んでいる。削りかけの巻きが強いことから，3 日以上乾燥させた木を用いたと思われる。

資料 2　北 10720（図 3-26）

L 55.5 cm，W 2.36 cm。ペンで「山下　ヌサコロカムイ　ワッカウンカムイイナウ」と書かれている。原木を割らずに用いている。頭部は鋸で水平に切断し，切断面を刃物で削った後，面取りを施している。下端は円錐状に削っている。

胴部に対生短翅（対角線上に削り出された短翅）を 3 ヶ所削り出している（上から①②③）。巻き方はＳ巻き，削り跡は約 16 cm である。①の削り跡が途中で切断されていることから，短翅を作り出した後に頭部を切断したことがわかる。

頭部の前後に刻印を刻んでいる。短翅の削り跡の上に刻まれているので，短翅を削った後に刻印を刻んだことがわかる。削りかけの巻きが強いことから，3 日以上乾燥させた木を用いたと思われる。

資料 3　北 34623（図 3-27）

L 33.5 cm，W 2.15 cm。ペンで「浜益　山下三五郎」と書いてあるほか，「34623」と書いた小さなラベルを貼り，上からニスを塗ってある。原木を割らずに用いている。頭部は鋸で水平に切断し，面取りを施している。胴の下方に 7 cm ほど外皮を残し，4 ヶ所をスジ状に削っている。下端は円錐状に削っている。

胴部に，対生短翅を 2 ヶ所削り出している（上から①②）。巻き方はＳ巻きである。①の削り跡が途中で切断されていることから，短翅を作り出した後に頭部を切断したことがわかる。

削りかけの巻きがゆるいことから，あまり乾燥していない木を用いたと思われる。

資料 4　北 34622（図 3-28）

L 20 cm，W 1.9 cm。ペンで「浜益　山下三五郎」と書いてある。原木を割らずに用いている。頭部は鋸で水平に切断し，面取りを施している。下端は円錐状に削っている。

胴部に，上から下に向かって輪生短翅（胴を 1 周するように削り出された短翅）を削り出す。削りかけの重なり方から，原木を左に回転させながら削っていったことがわかる。

削りかけの巻きがゆるいことから，あまり乾燥していない木を用いたと思われる。

資料 5　北 17761（図 3-29）

L 34.6 cm，最大幅 2.52 cm，最大厚 0.92。裏面に鉛筆で「ハママシケ　ヤマシタサンゴロウ作」「一九三六年七月二十七日　山下」，ボールペンで「(3)」と書いてある。また，小さなラベルに赤い活字で「1」と書いたもの，ペンで「17753」と書いたものが貼ってある。後者は上からニスを塗ってある。原木を半割りにして用い，断面がほぼ長方形の板状に整形している。

中央と両端に刻印を刻んでいる。また，裏面の先端に舌と呼ばれる刻み目，中ほどに 2 ヶ所の刻印を刻んでいる。

表面の 4 ヶ所に削りかけを削り出している（先端から①②③④）。①と②は後方から前方へ向けて，③と④は前方から後方へ向けて削っている。巻き方はＺ巻きで，削り跡は①が 11.5 cm，②が 8.3 cm，③が 5.7 cm，④が 8.52 cm である。②は①の削り跡の上に削り出されていることから，①を削った後に②を削ったことがわかる。同様の理由で，④を

削った後に③を削ったことがわかる。また、中央の刻印は、①～④の削り跡の上に刻まれていることから、①～④を削り出したあとに刻印を刻んだことがわかる。

削りかけの巻きが強いことから、ある程度乾燥させた木を用いたと思われる。

以上の観察結果から、山下のイナウ製作について次の5点が指摘できる。

a　原木の乾燥度はまちまちである。これは、資料の製作状況が異なる可能性も考えられる。例えば、北大植物園に赴いて製作されたと考えられる祭壇（北10188）は、資料1、2に比して全体的に巻きがゆるい。これは例えば、札幌に到着後に素材を採取し、あまり乾燥期間をおかずに製作した、といったような事情が考えられる。

b　頭部の切断には鋸を用い、面取りを施す。より丁寧に作るときは鋸の刃跡を削り取る。また、頭部を切断するのは、削りかけを作り出した後であり、作業の最終段階である。

c　イナウの削りかけはほぼ全てS巻きである[21]。また、胴を1周するように削る場合は、原木を左に回転させながら削っている。これらのことは、山下が小刀を右手に持ち、手前に引いて削っていたことを表している。これに対し、資料5のキケウシパスイでは、全ての削りかけがZ巻きになっている。これは私が実見したほかの資料や安田（2001）で紹介されているキケウシパスイにも共通している。したがって、山下はキケウシパスイに限っては小刀を右手に持ち前方へ押して削っていた可能性が高い。

d　刻印を刻むのは、削りかけを作り終えた後の段階である。

e　資料1には長翅を削り出す際に、1ヶ所を削らずに空けておくという現象が見られた。同様の様式は、帯広市伏古の山川弘（1914年生）のイナウにも見られる［藤村・加藤 1984：350］。山川氏は、削りかけが途切れた部分を、イナウの正面としている[22]。イナウの下端は幣脚に連結するため切り落とすが、その際は右上から左下に向かって斜めに切り落とす。また、山川はイナウの正面と裏に形の異なる刻印を刻む［アイヌ民族博物館 1994：9］。つまり、イナウの正面（長翅の空白）が決まると、これにともなって刻印の位置や下端の切り方なども自然と規定されるため、これらの相対的位置は常に一定していると考えられる。

これに照らして考えると、山下のイナウにおいても長翅の空白、刻印、胴の短翅などの相対的な位置は概ね統一されているようである。仮に長翅の空白を正面と考えた場合、頭部の両側に刻印が刻まれ、向かって右の中ほどに短翅が作られる。下端は左側を斜めにはつる。この傾向は、長翅を撚るもの・撚らないものに共通である[23]。また、対生短翅を持つイナウは、最上段の削り跡の上に刻印を刻むようである[24]。

3-2．美幌町　菊地儀之助

菊地儀之助の製作品として参照したのは、旭川市立博物館と北海道開拓記念館が収蔵するもののうち、私が調査を行った5点である[25]。

資料6　記8071（図3-30）

L 52.5 cm、W 2.4 cm。毛筆で収集地（美幌）と製作者名が書かれている。原木を割らずに用いている。頭部は鋸で水平に切断している。下端は、後方から斜めにはつり、左右から切り落として四角錐状にしている。

胴部には①輪生短翅と②長翅を削り出し、さらに下方の左右に1ヶ所ずつ短翅を削り出している（上から③④）。①は上から下に向かって削っている。巻きはごくゆるく、巻き方の判断はできない。

②は下から上に向けて削り、巻き方はS巻きである。削り跡が下端の加工によって途切れていることから、②を削った後に下端を加工したことがわかる。胴をほぼ1周するように削る。削りかけの重なり方から、原木を左に回転させながら削ったことがわかる。削りかけ数枚をまとめてS撚りをかけ、7本の房を作る。房は、全体がゆるいZ撚りになるようにまとめ、下方を別の削りかけで縛る。

③は、胴の右側中ほどに、下から上に向かって削り出している。巻き方はZ巻きである。③④は②の削り跡の上に削り出されているので、②を削った

後に③④を削ったことがわかる。

④は、胴の左側中ほどに、上から下に向かって削り出している。巻き方はZ巻きである。

頭部の前後に刻印を刻んでいる。また、正面の刻印の上には、鱗状の削りかけを作っている。刻印は①の削り跡の上に刻まれているので、①を削った後に刻んだことがわかる。

削りかけの巻きがゆるいことから、あまり乾燥していない木を用いたと思われる。

資料7　記8110[26](図3-31)

L 39.7 cm、W 1.7 cm。原木を割らずに用いている。頭部は刃物で水平に切断している。下端は円錐状に削っている。

胴部に輪生短翅を削り出し（①）、下方に対生短翅を4ヶ所（上から②③④⑤）削り出している。①は上から下に向って削っており、巻き方はZ巻きである。①は②の削り跡の上に削り出されている。このことから、②を削った後に①を削ったことがわかる。

②から⑤は全て上から下に向かって削り、巻き方はZ巻きである。②の長さは頭部より上に達しており、②を削った後に頭部を切断したことがわかる。また、⑤の削り跡は12 cm以上で、③④は⑤の削り跡の上に削り出されている。このことから、⑤を削った後に③④を削ったことがわかる。

頭部の一方に刻印を刻んでいる。刻印は①の削り跡の上に刻まれていることから、①を削った後に刻印を刻んだことがわかる。

全体に削りかけの巻きがゆるいことから、あまり乾燥していない木を用いたと思われる。

資料8　旭7208（図3-32）

L 14.2 cm、W 1.1 cm。割り木を用いている。毛筆で収集地（美幌）と製作者名が書かれている。頭部は刃物で水平に切断している。下端は円錐状に削っている。

胴部には輪生短翅（①）を削り出し、下方に対生短翅を3ヶ所削り出している（上から②③④）。①は上から下に向かって削り、巻き方はS巻きである。①は頭部よりも上に達しているので、①を削った後に頭部を切断したことがわかる。

②から④は全て上から下に向かって削り、巻き方はZ巻きである。④の長さは頭部より上に達している。このことから、④を削った後に①②③を削り、頭部を切断したことがわかる。

全体に削りかけの巻きがゆるいことから、あまり乾燥していない木を用いたと思われる。

資料9　旭4051（図3-33）

L 12.5 cm、W 0.6 cm。毛筆で収集地（ビホロ）と製作者名が書かれている。割り木を用いている。頭部は刃物で切断している。下端は円錐状に削っている。

胴部には輪生短翅（①）を削り出し、下方に対生短翅を3ヶ所削り出している（上から②③④）。①は上から下に向かって削り、巻き方はS巻きである。①は頭部よりも上に達しているので、①を削った後に頭部を切断したことがわかる。

②と③は上から下に向かって削り、巻き方はZ巻きである。③の長さは頭部より上に達している。このことから、③を削った後に①②り、頭部を切断したことがわかる。

④は下から上に向かって削っている。巻きがゆるいことと欠損から、巻き方は判断できない。

削りかけの巻きがゆるいことから、あまり乾燥していない木を用いたと思われる。

以上の観察結果から、菊地儀之助のイナウ製作について次の5点が指摘できる。

a　原木はあまり乾燥させずに用いる。

b　頭部の切断には鋸を用いる。また、割り木で作る小型のものは、刃物で切断する。頭部を切断するのは削りかけを削り出した後であり、作業の最終段階である。

c　長翅はS巻きであり、原木を左にまわしながら削る。したがって、長翅は小刀を右手に持ち手前に引いて削ったと考えられる。これに対し、短翅は全てZ巻きである。したがって、短翅を削る際には小刀を右手に持ち、押して削っていた可能性が高い。

d　刻印を刻むのは、削りかけを作り終えた後の段階である。

e 河野の記述によれば，菊地儀之助の刻印は裏に刻むものと表に刻むものが明確に区別されている。これと照し合わせると，下部をはつった面は裏側ということになる。鱗状の削りかけがある面が前面であり，長翅は前面にまとめて束ねている。このような要素の位置関係がどの程度の普遍性を持つのか，今後他の資料を見ながら検討する必要がある。

このほか，旭川市近文のイナウ(北 10192, 旭 4048・4049)，新十津川町のイナウ(北 10710～10713)の短翅にも Z 巻きのものが見られた。また，キケウシパスイでは札幌市茨戸(北 17714)，千歳市(北 10537)，新十津川町(北 17690・17704・17783)，旭川市(北 17740・17744)，名寄市(北 17766)，余市町(北 17710)，虻田町(北 17718・17771)，釧路市春採(北 17738)，白糠町(北 17754)のものに Z 巻きが確認された。これらは，小刀を押して削る技法によって作られた可能性が高い[27]。

押して削る技法が聞き取りによって確認されているのは，これまでのところ北海道東部のみである。上記の資料に見られた Z 巻きの削りかけが押して削る技法によって作られたものだとすると，この技法は少なくとも北海道全体に分布していることになり，特に短い削りかけはこの技法で作られる傾向が指摘できる。資料の増加を待って，今後さらに検討してみたい。

4．本州各地の工具と作業姿勢

以下では，本州各地の削りかけについて簡単に触れる。本州の削りかけは，これまで度々アイヌのイナウとの類似が指摘されてきたが，表面的な類似以上のものを論じた研究は少ない。本書で参照したのは，阪本英一氏がまとめた『群馬の小正月ツクリモノ』上・下巻，および同氏が監修している記録映画『小正月のツクリモノ』(製作毎日映画社，企画群馬県教育委員会 1983，以下『ツクリモノ』とする)，ETV 特集『削り花は消えず――純白の木の花の謎――』(製作 NHK 仙台 1997，以下『削り花』とする)である。

ここでは特に刃物の形態と，技術に焦点をしぼり，アイヌとの比較を試みる。

4-1．ハナカキナタ

工具として最も一般的なのは，3-1-2 でも触れたハナカキナタである(図 3-4)。群馬県小野上村，長野原町林地区，甘楽郡甘楽町秋畑地区，埼玉県東秩父町などで確認されている。いずれも図 3-6 のように手前に引いて削る。ハナカキナタの大きさは材木の大小と関連しており，群馬県北部のものは小さく，南部のものは大きい傾向があるという[阪本 1997：39]。興味深いのは，甘楽町秋畑地区のように原木を箕の中で削るなど，特定の場所で作業する習慣である。

4-2．小 刀

阪本は群馬県の片品村，利根村の一部で小刀を使う例を報告している[阪本 1997：40]。小刀を使う場合は刃物を押すようにして削り，この方が高度な技術だと見なされているという。そして，この技術は群馬県のほかの地域には見られないという。

また，山形県米沢市笹野では，チヂレと呼ぶ切り出し状の小刀を押して，削りかけを作る[阪本 1998：13]。この作業の様子は『削り花』にも収録されている。

4-3．鎌

群馬県の多野郡上野村，中里村，万場町では鎌の使い古したもの，小さい鎌(桑切り鎌)で削りかけを作ったという。鎌を使う場合は，手前へ引いて削る方法，原木を横に持ち，左から右へ払うように削る方法があるようである。鎌を使うのは橳の木を削る場合で，橳の木質に最も適し，美しく仕上げられるために鎌を用いるという。

4-4．セ ン

群馬県吾妻郡六合村入山地区では，曲げ物や杓子

を作るためのセンで削りかけを作る。作業姿勢は通常のセンの使い方と同じで、材木を胸に押し当て、手前へ引くようにして削る。この方法で作られる削りかけは、全て真上に巻き上げる削りかけになる。

大分県国東郡国東町の岩戸寺・成仏寺・天念寺で行う修正鬼会で用いる香水棒の削りかけもセンのようなもので削るという[阪本 1998：25-26]。

4-5．鉈

『ツクリモノ』には、吾妻町松谷でカユカキボウを作る際に、鉈を押して短い削りかけをつける様子が映されている。

4-6．不明

これらのほか、『削り花』には秋田県五城目町の削りかけや、岩手県大船戸市尾崎神社に収められている削りかけが映されている。これらの削りかけはいずれもS撚りになっており、ハナカキナタのような工具で手前に引いて削った可能性が高い。

5．ボルネオ島諸民族の工具と作業姿勢

次に、マレーシア領のボルネオ島に暮らす諸民族の事例を見てみたい。私は、今石みぎわ氏（東京文化財研究所）、山崎幸治氏（北海道大学アイヌ・先住民研究センター）とともに、2012年6月28日から7月4日にかけて同島のサラワク州内を流れるメリナウ川・バラム川流域に暮らす諸民族の村、およびクチン市にある野外博物館「サラワク文化村」を取材し、5つの民族のイナウ状製品と工具を実見し、実際に製作する様子も目にすることができた。この調査については既に今石氏が報告をまとめているが[今石 2013]、ここでも工具と作業姿勢についてあらためて見てみたい。

これら5つの民族は、言語的にもきわめて近く、ほぼ共通した工具と作業姿勢が見られる。それらはアイヌおよび本州のものとはかなり異なっており、結果として作られる削りかけも大きく異なっていることがわかった。

多くの場合、右刃または両刃の小刀に長い柄が付いたヤリガンナ状の工具を用いる。作業時には材木を柱に縛り付けるなどして水平に固定する。工具の長い柄を利用して右脇に固定した状態で刃を当て、そのまま体ごと刃を前に押して、削り出していく。そのため、削りかけはZ巻きになる。逆木を避ける傾向があるが、それは信仰上の理由ではなく製作上の事情として語られる。

5-1．ムル村（ブラワン民族）

「beak」と呼ぶ、右刃のヤリガンナに似た工具を用いる（図3-34）。材木は水平に固定する（図3-35）。大まかに長短2種の削りかけが作られるが、形に特に規範があるわけではない。全て根から梢に向かって削り出されるが、これは逆に削るともろくなるからだと説明される（図3-36）。

5-2．ムル村プナン居住区（プナン民族）

「nahart」と呼ぶ、右刃のヤリガンナに似た工具（柄まですべて金属）を用いる。長い削りかけもあるようだが、実際に製作してもらったのは短い削りかけを数段削り出したものである。材木を手に持ち、押して削る。

5-3．ロング・パナヤ村（カヤン民族）

「yuh」という右刃のヤリガンナに似た工具を用いる。削りかけの長さ等に決まりはなく、技術のある人は長いものを作る。材木を手に持ち、先端をどこかに押し当てて固定した上で、押して削る（図3-37）。

5-4．バラン地区・キプット村（キプット民族）

「uped」という刃物を用い、材木の両端を固定して押して削る。材木はあまり乾燥させずに用いる。

5-5．ドック・アナック・キアイ村（イバン民族）

「lungak」と呼ぶヤリガンナに似た両刃の工具を用いる。材木を左手ににぎり、右手で押して削る。材木は乾燥している方が良い。逆木にはしない。

小　括

　本州の削りかけには，アイヌに比べて多彩な工具が用いられる。また，アイヌの中にも樺太と北海道で大きな差異がある。樺太アイヌの工具・技術は，より北の諸民族とよく似ており，北海道アイヌのそれは本州との関係の深さを感じさせる。

　削り出しの技術では，「刃物を押し出して削る技術」と「引き寄せて削る技術」の2つがあるが，アイヌの場合，押して削る技術は近年ではほとんど見られなくなっている。押す技術の存在が聞き取りによって確認できるのは白糠町・釧路市阿寒町など北海道東部のごく一部であり，その地域についても近年では引いて削る技術に変わってきている。しかしながら，削りかけや加工痕の観察からは，1940年代以前の北海道東北部では短い削りかけを作る際には押して削る技術が一般的であった様子がうかがえ，南西部においてもキケウシパスイや花矢といった儀礼具に削りかけをつける際には，やはり押して削っていたことがわかる。

　一方，本州では山形県から群馬県にかけて，押して削る技術が分布している。おそらく，調査を徹底すれば北海道と山形県の間の地域にも同様の技術が確認できるであろう。そして，ボルネオ島の工具は，一部に両刃のものがある以外は片刃で長い柄を持つという共通した形状をしており，全て押して削る技法で作られていた。アイヌとも本州とも異なり，材木を固定した上で作業をするため，Z巻きでかつ長い削りかけを作ることができる。

　次章で述べるように，アイヌのイナウ文化の大きな特徴は，長い削りかけ（長翅）と短い削りかけ（短翅）の分化が明確であり，それがイナウの使い分けと結びついている点にある。多くの場合，短翅には押して削る技術を用い，長翅は引いて削る技術を用いる。結果，長翅と短翅では巻き方が反対になる。このように異なった技術が用いられる理由について，筆者は，長翅を削り出す，つまり刃物を安定して長く動かす上で，引いて削る方が容易であるためだと考えてきた。しかし，ボルネオ島での調査によって，それは先入観に過ぎないことがわかった。それでは，2種類の技術を用いることを別の角度から説明するこは可能だろうか。

　アイヌ社会は性別による分業が比較的明確であったと言われるが，その1つの表れとして「女撚り」と「男撚り」という言葉がある。植物等の繊維を撚って糸・縄を作る際，女性と男性では異なる技術を用い，結果として女性が作った物はZ撚りに，男性作った物はS撚りになる。この場合，男性が作ったものをハラキカ「逆糸」と呼ぶことからも，糸作りは本来女性の仕事に属していたことがわかる。近年では，削りかけの長短はもっぱらイナウのランクに関わっているが，長さによって削り方を変える（＝巻き方が変わる）とすれば，かつてはイナウの性別にも関わっていたのかもしれない。

　次に，アイヌのイナウに見られる大きな特徴は，削り出した後に二次的に整形を行う仕付けの技術である。削りかけを撚る，あるいは編むといった技法は，今のところ本州やボルネオの削りかけには見られない。唯一，削りかけがちぢれないように伸ばす，「のし」の技術は確認できる。

　以上，本章では，工具と技術に重点を置いて検討した。これとは別に，本章で扱うことのできなかった「着色」という要素がある。樺太アイヌやニヴフ民族は，クマ送りに用いるイナウの上端近くにコケモモの汁で着色をすることがある。また，本州でも秋田や山形の削りかけは，よく似た着色を行う。イナウへの着色は，その意義も含めて未解決な点が多い。今後，資料が増えるということもあまり期待できないが，アイヌ文化と周囲の文化とのつながりを，これまでとはまた違った面から見せてくれるかもしれない興味深いテーマである。

〈注〉
1) もともとは新造船の進水式。現在行われているチプサンケはこれを模して，丸木舟に乗って川下りをする行事。また近年では白老町のアイヌ民族博物館でも展示用の丸

木舟を湖上に浮かべる際に神事を行い，この行事をチプサンケと呼んでいる。
2) 2000年ごろ，二風谷のチプサンケ会場での貝澤氏からの教示による。
3) 伐採には，鋸を用いない。削りかけの数は必ず奇数にする。削りかけに撚りをかけるときは左方向に撚る，など[藤村ほか 1973：24-26]。
4) 釧路市阿寒町の秋辺福治はチケイナウという長い削りかけを持つイナウについて「kikeは六ヵ所6枚づつ6ヶ所につけるので合／計すると36枚になるのが本当だ．」と述べている[更科 11-5]。ほかにも，新十津川町(旭川市近文)の空知保(1894年生)らの口述がある[更科 11-122]。
5) 美幌町の菊池儀之助は，削りかけは何枚でもよく，太い木を用いた方がたくさん削りかけをつけられるために立派に見える，と述べている[更科 10-18]。このことから，1つの地域内においても製作者それぞれの判断により随時バリエーションが生み出される余地のあることがわかる。
6) 1938年に樺太廰博物館から出版された『土俗室陳列品解説』p.10の「装身具類」の項にも「チエーキマキリ」がの名称が見える。同書の解説には，「チエーキ＝使用。マキリ＝小刀。使用スル小刀ノ意義。ニシテニ(堅イ木ノ意)，イタヤ，カヘデノ鞘，アザラシノ皮ヲ紐トス。細身ニテ左刃。鉋ノ代用トシテ割板ヲ削ルトキハ両手ヲ以テ把握シ，イナウ小器具製作其ノ他彫刻ノトキハ片手ニテ細工セリ。」とある。
7) ここでは，小刀を縦に持ち，峰を手前に向けたとき，刀身の左側に刃がついているものを左刃，右についているものを右刃と呼ぶ。一般に，右利き用として売っている切出ナイフは右刃である。
8) 北海道立図書館蔵の絵葉書。収蔵番号絵ハ-0-95のセットのうち其の三。この写真では，小刀を押して削っているようにも見える。
9) 塘路の映像は(財)アイヌ無形文化伝承保存会作成の記録映画シリーズ3道東部の川を巡って第1巻『釧路川・アイヌの祭事』に，阿寒の映像は同シリーズ4フチとエカシを訪ねて第4巻『織る・奏でる・祈る』に収録されている。
10) (財)アイヌ無形文化伝承保存会作成の記録映画シリーズ4フチとエカシを訪ねて第3巻『彫る・編む・奏でる』の中に，野本亀雄の実演が収録されている。
11) イクパスイとほぼ同じもので，本体上面に削りかけを削り出したもの。図3-29を参照。
12) 平取町二風谷地域のイナウの名称や製作法を記録した映画『イナウ　アイヌとヌサ』(日経映画社，1967年制作)の中で，守護神を作る際にタシロを用いて外皮を剝き起こしている。
13) Ｚ巻きは，小刀を左手に持ちかえた結果と考えることもできる。しかし，一人の製作者が，Ｓ巻きとＺ巻きの両方の形式を作り出している例が多数見られる。左手に持ちかえて危険度を増すよりは，押す・引くという技法を使い分けたと考える方が自然であろう。また，巻き上げ・Ｚ巻きの出現箇所は，短い削りかけに集中している。
14) この痕跡は，特に新十津川町(旭川市近文)の空知信二郎のイナウによく見られる。例えば記8074, 北10190, 北10765, 北10704, 北10714など。
15) 例えば，北10186(大泊)や記8147(多蘭泊)など。
16) 藤村久和は，削りながら刃の角度を変えることで，削り始めと中ほどで巻きの強さが変わると報告している[藤村 1984：121]。しかしこの方法でも，程度の差こそあれ削りかけ全体にカールがかかることにはかわりがない。筆者が検討したいのは，削りかけの中ほどが完全に伸びきったものである。
17) 群馬県の中之条町と片品村で確認されている技法。同地では，このようにして作った削りかけを「ノシ」と呼ぶ[阪本 1997：56]。
18) 3本撚りの例は北10765(江別市対雁)，4本撚りの例は北10849(長万部町)，北10178(八雲町)などがある。
19) 北10188(9本)，北10194, 北10718, 北10720, 北10721, 北10722, 北10724, 北34622, 34623, 記8151, 旭4052, 旭4073(以上，イナウ)および北17729, 北17732, 北17743, 北17753, 北17761, 北17762(以上，キケウシパスイ)。
20) 山下がイナウの前後左右をどのように規定していたかは，不明である。ここでは便宜的に図3-25の左を正面とする。
21) 旭4052は，資料4および旭4073と類似のイナウであるが，削りかけはＺ撚りである。削りかけの重なり方も図3-18のようである。
22) ここでは，祭壇に立てた際に人間と向き合う側を正面と呼んでいる。なお，同じく山川の口述をまとめた内田(1989)では，この空白部分を「裏」としている。
23) 北10188の祭壇に含まれる7本のイナウ，および北10722, 北10724に同じ傾向が見られた。
24) 資料2および記8151。
25) 旭4051, 旭7208, 旭7209, 記8071, 記8110(以上，全てイナウ)。
26) 本資料には，菊地儀之助の作であることを示す書き込み等はない。収集者である河野広道のノートに描かれた図と形状が一致すること[青柳編 1982：113]，他の菊地儀之助の製作品も河野氏によって収集されていることから菊地儀之助の作であると判断した。
27) このことは他の資料によって確認できる場合もある。例えば河野(1956)のp.14には，北10192を製作した門野ナンケアイヌが，短翅部分を押して削っている写真が掲載されている。

第4章　イナウのかたち
──構成要素の事例

はじめに

　イナウを製作する際，一部の形を変えることでイナウの性質，用途が変わることがある。このような，有意な差異を作り出す部位を，イナウの構成要素と呼ぶ。樺太・北海道各地のイナウを比較考察する際に，構成要素に分割する意図については第1章第3節で述べた通りである。本章では，イナウの構成要素の具体例について解説することと合わせて，次章以降で考察を行うための，基礎資料も提示することとする。

1. 構成要素

　以下に，筆者が想定している構成要素を示す。はじめに，最も基本的なものとして主軸部（頭頂部・外皮・横枝等の形式を含む）について述べる。次に重要なものとして削りかけを短いものと長いものに分ける。アイヌ語で削りかけをラプ（羽根）と呼ぶことから，前者を短翅，後者を長翅と呼び，それらの配置や二次加工の仕方で更に細分する。最後に，刻印について述べる。

1-1. 主軸部

　イナウの様々な構成要素が配列される最も基本的な部位として主軸部を挙げる。主軸部は頭部と脚部に分かれ，両者は一体として作り出される場合（一体成形）と個別に作成して連結される場合（個別成形）がある。

1-1-1. 頭部および脚部

　イナウの主軸は，上部については外皮を除いて白木とし，下部には外皮を残しているのが一般的である[1]。大型のイナウでは白木の部分と外皮の部分は別な部材から作り出し，連結するのが一般的である。胆振・日高地方では下部を指してケマ（脚）と呼ぶことから，以下これを脚部，白木部分を頭部と呼ぶ。削りかけが作り出されるのはもっぱら頭部であり，脚部は外皮短翅など特殊なもの以外は削りかけがつかない。

　樺太では，一体成形もかなりの頻度で行われ，一方で個別成形もごく普通に見られる。つまり，イナウ製作についてかなり自由度が高いと言える。北海道でも八雲町や美幌町で一体成型の事例が若干見られる（図4-116）。帯広市伏古の山川弘は，頭部をイナウネトパ（イナウの胴体）と呼ぶ。胴という言葉は，脚に相当する部分があることを前提として考えられる。帯広市では，頭部（イナウネトパ）と脚部を別材で作るが，言葉の面からは，こうした2つの部位をひとつながりのものとして捉える意識があったことがうかがえる。これに対し，小型のイナウは一木で作られるが，上部が白木，下部に外皮が残る点は，大型のイナウと同様である。

　第2章でも述べた樹種選択に関する慣習を思い起こすと，樺太の事例を見る限り，イナウの核心となる部位は脚部であった。削りかけ（頭部）はヤナギで作られて後から付加される。このようにイナウの核心が本来は脚部にあり，削りかけが付属物だとすれば，一体成型よりも個別成型の方が先行して行われていたようにも思える。そして，小型のもの，短い削りかけだけのものなど，別材で作る必要のないものについて一体成型の手法がとられるようになったのではないだろうか。この点については，終章であらためて考える。

1-1-2. 外皮

・外皮

　外皮のある部分は，本来は前節で言う脚部に相当する部位であったと考えられる。地域によっては外皮の有無で差異を表現する。また，外皮がある状態では，次の線状剝離の有無，および数によってバリエーションが作られる。

・線状剝離

　イナウの下方，または全体に外皮を残してある状

態で，外皮を縦に細長く剥いで取り去ったもの。アイヌ語では，平取町二風谷と長万部町でトゥイ[更科10：112]，平取で「キケウトラウク」[名取1941：73]という名称が記録されている。トゥイは内臓とされる。「キケウトラウク」はキケウトゥラウク（削りかけの間隙を取り除く）と解釈できるだろうか。1本（八雲町，長万部町，平取町二風谷），3本（虻田町，平取町二風谷，新十津川町，旭川市近文，美幌町），4本（美幌町，石狩市浜益区），ランダム（石狩市浜益区，釧路市）などのバリエーションがある。樺太・千島では確認されていないが，名取は後に述べる樺太の胴印と，線状剝離の関連を推測している[名取 1987(1959)：111]。私もこれに賛同する。

1-1-3. 腕状枝

イナウの胴に腕状の枝を残したもの。アイヌ語ではイナウテヘ（イナウの腕）と呼ばれる。腕状枝の有無がイナウの意味にどのように関わるかについては，あまり明確な情報がないが，概して腕状腕のあるイナウの方が格式の高いものとして用いられているように見える。腕状枝が見られるのはほぼ樺太のみで，北海道内では余市町に2例見られるほかは今のところ類例がない。また，輪状腕などはニヴフにも類似の木製品が見られることから，基本的に北方につながる習俗であると考えられる[2]。しかし，次に述べるように，北海道の習俗にも関連がありそうな事象が見られる。

余市町では，対生腕の例が見られるが，これとは別にクマの頭骨を祀ったイナウの胴に別のイナウを2本結束した例が見られる。また，八雲町でも，イナウの胴にイナウと魔払い用ササ束が結束された例が見られる[青柳編 1982：210][3]。

単生腕と対生腕には，後述する長翅や短翅，胴印など，イナウの全ての要素が現れる。つまり，見方によってはイナウの胴に別のイナウが接続した状態とも解釈でき，上記の余市町や八雲町の事例ともよく似た事象だと言える。

樺太と北海道の南西部では，大型・複雑なイナウを中心に置き，周囲に小型・簡素なイナウを配置して祭壇を構成する習慣がある。典型的には主となるイナウの左右に副となるイナウを配した三位一体の形をとる。上記の余市町・八雲町の事例は，これら三位一体のイナウをひとまとめにして立てたもの，腕状枝は，これを一体成型で作り出したとも考えられる。樺太では，対生腕を持つイナウの左右に対生腕を持つイナウが立ち，三位一体の祭壇を3つ組み合わせた複雑な祭壇が構成される。

・単生腕（図4-1の①）

胴の片側に枝を残したもの。先端を切り落としただけの場合も多いが，独立したイナウと同様に，イナウの諸要素が全て現れ得る。樺太の東西両海岸で確認されている。

・対生腕（②）

胴の両側に枝を残したもの。先端を切り落としただけの場合も多いが，独立したイナウと同様に，イナウの諸要素が全て現れ得る。樺太の東西両海岸と，余市町で確認されている。

・半輪状腕（③）

単生腕を曲げて，先端を胴に固定し半円形にしたもの。樺太の東西両海岸で確認されている。

・輪状（④）腕

対生腕を曲げて，先端を胴に固定し輪状にしたもの。短翅・長翅や胴印などは現れないが，剝幣が結束されることがある。樺太の東西両海岸で確認されている。

1-1-4. 頭頂形状

イナウ制作の最終段階で，頭部を切断して適当な長さにする。切断の方式によって，頭部の形状にはいくつかのバリエーションができる。地域によっては，頭部の形状によって性別などイナウの性質が異なる場合もある。

・平切

頭部を水平に切断する。樺太・北海道の全域で確認されている。胆振，日高，空知地方では男性性の表示となる。

・斜切

頭部を斜めに切断する。多く，面が作り出された方向が正面となる。胆振・日高・空知地方で確認されており，女性性の表示となる。

・谷切

2方向から刃物を入れて切断したもの。頭頂はV字型になる。帯広市，新十津川町，旭川市近文で確認されている。

・四切

4方向から刃物を入れて切断したもの。頭頂は花弁状になる。胆振・日高で確認されている。

・錐形

樺太の東海岸で，太陽神のイナウなど一部に見られるが詳細は不明。

・羽角

頭頂に羽角状につけた対生短翅。通常の対生短翅とは機能が異なるので，頭部のバリエーションに加えておく。鳥神に捧げたものであることを表示する。帯広市以東から，美幌町，斜里町へかけての北東部と，名寄市，新十津川町で確認されている。

・鱗状短翅

頭頂付近に，根元から先端に向けて鱗状に削り出した短翅。羽角と同様に，通常の削りかけとは機能が異なるためにここへ加える。弟子屈町，屈斜路，美幌町で確認されている。

1-1-5．樹　　種

イナウの材料に使う樹種によって，イナウの性質や，捧げる神が決まることがある。第2章参照。

1-2．削りかけ

1-2-1．短　　翅

短翅は，長翅に比して短い削りかけである[4]。長翅よりも格式が低く，日常的な儀礼で，身近な神に対して用いられる傾向がある。また，短翅は削りかけのつけ方によって「単生」「輪生」「対生」「三生」に細分され，これらの内では「輪生＞対生」，「対生＞三生」という序列が見られる。単生は現れ方が特殊で，他の要素との関係はわからない。

単生

・単生短翅

外皮を剝いだ状態で，削り出された短翅の一群。イナウの胴と脚部を接合する場所につけられていることが多い。北海道の西部では1つ，東北部では2

つつけられることが多い。1ヶ所に削り出すほか，上に向かって重なっていき，列状に並ぶこともある。列状になったものは，樺太にのみ見られる。列の数は，1～4列が多く，新問では最大8列まで例がある。出現箇所が多様で，機能の中心がどこにあるのかはよくわからない。

北海道では，キケウシパスイ（有翼酒箸）に列状短翅が見られる。また，八雲町，登別市幌別など一部で，これを「sirosi」と呼び，刻印の様な機能を認めている例がある。

輪生

・輪生短翅（⑤）

原材の外皮を剝いた状態で，軸の周囲を途切れることなく巡るようにつけられた短翅。樺太西海岸鵜城では，対生短翅を削る方向によってイナウの性別を表現する。先端から根に向けて削った（以下，↓で表す）輪生短翅が男性性，根から先端の方へ削った（以下↑で表す）輪生短翅が女性性を表す。樺太ではエプシと呼ばれることが多く［藤村 1973a：24］，北海道ではシクラブ（まつ毛）（釧路市阿寒町，美幌町）という名称が記録されている［更科 9：126，更科 10：18］。樺太の全域と北海道の北東部地域（余市町，石狩市浜益区，新十津川町，旭川市近文，美幌町，網走市，斜里町，釧路市阿寒町，弟子屈町屈斜路，釧路市）で確認されている。

・外皮輪生短翅

原材の外皮を残したまま，軸の周囲を途切れることなく巡るようにつけられた短翅。出現頻度は非常に低く，実例としては樺太の落帆（北 34649 チシカムイ）で，聞書きでは北海道の釧路市阿寒町で確認されている［更科 11：7］。

対生

・対生短翅（⑥）

原材の外皮を剝いた状態で，軸の対角線上に削り出した短翅。樺太・北海道の全域と，北千島の一部[5]で確認されている。北海道の北東部（様似町，十勝地方，標茶町塘路，白糠町，釧路市，釧路市阿寒町，美幌町など）では，対生短翅を削る方向によってイナウの性別を表現する。多くは，先端から

根に向けて削った（↓）対生短翅が男性性，根から先端の方へ削った（↑）対生短翅が女性性を表すが，白糠町の一部ではこの関係が逆転している。

・外皮対生短翅

原材の外皮を残したまま，軸を中心として対角線上に削り出した短翅。先端から根に向けて削る（↓）ことが多い。樺太・北海道の全域で確認されている。なお，筆者が確認したものは全て外皮の下（木質部）も数枚削り起こしてあり，外皮三生短翅のように外皮のみを削り起こしたものは未見である。

三生

・三生短翅

原材の外皮を剥いた状態で，軸を中心として三方向に削り出した短翅。先端から根に向けて削ることが多い。樺太の来知志，落帆に分布が確認されているが，出現は非常に稀である。

・外皮三生短翅

原材の外皮を残したまま，軸を中心として三方向に削り出した短翅。先端から根に向けて（↓）削ることが多いが，鵡川町では根から先端に向けて（↑）削る場合がある[更科 18：143-144]。アイヌ語ではエラペロシキと呼ばれる（文献1-①）。北海道の胆振・日高に分布が確認されている。なお，筆者が確認したものは全て外皮のみを削り起こしたものであり，外皮対生短翅のように，外皮の下も削っているものは未見である。

1-2-2. 長翅

長翅は短翅に比して長い削りかけである[6]。長翅類は格式が高く，規模の大きな儀礼や重要な神に対して用いられる傾向がある。削りかけの形状を変化させることで，「散長翅」「撚長翅」「編長翅」のバリエーションが作り出される。この三種がそろっている地域は少ない。北海道の多くの地域では「撚長翅＞散長翅」という序列が確認されている。旭川市などの例を見ると，「編長翅＞撚長翅＞散長翅」のような序列になっている様である。

・散長翅（⑦）

原材の外皮を剥いた状態で，長翅を削り出し，そのまま垂らしたもの。樺太・北海道の全域に分布が確認されている。散長翅を女性性の表現とする例が樺太の来知志・北海道の平取町紫雲古津，新ひだか町静内で確認されている。また，樺太の鵜城では，長翅を削る方向を変えることで性別を表現する例がある。先端から根に向けて削った（↓）長翅が男性，根から先端へ向けて削った（↑）長翅が女性を表示する。

・撚長翅（⑧）

原材の外皮を剥いた状態で，長翅を削り出し，数枚ずつまとめてＳ撚り（第3章参照）にしたもの。北海道では根から先端に向けて削るが，樺太では先端から根に向けて削ったものも確認されている。樺太・北海道の全域，北千島の一部に分布が確認されている。撚長翅を男性性の表現とする例が北海道の平取町紫雲古津，新ひだか町で確認されている。

・編長翅（⑨）

原材の外皮を剥いた状態で，長翅を削り出して撚長翅を作り，それを2～3枚ずつまとめてＺ撚りにしたもの。樺太の全域，北海道の旭川市，八雲町，長万部町，余市町で確認されている。樺太の多蘭泊では，編長翅の数で性別を表現し，編長翅が6本あるものを男性，5本あるものを女性としている[河野 1982(1933)：551-552]。また，樺太来知志では，編長翅が男性性を表示する。

・剥幣

長翅の特殊な形態で，本体から削りかけ部分だけを剥ぎとり，様々な使い方をする。散長翅の形が最も多く，撚長翅，編長翅の形をとることもある。形状を様々に変化させることが可能なため，多様な使い方をする。多くは，何かに挿し込む，縛る，巻きつけるといった方法で固定し，固定した対象物に捧げる。

例えば，窓枠の左右に剥幣を挿し込んで窓の神に捧げる，部屋の四隅の天井近くや，梁と壁の隙間に挿し込んで家屋神に捧げる，あるいは柄杓や行器などの酒器，宝刀，飾り矢筒，猟銃等の器具に巻きつけるといった用い方をする。こうした場合にはいずれも巻きつけた対象への贈与物となり，剥幣を受け取った器具等が力を増して，よりいっそう人間のために働くことが期待されている。

動物の頭骨は，複数の剥幣を編むことによって包

み込んで飾る。これをイナウ　トゥンプオロ　オマレ（イナウの部屋に入れる）と表現する。家族神など，神体となるイナウにも，主軸を包むように剝幣が縛りつけられる。この時，剝幣を髪，衣服，帯などに例えることもある。イナウにイナウを捧げるのはいささか奇妙なようだが，やはり家族神を霊的に強化する目的で行われていると考えて良いだろう。また，白木を削った柔らかな剝幣は見た目にもたいへん美しく，装飾としての役割も果たす。

　剝幣の例外的な用い方として，樺太に見られる剝幣あんだ礼冠（キキまたはイナウル）や，帽子（イナウカサ）がある。礼冠は礼刀と同じく，神事の際に着用することで神事の遂行を助けるとされる物である。したがって，剝幣で礼冠を作った場合には，剝幣が守護者の機能を持つと考えることもできる。巫術の際に巫者の腕や首に剝幣を縛り付けることがあるが，これも同様に考えれば良いだろうか。日高では，剝幣でヘビの像を作ることもあるが，これも剝幣が神体となる例である。イナウカサについては詳しい記録がない。クマ送りの際に，剝幣を輪にしてクマの耳環とし，剝幣を網状に編んでクマの衣服とする。このように，装飾的な意味合いが強い例もみられることから，イナウカサも宗教的なものではなく，礼装としての意味合いが強いのかもしれない。

　こうした例もあるものの，剝幣の主たる働きは贈与物である。イナウが持つ仲介者，守護者等の働きのうち，贈与物としての働きは本来この削りかけの部分が担っていたのだと考えられる。後に示すように，一片の剝幣が，イナウの脚部に直接挿し込まれ，主軸を持つイナウの代替として用いられる事例が各地に見られる。神々が喜ぶ贈り物は，突きつめれば軽く柔らかく美しい削りかけの部分であり，この場合は主軸部は省略可能なのである。また，削りかけはしばしば美しい布や糸，その他の植物性繊維と併用または代用される。この理由も，削りかけの価値が，柔らかさと美しさ，あるいは稀少さ，さらに言えば人為的に作られた物（神々から見れば異界の産物）であることに由来すると考えれば説明がつく。

1-2-3．刻　印

　イナウの主軸や，その他の木製品の表面に，薬研彫りの刻み目・刃物を直角に押し当てた沈線などで施される記号。祈願を行う人間の系統，祈願の対象となる神を表す場合がある。刻印が何を表示するかは，地域によってまちまちであり，その詳細な整理は今後の作業である。一般に，刻印があるものの方がより正式なものとされる傾向がある。刻印については，第6章であらためて取り扱うこととし，ここでは大まかな分類のみを示す。

・頭印（⑩）

　イナウの頭部の片側，または両側に刻まれる刻印。アイヌ語ではイトホパ，イトクパ，シロシなどと呼ばれる。樺太の亜庭湾から西海岸，北海道・北千島で確認されている。

・胴印（⑪）

　イナウの胴の正面に刻まれる刻印。次の削印の上に刻まれる。分布は，樺太西海岸に偏るが，東海岸でも特殊な用途のイナウには刻まれる。

・削印（⑫）

　イナウの胴を削って，平面を作り出し，その上下に水平の刻印を数条つけたもの。名取武光によれば，平面部を「イナウコトル」，上下の刻印を合わせて「コトルイトクパ」と呼ぶ。削印が刻まれた面が，イナウの正面とされる［名取 1987(1959)：84］。樺太の全域で確認されている。

1-3．要素の構成（配列）法

　イナウは，上記の各要素が意味上の連関にしたがって構成された結果として形成されている。製作者は，儀礼に際し，その場に必要な要素を考慮して縦に配列することでイナウを形作る。イナウ上における各要素の相対的位置は（少なくとも個人の体系内においては）固定していると考えられる。ここでは一例として，樺太西海岸多蘭泊のイナウに認められる構成要素と，その配列法則を模式図で示す（図4-1参照）。水平に引いた実線は，各構成要素の境界を表す。横に配置された各要素はそれぞれの境界の範囲内にいずれか1つが現れることがあり（現れないこともある場合は「0（ゼロ）」で示した），線を越えて他の位置へ現れることはない。対生短翅（⑥）の位置と，胴印（⑪），腕（①②③④）の位置が重なり合っているため，ややわかりづらいが，括弧で表し

た部分が対生短翅の現れる位置である。

ここに示したのはあくまで1例であり，構成要素の内訳や配列法は，地域や個人によって異なる。イナウの地域差・個人差はここから生じていると言える。

2. 各地の事例

この節では，各地のイナウの事例を見る。後の比較や考察のため，なるべく共通の文脈で資料をそろえることとし，①火神に捧げるイナウ，②家族の守護神となるイナウ(以下，家族神とする)，③宝壇に捧げたイナウ，④屋背の祭壇に捧げたイナウの事例を挙げる。こうしたものが見られない地域もあるが，そのことを確認することも目的の1つである。上記のほか，地域ごとに特色あるイナウがあればそれを示すこととする。

樺太西海岸では，鵜城，来知志，多蘭泊，東海岸では新問，白浜(小田寒)の事例を取り上げる。北海道西部では余市町，石狩市，石狩市浜益区，中央部では新十津川町，南西部では八雲町，長万部町，平取町二風谷，浦河町荻伏，東部では芽室町，帯広市伏古，音更町，白糠町(石炭岬・和天別)，釧路市，標茶町塘路，北部では美幌町，斜里町の事例を取り上げる。また，千島の事例として，エトロフ島とシュムシュ島(シコタン島)の資料を提示する。

2-1. 鵜城の事例

樺太庁泊居支庁鵜城郡鵜城村大字鵜城(現ロシア連邦サハリン州オルロヴォ付近)の資料として挙げるものは，2点(鵜城-10，-11)を除く，柳川助太郎が北海道移住後に製作したものである[7]。収集者の更科源蔵による依頼製作が多く，製作時期は，更科が樺太アイヌの調査を行っていた1960年代と考えられる。

火神に捧げるイナウ

鵜城では，火神に捧げるイナウに大型のものと小型のものがあり，小型のものは男女2種ある。鵜城・来知志の人々による宗教儀礼を撮影した記録映画の中に，これらを火鉢の中に並べて立てた様子が写っている[8]。北海道では，クマ送りなどの際に，大型のイナウ1本(以下，主幣とする)と，小型に作った男女のイナウ(以下，副幣とする)を複数組み合わせて祭壇を作る方式が広く見られる[9]。鵜城の資料も，これと同じような使い方をしたのだろう。

鵜城-1(記89503 図4-2)は，火神の主幣である。ヤナギ製。材木は割らずに用い，胴の一部に樹皮を残す。下端は尖らせ，上端は水平に切断し，面取りを施す。胴の樹皮上に，削印と胴印を刻む。上部に先端から根に向けて削った(以下↓で表す)の輪生短翅を3段つける。本体に「ウンチクワ」という書き込みがある[10]。

鵜城-2(浦000629-25 図4-3)は，ほぼ同形の別事例である。ヤナギ製。本体に，青インクで「ウンチイナウ　女」という書き込みがある。

鵜城-3(浦000622 図4-4)は，前2例とほぼ同じ形状であるが，胴に横枝を1本残す。枝の向きから，材の梢を上にして使われていることがわかる。ヤナギ製。

鵜城-4(記89501-1 図4-5)は，火神の副幣の事例である。ヤナギ製。材木は割らずに用い，下端は尖らせる。上端は水平に切断し，面取りを施す。胴に削印と胴印を刻む。胴印の形状は鵜城-1と異なる。上部に↓の輪生短翅をつけ，削印の左右に↓の対生短翅をつける。本体に「ウンチイナウ　オッカイ」という書き込みがある。

鵜城-5(記89501-2 図4-6)は副幣の事例である。ヤナギ製。材木は割らずに用い，下端は尖らせる。上端は水平に切断し，面取りを施す。胴に，削印，胴印を刻むが，胴印の形状は鵜城-1～4と異なる。上部に根から先端に向けて削った(以下↑で表す)の輪生短翅をつけ，削印の左右に↓の対生短翅をつける。本体に「ウンチイナウ　マチネ」という書き込みがある。

家族神

家族神とは，屋内に祀られる守護神のことで，イ

ナウそのものが神として力を発揮する点が一般的なイナウと異なる。家族全体を守る神を作って祀る事が一般的で，特に病弱な者がいる場合には個人のための守護神も作る。家屋に宿る神とは別である点に注意が必要である。

鵜城における家族神は，イナウに人面を刻んだ木偶の様な形をとる。男女一対で，屋内に祀られる[更科 1968：110]。同じ形のものが，個人（病人）のためや，集落のために作られることもある。集落の守護神は，屋外に立てられ，左右にクワ（杖）と呼ばれる副幣や，木製の槍が立てられることがある。

鵜城-6（記89515-1　図4-7）は，家族神である。ヤナギ製。材木は割らずに用い，下端と上端は水平に切断して面取りを施す。樹皮は全て剥き，胴に削印と胴印を刻む。上端付近の一方を，やや傾斜をつけるように削って顔面とし，目鼻口を刻む。側頭部から後頭部にかけて，頭髪のように↑の輪生短翅をつける。これは，前頭部を剃り，後ろ髪を肩まで伸ばす男性特有の髪容を表現したものであろう。首から下は，鵜城-1とほぼ同じである。本体に黒マジックで「樺太西海岸ウショロ　チセコロセニシテ（オッカイ）柳川助次郎　作」という書き込みがある[11]。セニシテへは形状を問わず護符を意味する言葉であり，ここではチセコロセニシテへ（オッカイ）「家を司る守護神（男性）」と解釈できる。

鵜城-7（記89515-2　図4-8）は，家族神である。ヤナギ製。材木は割らずに用い，下端と上端は水平に切断して面取りを施す。樹皮は全て剥き，胴に削印と胴印を刻む。胴印の形状が，鵜城-6と異なっている。顔面の作り方も違っており，上端付近の一方に面を削り出して，目鼻口を刻む。頭部の全周に，頭髪の様に↑の輪生短翅をつける。首から下は，鵜城-1とほぼ同形である。本体に黒マジックで「樺太西海岸ウショロ　チセコロセニシテ（マチネ）柳川助次郎　作」という書き込みがある。「家を司る守護神（女性）」と解釈できる[12]。

このほか，個人の守護神が数例確認できる。いずれも，人面を持ち，更に胴に横枝を持つ例，左右に付随的なイナウを立てた例もある。記89516は，病弱な女性の守護神とされ，形状は鵜城-7と同じだが寸法だけがやや小さい。

宝壇のイナウ

樺太両海岸の各地で撮影された屋内の写真を見ると，宝壇付近にイナウがかたまって安置されていた様子が確認でき，樺太においても一般的にこのような習俗があったことがわかる。反面，宝壇に立てるイナウがどのような意図・形状のものであるかについては，実態がよくわからない。鵜城に関する資料にも，宝壇のイナウに関するものは大変少ない。ただ，更科源蔵が，収集品を撮影した写真[13]に，鵜城-6，-7と組み合わせて撮影したイナウがある（図4-9）。実物と照合した結果，写真のイナウは，記89519と記89518であることがわかった。これらのイナウは，家族神に捧げるイナウとして作られたものと考えられ[14]，上記の写真は，その配置を再現した場面のようである。

鵜城-8（記89519　図4-10），鵜城-9（記89518　図4-11）ともほぼ同形である。上部に，穂状をなす↓の輪生短翅を持つ。その下に↑の散長翅を持ち，胴には削印と胴印がある。頭頂を凸形に成型し，糸を通して吊り下げるようになっている。

屋外の祭壇のイナウ

鵜城-10（北10764　図4-12），鵜城-11（北10763　図4-13）は，1906年に実施された植物学的調査の際に鵜城で収集されたものである[15]。鵜城-1～9とは，製作時期に50年以上の開きがあり，作者も別人であると考えるのが妥当であろう。用途などのデータは無いが，風化が激しいことから，屋外の祭壇に立てられていたものと仮定しておく[16]。

鵜城-10は，鵜城の資料では唯一頭部に刻印を持つ。下端は，クサビ状に削られており，図4-43の多蘭泊の例のように，別材で作った脚部に挿し込んで立てたものと考えられる。

鵜城-11は，鵜城-8，-9によく似た形状で，胴を短く切り落としたような形をしている。頭部には，吊り下げ用の糸も残る。長翅は，S撚りにして房を作っているが，房の数は判然としない。

船のイナウ

鵜城-12（記89517　図4-14）は，鵜城-8，-9とほ

ほ同形である。資料本体には，青インクで「チシカムイ　船」，黒インクで「樺太西海岸チヒカムイ（船の神）柳川助次郎作」という記載がある。MAEに収蔵される船の模型には，船首からイナウを吊り下げたものがある。本資料も，同じように使用したものだろうか。北海道では，船首・船尾に穴をあけて木幣を立てる，あるいはもたせかけるようにして安置するのが一般的だが，樺太では吊り下げる形の物がよく見られる。

屋外の守護神

鵜城-13（記89528-1）鵜城-14（記89531-2）鵜城-15（89531-1）は，屋外の守護神と，それに添えられるイナウである（図4-15）。更科は，同資料の名称を「ナンカラベ」としている[17]。図の配置は，更科が撮影した写真によっている。形状は，鵜城-6と同様であるが，寸法が大きく，胴に樹皮と横枝を残している。同種の資料がほかに3点（記89527，記89530，浦000620）あり，また木製の槍もある（記89528-2）。

本資料は，来知志の藤山ハルがセニシテへ「護符，守護神」，ナンコロペ「顔を持つもの」，oken「？」などの名で呼んでいる物にあたると考えられる。藤山が語った物語では，こうしたものが，家の戸口，集落の入り口，海岸に立てられる。そして，魔物が近づくと猛然と暴れて威嚇し，海の彼方へ追い返すのである[18]。

巫術用イナウ

鵜城-16（記89510），鵜城-17（記89511）は，巫術用のイナウである（図4-16，4-17）。巫術の最中に，巫者やその助手が両手に持ち，削りかけの部分で参列者や家屋を祓うのに用いるもので，ここに挙げたほかのイナウとは機能が異なる。使い終わると，人の来ないところへ持っていって捨ててしまう。

北海道では巫術儀礼その他の場面でササやタチイチゴなどの束を作り，同様に用いる。使用後の処理や名称も共通している。このように，しばしばイナウと他の素材（植物の葉や皮，布，糸）の交替が起こることに注目しておきたい。イナウの文化がどのような変遷をたどってきたか，それを考える糸口が，こうした習俗の中にあるのではないだろうか。

鵜城-16（記89510　図4-16）は，本体に黒インクで「樺太西海岸　オッカイドスタクサ」という書き込みがある。上部に↓の輪生短翅，その下に↓の散長翅を持つ。鵜城-17には「カラフト西海岸　メノコドスタクサ」と書かれている。上部に↓の輪生短翅，その下に↑の散長翅を持つ。いずれも刻印を持たない。記89509，記89512も同様の資料である。

小　括

鵜城のイナウを通覧すると，最も簡素なイナウは火神に捧げた副幣（鵜城-4，-5）である。他のイナウは，これに長い削りかけや人面などの部品が加わった形になっている。また，巫術用のイナウを除き，ほぼ全てのイナウが削印・胴印を持っている[19]。鵜城-10のみ，頭部の片側に刻印を持っている。吊り下げる形式のものが多く見られるのも，特徴的である。

イナウの名称に，性別が反映されている例が見られた（鵜城-4と-5，鵜城-16と-17）。これらは，対で使われるイナウであり，形状もほぼ同じである。ただ，一部の削りかけを削る方向が異なっており，これが性別の表示として働いていると見られる。ここで挙げた資料では，↓が男性，↑が女性という傾向があるように見える。これは，北海道の日高東部から北部にかけて見られる表現様式である。なお，柳川が作った他の資料には，これと逆になっているものもある[20]。こうした揺らぎが，単純な間違いや収蔵過程で生じた混乱なのか，なお検討を要する。

胴印には，いくつかのパターンが見られるが，機能や性別との関連におけるはっきりした傾向は見えない。

家族神に人面を刻むことは，最も大きな特徴である。同様の例は，次に触れる来知志にも見られるが，これを男女一対の神として祀ることは，他の地域にあまり見られない例である。

2-2．来知志の事例

樺太庁泊居支庁鵜城郡鵜城村大字来知志字来知志（現ロシア連邦サハリン州スタロアインスコエ）の資料として挙げるのは，来知志-4，-5と若干の写真

を除き，山田藤作が北海道への移住後に製作したものである[21]。

火神に捧げるイナウ

来知志では，火神のイナウを炉の上手に立てて用いる。また，男女一対のイナウを捧げるという証言もある[22]。火神への祈りは月1回程度行われ，イナウもそのたびに新しく立てる。そのほか，家族に不幸があった際にも，炉の灰とイナウを新しくする[23]。

来知志-1(白62241-3　図4-18)は，火神のイナウの模型である。ヤナギ製。本体には，黒インクで「ウンチイナウ　ソンココロカムイ」という記載がある。樹皮はなく，削印・胴印を持つ。頭部には↓の輪生短翅をつけ，胴印の上下にも2段ずつ輪生短翅をつける。胴の左右に穴を開け，小さなイナウをさす。横枝を表現したものだろうか。来知志-2(白62243-1　図4-19)も，ほぼ同形のイナウであるが，寸法と胴印の形状，胴の削りかけのつき方が異なる。白62242-2もほぼ同形であるが，削印，胴印を持たない。

来知志-3・来知志-4(図4-20)は，山田藤作の製作した木偶である[24]。収集者である重松和男氏は「カマド神」であるとの説明を受けたというが，詳細は不明である。形状は，鵜城の家族や個人の守護神とほぼ同じである。鵜城の資料に照らすと，来知志-3が男性，-4が女性であると考えられる。

来知志-3(図4-20(右))は，ハシドイ製と見られる。顔の造形は鵜城-6と同じで，下端を削り，下肢を作り出している。胴に樹皮を残し，削印・胴印を持つ。向かって左に横枝1本を持つ。胴の反対側に穴を空け，小さなイナウがさしてある。木製の槍を持つ。

来知志-4(図4-20(左))は，ニワトコ製と見られる。顔などの造形は鵜城-7と同じで，下端を削り，下肢を作り出している。胴の左右に穴を開け，小さなイナウをさす[25]。木製のナギナタのような武器と，輪切りにした小枝を連ねた首飾りを持つ。このほか，剝幣が2点ある。鵜城-6，-7のような形で，いずれかにつけられていたものであろう。

藤山ハルは，炉の下手にセニシテヘ「護符／守護神」を立てることがあると述べているが，本資料がそれにあたるのだろうか[26]。同様の資料は，北海道大学収蔵の品をはじめ10点以上にのぼるが，管見の限り，山田以外には類例がない。

家族神

藤山ハルによれば，来知志で祀られていた家族神はチセコロカムイヘンケ「家を司る神翁」，チセコロセニシテヘ「家族を司る守護神」，ソエトホオルンカムイ「上座にいる神」などと呼ばれ，エゾマツかシラカバを根ごと掘り起こして，逆さに立てたものだという[27]。この神は，火神と夫婦であると言われることから，鵜城の様な対ではなく，1神だけで祀られていたのだろう[28]。

管見の限り，実物資料は残っていない。図4-21は，1948年に来知志で撮影された屋外の祭壇の一部である。藤山の言う家族神は，おそらくこのような形状をしていたのだろう。写真のものが，家族神だとすれば，何らかの理由で使われなくなり，霊送りをされたものと考えられる。全体に樹皮を残し，根を一定の長さで切りそろえている。胴には刻印を持つ。

この神には，男女1対のイナウが捧げられるほか，定期的に献酒や食物を口につけるといった礼拝が行われる[29]。口といっても，鵜城-6のような人面は刻まず，胴印を目鼻に見立てて食物を塗りつけるという。

宝壇のイナウ

現存する資料はない。文献には，冬季住居の屋根に立てるソーパイナウというイナウが見られる[山本 1970：40]。図4-22は夏の住居の内部を写したもので，上座隅の梁の辺りにイナウの一群が見える。これらのイナウは，前記の家族神に捧げたものだと考えられる。梁の上などにさし込むか，鵜城-8のように吊り下げたのだろう。

屋外の祭壇

図4-23・4-24は，1948年に来知志で撮影された屋外の祭壇の一部である。来知志-5(ユ2270-17 図4-23)は，この写真に写されたイナウの胴，来知

志-6（ユ2270-62　図4-24）は，その先端にさし込まれた部分であると思われる。

来知志-5は，マツ製と見られる。上端を水平に切断し，上端付近の樹皮を剝ぐ。頭頂部は，来知志-6をさし込むために割れ目を入れている。下端は水平に切断されているが，祭壇に立てたときは尖らせてあったものと思われる。胴の中央に削印・胴印を刻み，その左右に横枝を残す。現在は，向かって右の枝は欠損している。

来知志-6は，ヤナギ製と見られる。頭部を水平に切断し，下端は短く切り落としてある。来知志-5にさし込むために，クサビ状に成型されている上部に↓の輪生短翅，その下に半周する散長翅を持つ。

写真では，来知志-5，-6の脇に，マツの若木が立てられている。これは，クワと呼ばれる副幣であると思われる。形状の細部はわからないが，胴の側面に削りかけが見える。また，中央付近に，一対の枝を残している。

このほか，山田が製作した模型が多数あるが，用途がわかるものはわずかである。

来知志-7（白62241-1　図4-25）は，本体に黒ペンで「ピンネイナウ」（男性のイナウ）という記載がある。ヤナギ製。頭頂を凸形に成型し，穴を開けている。胴の中央に削印・胴印を刻み，その左右に穴を開けて小さなイナウをさしている。上部に↓の輪生短翅を持ち，その下に↑の編長翅の房を5本作っている。

来知志-8（白62241-2　図4-26）は，本体に黒ペンで「マハネイナウ」（女性のイナウ）という記載がある。来知志-7とほぼ同形だが，胴の刻印と左右の小イナウがない。↓の輪生短翅と↑の散長翅をつける。

輪を持つイナウ

樺太地方には，胴に輪状の造形物を持つイナウが見られ，同地方を特色づけるイナウとしてしばしば言及される。来知志では，ソウンチカラ，ニンカリイナウなどの名称がある。太陽神に捧げるほか，病気平癒の儀礼に際して殺したイヌの頭骨を載せるイナウにも輪がついている［田村 2001］。

藤山ハルによれば，太陽神は月神と同一視されており，3月末と8月頃に儀礼を行って，イナウその他を捧げる。これは家族ごとに行うもので，新しいイナウをカムイソーパ（神の上座（家の北東））に立てる。このイナウには，胴の樹皮を均等に3段剝がした所があり，木質が出た白い層（カピシリ）と，樹皮が残った層（クラシノカピシリ）の計6層が，天にある6つの世界（層）を表すという[30]。また，このイナウにはニンカリ（耳飾）として，2つのタクサ「剝幣」がつけられる。これは，太陽神が女性であることの象徴であるという。このイナウの左右にイナウクワ（イナウの杖）と呼ばれる，やや小型で簡素なイナウを立てる。太陽神に捧げるこれらのイナウや料理などは，火神に託される。火神に祈りをあげ，イナウを立てた後，また火神に祈るという［Ohnuki 1969：291］。

来知志-9（白62243-2　図4-27），来知志-10（記89524　図4-28）は，輪を持つイナウの模型である。

来知志-9は，3本のイナウをセットにしたものの1つである。全体の形状は，来知志-7とほぼ同じで，横枝状のイナウの代わりに，Z撚りにした削りかけがさしてある。削りかけを下向きに曲げ，胴の前で交差した部分を樹皮で縛って輪状にしている。他地域の事例（多蘭泊-8など）を見ると，胴から左右に伸びた枝を曲げて輪にしていることが多い。本資料では，削りかけで枝を曲げた状態を表したのであろう。

来知志-10では，胴を貫通する穴を開け，ヤナギの細枝を通している。来知志-7とは反対に，枝を上向きに曲げて輪を作っている。輪の左右に，剝幣を1本ずつ下げている。藤山の言う「耳飾」にあたるものだろうか。来知志-9と異なり，長い削りかけを持たない。胴に削印・刻印を刻む。本体に，鉛筆で「ニンカリイナウ　五尺」という注記があることから，本来は150 cmほどの長さに作られると考えられる。

クマ送りの祭壇

クマ送りの際の祭壇については，実物資料も写真も残っていない。藤山ハルによれば，家の背後に55本のフピナウ（トドマツのイナウ）と2本の丸太を柵のように立て，そこに宝物をかけて飾るという

[Ohnuki 1969：285]。イナウの本数はクマの性別によって変わるのが一般的である。ここに立てられたイナウは，おそらく全てクマに捧げられたものであろう。興味深いのは，55本という数である。クマ神が高位の神であるとは言え，この数はアイヌのイナウ使用全体から見ても飛び抜けて多い。北海道ではクマ神に捧げるイナウは多くても5本程度である。

この数について考えるとき，筆者は北海道で用いられる花矢を想起する。北海道アイヌが行うクマ送りでは，クマ神のために用意する家苞に，先端に削りかけを伴う装飾を施した「花矢」を含める。花矢の本数は地域によって異なるがクマの年齢・性別によって変わるのが一般的である。日高・大雪山系を境に東部では雌クマへ捧げる矢がより多く，西部では雄が多くなっている。白老町から余市町，石狩市浜益区にかけての沿岸部では雌雄同数である。矢の総数はおおよそ30本〜180本くらいの幅だが，全体に北東部の方が数が多く，八雲町から白老町にかけての南西部は極端に少ないという傾向が見られる[31]。

来知志では55本のイナウを立て，後述する東海岸小田寒では66本のイナウをクマ神に捧げる。この数は，北海道の花矢の数とどこかで通じるのではないか。加えて，樺太アイヌは花矢を作らない。このことも，クマ用イナウと花矢が置き換わったことを思わせる。

クマをつなぐイナウ（杭）

飼いクマ送りの際に，クマをつなぎとめる杭をトゥクシヒと呼ぶ。横枝を残し，枝の先端には球形に作られたタクサと呼ぶイナウを吊りさげる[Ohnuki 1969：285]。クマをつなぐという用途のために，一般のイナウに比べるとはるかに巨大である。

来知志-11（記89525　図4-29）は，クマ用杭の模型である。本体に鉛筆で「トクシシイナウ拾五尺ニブタニならばトソツニとのこと」，青インクで「トド松」という書き込みがある。上部が二股に分かれ，それぞれの先端を斜めにはつって，イナウを結束している。イナウには，穴を空けて横棒を通し，剝幣を輪状にしたものを1対ずつ吊り下げる。胴体に削印・刻印を刻む。胴からは1本の横枝が出ており，枝の先端からイナウを吊り下げる。

クマへの引導渡し用イナウ

クマ送りの中盤で，長い柄のついたイナウでクマの頭をなでながらクマに向かって神界への帰り方や感謝の気持ちなどを言い聞かせる場面がある。その際，長い柄のついたイナウで，クマの頭をなでながら上記の内容を述べる。

来知志-12（記89523　図4-30）は，このイナウの模型であると思われる。本体には，鉛筆で「イノンナイタイナウ　四尺」（祈り詞のイナウ）という記載がある。更科が資料写真をまとめたアルバムには「イヨリダコイナウ」（拝礼のイナウ）と書かれている。イナウ部の形状は来知志-8とほぼ同形で，胴の部分を短く切り落としてある。頭部の穴に糸を通し，別の，削りかけをつけた棒から吊り下げる形式になっている。

クマ頭骨用イナウ

広場・屋内での式が終わり，クマ送り最終段階では頭骨を祭壇におさめて祭る。クマその他の動物の頭骨を祭る祭壇は山中にあり，ケヨホニウシと呼ばれる。ここに立てられた頭骨を掲揚するためのイナウをケヨホニと言う。

来知志-13（北民　図4-31）は山田によるケヨホニと見られるが，複数の部材を連結して構成されており，中には山田以外の製作品が含まれている可能性がある。さらに収集時の情報を集めるなど検討が必要であるが，ここでは資料本体の概略を紹介するにとどめる。

脚部1と脚部2を結束し，脚部1は外皮を除いた二股の木である。頭骨の頬骨に二股の枝を通し，二股の先端には剝幣を挿す。脚部2には削印を刻み，両側に外皮体制短翅を削り出す。脚部1の先端にイナウを結束する。イナウの頭部に輪生短翅，その下に散長翅を作り出す。短翅と長翅の間に穴をあけて横棒を通し，横棒の両端に剝幣で作った輪を吊り下げる。脚部とイナウの結束部から，鮭の模型を吊り下げる。

巫術用イナウ

来知志-14(記 89520-1,図 4-32),来知志-15(記 89520-2)は,用途などの記録はないが,鵜城-16 との形状の類似から,巫術用のイナウではないかと思われる。来知志-14 は,↓の輪生短翅と編長翅の房を4本,来知志-15 は5本持つ。胴には削印・刻印がある。

用途不明

来知志-16(記 89526 図 4-33)は,用途不明であるが,来知志-11,来知志-13 との類似から,やはりクマ送りに関わりのあるイナウであると考えられる。本体に,鉛筆で「ボロイナウ 五尺」という書き込みがある。↓の輪生短翅と,編長翅の房を4本作っている点が来知志-11,来知志-13 と異なる。

また,用途不明だが,頭印を刻んだ資料が3点ある(北民 E-526,E-528,E-568)。3点とも頭印・削りかけの形式はほぼ同じであり,下部の形状と北民 E-526,E-528 の下端には土が付着していることから見て,このままの形で地面に挿して用いたものと見られる。

来知志-17(北民 E-568 図 4-34)は↓の輪生短翅と↑の撚長翅9本を持つ。長翅の先端は,削りかけが2重になるように削りだされている。輪生短翅と撚長翅の間に,↓の列状短翅を4列削る。胴印・削印の横に対生短翅を削り,削印の下に前面を半周する↓の輪生短翅を削りだす。

小　括

来知志のイナウは,鵜城のイナウと形態の上で共通点が多い。頭部の刻印がほとんど見られない点も,鵜城と共通している。胴印は,ほぼ同一のパターンしかない。

ピンネ・マハネといった性別を名に冠したイナウがある。来知志-7 と-8 のように,長い削りかけの処理(撚る／撚らない)が,性別の表現に関わっていると見られる例がある。こうした表現は,北海道の胆振と日高にも見られる。鵜城のような,削りかけの方向と性別の対応は確認できない。家族神は,火神の伴侶とされる。これも,北海道西部によく見られる形態である。

2-3．多蘭泊の事例

樺太庁真岡支庁真岡郡広地村大字大穂泊字多蘭泊(現ロシア連邦サハリン州カリニノ)の資料としてあげるのは,主として河野広道が1932年に収集したもの(内山奥太郎作[32]),馬場修が1935年に収集した資料(遠藤千代吉作[33])である。ほかに真岡,海馬島で収集されたものも参照する。

多蘭泊は,1908年の集住によって,真岡,広地など11の小集落の人々をまとめた強制集落である。内山や遠藤の出身集落,各集落の相関関係について,筆者はまだ十分な把握には至っていない。本稿では,西海岸南部の傾向として,大まかに示すにとどめる。より詳細な検討には,親族関係等の把握が必須である。

火神に捧げるイナウ

多蘭泊-1(北 34630 図 4-35),多蘭泊-2(北 34629 図 4-36)は,名取(1959)で火神に捧げるイナウとして紹介されているものである。前者が主幣,後者が副幣に相当すると考えられる。

多蘭泊-1 は,本体に毛筆で「タラントマリ」,鉛筆で「白カバ」という記載があり「Baba」というゴム印が押されている。頭頂は水平に切断し,下端は尖らせる。全体に樹皮を残し,上部の削りかけ付近だけ樹皮を剥く。向かって左に横枝があり,枝の正面を削って削印状にしている。胴および枝の面上に刻印を刻む。

多蘭泊-2 は,本体に毛筆で「タラントマリ」,鉛筆で「白カバ」という記載があり「Baba」というゴム印が押されている。頭頂は水平に切断し,下端は尖らせる。全体に樹皮を剥き,上部は↓の輪生短翅が密集して穂のようになる。頭,胴の刻印はない。

河野は,多蘭泊-2 とほぼ同形のイナウを収集し「アペコロカムイイプシ」という名称を記している。「イプシ」は,穂状の削りかけ,およびこれを持つイナウの名称であるエブシのことであろう。「火を司る神のイナウ」と解釈できる。ヤナギまたはエゾマツを用いるという[河野 1971(1933):133]。

家の守護神

多蘭泊近辺の家の守護神については，ほとんど情報がない。唯一『アイヌ芸術』に，杉山寿栄男が多蘭泊のチセコロカムイを図示している［金田一・杉山 1993(1942)：292］。しかし，この図は，新問のイナウとの混同である可能性がある[34]。

間接的ではあるが，守護神の形状を推測させる情報がある。

河野は，多蘭泊でクマ檻の側に「木を逆さにし，根を上に向けたイナウ」を見ている［河野 1971(1933)：136］。これは「ホロカニイナウ」と言い，クマに関係したものだとのことであるが，形状は来知志の家族神と同じである。

鵜城の例，北海道の日高や釧路の事例を見ると，守護神の働きを持つイナウは，家族全体のもの，個人のもの，あるいはクマを守るものであっても，似通った形状をしていることが多い。河野が見た「ホロカニイナウ」は，かなり特殊な形状であり，守護神としての働きを持つもの（クマ檻の守護神）であると考えていいだろう。また，こうした株を逆さに立てたものが，この一帯に普遍的に見られる守護神の形式であったと考えることもできる。また，和田完は，鵜城や来知志に見られた人面を持つ守護神やニーポポと呼ばれる木偶が，多蘭泊以南には存在しなかったとしている［和田 1987(1959)：52］[35]。ここから，多蘭泊の家族神についても，形状を類推することができる[36]。

なお，河野の収集品に，個人の守護神と見なすことができるものがあるので紹介しておく。多蘭泊-3（旭4087　図4-37）は「オッカウクワ」と呼ばれ，男性が長期の旅行に出る際に携行するという［河野 1971(1933)：136］。刻印はなく，頭部および胴に列状短翅を持つ点が特徴的である。編長翅の房を6本作る。女性が持つものは，列状短翅をつけず，房の数が5本である。

宝壇のイナウ

宝壇のイナウについては，ソーパイナウ「上座のイナウ」，チセオンナイウンイナウ「屋内のイナウ」といった名称が記録されている［山本 1970：98］。

多蘭泊-4（記8143　図4-38）は，これらに相当する資料と考えられる。ヤナギ製。本体に「タラントマリ　ソバ　セレ」という記載がある。収集者である河野は，同資料について「ソバスセレマとは家の神に供するもの」としている［河野 1971(1933)：133］。家族神か，または家屋の神に捧げたものであろう。全体の樹皮を剥く。頭部は水平に切断し，下端は尖らせる。頭部に2ヶ所刻印があり，その下に↓の輪生短翅がある。その下に撚長翅の房を7本作る。

図4-39（REM2816-5）は，V.N. ヴァシーリエフが，1912年に真岡で収集したものである。台帳には「ヌサ　家の主人をまつるイナウ」という記載がある。ソーパイナウに類するイナウだと思われる。

頭部と胴を別に作り，頭部を胴の割れ目に挿して連結している。頭部はヤナギ製で，上端は水平に切断し，下端はクサビ状に成形する。↓の輪生短翅と，↑の散長翅をつける。胴はカバ製で，上端は水平に切断し，下端は尖らせる。全体に樹皮を残し，向かって左に，横枝を残す。胴から枝にかけて正面を削り，胴印を刻む。

図4-40（REM2816-6）は，REM2816-5と同時に収集されたものである。台帳には「カリクーンヌサ　家の主人のイナウ」とある。カリヒ「輪」を持つイナウというような意味だろう。

頭部と胴を別に作り，結束している。頭部はヤナギ製で，上端は水平に切断し，下端は串状に成形する。上端付近の2ヶ所に刻印を刻み，↓の輪生短翅と，↑の散長翅をつける。胴はマツ製で，上端は水平に切断し，下端は尖らせる。全体に樹皮を残し，中央付近に残した左右の枝を輪状に曲げる。胴の正面に削印・胴印を刻む。

図4-41（REM2816-23）は，前2点と同時に収集されたものである。台帳には「トゥセイイナウ　悪霊から家を護る霊に立てる」とある。トゥセイは，チセ（家）だろうか。形状は多蘭泊-3とほぼ同形である。同形・同名の資料がもう1点あり（REM2816-25），台帳では「女性主人霊をまつるイナウ」となっている。ソーパイナウが家族神に捧げたイナウであれば，これらは家屋の霊に捧げたものかもしれない[37]。

屋外の祭壇に捧げたイナウ

多蘭泊-5(旭4086 図4-42)は，河野によれば「イコンカラカムイイナウ」と呼ばれ，山の神に供えたり，熊をとった時にも用い」るもので，エゾマツを使うという[河野 1971(1933)：133]。本資料および多蘭泊-6，-7はおそらく模型であろう[38]。

頭部は水平に切断し，下端は尖らせる。下方3分の1ほど樹皮を残し，ほかは横枝も含めて剥く。胴には削印・胴印がある。上部に↓の輪生短翅がある。胴の左右に短い削りかけが連なり，左右の枝には剝幣を結束してある。

多蘭泊-6(旭4084 図4-43)は，「レプンカムイイナウ」と呼ばれ，海神に捧げるイナウである[河野 1971(1933)：133]。頭部と胴を別に作り，頭部はヤナギ製，胴はカバ製である。

頭部は，↓の輪生短翅，↑の撚長翅を持つ。河野は，5本の房があるとしているが，現状ではあまり判然としない。頭部の2ヶ所に刻印を刻む。下端は，胴にさし込むため，クサビ状に成型されている。

胴は，下半分ほど樹皮を残し，下端は尖らせる。上端は水平に切断し，割れ目を入れて，頭部をさし込み，テープ状の樹皮で結束している。胴の中央から上部にかけて削印・胴印を刻む。向かって左に1本の横枝を残し，枝にも削印・胴印を刻む。枝の先端に樹皮が巻きつけてある。河野(1982)に掲載された本資料の写真では，枝の先に剝幣がつけられているが，現在は欠落している。

なお，B. ピウスツキが，1903年に真岡で収集した資料中に「トマリカムイイナウ 入江の神へのイナウ」と(MAE700-55)「アトゥイカムイイナウ 海の神のイナウ」(MAE700-56)がある。いずれも，頭部を欠いているが，胴には1本の横枝を持つ点が，多蘭泊-6と共通する。

図4-44(MAE700-58)は，上記2点と同時に収集された資料である。屋背の祭壇に立ち，集落を守る神に捧げたものだという[39]。

先端に枝を残したマツの若木に，ヤナギ製のイナウを結束したものである。イナウは，↓の輪生短翅と，散長翅を持つ。刻印は見られない。

多蘭泊-7(北10866 図4-45)は，海馬島で収集されたものである。海馬島は，西海岸名好の沖に位置し，各集落合同で1ヶ月ほど滞在してトド猟を行う[藤村ほか 1973：43]。1906年7月25日，植物調査のために同島を訪れた三宅勉が，日出浦で収集した。

本体には，毛筆で収集地，年月日が記載されている。ヤナギ製。頭部は水平に切断し，下端は尖らせる。下端付近の一部に樹皮を残す。頭部に2ヶ所に刻印を，胴には削印・胴印を刻む。なお，同時に収集され，ほぼ同形の資料として北10865があるが，胴の刻印を欠き，頭部の刻印は左右が入れ替わっている。

多蘭泊-8(北34653)，多蘭泊-9(北34654)は用途不明のイナウである。多蘭泊-8は名取(1987(1959))において「キケイナウ」として紹介されており，解説によればこのまま用いられるようである。頭部2箇所に↓の輪生短翅と5本の撚長翅を持ち，頭部2箇所の頭印と胴印を持つ。多蘭泊-9は，解説にしたがえば脚部を別に作って連結して使用するものと考えられる。↓の輪生短翅と長翅を持つ。長翅は撚ってあるようにも見えるが判然としない。頭部2箇所に頭印を刻む。

輪を持つイナウ

多蘭泊-10(記8147 図4-46)は，「チュップカムイイナウ」と呼ばれ，太陽神に捧げたものである。エゾマツを用いるという[河野 1971(1933)：134]。

先端と中央に枝を残したマツの若木に，ヤナギ製のイナウを結束する。イナウは，↓の輪生短翅と↑の散長翅を持つ。頭部の2ヶ所に刻印を刻む。

胴は，下方3分の1と先端付近に樹皮を残し，下端は尖らせる。胴の中央に削印・胴印を刻み，背側(刻印の無い側)にヤナギのイナウを結束する。中央の枝を上方に曲げて輪状にし，ヤナギの樹皮で結束する。河野(1982)に掲載された本資料の写真では，輪の両側に剝幣が下げられているが，現在は欠落している。

なお，本資料の左右には「イナウケマ」と呼ぶ，ほぼ同形の「従者」を立てるという。トドマツとエゾマツを1本ずつ用い，上部には剝幣をつけるという。また月神に捧げるイナウは，多蘭泊-8とほぼ同形で，胴の枝を半円にするという[河野 1982

多蘭泊-11(北34631　図4-47)は，本体に毛筆で「タラントマリ」という記載があり，「Baba」というゴム印が押されている。ヤナギ製。上端付近のみ外皮を剥き，↓の輪生短翅をつける。胴の中央に削印・刻印があり，左右に伸びた枝を曲げて輪を作る。枝の先端は，胴に裂け目を入れてさし込んでいる。輪の左右に剝幣を下げる。

このほか，ピウスツキが1903年に真岡で収集した資料中に，雷魚に捧げたというものがある(MAE700-56)。

クマ送りの祭壇・クマをつなぐイナウ(杭)・クマへの引導渡し用イナウ

REM2611-69は，V.I.ヴァシーリエフが，多蘭泊で1912年に撮影したものである。頭部の形式(削りかけを輪にして吊り下げているところなど)は，クマ用の杭らしく見える。画面右に立っているものは，中ほどに，クマ用の帯が巻きつけてある。他の事例に比べ，小型である。胴の部分は二又になっている事例が多いが，ここに写ったものは，3本とも二又部より下に，2本の横枝を持ち，全てにイナウを結束している。

図4-48は，多蘭泊で行われたクマ送りを撮影したものである。祭壇は，マツの若木とイナウを数十本立て，その前にゴザを立て巡らせて作っている。クマをつなぐ杭は，二又になったマツで，写真には先端が写っていないが，おそらくイナウが結束してあるものと思われる。また，二又の基部と，やや上方の2ヶ所に横枝が残してあり，それぞれに大ぶりのイナウが結束してある。胴には，刻印はない。

画面の左に立つ男性が，引導渡しの役である。手に持ったイナウは不鮮明で，形状はわからない。

小　括

多蘭泊では，イナウの頭部に刻印を刻む頻度が高い。これは近村の登富津村，智来村にも共通してみられる傾向である。参考として登富津村，智来村の頭印を持つイナウを示す。

登富津-1(北34651)は頭部2箇所に頭印，登富津-2(北34652)は頭部1箇所に頭印を刻む。どちらも共通の削印・胴印を刻む。この胴印は，登富津で採集された捧酒箆とも共通する。

智来-1(北34658)は海神に捧げたイナウである。↓の輪生短翅4段，その下に↑の輪生短翅，5本の撚長翅を持つ。頭部に2箇所に同形の頭印と，削印・胴印を持つ。

胴の削印・胴印は，鵜城，来知志に共通する形式もあるが，よりバリエーションが豊かである。性差が表示されているのは，個人の守護神(多蘭泊-3)である。この例では，長い削りかけを撚った房の数が異なっている。また，太陽神に捧げる副幣をエゾマツとトドマツで作るのも，あるいは性別の表現に当たるのかもしれない。多蘭泊-7は，多蘭泊-6や多蘭泊-10と似た形状だが，一木で作られている点が注目される。

多蘭泊，真岡は，他地域と比べても決して資料数が少なくないが，家の守護神については，その有無も含めて判然としない。

2-4．新問の事例

樺太庁敷香支庁敷香郡泊岸村大字新問字新問(現ロシア連邦サハリン州ノーヴォエ付近)の資料は，主として馬場修(1935頃)，名取武光(1941年)，河野広道(1942年2月3日)が収集したものである。河野の収集品は森モヤンケの作である。馬場と名取の収集品については，はっきりとした記録がないが，両者を含む新問を訪れた研究者のほとんどが森モヤンケから情報提供を受けていることを考えれば，同氏の作と考えてよさそうである。このほか，高山長兵衛が北海道移住後の1950年代に，製作したものを参照する。

火神に捧げるイナウ

新問-1(北34636　図4-49)は，名取(1959)において「ウンチエプシ」(火のイナウ)，新問-2(北34638　図4-50)は「キムンニイナウ」(山の木のイナウ)と呼ばれている。これに新問-1と同形のイナウもう1本(北34637)を加え，3本1組で使用されるという[名取　1987(1959)：84]。

新問-1は，本体に毛筆で「新問」という記載があり「Baba」というゴム印が押されている。ヤナ

ギ製か。頭頂は水平に切断し、下端は尖らせる。全体に樹皮を剝き、胴に削印を刻む。胴の中央から上は、↓の輪生短翅が密集して穂のようになる。頭部には刻印はない。

新問-2は、本体に毛筆で「新問」、鉛筆で「トド」という記載があり「Baba」というゴム印が押されている。頭頂は水平に切断し、下端は尖らせる。中央付近に樹皮を残す。上部に↓の輪生短翅をつける。胴の左右にある横枝の先も、同じように削る。胴の左右の樹皮を剝きこして外皮対生短翅にする。胴の中央に、削印を刻む。形状は、新問-1の刻印を2段重ねたようになっている。

家の守護神・宝壇のイナウ

家の守護神については、あまりはっきりとした情報がない。山本裕弘や馬場は、冬季住居の屋根にソーパイナウというイナウを立てることを記している。馬場は、これを家屋の守神に捧げたものであるとしている[馬場 1979：132]が、山本はこのイナウが守護神そのものであったと解釈していたようだ[山本 1970：40]。北海道の研究では、家屋神と家族神がしばしば混同されるが、ここでも同様の混乱が起こっている。以下に見るように、新問の収集品にはチセを名に冠するイナウが数点あるが、これらがソーパイナウと神体のいずれにあたるのか不明である。

新問-3（記89513　図4-51）、新問-4（記89514　図4-52）は、高山長兵衛作と見られる資料である。

新問-3は、本体に鉛筆で「カラフトチセコロカムイヘンケ東海岸（西はさげる）」黒インクで「棚に飾る」という記載がある。ヤナギ製。頭部と下端は水平に切断されている。上部に↓の輪生短翅があり、その下に↑の編長翅の房を3本作っている。短いヤナギの棒の両端に削りかけをつけたものを、房の撚り目にさしこんでいる。新問-3とほぼ同形のものが大貫恵美子によって収集され、米ウィスコンシン大に収蔵されている。

新問-4は、本体に鉛筆で「カラフト東海岸チセコロカムイイナウの飾り」という記載がある。ヤナギ製。樹皮を全て剝き、頭部には穴を開けて懸架用の紐を通している。上端と下端付近に、全周を巡る↑の輪生短翅あり、その間には列状短翅を5方向につけている。最下部に↑の撚長翅、さらに↑の輪生短翅があり、そのすぐ下を切断している。撚長翅は、9枚ずつ軽くS撚りにし、9本の房を作っている。

河野の収集品に、新問-4とほぼ完全に同形といってよいイナウがある（記8135）。また、これらをそのまま太くしたようなイナウが2点ある（記8133、記8134）。記8133を、新問-5として示す（図4-53）。

本体に、鉛筆で「新問2／Ⅲ　1942　H. KoNo」という記載がある。頭部は水平に切断し、穴を開けて、樹皮を撚った紐を通す。同じ穴に、剝幣が1本さしこまれている。上端付近と下端付近に、↑の輪生短翅があり、その間には列状短翅を8方向につけている。この上から、テープ状にした白、紺、赤白柄の木綿を結びつけている。最下部に↑の長翅、さらに↑の輪生短翅があり、そのすぐ下を切断している。長翅は房を10本作っている。両端の2本のみ編長翅にし、残りは撚長翅である。向かって右の編長翅の房は、先端近くにテープ状の木綿（赤白柄）を2枚結びつけ、漁具のミニチュアのようなものをイラクサの糸で結びつけている。左の房は、同じように布を結びつけ、何かのミニチュアをつけていたようだが、現在は欠落している。ニヴフの習慣では、男児の揺籃に弓矢、斧、槍などの模型、女児の揺籃には針や糸、布、皮の加工具などの模型を吊るして成長を願ったという[加藤 1986：307]。記8133に下げられた模型も、おそらく同じ目的で結ばれているのだろう。なお、イナウの削りかけにミニチュアを下げた例は、南部の白浜付近にも見られる。

新問-5の様な形状のイナウは、木偶を包む用途に用いられていることが多い。長い削りかけの部分で藁苞の様に木偶を包んでしまい、吊り下げておくのである（図4-54）。新問-4が、「飾り」とされているは、同じ様に家の守護神を包んで用いたということだろう。あまり例のない方式だが、新問-4で新問-3を包んでいたのかもしれない。なお、白浦で収集されたREM2816-22は、新問-5に酷似している。

新問-6～新問-9、は、高山長兵衛が製作した「チセコロイナウ」のセットである。同資料は北方民族

資料館ジャッカ・ドフニに収蔵されていたが，同館の閉鎖に伴い2013年に北海道立北方民族博物館へ移管された。（　）内の番号はジャッカ・ドフニ収蔵時のものである。

新問-6（JD-5005-AE　図4-55）と新問-7（JD-5006-AE）は，同一のイナウの頭部と脚部に相当するものと思われる。新問-6はヤナギ製で，下端をクサビ状に成型している。新問-7は，シラカバ製で，木を逆さに用いている。全体に樹皮を残し，上端と下端を水平に切断する。上端には，新問-6をさし込むために割れ目を入れる。向かって右に横枝があり，枝の先端に割れ目を入れて，剝幣をさし込む。胴の上部から横枝にかけてを平坦に削り，削印とする。

新問-8, -9（番号なし　図4-56）は，新問-6, -7に付随するイナウであると思われる。ともにシラカバ製で，上下逆に用い，樹皮を残している。頭部は水平に切断し，割れ目を入れて，剝幣を数本さし込んでいる。胴の上半部をはつるように平坦に削って削印とし，面上に胴印を刻む。新問-9は胴の左右に，短い枝を段違いに残し，先端に割れ目を入れている。以前は剝幣がさし込まれていたものと思われる。これらの配置は図4-58のようになるものと思われる。

屋外の祭壇

森モヤンケは屋背の祭壇を「cise osmakun inau」（家の背後にあるイナウ）と呼ぶ[知里　202：3]。新問-10, -11は，海神のイナウである。ケヤマハンノキを上下逆にして用い，新問-11を「主神」として，その左右に新問-10と同形のもの40本と，さらに両側に「ハシイナウ（柴幣）」を立てるという[名取　1987(1959)：84]。

新問-10（北45288　図4-57（左））は，本体に「新問　名取」という記載がある。上端は水平に切断し，下端は尖らせる。全体に樹皮を残す。胴の左右の樹皮を削り起こして外皮対生短翅し，さらにその下に削りかけを重ねる。胴の正面をはつるように削り削印とする。

新問-11（北34641　図4-57（右））は，本体に「新問　名取」という記載がある。上端は水平に切断し，下端は尖らせる。全体に樹皮を残す。胴の左右の樹皮を削り起こして外皮対生短翅とする。胴に2段の削印を刻む。胴の左右に伸びた枝にも刻印を刻み，枝の先端は尖らせる。

山神に捧げるイナウの実例は無いが，刻印は海神と共通で，樹種と形状を変えるという。

図4-58は，戦前に，河川上流のマス捕り小屋のそばに設けられた祭壇を撮影したものである[40]。樹種は不明。新問-11の上に，新問-6をさし込んだ様な形をしている。その左右に，新問-10の頭部に剝幣をさし込んだ様なイナウを，右に2本，左に1本立てる。これらの手前に横木を渡し，マスの下顎骨を掛けている。一種の霊送りであろう。北海道ではサケ・マス類の下顎骨を保管しておいて占いに用い，漁期の終わりに霊送りをするが，その際には下顎骨にイナウをつけて川に流すといった方式が見られる。図4-58も，その様に下顎骨を儀礼的に廃棄した場面だと考えられる。

輪を持つイナウ

名取は，太陽神に捧げたイナウに触れ，写真を掲載している[名取　1987(1959)：86]。同じイナウと思われるものを杉山が図示している[金田一・杉山　1993(1942)：294]。先端に枝を残した高さ10mのエゾマツ製（図4-59右）。先端近くに，ヤナギ製のイナウを結束する。イナウは，頭部が尖らせてある。胴に残した枝を曲げて輪を作り，両側に剝幣をさげているほか，右側に古鏡を吊す。胴の削印は3段刻まれている。左右に，付随するイナウが立つ。副幣はマツの若木の先端に，剝幣を結束している。胴には刻印がある。

クマ送りの祭壇

杉山はまた，図4-59左のようなイナウを示している。解説には「2は新問のポロイナウで高さ四尺，頭部を削花状に飾り両側に房状の削り掛を垂れたもの」とある。輪生短翅・長翅を持つイナウの主軸に横棒を通し，先端から輪状にした剝幣を吊り下げている。来知志や白浜の例に照らすと，クマ送りに際してクマを繋ぐ杭，または頭骨を祭る叉木に連結されるイナウであると考えられる。同図中央に描かれ

たイナウに杉山が付した注記は，おそらくイナウの名称として「SabakoroInau」，部分名称として頭部の大きな輪生短翅の横は「Bakishir」，その下の1巡する輪生短翅の横は「Ibushi」，「InauSaba」と読める。河野の記録にも，恐らく同じイナウを描いたと思われる図があり，より詳細な部分名称が記されている［青柳（編）1982：229］。それによれば，製作者は森東吾，スス（ヤナギ）製でイナウの名称は「サパコロイナウ」，頭頂から3箇所に分けて削り出された輪生短翅はいずれも「pokshir」，撚長翅は「chimesu-inau（inau-rap）」，主軸の下部は「inau-kema」となっている。また，河野の図には，輪生短翅と長翅の間に外皮を残した部分が描かれており，その部位をさして「inauisshi（chi）イナウのせきずい」と書かれている。このように外皮を残した資料は高山や来知志の山田の製作品などに散見するが，こうした名称が見られるのは河野の記録のみであり，興味深い。もう一つ重要なのは，主軸から削り出された撚長翅が，剝幣と同じチメスイナウの名で呼ばれている点である。樺太においては，長翅を主軸から削り出すほか，別に作って結束する様式が頻繁に見られるが，そのことが名称にも表れている。

北海道立北方民族博物館には高山長兵衛が製作したクマ送り用と見られるイナウが複数収蔵されている[41]。これらは輪生短翅と長翅を持つ頭部にカバやマツを連結したもので，輪生短翅部分に赤い塗料が塗られている。ニヴフは，コケモモの果汁でイナウを赤く着色することがある[42]。高山が製作したこれらのイナウも，本来は果汁で着色していたものを塗料で再現したものだろう。なお，こうした着色は次に述べる白浜（小田寒）付近で収集されたイナウにも見られるが，いずれもクマ送りに関連したイナウに限定されている。

小　括

新問のイナウに特徴的なのは，他の地域に比べて木を逆さに用いる頻度がかなり高いことである。逆木の使用は，来知志や多蘭泊では，守護神としての働きを持つイナウに限定されていた。守護神をこのように作る理由は，異常な製作法をとることが禍々しさとともに魔を追う荒々しい力をも連想させるた

めと解釈できる。しかるに，新問では，海や川漁にまで逆木を用いる。この理由はさらに検討しなければならない。

海神に捧げる副幣や川辺の祭壇に立てられた副幣には，脚部に剝幣を挿し込む形式が見られた。これは北海道南西部のストゥイナウを想起させる形状をしている。即ち，イナウの頭部を極限まで簡略化し，剝幣にしてしまう様式である。

新問では，イナウに性差があったことを示す情報は今のところ得られておらず，ピンネイナウ（男性のイナウ），マハネイナウ（女性のイナウ）といった名称も見られない。ただし，樹種によって男女をつくり分けていた可能性はある。山神と海神に共通の刻印を用いるいっぽう，海神にはハンノキを用いるというように，祈願の対象とイナウの樹種を関連付ける意識がある。頭部の刻印は皆無である。胴の刻印は，削印が中心で，胴印はほとんど見られない代わりに，削印を縦に3段まで重ねることでバリエーションを生んでいる。

2-5．白浜の事例

樺太庁豊原支庁栄浜郡栄浜村大字相浜字白浜（現ロシア連邦サハリン州キリピチノエ）は1921年の集住によって，真縫，内淵，小田寒，白浦，相浜，大谷などを統合して作られた強制集落である。

白浜の資料は，主として馬場修（1935年頃），名取武光（1936年または1941年），河野広道（1932年2月3日）が収集したものである。製作者については，はっきりした情報がない。名取や，同地を訪れた山本祐弘・知里真志保らは，白浦出身の白川仁太郎の教示を受けている［山本 1970］。馬場は，富浜の老人を訪ねて収集したというが，この人物も白川ではないだろうか。両者の収集品は，作風も似ている[43]。これに対し，河野の収集品は，他と作風が異なっている[44]。

上記実物資料のほか，白川の証言，および北海道移住後に灰場武雄（小田寒出身）がイナウについて語った証言も参照する。両者の説明では，同地方でも主幣と副幣の別があることが語られている。灰場はそれぞれの呼称について主幣を「ヌサ」，副幣を「イナウケマ」としている。イナウケマは「イナウ

の脚」の意である。白川の聞き取りにも，中央に立てたものを「nusa」と呼び，両側のものを「inaŭkema」と呼ぶことが見える。「nusa 二本立テタ場合ハ inaŭkema 4 本イル」とも記されている［知里 64：1］[45]。

イナウ製作に関わる習俗として，製作は午後から始め，伐木から成形まで分担しつつ日暮れまでに終えることになっている。当日から翌日にかけてはすべての仕事をやめ，近損とも往来しない，このようにすることによって神に念がとどくイナウを作ることができると考える。なお，これに従わない者がいると強く抗議をし，新たに製作させるという［知里・山本 1973：170］。

火神に捧げたイナウ

白川は，火神に捧げるイナウを「unci epusis」と呼んでいる[46]。エプシシとエプシと同じくは輪生短翅を指す名称らしい。火神以外に捧げるものでもエプシシと呼ぶ。使用するまではエプシシと呼び，炉に立てた後はイナウと呼ぶという。ヤナギ・エゾマツ・カバで1本ずつ作り，火神に捧げるという。

白浜-1（北 34633　図 4-60）は，名取（1959）において「ウンチエプシ」（火のイナウ）と呼ばれている。これと同形のイナウもう1本，白浜-2（北 34632）の3本1組で紹介されている［名取 1987（1959）：86］。

白浜-1 は，本体に「白浜」という記載があり「Baba」というゴム印が押されている。ヤナギ製。頭頂は水平に切断し，下端は尖らせる。全体に樹皮を剥くが，正面下方に一部内皮が残る。胴に削印を刻む。胴の中央から上は，↓の輪生短翅が密集して穂のようになる。頭部には刻印はない。

白浜-2（北 34632　図 4-61）は，本体に鉛筆で「白浜　白樺」という記載があり「Baba」というゴム印が押されている。頭頂は水平に切断し，下端は尖らせる。中央付近に樹皮を残す。頭部付近とそれより 5cm ほど下に，↓の輪生短翅をつける。その間に列状短翅が3列（前・左右）ならぶ。胴の左右に横枝があり，枝の先端に向けてはつるように削る。胴の中央と横枝に削印を刻む。

なお，灰場からの聞き書きによると，火神に捧げるイナウは主幣となるもの1本に対し，男女の副幣が付随して一組になるという[47]。灰場は，主幣となるものにカワヤナギを用い，男性の副幣にはオンコ（イチイ）かシラカバ，女性の副幣にはハンノキかトドマツを用いるようである[48]。

家の守護神

家の守護神はチセコロカムイと呼ばれる。灰場からの聞き書きによれば，家の守護神は男女の神で，奥の壁の上やや左寄りにさしてあり，神体はヤナギのイナウらしい[49]。年に2回剝幣を捧げ，それらが煤けて中身が見えないほどになっていたという。灰場の育った頃には，この神を祀っている家はかなり稀だったようだ。関連する記述が極端に少ないのは，こうした状況のせいかもしれない。他の地域では，世代が代わるごとに作り変えるのが一般的だが，灰場家では祖父よりも前の代から同じ神体を祀っていたようだ。春と秋に，次に述べるソーパイナウを捧げるほか，剝幣2本を継いで，後ろからかけて手前で撚り合わせる。こうした剝幣の巻き方は，ウイルタの木偶にも見られる。

白川からの聞き書きでは，家の守護神については具体的に語られていない。あるいは，白浦では神体を作らなかったのだろうか。火神とは夫婦であるといい，この点は来知志の藤山と共通している。一方近村の灰場とは認識が異なっている［山本 1970］。

この地方の守護神を考える参考として，さらにいくつか例を加える。

図 4-62 は，B. ピウスツキが，1897年に大谷（タコエ）村で撮影したものである（REM2448-27）。疱瘡が流行した際に，病魔を追うために作られた守護神である。マツ製らしい。根ごと掘り起こし，上下逆にして立てる。胴に削印がある。これは，来知志の家の守護神と同形である。

図 4-63 は，1912年に小田寒で収集された資料である（REM2816-40）。台帳には「ニポポ　子供を護る霊の偶像」とある。材は不明。樹皮を全て剥き，上下を逆にして使っている。頭部は水平に切断し，人面を刻む。胴には，向かって右に横枝がある。胴の2ヶ所に削印・胴印を刻む。首にあたる位置に，黒と赤の木綿を結ぶ。これと似たものが，東京国立博物館に収蔵されている。収集時期・収集地も似

通っているものと思われる。

同 4-64 は，同時に収集されたもので，台帳には「センシテ・イナウ　子供の病気用」とある（REM2816-41 ab）。シラカバを，上下逆さにして用いる。頭部は水平に切断し，下端はクサビ状に成形する。頭部には↑の輪生短翅，その下に↓の輪生短翅がある。胴に削印・胴印を刻む。左右に枝を残し，向かって左の枝には，金属製の鏃をかぶせている。左は欠損している。首にあたる位置に黒と赤の木綿を結び，シナ糸に木片を 11 個通した首飾りをつける。

REM2816-22 は，1912 年に白浦で収集された。台帳によれば「タクサイナウ　人が重病のときに立てる」というイナウである。手前に編長翅の房が 2 本垂れているところなど，新問-5 とよく似た形状をしている。

図 4-65 は，同時に収集されたもので，台帳には「ツェコロイナウ　病気の際に立てるイナウ」とある（REM2816-28）。新問-5 と似たカギ状のミニチュアを吊り下げている。

宝壇のイナウ

宝壇の壁に立てるイナウをソーパイナウという。これは白川，灰場ともに，家の守護神に捧げるものだとしている。

山本は，白川のソーパイナウと思われるイナウを図示している [山本 1970：145]。3 本 1 組で用いられ，中央のイナウが主となり，左右にやや小型のものが立つ。中央のイナウは，頭部と胴を別に作っているらしい。頭部は輪生短翅と，撚長翅の房数本を持つ。胴には削印を 2 段刻み，下端は尖らせている。胴の左右に段違いに枝を残し，それぞれの先端は，剝幣を結束していると見られる。

左右に立つイナウは，中央のものとほぼ同形だが，小型である。頭部，および左右の枝の 3 ヶ所に，特殊な剝幣を結束している。通常の剝幣は長い削りかけ数枚を根元から剝ぎ起こしたものだが，ここでは，長い削りかけの基部に短い削りかけをつけ，簡素なイナウのようにしている。長い削りかけは Z 撚りにし，2 本の房を垂らす。ユ 101-4a が，ほぼ同形である（図 4-66）。

ソーパイナウは，樹種の組み合わせにいくつかパターンがある。山本（1970）では，①主：エゾマツ，副：エゾマツ・トドマツ，②全てハンノキ，③全てシラカバの 3 つのパターンが示されている[50]。

灰場のソーパイナウは，3 本一組のものが 2 組立てられる。守護神が 2 神祀られているためであろう。形状は，左右に枝のあるもので，主となるもの 1 本に，男女一対のイナウが付随する。春と秋に作り，季節によって樹種を変える。樹種の組み合わせは複雑だが，男神にはエゾマツかシラカバ，女神にはトドマツかハンノキと決まっている[51]。

図 4-67（REM2816-4）は，V.N. ヴァシーリエフが，1912 年に白浦で収集した資料である。台帳には「ヌサ　シラカバ製の棒状の一家の主人霊」とある。ソーパイナウにあたるものであると思われる。

頭部と胴を別に作り，頭部を胴の割れ目にさして連結している。頭部はヤナギ製で，上端は水平に切断し，下端はクサビ状に成形する。↓の輪生短翅と，↑の散長翅をつける。胴はカバ製で，上端は斜に切断し，下端は尖らせる。全体に樹皮を残し，向かって右に横枝を残す。胴から枝にかけて正面を削り，削印を刻む。

屋外の祭壇

白川は屋外の祭壇として，「家裏の幣場（cise-osmak-un-inaŭ-kara-usi）」，「浜の幣場（atuj-sam-un-inaŭ-kara-usi）」[52]，「山の幣場（kim-un-inaŭ-kara-usi）」，「野の幣場（kejoxni-usi）」を上げている。屋背の祭壇は何の神に祈願するものか述べられていない。浜の祭壇は漁期前に海神を祭る場所であり，集落のはずれから 2 km ほど離れた砂浜に立てる。ここに立てるイナウはトドマツ，ハンノキを脚部としヤナギで作った頭部を結束する。これらは「女の幣（maxne-inaŭ）」と呼ばれる。

山の祭壇は猟期前に山の神を祭る場所であり，家の裏手から木原に入った清浄な場所を選んで立てる。こちらのイナウの脚部はエゾマツを用い「男の幣（pine-inaŭ）」と呼ぶ[53]。

野の祭壇は山の祭壇の付近か並ぶ位置に立てる。ここは山で得た動物の頭骨を送る場所で，リスなどの小動物でも必ず頭部に「inaŭ-kote」（イナウを付

ける)する。ただし，テンやカワウソは水界に属するものとして，川で送る[知里・山本 1973：169]。

　山に関する儀礼の神酒やイナウは全て神窓から出し，海の場合は戸口から出すという[知里 64：37]。

　灰場は屋外の祭壇を，チセオシアクンイナウ「家の背後にある幣」と呼び，ソホキコロカムイ「祭壇を司る神」にソーパイナウと同じイナウを捧げるという。ソホキコロカムイのはたらきは，家屋および家族を守護することにあるという(文献11-②)。上記のチセコロカムイと，呼称も働きも重複する。

　図4-68は，1912年に東京上野で行われた博覧会で撮影されたものである。この博覧会に，小田寒の坪沢六助らが参加し，樺太式の家屋を立てて展示した。写真は，家屋を背後から写したものであり，これらのイナウがチセオシマクンイナウにあたるものだろうか。

　背の高いイナウを主幣とし，左右に副幣を配した，2組のイナウ群である。すべてマツ製のように見える。主幣は，頭部と胴が分かれており，頭部は輪生短翅，長翅を持つ。胴は左右に横枝があり，剝幣を結束している。写真は背面を写しているが，正面には刻印があるものと思われる。副幣は，先端に輪生短翅をつけ，その下に剝幣を結束して，主幣の頭部をやや縮小したような形状を作り出している。胴の左右の枝を輪状に曲げ，左右に剝幣を結束している。

　白浜-3(記8146　図4-69)は，海神に捧げるイナウの模型である。トドマツを用いるという[河野 1971b(1933)：151]。先端に枝のある若木を用い，下半分ほどに樹皮を残す。枝の少し下に，ヤナギで作った頭部を結束している。頭部は，↓の輪生短翅と，↑の長翅がつく。長翅はゆるくS撚りがかかり，数本の房になっている。結束部は細く尖らせてある。

　白浜-4(記8145　図4-70)は，山神に捧げるイナウの模型である。エゾマツを用いるという[河野 1971b(1933)：151]。白浜-3と完全に同形。

　白浜-5(記8137　図4-71)と白浜-6(北34605　図4-72)は，用途不明だが，ここに例示しておく。両者ともほぼ同形だが，長短のつき方が異なる。削印のある側を正面とすると，白浜-5は，長い削りかけが背後に垂れている。いっぽう白浜-6では，胴の正面に削りかけが垂れ，削印を隠すようになっている。前者はこれまで見た西海岸の各集落や，東海岸の新問，白浜より南の落帆で一般的な形状である。後者は，図4-68の屋背のイナウなど白浜(白浦・小田寒)の事例によく見られる。

輪のあるイナウ

　白川によれば，屋背の祭壇からさらに30～45m離れた位置に，太陽神に捧げたイナウを立てるという。知里のフィールドノートNo.5のp33には，白川からの聞き取り時に描いたと思われる図がある。太陽神のイナウの略図と，「cupkatoinau」という名称があり，側に「ナルベク長イ方イイ」とある。また太陽神の左隣に，同じく輪を持つやや小型の「senisteinau」が描かれている。これは守護神のイナウだと思われる。

　同じく，知里のフィールドノートNo.64のp2には「otanne inaŭ」，「cuxkatu inaŭ」，「kariskoroinaŭ」と書かれている。「長いイナウ」，「太陽の形を持つイナウ」，「輪を持つイナウ」を指している。ほかに「poro-nusa」と「seris-nusa tuje jan.」とある。後者は「太い主幣を作りなさい」。という指示である。

　白浜-8，-9は太陽神に捧げるイナウの模型「チョッカトイナウ」である。白浜-9を主幣とし，白浜-8と，同形のもの(旭4081)の2本を副幣「ケマ」として左右に立てる。主幣はトドマツ，副幣はトドマツとエゾマツを1本ずつ用いる。

　白浜-8(旭4082　図4-73)は，先端と中央に枝を残した若木を用いる。下方3分の2ほど樹皮を残し，下端は尖らせる。頭部に剝幣を結束する。胴の中央に削印を刻む。中央の枝を輪状に曲げて結束し，左右に剝幣を垂らす。

　白浜-9(旭4083　図4-74)は，中央に枝を残した若木を用いる。全体に樹皮を残し，上部は螺旋状に樹皮を剝いている。この模様が「チョッカトイナウ」という名称の由来だという[青柳篇 1982：168]。胴の中央に削印を2段刻む。左右の枝を輪状に曲げて結束する。収集時は，輪の左右に剝幣がつけられていたが，現在は欠落している。頭部はヤナギ製で，↓の輪生短翅と↑の長翅を持つ。長翅は，S撚りに

して数本の房を垂らす。上端の形状が特殊で，四角錐になっている。四角錐の稜線上に↑の短い削りかけが連なる[54]。

　図4-75，図4-76は，石田収蔵の1907年時のフィールドノートに描かれた，火神と宝壇のイナウである。調査地はおそらく小田寒か相浜である。これまで，輪を持つイナウの使用例は太陽神へ捧げるというものがほとんどで，それ以外でも屋外の使用がほとんどだった。これらの屋内で用いるイナウも，輪を持っていることが注目される。

クマ送りの祭壇・クマをつなぐ杭

　白川仁太郎は，クマ送りの際にイナウを立てる場所を「inaŭ-kox」と呼んでいる[55]。

　クマを繋ぐ杭については「poroinaŭ」または「tukusis」という呼んだ［知里 64：2-4］。これは途中から二股に分かれた木の先端にイナウが結束されたもので，又から下の長さが「七尺」，二股になった枝の一方の長さが「二ヒロ半」だという。もう一方はやや短く作り，長い方が南に位置するように祭場に立てる。先端のイナウ部分が「五尺位」で，「歩キナガラ削ル」という[56]。

　知里がスケッチしたクマ繋ぎ杭の図に，更に詳細な説明が書かれている。杭の根元から二股部分(地表に露出した部分か)までが7尺，二股の長い方が5尺で「pine」，短いほうが4尺で「maxne」。これは「男性のイナウ」，「女性のイナウ」という意味である。削りかけ部分に「フレップをつぶしてところゝ赤くそめる」。ピウスツキが収集した大型イナウにも，かなり退色しているものの，赤く着色していることが確認でき，東海岸各地で撮影したトゥクシシのイナウにも，着色した様子が確認できる[57]。

　イナウの頭部付近に横棒を差し込み，その両端に輪状にした刺幣を吊り下げるのは来知志と同様である。輪の下方には輪生短翅を持つ小型のイナウを挟み込んで装飾する様子が描かれているが，そこに「epuxsis ヲサシコム」と書かれている。やはりエプシシとは輪生短翅を削り出して球状に成形したものを指すことがわかる。二股の分岐する所よりやや下に，棒を挿し込み，輪生短翅と長翅を持つイナウを吊り下げている。

　ここにも「イナウコホ」の説明があり，「山ノ方ヘ五間ナラ五間ヲ沢山削ッテ立テル」としている。

　図4-77（MAE839-194）は，ピウスツキが，1904年に収集したクマ送りの祭壇・クマ用杭の模型である。

　ピウスツキは，クマ送りの祭壇ついて，小田寒での実見に基づくと思われる説明を残している。それによれば，祭壇は「inau-ko」と呼ばれ，柵とその前に立てられた高い「ポール」（イナウ）からなるという。柵の部分は，60本のトドマツの若木を並べて立てたものである。若木は，下枝をはらい，梢だけを残す。柵より少し前に，6本の高いイナウ「pekerinau」を均等な間隔で立てる。これらのイナウは，①「sunku」(エゾマツ)②「ihurekani」(ハンノキ)③「tahni」(カバ)④「sunku」(エゾマツ)⑤「jajuf」(トドマツ)⑥「ihurekani」(ハンノキ)で作られている[58]。

　これら高いイナウの中ほどに，2本の横木が縛り付けられ，6本のイナウは互いに連結された形になる。この横木とトドマツの柵の間に，60本の「短い綿毛のような」ヤナギのイナウがさし込まれる。幣垣ができると，その前にゴザを立てまわす［ピウスツキ 1998a：485］。

　クマをつなぐ杭は「tuguci」と呼ばれ，エゾマツとトドマツ製の二又の木を用いる。これらの木は，クマが引き出される前夜に切り出される。「tuguci」は枝と樹皮を除き，両方の先端にイナウを結束して立てる。

　二又部分は長さが違い，短い方のイナウは女性とされ，刺幣を撚って作った輪が結びつけられる[59]。もう一方は男性とされ，小さな刺幣のボールが結びつけられる[60]。二又の下には，小さな棒が打ちつけられ，小さなイナウがつけられる。

　このとき，頭骨をさして祀る細い又木「kejox-ni」(体躯をかける木)「iso kua」(クマの杖)も，柵に立てかけて置く。「tuguci」をエゾマツで作ったときは，「kejox-ni」はトドマツを使う。「tuguci」がトドマツのときは，その逆である［ピウスツキ 1998a：pp.485-486］。なお，クマ送りの終盤に，屋内で又木にクマの頭骨を安置するが，その際，雄の場合は左の眼窩に又木の先端を通し，雌は右の眼窩

に通すという。実際には，又木の先端は左右の頬骨の隙間に通す。ピウツツキが意図していたのは，又木の高い方をどちら側に通すか，というようなことだろうか。この頭骨を掲揚するイナウは，儀礼の最終段階で山中へ運ばれ，頭骨を収めるための祭壇に立てられる。

ピウツツキは，小田寒，白浦，大谷など複数の集落でクマ送りの祭壇を撮影している。これら写真中の祭壇，MAE839-194とも，いずれも上記の説明に合致する。ただ，MAE839-194に見られる削印の形式は，小田寒や白浦の収集品とは異なる。したがって，この模型の製作地は，大谷かあるいは更に南部の富内かもしれない。

小　括

白浜および，集住以前の各集落では，新問に比べて逆木の使用例が少ない。守護神の作り方にはいくつかのパターンがあり，逆木のイナウ，一般的な形式のイナウ，木偶などである。特に，鵜城や来知志のような，逆木を使い，刻印と人面を持つ木偶があることに注目したい。

刻印の用い方で特徴的なのは，頭印の例がないこと。胴の削印はほぼ同形で，縦方向に数を増す(1〜3段まで)ことでバリエーションが生まれている。太陽神やクマ送りで捧げるイナウなど，特殊・大型のものは，削印の数が多い。樹種ごとに性別があり，イナウの性別は樹種と対応している。しばしば，祈願の対象と樹種を結びつけることがあるが，これも性別を意識してのことかもしれない。

2-6．余市町の事例

余市町をはじめ，北海道の西北部，日本海沿岸の資料はあまり豊富とはいえない。余市町の資料としてあげるものは全て名取武光らによって収集されたもので，違星という人物(違星梅太郎の父)の製作した資料である。家の守護神，クマ送りの祭壇など特殊なイナウが中心で，平素の儀礼で用いる小型のイナウはない。

家の守護神・宝壇のイナウ

余市-1は名取(1987(1959))において「テクウシイナウ(枝ついている幣)」という名で紹介されている。これは，違星が1936年に北海道大学植物園に招聘されクマ送りの関連資料を製作した際に製作され，ハンノキを素材として男女1対を作り「家の神の幣」にするもので，余市-1はそのうち女性にあたるものだという(北10187　図4-78)。

対生腕を持つ脚部の主軸と左枝の先端にイナウが連結し，右枝にはタクサ(ササ束)を結束している。イナウは頭頂を水平に切断し撚長翅を削り出している。頭印は刻まない。中央のイナウの長翅にキケウシパスイを下げている。2本のイナウは下端の形状がことなり，中央のイナウは，イナウ下端の前面と脚部の背面をそれぞれ削ぎ落とし，削った面どうしを合わせて結束している。左枝のイナウは下端背面をななめに削ぎ落とし，前面を削ぎ落とした左枝と合わせて結束している。本資料の重要な特徴は，脚部の正面を削り落とし，刻印を刻んでいる点である。これは，樺太のイナウに見られる削印，胴印とよく似たもので，北海道では他に類例がない。

これらのイナウが家族神と宝壇のイナウのどちらにあたるのか不明であるが，神体として作られた可能性はある。先に見たように，余市-1の2本のイナウは連結の仕方が異なる。この違いは，脚部とイナウの関係の違いを表しているのではないか。推測を述べれば，中央のイナウは脚部の延長，すなわちイナウの体幹であり，左右の枝に結束された物は贈与物あるいは中央のイナウの採り物だと考えられる。名取の記述では，違星が作った1対のイナウは男性と女性で一部が異なり，男性には3本のイナウがつけられているのに対し，女性(余市-1)は2本のイナウと，1本のタクサ(ササ束)がつけられている。タクサは魔祓いの際に用いる採り物であり，男性も用いるが，女性との結びつきが強い。特に魔祓いの行進などで，男性がイナウや太刀を持つ際に女性はタクサを持つ。余市-1も中央のイナウを神体として，左右の手に徐魔具としてのタクサとイナウを持っている姿にも見える。なお，難波(2000)は，女性のイナウに撚長翅がみられるのに対し男性のイナウには編長翅が作り出されると述べている。来知志の例と同様に，ここにも編長翅と男性性の結びつきが見られる。

余市-2，余市-3は用途不明だが，煤が付着していることから，数年以上屋内に置かれていたものと考えられる。余市-2(北 11211　図 4-79)は頭頂を水平に切断し，2本撚りの編長翅を7本作り出している。下端から 20cm の位置に↓の対生短翅を2段削り出し，下端は前後から削ぎ落としてクサビ状にする。余市-3 は余市-2 とほぼ同型で，編長翅の房は 10 本作り出されているが，現在は3本が欠損している(北 11212　図 4-80)。下端から 16cm の位置に↓の輪生短翅，その下に↓の対生短翅を1段削り出す。下端は前後からノコギリを入れて切り落とし，下駄の歯のような形にしている。

クマ送りの祭壇

余市-4 は余市-1 と一括で収蔵されているクマ送りの祭壇である。この祭壇は9神の神々に捧げたイナウ9本と，クマの土産用イナウ1本，クマの頭骨を祀った又木で構成されている。

祭神用，およびクマの土産用のイナウは全て同形で，頭頂を水平に切断し撚長翅を削り出したイナウに，脚部を結束している(北 10187　図 4-81)。結束の仕方は余地-1 の左枝と同様である。頭印は刻まず，編長翅にキケウシパスイを結びつけている。

クマ頭骨を祀った又木は，二股部分の先端を細く削り，頬骨の空間に通した後，イナウを結束している(北 10187 図 4-82)。このイナウは，他の祭神のイナウとほぼ同形だが，撚長翅の上に輪生短翅を削り出している。輪生短翅は撚りが全くかかっておらず，先端を切りそろえられた一風変わった削りかけである。頭骨には向かって左にキケウシパスイが，右にクマ用の箸が添えられている。又木の分岐点よりも下に，別に2本のイナウを結束している。クマ用箸には，↑と↓の輪生短翅が削り出されている。頭骨の頭上には剝幣をコイル状に編んで作った輪が乗せられている。鼻孔にはササの葉を詰めている。なお，この頭骨は 1909 年に天塩の中川郡で捕獲されたクマのもので，動物学の資料として収蔵されたものを転用したものである。北大植物園において製作された祭壇資料には，同様にして製作されたものが複数あることを沖野慎一氏がまとめている。

小　　活

余市町の資料はいくつかの点で重要な特徴を持っている。余市-4 のクマ頭骨に捧げられたイナウは，北海道西部における輪生短翅の分布の南限を示す資料である。同時に，イナウの胴に別のイナウを結束する様式の実例でもある。余市-1 は，胴に刻印を刻む，対生椀を持つという点で，樺太のイナウとの高い共通性を示す唯一の例である。日本海沿岸の資料としては他に札幌市茨戸，石狩市，石狩市浜益区(小樽からの移住者)のイナウがあるが，これらの地域には樺太との接点がほとんど見られない。余市町と樺太とは，墓標の形式においても高い関連性が見られることを河野(1971c(1931))が指摘しているが，イナウについても同様に高い関連性がうかがえることは名取(1987(1959))が指摘した通りである。

2-7．石狩市の事例

石狩地方の資料としては，北大植物園の収蔵資料と，北海道開拓記念館，旭川市博物館の収蔵資料がある。北大植物園の資料は 1878 年(北 10806，北 10808)，1881 年(北 10797)など，明治期に収集された資料である。開拓記念館，旭川市博物館の資料は河野広道の収集品である。河野は 1934 年に札幌市茨戸で能戸西蔵という人物から聞き書きを行っており，この時に収集したものと考えられる[青柳(編) 1982：76, 134]。なお，高倉新一郎は，1935 年に能登西雄という人物から聞き書きを行っているが，おそらく両者は同一人物であろう。能登は現在の石狩市花畔に生まれ，1905(明治 38)年に出稼ぎのため樺太へ渡った。その後，1915(大正 4)年に北海道へ戻り，江別市，浜益を経て生地に近い茨戸へ戻ったという経歴を持つ[小柳(編)　1983]。

河野・高倉の記録のうち，イナウに関わる情報としては，「キケパルセイナウ」とよぶイナウをコタンコロカムイ(シマフクロウ)に捧げること，家の神棚に「チセコロカムイ(家の神)」に上げる「por-oinau(キケパルセにイナウルを加えたもの)」を置いておき，儀礼を行うたびにイナウ(削りかけ)を5，6本ずつ加えてゆくために徐々に太くなっていくことが語られている。炉には「アペサムスペ(火のそばにあるイナウ)」を立て，戸口の両側にはエ

ンジュで作ったイナウを上げる。「ヌササン（祭壇）」には「イナウケマ（脚部）」の長いイナウを立て，「エンガルシュペ（藻岩山）」，「タンネウエンシリ（手稲山の脇に見える長い山）」，「アソイワ（当別にある山）」の神を祀った。また，頭印として「ウタサシロシ」と「ウタサアシペ」の2種を用い，後者を神に向ける。

火神に捧げたイナウ

石狩-1（北10799 図4-83）は用途等の記載はないが，他地域の事例と比較して火神に捧げる用途にも用いたのではないかと推測した。本体にペンで「チエホロカケプ」，赤ペンで「石狩」という記載がある。沙流川流域や白老町でも，こうした対生短翅を持つイナウをチェホロカケプ（逆さ削りのイナウ）と呼ぶ。外皮は全て除く。頭頂を谷切にし，下端を尖らせる。頭頂にごく近い位置に十字対生する↓の対生短翅を2段削り出す。

石狩-2（北10797 図84）は1881年の収集品で，資料本体に「アベカモイ」（火の神）という記載がある。おそらく石狩-1が火神の副幣，石狩-2が火神の主幣であろう。撚長翅を持つイナウで，下端は円錐形にする。頭印などは無い。

屋外の祭壇に捧げたイナウ

石狩-3（北10808 図4-85）は用途不明だが，屋外の祭壇にも用いうると考えた。本体に「シノイナウ」という記載がある。外皮を全て除いて頭頂を水平に切断し，下端は斜めにはつって結束用の切り欠きを作る。↑の撚長翅を14房削り出し，そのすぐ下に↑の単生短翅を7枚削り出す。八雲町や登別市などでポンラプシロシ（小さい羽の印）と呼ぶものに似る。

石狩-4（記8106 図4-86）は能戸の製作品である。先に引用した聞き書きの「キケパルセ」に相当する外皮を全て除いて頭頂を水平に切断し，下端は斜めにはつる。↑の散長翅を削り出し，前後に頭印を刻む。

石狩-5（記8072 図4-87）は外皮を全て除いて頭頂を水平に切断し，下端は斜めにはつる。↑の撚長翅を14房削り出し，前後に頭印を刻む。

石狩-6（旭4033 図4-88）は頭印の資料で，主軸の対角線上に2種の印が刻まれている。刻印より下に，剥幣を取ったような痕跡がある。

小　活

北大植物園の資料には頭印が一切刻まれていない。これに対し，能戸の製作品は3点とも頭印を2種刻んでいる。2種の組み合わせは全て同じであり，これは新十津川町や旭川市近文など，石狩川の中・上流域および石狩市浜益区など日本海沿岸域の様式と一致する。

北海道の家族神の事例は南部，特に日高に集中しており他の地域については断片的な情報しかないため，「ポロイナウ」についての聞き書は大変貴重である。

2-8．石狩市浜益区の事例

石狩市浜益区の資料は，山下三五郎の作品である。主として犬飼・名取（1935ごろ），河野広道（1933年）の収集品を参照する。山下は，同地の出身だが，平取町周辺で木彫の技術を学び，札幌市で木彫品の製作販売をしていた経歴を持ち，平取町のイナウなどについても記録を残している。

火神に捧げたイナウ

山下の製作品は，製作者が特定できるものとしては数が多い方である。しかし，火神のイナウについては，はっきり同定できる資料がない。杉山寿栄男が描いた図が2点残っているので，それに照らして特徴を述べる（図4-89，4-90）。杉山の図は，輪生短翅と対生短翅を描き分けている。これによると，火神のイナウは輪生短翅をつけ，刻印を刻まない。これに該当する資料は3点ある[61]。

石狩市浜益区-1（北34622 図4-91）は，本体にペンで「浜益　山下三五郎」という記載がある。ヤナギ製。当頂は水平に切断し，面取りを施す。下端は尖らせる。全体に外皮を剥き，中央に↓の輪生短翅をつける。L 20 cm W 1.9 cm

石狩市浜益区-2（旭4052 図4-92）は，本体にペンで「浜益　山下三五郎作　H. Kono」という記載がある。目録には「アペコロイナウ」（火を司るイナ

ウ)とあり，また「病気のとき……黒い布を付けて炉の隅に立てておく。病気が治ってから焼く」とある。特殊な場合に火神に捧げたイナウの例である。ヤナギ製。形状は石狩市浜益区-1とほぼ同じだが，輪生短翅がZ撚りで左回りに削り出されている。これは，小刀を押して削ったためと思われ，石狩市浜益区-1とは製作法を変えていることになる。頭部に紺の布を結んである。

このほか，石狩市浜益区-1と同形で，頭印を刻んだものがある(旭4073)。資料本体にペンで「浜益　山下三五郎」鉛筆で「ウエサシペノカ(アシペノカ)　シソの方にたてる」という記載がある。まだ，4行ほど書き込みがあるが，薄れてしまっている。シソの方に立てる，とは炉の本座よりに立てるという意味ではないだろうか。本資料は，火神の祭壇を作る際の主幣となるものかもしれない。

家の守護神・宝壇のイナウ

名取は，山下のイナウについて述べた中で「日高地方の様にチセコロカムイやチクベニカムイは無く，只各種の動物のマラットがイナウに包まれて飾られている」と述べている[名取 1987(1941)：62]。いっぽう，杉山の図(図4-89)には「シンヌイナウ　世を守る神」というものが描かれている。一般に，守護神をシンヌカムイというので，このイナウも守護神として祀られたものである可能性が高い。形状は，撚長翅を持つイナウで，頭部の左右に頭印が刻まれている。

屋外の祭壇に捧げたイナウ

屋外で用いるイナウには，短翅を持つものと長翅を持つものがある。両者を組み合わせることはなく，それぞれ単独で神に捧げられる。

石狩市浜益区-3(北10720　図4-93)は，対生短翅を持つイナウの例である。本体にペンで「山下　ヌサコロカムイ　ワッカウンカムイイナウ」と書かれている。ヤナギ製。木を割らずに用いている。頭部は鋸で水平に切断し，切断面を刃物で削った後，面取りを施している。下端は円錐状に削っている。全体に樹皮を剥き，十字対生[62]する対生短翅を3段つける。頭部の前後に頭印を刻んでいる。頭印を，杉山の図と対照すると，「ヌサコロ」とあるものと一致する。「ワッカウシ」と書いてあるものとは，頭印の組み合わせが異なる。本資料の注記が意図するところは，この形状ならば祭壇の神，水の神に対して使える，ということなのであろう。

石狩市浜益区-4(北34623　図4-94)も，対生短翅を持つ例である。ペンで「浜益　山下三五郎」と書いてあるほか，「34623」と書いた小さなラベルを貼り，上からニスを塗ってある。原木を割らずに用いている。頭部は鋸で水平に切断し，面取りを施している。胴に，十字対生する↓の対生短翅を2段つける。胴の下方に7cmほど外皮を残し，線状剝離を4本入れている。下端は円錐状に削っている。

石狩市浜益区-5(北10718　図4-95)は，長翅を持つイナウの例である。本体に，ペンで「コタンクルチカップ　山下」と書かれている。ヤナギ製。原木を割らずに用いている。頭部は鋸で水平に切断し，切断面を刃物で削り，面取りを施している。頭部の前後に刻印を刻んでいる。下端は，前後から長めにはつり，左右から短めに切り落として四角錐状にしている[63]。

上部に↑の撚長翅の房を14本つけ，その下に↓単生短翅をつけている。撚長翅は，胴をほぼ1周するように削り出し，左側を1ヶ所だけ削らずに残す。房は，全体がゆるいZ撚りになるようにまとめ，中ほどを別の削りかけでしばる。

石狩市浜益区-6(北10722　図4-96)は，散長翅を持つイナウの例である。資料本体に，鉛筆で「キムンカムイイナウ」，インクで「ペケレイナウ＝キケパラセイナウ」という記載がある。ペケレイナウ「清いイナウ」とは，山下が散長翅を持つイナウを指して呼ぶ名である。頭部は鋸で切断してから刃物で整え，面取りを施している。頭部を全周するように頭印を刻む。頭印の形式は，他の資料に見られないものである。刻印の下に↑の散長翅をつける。山下の長翅は，完全に一周せず，どこかで途切れるのを常とするが，本資料だけはそうなっていない。胴の中央付近に↓の単生短翅をつけ，その横にキケウシパスイを縛り付ける。胴の片側を斜めにはつって，下端を尖らせる。

杉山の図を見ると，12神のうち，4神に撚長翅の

イナウを捧げ，ほかは散長翅を用いている。

北10188は，クマ送りの祭壇一式である。ここに含まれる撚長翅や散長翅を持つイナウには，別の木で作った脚部が連結されている。脚部は樹皮を残し，ところどころランダムに外皮を剥いだ，変則的な線状剝離を施す。

石狩市浜益区-7(図4-97)は，北10188の両端に立てられるものである。名称の記録はないが，旭川市のアイキクニ「矢を叩く棒」，日高のタクサに類似している。いずれも，クマの頭上を払って，悪神が近寄るのを防ぐものである。本資料は，ヤナギの棒に，葉を残したままのマツの枝とササの束，剝幣が縛り付けてある。ヤナギの下部は，ランダムに線状剝離を施している。なお，参考として石狩市浜益区の天川惠三郎の製作品を紹介する。天川の製作品は河野の収集資料の中に3点(旭4005，旭4008，旭4018)含まれており，いずれも撚長翅を持つイナウで全て同じ形式である。旭4005(図4-98(左))および旭4008(図4-98(右))を図示した。外皮を全て除いて頭部を水平に切断し，下部は，2面をはつってクサビ状にする。頭部に2種の印を刻む。刻印の形状は能戸と同じである。↑の撚長翅を削り出し，1箇所(刻印がない面)だけ途切れさてで空白を作る。主軸の中程，刻印(アシペノカ)の真下の位置に↓の単生短翅を削り出す。

小　括

山下のイナウには，頭印が頻繁に用いられる。多くは，石狩市浜益区-3と石狩市浜益区-5に見られる3種類の印を組み合わされる。「J」を組み合せたような印は「ウエサシペノカ」，「×」は「ウタサ」，「工」は「ウドルケチドエ」と呼ぶ。「ウドルケチドエ」は，「カムイの沢」の印で，昔アイヌの祖先がいた沢を象ったものであるという。石狩市浜益区-6に見られる複雑な頭印は，「タレベノカ」(荷縄の中央の模様)と呼ぶ[青柳編 1982：133]。

頭印には，系統によって「ウエサシペノカ」と「ウドルケチドエ」の組み合わせ，「ウタサ」と「ウドルケチドエ」の組み合わせの2通りがあり，両者が結婚すると「ウエサシペノカ」と「ウタサ」の組み合わせを作ることがあるという。山下の製作品には，いずれの組み合わせも出てくるが，これは資料として各組み合わせを作ったということだろうか。あるいは，対象神に合わせて，父方，母方の組み合わせを使い分けるのだろうか。

長翅は，1ヶ所途切れるように隙間を空けることが多い。同様の様式は，帯広市伏古の山川弘(1914年生)のイナウにも見られる[藤村・加藤 1984：350]。山川は，削りかけが途切れた部分を，イナウの正面としている[64]。イナウの下端は幣脚に連結するため切り落とすが，その際は右上から左下に向かって斜めに切り落とす。また，山川はイナウの正面と裏に形の異なる頭印を刻む[アイヌ民族博物館 1994：9]。つまり，イナウの正面(長翅の空白)が決まると，これにともなって刻印の位置や下端の切り方なども自然と規定されるため，これらの相対的位置は常に一定していると考えられる。これに照らして考えると，山下のイナウにおいても長翅の空白，頭印，胴の短翅などの相対的な位置は概ね統一されているようである。仮に長翅の空白を正面と考えた場合，頭部の両側に頭印が刻まれ，向かって右の中ほどに短翅が作られる。下端は左側を斜めにはつる。この傾向は，長翅を撚るもの・撚らないものに共通である[65]。また，対生短翅を持つイナウは，最上段の短翅を削り出した跡の上に頭印を刻むようである。

イナウの脚部には線状剝離が見られる。対生短翅を持つイナウは4本つけることが多く，長翅を持つものでは，ランダムに削る。

2-9．新十津川町の事例

新十津川町の資料は，主として犬飼哲夫・名取武光(19)，河野広道(1942年2月3日)が収集したものである。犬飼・名取の収集品は，樺勘太郎・樺梅次郎・空知信二郎の作である。クマ送り，シマフクロウ送り，エゾフクロウ送り，船作りに関わる資料が残っている。河野の収集品は，空知信二郎の作である[66]。民族誌資料としては，名取らの著作のほか，平田角兵が空知保から得た聞き書きを参照する。

火神に捧げたイナウ

平田(1981)は，空知保からの聞き書きで，新築祝

いの際に火神に捧げたイナウを記している。炉の中には「チケイナウという本式なイナウ一本」とのそばに小さな「アペサムシベ(火の傍の者)というイナウを三本」を立てる。チケイナウは，他の地域では撚長翅を持つイナウを指す。小さなイナウは，火の側に立てて燃えるに任せる。燃えたイナウが十字に重なって倒れると主人に不幸があると言われ，さらに祈るという。「チケイナウ」は，神窓の左側にかけておくという[平田 1981：63]。

同じく空知保からの聞き書きで，更科は「炉にchikeinauを一本，小さいabesamusip 3本，midarahuchiに2本」を立て「最初の二本を燠のそばにたててやいてしまふ」と書いている[更科9：66]。

新十津川町-1(北10705　図4-99)は，「チケイナウ」に当たると見られる資料である。資料本体には，黒インクで「一九三三．一〇　近文空知家」，鉛筆で「チセコロイナウ」という記載がある。ヤナギ製。全体に樹皮を剥ぎ，頭部は水平に切断して，刃物で整える。下端は，円錐形に尖らせている。頭部の周囲を回るように頭印が刻まれている。その下に↑の撚長翅の房16本をつける。房は一方にまとめて，剥幣で束ねている。束ねた側の反対に，剥幣を剥ぎ取った跡の小さなくぼみがある。その下に，単生短翅をつける。

北10714は，新十津川町-1と同形だが，作風が違う。おそらくは同地域の別な男性が作ったものであろう。

新十津川町-2(記8123　図4-100)は，「アペサムシベ」に当たると見られる資料である。資料本体には，ペンで「近文空知　アペサムシベ」，鉛筆で「火の神様　アイヌ語　アペサムシベ」という記載がある。ヤナギ製。全体に樹皮を剥ぎ，頭部は水平に切断して整える。下端は尖らせる。頭部の周囲を巡るように頭印を刻む。この印は「イワンチトッパ」と呼ばれる[青柳篇 1982：135]。↓の輪生短翅をつけ，その下に十字対生する↓の対生短翅を4段つける。

北10728は，新十津川町-2と同形で頭印も同じだが，作風が違う。下方には外皮を残してあり，線状剥離を3本つける。資料本体にペンで「ソクッチリ」という記載がある。北10729も同形だが，刻印が違う。本体の記載は「リクチリ」である。これは，レクチリ「首が高い(長い)」と解釈できる。短翅を持つイナウの中には，短翅をつけた位置で頭部を切り落としてしまうものもある。それらと比較して，首(頭部)の部分が長いということを指した，ランクの高いイナウの呼称であろう。

このほか，記8121(収集地不明)も新十津川町-2に似るが，こちらは頭印を欠く。

家族神・宝壇のイナウ

名取の記述によれば，クマ送りの際には，火神に「キケチノエ即ちチセイナウ」を捧げ，それと別に「チセコロカムイ」の「キケチノエイナウ」を作っている[名取 1987(1941)：60]。

また，空知保は，1954年2月22日の調査で，家内の守護神について次のように述べている。

「○家神　chisekor kamuy　男女なし．／nisyupu kamuy inauに魂を入れる／男女あり　平が男，斜に切ったの女　／mindara huchi 入口の両方に二本たてる．」[更科 9：57]．

「chisekorkmauy, nisukukamuyは家の中にあり，鉢巻をしてinawを下げる。頭を平らに切ったものは男神，斜めに切ったものは女神である。」[青柳編 1982：136]

これらを総合すると，ニスクカムイ「頼みにする神」は，守護神としてのイナウ，チケイナウはチセコロカムイ(家屋の神または家族神)への贈与物にあたるようだ。河野が，ニスクカムイについてだけ「家の中にあり」としている点を考えると，チセコロカムイのイナウは屋根の上にさされたのかもしれない[67]。ニスクカムイの形状は不明な点もあるが，頭部の切り方で性別を表現し，剥幣を付加するという。

新十津川町-3(北10698　図4-101)，は用途不明だが，下端の尖らせ方から，屋内で使われたものと思われる。チセコロカムイに捧げたチケイナウに相当すると思われる[68]。形状はほぼ新十津川町-1と同形だが，輪生短翅がつき，頭印も違うものを刻んでいる。これは空知保の母方内浦家の印で，頭印は牝グマをとったときに使うものであるという[更科

9：67］。これと同形の資料として，北10726がある。

屋外の祭壇に捧げたイナウ

屋外のイナウについて，空知保は次のように語っている。

「wakkausikamuy に漁をたのむ。situinau で。まてには chikeinau。／ これは nusa にやるとき nusa の尻の方でやる。／ 空知家系統 ／ nusa ramnusa は家をたてるとき，建てるところに／rannusa をたててねて夢を見る．すると神が出て／知らせる．（たててよいかどうかを）／rinusa は家から十間位はなしてつくる．熊祭／などはその前でやる．)［更科 9：55］

シトゥイナウとは，短翅を持つイナウの総称である。「まてに」とは「丁寧に」を意味する日本語北海道方言である。つまり，水の神に豊漁を祈願する際にシトゥイナウを用いるが，丁寧に祈願する場合は長翅を持つチケイナウを用いる，と述べられているのである。イナウの格式と，使い分け方に関する意識が端的に表れていて興味深い。

新十津川町-4（旭4009　図4-102）は，空知信二郎による長翅を持つイナウの例である。資料本体には，ペンで「近文　空知ウンクル」，鉛筆で「木ノ神アイヌ語（シランバカムイ）」という記載がある。ヤナギ製。頭部は水平に切断し，頭印を2ヶ所に刻む。↑の撚長翅をつけ，一方で束ねる。胴の中央付近に単生短翅をつける。胴の片側を斜めにはつる。

空知氏の用いる刻印は，ほとんどが本資料と同じものである。

新十津川町-5（北10182　図4-103）は，樺勘太郎による長翅を持つイナウの例である。本資料は，クマ送りの祭壇の一部で，資料本体には毛筆で「イソアニカムイ　樺」という記載がある。また，「イオマンテ　樺勘太郎」と書かれた札が下げられている。本資料は，頭部と脚部を別個に作っている。頭部はヤナギ製である。頭部は水平に切断し，頭印を2ヶ所に刻む。頭印の下に↓の輪生短翅，↑の撚長翅をつける。撚長翅の房は26本で，一方にまとめて束ねる。その下に単生短翅をつける。胴を斜めにはつり，脚部と接合する面をつくる。脚部は頭部と接合する部分の外皮を剝いでいる。樺の用いる頭印は，ほとんど全て本資料と同じものである。

新十津川町-6（北10190　図4-104）は，空知信二郎による一体成形の例である。資料本体には，ペンで「一九三三．一〇　近文　空知家(名取)」という記載がある。ヤナギ製。全体に外皮を剝く。一木だが，脚部が長く，全体として新十津川町-5と同じバランスになっている。頭部は水平に切断し，頭印はない。展示のためか，頭部にはヒートンが打たれている。↑の散長翅をつけ，一方で束ねる。長翅のすぐ下に剝幣を取った跡が残る。

新十津川町-7（北10190　図4-105）は，空知信二郎による外皮対生短翅を持つイナウの例である。ヤナギ製。頭部を山型に切断している。上部5分の1ほど外皮を剝き，十字対生する対生短翅を3段つける。外皮を残した部分には線状剝離を3本つける。

新十津川町-8（10706　図4-106）も，空知信二郎による例である。資料本体に，黒インクで「一九三三．一〇　近文 空知家(名取)」，別のインクで「シュトイナウ」，鉛筆で「ムルクタウシ」という記載がある。murkutausi とは，穀類の糠をまとめて送る場所である。新十津川町-7 とほぼ同形だが，頭部は左右から何度も刃物を入れて切断し，谷切の変形になっている。また，全体に樹皮を剝き，内皮がところどころに残っている。同形の資料として北10707，北10708 がある。3本組で用いるのかもしれない。

新十津川町-9（北10182-4　図4-107）は，樺による短翅を持つイナウの例である。資料本体には，毛筆で「ヌサコロイナウ　カバ」，鉛筆で「四」という記載がある。形状は新十津川町-2と同じで，頭印は異なる。本資料から頭印を除いた形で，用途の記載の無いものが3点ある（北10780，北10781，北10856）。

新十津川町-10（北10855　図4-108）も，樺による例である。資料本体には，毛筆で「カバ」という記載がある。新十津川町-9から，頭印と外を除いた形である。樺が船の前後に立てるイナウである[69]。同形の資料が2点ある（北10853，北10854）。北大植物園に収蔵される樺作の丸木舟や樹皮舟に立てら

新十津川町-11(北10183-2 図4-109)は，樺によるエゾフクロウ送りの祭壇の一部である。「クンネレップ送 弐 樺勘太郎」と書かれた札がつけられている。先が枝分かれした木を使い，全体に樹皮を残す。頭部は水平に切断し，剥幣を2本ずつさす。枝分かれした部分に，それぞれ↓の対生短翅を2段つけ，分岐点の下にも↓の対生短翅を1段つけている。下部に線状剥離を3本つける。

山中でしとめたクマを解体する際に，図4-110のようなイナウを立てる。これをイリイナウ「解体のイナウ」，イリヌサ「解体の祭壇」と呼び，切り離した肉や内臓をかけていく。解体が終わると，肺の一部を切ってイリイナウに残し「イソアニカムイ(獲物を授ける神)」に捧げる[平田 1981：52-53]。

新十津川町-12(北10190-10 図4-110)は，空知信二郎によるイリイナウの例である。新十津川町-11とほぼ同形で，頭部に剥幣をつけない。

小　括

空知地方のイナウは，頭印は，細のデザインが若干違うものの，ほぼ同じである。火神に捧げるものには周囲を巡る頭印イワンチトクパが刻まれ，牝グマと関わる場合には母系の頭印が刻まれる。そのほかは，すべて同じ印の組み合せ(新十津川町-4の印)であり，対象神や儀礼の種類によって変更することはない。

樺と空知とでは，輪生短翅を用いる頻度に違いがある。樺は，長翅をつけるイナウには，必ず輪生短翅もつける。一方，空知の場合は長翅のみとするのが一般的で，輪生短翅をつける方が特殊である。なお，ここでは示さなかったが，樺，空知ともに鳥神に捧げるイナウの頭部に，羽角をつける。

家の守護神については，なお資料を集めたい。

2-10．八雲町の事例

八雲町の資料は，主として名取武光が1933年12月10日に収集したクマ送りの祭壇と，いくつかのイナウである。このクマ送りは，椎久年蔵氏を北大植物園に招いて実施したものである。祭壇の配置等は，河野のスケッチがある[青柳編 1982：89, 210]。火神等については情報がない。

八雲町-1(北10178 図4-111)は，対生短翅を持つイナウの例である。材木を割らずに用い，頭部は四つ切にする。十字対生する↓の対生短翅を3段つける。下半部の外皮を残し，線状剥離を1本入れる。下端は水平に切断する。

八雲町-2(北10824 図4-112)も，短翅を持つ例である。本体には，ペンで「トイサッシュトイナウ 八雲 椎久トイタリキ 名取」と書かれている。材木を割らずに用い，頭部は水平に切断する。十字対生する↓の対生短翅を3段つける。下半部の外皮を残し，線状剥離は入れない。下端は水平に切断している。

名取によれば，線状剥離のないイナウは「トイ・イサム・シュトイナウ」「腹無しイナウ」と呼ばれ，先祖供養に用いるという。祭壇の南端に立てて用い，死者への供物を「護衛」して，他界に届けるという[名取 1934：269]。

八雲町-3(北10178 図4-113)は，撚長翅を持つ，一体成形の例である。頭部を水平に切断し，上部の外皮を剥く。頭印を1ヶ所に刻む。その下に↑の撚長翅をつける。撚長翅は3ヶ所から3房ずつ削り出されている。以前は編まれていたかもしれない。外皮を残した部分には線状剥離を1本入れる。

八雲町-4(旭4022 図4-114)は，散長翅を持つ，一体成形の例である。八雲町-4とほぼ同形だが，散長翅を4ヶ所削り出している。また，長翅の下に，ごく短い単生短翅を1ヶ所つけている。線状剥離はつけない。

更科によると，八雲町では頭印は1種類で，シノイナウという長翅を持つイナウに刻む。祭壇に立てたとき，人間の側に向く位置につける。八雲町-4に見られた小さな単生短翅は「yurappu inau sir-osi」(ユーラップのイナウの印)と呼んでいる[更科 10：106][70]。

小　括

八雲町に関しては，火神その他についての情報がほとんどない。更科による，海の獲物の霊送りに関する聞き書きの中に，「onne huchi」(老いた老女)と，「kenru kor kuru」(家を司る者)とある[更科 10：

187］。前者は火神，後者は家族神か家屋神だと思われる。まだほかにも記録はあるものと思われ，あらためて集成すれば明らかになることは多いだろう。

線状剝離が有意のものとして扱われている点は注目に値する。長翅を持つイナウには一体成形が多いが，その理由については，次のように語られている。

「pisunnusa　昔は幅が6尺でnusaekkauもあり，イナウにも脚がついて高さ3尺くらいあったが，今は木材がなくなったのでnusaekkeuもkema／も略したのだ。真中にはハンノキで作ったrepunkamuy(tomarikorkur)にあげるsinoinau(三ケ所にkikeをつけたもの)／をあげ，その他60本のinauをあげるのだ．材料はritenni(和名ピラカ径二寸以上のもの／なし)ななかまども使ふ　この木をrepunkur inaune／ni(外国人のイナウの木)といふ．使っていけないのは／イタヤ，ナラなど．山の神にはハンノキは使ってはい／けない」［更科10：101］

2-11．長万部町の事例

長万部町の資料は，1938年6月2日に長万部の海岸で行われた「フンベオマンテ」(クジラ送り)の祭壇である[71]。

長万部町-1(北10849　図4-115)は，編長翅を持つイナウの例である。製作者および祭壇での位置は不明である。資料本体には，毛筆で「フンベオマンテ　長万部　九本の内」という記載がある。全体に外皮を剥き，頭部は水平に切断する。頭部の一方に頭印を刻み，3方向に↑の編長翅を垂らす。下端は尖らせる。名取(1941)では，本資料を「シノイナウ」(本当のイナウ)と呼んでいる。

長万部町-2(北10850　図4-116)は，対生短翅を持つイナウの例である。制作者および祭壇での配置は不明であるが，海神に捧げたシノイナウに副幣として付いたものか，クジラに捧げられたもののいずれかである［名取 1987(1940)：153-154］。資料本体には，毛筆で「フンベオマンテ　長万部　九本の内」と書かれている。材木を割らずに用い，頭部は水平に切断する。十字対生する↓の対生短翅を3段つける。下半部の外皮を残し，線状剝離を1本入れる。下端は削って尖らせる。

更科は1955年に，長万部町の尾江徳太郎氏からシトゥイナウの下位分類として「tuy saki inau(下のほうに皮をつけたまま)」「tuy kori inau(下の皮のついた部分を一筋だけ削る)」という名称を聞き取っている。前者は山猟に用い，後者は海漁に用いるという［更科10：110-112］。

小　括

長万部町も資料が少ないが，刻印の用い方は八雲町と同じ(1種類のみ)であることがわかる。線状剝離については，やはり有意なものとしているが，海・山の違いを表している点は興味深い。

2-12．平取町二風谷の事例

平取町内は本町，二風谷，ペナコリ，振内，貫気別などいくつかの地区が含まれ，それぞれの習俗に若干の違いがあることが知られている。ここでは最も記録の多い二風谷地区の資料をあげる。

平取町二風谷のイナウについては，久保寺(1971)，マンロー(1996(1962))が詳しくまとめている。久保寺の挙げているイナウは二谷国松製作のもの，マンローの資料も主として同氏の作と思われる。

実物資料は二谷と弟の一太郎，善之助らが製作したものをあげる[72]。

火神に捧げたイナウ

火神に捧げられるイナウは，その場面によっていくつかある。一般的なのは対生短翅を持つもので，大きな儀礼では外皮三生短翅を持つもの，長翅を持つものが捧げられる。

平取町二風谷-1(図4-118左，図4-128手前)は，対生短翅を持つイナウである。アイヌ語ではチェホロカケプ「逆さに削ったもの」と呼ばれる。頭部は四切にし，上部の外皮を剥く。十字対生する↓の対生短翅を3段つける。1番上の対生短翅は，他と比べて小さい。このことが沙流川流域の特色だと言われる。下端は尖らせる。

平取町二風谷-2(H 0024495　図4-119，図4-117)は，外皮三生短翅を持つイナウである。アイヌ語ではイヌンパイナウ「酒濾しのイナウ」と呼ばれる。神酒を仕込み，しぼる際に4本作られ，炉の四

隅に立てられる。日高近辺では，外皮三生短翅を持つイナウの頭部を平切にすることが多いが，このイナウは酒粕を盛り付けるために四切になっている。全体に外皮を残し，外皮三生短翅が，互い違いになるように3段つける。4本のうち，上手の2本は酒濾しが終ると火にくべられ，下手の2本は戸口の神に捧げられる。

このほか，本祭の時点では，後に述べる平取町二風谷-5のようなイナウを主幣とし，平取町二風谷-1を副幣として4本組み合わせた祭壇を作る。このイナウは，チセコロイナウ「家を司るイナウ」などと呼ばれ，儀礼の終盤に炉頭から抜き去り，宝壇の上へさしなおす。はじめ火神に捧げてから，家屋神に捧げらるのだという。

家族神

平取町二風谷-3(図4-118右)は，家族神として祀られるイナウである。中心部は，ハシドイやエンジュで作った，外皮三生短翅を持つイナウである。頭部を平切にし，横に一線を入れて，これを口と呼ぶ。外皮三生短翅を3段つける。下部には，線状剥離を1本入れ，これを正面とする。短翅のひとつに，炉からとった消し炭をはさみ，心臓と呼ぶ。頭部付近に剝幣を結び，ここに剝幣をさし込んで，髪や衣服と呼ぶ。横に立てたチェホロカケプは，この神の従者や杖だとする。

ほかに，個人を守る守護神がいくつかある。興味深いのは，飼いグマを守るために，檻の角に守護神を立てることである。平取町二風谷-4(図4-120)が，その例である。平取町二風谷-3とほぼ同形だが，頭部を斜めに切断している。ヨモギや木で作った刀・槍を持つ。クマを育てている間祭り，クマ送りが終ると送り返す。

宝壇のイナウ

前記の通り，火神に捧げたイナウを宝壇にさす。このイナウは，さしたままにしておくので，儀礼を行った回数だけ増えていく。

平取町二風谷-5(民H 0024493 図4-121)は，保谷で実際に用いられた火神の主幣である。頭部を平切りにし，撚長翅を15本作り出す。下端は尖らせ，やや上に単生短翅を付ける。下端に灰が付着している。主軸の中央付近に，剝幣を撚ったものを結びつけている。これは，使用前に撚長翅を束ねていたものである。

屋外の祭壇に捧げたイナウ

胆振から日高にかけては，屋外の祭壇にも，火神に捧げるような複雑な祭壇を作ることが多い。この場合，長翅を持つイナウが主幣となり，対生短翅，外皮三生短翅を持つイナウが副幣となる(図4-128)。

長翅を持つイナウに，いくつかのバリエーションがある。

平取町二風谷-6(民H 0024554 図4-123左)は，撚長翅を持つイナウである。「木の神」と書いたタグがつけられている。一般にキケチノイェイナウと呼ばれ，物語の中では，イナウピンネクル「イナウの男性」と呼ばれる(文献5-①)。頭部と脚部を別個に作って，接合している。頭頂は水平に切断し，↑の撚長翅をつける。撚長翅は，削りかけ4〜6枚を撚って1本の房とし，27本(上段17本，下段10本)作り出している。近年製作される同種のイナウは撚長翅を1段だけ作り出すが，本資料は2段削り出している。比較的古い資料にこうした製作法が見られる。撚長翅の基部より少し下に，剝幣を取った跡がある。この剝幣を撚って撚長翅を束ねている。下端は斜めにはつって成形し，最下端に↓の単生短翅をつける。頭印はない。同地方では頭印を刻む事はまれで，クマ送りの際，クマの頭部につけるイナウと，各家系にとって特に重要な神へのイナウに限定されている。頭部と脚部を接合する部分は，斜めにはつって，隙間なく合うようにする。また，はつった面の反対側に単生短翅をつける。綿糸とヤナギの外皮で2箇所を結束している。固定には，樹皮などで結束するのが一般的で，単生短翅があることによって，結束材がずれにくくなっている。結束時の縛り方で家系を表すとされる。脚部は，樹皮を残し，下端を尖らせる。これを火神に捧げる場合は，脚部をつけず，壁にさすために下端を円錐状に尖らせる。

平取町二風谷-7(民H 0024555 図4-124)は，散長翅を持つイナウである[73]。一般にキケパラセイ

ナウ「削りかけが広がったイナウ」と呼ばれ，イナウ　マッネクル「イナウの女性」と呼ばれることもある。各部の作りは平取町二風谷-6とほぼ同じで，↑の散長翅を持つ。削りかけは1箇所に数枚重ねるように削り出し，そうしたまとまりが主軸をめぐるように配置されている。平取町二風谷-6と同じように2段に分けて削り出し，全体で30箇所削り出されている。

平取町二風谷-8(民 H 0024564　図4-125)は外皮三生短翅を持つイナウである。ポン　ストゥイナウ「小さい梶棒のようなイナウ」と呼ばれる。屋外の祭壇では，こうしたものを2本〜4本立てて副幣とする。

平取町二風谷-9(図4-122右)は，平取町二風谷-9に横枝が加わったものである。ハシナウ「枝・イナウ」と呼ぶ。沙流川流域，千歳市，白老町では，狩猟神にはこのイナウを捧げる。

平取町二風谷-10(図4-126)は，クマ送りの際に作られる特殊なイナウである。久保寺はこれをシリクライナウ「？・イナウ」と呼び，名取はイモカイナウ「土産のイナウ」と呼んでいる。平取町二風谷-5と似た作りだが，接合法に結束ではなく，頭部を脚部にさし込むという方法をとっている。脚部には↓の外皮三生短翅と，線状剥離3本をつける。接合部付近にはササを束のように縛り付ける。これとよく似たものは，千歳市や白老町でも確認されている[名取 1987(1956)]。参考として白老町の宮本エカシマトクの製作したイナウをあげる。これは名取の依頼により北大植物園で製作したもので，『アイヌ民族誌』の巻頭に掲載された祭壇の一部である(北 10185-7　図4-127)。

図128は，上記のイナウを組み合わせて，祭壇を構成した例である。二谷らによるクマ送りの聞き書きをまとめた伊福部(1969)によれば，主要4神の祭壇の構成は，祭壇神キケチノイェ1本・ポン　ストゥイナウ4本・チェホロカケプ1本，森林神キケチノイェ1本・ポン　ストゥイナウ4本，狩猟神キケパクセ1本・ハシナウ4本，水神キケチノイェ1本・ポン　ストゥイナウ4本となっている[74]。

小　括

平取町二風谷のイナウは，千歳市や白老町と非常によく似ている。ハシナウと呼ばれるものは，渡島や釧路方面にいくとまったく形状が変わるが，この3地域ではほぼ同じである。火神の祭壇の形式や，クマ送りに際して平取町二風谷-10のような特殊なイナウを作る点も似ている。頭印をほとんど用いない点も，千歳市と共通する。白老町では，頭印を頻繁に用い，この点は，より西の登別市や虻田町，長万部町に近い。

2-13. 浦河町荻伏の事例

浦河町荻伏の資料は，更科源蔵の収集品に含まれる，鱗川今太郎の製作品である。鱗川は浦河町に生まれ，更科が聞き書きを行った1959〜1962年ごろは，荻伏在住だった。

火神に捧げたイナウ

「カムイフチヌサ」というものを立てるが，形状は不明である[更科 12：16]。

家の守護神

鱗川家では，家族一人ひとりに対して守護神を作り，「チショロンヌサ」(屋内の祭壇：宝壇付近か)に祀っていたようだ。祭神の名称は，下記の通りである。

「ヘンネサカイカムイ(龍神，カムイクワをもたせる)，／妻(チセコレマタイヌ)(カムイクワをもたせる)，／主人(セレマクコレカムイエカシ)(カムイクワをもたせる)　／[空白](セレマクコレカムイエカシ)(カムイクワをもたせる)，／次男のセレマクコレカムイエカシ(次男があとをつぐ，カムイクワをもたせる)，／チセコレエカシ，長男のセレマクコレカムイエカシ／○祭るときにカムイコソンデを祭るときにつける，内にじゅば／んのやうなものを着せる。」[更科 12：16]

このうち，「チセコレエカシ」とあるものが，家族神にあたるのであろう[75]。また，これらの守護神は，持ち主が死去すると，「kamuyottasuka(神様さびしい)」といって送り返す。葬式がすんでから，「nusa／と murukutausi の間(nusakes)に休ま

第4章　イナウのかたち

せる」という。この霊送りを「kamuyomarube」という[更科 18：2)[76]。

以下に示す資料は、これらを複製してもらったものであろう。どの資料がどの神にあたるか等の検討は、今後の課題である。

浦河町-1(記89480　図4-129)は、長翅を持つ守護神の例である。資料本体には、ペンで「セレマックルカムイ(トッパはメナブツイトッパ)海の神はアシベイトッパ　様似野深　鱗川今太郎」、鉛筆で「前」という記載があり、「様似」の上からマジックで「荻伏」と訂正してある。ヤナギ製。頭部は水平に切断し、一部だけ面取りをする。頭部の前後に頭印を刻む[77]。↑の散長翅をつけ、正面やや左を削り残して隙間をあける。胴の中央付近の向かって左側に↑の単生短翅をつけ、削りかけの下に炭をつける。単生短翅をつける場所は、長翅の削り残しの真下になる。下端は、左から斜めにはつり、結束のための段(切り欠き)を作る。

浦河町-2(記89471　図4-130)も、長翅を持つ守護神の例である。ヤナギ製。頭部は斜めに切断する。頭印は正面に1ヶ所、X印のような切り込みを入れる。↑の散長翅をつける。長翅はやや間隔をあけて1～3枚削り出され、全体で14枚削り出されている。撚りがまったく無いことから、仕付を施したと見られる。正面は、切り込みのために、2枚ほど削りかけの根元が切れている。長翅の削り始め付近と胴の中央2ヶ所を縛り、上には5本、下に12本の剥幣をさし込む。それら全体を束ね、帯をするように、外側から剥幣で縛る。同形の資料として、記89473、記89474がある。

浦河町-3(記89472　図4-131)は、短翅を持つ守護神の例である。資料本体には、ペンで「セレマックルカムイ　様似野深　鱗川今太郎」、太いペンで「守神，胴体インジュ，サンペ■■■／柳のキケをこそんでにする」という記載があり、「様似」の上から緑のペンで「荻伏」と訂正してある(■は判読不能)。ヤナギ製。頭部は鋸で水平に切断し、一部だけ面取りをする。上部の外皮を剥ぎ、十字対生する↓の対生短翅を2段つける。正面下部に↑の単生短翅をつけ、削りかけの下に炭をつける。単生短翅をつける場所は、上から2段目の対生短翅の真下に

なる。2段の対生短翅の間に剥幣を結び、6枚の剥幣をさし込み、帯をするように全体を剥幣で縛る。

宝壇のイナウ

前記「カムイフチヌサ」を、儀礼の後で宝壇に移すようだ。

屋外の祭壇に捧げたイナウ

浦河町-4(記89477-1　図4-132)は、浦河町-5と一組で用いられる。資料本体には、ペンで「ハシナウ(シトイナウと一組だが、略式にはこれだけ立てることもある)荻伏鱗川」、鉛筆で「32-1」という記載がある。ヤナギ製。全体に外皮を残し、頭部を斜めに切断する。↓の外皮対生短翅を2段つける。1ヶ所から削り出されている短翅は3枚である。頭部の面のすぐ下に切り込みを入れ、剥幣をさす。下端は尖らせる。

浦河町-5(記89477-2　図4-133)は、浦河町-4と一組で用いられる。資料本体には、ペンで「シトイナウ(ハシナウと一組にしてヌサに立てる)荻伏鱗川」、鉛筆で「32-2」という記載がある。更科のアルバム[78]に書かれたメモによれば、ハシドイで作るらしい。頭部は鋸で水平に切断し、上部の外皮を剥く。↓の対生短翅を2段つける。下端は尖らせる。

浦河町-6(記89478　図4-134)は、対生短翅を3段つける例である。資料本体には、ペンで「フンネサカムイ海神のイナウ　荻伏野深　鱗川今太郎」という記載がある。頭部は、周囲から刃物を入れて四切のように切断し、上部の外皮を剥く。↓の対生短翅を3段つける。下端は尖らせる。

小　括

浦河付近は、三生短翅と対生短翅の境界地域にあたる。浦河町-3、浦河町-4などは、一見すると新ひだか町静内のイナウと変わらないようだが、いずれも外皮対生短翅を持つ。また、浦河町-4に見られる剥幣のさし方も興味深い。長翅を持つイナウを守護神に用いる点も、静内以西とは異なる点である。特に、浦河町-2に見られる、長翅を持つイナウの東部を斜めに切断する点、見られる削りかけに仕付をする点などは、現時点では他に類例を見ない特徴

2-14．芽室町（毛根）の事例

十勝地方の事例としては芽室町，帯広市伏古，音更町，を取り上げる。全て北大植物園の収蔵品である。芽室町毛根の資料としては，中山浅吉の製作品から北10761（図4-135）北10762（図4-136）をあげる。大井晴男の収集品と見られる。ともに撚長翅を持つ同形のイナウで，北10761は撚長翅を下端付近で束ねた状態，北10762はそれが解けた状態である。本体にはえんぴつで「一九三六　中山浅吉作　大井君ヨリ」と書かれている。頭頂を水平に切断し，下端をはつって結束用の切り欠きを作る。頭頂から14 cmの位置に↑の撚長翅を削り出し，北10761は12本，北10762は14本の房を作る。いずれも刻印は刻まない。

小　活

芽室町毛根の資料は今のところこの2点のみであり，現状では考察を行うことは難しい。同地域の周囲は，複数の頭印を刻む文化圏であり，本資料に頭印が見られない理由についても検討を要する。

2-15．帯広市伏古の事例

帯広市伏古の資料としては，古川コサンケアンの製作品をあげる。これらは犬飼・名取（1987（1939））に記された，北大植物園に招聘されてのクマ送りとそれに前後して製作されたものと見られる。

火神に捧げたイナウ

犬飼・名取（1987（1939））には，古川が作った火神の主幣と5本の副幣が紹介されている。火神に捧げるイナウを総称して「アベウチイナウ」と呼び，大小2種を作る。帯広市伏古-1（北10796　図4-137）は火神の主幣である。上半部の外皮を除き，下半部の4箇所に線状剝離を施す。頭頂は左右から刃物を入れて折りとり，下端を尖らせる。↓の対生短翅を3段削り出す。全てZ巻きである。

帯広市伏古-2（北11234　図4-138）は火神の副幣である。同種の物が他に4本ある（11231，11235，11237，11239）。外皮を全て除いて割り木にし，芯を除いて成形する。頭頂を谷切にし，下端を尖らせる。十字対生する↓の対生短翅を3段削り出す。全てZ巻きである。

宝壇に捧げたイナウ

十勝地方では家族神を祀らないとされる。屋内の宝壇付近を写した写真には，撚長翅を持つイナウが多数写っている。帯広市伏古-3（北10758　図4-139），下端の形状から考えて直接カヤ壁などに挿して用いられると考えられ，宝壇のイナウの例としてあげた。外皮を全てむき，頭頂を水平に切断し，下端を尖らせる。頭部に2種の刻印を刻み，その下に↑の撚長翅を削り出す。

屋外の祭壇に捧げたイナウ

古川はクマ送りに際してサケヌサとカムイヌサの2つの祭壇を作る。サケヌサは平素から祀っている神々に捧げるものであり，カムイヌサはクマのための祭壇である。サケヌサにはイナウネトパと呼ばれる長翅を持つイナウに脚部を連結したものと，シトゥイナウと呼ばれる短翅を持つイナウが立てられる。ポロヌプリ（山にすむ雷神），コタンコロカムイ（シマフクロウ），ニアシコロカムイ（エゾフクロウ），チプタチカプ（クマゲラ），ホロケウカムイ（オオカミ），ワッカウシカムイ（水神）の諸神にはイナウネトパを1本ずつ捧げる。このうち鳥神に捧げるイナウにはキサラ（耳）をつける。また，ワッカウシカムイに限り，シトゥイナウを2本加える。さらにケマコシネカムイ（キツネ），シランパカムイ（ヘビ），チャクチャクカムイ（ミソサザイ）には，シトゥイナウを2本ずつ捧げる。

帯広市伏古-4（北10228）はイナウネトパと呼ばれる長翅をもつイナウに脚部を結束した資料である。頭頂を水平に切断し，下端をはつって扁平にし，脚部に結束する。頭部2箇所に印を刻み，↑の編長翅を9本削り出す。脚部は全体に外皮を残し，3方に線状剝離を施す。

帯広市伏古-5（北10818　図4-140）は帯広市伏古-4と同形であるが，撚長翅を13本削り出し，頭部に羽角を削り出している。古川の祭壇に関する資料としては他に10200, 33510-33512がある。

帯広市伏古-6(北10798 図4-141)は，犬飼・名取(1987(1939))に記された，山中でクマを送る際に作る「チカプコケプ」に当たると思われる資料である。外皮を残したまま十字対生する↓の対生短翅を3段削り出し，下端を尖らせる。なお，犬飼らの記述にはもう1つ「アシイナウ」と呼ぶものが記されている。これは，シトゥイナウと同形に作り，先端に剝幣を挿し込んだものだという。

小　活

帯広市伏古の資料は，実物資料も付随する記録も比較的豊富である。短翅が全てZ巻きになっていることは，次の音更と同様である。また，伏古-6として示した「チカプコケプ」や，未見の「アシイナウ」は，胆振・日高に見られる外皮三生短翅との関係を考える上で重要である。

2-16．音更町の事例
音更町の資料は中村要吉の製作品である。

火神に捧げたイナウ

音更町-1(北10731 図4-142)は火神に捧げる主幣だと思われる。上半部の外皮を除き，3方に線状剝離を施す。十字対生する↓の対生短翅を3段削り出したのち，頭頂を山形になるように切断し，下端を尖らせる。対生短翅は，下段と中断はS巻き，上段はZ巻きになっている。

音更町-2(北10732 図4-143)は火神の副幣だと思われる。同種のイナウが他に4本ある(北10733-北10736)。外皮を全て除いて割り木にし，芯を除く。十字対生する↓の対生短翅を3段けずりだし，頭頂を切断して下端を尖らせる。頭頂の形状はまちまちだが，2方向から刃物を入れて折りとっている。対生短翅は全てZ巻きである。

音更町-3(北10836 図4-144)は戸口の神に捧げたイナウである。同種のイナウがもう1点ある(北10837)。上半部の外皮を除く。下半部は内皮が筋状に残るが，意図したものかどうかは不明である。十字対生する↓の対生短翅を3段削り出し，頭頂を谷切にして下端を尖らせる。対生短翅は全てZ巻きである。

屋外の祭壇に捧げたイナウ

音更町-4(北10189-c 図4-145)と音更-5(北10189-b 図4-146)は，クマ送りの祭壇(北10189)の一部である。音更-4は頭頂を↑の撚長翅を14本削り出し，頭頂を水平に切断し，下端を扁平にはつって脚部と結束する。頭頂の前後に印を刻む。音更町-5もほぼ同形だが，頭印の下に↓の輪生短翅を削り出し，その下に撚長翅を14本削り出している。刻印の形は音更-4と同じだが，羽角を削り出している。

小　活

音更町の資料は概ね帯広市伏古と共通した特徴を持つが，重要なのは音更-5に輪生短翅が見られることである。輪生短翅は十勝から釧路にかけての沿岸部には見られず，足寄町や釧路市阿寒町，弟子屈町屈斜路などの内陸部から北見方面へ分布する要素である。これらの地域と音更町との間に，1つの境界線が存在するようである。

2-17．白糠町の事例
白糠町の資料は，河野広道，更科源蔵の収集品に含まれる。河野，更科とも石炭岬の時田家のイナウを収集し，更科は和天別伊賀家のイナウも収集している。

火神にささげたイナウ

火神に捧げるイナウは，男女2種を作る。白糠町和天別-1(記89487-1 図4-147)は，男性のイナウである。本体に「男の場合　ピンネシトイナウ」という記載がある。頭頂は平切にし，全体に樹皮を除く。十字対生する↓の対生短翅を2段削り出す。

白糠町和天別-2(記89487-2 図4-148)は，女性のイナウである。本体に「女の場合　マチネシトイナウ」という記載がある。白糠町-1とほぼ同型で，十字対生する↑の対生短翅を2段削り出す。

家の守護神

白糠町和天別-3(記89482 図4-149)は家族神または家屋神のイナウである。資料本体に「チセコロ

イナウ　家の守イナウ」という記載がある。全体に樹皮を除き，頭頂を平切にする。11本の撚長翅を削り出し，全体を1つの房にまとめて下方を別の削りかけで縛っている。下端は斜めにはつる。

これとほぼ同形の白糠町和天別-4(記89483　図4-150)は戸口の神のイナウである。本体に「アパサロンカムイイナウ　入口の神のイナウ」という記載がある。10本の撚長翅を削り出す。

屋外の祭壇に捧げたイナウ

白糠町和天別-5(記89484　図4-151)は雷神に捧げたイナウである。本体に「カンドコロカムイイナウ　雷神のイナウ」という記載がある。白糠-3，-4と同形で，12本の撚長翅を削り出す。クマ神に捧げたイナウ(記89486　キムンカムイイナウ)も同型で，12本の撚長翅を削り出す。

白糠町和天別-6(記89485　図4-152)は鳥神のイナウである。これも同形だが，頭頂に↓の対生短翅を削り出す。撚長翅は10本である。

白糠町石炭岬-1(記8101　図4-153)は，時田家のシマフクロウに捧げるイナウである。実際に祭壇に立てられ一定の時間を経過したものらしく，全体が黒ずんでいる。全体の外皮を除き，頭頂を平切にする。頭頂付近に↓の対生短翅を削り，その下に↑の長翅を5箇所から削り出す。その下に↑の単生短翅，下端付近に↓の単生短翅を削り出す。単生短翅にかけるようにテープ状の結束材を巻いたものと見られ，周囲と色が異なっている。頭頂の前後に頭印を刻む。

白糠町石炭岬-2(旭4028　図4-154)も屋外に立てられていたものらしい。白糠町石炭岬-1と同形で，頭頂部の対生短翅を欠く。

白糠町石炭岬-3(旭4029　図4-155)は，前2者と似るが，作風が異なる。本体に「白糠石炭岬　15／♀　1931」という記載がある。頭印の形状も若干異なっている。また，顕著な差として，頭印の下に↓の輪生短翅を削り出している。

小　　活

白糠町では，2つの地区で顕著な違いが見られた。1つは頭印の有無である。和天別では一切頭印が見られないが，これは完形ではない，例えば他者に渡すイナウに頭印を入れることを避けたという可能性も考えられる。石炭岬では，頭頂に2箇所刻印を刻むが，石炭岬-1と-2を見比べる限り，祭神による刻印の差はないようである。また，1点，輪生短翅を持つものがあったが，火神のイナウには見られない。輪生短翅の使用頻度が低いことは，隣接する釧路と比べても対照的である。

2-18．釧路市(徹別，幣舞)の事例

釧路の資料としては，主として徹辺重次郎のイナウを参照し，参考として八重九郎の資料もあげる。徹辺は，資料製作時は釧路在住だったが，幼少期はやや内陸の徹別付近で生活していた。八重は鶴居村に居住したが，父の代までは釧路市街幣舞橋付近に暮らしていた。

火神に捧げたイナウ

徹辺は，火神のイナウとして，副幣として男女2種と，男性のイナウをやや大型に作った主幣を組み合わせる。徹別-1(記89490-1　図4-156)は火神の主幣である。全体の外皮を除き，頭頂を刃物で平切にする。頭頂付近に↓の輪生短翅，その下に十字対生する↓の対生短翅を2段削り出す。

記89490-2は，火神に捧げる男性のイナウである。徹別-1と同形だがやや小さい。徹別-2(記89470-3　図4-157)は，火神に捧げる女性のイナウである。十字対生する上の対生短翅を2段削り出す。これらの短翅は全てZ巻きである。

家の守護神

幣舞-1(民H 33417　図4-158)は，八重が屋内に祭っていた守護神で，マクタロクカムイ「奥座に座す神」またはマクワカムイ「奥の方の神」と呼ばれる。中心にあるのは頭印と長翅を持つイナウで，長翅をひとまとめに束ね，そこに剣幣を付加している。八重は同様の守護神を3神祭っており，民H 0033418と民H 0033419がそれにあたる。民H 0033418は，長翅を束の基部付近に，輪生短翅を持つ小型のイナウを数本挿している。これは，火神に捧げた主幣ではないかと思われる。

屋外の祭壇に捧げたイナウ

徹別-3(記89489 図4-160)は海浜の祭壇に捧げられたイナウの例である。脚部(89489-1)とセットになっている。本体に「釧路　ピシュンヌサのイナウ　徹辺重次郎老　作」という記載がある。ピシュンヌサとは「浜にある祭壇」の意で，同資料は徹辺しがNHK制作の映画『ユーカラの世界』出演に際して製作したものである。

全体に外皮を除き，頭頂を平切にする。頭頂付近の前後に2種の頭印を刻む。その下に↓の輪生短翅，その下に13本の撚長翅を削り出す。その下に↑の対生短翅，下端付近に↓の単生短翅を削り出す。下端ははつって尖らせている。同型の資料がほかに3本(記89489-2，3，4)あり，刻印もすべて同じである。

徹別-4(89489-5 図4-159)は鳥神に捧げるイナウである。資料本体に「釧路ピシュンヌサの両端のイナウ　コタンクルカムイとクンネレッキカムイに同じこの形のものをあげる」という記載がある。コタンコロカムイ(シマフクロウ)とクンネレクカムイ(エゾフクロウ)を祭るのに用いる。徹別-3とほぼ同形で，頭頂に↓の対生短翅を削り出す。撚長翅は8本である。

八重氏は短翅を持つ男女2種のイナウを作り，川の神や野営地の神などに捧げている。形態は白糠のものに良く似る。幣舞-2(記8124 図4-161)は男性のイナウである。頭頂を平切にし，十字対生する↓の対生短翅を2段削り出す。幣舞-3(記8125 図4-162)は女性のイナウである。↑の対生短翅を2段削り出す。

このほか，八重はクマを狩った際に，クマの話し相手として長翅をもつイナウ「チケイナウ」を立てておく習俗があったことを語っている。幣前-1と同様，長翅を持つイナウを守護神に用いる習俗が様々な場面で行われていたことを示唆する事例である。

小　活

徹辺と八重では，輪生短翅を用いる頻度が大きくことなる。八重は本来釧路に暮らしていた家系で，輪生短翅を用いる例が確認できるのは幣前-1の1例のみである。輪生短翅を用いない傾向は，白糠町和天別以西の北海道南岸と共通性を示す。一方，徹辺はやや内陸出身であり，輪生短翅を非常によく用いるが，これは弟子屈町や美幌町，網走市など北部と共通する。刻印について，徹辺は常に同じものを刻むようである。これに対し，八重は実物資料は少ないが，祭神によって数種の印を組み合わせることが記録されている。

2-19．標茶町塘路の事例

標茶町塘路の資料は，北大植物園に収蔵される島太郎の製作品と，北海道開拓記念館の諏訪長一郎の製作品である。島の製作品と見なした資料については用途，収集地の記載がないが，収集状況や，資料の特徴からみて釧路地方の資料であることはおそらく間違いない。北大植物園で嘱託を務め，名取からも情報を得ていた難波(1998)の中に紹介されているため，この内容に準拠して論を進める。

火神に捧げたイナウ

標茶町塘路-1(北10788 図4-163)は火神に捧げたイナウで，男性のイナウである。外皮を全て除いて割り木にし，芯を外して成形する。十字対生する↓の対生短翅を2段，↑の体制短翅を1段削り出す。頭頂を水平に切断し，下端を尖らせる。

標茶町塘路-2(北10786 図4-164)は火神に捧げた女性のイナウである。標茶町塘路-1と同様の方法で成形し，十字対生する↑の対生短翅を2段削り出す。これらの短翅は全てゆるやかなZ巻きになっている。

屋外の祭壇に捧げたイナウ

標茶町塘路-3(記89491-1 図4-165)は資料本体に青いペンで「諏訪長一郎作」，黒いペンで「塘路 kanna kamuy inau」という記載がある。↑の撚長翅を8本削り出し，その下に↑の対生短翅1段，下端近くに↓の単生短翅1段を削り出す。頭部の前に円形の印，後に波線の印を刻む。頭頂を水平に切断し，下端は扁平にはつる。記89491-2はほぼ同形だが，「tokorkamuy」(湖の神)に捧げたもので刻印が前後とも異なる。前は傾斜した4つの舟型紋に背び

れのような突起がついたもの，後は傾斜した I のようなような印である。

標茶町塘路-4(記89491-3　図4-165)には，製作者名と，黒ペンで「塘路 chikap inau」という記載がある。形状は塘路-3とほぼ同じだが，頭印がなく，かわりに羽角が削り出されている。

小　活

標茶町塘路の資料も，釧路の沿岸部と共通して輪生短翅が見られない。また，頭印を複数用い，捧げる対象によって刻印を変えている。刻印には家印や神印など，意味と形の間に固定した結びつきはなく，組み合わせによって対象神を表している点も釧路と共通している。一方，火神に捧げたイナウでは，対生短翅の全体ではなく一部だけを反転させて性別を作り分ける様式が見られた。これは屈斜路や美幌町と共通する。

2-20. 美幌町の事例

美幌町の資料は，主として名取武光(1939年)，河野広道(1951年頃[79])が収集したものである。名取の収集品は，菊地儀七を北大植物園に招いて実施したクマ送りの際の祭壇である。河野の収集品は，菊地儀七の甥，菊地儀之助[80]の作である。菊地儀之助のイナウについては，河野のノートに詳しく記されている[青柳編 1982：109-115]。

火神に捧げたイナウ

知里真志保による菊地儀之助からの聞き書きに，火神への祭儀の様子が書かれている。酒を作ったときには必ず「apehuchi nomi」(火神・祈り)を行う。これは家族で行うもので，客を呼んだり，特別な料理を作ることはない。男性の「ape situ inau」を2本，女性のものを1本作る。このうち，男女1本ずつ燃やし，一番太いものは残して，炉の上手隅(apesituinausan)に立てておく。これは，家長が代替わりするまではこのままにしておき，家長の死後，送られる[知里 214：78-79]。

河野の記録には，火神のイナウと男女のイナウの別が記され，火神のイナウは後者に比べて大型であると書かれている[青柳編 1982：111]。

また，菊地の長女日下ユキによれば「apesituinau」は普段は使わないものだという[藤村ほか 1974：54-55]。

これらの記録と照合し，火神のイナウと思われるものを挙げる。美幌町-1(旭7208　図4-166)は，上記のアペシトゥイナウに，美幌町-2(図4-167)はピンネシトゥイナウに，美幌町-3(図4-168)はマツネシトゥイナウあたるものと思われる。ともにヤナギ製である。

美幌町-1(旭7208　図4-166)には，毛筆で「美幌」と書かれている。木材を割って芯をはずし，外皮も全て剥く。頭頂は刃物で水平に切断する。最上段に，↓の輪生短翅をつけ，その下に，十字対生する↓の対生短翅を3段つける。下部を削って尖らせる

美幌町-2(旭7209)には，毛筆で「美幌」と書かれている。河野の記した図から，男性のイナウと判断した[青柳編 1982：110]。美幌町-2は美幌町-1と同形であり，美幌町-2の方が若干小さい。

美幌町-3(旭4051)には，毛筆で「ビホロ」と書かれている。河野ノートの図から，女性のイナウと判断した[青柳編 1982：110]。木材を割って芯をはずし，外皮も全て剥く。頭頂は刃物で水平に切断する。最上段に，↓の輪生短翅をつけ，その下に十字対生する↓の対生短翅を2段，↑の対生短翅を1段つける。下端は削って尖らせる。

屋外の祭壇に捧げたイナウ

美幌町-4(北10204　K-2　図4-169)は，クマ送りの祭壇の一部である。資料本体には，毛筆で「K-2　菊地」と書かれ，「Bakko imoka inau」と書かれた札がつけられている。Kとはカムイヌサ「神の祭壇」の略称と思われる。北海道東部では，クマ送りの際に，サケヌサとkamuynusaを作る。sakenusaは平素から酒を作ったときに立てて神々に捧げるもので，クマ以外の神々が祭られる。kamuynusaは，クマのための祭壇で，頭骨を乗せる叉木やクマへの贈り物が飾られる。

イモカイナウとは，クマ送りの際に，クマに持たせる土産のイナウである。pakkoは「祖母」の意

味である。土産のイナウのうち，神界にいるクマの祖母に贈られるイナウ，という意味であろうか。この祭壇には他に「aacha imoka inau」(おじ／父の土産のイナウ，北11210 K-1)「shut imoka inau」(母の土産のイナウ，北11207 K-6)が含まれている。

頭部と脚部を別個に作り，連結している。頭部はヤナギ製。頭頂は鋸で水平に切断し，刃物で整えている。頭印を2ヶ所に刻む。本資料は，北10204に含まれるイナウの中でも，群を抜いて削りかけの数が多い。刻印の下に↓の輪生短翅をつけ，その下に↑の撚長翅を8本つけている。頭部の下半分は，脚部と連結するために斜めにはつっている。残った部分に三対の向き合った単生短翅をつけている[81]。脚部は全体に外皮を残し，十字対生する対生短翅を5段つけている。

このほか，菊地儀之助からの聞き書きでは，ヤイニコロイナウというイナウが報告されている。これは，イナウの頭部と脚部を同じ材木から作り出したもので，美幌町-4の頭部と脚部を一体成形したような形態をとる。水辺など祭壇の支柱がない場所に，1本だけイナウを立てる場合に，このようなイナウを用いる[青柳編 1982：111]。

美幌町-5記(8110 図4-170)は，短翅を持つイナウの例である。原木を割らずに用い，頭部は水平に切断している。頭部の一方に頭印を刻んでいる。上部に↓の輪生短翅をつけ，その下に↓の対生短翅を4段つけている。下端は円錐状に削っている。頭印は「chepitoppa」と呼ばれ，川やカシワなど女性と見なされている神へのイナウにつけられる。したがって，この刻印が刻まれるのは，男性のイナウだけであるという[青柳編 1982：110]。山中に狩猟に入って，思うように獲物が獲られないときに，「chepitoppa」を刻んだ「shutinau」をカシワの神に捧げるという。本資料はこの説明に合致する。

美幌町-6(北10202 図4-171)は，クマの解体時に用いるイナウである。資料につけられた札には「irinusa 三本」と書かれている。ヤナギ製。頭部は前後から刃物を入れ，山型に切断されている。全体に外皮を残し，十字対生する外皮鯛背短翅を3段つける。短い線状剝離を3方向に入れる。剝離部の末端から少しずれて，次の剝離部が始まっており，全

第4章 イナウのかたち 121

体として互い違いに剝離してある。

小　括

美幌町のイナウは，美幌町-6を除き，全てに輪生短翅が見られる。また，美幌町-4は，北海道内のイナウでは，最も多くの要素が現れた例ではないだろうか。頭印は，美幌町-4に刻まれた形状のものが最もよく見られる。鳥神に捧げるものはこれに羽角を加え，龍神に捧げるものは鱗状短翅を加える。ほかの神に捧げるときは，一方の頭印を変えて表現する。

2-21．斜里町の事例

斜里町の資料は，酒井惣太郎の製作品で，更科源蔵が収集した主としてアザラシ漁に関わって用いられるイナウである。更科自身が斜里で詳細な聞き書きを行っており，その成果に立ってまとめられた更科(1955)の中で，これらのイナウについても解説されている。

斜里地方の生活文化は他地域に比して海との結びつきが強いという。クマよりもシャチが重い神とされ，シマフクロウに対する儀礼も「至極簡単」，キツネや川・水の神も粗末にしない程度の拝し方だという。また，ペナコタンという場所に，首長が管理するポロヌサ(村落共同の祭壇)を設置していて，レプンカムイ(シャチ)，ヌプリカムイ(クマ)，クンネレクカムイ(エゾフクロウ)，チロンヌプカムイ(キツネ)，スンクアンヌプリ(藻琴山)，ノトロエトゥ(能取崎)，エタシペウニ(知床岬の地名)の神々を祀っていた。クマ送りも，他村の人を招いて行う場合は共同の祭壇で行に向けて立てられていたという。もう一つ興味深いのは，

子グマを捕らえると，村落近くの大木の下にイオマンテヌサ(クマ送りの祭壇)を作り，ここで送ってから頭骨をキムンカムイヌサ(クマ神の祭壇)に移したという。送り儀礼を行う場所と頭骨を安置する場所が分かれている点，それらが住家から離れている点などは，樺太との類似性を感じさせる。ポロヌサに対し，各戸で設けている祭壇をポンヌサ(小さい)と呼び，斜里岳の方角に立てられるという。ポンヌサはいくつかの独立した祭壇(キムンカムイヌサ，モシリコロカムイヌサ)から成っていた。また，ポ

ロヌサとポンヌサの中間にあたる小集落の祭壇というものもあった。

　祭神の中ではシャチを第一に考えたけれども，クマやシマフクロウのようにそれを主対象とした儀礼はなく，仮に死んだシャチが発見されても，イナウを送るほかは特に何もしないという。ただ，沖猟に出ている間はレプンカムイの加護を願い，レプンカムイに捧げるイナウを網の中央につけ，あるいは舟の舳先に安置して祀る。アザラシ猟に出る際には，舟の舳先にチケイナウとシトゥイナウを立てる。前者はヤナギ製でシャチに捧げるもの，後者はハンノキ製で↓の対生短翅を2段とアシペノカ(シャチを表す印)付け，時化や風を防ぐという。艫にはフクロウに捧げる耳のついたチケイナウと，↓の輪生短翅をつけたシトゥイナウを立てて沖へ出る。流氷に近づくと，舳先に乗り組んだ突き手が，船内に用意していたヤナギやホオノキの枝でシトゥイナウを2本作り，舟の右側[82]から流してシャチと能取岬の神に捧げる。

　その日の最初の獲物を獲ったときには，流氷の上で解体し，舳先のチケイナウに獲物の血を塗り，別に↓の対生短翅2段をつけたシトゥイナウを1本を作り，獲物の大腸を30cm〜60cmほどに切ったものを付けて氷の上に置く。これによって，獲物の一部をシャチに捧げるのだという。初猟の時は帰宅後に，獲物の肉と脂肪を切った小片をシトゥイナウに刺したものをたくさんつくり，2本は囲炉裏に立てて火神に捧げる。ほかは屋根の上か，切り株の上に置き，シャチ，それまでに仕留めたクマ，シマフクロウ，チャチャヌプリ(斜里岳)，ウナベツヌプリ(海別岳)，オンネヌプリ(遠音岳)，モシリパ(知床岬)などに1本ずつ捧げる。クマは自分がそれまでに仕留めたクマの数だけ用意して捧げる。

　解体後の骨は木の根元などに積んでおき，頭骨は猟期のあいだ屋内の棚に安置して，猟期の終わりに「チメシュイナウ」(剝幣)を付けて海岸へ運び，再来を願いながら流す。

　海に流す2本のシトゥイナウは毎日出猟する度に新たに作って流す。舳先と艫のイナウは帰宅時に持ち帰り，次の出猟時にまた同じものを舟に立てる。そのようにして猟期中は同じイナウを使い続け，猟が終わると海に流す。

　なお，アザラシは神窓から屋内に入れることはせず，物置で処理する。山猟の獲物と異なった扱いをする点は，噴火湾の習俗と共通する。出猟中，留守のものは身を慎み，沖言葉として平時と異なる言葉を使うといった点も他の地域と同様である。

　斜里町-1(記89495-1　図4-172)は，舟の舳先に立てたシトゥイナウである。外皮を全て除き，十字対生する↓の対生短翅を2段削り出す。頭印を前後に刻む。頭印は4つの傾斜した舟型文と，そこからやや離れたもう1つの舟型文という組み合わせをを基本的なモチーフとしている。片側には下に4つ，上に1つの舟型文を配し，上の舟型文には背ビレを模した突起のある舟型文を刻む。もう一方は下に1つ，上に4つの舟型文を配し，上下の舟型文を線でつないでいる。河野は前者の突起について「ashpenoka」，後者について「ashni-itoppa」という名称を記している[青柳(編)　1982：130]。頭頂を水平に切断し，下端を尖らせる。

　斜里町-2(記89495-2　図4-172)は，舟の艫に立て，シマフクロウに捧げたチカピナウである。外皮を全て除き，↓の輪生短翅を削り出す。その下に↑の撚長翅を削り出す。羽角を削り出した後に頭頂を水平に切断し，下端を尖らせる。頭印を前後に刻む。頭印は斜里-1とほぼ同じだが，背ビレ状の突起がない。

　斜里町-3(記89495-3　図4-172)は，舟の舳先に立ててシャチに捧げたチケイナウである。形状は斜里-2とほぼ同じだが，羽角を作らない。頭印は斜里-1と同じである。

　斜里町-4(記89491-4　図4-172)は舟の艫に立てたシトゥイナウである。外皮を全て除き，↓の輪生短翅を削り出す。頭印は斜里町-1の頭印から背ビレと，舟型文を結ぶ直線を除いたものである。頭頂を水平に切断し，下端を尖らせる。

　このほか，更科(1955)に図示されたアザラシの一部を捧げるためのイナウが記89495-5および記89495-6，海に流してシャチと能取崎に捧げるイナウが記89495-8として収蔵されている。

小　活

　斜里町のイナウに前後に頭印に対象神との関連性が見られた。全体としてほぼ共通した印を使い、シャチに捧げる場合には背びれを表す突起が加えられ、シマフクロウの場合は羽角が加えられる。斜里町に隣接する地域の資料としては美幌町・網走市と釧路地方のものがある。美幌町や網走市では、頭部の前後に印が刻まれ、一方が神印でもう一方が家印という対応関係になっていた。これに対し、釧路地方では、個々の印が神と結びつくのではなく、組み合わせ方で対象神を表示していた。斜里町の事例は、神印と家印の分離が明確ではないが、印を構成する要素が特定の神と結びついているという意味では美幌・網走に近いと言える。

　猟期間同じイナウを舟において最終的に海に流すなど、イナウの用い方にも他地域には見られない興味深い事例があった。沖猟以外の場面で用いられる資料が残されていないため、更に情報を集めて全体像を把握することが求められる。

2-22．エトロフ島の事例

　クリル列島に暮らしていたアイヌ民族は、エトロフ島とウルップ島、を境に南部と北部に分かれ、南部の人々は北海道のアイヌ民族と、北部の人々はカムチャツカ先住民・ロシア人との結びつきが強かった。1803年にはロシアの南下を警戒した江戸幕府がエトロフ・ウルップ間の渡航を禁じたのも、以前からウルップ以北のアイヌは南部とは異なるという認識が日本人側にも持たれていたことを表している。その後、1854年の日露和親条約によって分断はさらに強化された。

　エトロフ島の資料は1点のみ現存する(大塚和義氏蔵　図180)。幕吏として東蝦夷地調査に赴き、寛政10(1798)年7月にエトロフに渡った近藤重蔵が持ち帰ったイナウである。資料本体に、近藤がエトロフのアイヌから入手したこと、イナオ(またはイナウ)という名称等が墨書されている。資料の所蔵者である大塚和義氏は、2008年10月29日の北海道新聞に本資料の発見に至る経緯と所見を寄稿している。これによれば、本資料は近藤から知人の松岸筑前という人物(神官と思われる)に送られて近年まで神社に保管されていたと見られ、古物市に出たことから京都の個人コレクターが入手して、その存在が知られることとなった。本資料は、南千島のアイヌ民族が残した唯一のイナウであると同時に、国内外でも現存する最古のものということになり、イナウの歴史を考える上でも大変貴重な資料である。

　本資料は虫食いによる損傷が激しく、頭頂付近と下端を欠いているが、幸いにも重要な特徴を示す部分は保存されている。本資料は長翅を持つイナウで、主軸のおよそ半周にわたって4本の撚長翅を作り出している。興味深いのは、撚長翅の下に散長翅が削り出されている点で、このような例は、樺太・北海道・北千島を通じても他に類例がない。もう一つの重要な特徴は頭頂付近に施された頭印である。2種の刻印を組み合わせて計4箇所、同じ印が対角線上に並ぶように配置されている。このような形式は、名取が報告した北千島の資料に類例があるが、樺太・北海道には見られない。

　本資料の発見以前は、南千島の木幣については想像するよりほかになかったが、少なくとも頭印の形式についてはクリル列島内に共通性があったらしいことがうかがえる。

2-23．シムシュ島(シコタン島)の事例

　北千島アイヌはの資料も非常に数が限られている。ここでは、鳥居龍蔵の収集品をあげる。クリル列島北端のシムシュ島にくらしていたアイヌ民族は、1975年、日露間で千島樺太交換条約が締結されたことにより、1884年に南部のシコタン島へ移住させられた。このときの移住者は97名だという。東京帝国大学人類学教室に所属していた鳥居龍蔵は、1899年5月から7月にかけてシコタン島で調査を行い、3点のイナウを持ち帰った。

　以下、小杉(1997)にまとめられたシムシュ島でのイナウ習俗を引用しながら、資料から観察される形態上の特徴を述べる。イナウの材には柳を用い、祭神ごとに削り方を変える。シムシュ-1(民K 0003235　図4-174)は「海の神アルイカ＝ワン＝カムイ」に捧げる「ラプ＝イナオ」または「ラプスペ」と呼ばれるイナウである。全体に樹皮を除き、頭頂を平切にし、頭頂付近に、頭印を刻む。印は、

水平の2線を上下2箇所に刻み，その間にシャチのヒレをかたどった印を2つ組み合わせて配置する。上部に↓の対生短翅をつけ，その下に↑の対生短翅を3段つけている。頭印のある位置を正面とすると，計4段の対生短翅はすべて左右の位置に削り出されている。下端は尖らせている。「ラプスペ」という呼称は，「ラプシペ(ラㇷ゚・ウシ・ペ　羽根・ついている・もの)」と解釈できる。北海道の習俗でも短翅をラㇷ゚「羽根」と表現するが，それとも合致する。

そのほかのイナウには特定の名称はなく，「大(チュプカシ)小(ナントシ＝イナオ)」の2種に大別される。シムシュ島-2(民K 0003236　図4-175)，シムシュ島-3(民K 0003237　図4-176)は大きいイナウにあたり，「雷神カンナン＝カムイ」に捧げるという。いずれも同形で，頭頂を平切にし，頭部に頭印を刻む。シムシュ島-1に見られた印のうち，上の水平2線だけを90度ずらして刻むため，頭部の四囲に刻印を施した状態になっている。頭印の下，左右に↓の対生短翅を削り，その下に↑の撚長翅を左右に3本ずつ削り出している。短翅は判断がつかないが，撚長翅はs巻きである。

図4-177は，名取が紹介しているシムシュ島出身者が所持していたイナウの図である。2本ずつ，2組のイナウがシャチやクマの木偶と共に削りかけで包まれており，所有者の女性の父の代から屋内に秘蔵し，シコタンへ移住の際も運んできて祭っていたという。原資料は杉山寿栄男と林欽吾が収集したものだが，戦災により焼失したという。概略を記した図しか残されおらず，削りかけの形状は不明だが，特徴的な頭印の様子がわかる。林が拓本と図をとったイナウは，いずれも頭部の四囲をめぐるように2種2組の刻印が施されている。原資料は杉山寿栄男と林欽吾が収集したものだが，戦災により焼失したという。概略を記した図しか残っていないため削りかけの形状は不明だが，特徴的な頭印の様子がわかる。林が拓本と図をとったイナウは，いずれも頭部の四囲をめぐるように2種2組の刻印が施されている。これは，前項のエトロフのイナウとたいへんよく似ている。

構成要素の分布から見るイナウの地域性

樺太・北海道・千島各地の各構成要素の分布は，本章第1節で大まかに述べたが，これを更に詳細に検討すれば，より明確に地域性を表すことができる。その試みとして，次章以降では，短翅と刻印について詳しく検討する。

また，分布ばかりでなく，1つの地域内における，各要素の現れ方の分析も重要である。例えば輪生短翅は，樺太全域と，余市町，新十津川町，旭川市，稚内市，美幌町，網走市，斜里町，弟子屈町屈斜路，釧路市，白糠町，足寄町，音更町，平取町紫雲古津で確認できる。樺太では，全ての地域で最も基礎的な(もっとも出現頻度が高い)要素となっている。これに対し，北海道内では，出現頻度にかなりの偏差があり，特に北東部に偏るように見える。最も頻度が高いのは美幌町，網走市と新十津川町の樺家である。これらの地域では，解体用のイナウなど特殊な場合を除く全ての資料に輪生短翅を削り出す。ついで，使用頻度が高いのは斜里町である[青柳編 1982：129-132]。弟子屈町屈斜路は，美幌町と共通点が多いが，例えば火神の祭壇に用いるイナウでは，主幣だけに輪生短翅をつけ，副幣は対生短翅のみである。したがって，美幌町では大きさによって主幣と副幣の差異が表されるが，弟子屈町屈斜路では輪生短翅が主幣，つまり格式の高いイナウの表示となっている。余市町では，クマの頭骨の両側に立てるイナウだけに輪生短翅が現れる。これも，それが最上のイナウであることの表示だろう。太平洋沿岸では，輪生短翅の存在がかなり希薄になり，釧路市の八重九郎や志富卯之助[青柳編 1982：184]，白糠の時田，伊賀，標茶町塘路の諏訪などは，使用例がない。白糠の貫塩氏は，屋根に立てるイナウだけに輪生短翅をつける[83]。釧路市の徹辺重次郎[84]や，足寄町の小谷地吉松などは周囲に比べて使用頻度がかなり高い[青柳編 1982：164-168]。これは，移住など理由によるもののようである。音更町でも稀に用いるが，帯広市伏古より西ではまったく見られな

くなる。ただ，平取町紫雲古津の鍋澤モトアンレクの製作品に1例見られる（記89462-2）。これは病魔除けの特殊なイナウで，この場合には特殊性の表示ではあるけれども，弟子屈町屈斜路や余市町とは逆の意味づけが感じられる。沙流川流域にはレヌプルという人物が製作したと見られる輪生短翅を持つイナウの一群があるが[85]，沙流川で収集された数多くの資料の中でも孤立した特徴を持つ資料であり，これらについての評価は今後の課題としたい。輪生短翅と長翅の組み合わせは秋田などにも見られることを考えると，かつては樺太から本州北部まで分布しており，ある時期から北海道の南半では作られなくなったと考えてよさそうである。鍋澤の製作品などに時折現れるのはその名残であろう。

また，対生短翅にもいくつかの傾向を見出すことができる。北海道では，十字対生するものがほとんどだが，樺太では十字対生の例がまったく見られない。

北海道内では，対生短翅の数で大きく分かれる。新ひだか町静内の葛野辰次郎は，静内以西では対生短翅を3段，新ひだか町三石，浦河町方面では2段つけると述べている[86]。葛野の言うとおり，三石から東部にかけては2段が主となる。特殊なものを作る場合は，輪生短翅を加えるか，最大6段まで数を増やしていく。石狩市浜益区，札幌市茨戸などでも2段のものが見られる。一方，日高西部や胆振にかけては，3段のものが一般的だが，2段のものも無いわけではない。この地域では，病魔よけなどの特殊な用途を持つものに用例が集中しており，要素の加減がイナウの性質を決めていることが感じられる。

以上，本章では樺太・北海道・千島で用いられた構成要素の事例をあげた。多くの地域では断片的な資料しか得られず，全体的な考察を行うことは困難である。また，現在得られている資料の整理分析も充分とはいえない。今後の課題としたいが，イナウの奥深い世界の一端を垣間見ることはできたように思う。構成要素の分布等に基づく考察は，終章でもう一度触れる。

〈注〉
1) 外皮がまったくないイナウもあるが，それは屋内で使われるものが多く，全体の中では少数である。
2) 記録映画『北方民族の楽器』（NHK，1964年）に収録されたニヴフの木叩きの場面で，丸太を吊り下げている支柱に輪状腕のように枝を丸めて剝幣を結束した箇所が見える。
3) また，新十津川町では，図4-109のように二股になった先端にそれぞれ剝幣が挿入されたイナウがある。新十津川町の例は，胆振・日高西部に見られるハシナウ「枝幣」に類するものである。胆振・日高の枝幣は，主軸部の先端に割れ目を入れ，剝幣をさしたものに横枝を残したものである（図4-122右）。これに対し，胆振・日高以外の地域でハシナウと呼ぶものは，ヤナギ等の枝を切り，細かな枝葉がついたまま剝幣をつけたものを言う（第5章 図43）。枝幣については多くの未解決の問題を含むため，ここではこれ以上の検討はしないが，少なくとも腕状枝とは別に扱うべきだと考えられる。
4) 削りかけの長短は，「一般的に～cm以上」と規定することは難しい。一地域，あるいは1人の制作者が作るイナウの体系の中で，相対的に「～より長い」，「～より短い」と定義されていると考えられる。したがって，ある製作者aが作る短翅は，別の製作者bの長翅と同程度の長さを持つこともある。
5) 北千島の資料として参照したのは，鳥居龍蔵が1899年に色丹島で収集したイナウである［東京大学総合研究資料館 1991：88，94］。以下，北千島とあるものは全て同様である。
6) 注4参照。
7) 資料の製作者は①資料本体の記載，②収集者の記録，③収集者の調査履歴および関係者へのインタビュー等によって判断した。また，資料に表れる作風（乾燥の度合い，刃物の選び方・使い方といった製作習慣によって生じる印象・風格の違い）も，参考にしている。
8) 注2を参照。なお，映像中のイナウは，本稿で紹介している資料と同一の作者によるものと思われる。
9) 第7章でもこの点を取り上げる。
10) クワという名称は副幣を指すこともあるが，後に見る多蘭泊，新問，白浜等の例から考えて本資料が副幣とは考えにくい。
11) 「柳川助太郎」の誤りと思われる。近親者に確認したところ，親戚にも助次郎という人物はいないとのことである。
12) マチネは，アイヌ語樺太方言のマハネ「女性である」に相当すると考えられる。アイヌ語北海道方言で同じ意味を表すマッネは，慣習的に「マチネ」と書かれることが多く，更科もこれに従ったものと思われる。
13) 更科が収蔵品を撮影した写真がネガの状態で保存されている。一部は，更科の著作に掲載されている。弟子屈町立図書館所蔵。
14) 来知志および白浜の項を参照。
15) 収集者は宮城鉄夫である。詳しくは沖野(2000)を参照。
16) 屋内で用いられたものも，古くなると屋外の祭壇へ納

17) 更科資料に含まれるネガアルバムによる。弟子屈町立図書館所蔵。
18) 文献6。また，和田(1987(1959))に，鵜城の資料が示されている。なお，北海道でもよく似た構成の物語が語られるが，そこで登場するのは，人面のない普通のイナウや，草人形などである。
19) 鵜城-10は，胴の刻印を持たない。これらの下部は別に作った胴体に連結されていたと考えられ，胴の刻印はそこに刻まれていた可能性が高い。巫術用のイナウが刻印を持たないのは，これらが他のイナウと機能を異にするためかもしれない。他のイナウは神への奉納品だが，巫術用のイナウは，除魔が目的である。
20) 例えば鵜城-2は，記載によれば女性のイナウだが，削る方向は↓である。
21) 山田藤作は，模型を含む多数のイナウを製作しており，児玉作左衛門や更科源蔵，米村喜男衛，萱野茂，Kirsten・Refsing，重松和男などに提供したことがわかっている。製作時期はおよそ1950年代〜1960年代末ごろまでと考えられる。米村の収集品は，儀礼の実施を依頼されて製作したもののようで，模型ではなく実物と見てもいいかもしれない。更科の収集品は，更科が細かく注文を出して製作されたらしく，様々な用途のイナウがそろっている。児玉の収集品は，全て3本一組で台に固定され，セットになっている。こうした点は，画一的に作ったお土産品のようだが，イナウの名称や性別などの記載もある。このほか個人蔵の資料が複数あるが，多くは未見である。
22) Ohnuki(1968)参照。なお，話者の藤山ハルは，山田の義妹にあたる。
23) Ohnuki(1968)参照。
24) 南山大学人類学博物館収蔵。
25) 本資料は胴の刻印を欠くが，重松氏のほかの収集品，Refsingの収集品には全て刻印がある。
26) 文献9-①。
27) 文献9-②。
28) 文献9-②およびOhnuki(1968)参照。
29) 和田(1987(1959))p.25および，Ohnuki(1968)p.142参照。藤山ハルは，主として来知志での生活体験に基づいて証言していると言われるが，出生地は鵜城よりも北の恵須取である。これらの地域は人の往来が頻繁なこと，藤山は北海道移住後，鵜城出身の柳川助太郎にイナウ等の製作を依頼していることを考えれば，信仰上の習慣の多くが共通している可能性が高い。したがって，守護神に対する食物塗布等の慣習は，鵜城付近まで広がりを持っていた可能性がある。
30) 以下に示す来知志の資料には，このような造形は見られない。後で触れる多蘭泊の資料には，らせん状に樹皮を剝いた加工が見られる。
31) 名取(1985)による各地の本数は以下の通りである。網走浜藻琴-雄60雌63，網走藻琴工藤家-1歳雄50雌60・2歳雄100雌120，美幌-雄50雌60，屈斜路-雄50雌60，虹別-雄50雌60，塘路-雄60雌80，春採-50〜60，白糠-1歳雄50雌60・2歳雄100雌120，浦河-180，八雲-6，長万部-9，余市-1歳32・2歳64，浜益-1歳60・2歳120，茨戸-1歳雄60雌50・2歳雄80雌70，新十津川-1歳雄33雌28・2歳雄66雌56，空知-1歳雄60雌30本・2歳雄120雌60，空知・砂澤家1歳雄40雌35・2歳雄80雌70，旭川石山家-1歳雄50雌30・2歳雄100雌60，旭川川村家-1歳雄60雌50・2歳雄120雌100，名寄北風家-1歳雄60雌50・2歳雄70雌60・3歳雄80雌70，帯広伏古-雄50雌60，毛根-雄60雌50，音更-雄50雌60，白老宮本-6，鵡川-1歳雄30雌25・2歳雄60，二風谷貝澤ウエサナシ家-1歳雄60雌30・2歳雄120・3歳雄140〜150本，ペナコリ-1歳雄40雌30・2歳雄80雌60，千歳烏柵舞-1歳雄60雌50・2歳雄120。
32) 当時81歳。資料によっては「藤山奥太郎」とある。
33) 馬場が多蘭泊での調査概要を記した「カラフト紀行」には，イナウの製作者については明記されていない。遠藤氏は，多蘭泊の人で，智来など西海岸の集落への案内人として協力した人物である[馬場 1979：33]。馬場は，同氏から冬季の半地下式住居の工法なども聞き取っており，イナウの製作や情報提供についても協力を受けた可能性が高い。なお，収集品の一部は，北海道大学に残されており，名取武光が論文の中で写真を挙げて紹介している。
34) 新問の項を参照。
35) 多蘭泊よりやや北の真岡では，1903年に木偶が収集されている。
36) もっとも，守護神の神体を作らなかったという可能性もある。北海道でも，十勝など，家の守護神を作らない地域もある。
37) 家族神と家屋神の違いについては第7章で詳述する。
38) なお，樺太は，山神の祭壇は山中に，海神の祭壇は海浜に設け，北海道のように全ての祭壇を屋背にまとめるということはない。樺太の屋背の祭壇に立てられたイナウは，太陽神に捧げられたものであることが多い。また，このイナウと少し離してチセオシマクンイナウというイナウを立てることがあるが，何の神に捧げたものか不明瞭な記録が多い。
39) 以下は，ピウスツキが残した資料リストの抜粋である。本資料の説明にあたると思われる。「47. cise sojus inau (or cise osmakus inau) - a model of the inau which is erected behind the house as an offering to the god protecting the settle-ment.」。
40) 『日本地理大系10巻 北海道・樺太篇』p.481に掲載。なお，杉山寿栄男が多蘭泊の家神として図示しているものは，図4-58中央のイナウと完全に同形である[金田一・杉山 1993(1942)：292]。このイナウは，刻印の形式からしても東海岸の特徴を有している。杉山が図化の際に，資料を取り違えたものだろうか。
41) E-563, 565, 566, 567, 569, 571, 572, 573など。網走市立郷土博物館『収蔵資料目録―民族編―』(1983)にこれらのイナウの写真が掲載されている。
42) クレイノヴィチ(1993)のp139，p151，p282には，剝幣を作って部分的に着色してから使用する様子が描か

れている。これは装飾のために行うのかもしれないが、楽器に作り出されたクマの像の口辺にも塗られたところをみると、捧げ物としての意味合いもあるように感じられる[クレイノヴィチ 1993：146]。アイヌが剝幣を酒に浸してから用いることとの類似も興味深い。

43) 白浜-1 と白浜-6。刻印の形状や刻み方，頭部の切断法など。
44) 例えば，河野の収集した記3138は，白浜-1 と同じく火神に捧げたものと思われるが，刻印の形状や刻み方，下端の削り方，削りかけをつける範囲の全体におけるバランスが異なる。
45) 他にも断片ではあるが「kuwa-inau 神様の杖」，「nusa」，「inau-sapa」，「inau-kema」等の記載が見える[知里 61：28]。
46) これらの記述と合わせて，「unci epusis sinex kara kanne!」(火神のイナウを1本作りなさい)という例文が記されている。
47) 調査者の藤村久和は，この証言とともに白浜-1, -2 を図示している。しかし，灰場氏の証言を見ていくと，主幣は，必ずしも白浜-2のような形として語られていない点は注意を要する（文献9-④参照）。
48) ただ，家神に捧げるイナウの場合は，女性のイナウにエゾマツを使うとなっている。こうした矛盾が，単純な誤りによるものなのか，検討が必要である。
49) 文献9-⑤参照。
50) 文献11。
51) 文献9。
52) 知里のフィールドノートには「Čiǔ samun inaǔ kar-ausi」という名称も書かれている。ciw は波のことで，どちらも「海の側の祭壇」という意味になる。
53) この記述の元となったと思われる知里のフィールドノートには，「海岸デハ ト、松 ガンビ ハンノ木 山 ガンビ sunku 松」と書かれている。すなわち，海神・山神それぞれにささげるイナウの素材として，カバも用いられることが書かれている。
54) 杉山が図示した新問の事例では，頭部が円錐状になっている。
55) 知里のフィールドノートNo.2 の2頁の記載による。なお，知里と山本が白川氏からの聴取によってまとめた白浜の民族誌では，頭骨を祀る場所を「inaǔ-kox」としているが，知里らの調査の30年ほど前に小田寒でクマ送りを記録したピウスツキは，頭骨を送る場所は山中にあるとしている。
56) 3章で見たように，ボルネオの削りかけは長い削りかけを作り出すために，材木を固定して横を移動しながら削る。tukusis に結束されるイナウはかなり大型であるため，同じような方法をとったということだろうか。
57) コケモモの果汁でイナウに着色する習俗はニヴフにも見られる。注42参照。
58) これらのイナウは，頭部と胴を別に作って連結したものである。ピウスツキの表現は，頭部の素材に様々な樹種が使われているように読める。実際にはこれらの樹種は，胴の素材に用いられたもので，頭部はヤナギであろ

う。MAE839-194 もそうなっている。
59) 来知志-11 に下げられたものと同じ。
60) 同種の資料であるユ45-4 では，剝幣をZ撚りにして2本の房にし，それぞれの先端に球状の削りかけをつけたイナウを結びつけて垂らしている。
61) 北10721，北34622，旭4052である。旭4052は目録に「アペコロイナウ」(火を司るイナウ)とあるが，また「病気のとき……黒い布を付けて炉の隅に立てておく。病気が治ってから焼く」とある。資料には紺の布が縛りつけてある。
62) 段の違う対生短翅同士が，90度ずれて削り出されている状態。
63) 山下がイナウの前後左右をどのように規定していたかは，不明である。ここでは便宜的に図4-95の左を正面とする。
64) ここでは，祭壇に立てた際に人間と向き合う側を正面と呼んでいる。なお，同じく山川の口述をまとめた内田(1989)では，この空白部分を「裏」としている。
65) 北10188の祭壇に含まれる7本のイナウ，および北10722，北10724に同じ傾向が見られた。
66) 空知信二郎は，明治末年頃に旭川市近文へ移住したので，これらの調査時は近文在住である。
67) 同様の例は，白糠町，釧路市阿寒町で見られる。第5章参照。
68) 新十津川町-2 と新十津川町-3 は，どちらもチケイナウと呼び得るので，用途との組み合わせは反対かもしれない。新十津川町-3 の方が複雑である分，格式が高いと思われる。
69) 樺作の船の模型(北9632)にも，同形のイナウが立てられている。
70) 幌別では，これを「pon rappu sirosi」と呼んでいる[青柳編 1982：211]。
71) この儀礼についての詳細は名取武光「北海道噴火湾アイヌの捕鯨」(1940)を参照されたい。
72) これらの資料は1950年3月に実施されたチセノミ「新築祝い儀礼」において製作され，現在国立民族学博物館に収蔵されている。この新築祝いは日本民族學協会が主催し，東京保谷市にあった民族學協会付属民族學博物館で実施された。式には澁澤敬三，岡正雄，金田一京助，宮本馨太郎，知里真志保，名取武光，金城朝永，Jhon Bennett といった多数の研究者が参列し，写真や聞き書き等の記録を残している。このうち，知里真志保が記録した式次第や建築に関する習俗は，知里が短報の形にまとめて『民族学研究』第14巻第14号に発表している(『知里真志保著作集』3に再録)が，祈り詞の原文などは未発表のままとなっていた。なお，筆者はこれらの未発表資料に含まれる祈り詞については和訳・解説を付して『千葉大学ユーラシア言語文化論集』14号に発表した。
73) 二風谷-6 と7はどちらも主幣となるイナウである。どちらにも「木の神」というタグがついているが，通常，1神に捧げるイナウは1本のみで，副幣と組み合わせて祭壇を構成することが多い。二谷らが二風谷で実施した

建築儀礼を報告した久保寺(1968『北方文化研究』3)によれば，新築儀礼で戸外の祭壇に祀られるヌサコロカムイ「祭壇の神」，シランパカムイ「森林の神」，ハシナウクカムイ「狩猟の神」，ワッカウシカムイ「水の神」のうち，狩猟神にはキケパラセイナウすなわち散長翅を持つイナウを捧げ，他の3神にはキケチノイェイナウすなわち撚長翅を持つイナウを捧げる(ただし近年では狩猟神にもキケチノイェイナウを捧げるようになってきた)という。久保寺の記録に従えば，「木の神」に捧げるイナウに該当するのは二風谷-6であると考えられる。すると，二風谷-7に木の神のタグがついているのは誤りだろうか。

なお，萱野茂はキケチノイェとキケパラセを組み合わせて「シネヌサ 一式の祭壇」と呼ぶといい，これが正式な祭壇の形であると述べているが，二谷を含む他の伝承者の儀礼にはそうした実例は見えない。

74) なお，伊福部(1969)の中でも，キケチノイェやキケパラセの頭部を指して「イナウネトパ」，脚部を指して「イナウケマ」と呼んでいるのは，帯広の山川弘と共通している。

75) この神と龍神は「誰それの～」という書き方になっていないので，全体的に守護する神なのであろう。

76) 「omarube」に似た言葉として，オマルイパ「霊送り」がある。

77) 以下，「前」と書かれた側を正面として説明する。

78) 注17参照。

79) 河野は1951年1月，常呂においてはじめて菊地儀之助氏に対面し，以後，同年の8月9月10月，1952年10月，1953年5月，1955年11月の計6回美幌に赴いて聞き書きを行っている[藤村 1984：38-41]。本資料はこのいずれかの機会に収集された可能性が高い。

80) 菊地儀之助は1877(明治10)年美幌市クビタイに生まれ，3歳ごろに同市の野崎へ移転して，1961年に死去するまで同地に暮らした。同氏の父もクビタイの人である。

81) 軸の左右につけられているものは，対生短翅と見ることもできる。

82) 更科のフィールドノートにはシャチ神へは右から，能取岬には左から流すと書かれている[更科 4：14]。

83) 第7章参照。

84) 第7章および，青柳編(1982)p 189参照。

85) レヌプルは本州各地で興行活動を行っており，彼らを撮影した絵葉書や写真に，輪生短翅を持つイナウが写っている。詳細は北原(2004)にまとめた。レヌプルらの製作品によく似たものとして，国立民族学博物館が収蔵するクマ送り用祭壇の模型(K 0002278)，北10759(平取)などがある。

86) 文献2-①。

第 5 章　シトゥイナウの分布と歴史的変遷

はじめに

シトゥイナウ[1]とは，北海道で用いられるイナウの名称で，短翅を持つイナウを指す。この種のイナウは，長い削りかけを持つものとは使用層が異なり，小規模な儀礼や，身近な神への祈願，あるいは大型のイナウに付随して祭壇を構成する場面で用いられる。第1章でも触れたように，シトゥイナウはこれまでしばしば，イナウの起源と関連して論じられてきた。

例えば，久保寺逸彦は「スズイナウと呼ばれるイナウは，各種のイナウの中で，最も原始的なもので，これから各種のinauの形式が発達したとする河野広道博士・名取武光教授・知里眞志保博士等の推定は恐らく誤りないであろう」と述べている［久保寺1971：752］。ただ，こうした説は，北海道のシトゥイナウ全般ではなく，常に胆振・日高西部のシトゥイナウが念頭に置きながら説かれてきたと言ってよい。それは，アイヌ研究の中心がこれらの地域にあったことが大きな理由である。また，アイヌ文化研究を牽引した河野広道・知里真志保によってこのような説が唱えられたことの影響も大きいであろう。次節で述べるように，河野や知里はイナウの起源を，魔に対抗するための棍棒であると述べた。アイヌ語のシトゥイナウを［棍棒・幣］と訳したとき，胆振・日高西部地域のシトゥイナウが棍棒を連想させる形状をしていることから，直感的にはこの説が妥当なように思える。ただし，繰り返すようにこのような理解が成り立つのはあくまで胆振・日高西部の資料に限ってみた場合であり，他の大多数の地域の資料見たときには疑問を感じざるを得ない。

こうした通説的理解を検証するため，本章ではまず1930年～1950年ごろの北海道においてシトゥイナウという名称で呼ばれていたイナウの形態と分布を整理して提示する。その上で，シトゥイナウに現れる対生短翅と外皮三生短翅という構成要素の空間的，時間的関係について考える。

1. 先行研究

先に述べたように，シトゥイナウはイナウ研究の中でも独特の位置づけがなされ，イナウの起源と関連づけて言及されることが多かった。その際，念頭に置かれるのは常に胆振・日高西部のシトゥイナウであったと言ってよい。また，近年に至るまでアイヌ研究の成果として発信されるデータも上記の地域のものが圧倒的に多く，写真，図像などの形で人々の目に触れるシトゥイナウのかなりの部分が胆振・日高西部のものであった。その結果，胆振・日高西部のシトゥイナウが，アイヌのイナウにおいて最も根源的かつ普遍的なものであるというイメージが形成されてきた。

しかしながら，後に見るように胆振・日高西部を除く大半の地域では，まったく形の異なるものをシトゥイナウと呼ぶ。このことは，イナウを専門的に調査した研究者には早くから認識されていたものの，一般には（当該地域の人々を除けば）まったく認知されていないと言って良い。これほど大きな違いがさして議論の対象ともならず，これまで看過されてきたことは実に驚くべきことである。

本章の目的は，あらためてシトゥイナウの多様性に着目することによって通説を検証し，これまで論じられてきたのとは別な解釈を提示することにある。それに先立ち，以下にシトゥイナウに触れた先行研究の主なものを紹介する。

1-1. 河野広道

河野(1933)は，「シュトイナウ」という名称が指すイナウが，実際にはかなりの地域差を持つことを次のように述べた。

> サルウンクル（胆振・日高のアイヌ：筆者注）の「シュトイナウ」は木の皮のついたままの棒を上部の切口を斜めに切り，これに割れ目をつ

け，イナウキケ（イナウル）を挟み，棒の周囲に三段に各三個宛の切目をつけたものである。この切目は上から下に細長く切られ，従って剝がれた木皮は斜上を向いて開いて居る。

　西部北海道アイヌ（シュムクル）のシュトイナウは削りかけがあり，その部分は外皮を剝いである。ケヅリカケは一対宛三段に合計六個造られて居り，サルンクルのチホロカケプといふイナウに似て居る。ケヅリカケの切目は上に開く［河野 1982(1933)：548-550］。

　ほかに，「東部北海道アイヌ（メナシクル）」，「上川アイヌ」「石狩アイヌ」が作る「シュトイナウ」の例を挙げ，いずれも細かな差異を持ちながら「シュムクル」と通ずるところもあるとする。言い換えれば，胆振・日高とそれ以外の地域で２つ大きな類型が存在し，両者の違いは削りかけの有無，および三生・対生のいずれの要素が表れるかという点にあるということができる。

　また，イナウの起源について，河野（1953）では具象物から抽象化を経て現存のイナウへ至るという発展モデルが示された。各種のイナウはそれぞれ別の起源を持つとし，「主神用のイナウ」[2]は神を象った像が，「シュトイナウ」は棍棒が，「ハシイナウ」は護身用具としての木が抽象化されたものとする，いわばイナウの多元発生説を主張している［河野 1971(1953)：270-271］。

　シトゥイナウに限って言えば，棍棒と対比している点から考えて，河野は二系統ある「シュトイナウ」のうち，胆振・日高のものを祖形に近いものと位置づけていたと見て良いだろう。

1-2．N.G. マンロー

　N.G. マンロー（1863-1942）は，イギリスから日本へわたり，考古学的な関心からやがてアイヌ文化研究へと進み，河野の研究が発表されたのとほぼ同時期の 1931 年から 1942 年に病没するまでの間，平取町二風谷に移住して研究を行った。マンロー（1962）は，彼の死後に友人の B.Z. セリグマンによってまとめられたマンローの論文集であり，平取町二風谷を拠点として，北見（網走市）や美幌町，弟子屈町屈斜路，釧路町など各地の宗教文化について調査した成果に基づいている。

　マンローは，イナウを縄文期の土偶と結びつけ，イナウがかつては人を象った偶像であったと考えていた［Munro 1996(1962)：28-29］。すなわち，現今のイナウの姿は，具象的な像を抽象化していく中で生まれてきたという，河野と共通した構想を持っていたようである。

　マンローは「shutuinau」の「shutu」を「先祖」と解釈し，棍棒と解釈してはならないと述べている［Munro 1996(1962)：31］。ストゥとは，「（樹木など）の根元」，「（山など）の裾」という意味の言葉だが，ここから先祖を連想したものか。あるいは「～の女系の先祖」を意味するスチ（ストゥもスチも原形はスッ）から着想を得たのかもしれない。

　形状についての記述は，平取町二風谷の習俗を基礎に据えている。マンローは北東部地域についての記録の大半を焼失したと書いており，このことも平取町二風谷を中心とした記述とならざるを得なかった理由かもしれない。しかしながら，網走地方のイナウについての記述や例示した写真を見れば，彼が shutuinau の中にも明らかな形態の違いがあることを認識していたことがうかがえる。それは，北部の shutuinau と南部のチェホロカケプ（対生短翅を持つイナウ）の類似を指摘していることからもわかる［Munro 1996(1962)：35］。

　先に述べたように，マンローはシトゥイナウを棍棒と結びつけてはいないものの，イナウの起源を神像とする着想は，南西部のシトゥイナウから得ているようである。シトゥイナウの頭部に，しばしば「口」と呼ばれる線が刻まれること，「心臓」が取り付けられ，「衣服」として剝幣を巻きつけること，槍や刀を持たせること，といった事実が，シトゥイナウ＝人型の像という発想を生んだように見える。したがって，次項に述べる知里真志保の「単純から複雑へ」という発展モデルや，金田一京助・杉山寿栄男が示した「抽象的イナウから具象的神像へ」という発生プロセスとは逆の考えを示しているものの，シトゥイナウの形状が「イナウの原初の形態」だと見なす点は，他の研究者と共通しているとも言える。

1-3. 知里眞志保

知里(1944)は、シトゥイナウが戦闘用・除魔用の棍棒「situ」から発生したと考えた［知里 1944：356］。さらに、知里(1953)ではこの考えをより詳しく展開して、「situinaw(棒・幣)」がイナウの原初の形態であったと述べ、その機能も、除魔のためのものであったとしている。知里によると、かつてのアイヌ社会には、神に先行して魔の観念があり、イナウは魔と戦うためのものであった。やがて、魔から分離して神の観念が成立するとともに、イナウも「situinaw」から「inaw」へ「進化した」のだという［知里 1976：119-121][3]。

知里は、河野とは逆にイナウが単純なものから複雑なものへと移行していくモデルを想定し、現存する種々のイナウは、複雑化の過程の各段階を示していると考えていたようだ。

知里の説は、『アイヌ民族誌』のイナウの項で定説として取り上げられたこともあり、現在も広く浸透していると考えられる。

1-4. 更科源蔵

更科源蔵は河野・知里とともに、全道で宗教文化を含む幅広い調査を行った。その過程で、各地の様々な形状や用途を持つシトゥイナウを目にし、それらを詳しく記録した。知里らの論に現れないそのシトゥイナウの地域性についても熟知していたが、イナウについての調査成果がまとまった形で示されることはなかった。また、イナウの起源については、更科(1968)で知里の説を全面的に肯定している。

1-5. 藤村久和

藤村はシンポジウム『東北文化と日本』の中で、イナウの諸形式について詳細な報告をしている。この中で、シトゥイナウについては2型式を挙げ、それぞれ北海道西南部(日高南部から噴火湾沿岸にかけて)とそれ以外の地域に分布すると述べている［梅原・高橋編 1984：128-130］。これは、河野の見解を踏襲するものである。また、イナウの起源については、イナウの語源分析から解釈をこころみているが、シトゥイナウと関連づけた内容にはなっていない。

このように、シトゥイナウの地域性は比較的早い時期から注目されてきたものの、これまでの研究が指摘した2つのグループ間の関係については議論されてこなかった。先行研究で述べられた2つのグループは、対生短翅を持つものと三生短翅を持つものという対立に置き換えることができる。本章では、シトゥイナウと呼ばれるイナウに対照をしぼって前章よりも広い地域の資料を取り上げ、対生短翅と三生短翅の分布状況を把握する。そして、それぞれの地域におけるイナウの体系の中で、対生短翅と三生短翅が占める位置を手がかりに、両者の関係と、両者の分布が何を意味するのかについて考えてみたい。

2. 各地の事例

以下では、北海道各地のシトゥイナウの例を挙げ、地域ごとの形態を確認していく。

2-1. 八雲町

資料の製作者は椎久年蔵である。椎久と資料の詳細については前章に述べた。

八雲町-1(北10178 図5-1)は、材木を割らずに用い、頭部は四つ切にする。十字対生する↓の対生短翅を3段つける。下半部の外皮を残し、線状剝離を1本入れる。下端は水平に切断する。

八雲町-2(北10824 図5-2)は、材木を割らずに用い、頭頂は水平に切断する。十字対生する↓の対生短翅を3段つける。下半部の外皮を残し、線状剝離は入れない。下端は水平に切断する。

2-2. 長万部町

長万部町-1(北10850 図5-3)は、材木を割らずに用い、頭頂は水平に切断する。十字対生する↓の対生短翅を3段つける。下半部の外皮を残し、線状剝離を1本入れる。下端は削って尖らせる。

2-3. 石狩市浜益区

石狩市浜益区の資料として示すのは山下三五郎のイナウである。山下のイナウについては，前章で述べたほか，杉山(1975)や金田一・杉山(1973)，名取(1941)に記述がある。

石狩市浜益-1(北10720　図5-4)は，材木を割らずに用い，外皮を全て剥く。頭頂は水平に切断する。頭部の両側面に頭印をつける。十字対生する↓の対生短翅を3段つける。下端は削って尖らせる。

石狩市浜益-2(北34623　図5-5)には，ペンで「浜益」と書かれている。材木を割らずに用い，頭頂は水平に切断する。頭部の両側面に頭印をつける。十字対生する↓の対生短翅を2段つける。下半部に外皮を残し，線状剝離を4本入れる。下端は削って尖らせる。

石狩市浜益-3(北34622　図5-6)は，本体に，ペンで製作者名と「浜益」と書かれている。収集年月日は不明である[4]。材木を割らずに用い，頭頂は水平に切断する。↓の輪生短翅を1段つける。外皮は全て剥く。下端は削って尖らせる。

2-4. 新十津川町

新十津川町の資料として示すのは空知信二郎のイナウである。空知のイナウについては前章で述べたほか，名取(1941)に記述がある。

新十津川町-1(北10710　図5-7)には，鉛筆で「一九三二．一〇　S家」，ペンで「ミンダラフチ」[5]と書いてある。木材を割って芯をはずし，外皮も全て剥く。頭頂は，3つの山ができるように切る[6]。十字対生する↓の対生短翅を3段つける。下端は削って尖らせる。

新十津川町-2(北10713　図5-8)には，ペンで「空知家」と書いてある。木材を割って芯をはずし，外皮もすべて剥く。頭頂は谷切にする。最上段に↓の輪生短翅をつけ，その下に十字対生する↓の対生短翅を3段つける。下端は削って尖らせる。

2-5. 旭川市

旭川市の資料として示すのは，川村亀太郎と門野ナンケアイヌのイナウである[7]。門野をはじめ，旭川市の人々のイナウについては河野のノートに記述がある[青柳編　1982：73-101, 137-139など]。

旭川市-1(白62237　図5-9)には，ペンで「旭川川村亀太郎」と書いてある。木材を割って芯をはずし，外皮もすべて剥く。頭頂は谷切にする。十字対生する↓の対生短翅を3段つける。下端は削って尖らせる。

旭川市-2(白62238　図5-10)には，ペンで「旭川川村亀太郎」と書いてある。木材を割って芯をはずし，外皮もすべて剥く。頭頂は水平に切断し，やや下に頭印を刻む。最上段に↓の輪生短翅をつけ，その下に十字対生する↓の対生短翅を2段つける。下端は削って尖らせる。下端には茶色の付着物がある。

旭川市-3(記8109　図5-11)には，毛筆で「旭川門野ナンケアイヌ」と書いてある。材木を割らずに用い，頭頂は2方向から刃物を入れて切断する。↓の対生短翅を3段つける。下部の外皮を残し，断続する線状剝離を3本入れる。線状剝離は全て下から上へ削っている。下端は削って尖らせる。

2-6. 網走市

網走市の資料として，工藤レンヌイケシの製作品を挙げる。N.G. マンローや米村喜男衛に協力して記録や資料を残した。N.G. マンローは二風谷に居住してアイヌ民族に対する医療行為と考古学・民族学的研究を行っており，工藤氏も同地に招かれてマンローの調査に応じている。また，米村が私的に設置した博物館(現：網走市立郷土博物館)にも工藤の製作品が多数収められ，一部は北方民族博物館に収蔵されている。

マンローの聞き書きによれば，火神のうち「アペオチエカシ」(火の翁)には「ピンネシトゥイナウ」，「アペオチフチ」(火の媼)には「マッネシトゥイナウ」が捧げられるという。また，炉の下手の「ウサラワカムイ」(助産の女神)には，「シアンシュトゥイナウ」というやや大型のイナウが捧げられる[マンロー　1996(1962)：47-48]。

米村によれば，火の神に捧げるイナウ「アペシドイナウ(ape-situinaw)」に男女2種あり，新しく酒を作るたびに男性1本，女性2本を立てる[米村 1980：161-162]。

網走市-1(北民E-697　図5-12)は，本体に青鉛

筆で「アペシトイナウ」という記載がある。木材を割らずに用い，外皮もすべて剥く。頭頂は刃物で平切にする。最上段に，↓の輪生短翅をつけ，その下に，十字対生する↓の対生短翅を2段つける。全てZ撚りであることから，作り手は刃物を押し出して削ったことがわかる。下端は削って尖らせる。

網走市-2(北民E-476 図5-13)は木材を割らずに用い，外皮もすべて剥く。頭頂は刃物で平切にする。最上段に，↓の対生短翅を付け，その下に，十字対生する↑の対生短翅を付ける。削りかけは全てZ撚りである。下端は削って尖らせる。

網走市-3(北民E-362 図5-14)は木材を割らずに用い，本体に「マツネシトイナウ（女神）」という記載がある。外皮もすべて剥く。頭頂は周囲から斜めに刃物を入れて折りとる。その下に十字対生する↓の対生短翅を4段，↑の対生短翅を1段付ける。削りかけは全てZ撚りである。下端はノコギリで水平に切断している。

以上の3点を比較すると，男性のイナウである網走市-1の短翅が全て↓に削られているのに対し，女性のイナウであると書かれている網走市-3，そして網走市-2は最下段の短翅が↑に削られている。

2-7. 美幌町

美幌町の資料は，菊地儀之助の製作品である[8]。菊地については前章で述べた。

美幌町-1(旭7208 図5-15)は，木材を割って芯をはずし，外皮も全て剥く。頭頂は刃物で水平に切断する。最上段に，↓の輪生短翅をつけ，その下に，十字対生する↓の対生短翅を3段つける[9]。下部を削って尖らせる。

美幌町-2(旭7209 図5-16)は，木材を割って芯をはずし，外皮も全て剥く。頭頂は刃物で水平に切断する。最上段に，↓の輪生短翅をつけ，その下に，十字対生する↓の対生短翅を3段つける。下端は削って尖らせる。

美幌町-3(旭4051 図5-17)は，木材を割って芯をはずし，外皮も全て剥く。頭頂は刃物で水平に切断する。最上段に，↓の輪生短翅をつけ，その下に十字対生する↓の対生短翅を2段，↑に削った対生短翅を1段つける。下端は削って尖らせる。

2-8. 弟子屈町屈斜路

弟子屈町屈斜路の資料として紹介するのは河野コレクションに含まれる3点(旭川市立博物館収蔵)である。製作者についての情報はないが，筆者は山中酉蔵と判断した。弟子屈町屈斜路に在住した山中は，更科と河野が足繁く聞き書きに通った話者である。また，本資料の形状が，更科の描いた山中のそれぞれのイナウの図と一致することも判断の理由である[更科 6：67, 68]。山中のイナウについては河野のノートに記述がある[青柳編 1982：128-129]。

弟子屈町屈斜路-1(旭4050 図5-18)には，毛筆で「クッチャロ Abeshutuinau」という名称が書かれている。「火の神のシトゥイナウ」の意である。木材を割って芯をはずし，外皮も全て剥く。頭頂は刃物で水平に切断する。↓の輪生短翅を1段つける。下端は円錐状に削って尖らせる。

弟子屈町屈斜路-2(旭4063 図5-19)には，毛筆で「クッチャロ」と書かれている。木材を割って芯をはずし，外皮も全て剥く。頭頂は刃物で水平に切断する。最上段から十字対生する↓の対生短翅を2段つけ，その下にやはり十字対生する↑の対生短翅を2段つける。下端は円錐状に削って尖らせる。

本資料は火神に捧げられるもので，通常の女性イナウよりも小さく作られている。北海道開拓記念館が収蔵する山中の女性のイナウ(記8112)はL 38.2 W 1.3で，本資料の約5倍の大きさである。

弟子屈町屈斜路-3(旭4064 図5-20)は，木材を割って芯をはずし，外皮も全て剥く。頭頂は刃物で水平に切断する。十字対生する↓の対生短翅を2段つける。下端は円錐状に削って尖らせる。

本資料も弟子屈町屈斜路-2と同様，火神用の小さなイナウである。旭川市立博物館が収蔵する山中の別の男性イナウ(旭4047)はL 40.5 W 1.25で，本資料の約6倍の大きさである。

2-9. 阿寒町徹別(釧路市春採)

阿寒町徹別(釧路市春採)の資料として紹介するのは更科コレクションに含まれる3点である。本資料は更科が著作の中で釧路のイナウとして紹介している[更科 1968：32]。更科コレクションに含まれる

釧路のイナウ(記89489-1〜7)は全て徹辺重次郎[10]という人物の作であるため，本資料も徹辺の作品と判断した[11]。

阿寒町徹別(釧路市春採)-1 と阿寒町徹別(釧路市春採)-2 は同形であり，かつ阿寒町徹別(釧路市春採)-1 の方が若干大きい。和天別や美幌町の組み合わせの例などから類推すると，阿寒町徹別(釧路市春採)-1 が火の主幣，阿寒町徹別(釧路市春採)-2 が男性，阿寒町徹別(釧路市春採)-3 が女性の副幣と考えられる。

阿寒町徹別(釧路市春採)-1(記89490-1　図5-21)は，木材を割って芯をはずし，外皮も全て剝く。頭頂は刃物で水平に切断する。最上段に，↓の輪生短翅をつけ，その下に，十字対生する↓の対生短翅を2段つける。下端を円錐状に削って尖らせる。徹別-2と同じ形状だが，一回り大きい。

阿寒町徹別(釧路市春採)-2(記89490-2　図5-22)は，木材を割って芯をはずし，外皮も全て剝く。頭頂は刃物で水平に切断する。最上段に，↓の輪生短翅をつけ，その下に，十字対生する↓の対生短翅を2段つける。徹別-1と同じ形状だが，一回り小さい。

阿寒町徹別(釧路市春採)-3(記89490-3　図5-23)は，木材を割って芯をはずし，外皮も全て剝く。頭頂は刃物で水平に切断する。十字対生する↑の対生短翅を2段つける。下端を円錐状に削って尖らせる。

2-10．釧路市(鶴居村)

釧路市(鶴居村)の資料として挙げるのは，河野コレクションに含まれる2点(北海道開拓記念館収蔵)である。資料本体の記載によれば製作者は，八重九郎である[12]。また，黒マジックで収集年月日と見られる「39.11.2」という書き込みがある。河野が最初に八重と対面したのは1954年であるため，「39」は昭和39(1964)年を指していると思われる[13]。

八重のイナウについては更科の著作や[更科1968：37-40]，河野のノートに記述がある[青柳編1982：120-123]。

釧路市(鶴居村)-1(記8124　図5-24)は，材木を割らずに用い，頭頂は刃物で水平に切断する。十字対生する↓の対生短翅を2段つける。外皮を剝くが，全体に内皮を残し，ところどころ点線状に剝く。下端を円錐状に削って尖らせる。内皮を点線状に剝った状態は，名取が「星斑文(コンルシノカ)」と呼んだ，花矢に見られる装飾と類似している[名取1985：15]。筆者はこれも線状剝離のバリエーションと考えている。

更科の聞き書には，このイナウを「pinne sitinau」と呼ぶとある[更科 10：65]。「男性のシトゥイナウ」の意である。

釧路市(鶴居村)-2(記8125　図5-25)は，材木を割らずに用い，頭頂は刃物で水平に切断する。十字対生する↑の対生短翅を2段つける。外皮を剝くが，全体に内皮を残し，ところどころ点線状に剝く。下端を円錐状に削って尖らせる。

更科の聞き書きには，このイナウを「macine sitinau」と呼ぶとある[更科 10：65]。「macine」はマッネ「女性である」の意と考えられる。

2-11．白糠町和天別

白糠町和天別の資料として紹介するのは更科源蔵コレクションに含まれる3点(北海道開拓記念館収蔵)である。資料本体の記載によれば，本資料の製作者は伊賀猪之助という人物である[14]。

白糠町和天別-1(記89481　図5-26)には，赤鉛筆で「アベフチイナウ　火の神のイナウ」という記載がある。「火神のイナウ」の意である。材木を割らずに用い，外皮を全て剝く。頭頂は鋸で水平に切断する。十字対生する↓の対生短翅を2段つける。胴部を中ほどから斜めにはつり，下端を尖らせる。

白糠町和天別-2(記89487-1　図5-27)には，赤鉛筆と青インクで「ピンネシュトイナウ　男の場合イナウ」という名称が書かれている。材木を割らずに用い，外皮を全て剝く。頭頂は鋸で水平に切断し，十字対生する↓の対生短翅を2段つける。胴部を中ほどから斜めにはつり，下端を尖らせる。

白糠町和天別-3(記89487-2　図5-28)には，赤鉛筆と青インクで「マチネシュトイナウ　女の場合イナウ」という名称が書かれている。「マチネ」はマッネ「女性である」の意と考えられる。材木を割らずに用い，外皮を全て剝く。頭頂は鋸で水平に切断し，十字対生する↑の対生短翅を2段つける。胴部を中ほどから斜めにはつり，下端を尖らせる。

2-12. 白糠町石炭岬

　白糠町石炭岬の資料として紹介するのは河野広道コレクションに含まれる2点(旭川市立博物館収蔵)である。資料本体への記載によれば，収集年月日は1931年6月15日である。河野は同日に白糠で時田伊兵衛と貫塩喜蔵から聞き取りを行っており，以下の2点も時田または貫塩によるものと考えられる[藤村 1984：32]。両氏のプロフィール，収集の経緯等の把握は今後の作業である。

　白糠町石炭岬-1(旭4045　図5-29)には，ペンで収集年月日のほか「マチネシュトイナウ」という記載がある。「マチネ」はマッネ「女性である」の意と考えられる。木材を半割りにして用いる。頭部を斜めに切断し，十字対生する↓の対生短翅を2段つける。下部には内皮が残る。下端を尖らせる。

　白糠町石炭岬-2(旭4069　図5-30)には，ペンで収集年月日と「ピンネシュトイナウ」という記載がある。ピンネは「男性である」の意である。木材を割らずに用い，全体に外皮・内皮が残る。頭頂は水平に切断し，面取りを施す。十字対生する↑の対生短翅を2段つける。下部に線状剥離を3本入れる。下端を尖らせる。

2-13. 足寄町

　製作者は小谷地コイケである。小谷地のイナウについては河野のノートに記述がある[青柳編 1982：164-167]。同書の記述により，収集年月日は1951年5月17日，または8月30日であると思われる。

　足寄町-1(記8118　図5-31)には，毛筆で「足寄コイケ作」，ペンで「シュトイナウ　足寄」という記載がある。木材を割らずに用い，頭頂は鋸で水平に切断する。十字対生する↓の対生短翅を3段つける。下部は外皮を残し，下端は削って尖らせる。

2-14. 芽室町

　芽室町の資料として示したのは国立民族学博物館の収蔵品である。本資料は梶原景一という人物の収集と思われ，収集時期は1910年1月と，他の資料に比して早い。製作者は不明である。

　芽室町-1(民K2025　図5-32)には，毛筆で「メヒテイナウ(女)　四十三年一月　梶原景一寄／十勝河東郡芽室村／一」，黒マジックで「F507」という記載がある。「メヒテ」とあるのはマッネ「女性である」の誤記であろうか。木材を割らずに用い，頭頂は刃物で水平に切断する。上部は外皮を剥ぎ，十字対生する↑の対生短翅を3段つける。下部には外皮を残し，線状剥離を4本入れる。下端は刃物で水平切断する。

　芽室町-2(民K2026　図5-33)には，毛筆で「シュトイナウ(男)　四十三年一月　梶原景一寄／十勝河東郡芽室村／二」，黒マジックで「F507」という記載がある。木材を割らずに用い，頭頂は刃物で水平に切断する。上部は外皮を剥ぎ，十字対生する↓の対生短翅を3段つける。下部には外皮を残し，線状剥離を4本入れる。下端は刃物で水平切断する。

2-15. 様似町

　製作者は古海サナスケである。古海のイナウについては，河野のノートに記述がある[青柳編 1982：149-150]。同書の記述により，収集年月日は1951年7月2日であると思われる。

　様似町-1(旭4042　図5-34)には，毛筆で「様似岡田　古海サナスケ」という記載がある。材木を割らずに用い，頭頂は鋸で斜めに切断する。十字対生する↓の対生短翅を，2段つける。下部は外皮を残し，下端は削って尖らせる。

2-16. 浦河町荻伏

　浦河町荻伏の資料は，鱗川今太郎の製作品である。鱗川のイナウについては，前章でふれた。

　浦河町荻伏-1(記89477-2　図5-35)は，鱗川のシトゥイナウである。頭部は鋸で水平に切断し，上部の外皮を剥く。↓の対生短翅を2段つける。下端は尖らせる。

　浦河町荻伏-2(記89477-1　図5-36)は，鱗川のハシナウである。全体に外皮を残し，頭部を斜めに切断する。↓の外皮対生短翅を2段つける。1ヶ所から削り出されている短翅は3枚である。頭部の面のすぐ下に切り込みを入れ，剥幣を挿す。下端は尖らせる。

2-17．新ひだか町東静内

製作者は，佐々木飛吉である。佐々木のイナウについては，河野のノートに記述がある[青柳編 1982：151-153]。

新ひだか町東静内-1(記89469　図5-37)の収集年月日は1965年10月10日であると思われる[更科 19：17]。資料本体には説明札がつけられており，「ノヤチャウンノカシトイナウ　蛇がたたったとき」という記載がある。

材料にヨモギを用い，外皮は残したままである。頭頂は斜めに切断し，剝幣を1本さし込む。十字対生する↓の外皮対生短翅を3段つける。下端は削って尖らせる。

新ひだか町東静内-2(記89468　図5-38)は，静内地方でハシナウと呼ばれるものであるが，静内以西のシトゥイナウと深い関連があると思われるため，ここで紹介しておく。収集年月日は1951年7月28日であるであると思われる[更科 5：71]。資料本体には「ソコンニカムイ　男が病気したときのむ神」という記載がある。材木を割らずに用い，外皮は残したままである。頭頂は斜めに切断する。互い違いになった↓の外皮三生短翅を3段つける。また，最上段と2段目の中間にシナの内皮を結びつける。下端は削って尖らせる。

2-18．平取町紫雲古津

製作者は鍋澤モトアンレクである。更科の記述によると，鍋澤は，資料としてイナウを製作し，更科に提供していたようである。本資料も，資料として保存する目的で作られたため，実際とは違う樹種で作られている。収集時期は1965年5月ごろであると思われる。

平取町紫雲古津-1(記89461　図5-39)には説明札が付けられており，「守神／これは女の神で正しい刻み方です／(チクベニ，カムイ，カムイ，カッケマッ)／エンチウ神，神，姫神，／(キキンニ)(ナナカマド)姫の神／木は柳木です／女の病気のときの守神」という記載がある(／は改行部)。やや難解な書き方であるが，更科ノートの記載とつき合わせると，本資料は女性の病気平癒を祈願するイナウを象ったもので，本来はエンジュかナナカマドで作る

が，急な依頼で材料が調達できなかったため柳で作った，ということのようである。

木材を割らずに用い，外皮を残す。頭頂を斜めに切断し，横に1本切り込みを入れる。互い違いになった↓の外皮三生短翅を3段つける。線状剝離を1本入れる。下端は円錐状に削って尖らせる。下端に土が付着している。

2-19．平取町二風谷

平取町二風谷の資料として示したのは二谷国松のイナウと，二谷自身による図である。二谷のシトゥイナウは，バリエーションが豊富に記録されており，大変興味深いが，基本的な形状はさほど変わらない[久保寺 1791：754-775]。

平取町二風谷-1(図5-40)は二谷氏自身によるスケッチである[久保寺 1971：753]。木材を割らずに用い，外皮を残す。頭頂を斜めに切断し，斜めに1本切り込みを入れる。切込みには削りかけをさし込む。互い違いになった↓の外皮三生短翅を3段つける。下端は円錐状に削って尖らせる。

2-20．白老町

白老町の資料は，満岡伸一の『アイヌの足跡』から転載した。本書に記載されているイナウについての情報は熊坂シタッピリヤや宮本イカシマトクからの聞き書きが中心になっていると思われる。

白老町-1(図5-41)は「シュツイナウ」として記録されているものである[満岡 1962(1924)：90]。木材を割らずに用い，外皮を残す。頭頂を斜めに切断し，横に1本切り込みを入れる。切込みには削りかけをさし込む。互い違いになった↓の外皮三生短翅を3段つける。下端は円錐状に削って尖らせる。

2-21．虻田町

製作者および収集年月日は不明である[15]。

虻田町-1(記89446-1　図5-42)には，青と黒のインクで「虻田　火の神のシトイナウ」という記載がある。木材を割らずに用い，外皮を残す。頭頂を鋸で水平に切断し，十字の切り込みを入れる。互い違いになった↓の外皮三生短翅を3段つける。線状剝離を3本入れる。下端は削って尖らせる。

3. 考　察

3-1. 分布から見えること

　前節では各地域でシトゥイナウと呼ばれているイナウの形状を確認した。一見して気づくことは、対生短翅を持つものと、外皮三生短翅を持つものの二系統が認められるということである。これは河野や藤村が指摘した通りである。前者は北海道西部から北部・東部にかけて広く分布し、後者は胆振・日高西部に集中して分布している。

　対生短翅は、外皮三生短翅の分布域にも存在している。胆振・日高西部でチェホロカケプと呼ばれるイナウは、十字対生する対生短翅を2～3段持ち、他地方のシトゥイナウそのものである。対生短翅の分布域は、北海道全域と、樺太の全域、千島、さらに本州に及ぶ[16]。

　一方で、外皮三生短翅を持つシトゥイナウは、虻田を西端として鵡川付近までしか分布しておらず[17]、外皮三生短翅の分布も三石付近まで確認できるに過ぎない。また、本州の「削り花」等についても概観したが、管見の限り外皮三生短翅と結びつけられるものは見当たらない。

　つまり、対生短翅は北海道全域に広がっており、ほとんどの地域でそれをシトゥイナウと呼ぶが、外皮三生短翅の存在する地域ではこれを持つイナウをシトゥイナウと呼び、かわりに対生短翅を持つものをチェホロカケプと呼んでいることになる(表5-1参照)。また、この表によると両者の分布の境界に位置する静内近辺では、外皮三生短翅を持つイナウにハシナウという名称を与えていることがわかる。ハシナウは、他の多くの地域では、図5-43のような枝を持つイナウの名称として用いられている。

　なぜ、外皮三生短翅のような特殊な要素が局所的に存在するのかは不明である。現状に至る経緯を推測するとすれば、外皮三生短翅が広まった時期がきわめて古いか、あるいはごく新しいという2つの過程が考えられるだろう。

　試みに、外皮三生短翅が広まった時期がごく古く、その後に対生短翅が広まったと仮定して考えてみる。そうであるとすれば、その痕跡としてどこか他の地域にも飛び地のように外皮三生短翅が残っていてもおかしくないが、そうしたものはまったく見当たらない。あえてこれに結びつけるとすれば、樺太のイナウにはごく稀に三生短翅(外皮を伴う例は未見)が現れる。しかし、外皮三生短翅が低いランクの要素であること、換言すれば日常的な儀礼に用いられるイナウの要素であるのに対し、樺太の三生短翅はごく特殊なイナウにしか現れない[18]。現時点では、両者が起源を異にするか、両地方の人々の一時的な接触によって類似したと考えた方が良さそうである。

　むしろ、こうした分布の状況を見た場合、対生短翅が先行して広く分布し、ごく新しい時期に外皮三生短翅が一部で発生したと考える方が自然ではないだろうか[19]。ここではそのように仮定し、次に外皮三生短翅が発生した要因について考察する。

　外皮三生短翅の分布域、とりわけ沙流・千歳は、言語の面からも他方言には見られない文法的形態的特徴を持つことが知られている[中川 1996：12]。これと同様に、この地域のイナウも特異な面をいくつか持っている。他地方でよく用いられる輪生短翅や頭部の刻印が、非常に稀にしか用いられないということもその1つである。

　構成要素が減るということは、イナウの生産性が低下する(バリエーションが減る)ということである。他地域では可能な、ケースに応じた作り分けができないことになる。例えば、その不足を補うために、別な要素を作り出したと考えることはできないだろうか。つまり、頭印・輪生短翅に替わるものとして外皮三生短翅が発生し、結果としてこの地方のイナウの多様性が保たれているというわけである。図5-44は、久保寺逸彦の記述を元に作図した、二風谷でクマ送りの際に子グマをつなぐ杭である[久保寺 1971：772, 773]。この杭は、クマ送りの際、安全のためにクマをつなぎとめておくことが第1の目的だが、形態の上ではイナウの脚部との共通点を持っている。どの地方でも先端にイナウが連結され、また杭には線状剝離など幣脚の構成要素が現れることからも、一種の幣脚と見なされていることがわか

表 5-1 名称と構成要素の対応

	対生短翅	外皮三生短翅	出 典
八雲	situinaw	—	[青柳編 1982：89]
長万部	situinaw	—	[名取 1987(1940)：153-154]
新十津川	situinaw	—	北 10182-8
旭川近文	situinaw	—	[更科 11：28]
美幌	situinaw	—	[青柳編 1982：109-110]
網走	situinaw	—	[Munro 1996(1962)][米村 3]
斜里	situinaw	—	[青柳編 1982：130]
屈斜路	situinaw	—	[青柳編 1982：128]
虹別	situinaw	—	[青柳編 1982：128, 194]
幣舞(下雪裡)	situinaw	—	[犬飼 1987(1975)：111]
白糠	situinaw	—	[青柳編 1982：119, 183]
塘路	situinaw	—	[青柳編 1982：126, 190]
足寄	situinaw	—	[青柳編 1982：164-167]
十勝本別	situinaw	—	[青柳編 1982：119, 181]
十勝芽室	situinaw	—	民 K 2026
様似	situinaw	—	[青柳編 1982：150]
浦河	situinaw	hasinaw ※	記 89477-1, -2
三石幌毛	situinaw	hasinaw	[更科 12：24]
東静内	situinaw	hasinaw	[青柳編 1982：151, 152]
静内農屋	situinaw	hasinaw	[青柳編 1982：153, 154]
静内真歌	situinaw	hasinaw	[青柳編 1982：215]
静内豊畑	situinaw	hasinaw	[更科 15：15]
二風谷	cehorkakep	situinaw	[久保寺 1971：753, 758]
千歳鵜柵舞	cehorkakep	situinaw	[青柳編 1982：71, 72]
白老	cehorkakep	situinaw	[満岡 1962：90]
虻田	—	situinaw	記 89446-1

注) ※外皮対生短翅

る。二風谷のものも，杭の部分に外皮三生短翅を 3 段つけ，その上にクマイザサとトドマツの葉を縛り付けて，先端の割れ目に対生短翅を持ったイナウをさしている[20]。

興味深いのは，外皮三生短翅が，対生短翅と共起している点である。すでに見てきたように，シトゥイナウという名称は，北東部では対生短翅を，南西部では外皮三生短翅を持つイナウに用いられる。このことから，両者は同じ要素の地方形のようにも見える。しかし，外皮三生短翅を用いる地域でも，対生短翅が駆逐されることはなく，別な名称(チェホロカケプ)で存在し続けている。さらに，二風谷のクマつなぎ杭のような資料を見るとき，外皮三生短翅が対生短翅に置き換わったのではなく，対生短翅の下に配置される要素として，構成要素の体系に加えられたことがわかる。少なくとも二風谷では，これらが組み合わされて，バリエーションの幅をひとつ広げているのである。

3-2．外皮対生短翅

仮に，この推測が正しいとして，外皮三生短翅の前身となったものは何であろうか。1 つには，先に述べた樺太の三生短翅との関係が考えられる。それほど古くない時期に，沙流・千歳のどこかのグループが一時的に樺太のグループと接触し，そこで知った三生短翅を取り入れたという可能性である。

もう 1 つ，既存の要素から変異として発生したという可能性が考えられる。実は外皮三生短翅がない地域にも，形態的には近い要素が存在する。図 5-45，図 5-46 に示した外皮対生短翅がその例であ

る。

　外皮対生短翅を持つイナウはシトゥイナウとは呼ばれず，シトゥイナウより1段低く見られることが多い。帯広などに見られる，山中で臨時に作って用いるイナウや[犬飼・名取 1987(1939)：270]，新十津川町，美幌ではイリヌサと呼ばれるイナウ(熊を解体する際に肉や内臓をかけるもの)につけられる[更科 10：152]。また，外皮対生短翅は対生短翅と共起する例が見られない。このことから，外皮対生短翅は対生短翅のバリエーションの1つであり，対生短翅より1段低いランクを表示すると考えられる。

　さらに，外皮対生短翅と外皮三生短翅を結びつける裏づけとして，外皮三生短翅の分布域にも，その変異のような形で外皮対生短翅が現れることがある。図5-44は白老で「チニシュッカムイ」という名で記録されたものである[満岡 1962(1924)：89]。いわゆる，守護神として働くイナウで，形状は白老-1に挙げた「シュツイナウ」とほとんど変わらないが，ただ，外皮三生短翅の替わりに外皮対生短翅がつく。二風谷や門別でも，病魔に対するイナウとして，よく似たイナウを作る。

　こうしたイナウが，外皮三生短翅の分布域にも点々とあることから，私は次のような発生過程を想定している。すなわち①対生短翅と外皮対生短翅のペアが先行して北海道全域に分布，②外皮対生短翅を元に外皮三生短翅が作られる，③胆振・日高西部地域では対生短翅と外皮三生短翅が別個の要素として用いられるようになり，両者を組み合わせることも可能となった，というものである。

3-3．発生の時期

　それでは，外皮三生短翅の発生の時期はいつごろであろうか。実物資料としては，例えば1882(明治15)年に収集された千歳のクマ送り用祭壇(北10179)に，外皮三生短翅の痕跡が確認できる[21]。それ以前の様子を知る手がかりとして，1823年に成立したといわれる『蝦夷生計図説』(以下，『図説』)という名の民族誌的文献がある[22]。『図説』の編纂は，村上島之允によって着手され，その養子貞助によって1823年に完成された。さきに島之允が著した『蝦夷島奇観』と並び，近代以前のアイヌの様子を伝える資料として，これまでも数多くの研究において参照されてきた。中でも，『図説』におけるイナウの記述は，当時の文献としては他に類を見ない詳細なものであることが知られている。ここでは，『図説』中のイナウに関連する記述のうち，本章と関連のある部分のみを抜粋して検討する。

「アベシヤマウシイナヲ」

　「此イナウは火の神を祭るときに奉け用ゆるなり〔中略〕このイナヲは夷地のうちシリキシナイといふ所の辺よりヒロウといへる所の辺まてにてもちゆる也」(p.308)

　「アベシヤマウシイナヲ」に似たアイヌ語は，近現代の記録にも見られ，増毛，新十津川，旭川などで囲炉裏に立てるあらたまったイナウをアペサムシペ「火の側にあるもの」と呼ぶ。いずれもシトゥイナウの1種と考えて良い。

　図のイナウは，↓に削った輪生短翅を持つものらしい(図5-47)。頭部が見えないため，軸が細くなるまで削り続けて折り取ったものかとも思われる。

　このように輪生短翅のみが作り出される例は，増毛，新十津川，屈斜路，旭川，斜里などに確認できる。このうち旭川，斜里では，頭部を残したものと折り取ったもの両方が確認できる[23]。頭部の有無は，そのイナウの用い方と関わっていると考えられる[24]。

　『図説』では，こうしたイナウがシリキシナイ～ヒロウ(津軽海峡～太平洋沿岸)にかけて用いられたとしている。しかし，近現代のデータでは，同地域は輪生短翅の空白地帯となっている[25]。

「ピン子アベシャマウシイナヲ　マチ子アベシャマウシイナヲ」

　「この二つはひとしく火の神を祭るに用ゆれとも男女のわかちあるによりて其形ちの替れるなり〔中略〕此イナヲに男女のわかちある事は火の神に男女あるといふにもあらす唯祭れるイナウに男女のわかち有よし也これを夷人糺尋するといえともいまた其義の詳なるを得す追て考ふへし〔中略〕此二つのイナヲはビロウといへる所の辺よりクナシリ島の辺にいたるまてにてもちゆるなり但し此イナヲまつはビロ

ウの辺よりクナシリ島の辺までに限りて多く用ゆれともことによりてはシリキシナイの辺よりビロウまての地にても用ゆる事あるさまなり追て糺尋の上たしかに録すへし」(p.309)

「ピン子〜」「マチ子〜」に似た言葉としては，ピンネシトゥイナウ「男性である火のシトゥイナウ」，マッネシトゥイナウ「女性である火のシトゥイナウ」があり，やはりシトゥイナウの1つである。

図に示されているのは対生短翅を持つイナウである（図5-48，49）。男性とされるイナウは↑に，女性のイナウはその反対に削られ，それぞれ2段ずつ十字対生していることが描き表されている。このように対生短翅の向きで性別を表現する様式は様似以東から美幌まで広がっている。このうち『図説』と同形と言えるものは様似から十勝，釧路の海岸部に広く分布しており『図説』で述べられている分布域とほぼ一致している[26]。ただし，形と性別の対応は『図説』と近現代の事例との間に逆転が見られる。すなわち近現代では↓に削ったものが男性，↑に削ったものが女性となっている[27]。

また，先に述べたように，上で見た輪生短翅を持つイナウとこれら男女のイナウは分布域が重なり合っている。阿寒，屈斜路では，輪生短翅を持つイナウを主幣とし，これら男女のイナウを副幣として一組の祭壇を作る。これは，年中行事やクマ送りなど，通常よりもあらたまった神事に用いるものと考えられ[28]，副幣は神事の過程で燃やし，主幣は囲炉裏の上手に残す。つまり，『図説』の記述では「アベ〜」と「ピン子〜」「マチ子〜」を同じイナウの地方形と位置づけているが，近現代の事例からすれば，これらは同じ地域内に存在する格式の異なるイナウということになる。

『図説』の記述で特に興味深いのは，火神に男女の別があるわけではないとしている点である。近現代では，「ピン子〜」「マチ子〜」の分布域とされる十勝から釧路にかけての地域では火神を夫婦の神と見なしており，アペウチフチ「火神の媼」・アペウチエカシ「火神の翁」（十勝），あるいはウサラワフチ「炉尻の媼」・ロロワエカシ「炉頭の翁」（釧路）等と呼ぶ。男性の火神が祀られるのはアイヌ全体から見ればごく限られた地域である。これに対し，女性の火神はアイヌ全体に普遍的に祀られ，口頭文芸に現れる火神も多くは女性であることなどから，男性の火神はかなり特別な存在であるという印象を受ける。『図説』では火神を男女いずれとも書いていないが，はたしてどちらであったのだろうか。

「キケチノイヽイナヲの図　二種」

「これは家中の安穏を祈るに用ゆ〔中略〕二種のうち初の図はシリキシナイといへる所の辺よりビロウといへる所の辺迄に用ゆ後の図はビロウの辺よりクナシリ島の辺までに用ゆる也其形ちの少しくたかへる事も図を見てしるへし」(p.309)

図示されているのは撚長翅を持つイナウと，これに輪生短翅が組み合わされたものである（図5-50，51）。図では，長翅部分にS撚りとZ撚りが混在しているが，これは絵画的な表現であろう。現在確認できる撚長翅はほとんど全てS撚りである。

分布状況は『図説』と近現代のデータでは若干ズレがある。撚長翅のみのイナウは，東はビロウを越えて釧路付近までの太平洋岸に見られる。西端は礼文華あたりまでで，それより西（シリキシナイ寄り）の八雲，長万部では，撚長翅をさらにZ撚りにした編長翅を用い，撚長翅は見られない。日本海方面では余市，増毛，旭川に見られる。

輪生短翅を伴うものはビロウからクナシリで用いるとあるが，近現代では太平洋岸には見られず，阿寒や美幌などの内陸部から，斜里，網走，宗谷などオホーツク海沿岸，上川，空知など石狩川流域に見られる。

北海道では，千歳，鵡川，沙流川流域をのぞき，イナウに頭印を刻むことが一般的であるが『図説』中には刻印がいっさい見られない。

記述中，用途を述べた箇所の「家中の安穏を祈るに用ゆ」とは，何を指しているだろうか。一般にイナウは祈願者およびその家族の加護を請うために用いられることを考えれば，ことさらに「家中」と書いたのは屋内で用いることを述べたものだろう。長翅を持つイナウは，宝壇の上の壁や梁の上，あるいは屋根の上に挿し，チセイナウ「家のイナウ」（白糠，阿寒），チセコロイナウ「家のイナウ」（新十津川，帯広伏古，二風谷），チセコロカムイイナウ「家の

神のイナウ」(阿寒，網走)，イレスフチイナウ「火神のイナウ」(静内)などと呼ぶ。家屋の神に捧げるとすることが多いが，十勝では男性の火神に捧げるという。

また，近現代の事例では，屋外の祭壇に用いることがより一般的である。おそらく『図説』編纂時にもそのように用いていたであろう。

屋外に立てる場合は 1 m 50 cm〜2 m ほどの高さに作られ，重要な祭神に捧げるものは特に背が高い。イナウの脚部を長く残す方法，脚部を別材で作って連結する方法があることは，これまで述べた通りである。『図説』に描かれたイナウは脚部が短く，外に立てるとすれば下に別材を継いで用いると思われる。

「キケチノイヽナヲ」に相当するキケチノイェイナウは，撚長翅を持つイナウの一般的な名称として，礼文華から静内にかけて用いられる。長万部以西ではシノイナウ「真のイナウ」を用い，東部から北部にかけてはイナウネトパ「イナウの胴体」(帯広伏古)，リイナウ「背の高いイナウ」(帯広伏古)，ヤヤンイナウ「通常のイナウ」(白糠，釧路)，チケイナウ「我々が削ったイナウ」(道東，道北)などが見られる。

「キケハアロセイナヲの図　二種」

「これは何とさたまりたる事なくすへて神明を祈るに用ゆる也〔中略〕二種の形ちの少しくかはれる事あるは前のキケチノイヽナヲにしるせしと同し事にて前の図はシリキシナイの辺よりビロウの辺迄に用ひ後の図はビロウの辺よりクナシリ嶋の辺までにもちゆる也」(p.309)

図示されているのは散長翅を持つイナウと，これに輪生短翅が組み合わせられたものである(図5-52, 53)。

両者とも「キケチノイヽナヲ」と同じくビロウを境とした噴火湾・太平洋沿岸に分布するとされているが，近現代では散長翅と輪生短翅の組み合わせは樺太にしか見られない。

用途については，どんな神にも用いるとある。胆振・日高では，散長翅を持つイナウは女性であるとされ，男神に捧げる。増毛や新十津川でも，性別と の対応は不明だが，祭神に用いる。kikecinoye と同様に背を高くし，頭印を刻むが，『図説』にはそれらしき描写は見られない。

これに対し，余市，帯広伏古から釧路，美幌・網走にかけての東北部，新十津川では，祭神に用いるのは撚長翅のみである。この地域では，散長翅を持つものは先祖供養(特に男性の祖霊)に用いる。祖霊用のものは背が低く，管見の限りではすべて一木で，刻印は施さない。

「キケハアロセイナヲ」はキケパラセイナウ「削りかけが広がったイナウ」のことであろうか。この名称は主に礼文華から静内付近で用いられ，ほかではピラハネイナウ「ほどけたイナウ」(樺太)，キケタンネイナウ「削りかけの長いイナウ」(様似)，エカシイナウ「祖翁のイナウ」(屈斜路)，ペケレイナウ「清いイナウ」(増毛)などと呼ばれる。

「シユトイナヲの図」

「シユトといへるはもと杖の名にしてウカルを行ふ時にもちゆる物也ウカルといふは夷人の俗罪を犯したる者あれはそれをむちうつ事のある也シユトは其むちうつ杖の事をいふ委しくはウカルの部にみえたり此イナヲを製するにはまつ木をシユトの形ちの如くにしてそれより次第に削り立る事をなすによりてかくは名つけし也　本邦の語に罪人をうつ杖の事をしもといふさらはシユトはしもとの転語にしてこれ又　本邦の語通するにやこのイナヲはいつれの神を祈るにも通し用ゆる事なり」(p.310)

「シユトイナウ」はストゥイナウかと思われる。図示されているのは，十字対生する3段の対生短翅を持ったイナウである(図5-54)。一見すると上で見た「マチ子アベシヤマウシイナウ」などに似ているが，「マチ子〜」は頭部が水平に切られたように描かれていたのに対し，こちらは頭部を谷切のように描いている点が興味深い。八雲から帯広付近，および石狩川流域にはこうした谷切や四切の頭部様式が見られる。足寄以東から美幌や斜里，増毛では頭部を平切にする。

これに対し，外皮三生短翅らしいものは一切描かれていない。外皮三生短翅はアイヌ全体から見れば限られた地域でしか用いられないが，『図説』が主

に記述している噴火湾，太平洋岸の中では3分の1に近い範囲に分布している。それにも関わらず『図説』中にこの要素が一切見られないことは注意すべきことである。

「チカツフイナヲの図」

「チカツフとは鳥の事をいふ也是は養ひ置し鳥を殺す時は此イナヲを用ひて其殺せし鳥の霊を祭る也これにより鳥のイナヲといふ心にてかく名つけし也およそ夷人の俗熊狐の類其外諸鳥をかひ置きて是を殺す事あるときは其霊を祭る事甚た厚く意味も又ことに深し別に部類を分かちてほゝしるしたりといへともいまた詳かならさる事とも多し追て紀尋の上録すへし」(p.310)

「チカツフイナヲ」はチカブイナウ「鳥のイナウ」かと思われ，記述内容も近現代の用い方とほぼ一致している。ただし，図に示されたイナウの形状は外皮対生短翅を持つもので，近現代のチカブイナウとはかなり異なっている（図5-55）。

チカブイナウとは概して長翅を持っており，さらに頭部に羽角状の短いイナウを削り出したものである（図5-56）。十勝以東から美幌，網走，新十津川まで見られ，飼養した鳥神の霊送りや自然界の鳥神を祭るのに用いられるものである[29]。

これに対し，図と似たものが帯広伏古に見られる（図5-57）。これはチカブコケブ「鳥に対して削る（作る）もの」，チカブコケシトゥイナウ「鳥に対して削るシトゥイナウ」と呼ばれ，3段の外皮対生短翅を持つイナウである。山中で簡略に神事を行う際に用いられるもので，上で見た外皮三生短翅の発生に関与しているのではないかと思われるものである［犬飼・名 1987(1939)］。

つまりこの箇所では，名称の類似のためにチカブイナウとチカブコケブが取り違えられている可能性が考えられる。こうした点は『図説』の内容が，一部伝聞に基づいて描かれている可能性を感じさせるところである。

「ハシイナヲの図」

「ハシとは木の小枝の事をいふすなはち本邦にいふ柴の類にて柴のイナヲといふ事也是は漁猟をせんとするときまつ海岸にて水伯を祭る事あり其時此イナヲを柴の■■の如くゆひ立て奉くる事也其外コタンコルまたはヌシヤサンなとにも奉け用る事もありコタンコルヌシヤサンの事はカモイノミの部にみえたり右に録せし外イナヲの類あまたありといへとも其用ところの義未詳ならさる事多きか故に今暫く闕て録せす後来紀尋のうへ其義の詳なるをまちて録すへし」（p.310，原著ママ）

図示されているのは，自然の枝ぶりをそのまま残した木に，ところどころ削りかけをさし込んだものである（図5-58 H-Aとする）。こうしたものは長万部，増毛，枝幸，釧路に見られ，ハシナウ「柴のイナウ」と呼ばれる。一方，胆振から日高の沙流付近にもハシナウと呼ばれるイナウがある。こちらはまったく異なった形状をしており，外皮三生短翅を持つイナウに，小枝を残したものである（図5-59 H-B）。静内ではハシナウという名称は使われるが，それが指すものは外皮三生短翅だけを持つイナウである。上川と十勝にはこれらのいずれも見られない。

記述では水神を祀る場合や，「コタンコル」「ヌシヤサン」に捧げるとある。これらはコタンコロカムイ「村の守護神（＝シマフクロウ）」，ヌサコロカムイ「祭壇の神」に当たるだろうか。近現代の例では，渡島，胆振，日高西部ではハシナウコロカムイ「ハシナウを受ける神」と呼ばれる狩猟神に捧げる。この神はエゾフクロウともカケスのような姿の鳥とも言われる。礼文華では，レプンカムイ「海の神」にもハシナウを捧げるという。

増毛ではクマ送りの祭壇の左右に立てるが，祭神は不明である。釧路では yas（袋網）漁をはじめる前に H-A を川の側に立ててチワシコロカムイ「河口の神」に捧げる。新問では，海神の祭壇を作る際，両側にハシナウを立てる。

イナウを用いる場面

『図説』中，イナウに関する記録は「イナウの部」に集中しているが，耕作や造船などを描いた他の分冊にも，イナウを立てた場面が描かれている。それらを列挙すると以下の通りになる。（ ）内は図中でイナウがある場所である。

トイタの部　上

ムンカルの図（川の縁）
　　　ヒチヤリバの図（畑の縁）
　　　ムンカルの図（畑の縁）
　　　ウプシトイの図（畑の縁）
　トイタの部　下
　　　ルシヤシヤツケの図（炉の隅）
　　　ユウタの図（戸口の脇の床）
　　　イトヽイの図（戸口の脇の床）
　　　ムルヲシヨラの図（糠塚の上）
　　　ムルクタウシウンカモイの図（糠塚の上）
　　　アマヽシユケの図（炉の隅）
　　　アマヽイベの図（炉の隅）
　チツフの部　上
　　　舟敷となすへき木を尋ね山に入んとして山神を
　　　　祭る図（雪の上）
　　　舟敷となすへき木を伐んとして其他の神を祭る
　　　　図（木の根元）
　　　舟敷の大概作り終りて木の精を祭る図（切り株
　　　　と残った幹）
　チツフの部　下
　　　舟の製作終りて後舟神を祭る図
　アツシカルの部
　　　アツヲンの図（源泉の縁）

　以上の図中で用いられているイナウは，「舟の製作終りて〜」の中で，船首に「キケハアロセイナヲ」と剝幣，「舟敷の大概作り〜」で，残した幹の木口に剝幣が見える以外はすべて「シユトイナヲ」である。おそらく，家屋の背後にある祭壇にはほかのイナウも立てられていたに違いないが，『図説』の現存する部分には祭壇の図が含まれていない。

　白老や日高では，糠塚はヌサコロカムイ「祭壇神」の祭壇と一体化しており，撚長翅を持つ高いイナウに，小さなイナウが組み合わせて立てられる。『図説』のように，短翅を持った簡素なイナウだけを立てる例は，近現代では新十津川に見られる。

　炉や戸口に立てられるイナウは，近現代でも短翅を持つイナウであることが多い。ただ，戸口の神のイナウは，床ではなく戸口側の壁にさす。そのほか，畑や温泉など，あまり類例のないところにイナウを立てているが，近現代の研究から得られる理解と大きく異なるものではない[30]。類例が少ないのは，祭壇の場所や設置の仕方など，イナウの用い方に関するデータが少ないことも関係しているだろう。

　図を見て気づくことは，1ヶ所に複数のイナウが立っている中に，白と灰色の色分けがあることである。炉や戸口，糠塚などは，神事のたびに同じ場所に新たなイナウを立てていき，古くなったものは煤や風雨で灰褐色になる。灰色のイナウは，こうした風化の表現かもしれない。また，船材を切りに入山するにあたり，雪の上にイナウを立てて祈っている場面があるが，ここでも2本のイナウが色分けされているところを見ると，あるいはイナウ材にした樹種を描き分けているのかもしれない[31]。

　『図説』は，民族誌的研究の分野で高く評価されてきたが，本節での検討を通して，同書の記述がイナウの分野においても一定の信頼性を持ち，近世のイナウを探る上で十分使用に耐え得るという印象を強めた。アイヌ語の解釈等には，同祖論的な傾向が見られるものの，19世紀初頭の時点まで遡って，イナウの構成要素が数多く確認されるということ，それによって明治以降とほぼ共通した使い分け，格式の分化などがうかがえることは驚嘆に値する。こうしたこと知り得る資料がほかに無いことを考えれば，いっそうその価値が理解される。

　『図説』の記述には，イナウの部以外にも地理的な情報が記されているものがある。そこに現れてくる地名はシリキシナイ・シラヲイ・ビロウ・クナシリと太平洋岸のものであり，同書は主として「東蝦夷地」の民俗情報を収載していることになる。いっぽう，道北から樺太，北千島に関しての情報は皆無に近い。

　地域差に触れた記述にはビロウ（広尾）付近を境に風俗が異なっているとしたものが多く，そこを境とした東西には同質な文化圏がある，という地理認識が現れている。近現代でも，いくつかの構成要素が，静内・浦河・様似付近を境界として分布している。『図説』の記述は，こうした状況に通ずるところもあるものの，やや大づかみな感はいなめない。

　河野広道（1931）は墓標の形式をもとに樺太・北海道の地域集団を示したが，それに従えばシリキシナイからビロウの間には「シュムクル」と「サルンク

ル」の2つの地域集団が含まれており，ビロウからクナシリにかけての「メナシクル」はさらに「トカチアイヌ」「東南部メナシクル」「クナシリアイヌ」に分けられる。この区分は，イナウの構成要素の分布ともおおよそ符合している。村上の言う「ビロウ以東地域」のイナウは，河野の「東南部メナシクル」のイナウと近い。同じく「ビロウ以西」のイナウは「シュムクル」に近い。両者の間，特に「サルンクル」は，胆振・日高西部に相当し，イナウの製作・使用においても特殊な文化圏をなしているのだが，村上の記述に現れない。村上と河野の分析は100年近い時間を隔てて書かれているのだが，両者のズレはどのような意味を持つのだろうか。

図版については，当時の絵画類の中でも，群を抜いて情報が多いと言える。これは，実物を前に写生した可能性が高いが，すべてが現地（各集落）で描かれたかどうかは疑問である。例えば「ハシイナヲ」や「シユトイナヲ」など近現代では大きな地方差を持つイナウは，その一方しか描かれていない。無論，今日の地方差が『図説』の成立以後に生まれてきたと考えることもできる。一方，当時から2つの地方形は存在していたが，より和人地に近い「シュムクル」地域のものだけが描かれた，と考えることもできる。それよりやや東の「サルンクル」地域では，まったく形の違うものが存在していたが，名称が似ているために見過ごされたのかもしれない。

また「アベシヤマウシイナヲ」の分布が「ビロウ以西」とされているように，今日の分布とまったく逆転していること，「ピン子アベシヤマウシイナヲ」「マチ子アベシヤマウシイナヲ」の性別と形が逆転していること，「チカツフイナヲ」とチカプコケプが取り違えられていることなどを考え合わせると，やはり間接的な情報が多く入り込んでいる可能性を考えたくなる。あるいは，村上は各地から和人地にもたらされた「収集品」や正確なスケッチを写して図版を作り，それまでに集積されていた民族誌情報とつなぎ合わせて『図説』を編纂したのではないだろうか。そう考えれば，「キケチノイヽナヲ」や「キケハアロセイナヲ」の上部のみが書かれていて，下に継がれるはずの幣脚が見落とされていることも理解できる。

以上の考察をまとめると『図説』に「描かれた」事物は今日でも確認できるものが多く，それが「存在した」ということはかなり信頼がおけるといえる。いっぽう，今日知られている事象で『図説』に「描かれていない」ものに関しては，なぜそれが「ない」のかを慎重に検討する必要がある。外皮三生短翅の発生時期を考える際に，この要素が『図説』に見えないことは重要であるが，それはそもそも同書の成立上の事情から，「サルンクル」地帯という大きな文化圏が抜け落ちている可能性もあるのである。

外皮三生短翅の初出として確実なのは，前記の実物資料（北10178）ということになる。『図説』成立の1823年から，北10178が収集された1884年までの60年ほどの間に，外皮三生短翅を含む新しい習俗が生まれたのだろうか。そうではあるまい。イナウ文化の変遷において，60年という期間が長いか短いか。これを客観的に判断する指標はないが，やはり外皮三生短翅の発生はもっと古いのではないかという気がしてならない。これらを含む習俗が，あまりに細かく整然と展開しているからである。ただ，いずれにせよ『図説』成立の時期には，今日見るようなシトゥイナウの2大類型が形成されていたことは確かな様である。

4．小　括

以上，本章では，シトゥイナウという名で呼ばれるイナウの地域ごとの形状を整理し，対生短翅と外皮三生短翅の関係について考察してきた。従来，外皮三生短翅を持つシトゥイナウは，アイヌのイナウにおいて普遍的なものと捉えられる傾向にあったが，河野や藤村が指摘したように，これはアイヌのイナウにおいては，ごく限られた地域にのみ分布する特殊な要素を具えたイナウであった。本章では，時代を限定して同種の資料を集成することにより，このことを具体的に例示した。また，分布の状況から，対生短翅が先行して広く分布し，後に外皮三生短翅が発生したと仮定した。外皮三生短翅が存在する理

由として，沙流・千歳では他の地方に比してイナウの構成要素が少ないため，イナウの多様性を確保するための働きを担っているのではないかと考えた。

外皮三生短翅と樺太の三生短翅との関係については，現時点では関連が薄いように思われるが，今後資料の増加を待って，再度検討してみたい。

〈注〉
1) 南西部方言ではストゥイナウとも言う。また，民族誌的記述の中には，これら方言形のいずれかを指すと思われる「シトイナウ」「シュトイナウ」などといった表記もある。本章では，シトゥイナウでこれら代表させて用いる。
2) 河野(1933)で言う「キケチノエイナウ」と「キケパルセイナウ」を指す。
3) なお，「§81. オバイボタ」の項では，棒幣のより原初的な形としてロチ「掻き綿」をつけたイナウを想定している。
4) 杉山(1973)挿第十六図の解説によれば，この形状のものは火神に捧げるとある。また，河野コレクションに含まれる山下の同形のイナウ(旭4052)は病気平癒の祈願ために火神に捧げるという。
5) 名取は，空知の祭神とイナウについての記述の中で「ミンダラウシ（庭の神，シュトイナウ二本）」というものを挙げている。本資料がこれにあたるのであろうか[名取 1987(1941)：60]。
6) ただし，同形の北10711は山が4つになってり，一定しない。これらは，いずれも北10713のような谷切型を意図したものかもしれない。
7) 筆者は川村の経歴について今のところ把握できていないが，川村家の系統を辿ると永山キンクシベツに暮らした人々であり，近文の系統である門野とともに旭川の事例として紹介してよいと思う。ただ，門野は，倉光(1953)などに見るように，空知地方から移住した人々とともに儀礼を行った経験が多い。そこでの接触が，門野氏のイナウ製作に与えた影響を検討しなければならない。
8) 菊地は1877(明治10)年美幌市クビタイに生まれ，3歳ごろに同市の野崎へ移転して，1961年に死去するまで同地に暮らした。菊地の父もクビタイの人である。
9) 本図では削りかけの状態がわかりにくいが，徹別-1(図5-18)とほぼ同様である。
10) 徹辺は1894(明治27)年釧路市米町に生まれ，9歳ごろに親と死別したため，阿寒(現阿寒郡阿寒町字徹別原野付近か)の徹別四郎の養子となる。30代の終わりごろから白糠で炭焼きをし，60歳ごろに釧路市千代ノ浦へ移り住んだ後，1966年に死去した[田村 2003：241]。こうした徹辺氏の経歴をふまえ，本論では徹辺のイナウを阿寒地方の資料として扱う。
11) 更科コレクション中の徹辺の作品(記89489-1〜7)は，資料本体への記載によれば，1963年から64年にかけてNHKが製作した3部作の記録映画『ユーカラの世界』の撮影に使用され，そのまま収集されたものである。本資料もこのときに収集された可能性が高い。
12) 八重九郎は1895(明治28)年に阿寒郡舌辛村雪裡(現阿寒郡鶴居村下雪裡)に生まれ，終生同地に暮らし，1978年に死去した。1954年1月に，河野とともに八重から聞き取りを行った更科のノートによれば，八重の父は明治中期まで釧路市幣舞の裁判所付近に居住しており，1885(明治18)年に下雪裡へ移り住んだという[更科 9：9]。このため，本論では八重が製作したイナウを釧路地方の資料として扱う。
13) しかし，河野は1963年に死去しているため，本資料が河野自身の収集品であるとすれば，記載が誤っている可能性も考えられる。河野は1954年の1月と3月に鶴居で，1958年8月に札幌で八重から聞き取りを行っており，このいずれかの機会に収集されたものかもしれない。[藤村 1984：40-42]。
14) 伊賀のプロフィール，収集の経緯等の把握は今後の作業であるが，更科は1954年，1961年から1963年にかけて計4回白糠で調査を行っており，このいずれかの機会に収集された可能性が高い[齋藤 2002：93-105]。
15) 本資料は，1968年に出版された『歴史と民俗　アイヌ』の中で紹介されているので，少なくともそれ以前の収集であろう。また，このとき掲載された写真では，頭部に剝幣を挟んでいるが，この剝幣は現在は欠落している。
16) ただし，樺太，千島，本州では十字対生は見られない。全て同方向の対生短翅が縦に並ぶのみである。
17) なお，更科のノートの記載によれば，新冠もAの分布域である可能性が高い[更科 8：66]
18) 例えば，鵡城の例で，トゥスタクサと呼ばれる巫術用のイナウにつけられた例がある(記89509)。
19) 言語地理学でも，基本的にはこれと同じ様に考える。すなわち「AとBという語形がABAという形で並んでいる場合，他にその解釈を妨げる条件がない限りは，かつてはAがBの地域にも広がっていたのであり，Bが新しく生れたことによってAが分断される形になったのだと解釈する」ということである[中川 1996：3]。
20) 東京帝国大学が収集した資料群(現在は国立民族学博物館収蔵)の中に，おそらく平取付近の男性が製作したと思われるクマつなぎ杭の模型がある(民K2276)。当該資料も，外皮三生短翅を持つ脚部の上に，対生短翅を持つイナウが差し込まれる形に作られている。
21) ただし，北10179は，1882年に収集されたイナウ類を含むものの，後年収集された別の資料を組み合わせて再構成された可能性が指摘されている。詳しくは沖野(2000)を参照。
22) ここでは河野本道・谷澤尚一解説『蝦夷生計図説』(北海道出版企画センター，1990)を参照する。河野によれば，『図説』には主要な類本として「東大本」「内閣文庫」「函館本」が存在する。前記『図説』は，これらのうち，「函館本」の図版と解説，「東大本」の題言および題箋を組み合わせて構成されている。

23) 頭部を折り取る作り方の分布は，阿寒周辺にまで広がっていたと考えられる。北大植物園に収蔵される10783は収集地不明だが，おそらく塘路から阿寒にかけた地域の資料だと思われる。

24) 例えば旭川では，囲炉裏にこれら2種のイナウを立て，神事が進行する中で頭部のないものは燃やし，頭部のあるものだけを囲炉裏に残す。この習慣については，平田篤氏（工芸家）から教示を受けた。平田氏は，こうした用い方について旭川市近文の伝承者杉村満から教えを受けたという。

25) 例外的に門別に一例見られる（記89462）。これは病魔を追うイナウ群の一部で，非常に特殊な例である。また，輪生短翅のみではなく，長翅と組み合わされている。

26) 対生短翅は樺太，千島，北海道に分布するが，十字対生するのは北海道のみの現象である。北海道の南西部は3段削り出すことが一般的である。南東部ではケースによって2段から5段削り出すが，2段の物が最も一般的である。北東部では，2段の対生短翅に輪生短翅等が付加するというケースが多い。したがって，2段・十字対生する対生短翅は，様似〜釧路地域の特徴といってよい。この点でも『図説』と近現代の資料分布は高い一致性を示している。

27) 白糠石炭岬のみ，形状と形が『図説』と同じ対応になっている（図5-29, 30）。同じ白糠でも，和天別では他の地域と同じ対応関係になっている。

28) これらの地域に関してはクマ送り等の大きな神事の記録しか残っていない。胆振・日高の事例では，神事の規模に応じて祭壇が複雑化するのが普通である。

29) 松浦武四郎の『蝦夷漫画』(1859年成立)にも，女性がフクロウに向かって長いイナウを掲げている図がある。

30) 屈斜路では，温泉で湯治をする前にヌコロカムイ「温泉の神」に男女一対のシトゥイナウを捧げる。

31) 千歳では火神を祭る際に，キハダとミズキのイナウを一組にして捧げる。また，樺太小田寒では，マツとシラカバ，ハンなどを組み合わせる。

第 6 章　刻印と人面意匠

はじめに

　イナウが，様々な構成要素の集合体として形成されていること，その中に刻印が含まれることは，第4章で事例とともに述べた通りである。刻印とは，沈線と線刻を組み合わせて木製品に刻む記号である。家の印，神の印，器物の所有者を表す個人の印，動物の捕獲数や年月などを表す備忘のための刻み目などがあるといわれる[1]。イナウに刻まれるのは前2者で，家の印は他家との弁別を，神印は他の神との弁別を目的とし，様々なバリエーションを持つ。これらは世代を超えて男性の系統に伝承されるが，事情によって変更されることもある。名取武光はキケウシパスイに施される刻印が，婚姻や不猟などの原因で変更された事例を記録している[名取 1940]。本書第1章に，矢の刻印に対して霊送りをする際の祈り詞を収録した。刻印は，それ自体が神として扱われ，また他の神々と人間をつなぐものでもある。それだけに，変更に際しては印に対しての祈願と，神々への通知を伴って厳粛に行われたようだ。

　刻印の持つこうした性質は，イナウの他の構成要素とは異なる。短翅や長翅などの削りかけは，例えば短翅を削り出したイナウは略式で長翅の場合は本式とされたり，削り方で男女のイナウが分かれる等々，イナウそのものの属性を表示している。これに対し，刻印はイナウの送り主や受け取り手を表すと考えられる[2]。

　ただ，北海道アイヌが刻印を施す場合にはもっぱらイナウの頭部に刻むのに対し，樺太アイヌでは頭部の印と胴部の印（削印＋刻印）に分化しており，これらの働きは，上記のような理解だけでは説明できないところがある。また，樺太アイヌは，守護神として祀る木偶や家の柱等にも胴印と同じものを刻むことがある。一方，樺太アイヌに隣接するニヴフ・ウイルタ・本州の製品では，刻印に対応する箇所に人面を模したレリーフ等が刻まれていることがある。本章では，アイヌの刻印一般についての論点を整理し，次に，アイヌ文化に隣接する文化内で用いられる人面意匠の事例を提示し，両者の関係について考察を加える。

1. 先行研究

　刻印について，河野広道は次のように整理している[河野 1971(1934)]。

① 祖印は先祖代々受け継がれ，血統を示す。
② 日常の道具には付けず，イナウやキケウシパスイなどにのみ刻む（しばしば所有印と誤解される）。
③ イナウの刻印は，主に頭部に刻むが，樺太では胴に刻むこともある。
④ 頭部の刻印は，1つ刻む地方（長万部付近）と2つ刻む地方（浜益・十勝伏古・白糠）がある。この地方ではエカシイトクパ「祖先・刻印」とカムイイトクパ「神・刻印」という呼称があるが，ともに祖印を意味する。
⑤ 網走・釧路・阿寒等ではカムイイトクパ（カムイシロシ）を，祈願の対象となる神々の印として用いる。
⑥ キケウシパスイに刻むものは祖印を用いる。

　名取もイナウやキケウシパスイ，花矢に施される刻印についての資料を多数報告し，重要な指摘を行っている。名取(1947)では隣接するウイルタやニブフの刻印および木製品についても報告している。名取(1959)では，樺太・千島のイナウと刻印の事例を挙げ，本章の考察にも関わる重要な指摘がされている。

① 樺太においては，イナウ頭部の刻印「サパイトクパ」は西海岸に限定される。
② 河野が触れた胴印について，名取は平面を削り出した部分および上下の線刻と，平面上に刻まれる刻印の区分があることを報告した。前者は

③これらは，イナウの胸部に刻まれるが，脚部を別材で作る場合には脚部に刻まれる。これは別材で作ったとしても，頭部と脚部が一体の物として認識されていることを指摘したことに等しい。

④樺太南部鈴谷[3]および西海岸多蘭泊では山猟と海猟で刻印が異なり，山猟でも対象動物ごとに刻印が異なる。鵜城や来知志でも山と海で刻印を変えていた事が伝聞の形で記されている。

⑤ウイルタ・ニヴフのイナウ状木製品には人面を刻むものがある。人面は削印のような削ぎ目と刻み目で表現される。ウイルタの場合は長翅よりも上に，ニヴフの場合は長翅より下に刻む。立木を切って神霊の依り代として立てるが，ここにも人面を刻む。ウイルタは両腕状の枝より上に，ニヴフは下に刻む。

⑥ウイルタ・ニブフも刻印を用いるが，所有印的であり，宗教的な意味は希薄である。

⑦東海岸の東タライカで作られた人偶は，主軸を切断したイナウで包まれる。本来イナウの胸部に当たる箇所に人面が位置している。

⑧余市には胴印が見られる。日高アイヌの家族神には，胴の正面に下端まで続く平削りがあり，これも胴印と関連がある。

⑨アイヌは器物に「サンペ(心臓)」を付加することがあり，それによってその物の機能が高まると考えている[4]。サンペとなる物は，消し炭のほか，刻印や金属片でも良い。

⑩河野(1934)に述べられているように，北海道・千島ではクマ・シャチの背ビレを象ったとされる刻印が普遍的に見られるが，後者は樺太には見られない[5]。

⑪樺太の胴印に見られる，上下2線の線刻とその中間に別の刻印を配置する様式は，千島や十勝地方のイナウにも見られる。キケウシパスイの刻印も同様の配列を取る例が極めて多い。

名取(1959)で指摘された点を眺めると，名取が樺太の胴印とニヴフ・ウイルタの木製品に見られる人面との間に関連を見出していたことは間違いない。また，北海道のイナウに見られる線状剥離との類似にも注目し，線状剥離(北海道アイヌ)⇔胴印(樺太アイヌ)⇔人面意匠(ニヴフ・ウイルタ)という文化的な連続を想定していたのだろう。また，沙流川流域や余市のキケウシパスイに見られる削印との類似も示唆している。筆者は，名取らの収集品を見る限り，名取が想定していた文化的連続は妥当なものであったと感じる。しかし，そうしたアイディアが名取自身によってまとめられる機会はなかった。

以上，刻印については河野が全般的な論点を示し，名取が千島・樺太における特異な点を指摘した。しかし，河野の説明は概略を示すにとどまり，実際に多数の資料を参照しなければ，河野が何を説明しようとしていたのかをつかむことは難しい。そこで，次節以降では，河野の指摘のうち，主として木幣に関わる部分(③④⑤)について資料を見ながら再整理し，次に名取が抱いていた文化的な連続帯について新たな資料も交えながら述べることとする。

2. イナウに見られる刻印

2-1. 北海道のイナウ

北海道のイナウは，余市町を除き，頭部にのみ刻印を施す(以下，頭印とする)。1本のイナウに1つの頭印を刻む地域と，複数の頭印を刻む地域がある[6]。前者を単印式，後者を複印式とする(表6-1，表6-2)。

単印式には，常に同一のマークを刻む場合(八雲町　椎久家，千歳市　栃木家[7]など)と，通常の儀礼とクマを獲ったとき，など状況によって印を変える場合(長万部町　尾江家，名寄市　北風家など)がある。前者を単印式a(図6-1)，後者を単印式bとする(図6-2)。

複印式は，次の4パターンがある。

刻印は2種のみで，常に一定の組み合わせのもの(札幌市茨戸能戸家，新ひだか町静内農屋鷲塚家，足寄町小谷地家など)を複印式aとする(図6-3・

表 6-1　複 印 式

地域	使用者・話者	タイプ	出典
幌別	―	a	144
茨戸	能戸酉蔵	a	134
石狩市浜益区	山下三五郎	d	133
近文	空知信次郎	b	135
近文	空知保	b	135
近文	門野ナンケアイヌ	b	136
近文	荒井ケトンチナイ	b	137
近文	砂沢市太郎	b	138
網走	佐々木	c	115
美幌	菊地儀之助	c	113
斜里	酒井惣太郎	d	129
白糠	時田伊兵衛	c	119
釧路下雪裡	八重九郎	d	120
釧路	志富卯之介	d	123
釧路春採	山本多助	d	123
徹別	徹辺重次郎	d	125
虹別	前田千太郎	d	126
虹別	大野はつ	d	126
帯広伏古	桑原トゥレサン	d	115
帯広伏古	中川ウトゥカンテ	d	115
足寄	小谷地コイケ	a	164
本別	沢井八郎	a	118
様似	古海サナスケ	a	149
様似	岡本惣吉	a	150
三石	幌村多作	a	158
浦河町荻伏	鱗川今太郎	a	159
新ひだか町東静内	佐々木オペリクン	a	151
新ひだか町静内農屋	鷲塚鷲太郎	a	153

※青柳編(1982)による。出典欄は頁数。
※増毛については前掲書のほか，金田一・杉山(1993)および北大植物園資料を参照した。

表 6-2　単 印 式

地域	使用者・話者	タイプ	出典
名寄	北風玉二	b	107
八雲	椎久トイタレキ	a	139
八雲	八重棟仁太郎	a	139
長万部	尾江イタキリ	b	140
長万部	司馬力八	a	141
虻田	江良惣太郎	a	143
幌別	―	a	144
千歳	カマカ 栃木政吉	a	145
白老	貝沢藤蔵	a	149
新冠	胡桑野多作	a	158

※青柳編(1982)による。出典欄は頁数。

表 6-3　樺太頭印分布

地域	様式
対雁	―
落帆	―
白浜	―
新問	―
多蘭泊	複
登富津	単・複
智来(鈴谷)	複
名寄	―
来知志	―
鵜城	単

表 6-4　樺太胴印分布

地域	タイプ
対雁	削印
落帆	削印
白浜	削印
新問	削印＋刻印
多蘭泊	削印＋刻印
登富津	削印＋刻印
智来(鈴谷)	削印＋刻印
名寄	削印＋刻印
来知志	削印＋刻印
鵜城	削印＋刻印

6-4)[8])。

　普段は一定の組み合わせだが，状況によって一部を変えるものを複印式bとする。例としてはクマなどを獲ったとき(名寄市北風家)，獲ったクマの性別によって変える(空知砂沢家など)などがある(図6-5)。空知保も，図6-5の刻印を用いるが，これは母方にあたる内浦家の刻印だという。メス熊を獲ると，母方の刻印を用いるということである。また，空知，近文では，火神に捧げるイナウに特殊な刻印をつける。第4章の図4-99，図4-100はその例で

あるが，頭部を廻るように6つの刻印がつけられている。

特定の印（家印）と，神々に固有の印を組み合わせるものを，複印式cとする[9]。美幌町菊地家，網走市工藤家などが該当する（図6-6）。図6-6に示した美幌町の事例は，河野のスケッチである。イナウの「裏」とされる面には全て同じ印が刻まれ，もう一方の面には，クマ紋を基調としながらも対象神ごとに異なる印が刻まれている。沖の神にシャチの背ビレ，太陽神に円形，月神に半月形，ホシガラスには鳥の足跡を模した形，フクロウなどには羽角，竜神にはウロコなど，対象神のイメージが視覚的に表現されている。したがって前者が家印，後者が神印であると考えられる。なお，第4章図4-170に示した記8110は，美幌の資料だが，神印のみで家印を刻んでいない。ほかにも，複印式cの地域で，1つしか刻印を刻まない例がある。

これに対し，祈願の対象となる神に応じて数種の刻印を組み合わせるものを，複印式dとする。複印式a〜cは個々の印が固有の意味を持っている（家・神など示す対象が限定されている）が，複印式dは印そのものには意味がなく，組み合わせに意味があるといえる[10]。下雪裡八重家，石狩市浜益区山下家などが該当する（図6-7）。

なお，頭印を刻むことが一般的な地域でも，祖先供養のイナウには刻まない場合が多い。この場合には，刻印を施さないことが，他のイナウとの差異を表示していると考えられる。

胴に刻まれる印は，北海道ではほとんど用いられず，余市町にのみ例がある（図6-8）。余市町の例も，家の守護神のイナウにのみ限定されている。形式は，イナウの脚部正面を平坦に削った面上に刻印を施すもので，後述するように，主として樺太西海岸に見られる様式である。稚内は，言語的には樺太に近い特徴が見られることが知られており，他の習俗についても樺太との関連が考えられるが，残念なことにイナウの記録はほとんどない。

2-2．樺太のイナウ
2-2-1．胴の刻印
樺太では，イナウの胴に刻印を刻むのが一般的である。胴の刻印は，平坦に削った面とその上下の線刻からなる「イナウコトル」，面上に刻む刻印からなる[名取 1987(1959)：84]。前者を削印，後者を胴印と呼ぶことにする。樺太東海岸では削印のみで用いることが多く，胴印は稀にしか見られない[11]。また，これらの地域では，縦に複数の削印を並べることがある（図6-9）。葛西孟千代は，2段に刻まれた削印のうち，上を「イナオトコロ（腹）」，下を「イナオトウバ（臍）」としている（文献3-②）。西海岸では，削印と胴印を組み合わせたものが多用される（表6-4・図6-14）。つまり，西海岸では異種の組み合わせ，東海岸では同種の並列と，それぞれ異なる方法でバリエーションを作っている。

胴の刻印の意義については，これまで明確にまとめられていない。1889年から1897年までアイヌの調査をしたシュテルンベルグは，胴印に含まれる刻印が，アイヌ自身によってイナウの眉，目，鼻，口，へそ，性器に相当すると見なされているとし，削印はある場合には顔と見なされていると述べた[シュテルンベルグ 2005(1933)：5，9]。この報告は，葛西と共通するところもあり，後述するように非常に興味深い示唆を与えている。しかし，後年の杉山寿栄男，河野，名取らによる，より詳細な報告には，こうした証言は見られない。

名取によれば，東海岸北部（多来加・新問・樫保）では，共通した形の削印を用いており，どの神にも同じものを用いる。ただし，海神の場合は向きが逆になる（図6-11）[12]，太陽神の場合は同じ削印を3段削る，というバリエーションがある[名取 1987(1959)：84]。また，火神に捧げるイナウのうち，副幣では胴印を1段削る（図6-10）のに対し，主幣では2段削っている（図6-9）[13]。これは，やや南の白浜でも同様である。

東海岸南部の落帆では，新問と同様に一定の削印を用い，場合によって数を変えている（図6-12）。また，家系によって胴印を刻む位置や，線刻の数が変わるという証言もある[名取 1987(1959)：88-89]。

以上のように，東海岸では家系ごとに特定の形式の胴印を用いることが多く，家印的な用い方であると考えられる。このような，同じ形の印を，対象神・あるいはイナウの格に応じて複数組み合わせる，

方向を変えるといった様式は，北海道には見られない。

　亜庭湾の利屋泊T家，鈴谷K家[14]では，削印上に胴印を付加する様式をとり，目的に応じて胴印を変えている。名取が挙げた例では，海猟と山猟，対象動物によって刻印を変えている(図6-13)。また，火神の主幣と副幣で胴印の形，数が異なっている[名取 1987(1959)：90]。

　西海岸多蘭泊のM家(旧内幌)は，削印に胴印を付加する。海猟と山猟，対象動物など，目的に応じて刻印を使い分ける[名取 1987(1959)：94]。

　多蘭泊の内山家[15]は，削印に胴印を付加する。河野広道の収集品を見ると，削印上に2本斜線を刻んだものが最も多く，目的に応じて他の刻印を加えている。太陽神には×を刻んだ例(記8147)が，海神にはサンズイのような印を刻んだ例(旭4084)がある(図6-14)。

　登富津では削印上に胴印を付加する。目的に応じた変化があるかどうかは不明である。

　智来の旧家Y家の刻印は，鈴谷K家と同様だという[名取 1987(1959)：91]。

　来知志では，削印上に胴印を付加する(図6-16)。目的によって刻印を変えるようだが，詳細は不明である。

　鵜城では削印上に胴印を付加する(図6-17)。資料からは，数種の刻印が確認できるが，個別の意義は未詳である。

　以上のように，西海岸では，ほぼ例外なく削印の上に胴印を刻む。胴印は，対象神に応じて使い分ける例がある。削印の形は地域ごとにほぼ一定している。したがって，定型の削印(家印)と，目的ごとの印(神印)を組み合わせと見ることもできそうだが，後述する頭印との関連も考えなければならない。

2-2-2. 頭　　印

　頭印は，線刻で構成され，削印上に付加される胴印と同形のものであることが多い(図6-14，表6-3)。また，頭印だけが刻まれることは稀であり，多くは胴印とともに刻まれる。頭印と胴印の機能は重複するものと思われるが，両者の性質の違いについてはこれまで言及されていない。

　胴印が樺太両海岸で普遍的に見られるのに対し，頭印を用いる地域はかなり限られている。この点は，北海道との大きな違いである。頭印の分布は，鈴谷，多蘭泊，登富津，来知志，鵜城など西海岸に偏っている。落帆では，家系によって頭印を用いる事もあるというが，資料は確認できていない[名取 1987(1959)：89]。

　鈴谷と多蘭泊，来知志は複印式，鵜城は単印式(北10764)で，登富津では単印と複印の両方(北34651複・34652単)が確認できる(表6-3)。

　削印上の胴印と頭印は，西海岸に多いという点でほぼ分布が一致していること，デザインが共通していることから，両者の間には高い関連性が感じられる。家系・地域によって数種の刻印を保有しており，状況に応じてイナウの頭部と，削印上に配置しているのではないだろうか。情報が多蘭泊に偏っているため，どの程度の地域でこうした傾向が見られるのかは不明である。今後の資料整理によって智来，登富津，来知志の情報を増すことで，検討が進むと期待される。

　胴印，頭印ともに地域・家系の内部で共通性があることはわかるが，神印なのか家印なのかといった細かな意義についてはよくわからない。河野，杉山は，多蘭泊で確認された個々の刻印の名称と意義を報告している(図6-15)。しかし，実際の資料では，海の象徴とされる刻印[16]が山神や太陽神のイナウに刻まれるなど，報告と異なるように見える例もある。鈴谷でも同様の現象が見られ，こうした事例は，北海道でいう複印dと似た様式のように見える。また，シュテルンベルグのいう，刻印と人面を結びつける証言はない。

3.　刻印・人面に関わる他の事例

　アイヌのイナウに関する報告の中には，シュテルンベルグの主張を補強する情報はほとんどない。いっぽう，他の資料の中には，刻印と人面の関係について示唆を与えるものがいくつかある。

3-1. ウイルタ・ニヴフのイナウ

　樺太東海岸敷香で収集されたウイルタ・ニヴフのイナウには，樺太アイヌのイナウとよく似たものがある。削印を持つものもあるが，頭印・胴印の位置に，人面を刻んだものが見られる。ウイルタは頭部に人面を刻んだ例が多いが，胴に刻んだ例もある（図6-18・6-19左）。ニヴフは胴部に刻んだ例が多い（図6-19右）。

　人面意匠についての情報はわずかである。河野が敷香で収集したウイルタのイッラウ（図6-18）は，シャマン儀礼の際に火のそばに立てるもので，儀礼のたびに作ることはせず，同じものを継続して使用する。そして，所有者は日常的にこの人面の口に酒や食物を供えたという[河野 1971(1933)：146]。これは，ウイルタが他の偶像類に対して行う拝礼と共通する行為である[和田 1987(1958)]。名取（1947）でも，人面は守護神など恒常的に祭るイナウに多いとしている。いっぽう，削印は船につけるイナウに多いようである。

3-2. 冬季住居の柱の例

　樺太アイヌは，20世紀初頭まで，冬季間をトイチセ（穴居住居）で過ごす習慣を持っていた。石田収蔵が樺太東海岸で撮影したトイチセの写真の中に，柱の内側に刻印を刻んだ例が見える（図6-20，6-21）。刻印の形状は，イナウの削印と同じである。トイチセは，明治後期頃から使われなくなり，遅くとも昭和初期には廃されたため，関連情報が非常に少ない。同様の事例は，管見の限りこれまで報告されていない[17]。

　削印を刻んでいるのは，トイチセの桁を支え，屋根組みの中心となる4本の柱である。馬場修によれば，東海岸多来加では，これらの柱にそれぞれ名前をつけていたという。残念ながら馬場の記録は焼失し，入口から見て右手前の柱を「ハルサンケ（料理を出す女）」と呼ぶという情報だけが残された[馬場 1979(1968)：189]。

　一方，ニヴフの冬季住居では，柱の同じ位置に人面を刻む。この人面は男女ともkokと呼ばれ，シャマンの助言と長老の決定によって刻まれるという[加藤 1986：219]。クレイノヴィチは，冬季住居の4本の柱と梁の間に，雌雄の動物を象徴するイナウ状の棒を，雌雄が向かい合うように取り付け，さらに冬季住居の4隅，戸口にも同じものを取り付ける事例を報告している[クレイノヴィチ 1993(1973)：143-144]。これは，アイヌであればイナウを取り付ける場所である。

　図6-22は網走市モヨロ貝塚の敷地内に復元されたニヴフの冬季住居である。復元は，敗戦後北海道へ移住していた中村千代らを指導役として行われた。米村喜男衛の間取りによれば，柱のうち奥の2本は男性の顔を，手前の2本は女性の顔を刻むのだという[18]。人面を刻む意義は，柱に刻まれた男女が「家族の和合を」はかるためであるという[19]。

　このように，冬季住居の柱に於いても，刻印と人面が同じ位置に刻まれる例が見られる。さらにいずれも入口寄りの柱が女性と見なされていた点が注目される。

3-3. 木製守護神の例

　次に，樺太アイヌの木製守護神の事例を挙げる[20]。これを形態上から大きく分けると，人面を持つグループと刻印を持つグループの2つが存在する。仮に前者を守護神a，後者を守護神bとする。

　図6-24は守護神aの例である。人偶の形をし，イナウで包まれて保存される。こうした守護神の使用は，樺太アイヌの中でも北方寄りに偏っていたようで，和田完によれば，多蘭泊以南には見られなかったという[21]。従来，こうした人型の守護神は，隣接するウイルタ・ニヴフから取り入れたと考えられるのが一般的であった[22]。

　和田完の調査によれば，これらの守護神は屋内に安置し，持ち主（守護を受けている者）が定期的に拝礼したという[和田 1987(1959)：67]。拝礼には，食事の前に自分の食物を守護神の口元に塗りつける，あるいはイソツツジの葉を燃やした煙で燻すなど，いく通りかの方法があった。守護神の口につけた食物は病魔に対する抗力を持つと考えられ，次の拝礼の際には，先につけていた食物を食べた。このような像の口に食物を塗るという習俗もニヴフ文化と共通している[加藤 1986：304]

図6-25は，守護神 b の例で，樺太東海岸南部の流行病を退ける守護神である。立ち木を根から掘り起こし，逆さに立てたもので，胴部に刻印を持つ。石田収蔵は東海岸北部で，これと似た形の，子供の病気を治すための守護神をスケッチしている。また，西海岸来知志でも，同様のものを家の守護神として祀っていた。図6-26は，1948年に来知志で撮影された守護神 b の写真を図化したものである。

来知志出身の藤山ハルは，こうした人面を持たない守護神に対しても，食物を塗付して拝礼を行ったと述べている。その際，家の守護神に刻まれた刻印を人面に見立て，食物を塗付したという[和田 1987(1959)：25]。私も，来知志より南の小田洲出身の女性から同様のことを教えられた。この証言によって，刻印が，出現位置だけでなく，その意義においても人面意匠と重なる点のあることがわかる。

4. 本州の事例

本州では，人面意匠はごくありふれており，形態・用途とも多岐にわたっている。その中でも，より人体に近い形象を作り出した像と，丸太の一部を削り取って人面を刻む，または描くなどしたものとに大別できる。上で見たアイヌの刻印と類似するのは後者である。これらのうち，小正月に関連して作られるものを網羅的に紹介した神野（1996）の中から，削印・人面と対比する上で興味深いものを紹介する。

4-1. サンクロウ

長野県北安曇白馬村紺野では，小正月にサンクロウまたはサンマタと呼ぶ人形を作る（図6-30, 6-31）。キハダやクルミの枝の三又になった部分を切り取り，逆さにして足を開いた人形を表現する。栗田弘信（1992年当時85歳）は，この人形を男女一対で作り，頭部の表皮をそぎ落として顔を描き，足の部分の皮を削って「道祖神」とか「三九郎」と墨書する。男の人形には男根を作ることもあった。1月14日の晩に作り，道祖神の碑に立てかけてそのままおく。人によっては安産や縁結びの祈願をこめて作る人もいたという。丸山玉次（昭和7年生）も三九郎を作り，道祖神のところへ置くときに，小枝に2つほど団子をさしたマユダマを作り，サンクロウの頭にさして供えるという[神野 1996：381-383]。

顔の部分，および足に削り出された面の形や，上下に2段作り出されているところなど削印とよく似ている。頭部にマユダマをさして供える点は，次に見る山梨のオホンダレ様の例とともに興味深い行為である。

4-2. オホンダレ様

山梨県南巨摩郡早川町奈良田では，小正月の木偶をオホンダレ様と呼ぶ（図6-32）。男女一対で，外皮を残したカツノキの丸太に，人面を線刻したものである。1月14日の昼につくり，門口に立てておく。そして，男の頭部にはイナウ，女には団子をつけた小枝がさしてある。小正月に作り，門口に立てて祭る。注連縄をかけ，1月20日までは，毎日3度の食事を供える。食事は頭の上に乗せる，口にくわえさせるなどの方法で供える[神野 1996：368-371]。口元に食物をつけるなど，祭り方も北方の木偶と似ている。イナウと団子の意味は記されていないが，サンクロウの例同様どちらも木偶への捧げものと取っても違和感はない。

この他，本書第2章に引用した秋田県の逆木を使った像も，アイヌ（図6-26），ニヴフ，ナナイの像とたいへん似通っており，興味深い。これらについてはいずれ情報を整理して考えたい。

5. 小　括

第3節で見たように，イナウ以外にも刻印（特に胴印）と人面の関連を示唆する事例が見られる。守護神 b の刻印は，機能面でも人面との共通性が見られる。

一般に，北海道アイヌの文化では具象物，特に人の形を模したものを好まない傾向があると言われる。

事実，北海道では，人の形をした製品ほとんど見られない[23]。例外的に，ヨモギやイケマなどで作った人形(図6-30)，イナウを人型にしたものが見られる程度である(図6-31)[24]。

このような具象物を嫌う傾向は，樺太アイヌにも見られる[25]。樺太アイヌのなかでも，南部では人面を持つ守護神が用いられないことは先に述べた通りであるから，樺太アイヌの人偶は隣接するウイルタ・ニヴフから取り入れたとする従来の考えは，分布状況とも合致している。また，本州にも若干似た事例があることは興味深い。こうした状況から，筆者は人面・刻印をめぐる歴史的展開を次のように仮定してみたい。かつては，アイヌ社会にも人面意匠を用いる文化が広まっていた。ある時期に，具象物，とくに人面を拒絶する思想が生まれ，強い影響力を持って展開した。そこで，矛盾を避けるために，人面の機能は残しつつ，その形を削印に置き換えたとは考えられないだろうか。このように考えると，頭印と胴印という，機能の重複するかに見えるマークが並存している理由も説明がつく。つまり，頭印はイナウに刻まれていたものであり，胴印は本来人面として刻んでいたものを，刻印の技法を応用して記号化したものだと考えられる。

ただ，やはり多くの疑問も残っている。それは，図6-32に示したような守護神の存在である。本資料は，西海岸鵜城出身の柳川助太郎が，戦後北海道へ移住した後に製作したもので，男女一対の家の守護神である。全体はイナウと同じ形状で，頭部に人面を刻んである。人面より少し下にひも状のものを巻き，そこへ剝幣をさし込んでいる[26]。第4章で見たように，同様の守護神は，来知志出身の山田藤作も作っており，また，戦前に小田寒でも収集されている[27]。少なくとも南樺太北部にはこのような守護神がある程度普及していたようである。

人面が形を変えたものが削印であるとすれば，削印と人面が並存するこれらの資料や，第3節で述べたような，削印が数段並ぶ例はどう説明できるだろうか。

ここで，名取が指摘した線状剝離との関連を思い起こしたい。萱野茂は，線状剝離にトゥイ(内蔵)という名称があったことを報告している。名取も，八雲で線状剝離を持たないイナウに対して「トイイサムシュトイナウ」(内蔵のないイナウ)という名称があるとしている[名取 1939]。更科源蔵の記録にも「トイサッシュトイナウ」の名が見える。このように，線状剝離をイナウの内蔵の象徴とする習慣がある程度の広がりをもって見られる。沙流川中域の家族神は，さらに心臓と顔を象徴的に作り出している[28]。

先に述べた通り，削印には人面のように見なされる例がある一方，葛西の言うように「腹」，「臍」と見なされる例もある。この場合は，同形の印に，刻む位置によって異なる意味付をしているのである。まとめると，削印は顔，腹，内蔵の象徴ともなりうる。そうしてみれば，樺太東海岸に見られた削印の3連続は，それぞれ顔，心臓，内蔵を象徴していると考えることもできる。さらに推測を付け加えれば，削印の上に刻まれる胴印は，心臓を象徴しているのかもしれない。とすれば図6-32のような守護神は，顔，心臓という，日高の守護神と同じ要素を備えていることになるのである。

以上，本章では刻印についての主要な論点を確認しつつ，削印と胴印の意義を記録から拾い出し，その成立についても考察をした。刻印がクマ・シャチなど神の姿をモチーフにして作られた(と考えれている)ことと，祈りの対象神を印によって表示することは分けて考えるべきである。多くの地域ではクマをモチーフにしたとされる×印を用いるけれども，クマの印を刻んだイナウを受け取るのは，海の神や鳥の神，太陽の神と様々である。厳密な意味で神印を，対象神の象徴として使うことが確認できたのは美幌・網走のみである。4章で見たように，羽角を作り出して鳥神を表すことはもう少し広く，東北北海道から石狩流域にみられるが，その南北にはみられない，アイヌ文化圏の中央付近で起こった特殊な現象である。

削印と人面の相関については，知りうるだけの事例を示したが，ウイルタ・ニヴフ文化について十分に資料を見ていないために比較は不十分なままに終わった。今後調査を進めることによって，おそらくさらに多くの共通性が見出されるだろう。また，名取が言及しつつも課題として残したキケウシパスイに

見られる削印も重要である。樺太ではキケウシパスイを用いない。一方，胴印を持たない北海道ではキケウシパスイを用いる。削印の研究は，イナウとキケウシパスイの成立に関わるテーマである。

〈注〉
1) 北海道開拓記念館が収蔵する「拓殖館資料」に含まれるイクパスイには，獲物の捕獲数を表すと思われる刻み目が見られる。また，国立民族学博物館には，日数を数えるための刻みが付けられた木片が収蔵されている（K 0001991 および K 0002114）。
2) 空知地方の人々は，同じ形式のイナウでも，刻印を刻んだものの方が正式なイナウだとする［名取 1987（1941）：60］。このような場合には刻印がイナウの格式と関わっていると言えるが，これは文書に署名や押印をすると何らかの効力が発生することと同じで，2次的な効果であろう。印の第一の意義は，あくまで送り主と受け取り主の表示にあると見るべきである。
3) 名取の調査時には西海岸智来に居住していたため，名取（1959）では智来の事例として報告されている。
4) イクパスイやキケウシパスイの裏面につける刻みをサンペ（心臓）と呼ぶことがある。名取のいう心臓となる「刻み」とはこのことではないだろうか。
5) ただし，イクパスイの模様などにはシャチ紋から派生した可能性の考えられるものがある。
6) 刻印はイナウの必要要素ではないようである。空知の例では，同じ神への祈願でも刻印を刻む場合とそうでない場合がある。刻印を有する方が，イナウとしての格式が上がるとする［名取 1987（1941）：60］。
7) 千歳や沙流川流域では，ごく一部の重要な神（パセオンカミ「尊貴神」など）のイナウのみに刻印を施す。沙流・千歳と白老は，イナウの体系が非常に似ているが，白老は刻印を頻繁に用いる点が異なっている。同じように，沙流側以東にも，沙流と似たイナウを用いる地域があるが，刻印の使い方を1つの指標として地域間の差異を見ることができる。
8) 河野の指摘④に相当する。2面ある刻印のどちらも，神の性質に対応していない（家ごとに決まっている）ので，カムイイトゥクパと呼んだとしても，実質的には家印である。なお，静内や幌別では，祭壇に向かって立ったとき，イナウの表側をアイヌトゥタヌ「人間の側」，裏側をカムイトゥタヌ「神の側」と呼ぶ。
9) 河野の指摘⑤に相当する。
10) 刻印には，しばしば形状と意味を関連させた説明がつく。例えば，シャチの背びれを象ったというアシペノカは，海神を表すという。しかし，複印式ｄの場合，海と無関係の神にアシペノカが用いられるなど，こうした説明とは必ずしも一致しない。
11) 落帆・新問の一部で刻印が確認できる。
12) 海神へ奉納するイナウは，木を上下逆さにして作る。刻印の向きが逆さになるのは，このような木の用い方の結果と見ることもできる。
13) イナウは，単独で用いるほか，複数を組み合わせて用いることがある。組み合わせの中で主となるイナウは，他のイナウよりも大きく，複雑な形状になる傾向がある。
14) 注3を参照。
15) 資料によっては藤山とある。
16) 2本の斜線［杉山 1975（1939）：58］。
17) 刻印ではないが，夏の家の新築祝いの際，住居の桁にイヌの血で紋章を描いて魔除けとする事例があり，本事例と関連して注目される［田村 2001］。
18) 米村は「「住居に関するもの」(1)ドーラフ（土の家）ドーラフとはギリヤーク語で「土の家」ということで，また「冬の家ガハシタフ」ともいう。【中略】直径30糎内外の丸太を4米位の長さにして皮を剥ぎ，2米位の高さの下に，2本の柱には女性の顔を，2本の柱には男性の顔を彫る（女柱　アニハ・ガハシ，男柱　アリ・ガハシができ上がる。女柱を下の柱アン・ガハシ，男柱を上の柱ケン・ガハシともいう）。入口（シュムックテ）に近い所の穴に女柱を2本立て，奥の方には男柱を立てるのであるが，柱に彫られた男性の顔は女性の顔と向かい合うようにして立てる。【中略】…男女の像（顔）はこの家に住む人たちの和合をはかってくれるのであり…」としている［北海道教育委員会 1974：28-30］。
19) 丹菊逸治氏（北海道大学アイヌ・先住民研究センター）から，ニヴフが柱に人面を刻む例が他にも複数あるとの教示を得た。必ずしも一般的な慣習ではないとのことである。
20) 木製守護神は，家族や集落，あるいは子供や病人の守護を目的として製作される。
21) 管見の限りでは，これより南ではイナウを守護神として使うことが多かったようだ。これは北海道でも同様である。通常のイナウの霊魂は，神事の際に祈りと供物を携えて神々のもとへ赴く。したがって神事を終えたときにはイナウの霊魂は飛び去っていることになる。これに対し，守護神として用いられるイナウの霊魂は，人間のもとにとどまり，人間を見守る役割を果たす。
22) 記8133は東海岸新問で収集されたもので，形状から見ておそらく大型の木偶を包んでいたイナウだと考えられる（現在，木偶は欠けている）。削りかけの先端に，生活用具の模型が結びつけられている。ニヴフの習慣では，男児の揺籃に弓矢，斧，槍などの模型，女児の揺籃には針や糸，布，皮の加工具などの模型を吊るして成長を願った［加藤 1986：307］。記8133に下げられた模型も，おそらく同じ目的で結ばれているのだろう。
23) 一方で，アイヌを取り巻く地域（サハリン北部，カムチャッカ，本州）には，人面・人体を象ったものはありふれている。また，北海道においても，縄文晩期やオホーツク期の遺物には人面，あるいは人体を象ったものが見られる。こうしたことを考え合わせると，アイヌの物質文化にもともと人体表現が無かったわけではなく，ある時期からそれを嫌う傾向が生じた，と考えるのが説得的であるように思える。和田完は，アイヌ文化におけ

る表現様式において，具象から象徴へという移行過程を想定している[和田 1987(1959)：63]が，筆者はこの点に全く賛同する。
24) しかも，これらは回復不能な重病人が出たときなどに作られるものであり，それが必要となる事態は極力避けられる。その意味で，本州のツクリモノなどに比べても，製作の機会ははるかに少ないであろう。
25) 以下は具象物を嫌うことについて証言である。話者は樺太東海岸富浜出身の女性(1929年生)，2000年の聞き取りである(※(　)内は質問者の発言)。「(何かお守りみたいのなかった？) お守りみたいの…。知らない，わし。(人形みたいなのとかさ) 人形みたいのって無いわ。したってそういう人形扱うの嫌がるもん。だからうちら人形っちゅうの飾らない。飾ったことない。(なんで嫌がるの？) 知らん。写真でもさ，新聞にでも，人の絵ついたりするしょ？ そんなん破るの。むかしの人嫌がってね」。また，和田も，樺太アイヌが具象物を嫌ういくつかの事例を紹介している[和田 1987(1959)：61，62]。
26) これは，北海道東部〜南西部で，年中行事などの際に守護神に剝幣を捧げて祭る習慣と共通している。
27) REM 2816-40。第4章の図4-62に示した。
28) 名取や萱野の前掲書のほか，マンロー(1996(1962))，久保寺(1971)などを参照。

第 7 章　火神と家屋神・家族神

1. はじめに

　第1章で述べたように，イナウの働きには大別して贈与物および仲介者と守護神の2つがある。1923年に初版が発行された知里幸恵の『アイヌ神謡集』は，おそらくもっともよく知られたアイヌ口承文芸のテキスト集であろう。その第1話は，貧しいながら敬虔な心を持って暮らす家族にシマフクロウの神が幸運を授けるというストーリーだが，あたかもアイヌ文化の入門書として用意されたかのように，アイヌの世界観の基本的な事柄が語りの随所に見えている。例えば，この短い1篇の中に，イナウの働きを2つとも見ることができるのである。

　ストーリーの終盤に，幸運を授けられた老人がイナウを幾本も削ってシマフクロウの周りに立て並べ，感謝とともに霊送りをする場面がある。シマフクロウ神が，その家の火神や家族の守護神，祭壇神に別れを告げて神界の家に戻ると，アイヌの家に立てられていたイナウが既に家に届いている。それよりシマフクロウ神は遠近の多くの神々を招き，人間から捧げられた酒食で宴を張って，集まった神々にイナウを分け与えるのである。これまでも述べてきたように，イナウの典型的な在り方は，ここに描かれた贈与物としてのそれである。この場合，宝物としての性質が前面に出るために，イナウに内在する人格などはあまり語られない。神界に届くのはイナウの霊魂である。人間のもとにはイナウの形が残っているが，これは言ってみれば中身が飛び去った空の状態で，あとは祭壇において粗末にならないだけの配慮をし，そこで朽ちるにまかせるのである。

　イナウの中には，神に捧げられるのではなく，人間界にとどまって守護神の役割をするものがある。先の神謡で，シマフクロウ神と対話していた家族の守護神がそれである(以下，家族神と呼ぶ)。家族神もまたイナウである。それは樹木神の中でも除魔力に富んだ神であり，イナウの姿に作られることで新たな力と使命を帯びた神として勧請されるのである。前章でも見たように，家族神には顔や心臓，内蔵を象徴する部位が作り出されることがある。家が建てられた時に勧請され，以後ずっと家内を見守りつづけるので，先の贈与物のイナウのように霊魂が飛び去ることなく，イナウの内に宿りつづける。一般的なイナウが，一度限りの使用であるのに対し，家族神イナウは同じ物が祀られる。そればかりか，家族神に祈る際には通常の神と同様にイナウが捧げられる。いわばイナウにイナウを捧げるのである。『アイヌ神謡集』の注には，家族神は男神であり，火神が主婦，家族神が主人の様なものだ，とある。よく知られているのは，家族の守護神である(以下，家族神と呼ぶ)。

　樺太来知志や，北海道の沙流川流域などでは，家族神は，火神の伴侶であるという。この場合，例外なく火神が女性，家族神が男性である。

　沙流や新ひだか町静内の場合，家族神はチセコロカムイ(家の神)と呼ばれ[1]，外皮三生短翅を持つイナウとして作られ，宝壇の奥に祀られる。この地域では，一度作ると通常は作り変えずに祭り続け，大きな儀礼のたびに剝幣を付加する(文献1-①)。イナウが損壊するなどの凶兆があった場合，家長が死亡した場合に作り変える。これとは別に，チセコロイナウ(家のイナウ)と呼ばれるイナウがある。これは，撚長翅を持つイナウで，大きな儀礼のたびに火神に捧げられ，儀礼の終盤に，宝壇の上にさし込まれる。この時点で，あらためてチセカムイ(家屋神)に捧げられる(文献1-① 図7-5)。

　このように両者はまったく別のイナウであるが，

表7-1　火神・家族神・家屋神の相関-1

	火神	配偶者	家族神	配偶者	家屋神	配偶者
平取町二風谷	女性	家族神	男性	火神	女性	?
新ひだか町静内葛野	女性	家族神	男性	火神	男女	家屋神
新ひだか町静内森崎	女性	家族神	男性	火神	女性	?

名前が似ていること，置かれる場所が近いこと，両者ともイナウであることなどから，しばしば研究者によって混同された。同様に，チセカムイ(家屋神)とチセコロカムイ(家族神)も名称がよく似ているために取り違えが起こる。しかし，家屋神は女性であり，火神と夫婦とはなりえない。これらの関係を表7-1で示す。

これに対し，釧路を中心とした北海道東部では，チセコロイナウに似た報告例(宝壇のイナウ)は多いが，家族神の事例がほとんど見られなくなる。このことに注目した研究がなかったのは，上記のような屋内の神々の複雑な相関関係があまり知られていなかったためであろう。

そもそも，道東では守護神としてのイナウの事例が少ない。釧路市幣舞(鶴居)の八重九郎は，マクワエカシまたはマッタロクカムイと呼ばれる守護神を祭る。これに相当すると思われるイナウが残されており，形式は撚長翅を持つイナウである(民H 33417 図7-4)。これは沙流の宝壇のイナウと似た形状だが，大きく違うのは，長翅の部分を縛り，そこに剝幣と小型のイナウが無数にさし込まれている点である。剝幣を付加する様式は，先述した日高の守護神の祭り方とよく似ており，本資料が守護神として長い期間祭られつづけていたことを示唆する。また八重は，山中でクマを仕留めたものの一人では持ち帰れないような事態になった時，クマの傍らにイナウを立てて帰るという習俗を語っている。このようにすると，イナウが人の姿になってクマの話し相手となり，また肉をねらってやってくる動物たちを追う役割もするという。狩人は体制を整えてクマのところに戻ると，その場で解体をし，肉の良い部分を返礼として捧げてから帰る[2]。この場合にも，撚長翅を持つ木幣(マッタロクカムイと同じもの)が用いられる[更科 19：51]。後に各地の事例を見るが，北海道の南西部及び樺太ではイナウの脚部に相当する部位を守護神として用いる傾向が見られ，他方，北海道東部から北部・石狩川流域にはイナウの頭部を用いる傾向が見られる。釧路市，白糠町，弟子屈町屈斜路，美幌町，旭川市などでは，火神は男女の神で，ともに囲炉裏の中に座しているとされる。仮に，八重の祭るマッタロクカムイが家族神だとしても，道西のように，火神と夫婦だという関係は成り立たない(図7-7)。

火神のとらえ方に見られる地方差については，これまでにも言及があったが，家族神の問題はほとんど未検討である。この章では，各地方における家族神のあり方，火神・家屋神との関係，宝壇のイナウの位置づけなど，いくつかの問題を取り上げてみたい。

2. 家族神・家屋神の事例

2-1. 樺太西海岸

①第4章で見たように，樺太西海岸鵜城では，家族神は男女の神である。形態はイナウの脚部にあたる部位に人面を刻んだものであり，イナウと木偶の中間である。また，宝壇のイナウは2本あり，この守護神に捧げたものと考えることができる(図7-6)。火神との関係は不明である。家屋神の存在も不明である。

②西海岸来知志では，家族神は男性であり，火神と夫婦である。守護神の形態は，鵜城とほぼ同形だが，人面を刻まない，また逆木を使った特殊なイナウである。宝壇のイナウは，家族神に捧げたものだろうか。家屋神ついてはよくわからない。冬季住居の屋根に立てるソーパイナウは，家屋神に捧げたものかもしれない。

2-2. 樺太東海岸

①東海岸白浦では，家族神は男性であり，火神と夫婦であるという。ただし，どのような形態だったのか，そもそも神体を作っていたのか不明である。宝壇のイナウは，家族神に捧げたものである。家屋神については不明である。あるいは，家屋神と守護神を，同一の神と考えることも可能だろうか。

②東海岸小田寒では，家族神は男女の神である(文献9)。神体の形状は不明だが，同地では，逆木のイナウ，またはそれに人面を刻んだ守護神が収集

されている。家族神の神体は，このどちらかの形状であった可能性がある。宝壇のイナウは，家族神に捧げたものである。火神との関係は不明である。

なお，白浜(白浦・小田寒ほかの合併村)を調査した山本祐弘と知里真志保は，ソホキコロカムイ(寝床の神)という神の名を記録している。家屋神を連想させる名称であるが，若干の疑問点がある。

ソホキコロカムイに捧げるイナウは，屋背に立て，チセオシマクシイナウ「家の背後にあるイナウ」と呼ぶという。山本が図示した家の周辺図では，チセオシマケウンイナウは家屋から数ｍ離れて立てられている。なぜ，家屋の神に捧げるのに，わざわざこれだけの距離をとるのだろうか。

また，チセオシマクシイナウからさらに30～45ｍ離れたところに太陽神の祭壇がある[山本1970：143]。ところが，白浜周辺の風俗を写した写真を見ると，家の外角にぴったりとつけて立てられているイナウがある。REM 2611-73(相浜村)などがそれである。白浦でも，「家屋にたてかけるイナウ」というものが収集されている(REM 2816-16)。つまり，山本が指摘していない壁に沿って立つイナウがあり，このイナウの用途は不明なのである。

これらが立てられた位置を考えると，ソホキコロカムイに捧げたイナウとしては，この壁についたイナウの方がふさわしく感じられる。

また，B.ピウスツキが採録した祈り詞集[3]の中に，チセオシマクシイナウを立てる際の祈りが記されている。この内容を見ると，チセオシマクシイナウを受ける神は，ニハシラポケネカムイ(立ち木の神)になっている。

これらをまとめると，白浜の集落では，屋背に3つの祭壇が確認される。すなわち，壁に立てたイナウ(？)，数ｍ離れた祭壇(立ち木の神)，数十ｍ離れた祭壇(太陽神)である。このうち，壁に立てたイナウだけが用途不明であるが，ソホキコロカムイに捧げたものである可能性が高い。つまり，北海道静内や二風谷における宝壇のイナウに相当するものである[4]。

3. 北海道の事例

3-1. 北海道中央部

①旭川市の守護神については，これまで知られている事例の多くが，空知地方からの移住者によるものである。近世から旭川地方に暮らしていた家系についての情報は，今後集成していきたい[5]。太田満氏からの教示によれば，大きな行事では，チセコロイナウと呼ばれるイナウを作って梁付近に挿す。儀礼の後半に，参列者が輪になって歌舞をする場面ではチセコロイナウを抜き取り，手に持って踊る。これはチセコロイナウとともに踊る意味なのだという。また，踊りながらチセコロイナウで家の壁を打つ。こうすることによって，屋内に潜む悪神を追うのだという。このイナウの形状や儀礼の度に作られる点等は宝壇のイナウに近いが，踊らせる・魔を追わせるという点は守護神に通じる。

②空知では，家族神の明確な記録はない。守護神一般をニスクカムイ「頼みにする神」と呼ぶことが記録されている。これは家の中に祭り，頭に鉢巻をして削幣を下げ，頭部が水平なものは男神，斜めに切ったものは女神である[青柳編 1982：136]。こうした記述からは，後述する浦河の守護神に近い姿が浮かぶ。図7-1は旭川のイナウである。これは長翅を持つイナウの主軸を切って中空にし，小動物を納めて祀っていたものだが，頭部付近の形状はニスクカムイの説明とよく合致するので参考として示しておく。また，門野トサは，対生短翅を持ったイナウ，長翅を持ったイナウを病気の際の「お守り」にするという[北海道教育庁生涯学習部文化課編 1983：60]。

なお，太田コウテカンは，火神をアペウチカムイ(火神)とミンタラコロフチ(下手の姆)の夫婦神だとし，女性が儀礼を行う際は女神であるミンタラコロフチに祈って他の神に言伝を依頼すると語っている[北海道教育委員会 1981：34]。そうであれば，同地域の守護神は火神とは無関係ということになる。

宝壇のイナウは，長翅を持つイナウで，いったん炉に立てて祈った後，神窓の横へ移す[平田 1981：55]。北大植物園の収蔵品にこのイナウに相当する

と思われる「チセコロイナウ」という資料がある(北10705)。

③千歳は、石狩流域に隣接し、空知方面とも人の行き来があった。千歳では、家族神は火神の夫とされ、形態は、外皮三生短翅を持つイナウである。宝壇のイナウは、家屋神に捧げたものである。

④石狩下流の札幌市茨戸については、高倉(1935)と河野の聞き書きがある。高倉の聞き書きでは、「キケパルセイナウ」(散長翅を持つイナウ)を、「ポロイナウ(大幣)」または「チセコロイナウ(家を支配する神に上げる幣)」呼ぶ。高倉の記述からは、チセコロイナウは宝壇のイナウであるように読めるが、河野の聞き書きからは守護神であるらしく思える。河野は、ポロイナウに剝幣を付加することを記している[青柳 1982編:134]。「神棚」に祭り、儀礼のたびに剝幣を6本ずつ加えるので次第に大きくなっていくという。こうした、祀り方の様式が他地域の家族神と共通すること、後述するように宝壇のイナウと思われる資料が別にあることから考えて、ポロイナウ／チセコロイナウと呼ばれたものは家族神と見なして良さそうである。火神と家族神の関係については言及がない。

⑤余市町では、家族神は男女の神である[名取 1987(1959)]。形態は、双腕を持つイナウで、男神は頭部と双腕に計3本のイナウを連結している。女神は、イナウ2本と、向かって左の腕にはササ束を連結している(図7-2)。イナウは、いずれも撚長翅を持つイナウである。火神との関係は不明である。

宝壇のイナウについては記録がない。北11211〜北11214は、煤が附着して黒色になっていることから、屋内に長く安置されていたことがうかがわれる。おそらく、これらが宝壇のイナウなのであろう。形態は、編長翅を持つイナウ(北11211, 北11212)と、撚長翅を持つイナウ(北11213, 北11214)である。前者を男性、後者を女性とする見解もある[難波・青木 2000:19]。

3-2. 北海道南西部

①長万部町では、いったん火神に捧げたイナウを上座に移しケンルソパカムイ(建物の上座の神)に祈るという記録がある[名取 1940:148]。これは、宝壇のイナウにあたるものであろう。

②虻田町では、宝壇に「sinoinau」を5, 6本立てる。そして、家人と家全体を守る「sisokorkamuy」(本座の神)を立てるという。形状は不明である。シノイナウとは、編長翅を持つイナウである。

③白老町では、沙流と同じ、外皮三生短翅を持つ家族神を祭る。この神は火神の夫である。ほかに、漁狩猟と子供の成長を見守る守護神も祭られる。これらは、頭部を斜めに切断した形状から、女神であると考えられる[更科 18:96]。これら三神の脇に、対生短翅を持つイナウを立て、カムイパクサ「神の部下」と呼ぶ[更科 19:48]。これも、恒常的に立てて置かれる、補佐的な守護神である。また、病気の際に作る守護神は、長翅を持つイナウに、剝幣を付加したものである[更科 18:96]。

④沙流川流域については、冒頭に述べた通りである。平取町貫気別の黒川セツ氏は、個人的な守護神を2神祀っているという。1つは祖父が作ったもので、形態は外皮三生短翅を持つもの、もう1つはおじが作ったもので、対生短翅を持つものだという[北海道教育庁生涯学習部文化課編 1997:33, 35]。

⑤浦河町の鱗川今太郎は、守護神を家族の数だけ作るという。7神ほどが並べ立てられる中に『チセコレエカシ』とあるのが家族神かと思われる[更科 12:16]。また、守護神に並んで「カムイフチヌサ(本当は炉にたてるイナウ)」というものが立てられる。このイナウについて「kamuy huchi inauの古くなったのここに納める」という記述もある[更科 18:4]。これは、静内のチセコロイナウのように、儀礼のあいだ炉頭に立て、終ってから宝壇にさすイナウであろうが、記述の内容からして、炉に置かれる期間が長いようだ。そして、儀礼を重ね、炉内のイナウが多くなると宝壇に移すということではないだろうか。

⑥新ひだか町三石の幌村家では、家族それぞれに守護神を作った。これらと一緒に並ぶ「カムイエカシ」と呼ばれるものが家族神であろう[更科 12:24]。火神は女性である[更科 12:18]。

⑦様似町の岡本惣吉は、家族神としてチセコロカムイを作るほか、プンキネカムイ(見守る神)をエンジュで作る[更科 11:109]。岡本ユミは、守護神を

チセ　エプンキネ　カムイエカシ(家を守る神翁)と呼び，男女の神(頭部の印が異なる)を祀るという[北海道教育庁生涯学習部文化課編　1985：135]。この2神を夫婦と見なす見解もあるが，浦河，三石のように一方は個人の守護神であると考えることもできる。火神との関係は，不明である。なお，古海家の守護神の図が残っているが，これを見ると本体部分は対生短翅を持ったイナウである[青柳編　1982：213]。

3-3．北海道東北部

①帯広市伏古の山川弘は，家族神の神体を作らない[内田　1998：113]。宝壇のイナウは「チセイナウ」と呼ばれ，長翅を持つイナウである。チセコロカムイ，チセシッカマカムイ，チセコロエカシなどと呼ばれる家を守る神に捧げられている[内田　1991：18]。この神は男性神で，火神と夫婦ではないかと言われている。

②帯広市伏古の近井フトマツは，家の神を男性の火神と明言している。重要だと思われるので，原文を引用する(図7-8)。

「炉に捧げたイナウは火女神(アペフチカムイ)，家の西南隅のチセコルヌサシヤンのイナウは，火女神の夫(アペウチカムイエカシ)に捧ぐるので，共に夫婦で家を守るものとする。家屋を新築すれば，庭の出入口のわきに，チセイ・サンペの代りに，シツウイナウの小さい削りかけを作って挿し挟む。アパサウン・カムイに捧げるのである。チセコロ・イナウはアペウチ・エカシに捧げるイナウで，イナウそれ自身を神として祭るのでも，拝むものでもない。」[吉田　1984(1953)：116]

採録者の吉田巌自身も，日高以西で語られる家内の神々の複雑な関係，そして十勝との相違を強く意識しての聞き取りだったのであろう。実に明確に，要点を説明している。

③音更町の中村要吉は，やはり火神を男女の神とし，女神は炉に，男神は家の西北隅(宝壇の奥)に座すという[吉田　1984(1956)：172]。

④十勝芽室太では，火神「kamuyhuchi」と，「家の守神rotta kamuy ekasi」が夫婦だという記述だけがある[更科　18：65]。

十勝より東では，火神の男女が炉の中にいるとする地域が多い。帯広市伏古，音更町の例は東西の2つの考えの中間にあたることが興味深い。

⑤足寄町では，チセコロカムイのイナウを神窓の左側の壁にさす。形状は撚長翅を持つイナウである。これと別に宝壇の壁には，散長翅を持つイナウをかけるという[青柳編　1982：166]。いずれかが家族神かと思うが不明である。

⑥標茶町塘路では，新築時に，上座の梁の上にイナウを立てた。また「matta roppa ekasi」(奥に座す翁)という守護神があり，ともに家長が死亡すると送った。形状は不明である。家長の死後には，寡婦のための「matta roppa ekasi」が作られる[更科　8：184]。土佐藤蔵の家には，5つの「matta roppa ekasi」があり，猟があるたびに剝幣をつけ，とても大きくなったという。人型のもの，手のついたものもあったという。

⑦白糠町では，屋根の上と，屋内上座に撚長翅を持つイナウを立て，全てチセイナウと呼ぶ。屋内に立てるものは，シマフクロウや木の神などの諸神に捧げたものであり，屋外の祭壇の規模を小さくして屋内に作ったもののようだ。屋根のイナウは，新築時に棟の両端に立て，チセコロカムイに捧げたものである[北海道教育長生涯学習部文化課編　1994：115-117]。これは一度立てた後は，立てなおしたり，祈りを捧げることはないという。守護神の報告はない。また，火神は男女の神で，炉の中に座している。儀礼のたびに火神に捧げたイナウが，炉の上手に立てられていく(後述)。男性の火神は，このイナウ群の上に腰掛けているという。屋根のイナウは，静内付近でしばしば事例のあるタクサイナウに通じるように感じる(後述)。

⑧釧路市幣舞(鶴居)の八重九郎は，削りかけで包んだマクワカムイ「奥の方の神」，マッタロクカムイ「奥に座す神」という守護神を祭る。守護神には様々なものがあり，削りかけの中には，小刀，石，魚などが入っているという。これらはチコシラッキと総称され，祈りの際にマッタロクカムイと呼ぶ[青柳編　1982：122]。更科の聞き書きにやや詳しく書かれている。

「家の守神／シコシラッキプ　これはそれ自身が

神であり，神に捧げたもので／はない，新しい家をつくるとつくる。／teke kor sikosirat kip といふのもある。／鮭の腸の中から出た石とかめづらしい宝物がさづかると，それを中に入／れれ ci kosirat kip をつくる。これは／inonno kamuy で人間のかわりに，人間の思っていることを／神様に連絡して神様の気持ちをそっちの方へ引きつける役をするもの／だ。／カケスの卵の入った巣を見つけると，これは最高の inonnokamuy だ／(藁つとをさげたような型をしている)／病気のイナウ ヒエイクル・プンキカラ ・イナウ(病人 番をする)病気したときにたのむ．／快ったらヌサに納める。」[更科 11：149]

新築にともなって作るとあるものの，家族神なのか，個人の守護神なのか不明である。火神はロロワエカシ「上手の翁」，ウサラワフチ「下手の媼」と呼ばれる男女の神で，炉の中に座している。儀礼のたびに，火神に捧げた「abesitoinau」を1本ずつ残し，この上で「abeucikamuy」とマッタロクカムイが相談をするという[更科 10：81]。

⑨釧路市春採の秋辺福太郎，徹別の八重フサは，火神を男女の神とし，それぞれにイナウを立てる。また，炉の一番下手にロロワフチ「上手の媼」が座すとするが，ここにはイナウを立てない[北海道教育庁生涯学習部文化課編 1986：82]。

⑩弟子屈町屈斜路では，火神に次いでマクワカムイを祭る。更科は，この神を「家の神」としているが，実際はエゾイタチの頭骨や，珍奇な品々をイナウに包んで林立させているものである[更科 1933：51]。この章で問題にしている，家族神としてのイナウがここに含まれているのか疑問である。山中西蔵は，5つのマクワカムイを祭っていたという[更科 8：188]。

火神は男女の神で，儀礼の際に捧げたイナウは，炉の上手に並ぶ(後述)。

⑪釧路市阿寒町の舌川原キサは，家の棟の両端に「ciseinaw」を立てるという。秋辺カヨは，自身の守護神として「kamuyhuchi」を祭っていた[更科 18：86]。舌辛音作は，屋内に「kannnakamuy」「metoteyamikamuy(ミヤマカケス)」，「pon-kamuy(マタギの神)」を祭っていた[更科 11：49]。

⑫釧路市阿寒町の日川キヨの父は，神窓の横，北西隅の壁に縛り付けたイナウをチセコロカムイイナウと呼んだ。チセコロカムイは男神だという。イナウの形状は「ふつうと同じ」というので，屋外の祭壇に立つ長翅を持つイナウのようなものであろう。儀礼のたびに神酒を捧げ，秋の大祭で送るという[北海道教育庁生涯学習部文化課編 1998：147]。このため，守護神の神体ではなく，宝壇のイナウに類するものと思われる。火神は男女の神で，囲炉裏の左右の奥隅にそれぞれのイナウを立てる。秋に新しくする[北海道教育庁生涯学習部文化課編 1998：155]。

⑬美幌町の菊地股吉は，火神を男女の神とする[北海道教育長生涯学習部文化課編 1986：84]。家族神等については情報がない。

⑭網走市の工藤貞助は，輪生短翅と対生短翅を持つイナウを「チセコロカムイイナウ」とし，新築時に，棟木に結びつけるという[米村 1981(1937)：170，191]。ほかに，イヌマコロカムイ「宝壇の神」を「家の守り神」とした報告もあるが，両者の関係は不明である[知里・米村 1980(1958)：159]。

小　括

これまでに見た事例を，表にまとめた。一見してわかるのは，火神を男女の神とする地域に，家族神がほとんど見られないことである。浦河・三石から東部にかけては，個人単位で守護神を作り，1世帯で祭る神の数が多くなる。一方，道西に見るような，家族全体(あるいは子供全体)の守護神は見られなくなる。

また，塘路から東にかけては，宝壇のイナウもあまり見られない。これは次節で見る，火神の祭壇の作り方と関係している。

イナウの形態から見ると，様々なものが守護神として用いられるが，地域ごとにはある程度の傾向が見られる。

樺太では，逆木・人面の使用が特徴的である。

北海道では，2系統が認められる。日高・胆振一帯では，家族神は外皮三生短翅を持つイナウで作り，渡島から石狩流域，釧路では，長翅を持つイナウに

剝幣を付加する例が顕著である。これらの分布の境界に位置する白老町と浦河町では、両方の方式が見られる。標茶町塘路から釧路市阿寒町にかけては、人型のものが見られる。

　白糠・阿寒に見られる、屋根の上に立てたイナウは、ほとんど類例がないが、静内付近に見られるタクサコロイナウに似ている。静内では、メナスンクル「十勝・釧路系」とスムンクル「日高系」と呼ばれる人々が混在しているが、タクサイナウを用いるのはスムンクルだという6)。位の高い人はタクサイナウを屋根に立て、位の低い人は、祭壇に立てるという。タクサイナウは、対生短翅をつけたイナウにササの束を縛り付けたもので、流行病よけのためのものだと言う。近隣の人々が集まり、年に2回立てなおす。タクサイナウを立てるための祭りは持ち回りで行い、当番の家の屋根に立てる。古いものは解体して送る[北海道教育長生涯学習部文化課編 1992：39-40]。

　このように見ると、白糠の屋根幣が新築時に立てたきりであることや、西方系に分布するとする静内での証言と食い違うようにも見えるが、やはり両者には深いつながりがありそうである。今後も注意してデータを集める必要はあるだろう。

4．火神の祭壇の事例

表7-2　火神・家族神・家屋神・の相関-2

	火神・配偶者		家族神・配偶者		宝壇の木幣	屋根幣
鵜城	女性	—	男女	家族神	家族神に	—
来知志	女性	家族神	男性	火神	家族神に？	家屋神に？
白浦	女性	家族神	男性	火神	家族神に	—
小田寒	女性	—	男女	家族神	家族神に	家屋神に？※
空知	女性	—	—	—	炉→家屋神に	—
千歳	女性	家族神	男性	火神	炉→家屋神に	—
茨戸	—	—	男性？	—	—	—
余市	—	—	男女	家族神	家屋神に？	—
長万部	女性	—	—	—	炉→家屋神に？	—
虻田	女性	—	男性？	—	—	—
白老	女性	家族神	男性	火神	炉→家屋神に	—
二風谷	女性	家族神	男性	火神	炉→家屋神に	—
静内	女性	家族神	男性	火神	炉→家屋神に	病魔よけ
浦河	女性	—	男性	—	炉→家屋神に	—
三石	女性	—	男性	—	—	—
様似	女性	—	男性	—	—	—
伏古	男女	火神	—	—	男性の火神に	—
音更	男女	火神	—	—	男性の火神に	—
足寄	—	—	—	—	家屋神に？	—
塘路	男女	火神	個人的守神	—	—	梁：家屋神に？
白糠	男女	火神	—	—	—	家屋神に
釧路	男女	火神	個人的守神	—	—	—
屈斜路	男女	火神	個人的守神	—	—	—
阿寒	男女	火神	個人的守神	—	家屋神に	家屋神に？
美幌	男女	火神	—	—	—	—

※厳密には、小田寒の例は外壁に沿って立てている。

火神の祭壇は，炉の中に作られる。平素の儀礼では，比較的簡素なイナウが立てられるが，規模の大きな儀礼では複雑化する。多くの場合，大型の主幣に対し，やや小さい男女の副幣が組み合わされる。主幣は，儀礼の後にも残され，儀礼の回数だけ数を増していく。こうした振る舞いは，前節で見た宝壇のイナウと似ている。
　以下に，北海道各地における火神の祭壇の例を挙げる。

4-1．北海道中央部
　空知地方では，クマ送りと新築祝いの事例が得られている。

①空知信二郎のクマ送りの事例（1932.8.2）
　　屋内のアベウチノミの時は一，アベサムウシペ（火の神-キケチノエ一本即ちチセイナウ，ポンシュトイナウ二本）二，ミンダラウシ（庭の神，シュトイナウ二本）三，チセコロカムイ（キケチノエイナウ一本）［後略］［名取 1941：60］

　火神には，主幣（長翅のあるイナウ）1本，副幣（短翅のあるイナウ）2本を捧げる。主幣をチセイナウ（家のイナウ）としている。これと別に，チセコロカムイ（家の神）に捧げるイナウが挙げられている。

②空知保の新築祝いの事例
　　（家が：引用者）出来上がるとはいう前に蓬の茎の弓矢で棟の両隅を射ち，隅ずみの悪魔を追い払いチセノミという式をする。また家の四隅にイナウ（木幣）を捧げ，これに酒を上げ外のヌサ（祭壇）も新しくして神がみに酒を上げる。炉ぶちにはチケイナウという本式なイナウ一本とその傍に小さなアペサムシベ（火の傍の者）というイナウを三本立てる。そのイナウを再び外のヌサ場で拝みミンダラフチ《広い所（炉の灰のたいらな所）》として火の傍に立てて自然に火が付くようにして，焼けると火の神がイナウを受取ったことになる。尚このイナウが十文字に燃えて倒れると主人に不幸があると言われ，更に拝むのである。チケイナウは神窓（東の方の窓）の入った左側にひっかけておく。ミンダラフチだけ女も詣ることができるイナウである。［平田 1981：63］

　火神に対して主幣1本，副幣3本を立て，副幣は燃やす。主幣は宝壇のそばに掛けられる。

③札幌市茨戸・能登西雄の事例（1935）
　　高倉の聞き書きには，火神に「チホロカケップ」を捧げる，とある。北大植物園の収蔵品にも，収集の時期は50年ほどさかのぼるが「チホロカケップ」と書かれた小型のイナウがある（北10799）。また「石狩　アベカモイ」と書かれた大型のイナウがある（北10797）。アペカムイ（火・神）すなわち火神に捧げたものと考えられ，形状は撚長翅を持つイナウである。空知や千歳の事例に照らせば，平素の儀礼では北10799を火神に捧げ，大きな儀礼には主幣として北10797が加えられると考えて良いだろう。北10797は，儀礼後に宝壇に収められた可能性が高い。

④千歳市烏柵舞　小山田小三郎の事例（1951.6.12）
　　sakeをつくった時
　　hucikamuiにkikechinoeinau 1本，chihorokakep 4～5本　chihorokakepにはapesamにあげるsirariをのせる。［青柳 1982：146］

　hucikamuyとは火神の呼称の1つである。主幣（撚長翅を持つイナウ）1本と副幣（対生短翅を持つイナウ）4本を火神に捧げるとされている。

⑤千歳市烏柵舞　今泉柴吉の事例
　　abekamui 5本，戸口の神2本，chisekorkamui 1本を作るが，abekamuiにあげるものは焼いてしまう。また，chisekorkamuiにはkikechinoeinau 1本をあげるが，熊祭の前日，chisekorkamuiに熊祭の許しを得，当日には取去る。［青柳 1982：71］

主幣1本と副幣5本を火神に捧げ、副幣は燃やす。主幣は、家屋神に捧げたものとして説明している。

4-2. 北海道西南部（渡島・胆振・日高）

①長万部町での捕鯨前の祈り

炉にアペウチカムイイナウ［型式は不明］、即ち火の神に捧げるイナウを立て、これから何々の漁に出ますから、無事で漁が出来ます様にと祈る。それから、アベウチカムイの、イナウの1本を、家の中の床の間に相当する所の、向かって右に立て、家の神であるケンルソバカムイに、同様に酒を捧げて祈る。［名取 1941：148］

イナウの型状は不明だが、炉に複数のイナウが立てられていることがわかる。また、火神への祈願の後、火神に捧げたイナウの1本を持って家の神を祭るとしている点が興味深い。

②平取町二風谷 二谷国松によるクマ送りの事例
本祭1日目（全4日間中2日目）

茣蓙の重ね方はその家の流儀によって違うが、多くは無紋の方を上に重ねる。この無紋のところに火の神に捧げるチセコロイナウを一本たてる。また炉の中には縁に添って4本のチェホロカケップイナウを並べたて、戸の両側にもこれを一本ずつたてる。この炉の中にたてたチェホロカケップイナウは儀式の進行につれて一本ずつ炉にくべて焼くのであるが、火の神へ捧げるチセコロイナウだけは焼かずに、あとでソパ（北東隅）寄りの天井に挿しておくのである。従って、このイナウの数はその家の酒造りの回数を示すことになる。［伊福部 1969：42-43］

主幣1本、副幣4本が立てられている。4本の副幣は、この日の儀礼の中盤、終盤に2本ずつ燃やされる。主幣は屋内の儀礼が一通り終ったあと、酒を入れている行器に立てかけられる。その後饗宴のために1本副幣が立てられ、終りにこれも燃やす。これで1日の終りには、炉にイナウは残らないことになる。なお、本数は不明だが第1日目にも副幣が立てられる。3日目、4日目には副幣が1本だけ立てられ、やはり全ての儀礼が終った後に燃やされる。主幣は上座の天井にさされる。どの時点で行うのかは書かれていないが、3日目以降の説明に見られないので、2日目の終盤であろう。

名取によれば、隣村の平取に在住した平村コタンピラ氏の熊送りでも1〜4日目まで火神に対してほとんど同様の祭壇を作る［名取 1941］。また、副幣を燃やす際に「このイナウを火の神に捧げます」という祈り詞を唱える［名取 1941：85］。

③新ひだか町静内農屋 鷲塚鷲五郎の事例（1952.10.27）

kamuinomiのとき、apeoi（炉）の右奥隅に立てたイナウ。Punkanでつくる。［中略］
apeetoknusaにshutinauを立てるが、普通は1本か2本、大きな祭りには3本立てる。［青柳 1982：153-154］

説明に付された図によると、炉の上座寄りに主幣と副幣を立てることになっている。また、儀礼の規模により副幣の数が異なるとしている。主幣を何の神に捧げるのかは不明だが、先述の葛野家の事例を考えれば、家屋神であろう。Punkanはプンカウ（ハシドイ）のことと思われる。

④様似岡田 岡本惣吉の事例（1951.7.26）

1, shutinau（40 cm）susuヤナギで作る。／2, machineshutinau（26 cm）／3, pinneshutinau（26 cm）／pinneshutinau, machineshutinauは昨年家を建てた時、chikubeniエンジュでつくったイナウである。［青柳 1982：150］

「pinne」と「machine」は男女を表し、削りかけの方向は男性が↓、女性が↑である。大きめの主幣が1本と、小さい副幣3本（女性1、男性2）の組み合わせである。

西南部では、日常の儀礼に対生短翅を持つイナウを用い、大きな儀礼にはこれに長翅を持つイナウを組み合わせて用いることが多い。この場合、前者が副幣、後者が主幣にあたる。副幣には、東北部のようにはっきりした性別はない[7]。様似は、主幣・副

幣の形式ともに東北部の特徴を持っている。
　副幣は儀礼の節目ごとに燃やし，主幣は上座の梁の上にさす。これは東北部の主幣と同じく，儀礼の終了後も屋内に保存され，長年の間に上座の梁の上には長幣が多数並ぶことになる。また，主幣は炉に立てられるが，火神ではなく家屋神に捧げたものとして説明されることもある。アイヌ語名称もアペサムシペ（火の側についているもの），チセコロイナウ（家を持つイナウ），サケイナウ（酒・イナウ）など様々である。近年刊行された資料では，例えば平取町二風谷の萱野茂はこの主幣をシロマイナウ（立派なイナウ）と呼び，副幣とともに火神に捧げるものとしている［萱野 1985：110］。また，これを用いる儀礼は新築祝い，熊送り，結婚式の3つぐらいだと述べている。新ひだか町静内の葛野は，主幣をイレスフチイナウ（火神のイナウ）と呼び，火神に捧げた後，家の神に捧げると説明している［北海道教育庁生涯学習部文化課 1993：149-153］。しかし，このようなはっきりした説明がないことも多い。副幣の数や，主幣が副幣よりも大きく，儀礼の終了後も残されるという点は東北部と共通している。

4-3．北海道東北部

①帯広市伏古　古川辰五郎の熊送りの記録
　　古川家ではアベウチイナウに二つの種類を作る。第三図の1に見る如く長さ5糎，太さ直径において二・五糎位の柳の棒で，下半部は四筋細長く縦に樹皮を剝ぎ，上半部はシュトイナウと同様に三段に各々對生に削掛を作り，上端には両側から力を入れて斜に切り口（パロ）を作る。他のもう一種は長さ二十糎，直径一糎位の棒で上半部には前者と同様に削掛を立て又パロを作り下半部からは全部樹皮を剝ぎ取る。アベウチイナウは第四図の様に炉の神窓寄りの主人座の前に1・2の位置にまとめて立てる。このアベウチイナウは祈りのすんだ後に焼く。このイナウは伏古村ではアイヌの家系でイトクパの違っている家では形の異るイナウを作る。［犬飼・名取 1939：257-258］

②音更町　竹内通太郎の事例（1953.7.9）

kike は6ヶ所　2ヶ所づつ／向ひ合ってつける／長さ一尺位／片方男，片方女ということになって／いるが［更科 8：122］

　ここで図示されているのは，↓に削った短幣である。①の伏古のイナウも全て↓に削られている。

③標茶町塘路　土佐藤蔵の事例（1953.9.5）
　　炉の隅には abeso sikkama kamui inau が昔あった．／マタギに行くとき立てていき，狩が終ると nusa にもって行き，／兎の頭でも狐の頭でも一緒に送る．頭をおくるに草の芽の出る前／やらないと生れ変りがおそい，／この inau のかはりに bekanbekamuinomi のとき私の家では1本加へて／5本立てた．／男女二本づつと abeso sikkamakamui／の inau と五本たてたが／普通の人は四本だけだ，［更科 8：182］

　これによれば，平素の儀礼では，炉に男女のイナウが2本ずつ立てられる。また，出猟に際して立てたイナウは炉で焼かず，獲物の頭部を送るのに用いたとしている。菱の実を採取する前の大きな儀礼の際，話者の家では普段の組み合わせにイナウ（主幣）を1本加えて5本立てるという。他家ではそうしないということは，例えばその家の当主が儀礼の祭司かどうかなどに関わるのかも知れない。ノートの図によると男性の短幣は「pinne situ nau」とし，↓に削られている。女性の短幣は「machine sito nau」とし，↑に削られている。

④標茶町塘路　菱の実祭りの事例
　　酋長はまずアベウチカムイ（火の神）の小さなイナウを五本のうち一本は炉の隅に立て，他の男女一対ずつのイナウは火に近い灰の中に立てて，［中略］この酋長のイノンノイタック［祈り言葉］中に，炉の中に立てたイナウに火が移って勢よく燃え上がって火の方に倒れるのを見て，お祭りが立派に行われ，ベカンベの収穫も充分に満たして下さる前兆として喜ばれます。［佐藤 1961：212-213］

ここでも③と同じ組み合わせのイナウが用いられ，立て方も他地方と同様で，副幣は祈りの間に燃えるように配置されている。

⑤白糠町　貫塩喜蔵の事例（1963.2.1）
　inau は ponsitoinau 6 本（1 本は大きく）つくり，5 本の火の周りに立て，／inonno 終わったらこれは火にくべ，少し大きいのは炉の隅に立てておく，／これが集ったのは abe huchi ekasi が腰かけて休む，huchi はかけない，ekasi から先に nomi する。[更科 18：74]
　河野ノートの 1931 年に書かれた図によれば，貫塩氏のイナウは↑が男性，↓が女性となる[青柳 1982：183]。

⑥釧路市春採での熊送りの記録
　アベウチカムイ（火の神）のイナウは，長さ十五センチメートル，直径〇・五センチぐらいで，頭部に多数のキケ（削屑）のついた小形のもの四本と，大形のもの一本との五本を造る。大形の方は熊送りの時に，炉の上座の右隅に立てて祭り，小形の方は神祈りの終りには焼くのである。[佐藤 1958：35]

⑦弟子屈町屈斜路　山中酉蔵の事例（1951.8.31）
　apeshutinau
　　このイナウの頭部に小さい machineshutinau 3 本，pinneshutinau 3 本をつける。小さい 6 本のイナウは，kamuinomi が始まると，炉に入れて燃してしまう。残った apeshutinau は炉縁に立てておく。[青柳 1982：129]

　図によると男性のイナウの削りかけは↓の対生短翅を 2 段削り，女性のイナウは 4 段の対生短翅で，下 2 段だけ↑に削っている。「apeshutinau」は図示されていない。文の前半の意味はよくわからないが，全部で 7 本のイナウを用いるとある。小さい 6 本のイナウを燃やし，残った 1 本は炉縁に立てておく。

⑧厚岸　向谷ハナの事例（1931.6.14）
　kamuinomi をする前に，shutinau を 2 本作ってアベカムイにあげる。酒をつくる時も同様である。それが炉の脇に太い束になって積る。和人がこれを焚付けとまちがえて火にくべ，チャランケされたことがある。[青柳 1982：125]

⑨虹別での熊送りの記録[8]
　いよいよアベウチカムイ・ノミ（火神への祈り）が始まる段になると，エカシ（長老）達は，各家柄により，格式に従って着座する。先づ熊の飼主は，アベウチカムイ・ノミ・クル（火の神に祈る人）として，アベウチ・エカシ（火の神の老爺）とアベウチ・フチ（火の神の老婆）の小さいシュトイナウ各二本づつ四本を炉の燃え盛る火の近くに寄せて並べ立て，別に一本の大きい方を，ロレンガラエと，シソの交叉点の炉の中に立てる。ここは前から沢山のイナウが束ねたように，かたまって立っている。それは，アベウチカムイイナウ（火の神）（ママ）ともいって，酒を造る度毎にアベウチカムイを祭って神酒を献ずるために立てるものである。であるから一名トノトカライナウ（酒造りの木幣），サケカライナウとも言っている。[佐藤 1958：45-46]

　ここでは小さいイナウの内訳を男女 2 本ずつとしている。性別の表現法については触れられていない。この事例は，次の⑩の事例と同じ場で記録されたものと思われる。

⑩虹別での熊送りの記録（祭司は屈斜路弟子小太郎）（1939.12.16）
　火の神に用ひるイナウ即ちアベシュトナウは，四本用ひ，其の中の一本は大きさもアシュルベイナウと同じ位で，他の三本はサネゴロシュトイナウより稍大形に造る。削り花の立て方はサネゴロシュトイナウと同様[上から下]である。[犬飼・名取 1941：101・106]

　主幣（約 20 cm）を炉の隅に，副幣（10 cm）を炉の中心に立てる。2 日目にも新しいイナウを立てる（1

⑪阿寒　秋辺福治の事例(1956.4.25)
　　○占いする木幣(tusu inau)／病気のときに一番先に inonno　inau に inonno／をし，次に abe syutu ekasi と abe syutu huci／に inonno をし，tusu inau に inonno を／し，障りがあった沸ってくれとたのむ，これは tusu を／する婆さんとは関係なしにやるものだ。／いつでも立てておいて rappu がすっかりおちてしまったら／かわりをつくって古いのは nusa に納める。／これは阿寒だけでやり，釧路では見たことがない。[更科 11：2-3]

「tusuinau」とは，おそらく占いのために特別に立てるもので，火神の祭壇には含められていないと思われる。「abesyutuhuci」(火・棒・お婆さん)・「abesyutuekasi」(火・棒・お爺さん)が副幣にあたるように見えるが，はっきりしない。ノートに描かれた室内の見取り図によれば，「inonnoinau」は炉の四辺の内，横座よりの一辺の中央に立っている。男女のイナウはその左，戸口から見て左奥隅に立てる。「tusu inau[9]」(nupuru ianu)」は同じく右座寄りの下手隅に立てられている。また，「abe syutu huci」の別名を「usaruhuci」としている。

⑫美幌町　菊地儀之助の事例(1951)[10]
　　apesituinau　3ツ／・昔ハ　apesituinau san アッタ／rorun sikkeu／kamuinomi スルタビニ一つずつ立つ，主人／生キテイル間ハチョセヌ，主人死時 nusa サ／持ッテ行ッテ iwakte-nusa サヤル，／昔ハ／主人死ネバ家ヤイテ転居シタカラ inausan ハ使ハヌ　○シソノママ／残ッテイル
　　[中略]apeuchi nomi／酒コサエタ時ハ必ズスル，誰モヨバヌ／入ッテ来テモ／何モコサエヌ，／ape situ inau つくる3本　♂2, ♀1.／♂1ツ♀1ツ焼イテ一番太イ♂はのこしておく。／炉の中の沖よせておいて根ガ焼ケルト自然／に倒レテ焼ケルヨーニシテオイテ nomi／している。一番太イノダケハ陸ニオク．[知里 214：78-79]

主幣となる男性のイナウ1本，副幣となる男女のイナウ2本を作る。副幣を火に近い場所に立て，祈願している間に燃えるようにする。残った主幣1本を「apesituinausan」に立て，それは家長が存命中はそのままにしておくという。

⑬美幌町　菊地儀之助の事例(1951.1.12)
　4)《アペフチイナウ》
　apehuchiinau は3本作って炉に立てる。これ焼いて，その倒れ方で占う。inonnoitak をして予言した方に倒れると，祈りが聞き届けられたことになる。[青柳 1982：54]

⑭美幌町　K・H(女性)の事例(1970.8.25)
　火の神をアペウチカムイ⟨ape-uci → huci-kamuy＝火の-媼-神⟩とかアペウチ⟨ape-uci → huci＝火の-媼⟩といい，何か祝い事があるとき小さなイナウを1本作り，座敷の入口に立って炉の左上隅に立てイナウの頭にシラリ⟨sirari＝酒粕⟩を少量のせてやる。エカシ⟨ekasi＝長老・祖父⟩たちが祈りをささげたあと，このイナウを火のそばに移動して立てる。しばらくすると火の勢いで，イナウがだんだんこげてくる。そうなるとこのイナウを火にくべて燃やしてしまう。アペウチカムイへささげるイナウはこの儀礼以外につくることはない。[藤村ほか 1974：45]

⑮美幌野崎　K・Y(女性)の事例(1971.8.11)
　炉の左上隅(座敷の入口に立って)にはアペフチカムイ⟨ape-hudi-kamuy＝火の-媼-神⟩に捧げるアペフチイナウ⟨ape-huci-inaw＝火の-媼(神)への-木幣⟩，ていねいにはアペフチシュドイナウ⟨ape-huci-sutu-inaw＝火の-媼(神)への-棒状-木幣⟩といわれるスス⟨susu＝ヤナギの総称⟩製のイナウが5～60本かたまって立っている。これをアペヌサ⟨ape-nusa＝火の-木幣柵⟩といい，ここにはアペフチ⟨ape-hudi＝火の-媼(神)⟩がいつも休息をとる場所で，女はも

ちろんのこと子供すら近よることができない。

アペフチノミのときには，アペヌサの下手からシソ〈si-so＝本当の-座＝横座〉側の炉ぶちのほぼ中央にそって5本のアペシュドイナウ〈ape-sutu-inaw＝火神への-棒—幣〉を立てる。アペシュドイナウには適当な間隔を置く。アペシュドイナウの頂きにはシラリを1つまみずつ乗せてある。アペシュドイナウの形はイナウの3分の2の皮をむき，中ほどより若干下手から，削りかけ2〜3枚を左右1対にし，それを2段作る。その上の方はまわり全体をケ〈ke＝削る〉して菊の花のように作り，細くなったシンを折る。根本の方は炉ぶちのそばへまっすぐたてるために皮ごと削って尖らかす。

シソに座っている酋長だけが部落を代表して祖霊祭をとり行いそれに伴う加護・祖霊に対する伝言・酒神への謝辞などのアペフチノミをする。アペフチノミが終わると最もアペヌサ寄りのアペシュドイナウを除き，残り4本のアペシュドイナウの根本の焚火側に燠をうまく寄せる。やがてアペシュドイナウの根本が燃え自然と焚火側へアペシュドイナウが倒れてしまう。そうすると火ばしで焚火へアペシュドイナウを押しやる。その後で残ったアペシュドイナウをアペヌサへ立て直してアペフチノミが全て終わる。[藤村ほか 1974：47-48]

5本立てられるアペシュドイナウの内，4本は祈願の後で燃やしてしまい，残された1本が炉の隅にたまっていくという。ここにはアペフチイナウしか表れてこないが，ピンネシュトイナウ・マハネシュトイナウと言うものについて説明した個所がある。

⑯美幌町K・Y(女性)の事例(1971.8.11)
アペシュドイナウ〈ape-sutu-inaw＝火の(神への)-棒-幣〉はピンネシュドイナウ〈pinne-sutu-inaw＝男性の-棒-幣〉マハネシュドイナウ〈maxne-sutu-inaw＝女性の-棒-幣〉とは全く別のものである。しかし，ピンネシュドイナウやマハネシュドイナウはふだんアペフチノミ〈ape-huci-nomi＝火の-嫗(神)へ-祈る〉のときに使われるものである。[藤村ほか 1974：54-55]

⑮⑯をまとめると，美幌では通常の火神の儀礼には男女のイナウを用い，ある程度大きな儀礼の際は特殊な短幣が加えられる。この時，特殊なものは主幣として扱われ，日常用いるものは副幣となる。⑮に述べられている5本のイナウの内訳は，主幣が1本，副幣が男女2本ずつで計4本であると考えられる。

上記の諸例から北海道東北部の火神の祭壇に見られる特徴を次のようにまとめることができる。

火神に捧げるのは短翅を持つイナウであり，男女のペアで用いる。性別は削りかけの方向で表現し，↓が男性，↑が女性であることが多いが，白糠の一部だけは逆になっている。また，十勝ではこうした表現の違いがあまり見られない。ある程度大きな儀礼の際にはやや大きめか，少し形状の異なるイナウが1本加えられる。この主幣となるイナウは，男性であることが多い。イナウの数は主・副を含め3〜6本と幅がある。副幣は儀礼の終盤に燃やしてしまい，主幣は炉の隅に残される。

以上見てきたように，主副の組み合わせからなる祭壇は，北海道全域に確認できる。これらのイナウについて，取り立てて主・副の関係にあると述べた記録はない。が，主・副構造を持つ西南部の屋外の祭壇や樺太の火神の祭壇とよく似た構成が見られることから，北海道の火神の祭壇も同じ構造を持っていると見なしてよいと思う。

日常的な儀礼には対生短翅を持つ幣を用い，大きな儀礼の際はそれに加えてより大型のイナウ，あるいは複雑な形状を持つイナウが立てられる(主幣)。日常と同じ形のもの(副幣)は，祈願の後で燃やしてしまい，主幣は儀礼の終了後も屋内に置かれる。主幣が置かれる場所は，宝壇と炉の上手の2通りがある。また，西南部から中央部では，火神の主幣を家屋神に捧げることがある。千歳の事例のように，同じ地域内でも，主幣を受ける神についての認識が食い違っていることがある。これは，火神の主幣の位

置づけが，何度か変遷したためではないかと思われる。次節では，この点を考察する。

小　括

本章の冒頭で，新ひだか町静内や二風谷における宝壇のイナウは，火神に捧げた後に家屋神に捧げられたものであることを述べた。

第4節で見たように，これは，火神の祭壇の主幣にあたるイナウである。主幣を宝壇に収める習慣は，石狩流域から北海道南西部にかけて広がっている。このうち石狩を除く地域は，火神を女神と考える地域である。いっぽう，釧路を中心とした火神を夫婦神と見なす地域では，主幣を炉の上手に立てておく（図7-7）。いずれにせよ，主幣のある場所は，火神の夫の座所と一致していることは重要である。

火神は，アイヌの信仰の中心に位置すると言って良いが，そのような重要な神が，なぜこのように全く異なった認識をされているのだろうか。本来別の起源を持つ神が，1つの体系の中に取り込まれたものか，それとも同じ神が変化して行ったのだろうか。

地理的に見れば，火神を女神と見なす地域の方が，広がりが大きい。樺太では，家族神を夫婦神と考える地域はあるが，火神は常に女性である。北海道では，名寄，宗谷といった北部の情報が乏しいものの，ほぼ西半分が火神を女神とする。

一方，火神の夫は必ずしも火神ではなく，座所にも地方差がある。

女性の火神は，常に炉に座している。火神の夫の座所は，宝壇と炉の上手の2通りがある。ここで重要なのは，いずれの場合も，夫の座所と，火神の主幣が置かれる場所が一致していることである。第3節で見たように，北海道西部では，主幣は宝壇に置かれ，家屋神に捧げられていた。火神の夫は家族神として存在しているが，それにもかかわらず，火神と家屋神がイナウを共有しているのが注目される（図7-5）。

十勝では，火神の主幣とは別に，長翅を持つイナウが宝壇に置かれる（図7-8）。同地方では，男性の火神と家屋神が同一視されている。男性の火神は，平素は宝壇に座しており，宝壇のイナウは男性の火神に捧げるために宝壇に立てられるのである。こうした十勝の事例は，東部・西部の両方に通じ，2つの地域をつなぐカギとなるのではないだろうか。

次に，家族神であるが，これは東部に行くほど事例が少なくなる。東部においても守護神の事例はあるが，西部とは性質が異なる。東部では，家族の成員それぞれに守護神が作られ，家内全体を守るという性質は希薄なようである。これに対し，西部では，家族全体を守護する神がおり，その上で，病弱な者などに必要に応じて守護神が与えられる[11]。ただ，家族全体を守護するといっても，世帯が分かれた際には新たに作られ，家長の死後に送り返すなど，家長との結びつきは強固なものである。したがって，東部に見られるような個人の守護神が，職能を拡大したものと見ることもできる。

第1章で見たように，アイヌの信仰において神々は男女ひと組の夫婦神として観念されていることが多い。そのなかで，火神や祭壇神，水神，狩猟神，森林神といった重要な神に限っては，女神とされているのだ。これはおそらく，祭祀の中で神々に直接語りかけるのが男性であることと深く関連している。例えば，沙流川流域では，森林神や狩猟神に捧げた酒盃は，男性だけで飲まなければならないというタブーがある。これは，女神である狩猟神・森林神に捧げた酒盃を，別な女性に渡すと不興を買うためであると説明される。これを見ればすぐに，日本文化におけるヤマノカミ信仰等との類似に思い当たるだろう。

いっぽう，八重九郎は火神だけでなく，水神も男女ひと組の神と考えている。静内でも，家屋神を女神とする者もあれば夫婦の神が向かい合って肩を組み家を支えていると考える者もいる。また，祭壇神を女神とすることの多い沙流川流域の神謡でも，祭壇神が夫婦の神として語られることがある［金田一 1923］。

こうした事実から見て，おそらく火神を含む全ての神々は古い時代には男女の夫婦神であったのではないだろうか。そしてある時期から，男女の間に親

密な関係が生まれやすいことを神・人の関係に重ねる思想が生れた。これによって，女神と男性，男神と女性の組み合わせが，神と人との意思疎通においても望ましい結果を生むと考えられることとなった。事実，樺太では，女神には女性の木で作ったイナウ，男神にはその逆，というように同性のペアリングが推奨されるのに対し，沙流や静内では，女神には男性のイナウを捧げるという逆転が起こっている。そしてこの対応は，男性を守る守護神には女性のイナウが作られ，女性の守護神としては男性のイナウが作られるというように，神・人の関係にも適用されていた。

こうした考察を経て，私は，火神に対する認識が現状のような形で形成された過程を，次のように考えた。

① かつて火神は夫婦神であった。祭祀を担うのが男性であったことが要因となり，特に女神への祈願が重視される現象が起こった。

② この結果，男性火神の存在感は徐々に薄れ，家屋神と同一視されるようになった。座所も炉の中から宝壇へ移った。しかし夫婦神であるという認識は依然として維持されていた（十勝地方の事例に対応）。

③ 西部では，家長の守護神の重要性が増して家族神となった。家屋神と家族神の名称と座所が近似していたために両者が混同され，やがて家族神が火神の夫と考えらえるようになった。

もっとも，①②については，逆の経過をたどった（家屋神が男性の火神と見なされるようになった等）可能性も考えられ，どちらかに結論づけることは難しい。③については，こう考えることで，一見火神と無関係な家屋神が，1本のイナウを共有することが説明できる。

このように仮定することで，北海道の事例は説明できそうだが，樺太にまで適用できるかについては，家屋神や火神の主幣についての詳細といった判断の根拠になる情報がほとんど無い。ただ，③のように，火神と守護神が本来無関係であると考えれば，鵜城や小田寒のような，守護神が男女一組で存在することも無理なく説明することが可能である。

現状ではこれ以上の考察の手立てが無いことから，本章での検討はひとまず終えることとする。今後は，日本やニヴフ・ウイルタの信仰について情報を集めつつ，いずれ再検討したい。

〈注〉
1) 沙流川流域でも，ソパウンカムイ「座頭の神」，シラプシクル「大きな羽のついた者」など，多くの別名がある。
2) このようなイナウの用法は，沙流川流域でも語られている。平賀エテノアの語ったクマ神の神謡には，イナウが人の姿になって立ち働く様子が語られている［久保寺 1977：69］。萱野(1978)には，ネウサラカムイ（よもやま話をする神）として，文学ではなく実生活の中で用いられるイナウの資料が紹介されている。
3) これには，北海道と樺太の祈り詞が含まれている。集落名などこまかな情報がないが，ピウスツキのほかの論文や収集品と照合すると，小田寒などの東海岸での記録と思われるものがほとんどである。
4) 山本らが，外壁の木幣にまったく触れていないのはなぜだろうか。一つには，山本や知里が，本章冒頭で触れたような屋内の神々の錯綜した関係を意識していなかった可能性がある。事実，山本の記述に見られる「家の神」という言葉は非常に曖昧で，守護神と宝壇のイナウを区別していないようなところがある。そして，彼らの調査時には，彼らが図示したような集落は過去のものとなっており，調査はかつて集落に暮らした人々の記憶を頼りに行っていた。したがって，家にまつわる神々について，十分な問題意識を持っていなければ，聞き漏らしや取り違えが起こる可能性は高い。
5) 大島稔は，旭川地方の火神を男女としている［北海道教育庁生涯学習部文化課編 1986：150］。大島らの調査のうち，公開されたデータの中に石山キツエ氏（雨竜伏古コタン出身）による説話資料があり，この説話にはアペウチトノという名称が登場する。
6) 実際に，屋根の上のイナウが見られるのは北海道東部である。
7) 炉に立てた短幣を男性とする記述が，1例だけある［田村 1996：231］。また，二谷国松氏が作った一対の副幣は，一方だけに樹皮を残している［アイヌ民族文化研究センター 2001：132］。これが性別の表示なのかどうかは今後検討したい。
8) 記録者の佐藤は，地域を特定していない。佐藤の言う「釧路アイヌ」とは釧路川流域のアイヌ全体を指す。春採の他，巻末に挙げられているのはタッコブ，トーロ（塘路），クマウシ，ニジベツ（虹別），白糠，シタカラ（舌辛），テシベツ（徹別），アキベツ，アカン（阿寒）湖畔である。ここに挙げた事例は，前後の記述が先述の名取・犬飼による虹別の記述と似ている。名取らが見学した熊送りには佐藤も同席していることから，同じ場所での記録と判断した。

9) なお，この占いイナウは幣冠を被った短幣だという。形状と収集地から推測して，記89538-1，-2がこれにあたると思われる。同資料の写真が更科(1968)のp.117に掲載されている。
10) 調査に同席した河野のノートにもほぼ同じ内容の記載が見られる。これによれば調査年月日は1951年10月8〜10日となっている。
11) 家族神が定型的であるのに対し，個人の守護神は形状が多様であるのも，後者が状況に応じて作られるためであろう。

終章　イナウの歴史へ
　　──かたち・はたらきの変遷を考える──

おわりに

　本書では，イナウの形と性質・はたらきについて基礎的な資料を示しながら粗描してきた。第1章では，アイヌの宗教文化の概要とその中でイナウが担う働きについて概観し，第2章では素材の選択と信仰の関わり，第3章では製作技術に焦点を当てた。第4章〜第6章ではイナウを特徴づける細部の形状をピックアップした。第7章では，火神の祭壇を中心に，イナウを組み合わせて構成する祭壇の地方差，および守護神として用いられるイナウの地方差，火神に対する認識の違いをまとめた。本書での考察を閉じるにあたり，あらためて周囲の文化との比較も交えながら各章での考察を振り返り，今後の課題を提示しておきたい

　第3章で触れたように，関東から東北地方を中心としつつも本州全域に削りかけ文化が見られるが，今石みぎわ氏の丹念な調査によってそのことがより詳しく明らかにされた(図終-1)。さらにボルネオ島にも極めて類似した削りかけが見られ，このことは片山龍峯によってアイヌ文化研究者に紹介された(図終-2)。大塚和義氏によれば，ラオスにもこれに似た物があり，国立民族学博物館の収蔵品には台湾の削りかけがある(K 0004262)。琉球では確認されていないものの，アイヌの南につづく連続した削りかけの文化圏が浮かび上がる。また，アイヌより北のウイルタ(図終-3)や，ニヴフ(図終-4)，ナナイ，ウリチといったトゥングース系の民族にも削りかけの文化がある。河野広道は大興安嶺のオロチョンが，狩猟時に仕留めた動物の数だけ製作する木偶を採集しているが，ここにも削りかけが認められる(図終-5)。なお，池上(1980)によれば，それらを指すイナウ，ナウ，イッラウといった名称は，いずれもトゥングース語に由来するとみられ，アイヌの削りかけ文化は名称の面では北につながっている。また，川上哲はハンガリーにも削りかけ文化があることを紹介し(図終-6)，今石氏はグルジアにもイナウとほぼ同じ形状の木製品があることを報告している。このように，東アジアとユーラシアの西部に削りかけの文化が分布しているのだが，いずれの地域にも削りかけと主軸が一体となった形式が見られる。このように広範な地域に共通性を持って展開する削りかけ文化だが，宗教文化における位置づけ，素材，技術，形状といった視点を導入すこで比較・分類が可能である。

　本州以南の削りかけには信仰上の意義がほとんど見られず，標識や装飾の意味合いが強い。もっともボルネオ島の諸民族はヨーロッパ人の入植以降急速にキリスト教化されており，それ以前には宗教的意義を持っていたらしいことをうかがわせる情報が若干ある。本州についても神への贈与物としての意味合いはあまり見られないものの，小正月や彼岸など宗教的な行事において用いられることが多いという点には注意しておきたい。また，削りかけ単体ではなく，道祖神などの木偶に削り出した例が複数見られる。グルジア・ハンガリーについては未調査だが，感謝祭に類する行事で用いられるようである。こうした諸文化と比較して，アイヌの用い方は最も宗教的意義が強く，用途も広い。特に特徴的なのは，削りかけそのものに神性を認める点であり，ここから贈与物でありながら伝令者でもあり，守護神ともなりうるというイナウの用途の広さが生まれている。もっとも，アイヌ文化においても装飾その他の意義があったらしい痕跡もあり[1]，贈与物としての働きも，イナウの美しさに起因する可能性が高い。アイヌよりも北に行くと徐々に宗教的意義は薄れていくといわれるが，名取やクレイノヴィチの記述を見れば，ウイルタ・ニヴフにも男女のイナウを作り分ける習慣や贈与物としての働きが見られる。さらなる調査と比較考察が必要である。

　イナウに用いる素材はかなり多様であるが，北方にはヤナギ・針葉樹の使用が多い。樹種の選定理由について，アイヌと本州については一定の研究蓄積があるが，その他の地域については今後情報を収集していく必要がある。技術面では，刃物を押す，あるいは引くという根本的な技法と，工具の形状に文化間の違いが現れる。アムールから本州にかけては引いて削る技術と押して削る技術が混在している。

ハンガリー，グルジアについては未確認であるが，削りかけの形状を見る限り引いて削っていると考えられる。これに対し，ボルネオは全てを押して削っていた。工具の形状では，北海道と樺太の間に境界があり，樺太アイヌが逆手に握って用いる左刃のナイフはシベリアから北米にかけて分布する北方系の工具である。いっぽう北海道から本州にかけては，鎌やセンなどを例外として，常用の右刃のナイフを反転させ引き寄せながら削る技術を持つ。ボルネオはヤリガンナに近い刃物を両手で握り，前2者ともまた違う。

年間を通して削りかけを製作する頻度は北海道以北が高く，中でもアイヌが最も高いと考えられる。使用形態のうち北方に特徴的なのは，削りかけを2次的に加工し，撚る，編むことである。また，削りかけ部分だけを剝離して冠等を編む，あるいはそれで別な祭具や信仰対象物を縛る，巻く，包むといった習慣がある（図終-7）。この場合，赤や紺や黒に染めた木綿布が併用されることもよくある。縛る，包むといった使用法は本州以南には見られないものだが東北のオシラサマ等には，紙や布で木偶を包む習俗が見られ，これが比較的近いけれども，本州には削りかけの2次加工や，剝幣を作り，それを何かに挿したり，巻いたりといった使用法は一切見られず，この点が顕著な違いである。もっとも，柳田國男も指摘している通り，本州では素材を藁・布・紙等に置き換えてこれを行っているとも考えられる。ニヴフやカムチャツカのコリャークなどには，布やハマニンニクの茎など，長さとしなやかさを持つ物で動物骨や木偶を包み，その骨や物に宿る霊魂への贈与物とする習慣があり，サハでは馬のたてがみと絹糸が使われる。こうしたアイヌを含む北方民族の間に広く「縛る・巻く・包む」ことで神々に贈与を行う文化がみられ，その中で削りかけと樹皮や布，糸，草等は，代替可能な贈与物となっているのである。したがってアイヌにも布や樹皮を使う例が見られるけれども，それは周縁的なものであり，削りかけこそが第1の贈与物として選ばれてきた。

次に形の問題を考えた。イナウの形はどこから生まれてきたのか。現状はまだこの問題に結論を下す段階ではないが，削りかけの部分と主軸の部分が一体となった（削り出したまま剝離しないで用いる）形状は，どの民族の削りかけ文化にも見られるものであり，アイヌ文化においても当初からこの形式があった可能性は極めて高い。

第4章と第5章，第6章では，イナウの細部の形状からアイヌ文化内部の地域差を見た。アイヌ文化全域に長翅と短翅を作り分け，その組み合わせでバリエーションを生み出す方式が見られる。その中で地域差を見る指標となり得る特徴のうち，主たるものをあらためて整理すると以下のようになる。

①主として短翅を削る方向で性別を表現する様式が北海道東部（様似〜釧路，美幌，網走）と樺太西海岸の一部（鵜城）に見られる（図終-8）。また，

②樺太から本州東北部にかけて輪生短翅が見られるが，北海道の太平洋岸にはこれが見られない（図終-9）。

③胆振・日高西部（静内まで）では，三生短翅が見られ，北海道のほとんどの地域では対生短翅を持つイナウをシトゥイナウと呼ぶが，静内を除く胆振・日高西部では三生短翅を持つイナウをストゥイナウと呼ぶ（図終-10）。三生短翅は，②の輪生短翅と相補分布をしており，アイヌのイナウ文化における大きな地域差を生んでいるけれども，全体としてイナウのバリエーションを作り出す要素の数は，各地ともおおよそ均一であることになる。

④長翅のうち，撚りをかけない散長翅は祭神に用いず，先祖供養に用いる傾向が北海道東北部（帯広〜釧路，美幌〜旭川）に見られる（図終-11）。

⑤刻印は胴に刻むものと頭部に刻むものに分けられ，胴の刻印は樺太に分布し，北海道では余市だけに見られる。頭部の刻印は単印と複印に分かれ，前者は北海道の南西部，後者は北海道の東北部に分布する。樺太の頭印は，西海岸に限定的に見られる（図終-12）。

刻印のバリエーションは北海道の方が豊富である。シャチの背びれを象ったアシペノカ（ヒレの形）と呼ばれる刻印は，しばしば刻印の典型例として挙げられるものだが，樺太には見られない。

⑥削りかけでフクロウ神の羽角（帯広〜釧路，斜里〜美幌〜空知），龍神のウロコ等を表現する（屈斜路，網走，美幌），神の姿を表す刻印を用いる（塘路

〜屈斜路，網走，美幌)等，イナウの部位に，祈願の対象となる神の姿を表現する文化は，北海道東北部に顕著である(図終-13)。樺太にも一部見られるが，横枝を曲げて太陽神・月神を表すのみである。

⑦どの地域においても，守護神となるイナウは，別に作った剣幣で包んで祀られる。胆振・日高および樺太では，イナウの脚部・胴部に当たる部位を守護神とする傾向が強い。それに対して北海道東部(空知，石狩，浦河，釧路)では，長翅を持つイナウ(イナウの頭部にあたる部位)を守護神にも用いる。

ここに挙げた特徴のうち，②の輪生短翅をは北海道北部と樺太の連続性を感じさせる。①，③，④，⑤，⑥は北海道東北部を中心に展開する様式であり，アイヌの生活圏の中央を横切るように，1つの文化圏が広がっていることを示している。⑦については北海道の北部の事例が不足しているが，この地域を挟む北海道南西部と樺太に共通性が見られることから，中間にはこれと異なったローカルな文化が展開していることを感じさせる。こうした分布は，一見するとかつて日本人が設定した東蝦夷地という地域区分と合致するように見える。イナウの文化が形成されてきた経過について，周囲の文化との比較を通じて今後さらに考えるとともに，このようなアイヌ文化内部の地域差を生んだ要因，地域差形成の時期についても学際的な研究を通して明らかにしていきたい。

1. イナウ文化史の試み

第1章で述べたように述べたように，イナウは用途の広い祭具である。そして，贈与物としての働きでは樹皮や綿糸，伝令者としてはイクパスイ，守護神としては動物の頭骨や木偶・ヨモギ人形，除魔具としては手草というように，イナウが担う機能には，それに特化した別の祭具が存在する。イナウは，そうした他の祭具と形状や名称をも部分的に共有している(図終-14)。はたして，イナウが他の祭具の機能を取り込んだのか，あるいはイナウから分離した機能をそれぞれの祭具が担ったのか。イナウの働きが変遷を重ねてきたと仮定した場合，どこまでその変遷をたどることが可能だろうか。

イナウは，観念の上では擬人的に扱われていながら，具象的な形をとらない。この理由について，先行研究では，大きく分けて2つの考えが示されている。

ひとつは，イナウがかつては具象的な偶像の形をしており，これが，漸次抽象化の過程をたどり，現在の形になったというものである。第5章の先行研究でも触れたように，河野(1953)では，イナウのうち大型で複雑なものが，本来は祈願の対象神を象った神像であったと推測している。また，Munro(1996(1962))は，調査過程で目にしたイナウのあるものが明確に人を象っていたと述べ，またイナウが考古遺物として出土する土偶の代替物として発生したのではないかと考えた。河野が論拠としたのは，前節で述べた⑥のようなイナウが存在することである。いっぽう Munro は，イナウの各部に「足」「身体」「口」など人体を模した名称がつけられていることから着想を得たのであろう。注意しておかねばならないのは，偶像を造るにしても，伝令者として具象的な像を造ることと，対象神を象ることは全く違うという点である。

アイヌ文化では，後者のような偶像をまったく作らないわけではない。沙流川流域や樺太で作られていたヘビを象ったイノカカムイ(偶像の神)，樺太に見られるクマの像イノカ(偶像)などがあり，ヘビの像はヘビを乗り移らせる依り代としての役割が期待されている。クマの像については用途を記した記録が無いが，クマ送りの過程で，解体後のクマの頭部(霊魂の座所)に載せることからみて，やはり一時的な依り代なのではないかと考えられる。また，これも詳細はわからない習俗だが，余市ではシャチを象った大きな板状の木像を「カムイギリ」と呼んで祀っていたという。このように，依り代を意図して神々の姿を造る場合，それはイナウ以外の祭具として作られる。仮に北海道北東部に見られるイナウが河野の考えた通り神像的な意味合いを持っていたとすれば，それはイナウ文化全体の中ではやや特異なあり方を想定することになる。また，先に見た通り

⑥の現象はアイヌ文化圏の中央部で起こっているが，私はこれを新しい現象だと考えている。これについては後で述べる。

樺太アイヌおよびウイルタ，ニヴフの木偶を調べた和田完も，アイヌ文化においては先行して偶像が存在し，ある時期に偶像禁忌の感情が発生したことにより，具象から抽象へと変化したという過程を想定している[和田 1987(1959)：62]。

名取(1947)は，イナウそのものではないが，神印の成立について，偶像に刻まれた人面が象徴化していったという過程を想定している。いずれも，鉄器が普及した過去数世紀のアイヌの造形史について，複雑から単純へという流れを考えているといえる。

もうひとつは，金田一・杉山(1993(1942))に代表される，人類の造形文化が単純なものから複雑な様式へ発展していくとする見解である。彼らは，イナウをアイヌの木工のうち最も「簡素」で「原始的」なものととらえ，ここから種々の木工技術が発生していったとする。その過程は「始原」においては「初め神の供物」を示した「無意味の如き樹枝類の串から」始まり，「イナウやヨモギの如きものの集合を，漸次神像化」したとされる。そして，イナウの一部に人面が見られることについては「遂にはこれが最も人形に近い顔面の付せられて来ることが，各民族間の信仰上に対照物が偶像化する一大進展を来たしている姿」だとされる[金田一・杉山 1993(1942)：326-327]。ここでは，イナウの意義も贈与物から崇拝対象である神像へと転換していったという推論を立てている。

第5章で触れたように，知里(1944)もイナウの起源について述べた中で，基本的には金田一・杉山と同じ見解を示している。両者とも共通するのは，鉄器の流入を大きな転機と考えている点で，これによって生じた簡素で原始的な工芸が時間をかけて今日の姿にまでなったという。鉄器によって木工の効率が上がることは無論である。しかし，鉄器が普及したのは人類史全体で見ればごく新しいことであり，様々な意匠を生んだ思想の歴史が，この時点から始まったなどとは到底考えることができない。事実，考古遺物には，鉄器流入以前にも人面を含む具象的な造形物が存在している[2]。蛇足だが，知里も言っているように，黒曜石の薄片を利用して削りかけを作ることも可能であるし，柳田の言うように，鉄器が無い時代には別な素材を使った可能性を当然考えてみるべきである。

杉山らの説は社会進化論的な思潮の中で直感的に構想されたものと見ることができる。いっぽう，前者は考古遺物などを含めたより広い視野に立ち，新旧の造形物を関連付けようとしている。私も前者と同じく，具象物から現在の形に変化したのではないかという印象を抱いている。しかしながら，神像や土偶がイナウに置き換わったということを実証するのは容易ではなく，にわかには頷き難い説でもある。そこで，本書での検討を通して得た知見を基に，河野やMunroの説を補強し得るかどうかを考えてみようと思う。ここでの考察に大きく関わるのは，イナウ製作に見られる個別成形・一体成形という2つの方法，第6章で述べた刻印と人面の置換である。

2. 融合と分離

まず，偶像とイナウの接点として考えられるのは，第6章で見たイナウと木偶を組み合わせる用い方である(第6章図6-24)。この場合，木偶は守護神の働きを持つ。北海道では，木偶は用いないが，動物の頭骨をイナウで包んで守護神とするのが一般的である。このイナウは，頭骨に宿る動物の霊に捧げられたものである[4]。これと同様に，木偶を包むイナウも，木偶に捧げたものと考えることができるだろう。そして，ニヴフの人面を持つイナウは，ちょうどこの木偶・イナウの組み合わせを一木造にしたような形状をしている。河野(1971(1933))，名取(1947)によれば，人面はニヴフ・ウイルタのイナウのうちでも恒常的に祀る守護神的なものに刻むことが多いと言える。そして，アイヌの守護神には人面を持つものと持たないものがあり，後者においても胴印が人面のように見なされている例のあることを第6章で述べた。

ここでもうひとつ想起しておきたいのは，イナウ

を個別成形する場合，樺太においては胴に用いる樹種が全体の特性（性別）を左右する，言い換えれば下の部材が中核となっていたことである。そして，胴印を刻む部位もやはり下の部材である。したがって，個別成形のイナウは，木偶・イナウの組み合わせと，要素の配置，意味上の主従関係において非常によく似た構成をしていると言える（図終-15）。

興味深いのは，本州にも木偶・イナウの組み合わせやそれに類するものが見られることである[5]。また，秋田県能代市峰浜村には，樺太アイヌやナナイと共通する逆木を使った像が見られる。

北海道を挟んで，樺太・本州に類似の事例が分布している。北海道では人面や胴印は用いないが，第7章で見たように，個別成形の下の部材にあたる部分（周囲の地域で人面・刻印を刻む部位）を守護神とする傾向が強い（図7-2）。このときには，やはり削りかけで包むようにして祀るので，ひとかたまりのイナウに見えるものが，実際には守護神の部分とそれに対する捧げものから成っていることになる（第4章図4-131など）。更に類似点を挙げれば，ウイルタの人面付きイッラウは頭部の切り方で男女を造り分ける（第6章図6-19）が，北海道南部のイナウでも同じように性別を表す例が多いことを第4章で示した。ニヴフがつくる「獣の像」も，雄の像は頭頂を円錐形に，雌は斜めに成形するというように，頭頂の形で性別を表示する[クレイノヴィチ 1993(1973)：150]。名取（1974(1946)）も，これに類する例を南樺太で得たことを記しており，人面を刻む物とない物の2種を書いている[6]。人面を刻む物は「ダブ・ナウ」という名で，冬季住居に4本おいて，家の神の霊を宿らせる，またはクマ送りに用いるとしている。人面を刻まないものは「ジョンコルラットウング・ナウ」と呼び，クマ送りの際に神霊を宿らせるのだという。名取の記述では頭頂形状と性別の対応がクレイノヴィチと逆になっており，円錐が女性，斜めに切った方が男性となっている。

木偶については，分布から見ても，かつて北海道アイヌにも存在していた可能性は高いように思う。そして，アイヌにおいては木偶の形と機能が，イナウの構成要素として吸収されていったと考えることはできないだろうか。先に⑦として挙げたように，近代以降の文化で守護神の神体となるのは，イナウの脚部にあたる箇所である。本来ここは木偶であった部位で，そこに包む・連結するといった方法で贈与物としての削りかけが付いていた。やがて，偶像を忌避する文化の興隆とともに人面がなくなっていき，この部分はイナウの「脚」として一体化していった。その結果，イナウには，削りかけが持つ贈与物としての機能と偶像の部分が持っていたメッセンジャー・守護神としての機能が込められるようになった。このように考えれば，イナウに贈与物・メッセンジャー・守護神といった複数の機能が内在していることが多少理解できる。

樺太のイナウに，胴印という形で人面の名残があるのに対し，北海道でその痕跡が見られないのはなぜか。これには，北海道だけに分布するキケウシパスイ「削りかけのついた捧酒箆」の存在が関与しているように思える。キケウシパスイには，樺太の胴印によく似た刻印が刻まれる。イナウにもイクパスイにも言伝の役割があるとされるが，物語中で実際にイナウが言葉を発することは稀である。わずかに，クマの話し相手になるイナウなどの例があるが，神へ祈りを届けるのはキケウシパスイであることが多い。つまり人面の象徴が，キケウシパスイに移されることによって，イナウからは言伝の働きが薄れたのではないだろうか。キケウシパスイは神事の際に献酒に用いるが，その後はイナウの胴に（胴印があるべき場所に）結びつける，あるいはイナウの削りかけに縛ってつり提げる。特に前者の場合は，最終的にイナウと胴印が一体になり，胴印を刻んだ状態を模したと見えなくもない[7]。

胴印（人面）がイナウから分離した結果，キケウシパスイをともなわないでイナウのみを用いる場合，その最も一般的な働きは贈与物であり，また他の供物の運び手も兼ねるというところに落ち着いたものと思われる。つまり，イナウが現在のような存在になる過程には，形の上でも概念の上でも複雑に融合・分離を繰り返してきたのである。

このように，イナウの胴と頭部が本来的に別々なものであったと考えるならば，近現代代において並行して見られる一体成形と個別成形では，前者の方が新しくできてきた表現様式だと考えることができ

る。そして，この一体成形・個別成形のどちらをとってもよいという流動性こそが，イナウが他の祭具と機能をやり取りすることを可能にしたと言える。

　北海道の東北部から西部にかけては，守護神に胴印のような人面の名残らしきものは無い。また，個別成形をする際の上の部材にあたる部分を守護神とする場合が多く，贈与物と守護神は形状の上ではほとんど差がない。さらに，削りかけの造り方や束ね方などによって人体や動物を模したものを若干作る（第6章図6-31）。こうした表現様式は，南北にまたがる線刻による人面・印の表現とは全く異なっており，北海道の北部方面で別に発生した様式と考えられる。

<h2 style="text-align:center">む　す　び</h2>

　以上，近現代に見られるイナウ形成のルールを援用して，イナウが木偶の形と機能を取り込み，贈与物としてだけでなく，守護神・メッセンジャーとしても用いられる，多義的な祭具として形成されていった過程をシミュレーションした。おそらく河野やマンローが考えたように，かつてイナウはもっと人の姿に近かったのだろう。ただしそれは依り代としての神像ではなく「木の人」であった。

　本書でたびたび紹介した動物の頭骨を祭る習俗は，動物神との間に特別な関係を結び，仲間（獲物）を呼んで授ける，或いは天候を操作する，占いをさせるなど人間に有利に働くよう促す行為である。その際，頭骨や木偶に巻きつけられる削りかけは，神々の関心を得る一種の駆け引きの材料であった。木偶を作って守護神とすることも，樹木神を人の側に引き入れるという点で同様の行為といえる。沙流川周辺では，守護神としてのイナウを作成する場合には，イナウ自身や他の樹木の神などに呼びかけ，守護神として期待される役割を十全に果たすよう祈願を込めた。このように依頼することを，人間の視点からニスク「頼みにする」と表現する。いっぽう，精霊の視点に立ったイエウタンネ「人間の仲間になる」という表現もある。そもそも樹木を整形することは，自然木をより人間の意に添う形にする行為だが，アイヌ文化では樹木自身に人格があると考え，自らの意思で人間に協力することを求めた。やがて，木偶がイナウの形を取るにいたり，現在見られるような，イナウにイナウを捧げるという状況が生まれたのである。

　このような変化を起こした動機としては，やはり具象物・特に人面を嫌う思想が発生したため，とひとまず考えておく。そうして，アイヌ文化圏の全域から人面意匠が消えたが，北海道の南西部には槍を持たせ，口・心臓・内臓を象徴する刻みなどが用いられるようになり，北海道の北東部では，削りかけを多彩に変化させる表現様式が現れた。

　本書では，千島について十分に検討することができなかった。これまでも述べたように，ユーラシアの東西に展開する削りかけ文化の広がりを追及するとともに，カムチャツカ，本州，サハリンといったアイヌ直近の諸民族文化について深く理解することを今後の課題としたい。

〈注〉
1) ウコニロシキ等と呼ばれる一種のボードゲームの駒に削りかけをつける例がある。また，沖を通る舟を呼び寄せるためにイナウを振りながら呼びかけるという描写がしばしば見られる。いずれも，イナウの一般的な使用法からはかなり離れている。
2) 代わりに紙や麻などが用いられる。
3) 例えば縄文後期・晩期の土製品（千歳市美々4遺跡出土の動物型土製品，千歳市ママチ遺跡出土の土面，上磯町茂辺地遺跡出土の人面付環状土器）など。
4) 第1章第2節の2で挙げた事例を参照。
5) 第6章第4節のサンクロウ，オホンダレ様を参照。
6) 北大植物園には頭部を円錐形にしたイナウが2本（北11207・北11208），斜めにしたイナウが2本（北11209・北11227）あり，このうち北11208と北11209には人面が刻まれている。これらが「ダブ・ナウ」であろう。
7) 余市の家神（第6章図6-8）の場合には，胴印を刻みつつkikeuspasuyも結びつけるので，ここでの仮定とは合致しない例である。

図版編

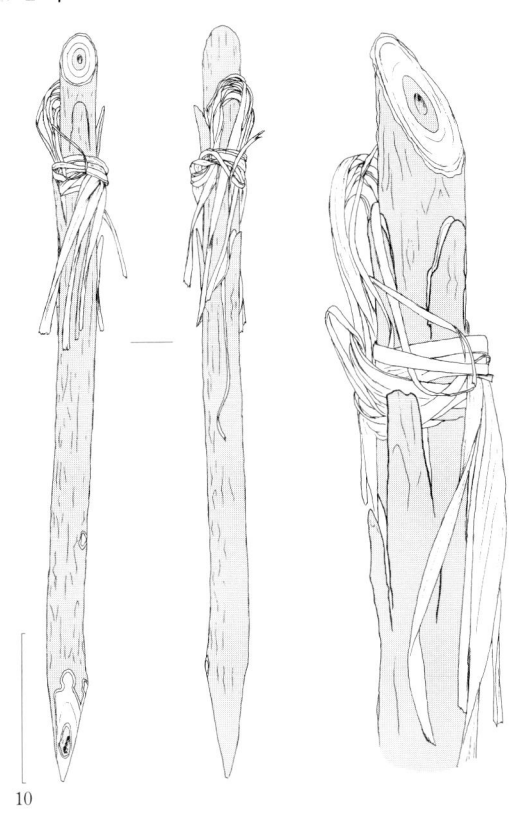

図 1-1　記 89468　新ひだか町東静内　ソコンニカムイ。
性が病気になった際に平癒を祈願する女神。ニワトコ製。
ナウキケの代わりにシナノキの内皮を巻きつけている。

図 1-2　記 89469　新ひだか町東静内
ノヤチャウノカシトゥイナウ。
ヘビに祟られたときに造る。
主軸にヨモギを用いている。

図 1-3　記 89470　新ひだか町東静内
ノヤチャウノカシンヌカムイ。
戦争に行く際に加護を願う守護神。男神。
主軸にヨモギを用いている。

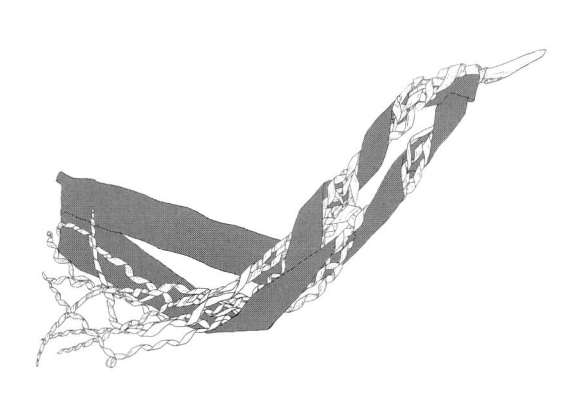

図 1-4　アイヌ民族博物館常設展示より　イナウル。
白老町では病気の治療の際に赤い布と剥幣を組み合わせた
ものを首にかけて用いる。千歳市にも同様の習俗があり，
巫術の後，巫者の憑神に捧げることもある。

190

図 1-5 更科(1968)より 千歳市。ヨモギを束ねた病魔払いの人形。就航病を撃退し、集落に入ることを防ぐよう祈願する。剥幣の代わりにブドウヅルの皮を巻きつけている。

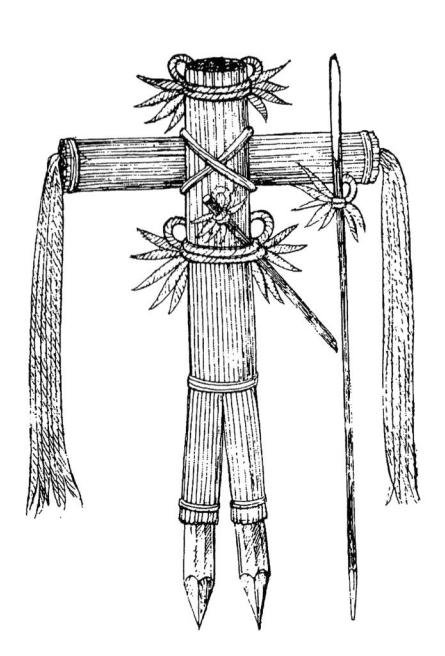

図 1-6 平取町二風谷 久保寺(2001)より。ノヤイモシ等と呼ばれるヨモギを束ねた人形。二谷国松氏による図解。

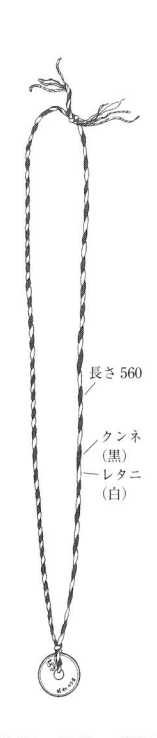

図 1-7 平取町二風谷 萱野(1978)より メノコカラィナウ 白と黒の綿糸を撚り合わせて貨幣やガラス玉を通したもの。糸端は焼く。心身の不調時に首から下げ憑神へ捧げる。

長さ560
クンネ(黒)
レタニ(白)

図 1-8 記27115 樺太。ニーポポと呼ばれる木偶をイナウで包んだもの。幼児や病者を守る者として寝床の近くに懸架して祀る。

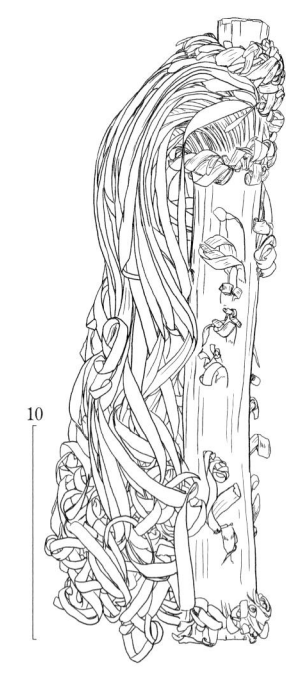

図 1-9 記89510 鵡城 オッカイトゥスタクサ 巫術の終盤に、削りかけの部分で人の身体や屋内を叩き、そこに潜む悪神を払い落とす。性別があり、これは男性。

図 1-10 北海道立図書館蔵 写/アイヌ/3 白老町の森サリキテがヨモギ等を束ねたタサで女性を払う場面の再現(絵葉書)。

図1-11 『市川文庫写真集』15-3より　余市町立図書館蔵

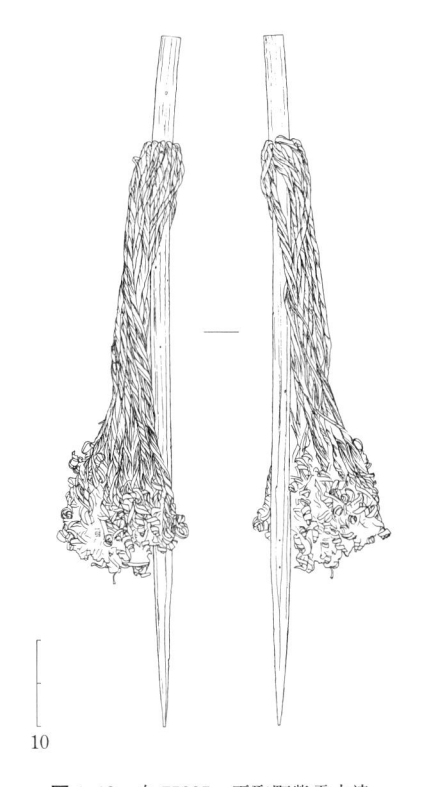

図1-12　白75005　平取町紫雲古津
L82　φ2.55

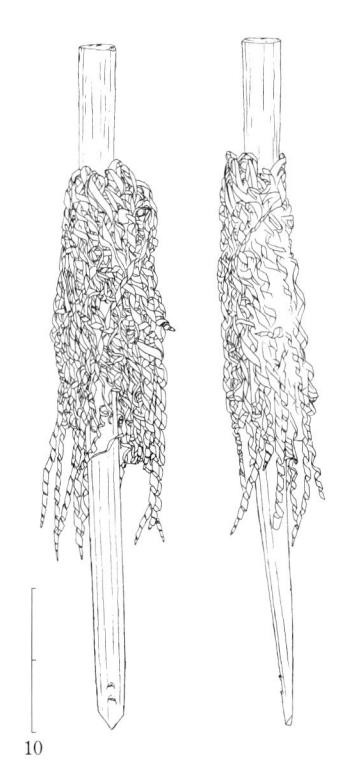

図1-13　旭4032　むかわ町穂別
L44　φ2.3

図1-14　白老町
アイヌ民族博物館(2000)より

192

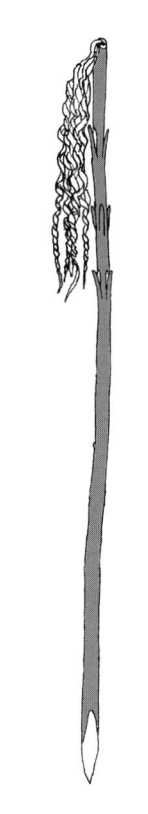

図 1-15 白老町
アイヌ民族博物館(2000)より

図 1-16 白老町
アイヌ民族博物館(2000)より

図 1-17 白老町
アイヌ民族博物館(2000)より

図 1-18 北 10698
新十津川町(旭川市近文)
L47 φ2.51

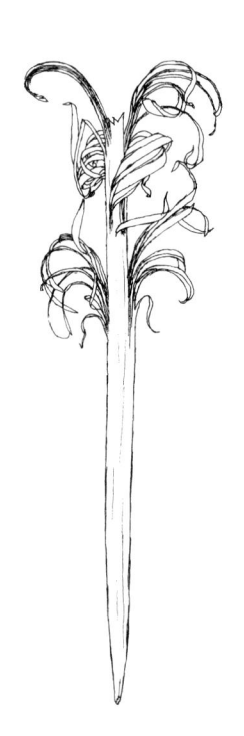

図 1-19 北 10710
新十津川町(旭川市近文)
L26.3 φ1.2

図 1-20 北 10713
新十津川町(旭川市近文)
L23.7 φ1.37

図版編　第1章　193

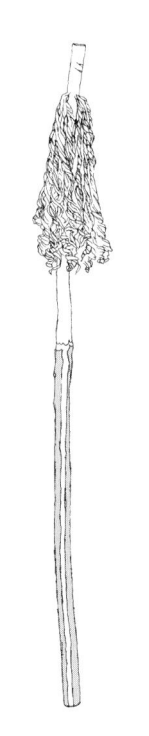

図 1-21　北 10178　八雲町
L142　φ3.9
頭部と脚部を一体成形した例

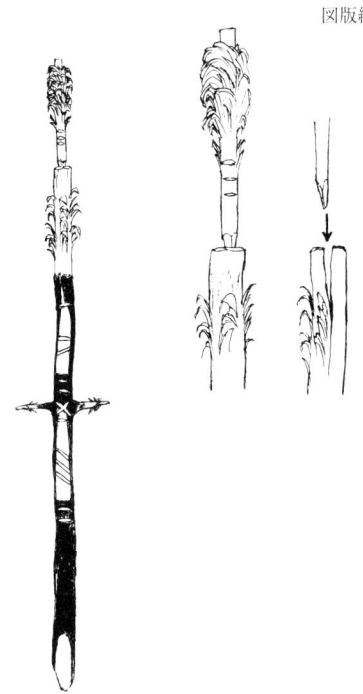

図 1-22　MAE829-455a　地域不詳
L74.4　φ3.2

図 1-23　北 10185-7　白老町
マ送りに用いる特殊なイナウ。
ケチノイェをストゥイナウに挿し込む。

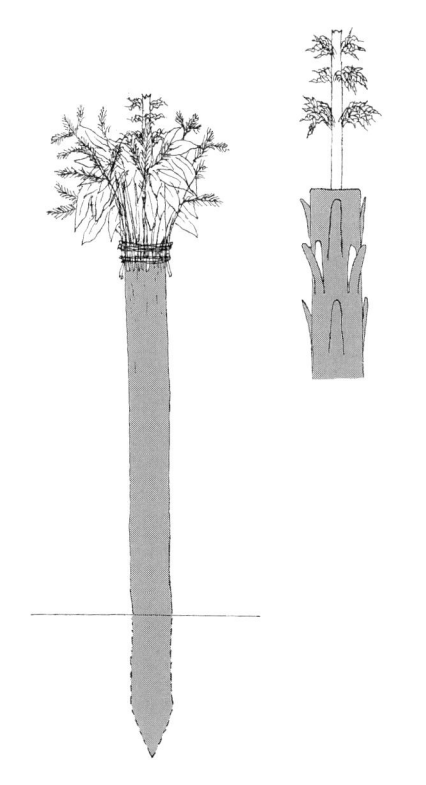

図 1-24　平取町二風谷　久保寺(1971)をもとに作図。
ササとマツの葉の下に，削り掛けが作られ，ストゥイナウの形になっている。

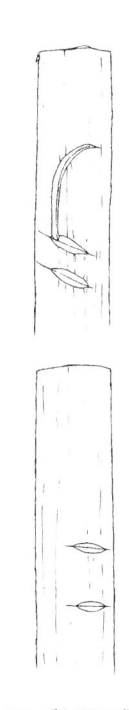

図 1-25　記 8074 頭部
新十津川町(旭川市近文)
L242　φ4.4

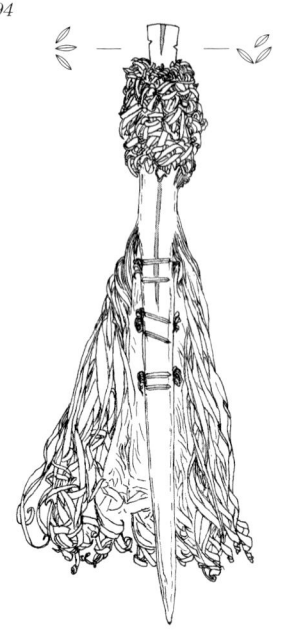

図 1-26　北 34653　多蘭泊
L35.5　φ2.39

図 1-27　北 34651　登富津
L29　φ2.16

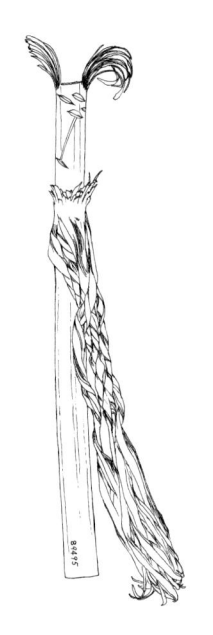

図 1-28　記 89495-2　斜里町
シマフクロウ神に捧げるイナウ。
頭部に羽角を模した削り掛けがある
L51　φ3.2

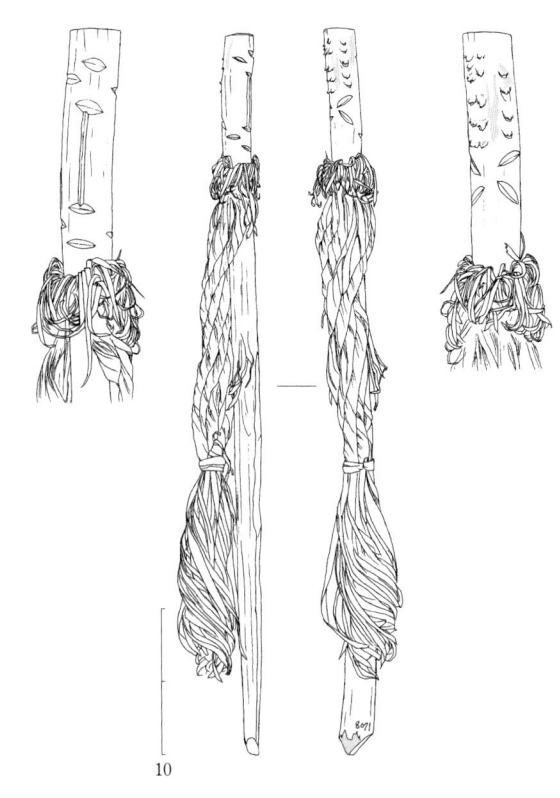

図 1-29　記 8071　美幌町　竜神に捧げるイナウ。
長翅と輪生短翅を組み合わせた例。
刻印付近の短い削り起こしはウロコを表す。
L52.5　φ2.4

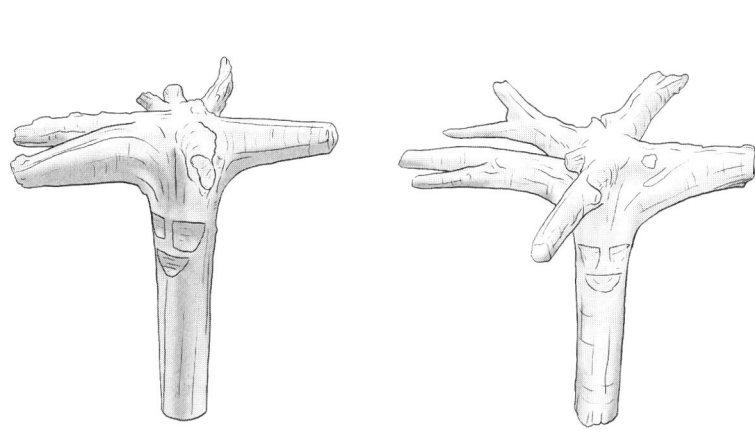

図 2-1　ナナイの逆木を使った偶像　ハバロフスク州立郷土史博物館常設展示より

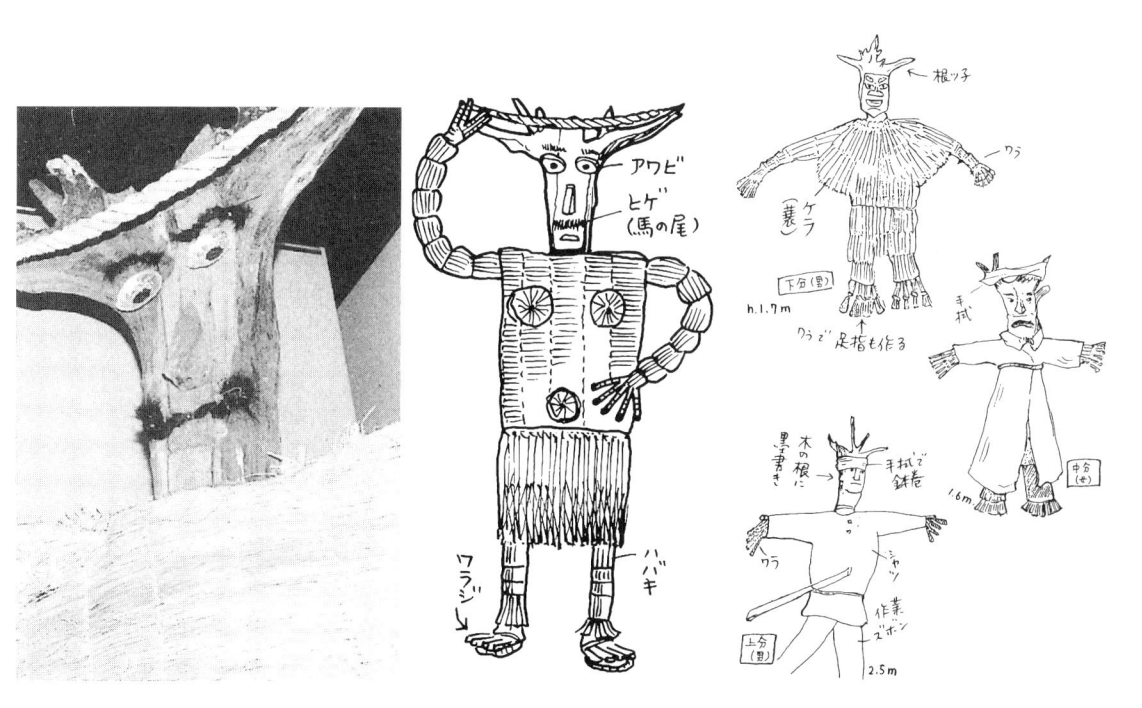

図 2-2　秋田県能代市の逆木を使った偶像　神野(1996)より

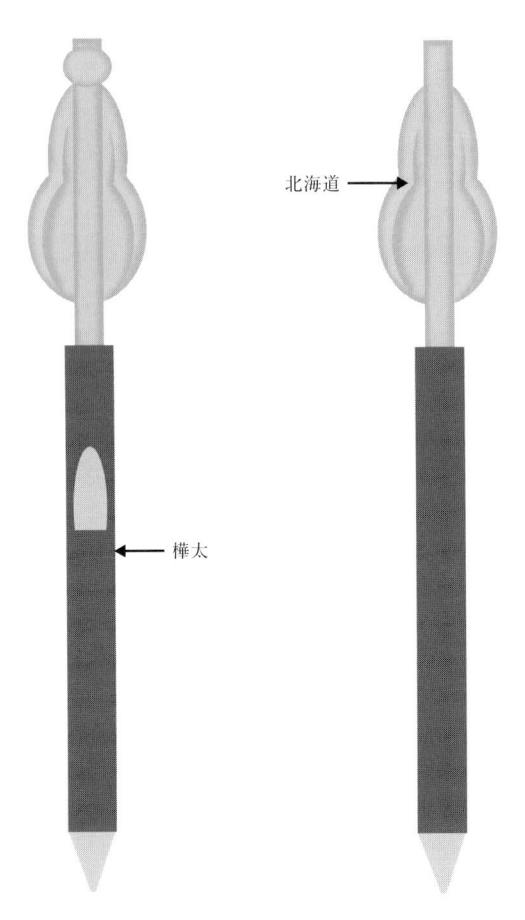

図 2-3 樹種選定にあたり重視される部位

図版編　第3章　197

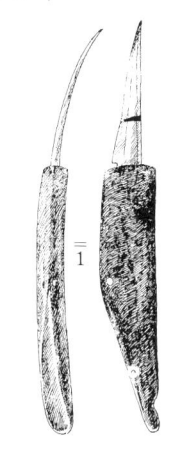

図 3-1　小刀(樺太)
金田一・杉山(1943)より

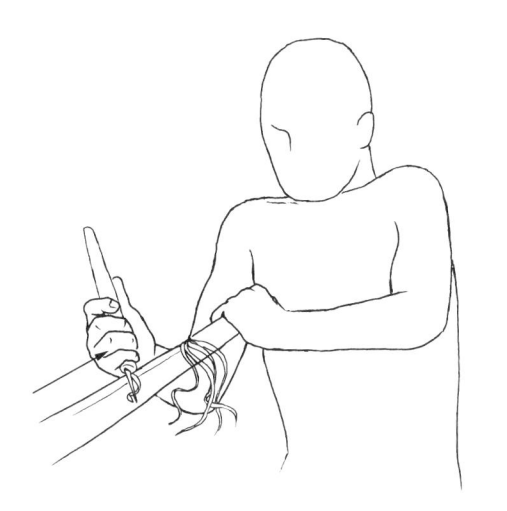

図 3-2　作業姿勢(樺太)
西鶴(1942)巻頭写真による

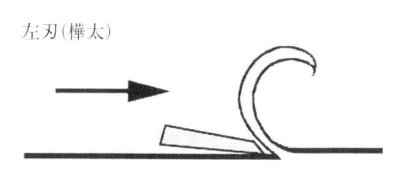

左刃(樺太)

右刃(北海道)

図 3-3　刃の当たり方

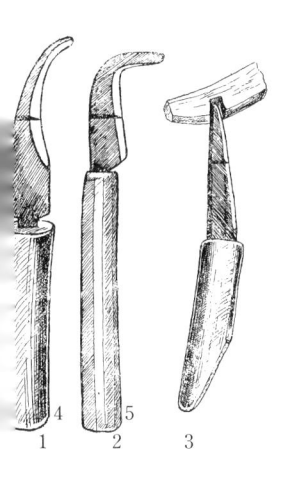

図 3-4　小刀(北海道)
金田一・杉山(1943)より

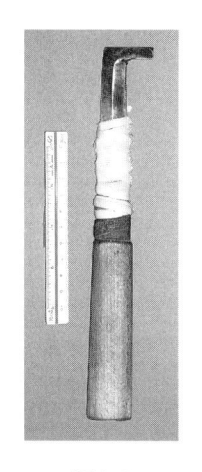

図 3-5

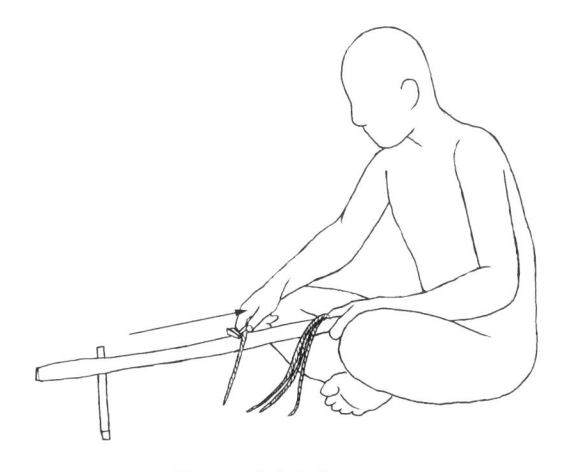

図 3-6　作業姿勢(北海道)

図 3-7　記 89516　頭部

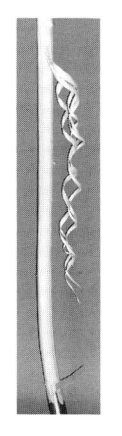

図 3-8　[製作]

図 3-9　[製作]

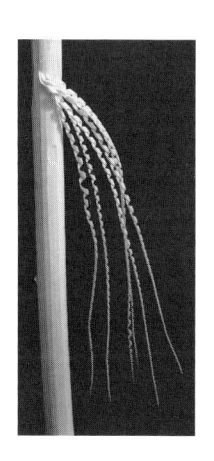

図 3-10　[製作]

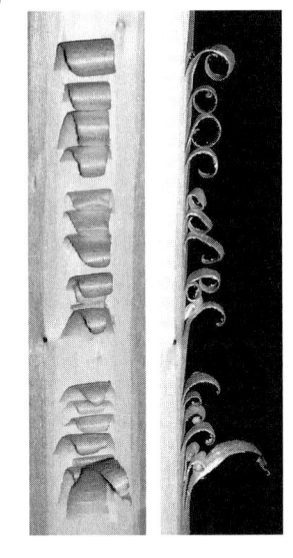

図 3-11　真上に巻く [製作]

図 3-12　Z巻き [製作]

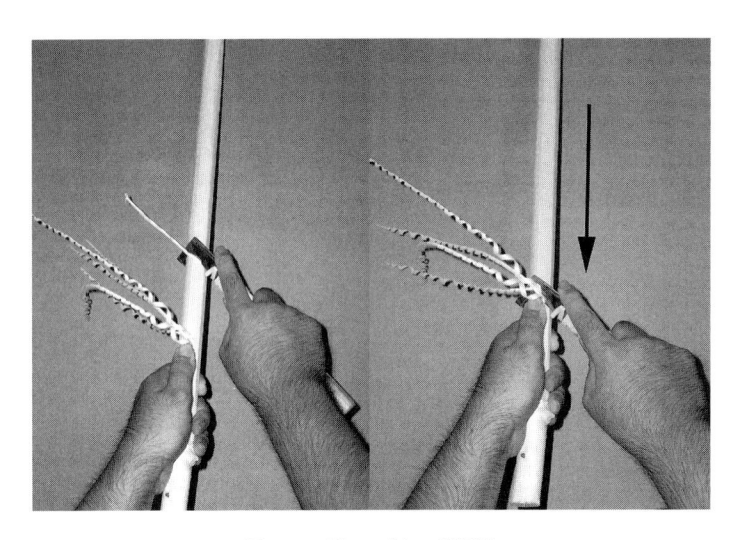

図 3-13　引いて削る [製作]

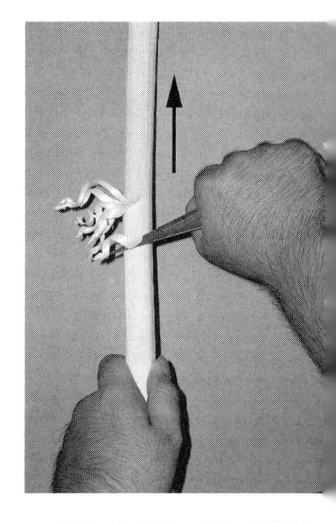

図 3-14　押して削る [製作]

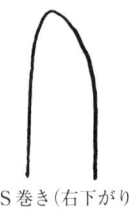

S巻き（右下がり）
の先端

Z巻き（左下がり）
の先端

図 3-15

図 3-16　右回り [製作]

図 3-17　左回り [製作]

図版編　第3章　199

図 3-18　［製作］ 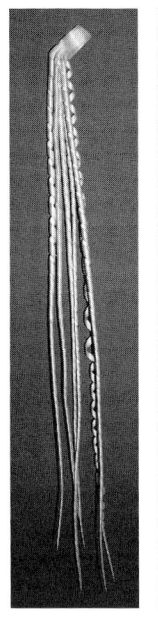　　　図 3-19　［製作］ 　　　図 3-20　ウイルタ　　　図 3-21　仕付け［製作］
　　　　　　　　　　　　　　　　　　　　　　　犬飼(1941)より

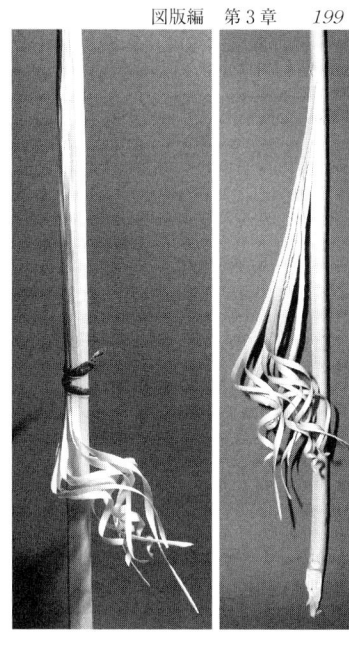

3-22　仕付け(2)　　　図 3-23　S撚り　　　　　　　　　　　　図 3-24　Z撚り
村(1984)より　　　　白 75005　平取町紫雲古津　　　　　　　白 62241-1　来知志

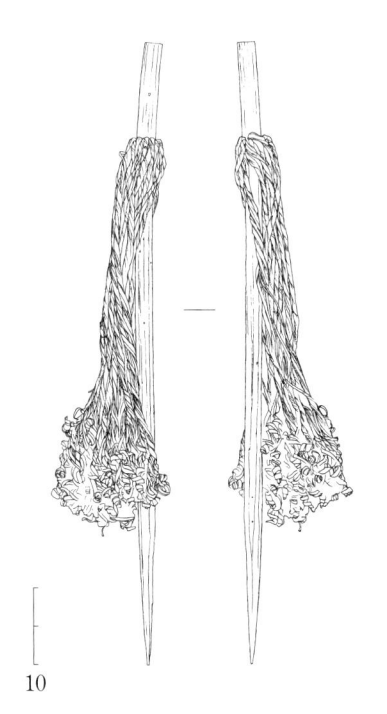

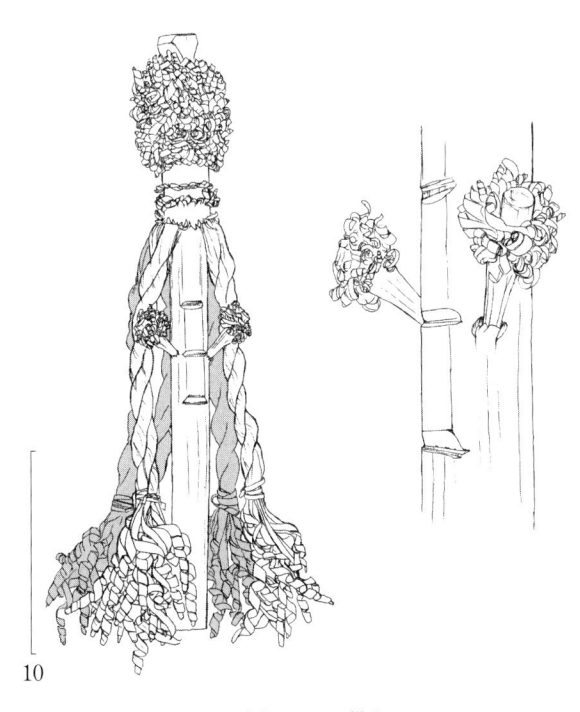

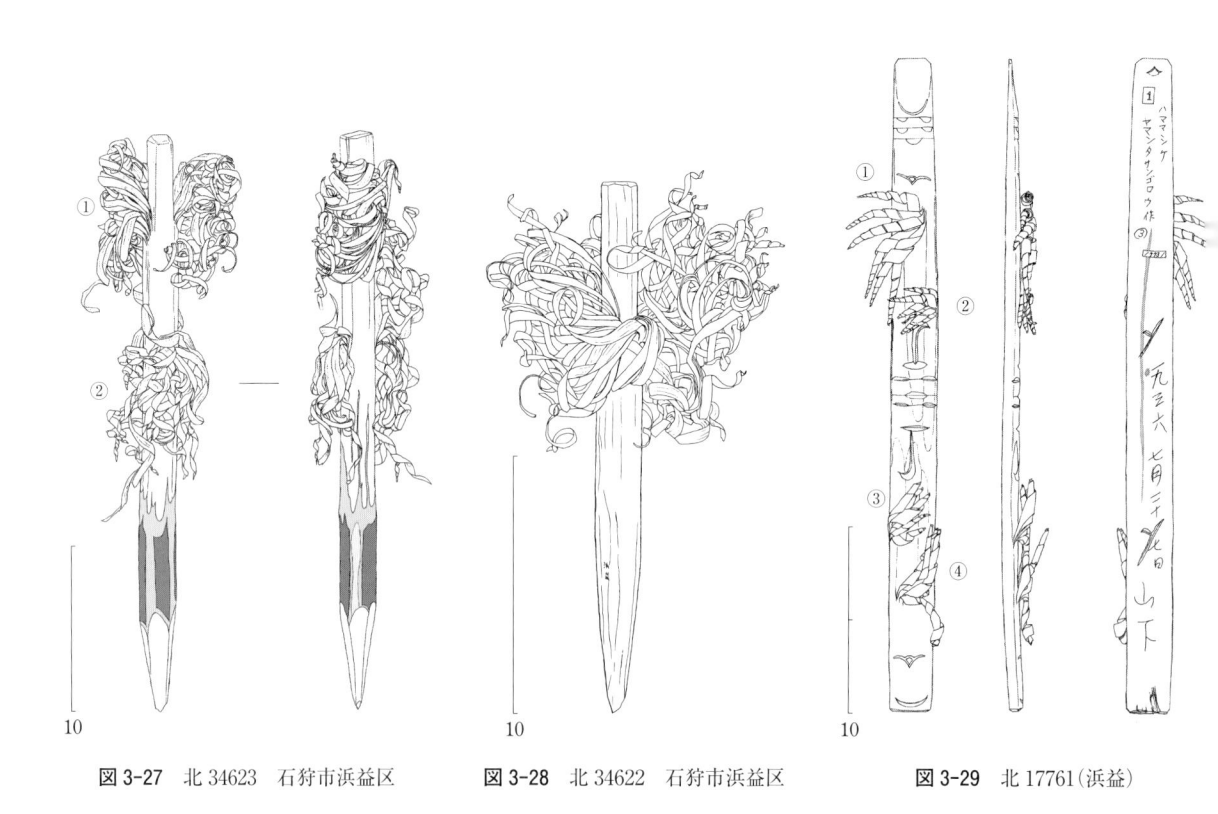

図 3-25　北 10718　石狩市浜益区

図 3-26　北 10720　石狩市浜益区

図 3-27　北 34623　石狩市浜益区

図 3-28　北 34622　石狩市浜益区

図 3-29　北 17761（浜益）

図 3-30　記 8071　美幌町

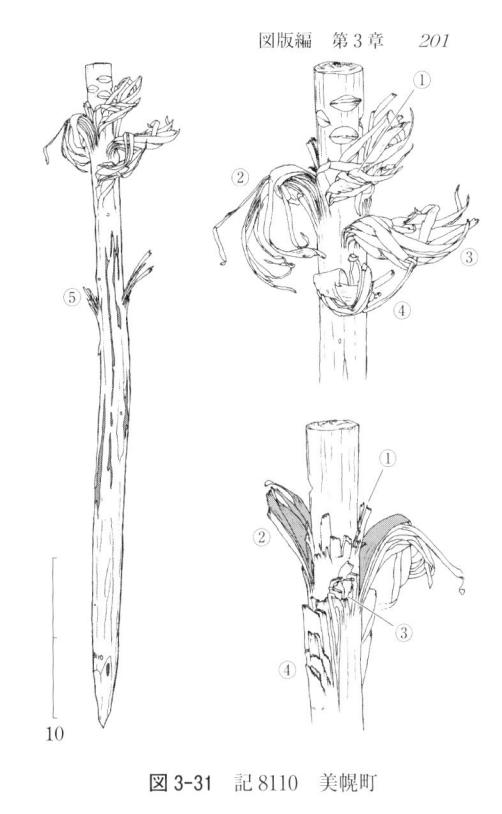

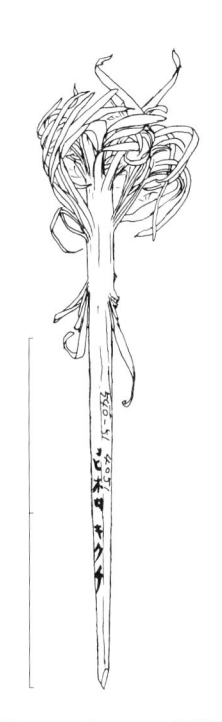

図 3-31　記 8110　美幌町

図 3-32　旭 7208　美幌町

図 3-33　旭 4051　美幌町

図 3-34　ブラワンの工具

図 3-35　ブラワンの作業姿勢

図 3-36　ブラワンの削りかけシェパラウ

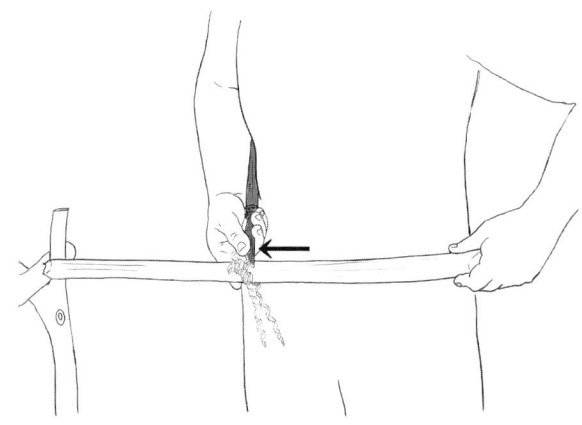

図 3-37　カヤンの作業姿勢

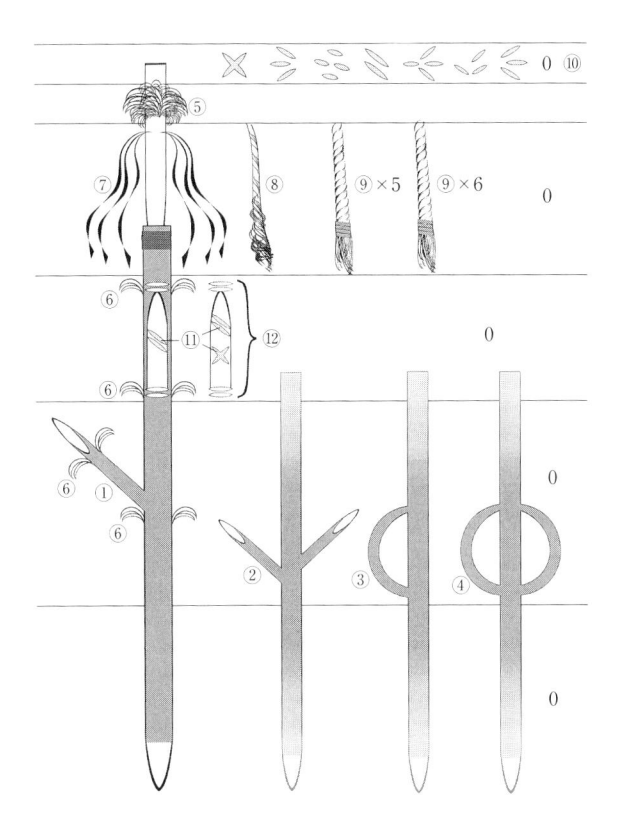

図4-1 樺太西海岸多蘭泊のイナウを構成する要素

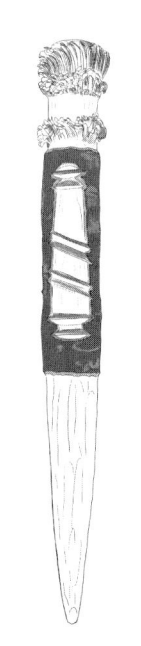

4-2 記89503 鵜城神に捧げるイナウ。↓型のものと組み合わる。L28 φ2.85

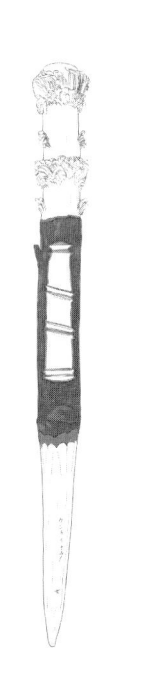

図4-3 浦000629-25 同前。L38 φ3

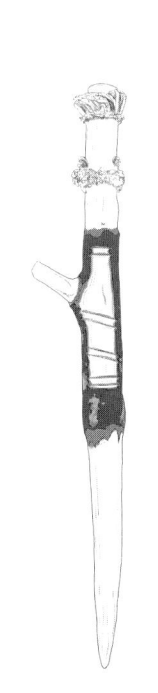

図4-4 浦000622 同前。L38.3 φ2.72

図4-5 記89501-1 鵜城火神に捧げる男性のイナウ。↓の輪生短翅。大型のものと組み合わせる。L28 φ2.45

図4-6 記89501-2 鵜城火神に捧げる女性のイナウ。↑の輪生短翅。大型のものと組み合わせる。L27.9 φ1.85

図 4-7 記 89515-1 鵜城 チセコロセニシテヘ (家の守護神)。男性。
木偶を剥幣で包む。 L56.5 φ6

図 4-8 記 89515-2 鵜城 チセコロセニシテヘ(家の守護神)。女性。
木偶を剥幣で包む。 L54.5 φ6

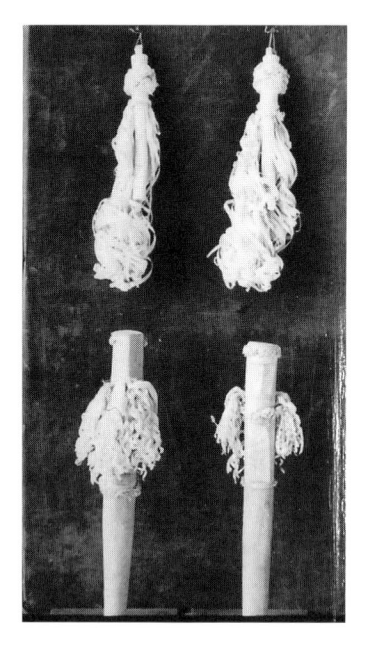

図 4-9 守護神の配置状態
(撮影：更科源蔵 弟子屈町図書館蔵)

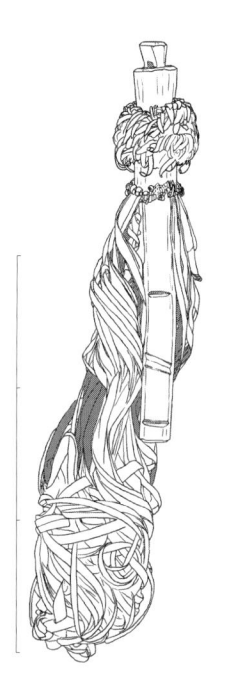

図 4-10 記 89519 鵜城
家の守護神(男神)に捧げたイナウ。
L28.5 φ3.1

図 4-11 記 89518 鵜城
家の守護神(女神)に捧げたイナウ。L29 φ3.4

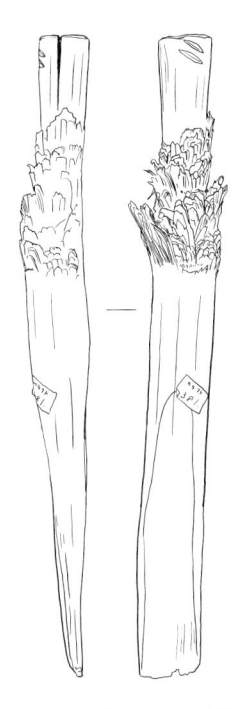

図4-12 北10764 鵜城
頭印の例。
L33.5 φ3.3

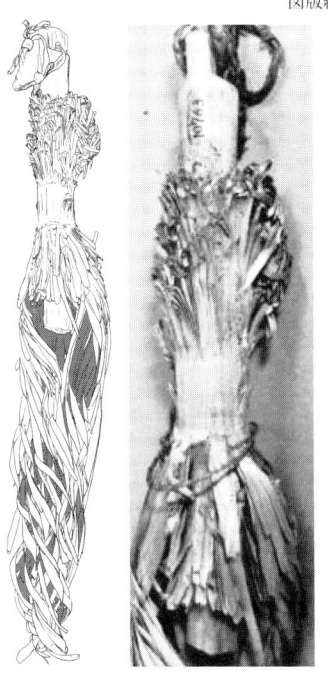

図4-13 北10763 鵜城
懸架式。
L50 φ2.87

図4-14 記89517 鵜城
船神に捧げるイナウ。
懸架式。L25 φ3.3

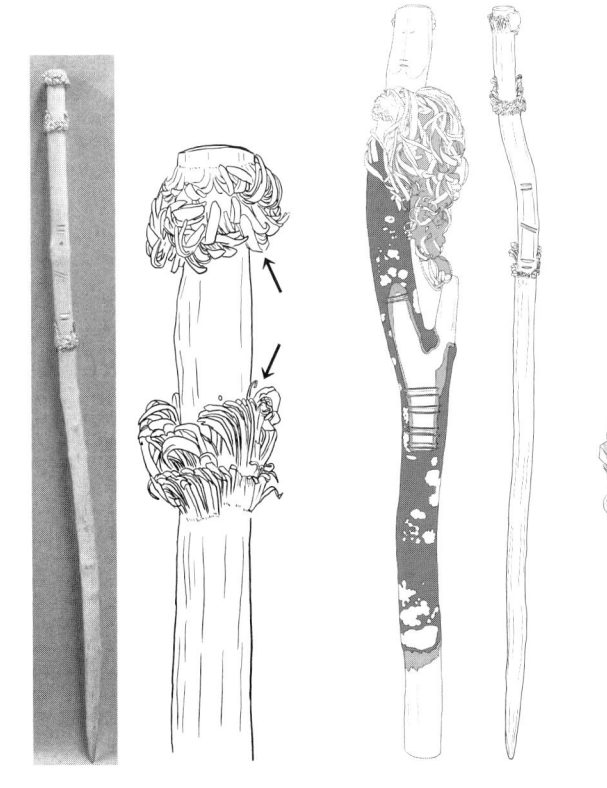

図4-15 （左から）記89531 1 鵜城 守護神に添えるイナウ（女性）。L97 φ2.5。記89528-1 鵜城 流行病などを遠ざける守護神（男性）。L110 φ6.6。記89531-2 鵜城 守護神に添えるイナウ（男性）。L103 φ2.7。浦000620 流行病などを遠ざける守護神（男性）。L121 φ6.6。

図 4-16　記 89510　鵜城　オッカイトゥスタクサ。巫術の際，シャマンが魔を払うために用いるイナウ（男性）。↓の散長翅。L26.5　φ3

図 4-17　記 89511　鵜城　オッメノコトゥスタクサ。巫術の際，シャマンが魔を払うために用いるイナウ（女性）。↑の散長翅。L31　φ3.05

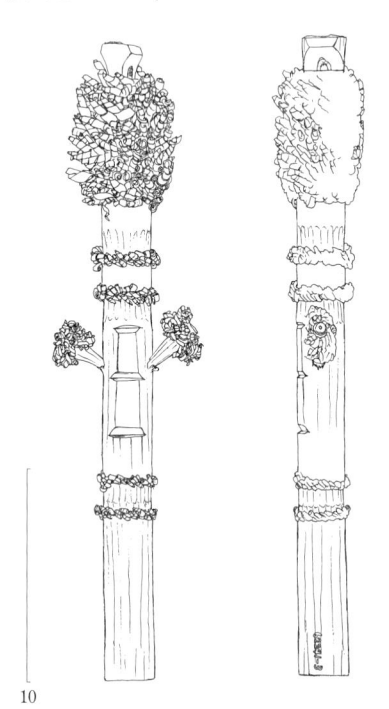

図 4-18　白 62241-3　来知志
火神に捧げるイナウの模型。
L28　φ2.4

図 4-19　白 62243-1
火神に捧げるイナウの模型。
L15.5　φ1.8

図版編　第4章　207

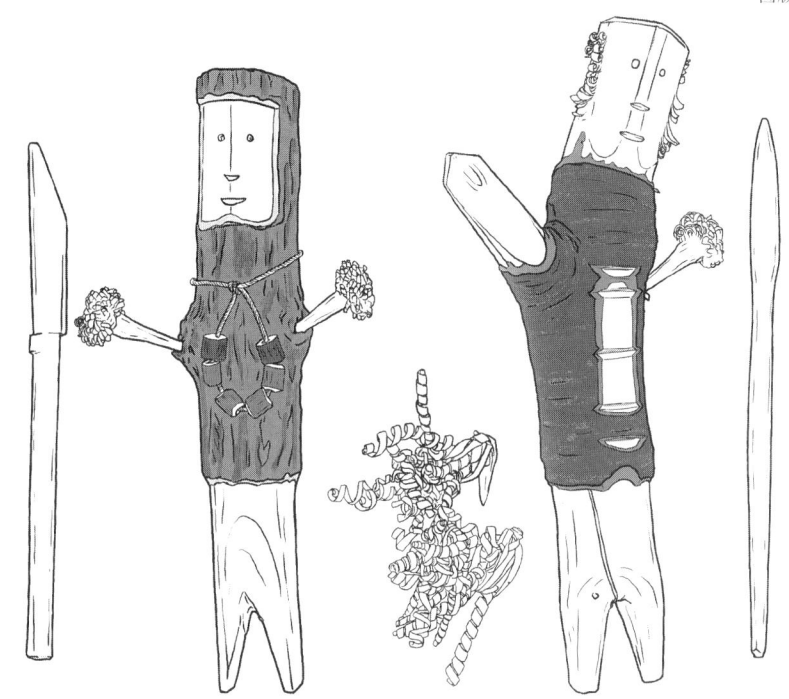

図 4-20　来知志　男女の守護神像。
南山大学人類学博物館収蔵。

4-21　来知志
ハリン州郷土博物館所蔵の写真から作図。
木を用いた守護神。
外の祭壇に立てられていた。

図 4-22　北海道立図書館所蔵　来知志
宝壇前に座る男性。
背後にイナウの一群が見える。

208

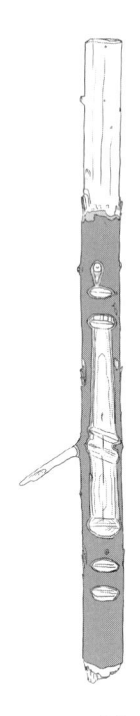

図 4-23 ユ 2270-17 来知志 屋外の祭壇に立てられていたイナウ。図 4-24 のイナウが上に連結する。L81 φ5.5

図 4-24 ユ 2270-62 来知志 屋外の祭壇に立てられていたイナウ。図 4-23 の頭部に挿し込む。L24 φ2.4

図 4-25 白 62241-1 来知志 男性イナウの模型。L29 φ2.4

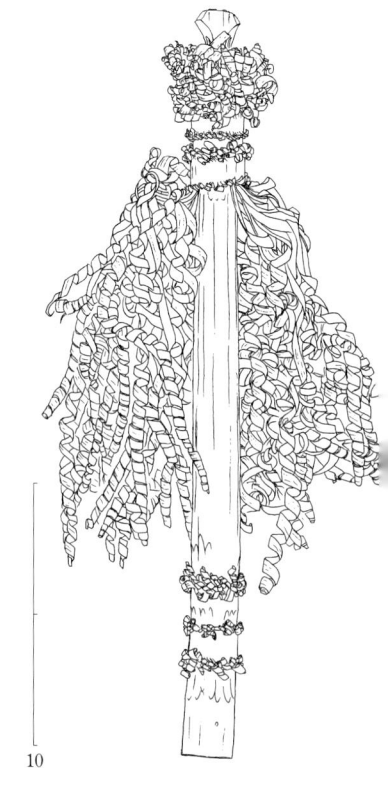

図 4-26 白 62241-2 来知志 女性イナウの模型。L28.5 φ2.15

図 4-27 白 62243-2 来知志 輪状腕を持つイナウの模型。L21.2 φ2.16

図 4-28 記 89524 来知志 輪状腕を持つイナウの模型。L30 φ2.7

図 4-29 記 89525 来知志 クマをつなぐ杭の模型。L62 φ2.24

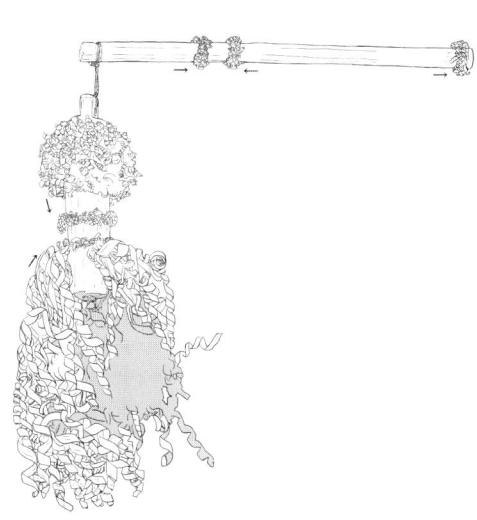

図 4-30 記 89523 クマに帰り道を教える祈りにおいて，クマの頭をなでるイナウの模型。L20 φ2.1

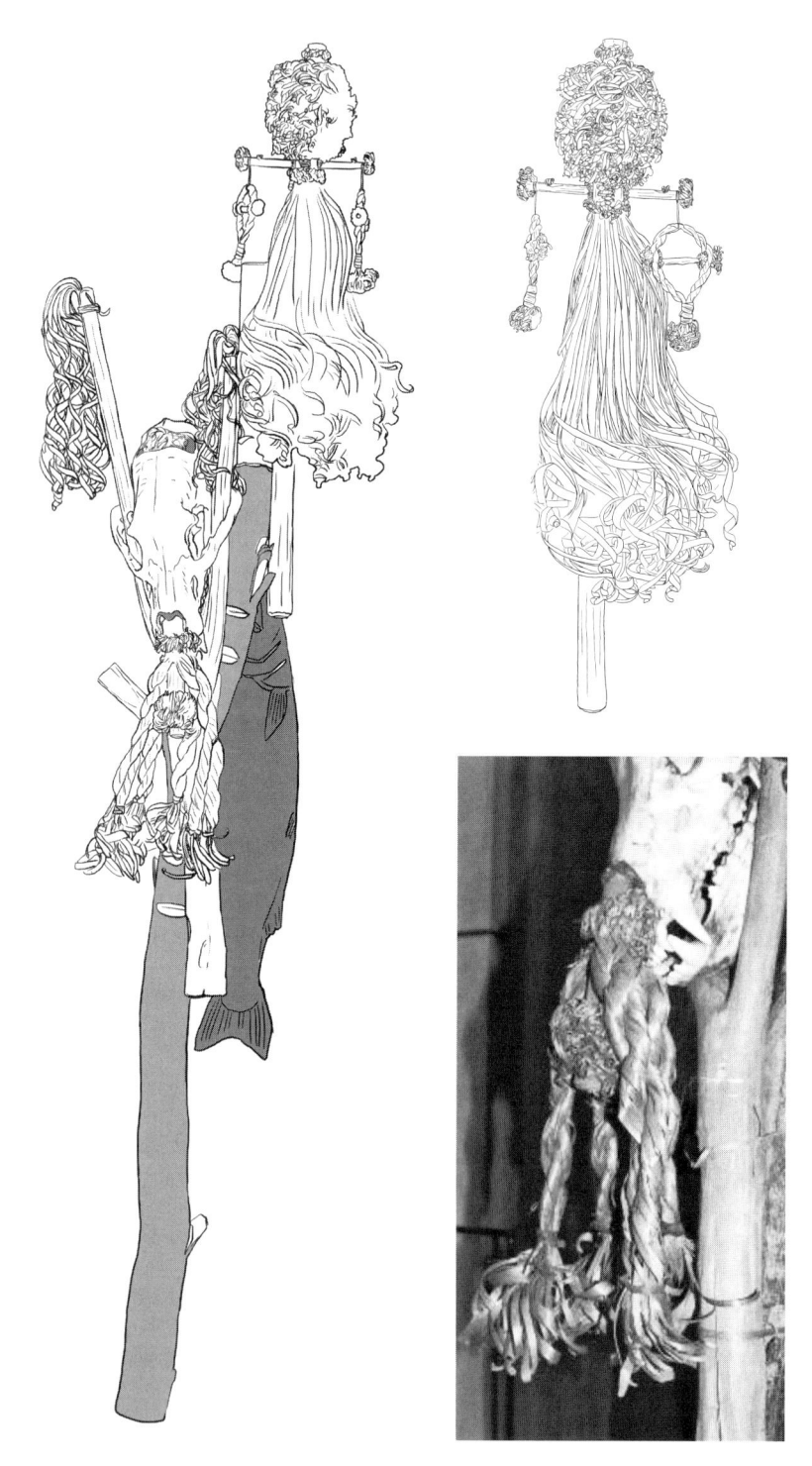

図 4-31　北民　常設展示　来知志
クマ神に捧げたイナウ。L64　φ2.3

図版編　第4章　211

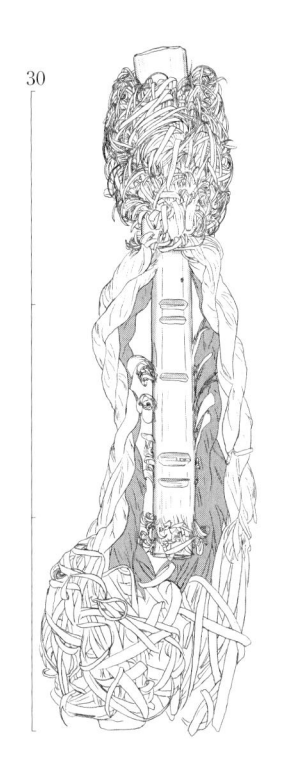

図 4-32　記 89520-1　来知志
用途不明。鵡城の巫術用イナウ
（図4-16）に似る。L32　φ2.93

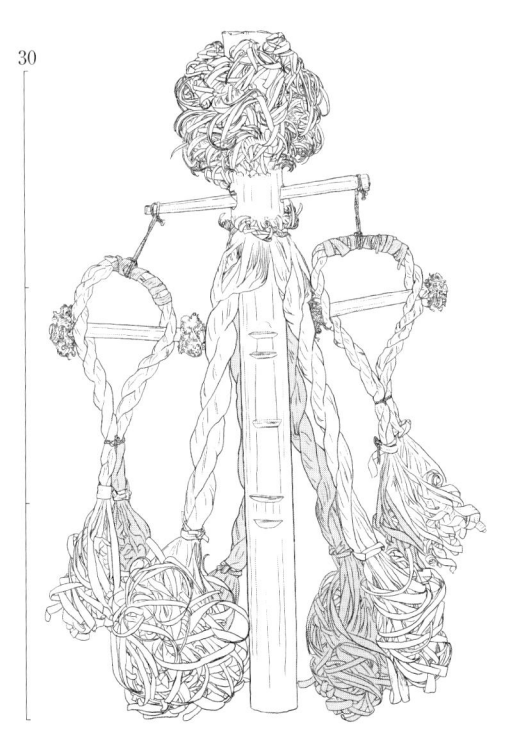

図 4-33　記 89526　来知志
用途不明。クマ送り関連か。
L31　φ2.5

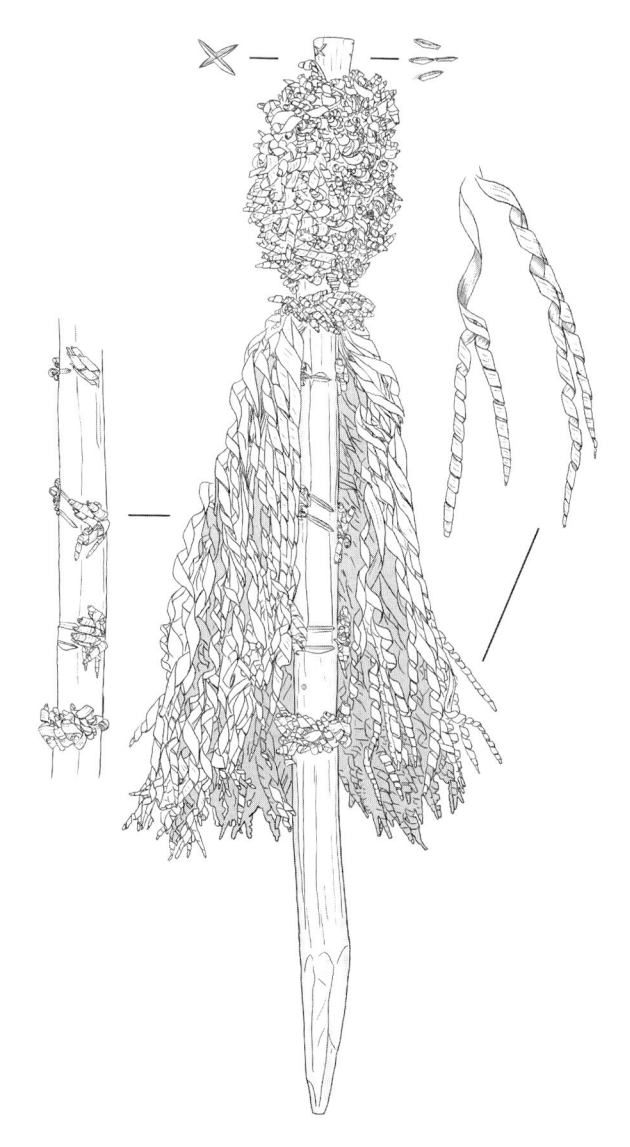

図 4-34　北民　E-568　来知志　用途不明。
頭印を施す。長翅の先端が2本から3本に分
かれるように削りだしている。L43　φ1.5

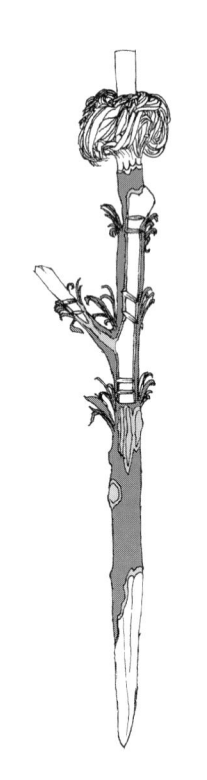

図 4-35　北 34630　多蘭泊　火神に捧げるイナウ。小型のものと組み合わせて用いる。L39.5　φ1.9

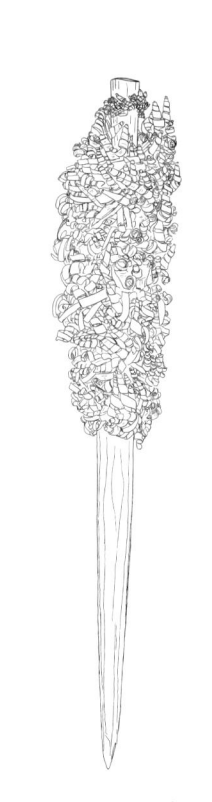

図 4-36　北 34629　多蘭泊　火神に捧げるイナウ。大型のものと組み合わせて用いる。L29.5　φ1.63

図 4-37　旭 4087　多蘭泊　「オッカウクワ」男性用の護符。編長翅を6本作る。女性用は5本。L30　φ1.8

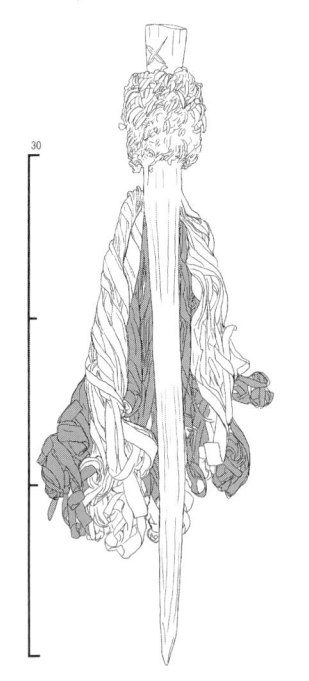

図 4-38　記 8143　多蘭泊　「ソパスセレマ」宝壇のイナウか。撚長翅を7本作る。L37.5　φ2.3

図 4-39　REM2816-5　マオカ　「家の主人を祀るイナウ」。個別成形。L221　φ5

図版編 第4章 213

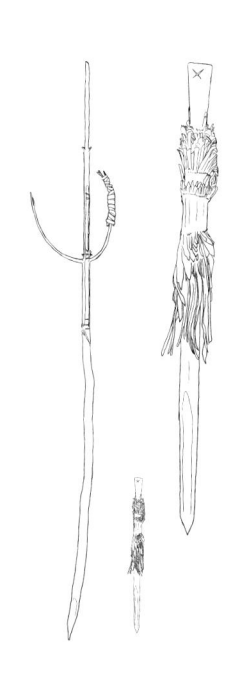

図 4-40 REM2816-6 マオカ
「カリクーンヌサ 家の主人のイナウ」。
個別成形。L45.1(166) φ2.9

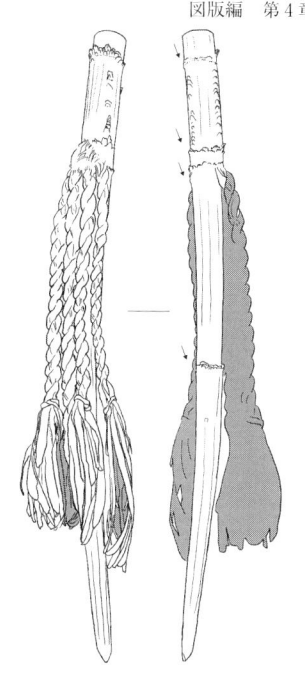

図 4-41 REM2816-23 マオカ
「トゥセイイナウ 悪霊から家を
守る霊に立てる」。L35.2 φ3.5

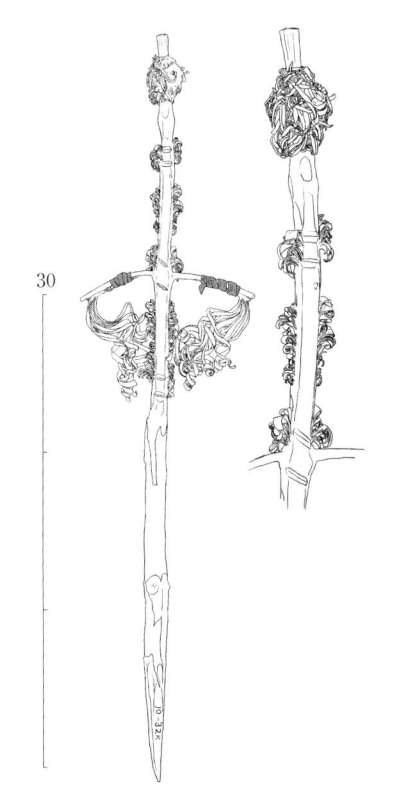

図 4-42 旭 4086 多蘭泊 「イコンカラカ
ムイイナウ」。山神に捧げ，クマを獲った
ときにも用いる。一体成形。L46.5 φ1.8

図 4-43 旭 4084 多蘭泊
「レプンカムイイナウ」海神に捧げるイナウ。
個別成形。L55 φ2

図 4-44　MAE700-58　マオカ 「チセソユシイナウ」集落を守る神に捧げるイナウ。個別成形。
L136.5　φ2.8

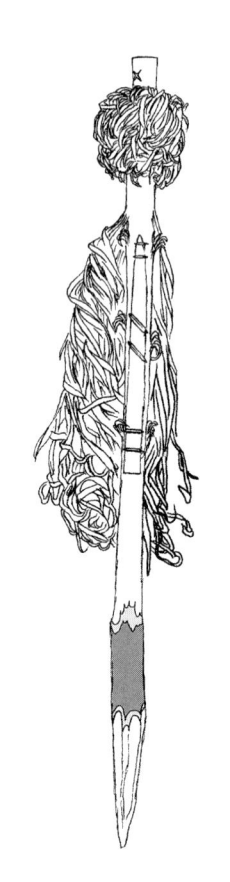

図 4-45　北 10866　海馬島　用途不明。一体成形。
L87　φ3.88

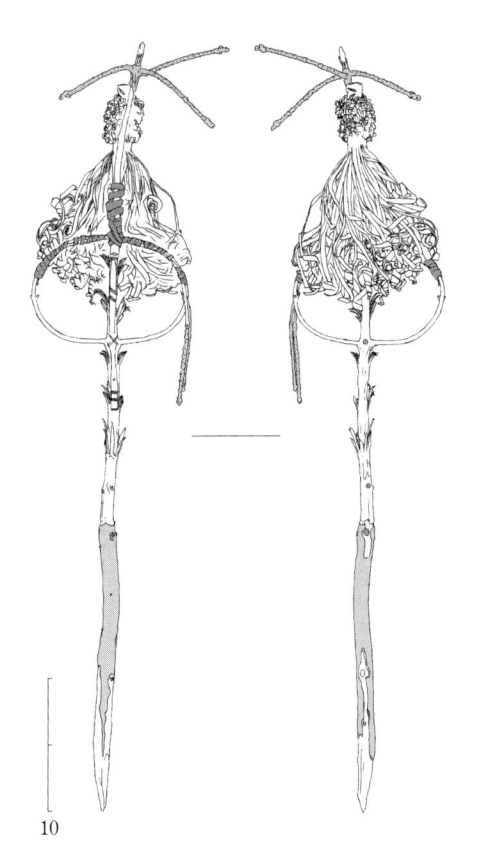

図 4-46　記 8147　多蘭泊 「チュップカムイイナウ／ニンカリイナウ」。太陽神に捧げたイナウ。月神は半円にする。個別成形。L58　φ1.3

図版編　第4章　215

図 4-47　北 34631　多蘭泊
途不明。一体成形。
43.5　φ1.5

図 4-48　多蘭泊　クマ送りの場面。手前にクマをつなぐ杭，奥に枝を残した
マツを立て並べた祭壇が見える。
北海道大学付属図書館所蔵　Wb58

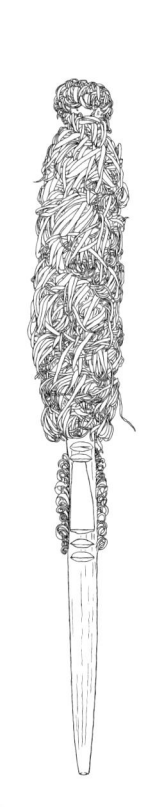

49　北 34636　新問
チエプシ」。火神に
るイナウ。大型のも
組み合わせて用い
38.5　φ1.6

図 4-50　北 34638　新問
「キムンニイナウ」。火神
に捧げるイナウ。小型の
ものと組み合わせて用い
る。L19.5　φ1.96

図 4-51　記 89513　新問
「チセコロカムイヘンケ」。
家の守護神か。3本の編長
翅に削り掛けのついた横木
を通す。L27.5　φ3.35

図 4-52　記 89514　新問
「チセコロカムイイナウ
の飾り」。家の守護神に
捧げるイナウ。撚長翅を
9本作る。L54　φ3.25

図 4-53 記 8133 新問 用途不明。木偶または守護神のイナウを包んだものか。編長翅の先端に漁労具のミニチュアを下げる。L52 φ5.25

図 4-54 記 27115 樺太 マンローが収集した木偶。イナウで包み，綿布で縛る。L31 φ6.7

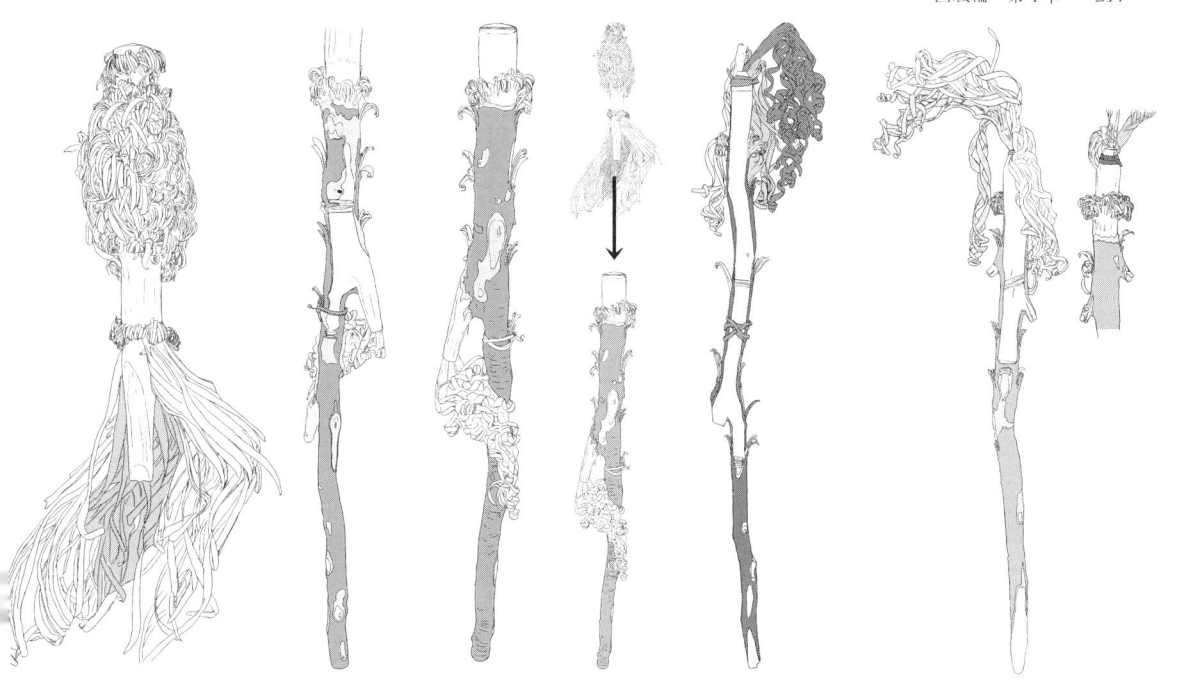

図 4-55 JD-5005-AE 新問 「チセコロイナウ」の頭部。 4-56 と連結する。L33 φ1.37

図 4-56 JD-5006-AE 新問 「チセコロイナウ」の脚部。小型のイナウ2本と組み合わせる。すべて逆木にして用いる。L35.5 φ1.86

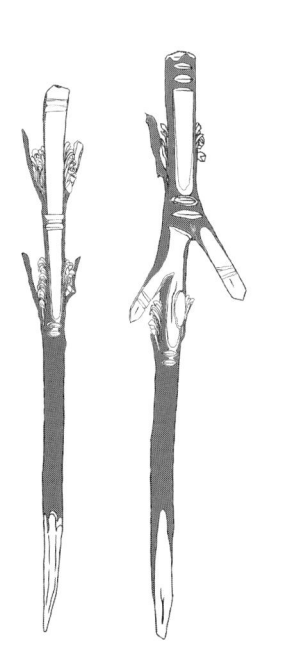

図 4-57 北 45288　北 34641 新問　神に捧げるイナウの模型。ハンノキを逆木にして用いる。

図 4-58 新問　川辺に建てられたマス捕り小屋のそばの祭壇。逆木を用いて個別成形している。脚部は北 45288，北 34641 と同形。『日本地理大系　北海道・樺太篇』p481 より

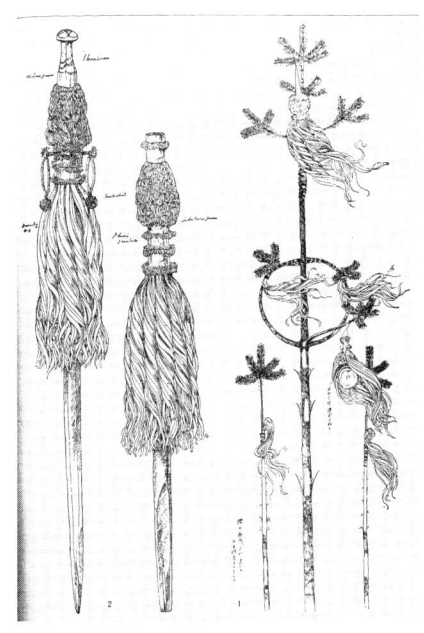

図 4-59 新問　太陽神に捧げるイナウ（右端）。左はクマ送りに用いるイナウ。金田一・杉山 1993(1942) p294 より

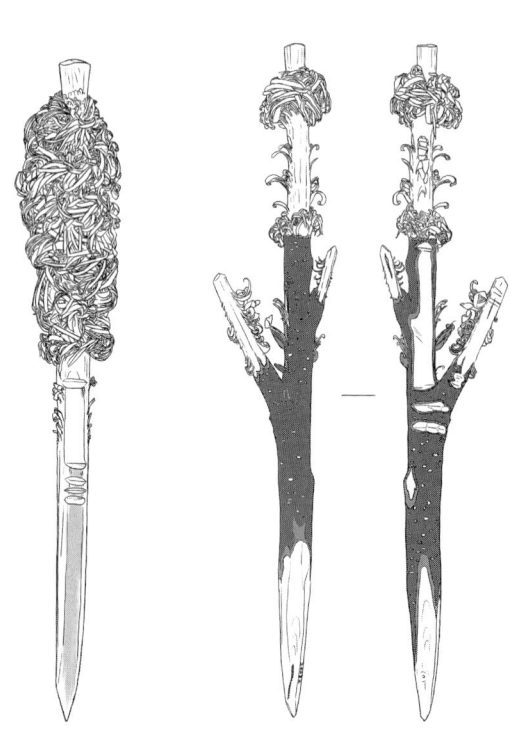

図 4-60 北 34633 白浜「ウンチエプシ」火神に捧げるイナウ。L28 φ2.38

図 4-61 北 34632 白浜 火神に捧げるイナウ。L28.4 φ1.99

図 4-62 流行病を遠ざける守護神。逆木を用いている。REM2448-27 大谷（タコエ）村

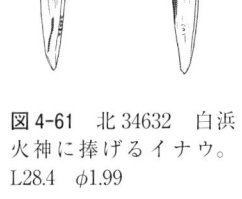

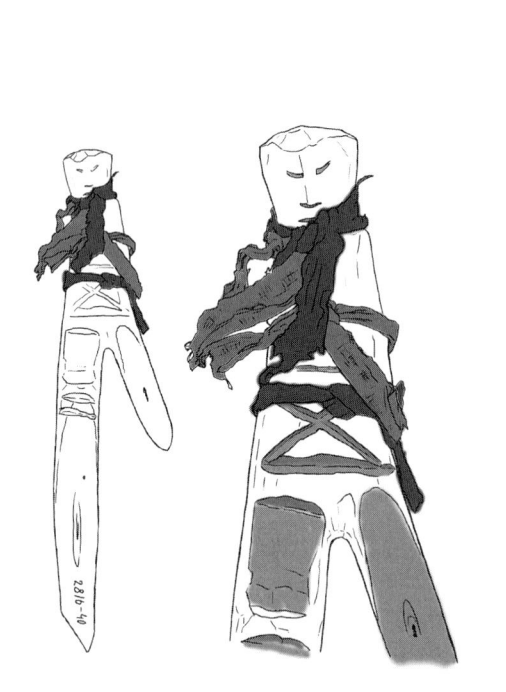

図 4-63 小田寒 逆木を用いた木偶。綿布を結び付けている。REM2816-40 L38.5 φ4.3

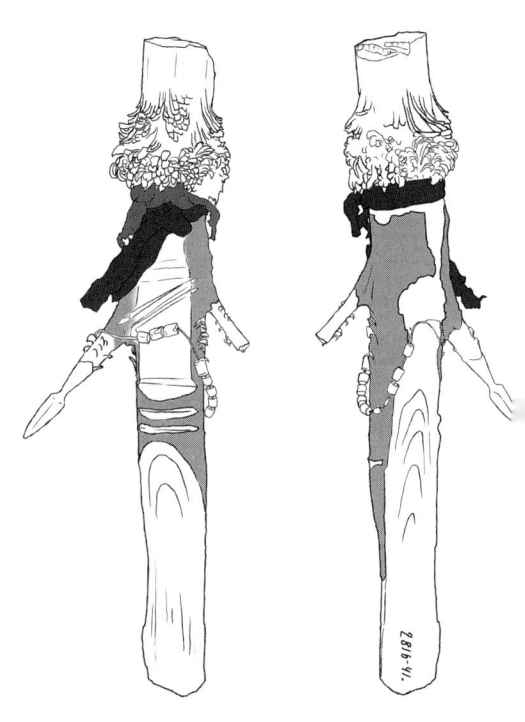

図 4-64 REM2816-41ab 小田寒「センシテ・イナウ」子供の病気予防、または平癒のために用いたと見られる。逆木を用い、右の枝には鏃をつけている。L46.2 φ5.2

図版編　第4章　219

図 4-65　REM2816-28　白浦　「ツェコロイナウ　病気の際に立てるイナウ」。カギ状のミニチュアが吊り下げられている。L23　φ7

図 4-66　ユ101-4a　収集地・用途不明。3点の剥幣を結束する。L30.5　φ0.9

図 4-67　REM2816-4ab　白浦「ヌサ　一家の主人霊」。個別成形。L139　φ5.8

図 4-68　1912年に上野で開催された博覧会会場にて，小田寒の男性が製作した祭壇(背面から撮影)。主幣に対生腕，副幣に輪状腕が見える。

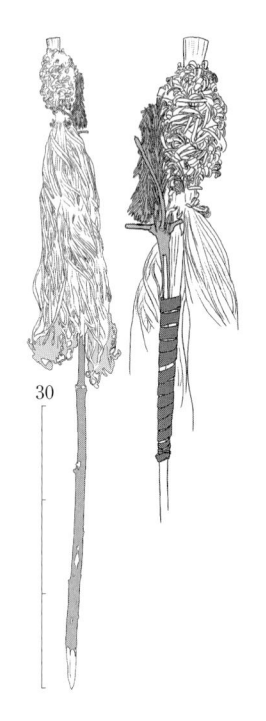

図 4-69　記 8146　白浜
海神に捧げるイナウの模型。
トドマツ製。L69.5　φ1.9

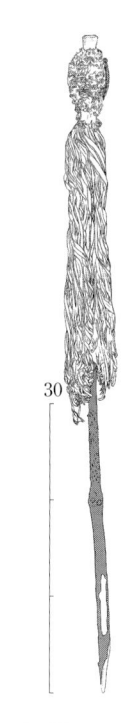

図 4-70　記 8145　白浜
山神に捧げるイナウの模型。
エゾマツ製。L67.5　φ1.6

図 4-71　記 8137　白浜
用途不明。L-　φ2.3

図 4-72　北 34605　白浜
用途不明。L48　φ2.9

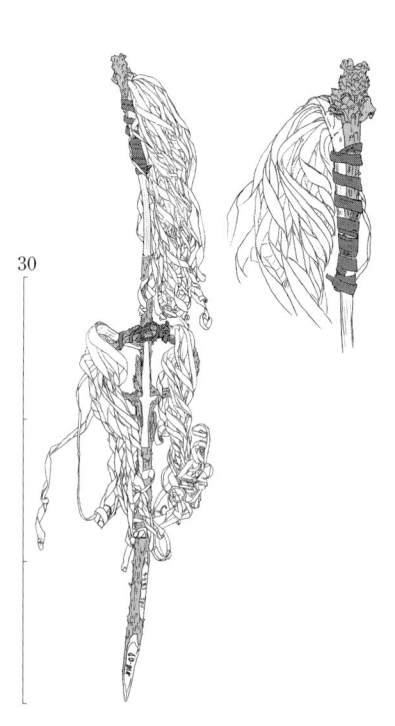

図 4-73　旭 4082　白浜　ケマ　太陽神
に捧げる副幣の模型。エゾマツとトド
マツを1本ずつ用いる。L43.5　φ1.1

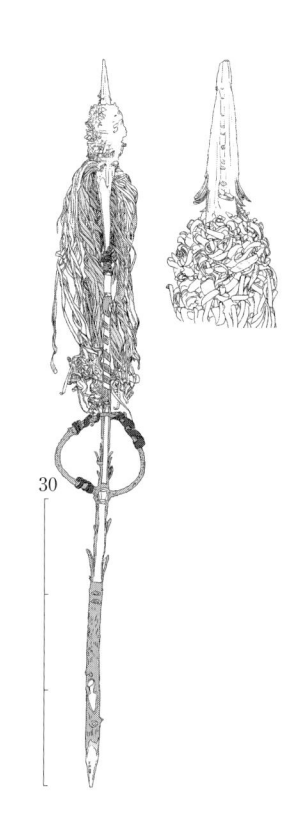

図 4-74　旭 4083　白浜　チュフカ
イナウ。太陽神に捧げるイナウの
型。トドマツ製。L76.5　φ2

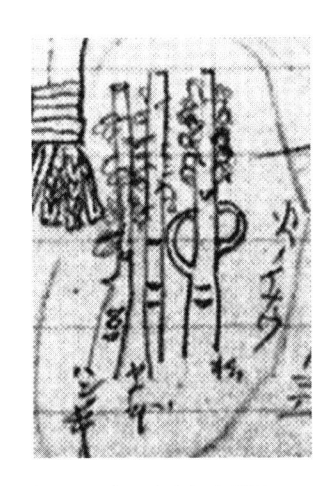

図4-75 小田寒または相浜
石田収蔵がスケッチした火神に捧げるイナウ。輪状腕が見える。
板橋区立郷土資料館所蔵

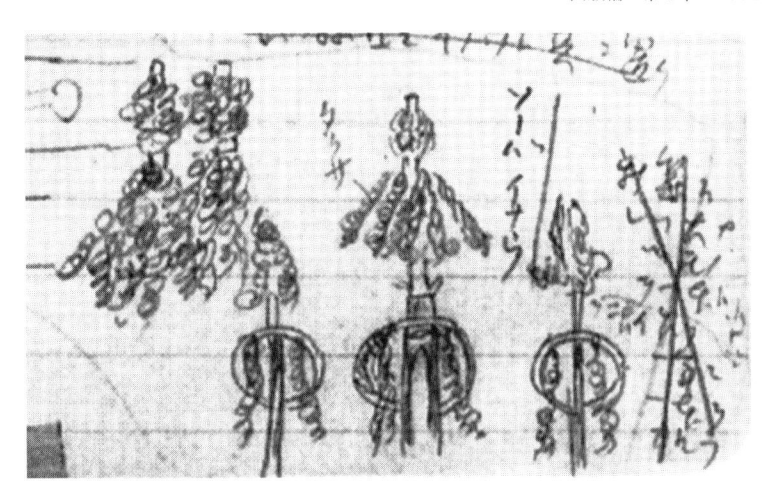

図4-76 田寒または相浜
石田収蔵がスケッチした宝壇のイナウ。輪状腕が見える。
板橋区立郷土資料館所蔵

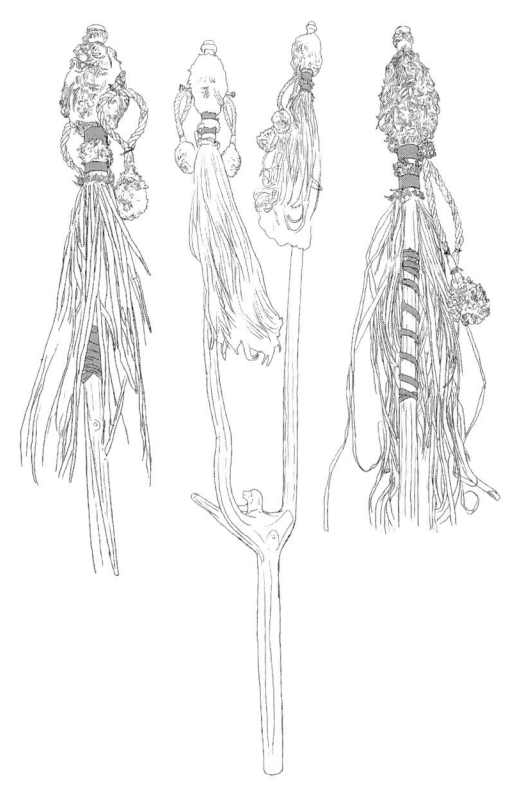

図4-77 樺太東海岸か。クマ送り祭壇・クマつなぎ杭の模型。大型イナウ6本，小型イナウ60本で構成。クマつなぎ杭は，輪状にした剥幣をさげた女性のイナウ（低）と，紐状にした剥幣を下げた男性のイナウ（高）の2本を結束。股の基部にある突起をクマの頭部に似せて加工している。MAE839-194

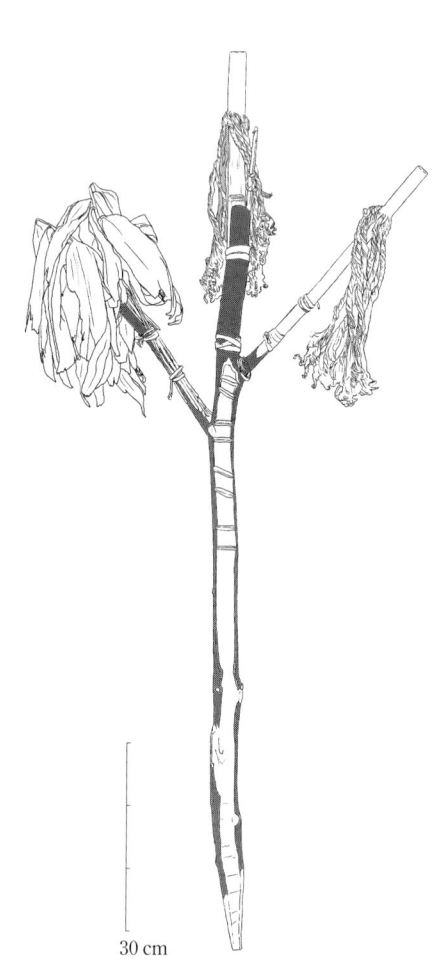

図 4-78　北 10187　余市町
「家の神のイナウ(女神)」
L141　φ4.5

図 4-79　北 11211　余市町
用途不明(煤付着)。編長翅。
L68.5　φ2.94

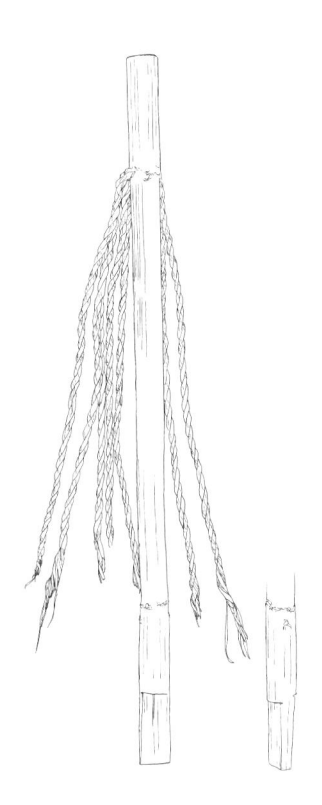

図 4-80 北 11212 余市町
用途不明(煤付着)。編長翅。
L69 φ3.14

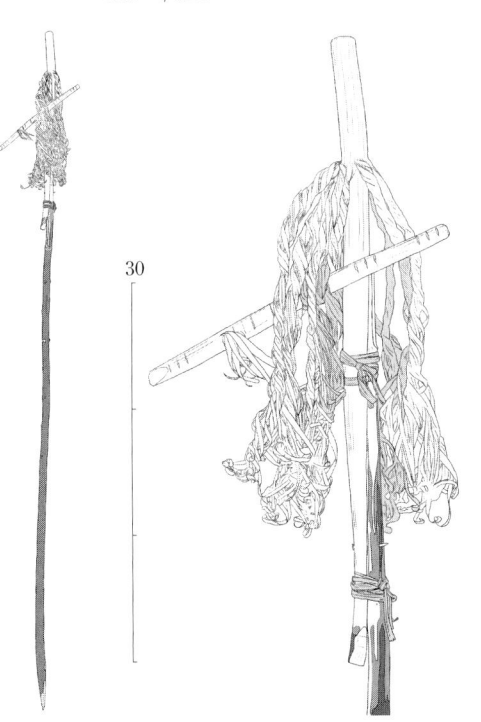

図 4-81 北 10187 余市町
クマ送りの祭壇。
L178 φ2.4

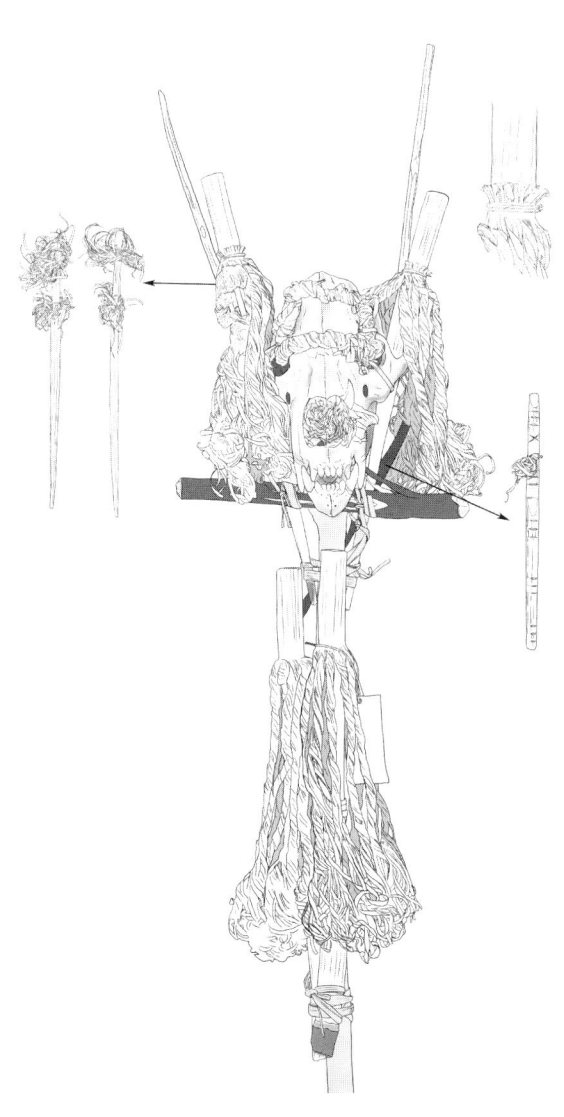

図 4-82 北 10187 余市町
クマ送りの祭壇。クマ頭骨のイナウ。輪生短翅を作る。L234 φ3.5

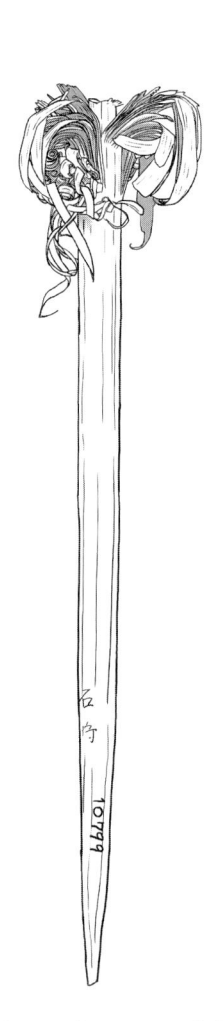

図 4-83　北 10799　石狩市
「チエホロカケップ」。
対生短翅を 2 段作る。
L21　φ1.1

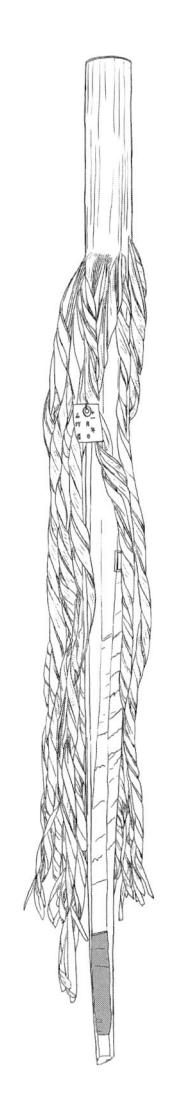

図 4-84　北 10808　石狩市
撚長翅。
L63　φ2.95

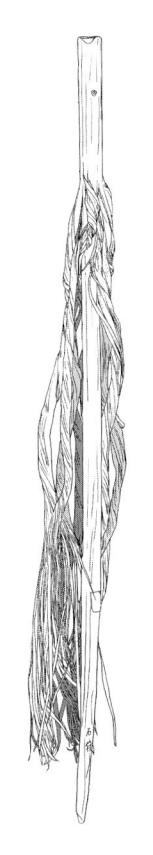

図 4-85 北 10797　石狩市
「アペカモイ」。
火神に捧げるイナウ。
L51.5　φ1.6

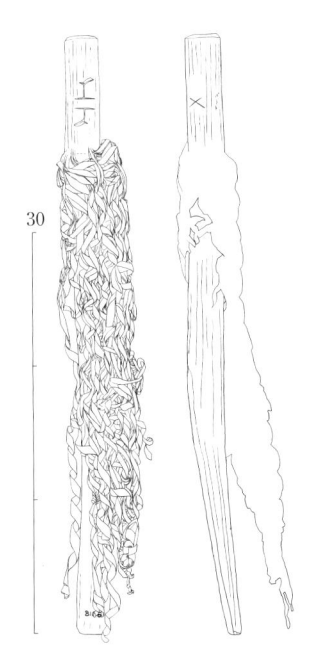

図 4-86 記 8106　札幌市茨戸
散長翅。
L44.5　φ27.8

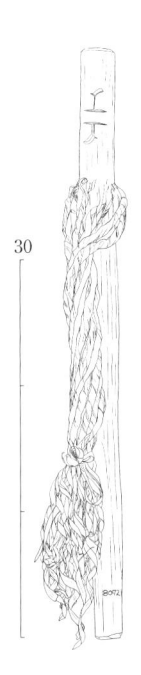

図 4-87 記 8072　札幌市茨戸
撚長翅。
L46　φ2.9

226

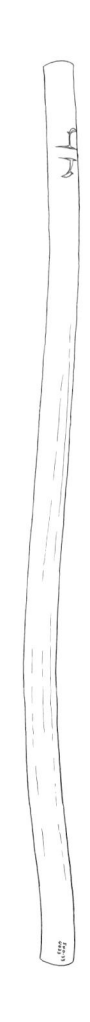

図 4-88　旭 4033　札幌市茨戸　刻印サンプル？
L77.5　φ3.15

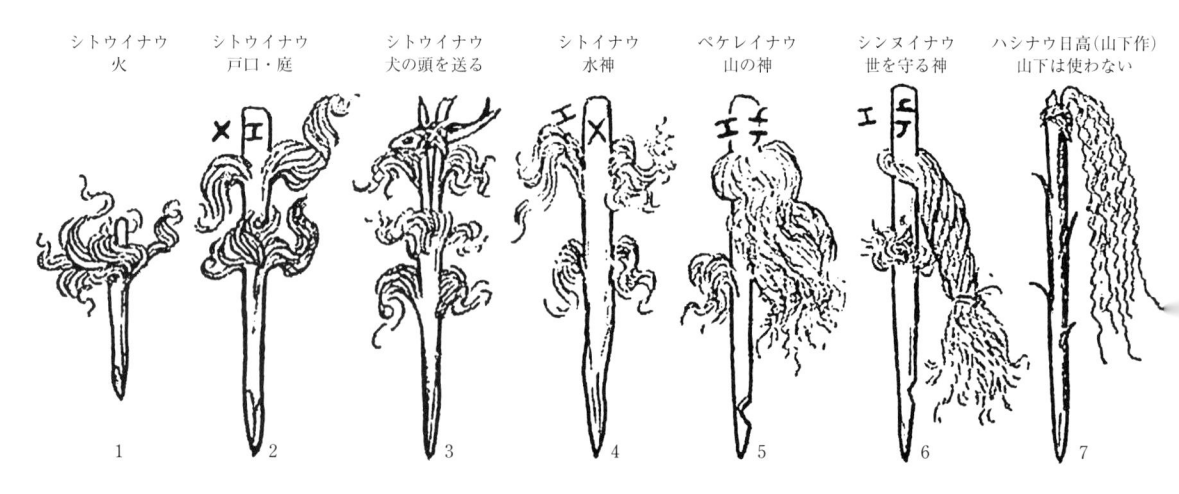

1	2	3	4	5	6	7
シトウイナウ 火	シトウイナウ 戸口・庭	シトウイナウ 犬の頭を送る	シトイナウ 水神	ペケレイナウ 山の神	シンヌイナウ 世を守る神	ハシナウ日高(山下作) 山下は使わない

図 4-89　石狩市浜益区　イナウの一覧。杉山(1934)より

図版編　第4章　227

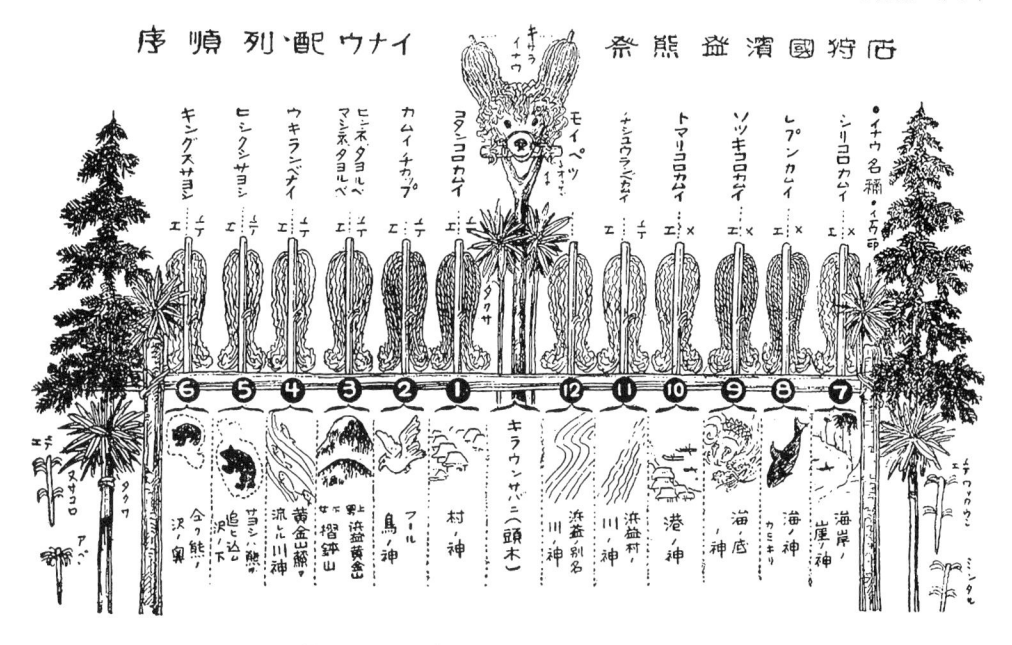

図 4-90　石狩市浜益区　クマ送りの祭壇図。
金田一・杉山（1993（1942））より

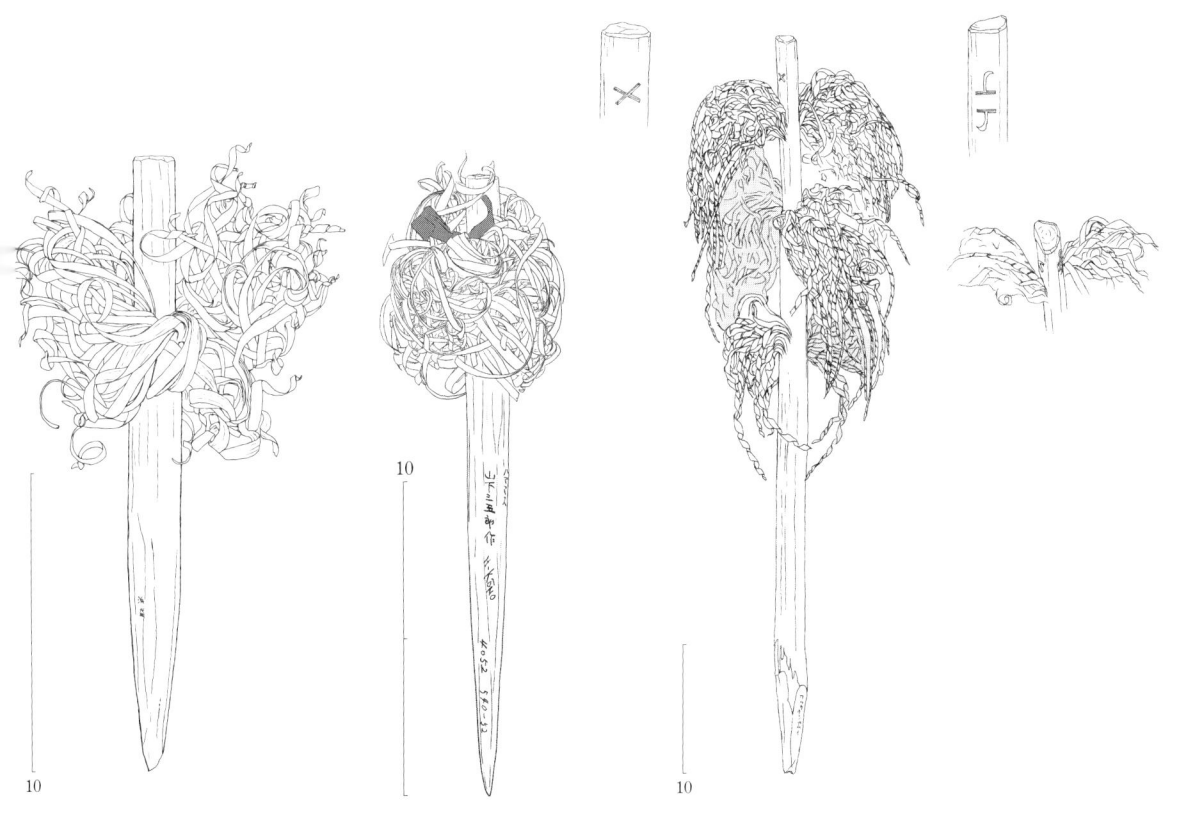

図 4-91　北 34622　石狩市浜益区　輪生短翅を削る。L20　φ1.9

図 4-92　旭 4052　石狩市浜益区「アペコロイナウ」。火神に捧げるイナウか。輪生短翅と綿布。L20　φ1.4

図 4-93　北 10720　石狩市浜益区「ヌサコロカムイ　ワッカウンカムイイナウ」。祭壇神・水神に捧げるイナウ。頭部に刻印。対生短翅を3段作る。L55.5　φ2.36

228

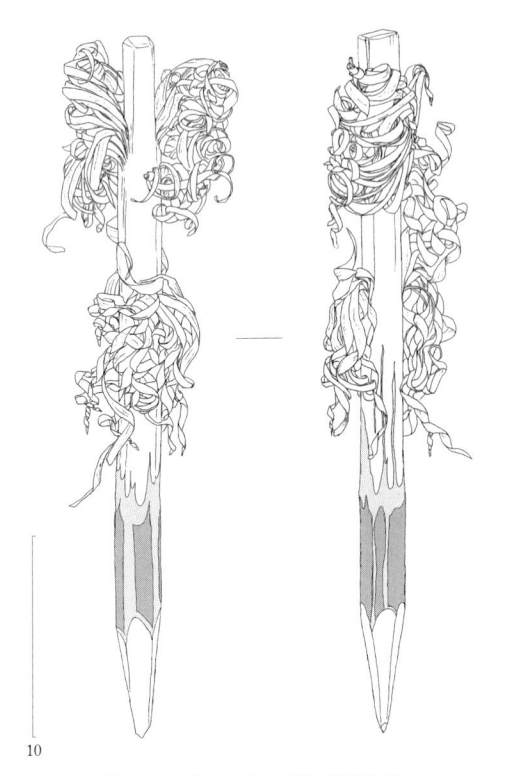

図 4-94　北 34623　石狩市浜益区
対背短翅を2段作る。
L33.5　φ2.15

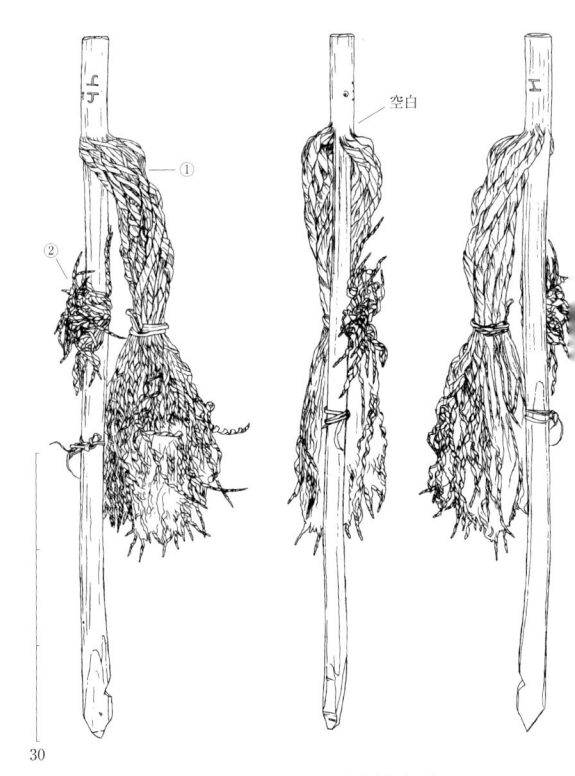

図 4-95　北 10718　石狩市浜益区
「コタンクルチカップ」。鳥神に捧げる
イナウ。撚長翅を作る。L72.5　φ3.1

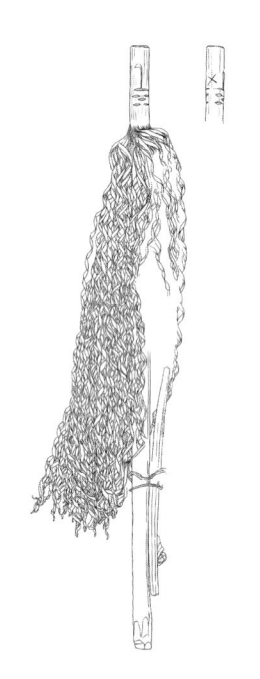

図 4-96　北 10722　石狩市浜益区
「キムンカムイイナウ」クマ神に捧げる
イナウ。「ペケレイナウ＝キケパラセイ
ナウ」。散長翅を作る。L71.5　φ2.35

図 4-97　北 10188　石狩市浜益区
クマ送りの祭壇の一部。
マツ，ササ，剝幣。
L125　φ1.8

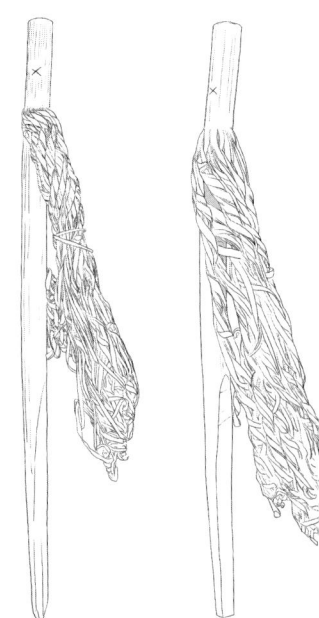

図 4-98　（左）旭 4005　石狩市浜益
L52.5　φ2.3
（右）旭 4008　石狩市浜益
L45　φ2.38

図版編　第4章　229

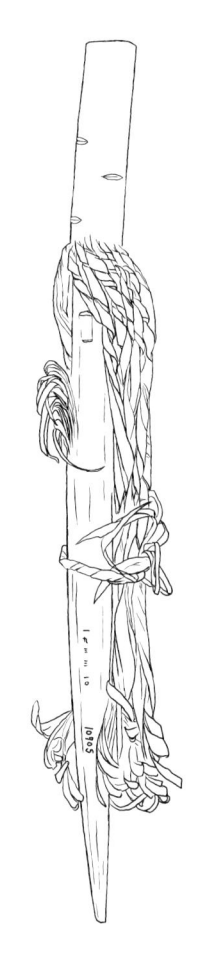

図 4-99　北 10705
新十津川町(旭川市近文)
「チセコロイナウ」。
L9.5　φ3.11

図 4-100　記 8123
新十津川町(旭川市近文)
「アペサムシペ」。火神に捧げるイナウ。輪生短翅1段，その下に体制短翅4段を作る。
L30　φ2.35

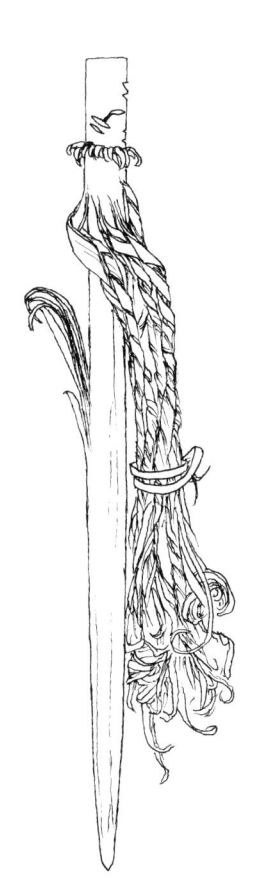

図 4-101　北 10698
新十津川町(旭川市近文)
用途不明。宝壇のイナウか。輪生短翅あり。
L47　φ2.51

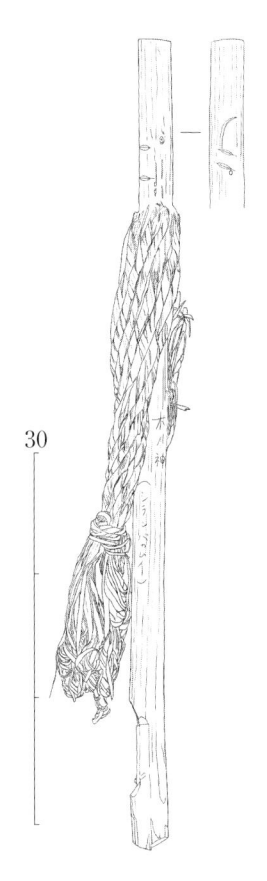

図 4-102　旭 4009
新十津川町(旭川市近文)
「シランバカムイ」。森林神に捧げたイナウ。撚長翅を作る。
L62.5　φ3

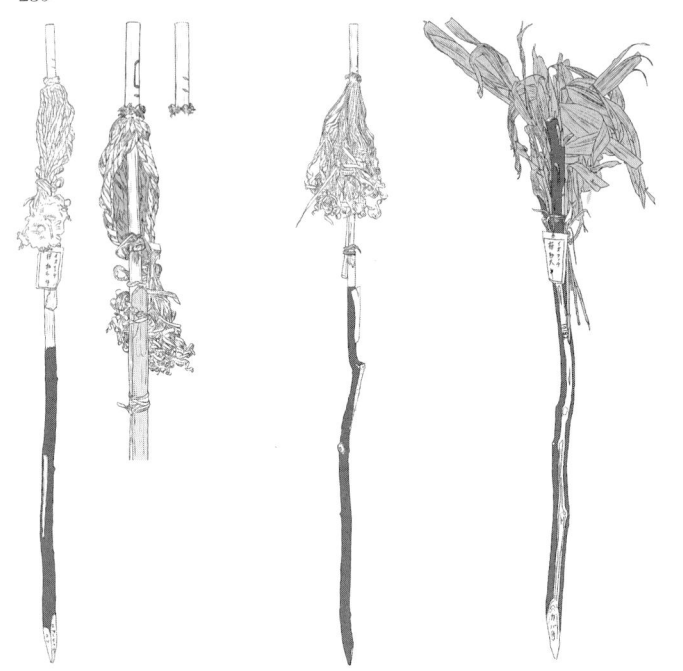

図 4-103　北 10182　新十津川町　クマ送りの祭壇の一部。
(左)「イソアニカムイ」　(中)「イヤレサケイナウ」　(右)「タクサ」
L120　φ2.8　　　　　L120　φ2　　　　　　L129　φ2.7

図 4-104　北 10190 中の 1 点
新十津川町(旭川市近文)　クマ送りの祭壇の一部。一体成形。L109　φ4

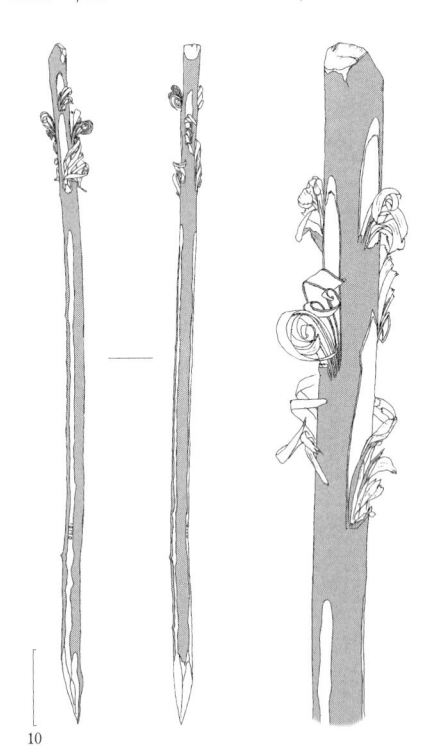

図 4-105　北 10190 中の 1 点
新十津川町(旭川市近文)
クマ送りの祭壇の一部。
L91.5　φ2.7

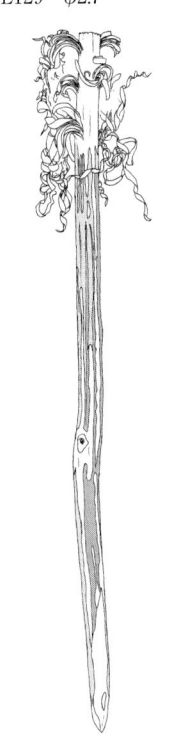

図 4-106　北 10706
新十津川町(旭川市近文)
「ムルクタウシ」。
糠塚のイナウ。
L65.5　φ2.28

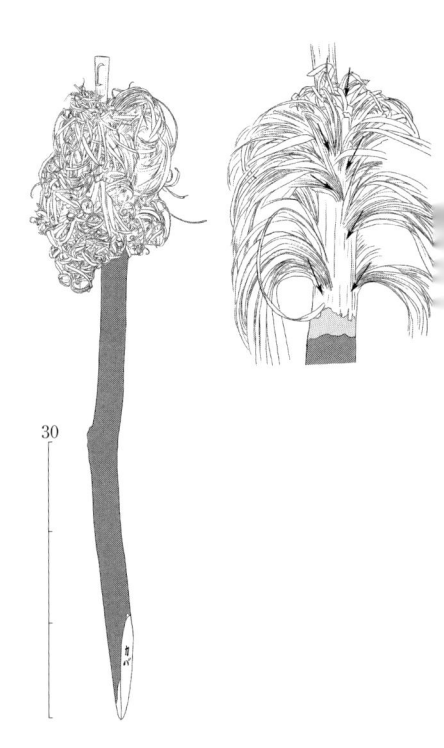

図 4-107　北 10182-4　新十津川町
クマ送りの祭壇の一部。「ヌサコロイナウ」。祭壇神に捧げるイナウ。輪生短翅を1段，対生短翅を4段作る。
L70　φ3.5

図版編 第 4 章 231

図 4-108 北 10855　新十津川町
船神に捧げたイナウか。
L31　φ1.56

図 4-109 北 10183-2　新十津川町
「クンネレップ送り」。エゾフクロウ送りの祭壇の一部。
L120　φ3.5

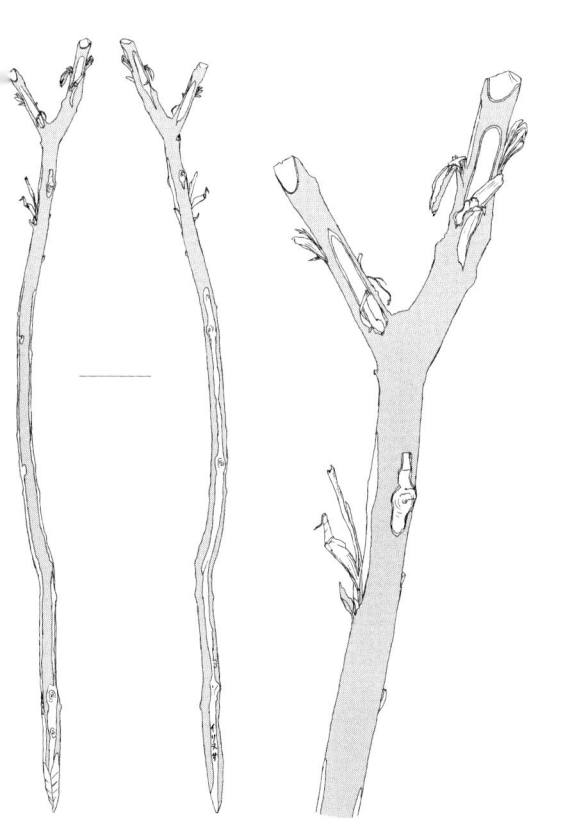

図 4-110 北 10190-10　新十津川町（旭川市近文）
「イリイナウ」。動物の解体時に，切り取った部位を
かけておくイナウ。L146　φ5.4

図 4-111 北 10178 中の 1 点
八雲町　クマ送りの祭壇の一部。
線状剥離を 1 箇所作る。
L74.5　φ2

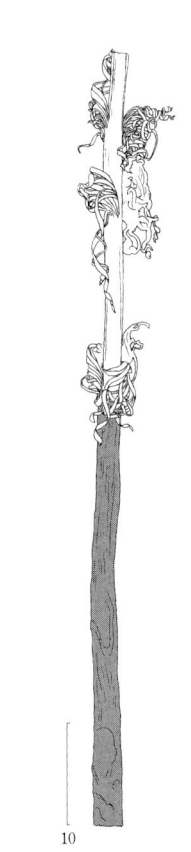

図 4-112 北 10824　八雲町
「トイサッシュトイナウ」。
先祖供養のイナウか。
線状剥離なし。L74.5　φ2.9

232

通常の刻印

クマを獲ったとき

図 4-113 北 10178　八雲町
クマ送りの祭壇の一部。
一体成形。L142　φ3.9

図 4-114 旭 4022　八雲町
一体成形。
L81　φ2.25

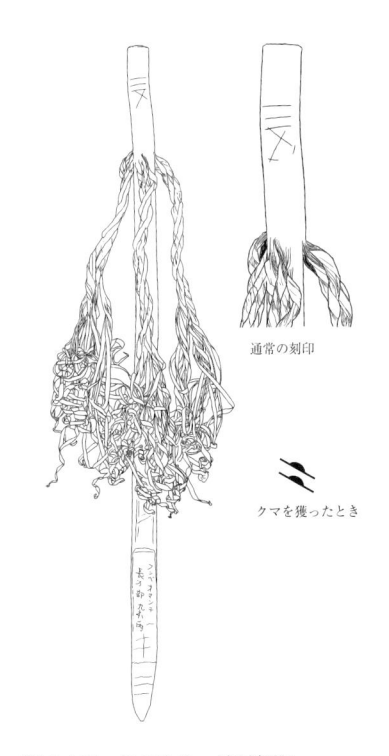

図 4-115 北 10849　長万部町
クジラ送りの祭壇の一部。編長翅を作る。
L82.2　φ3.3

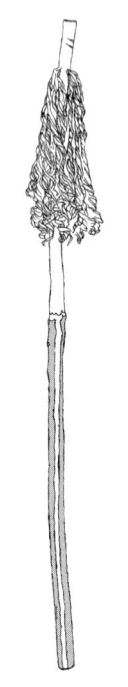

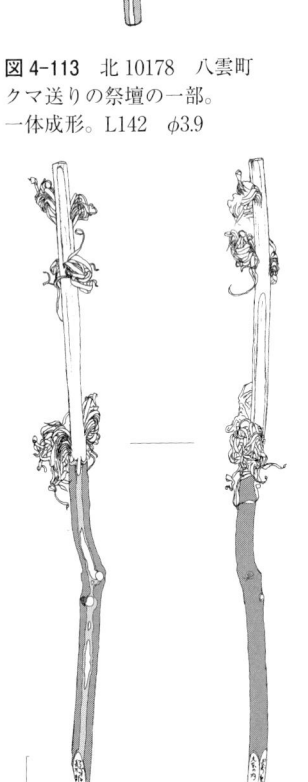

図 4-116 北 10850　長万部町
クジラ送りの祭壇の一部。線状剥
離を 1 箇所作る。L89　φ2.65

図 4-117 平取町二風谷
「inumpainaw」。酒漉し儀礼用
のイナウ。Munro(1962)より

図 4-118 平取町二風谷　チセコロカムイ家
族の守護神(右)。外皮三生短翅を持つイナウ
を剝幣で覆う。左は副幣。守護神の杖・槍に
なるといわれる。久保寺(1971)より

図版編　第4章　233

図 4-119　民 H0024495　平取町二風谷　酒漉し儀礼用のイナウ。L36　φ3.5

kamui-paro
(袖の口)

erap-e-roshki
(翼状の割込み)

hash
(枝)

inau-kike
(削掛け)

図 4-120　平取町二風谷　子グマの守護神。外皮三生短翅を持つイナウを剥ぎで覆っている。久保寺(1971)より

図 4-121　民 H0024493　平取町二風谷　火神に捧げてから宝壇に安置するイナウ。L71　φ2.8

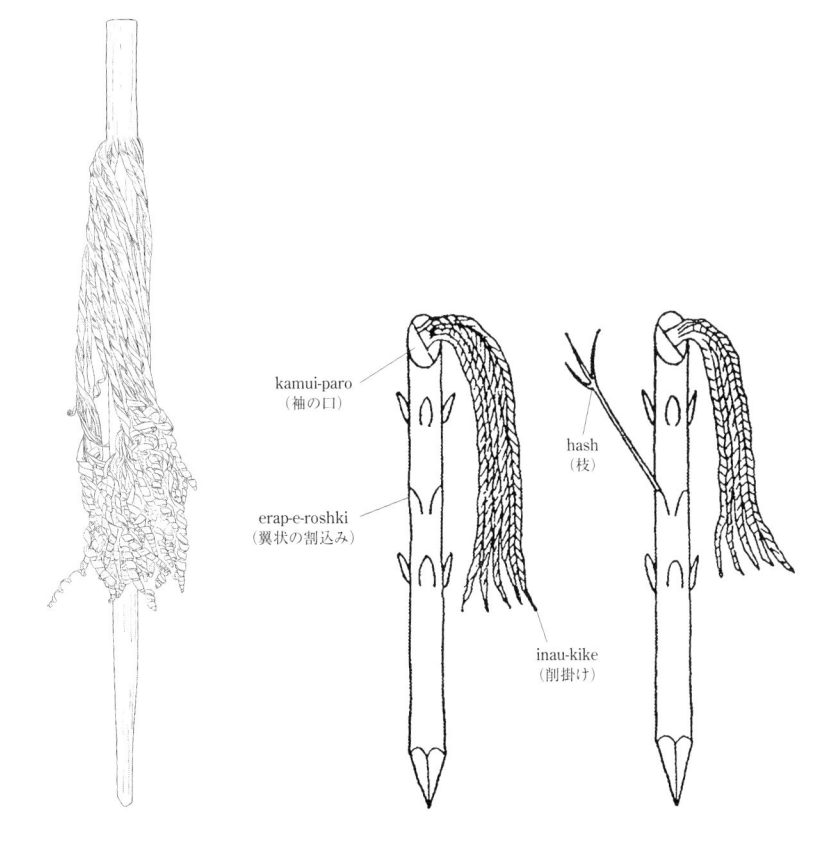

図 4-122　平取町二風谷　ストゥイナウ(左)とハシナウ(右)。二谷国松原図。久保寺(1971)より

図 4-123　民 H0024554　平取町二風谷　森林神に捧げたイナウ。撚長翅を 27 本作る。個別成形。L113　φ2.8

図 4-124　民 H0024555　平取町二風谷　森林神に捧げたイナウ。散長翅を作りだす。L114　φ2.3

図 4-125　民 H0024564　平取町二風谷　森林神に捧げたイナウ。外皮三生短翅を作りだす。L103.6　φ2.3

図 4-126　平取町二風谷　「イモカイナウ」「シリクライナウ」。クマ送りの際，クマ神に捧げるイナウ。Munro(1962)より

図 4-127　北 10185-7　白老町　クマ送りの際，クマ神に捧げるイナウ。ストゥイウとキケチノイェイナウの組み合わせ。

図版編　第 4 章　235

図 4-128　平取町二風谷
屋外の祭壇の例。久保寺 (1971) より

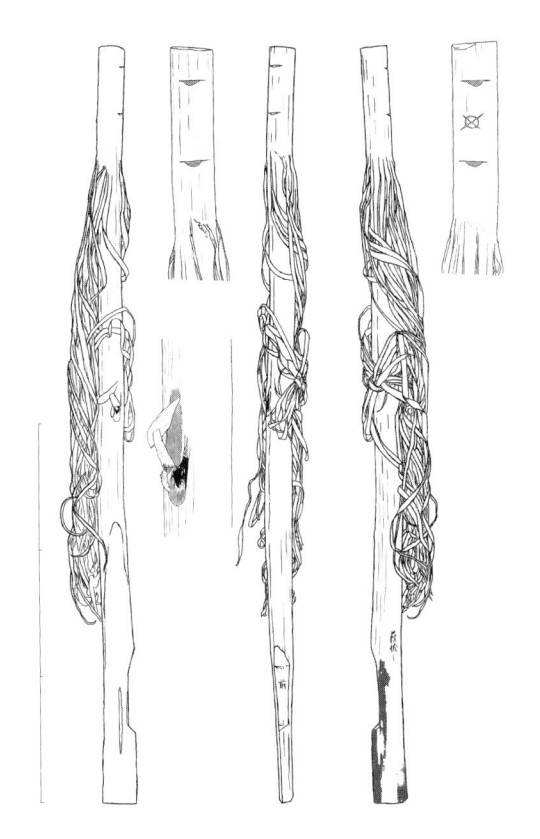

図 4-129　記 89480　浦河町荻伏
「セレマックルカムイ」。守護神のイナウ。胴の短い削り掛けの下に炭を付けている。L59　φ2

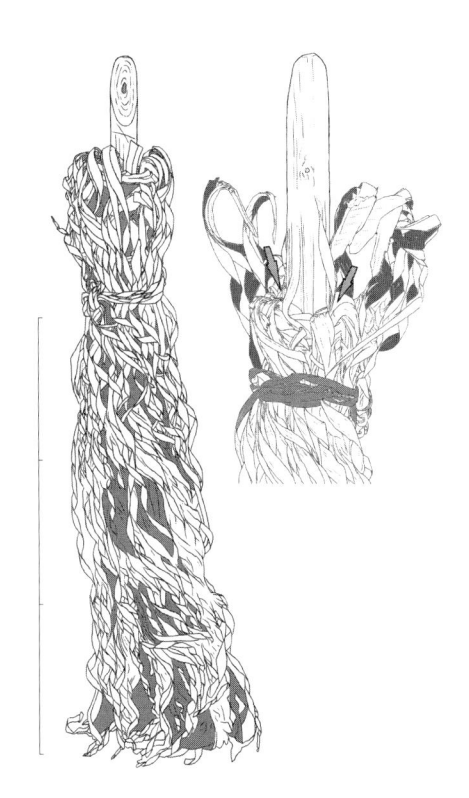

図 4-130　記 89471　浦河町荻伏
守護神のイナウ。散長翅を持つイナウを剥幣で覆う。頭部を斜めに切断。L46　φ2.1

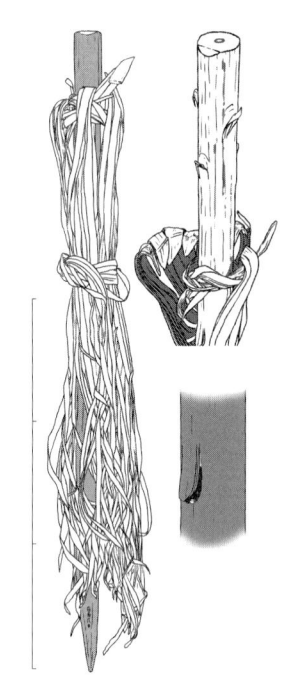

図 4-131　記 89472　浦河町荻伏　「セレマゥルカムイ」守護神のイナウ。対生短翅を持つイナウを剝幣で覆う。L51　φ2.8

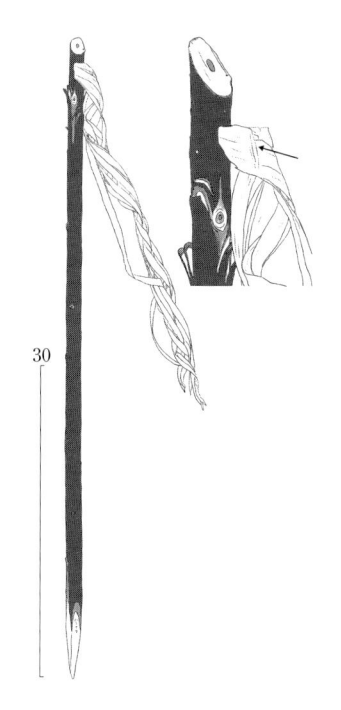

図 4-132　記 89477-1　浦河町荻伏「ハシナウ」。シトゥイナウと組み合わせて祭壇に立てる。L61　φ1.6

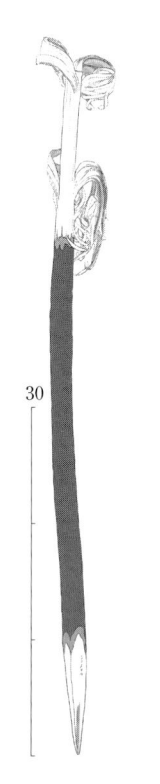

図 4-133　記 89477-2　浦河町荻伏「シトイナウ」。ハシナウと組み合わせて祭壇に立てる。L59　φ2.35

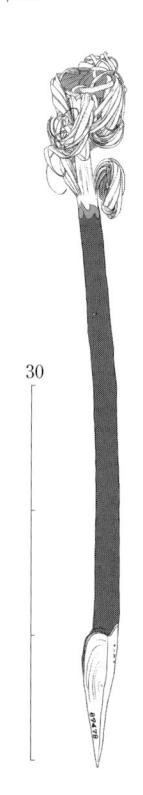

図 4-134　記 89478　浦河町荻伏　海岸の神に捧げるイナウ。L53.3　φ2.5

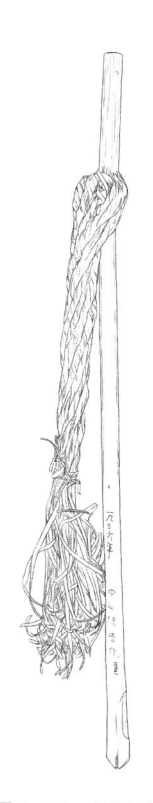

図 4-135　北 10761　芽室町　L86　φ2.3

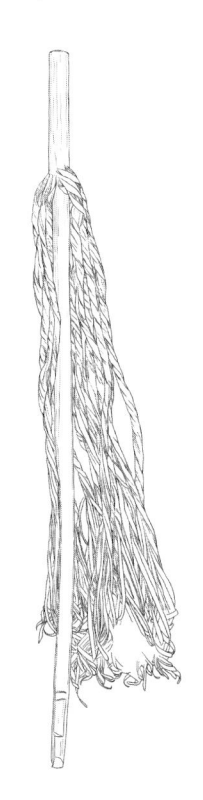

図 4-136　北 10762　芽室町　L87　φ2.5

図版編 第4章 237

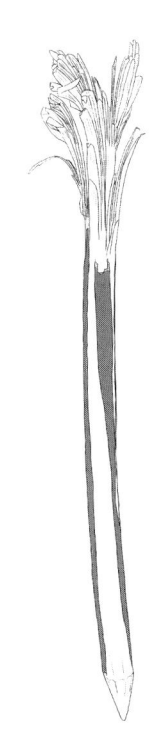

図 4-137 北 10796 帯広市伏古
火神に捧げたイナウ。小型のもの
と組み合わせる。L44 φ3.6

図 4-138 北 11231 帯広市伏古
火神に捧げるイナウ。大型のもの
と組み合わせる。L24 φ0.9

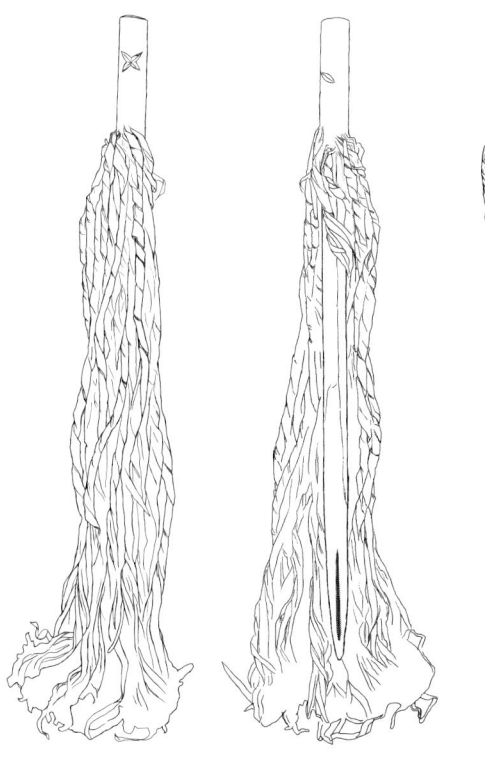

図 4-139 北 10758 帯広市伏古
宝壇のイナウか。
L56 φ2

図 4-140 北 10228-3 帯広市伏古
クマ送りの祭壇の一部。
L158.4 φ2.3

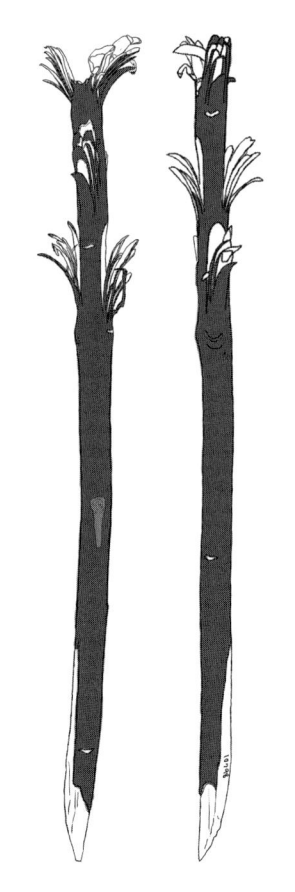

図 4-141　北 10798　帯広市伏古
山中で用いるイナウ。
L47　φ1

図 4-142　北 10731　音更町
火神に捧げたイナウ。小型のものと
組み合わせて用いる。L27　φ2.5

図 4-143　北 10732　音更町
火神に捧げたイナウ。大型のものと
組み合わせて用いる。L18.5　φ1

図 4-144　北 10836　音更町
「アパサムイナウ」。戸口の神に
捧げるイナウ。L31.5　φ1.15

図 4-145　北 10189　音更町
クマ送りの祭壇の一部。
L170　φ2

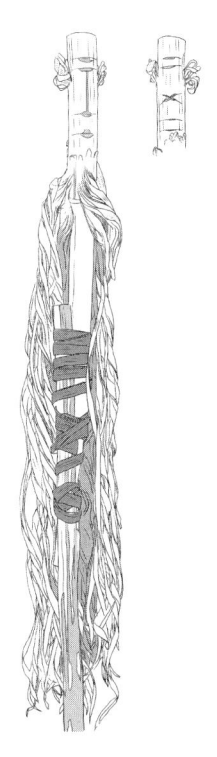

図 4-146　北 10189-b　音更町
クマ送りの祭壇の一部。鳥神に捧げた
ものか。羽角と輪生短翅を作る。この
地域では輪生短翅は稀。L174　φ1.8

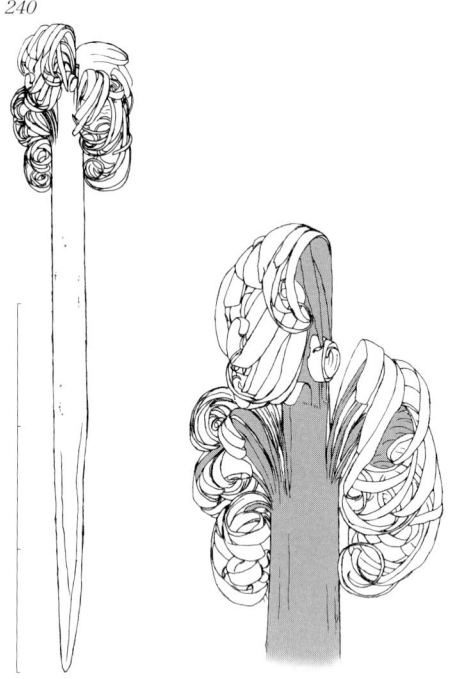

図 4-147　記 89487-1　白糠町和天別
火神に捧げるイナウ（男性）。↓の対生短翅を
2段作る。L47　φ2.54

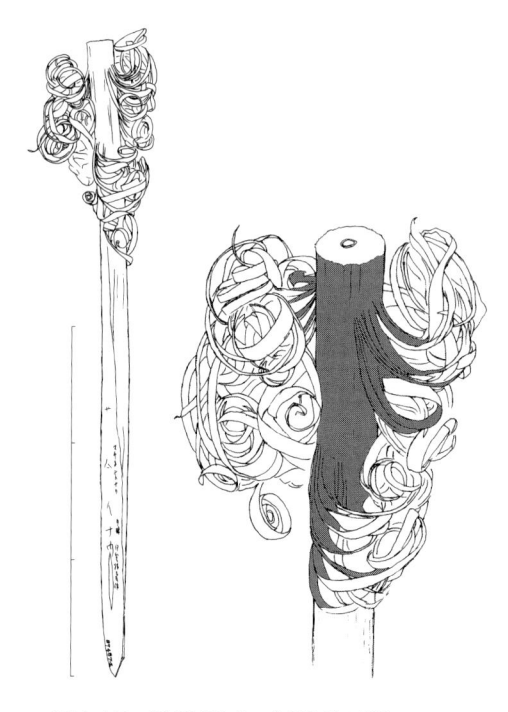

図 4-148　記 89487-2　白糠町和天別
火神に捧げるイナウ（女性）。↑の対生短翅を
2段作る。L52.5　φ2.31

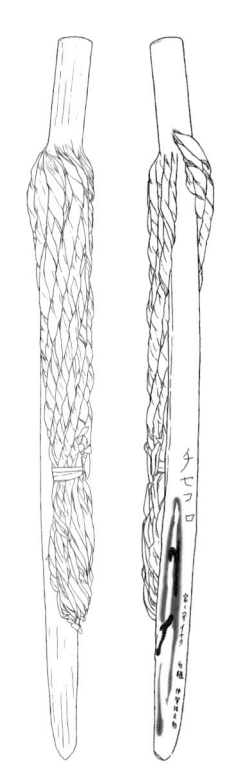

図 4-149　記 89482　白糠町和天別
「チセコロイナウ　家の守イナウ」。
L56.3　φ2.66

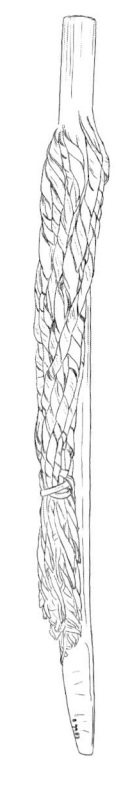

図 4-150　記 89483　白糠町和天別
「アパサロンカムイイナウ　入口の
神のイナウ」。L57　φ2.64

図 4-151　記 89484　白糠町和天別
「カンドコロカムイイナウ　雷神の
イナウ」。L56　φ3.14

図版編　第 4 章　*241*

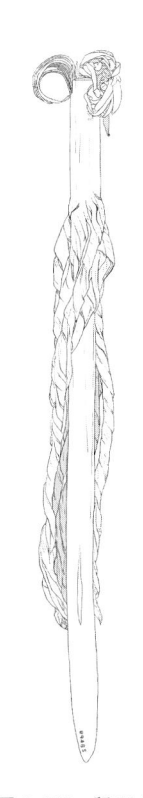

図 4-152　記 89485
白糠町和天別
鳥神に捧げるイナウ。
L53　φ2.3

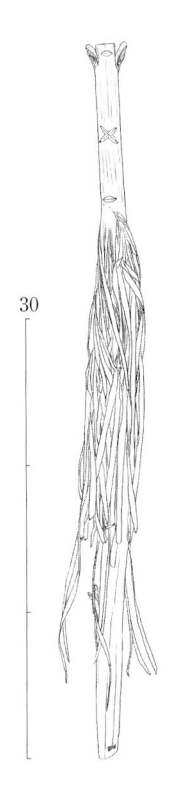

図 4-153　記 8101
白糠町石炭岬
シマフクロウ神に
捧げるイナウ。
L48.5　φ2

図 4-154　旭 4028
白糠町石炭岬
輪生短翅を作る。
L56.5　φ1.95

図 4-155　旭 4029
白糠町石炭岬
L44.3　φ2.15

図 4-156　記 89490-1　阿寒町徹別（釧路市春採）
火神に捧げる主幣。L19.2　φ1.3

図 4-157　記 89490-3　阿寒町徹別（釧路市春採）
火神に捧げる副幣（女性）。L19　φ0.75

図 4-158　民 H33417　釧路市幣舞（鶴居村）
マッタロㇰカムイ（守護神）。イナウの長翅
に，別に作った剥幣を挿し込む。

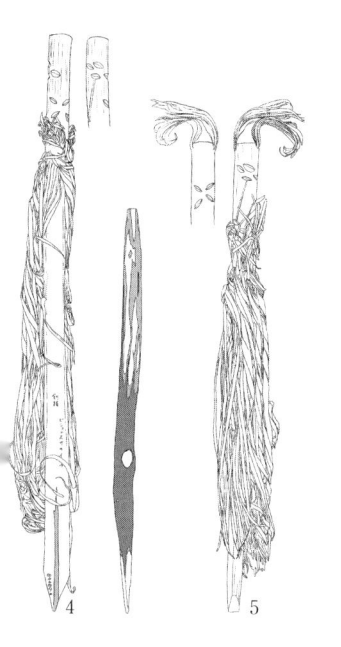

図4-159　(左)89489-4　(中)89489-1 (右)89489-5　阿寒町徹別(釧路市春採)海浜に立てるイナウ．脚部，シフクロウ・エゾフクロウ　L72.5 ϕ45, L54.5　ϕ3.1, L60　ϕ3.6

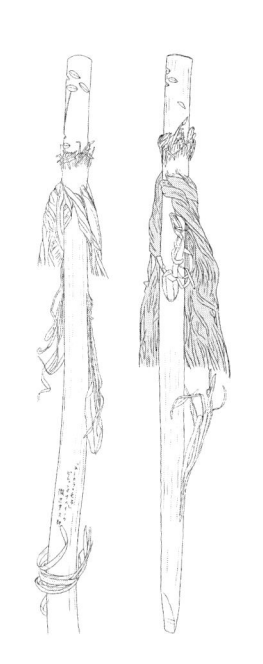

図4-160　記89489　阿寒町徹別(釧路市春採)海岸の祭壇に立てるイナウ．

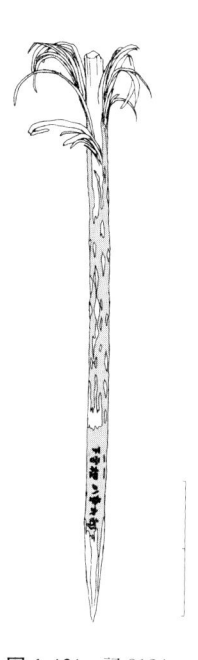

図4-161　記8124　釧路市幣舞(鶴居村)男性のイナウ．↓の対生短翅を2段作る．L43.5　ϕ1.65

図4-162　記8125　釧路市幣舞(鶴居村)女性のイナウ．↑の対生短翅を2段作る．L44　ϕ1.65

図4-163　北10786　標茶町塘路　男性のイナウ．↓の対生短翅を2段作り，↑の対生短翅1段を作る．L21　ϕ0.9

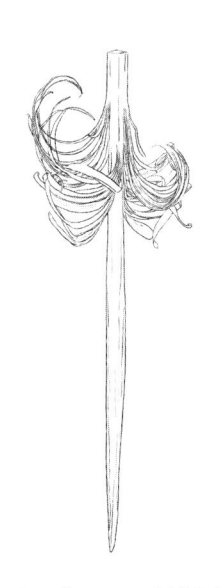

図4-164　北10788　標茶町塘路　女性のイナウ．↑の対生短翅を2段作る．L21.5　ϕ0.8

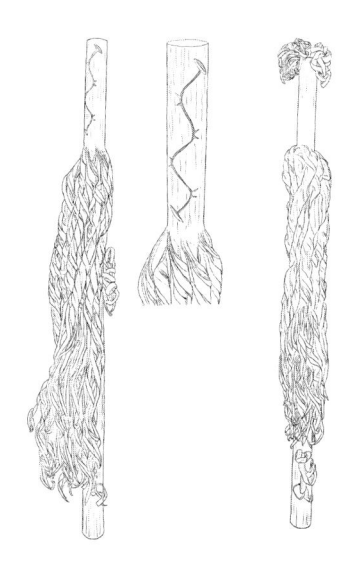

図4-165　(左)記89491-1(右)記89491-3　標茶町塘路　竜神，鳥神　L62　ϕ2.83，L60.5　ϕ2.77

図 4-166　旭 7208　美幌町　火神に捧げる主幣。
↓の輪生短翅を1段，↓の対生短翅を3段作る。
L14.2　φ1.1

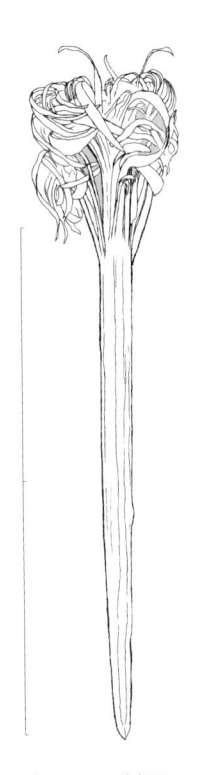

図 4-167　旭 7209　美幌町
火神に捧げる副幣(男性)。↓の輪生短翅を1段，↓の対生短翅を3段作る。
L12.5　φ0.65

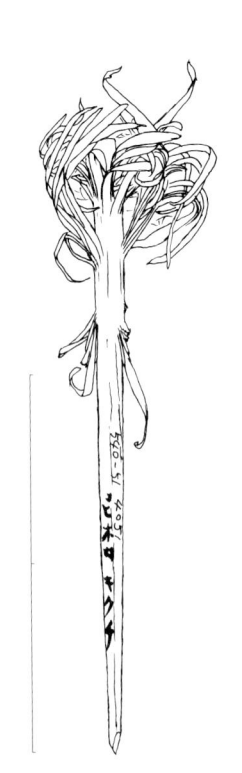

図 4-168　旭 4051　美幌町
火神に捧げる副幣(男性)。↓の輪生短翅を1段，↓の対生短翅を2段，↑の対背短翅を1段作る。L12.5　φ0.6

図 4-169　北 10204　K-2　美幌町
クマ送りの祭壇の1部。クマの祖母神に捧げる。L181　φ2.6

図版編　第4章　245

図 4-170　記 8110　美幌町
川神，カシワ神に捧げるイナウ。
L39.7　φ1.7

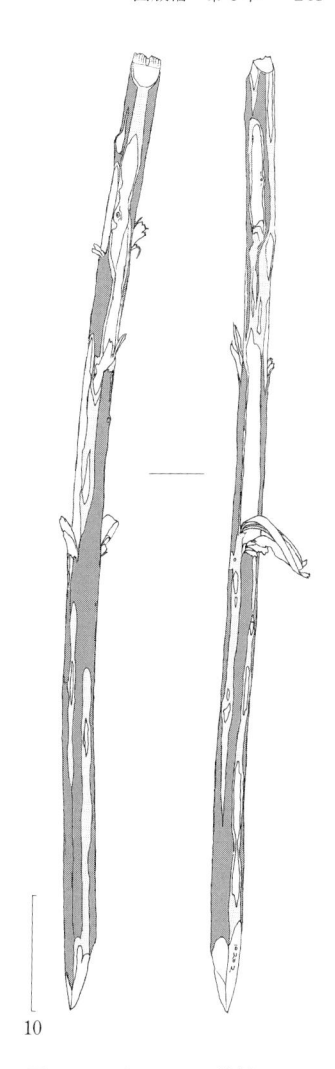

図 4-171　北 10202　美幌町
クマ解体時に切り分けた部位を
かけるイナウ。L82　φ2.82

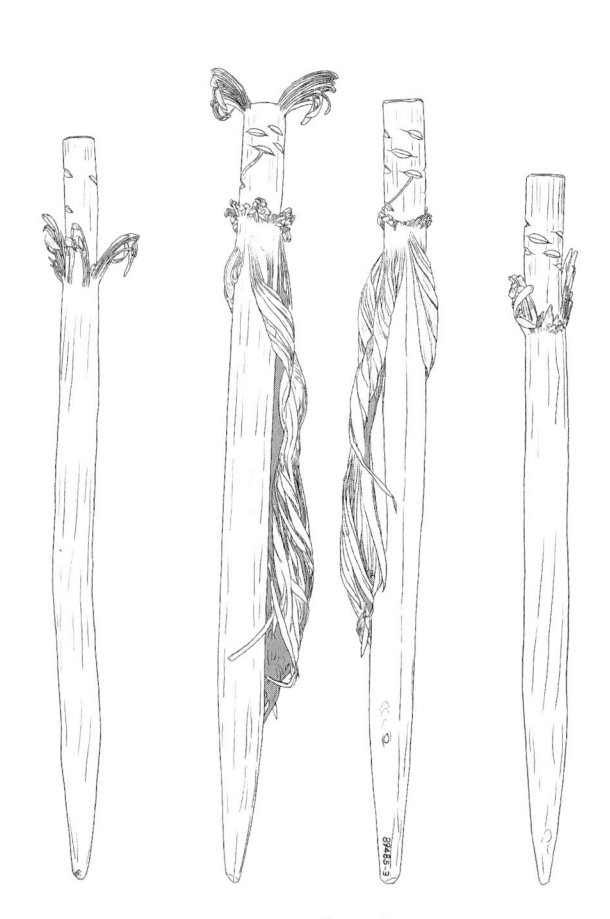

図 4-172　斜里町　アザラシ猟に際して(左から)
記 89495-1　舳先に立てるイナウ。波と風を防ぐ。ハンノキ製。L46　φ2.55。
記 89495-2　炉に立てシマフクロウ神に捧げるイナウ。L51　φ3.2。
記 89495-3　舳先に立て，シャチ神に捧げるイナウ。ヤナギ製。L48.5　φ2.9。
記 89491-4　炉に立てるイナウ。L44.5　φ2.8

図 4-173　大塚和義氏蔵　エトロフ島　編長翅の下に散長翅を作りだす。

図版編　第 4 章　247

図 4-174　民 K0002325
シムシュ島（シコタン島）
L41.2　φ5.5

図 4-175　民 K0002326
シムシュ島（シコタン島）
L46　φ4.5

図 4-176　民 K0002327
シムシュ島（シコタン島）
L50.4　φ3.5

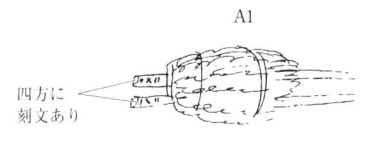

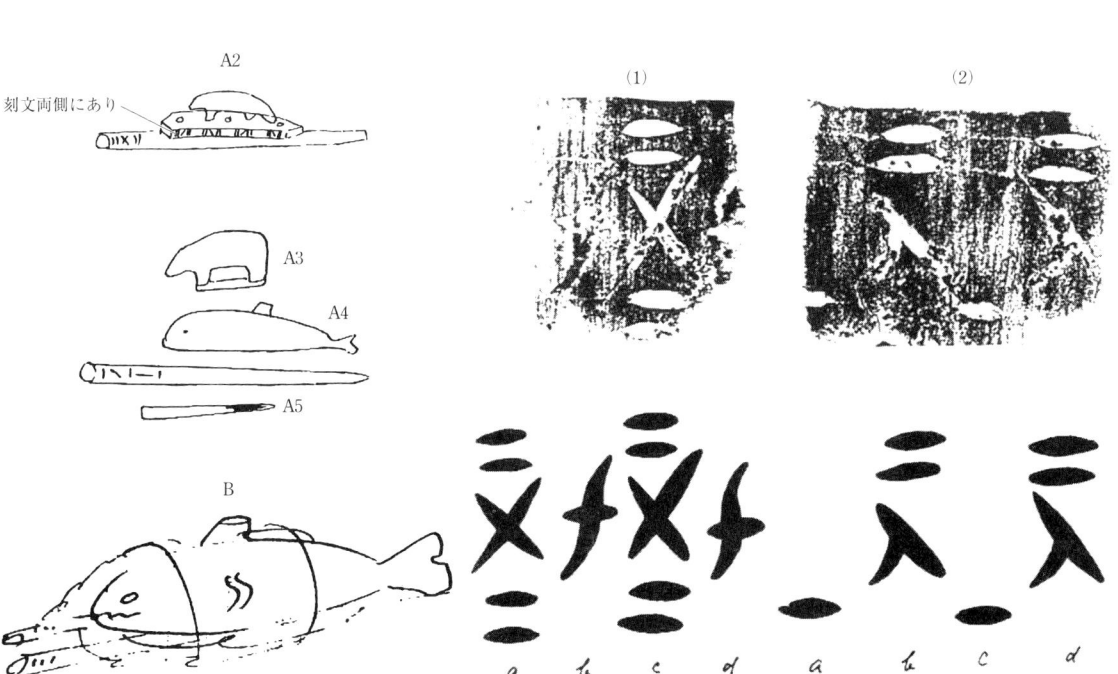

四方に
刻文あり

刻文両側にあり

図 4-177　名取（1959）より

第 5 章

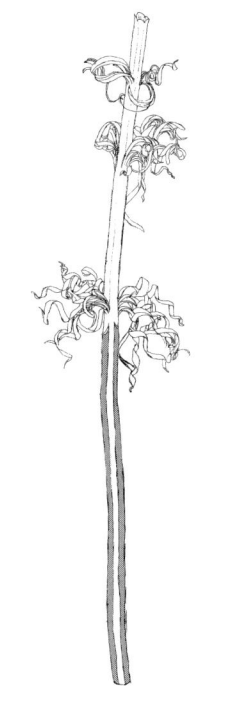

図 5-1 八雲町-1（北 10178）
L74.5　φ2

図 5-2 八雲町-2（北 10824）
L74.5　φ2.9

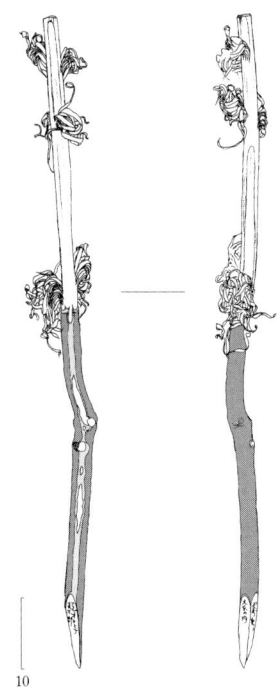

図 5-3 長万部町-1（北 10850）
L89　φ2.65

図 5-4 石狩市浜益区-1（北 10720）
L55.5　φ2.36

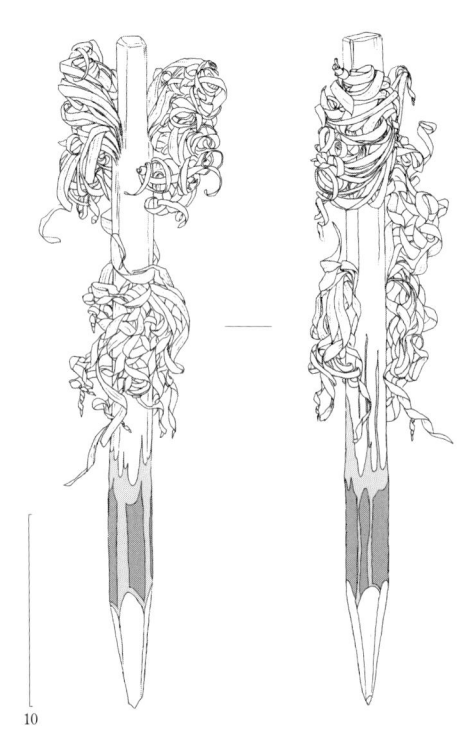

図 5-5 石狩市浜益区-2（北 34623）
L33.5　φ2.15

図版編　第 5 章　249

図 5-6　石狩市浜益区-3（北 34622）
L20　φ1.9

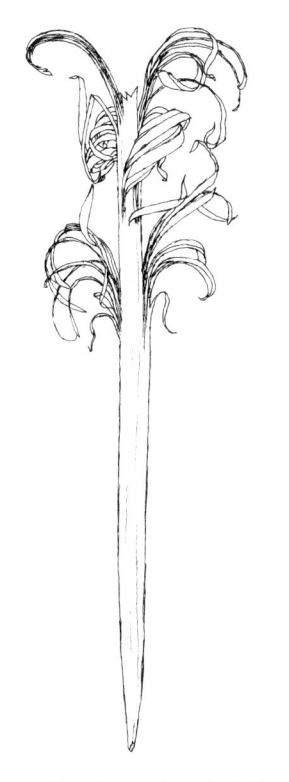

図 5-7　新十津川町（旭川市近文）-1
（北 10710）　L26.3　φ1.2

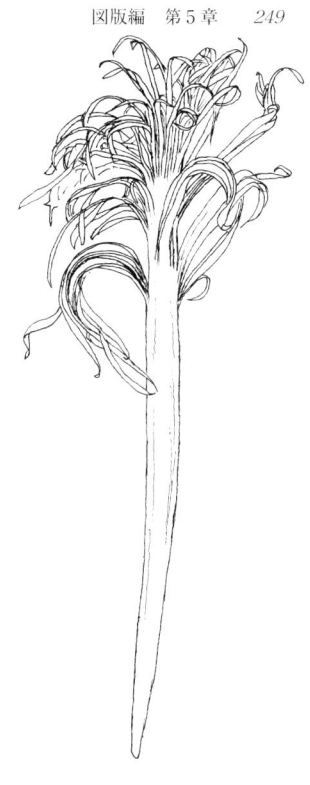

図 5-8　新十津川町（旭川市近文）-2
（北 10713）　L23.7　φ1.37

図 5-9　旭川市近文-1（白 62237）
26.5　φ1.25

図 5-10　旭川市近文-2（白 62238）
L23　φ1.35

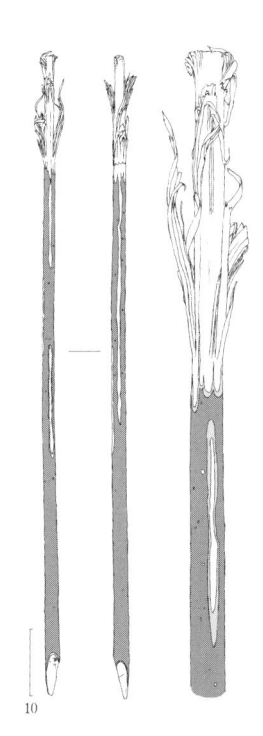

図 5-11　旭川市近文-3（記 8109）
L102　φ2.15

250

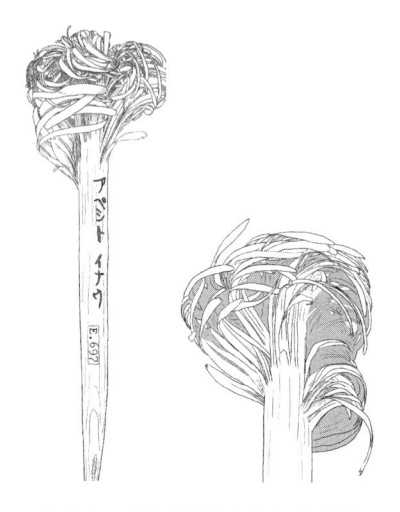

図 5-12　網走市藻琴-1（北民 E-697）
L16.2　φ0.7

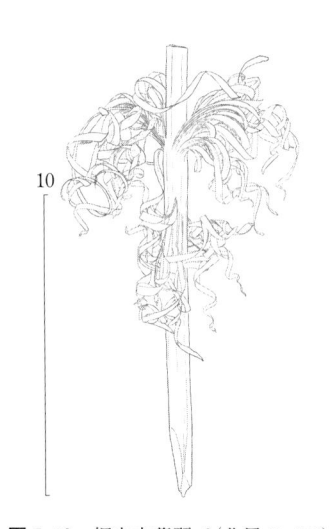

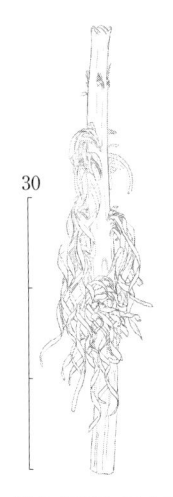

図 5-13　網走市藻琴-2（北民 E-476）
女性。L14.6　φ0.8

図 5-14　網走市藻琴-3（北民 E-362）
女性。L50　φ3.6

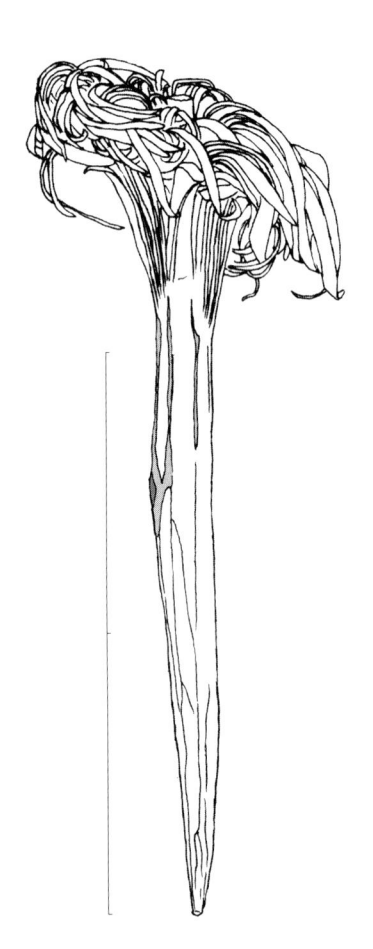

図 5-15　美幌町-1（旭 7208）
主幣。L14.2　φ1.1

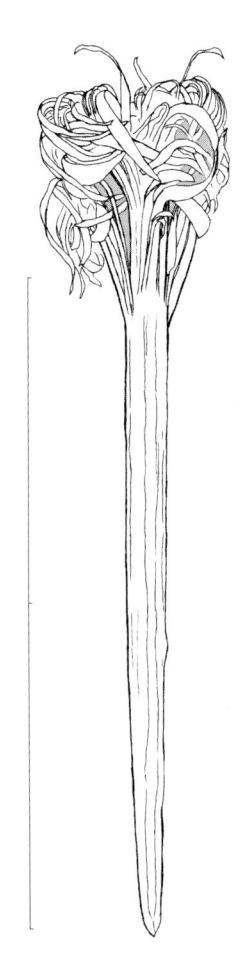

図 5-16　美幌町-2（旭 7209）
男性。L12.5　φ0.65

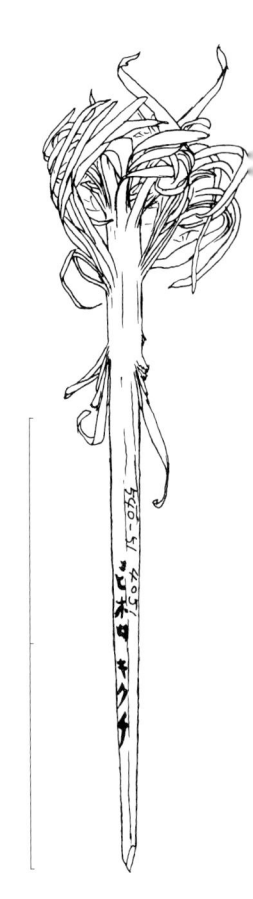

図 5-17　美幌町-3（旭 405）
女性。L12.5　φ0.6

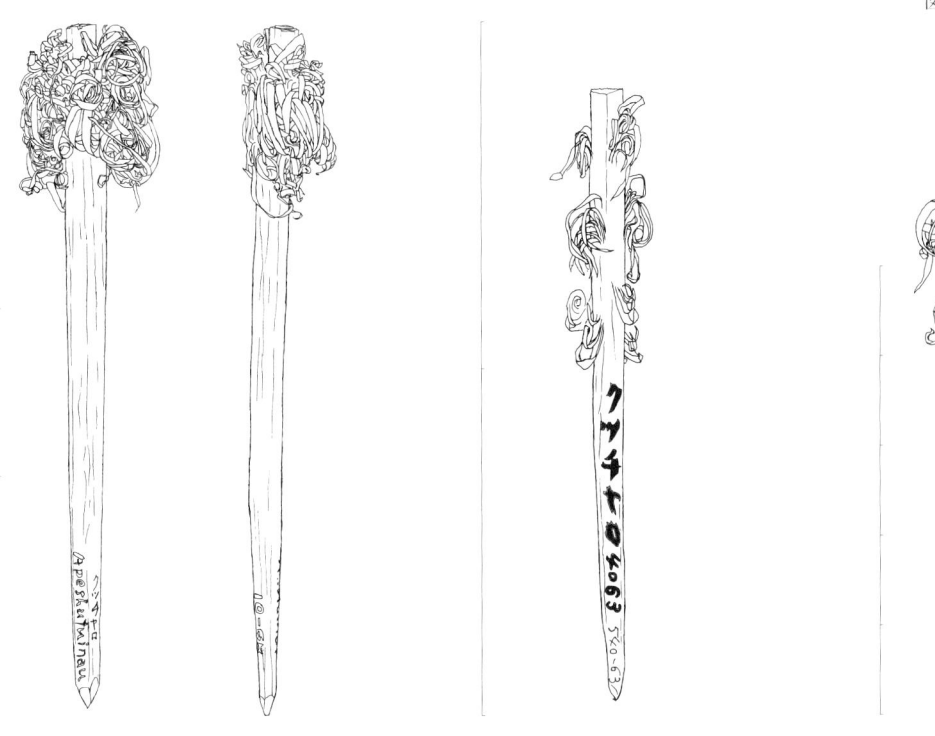

図版編　第 5 章　　*251*

図 5-18　弟子屈町屈斜路湖半-1（旭 4050）幣。L20.5　φ1.2

図 5-19　弟子屈町屈斜路湖半-2（旭 4063）女性。L8.8　φ0.48

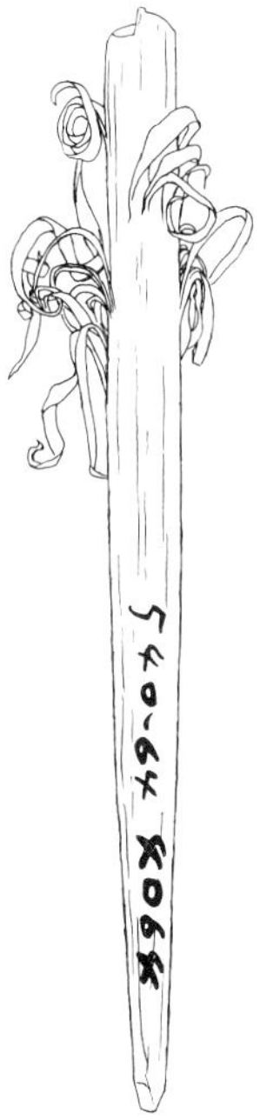

図 5-20　弟子屈町屈斜路湖半-3（旭 4064）男性。L7　φ0.45

図 5-21　阿寒町徹別（釧路市春採）-1（記 89490-1）主幣。L19　φ1.27

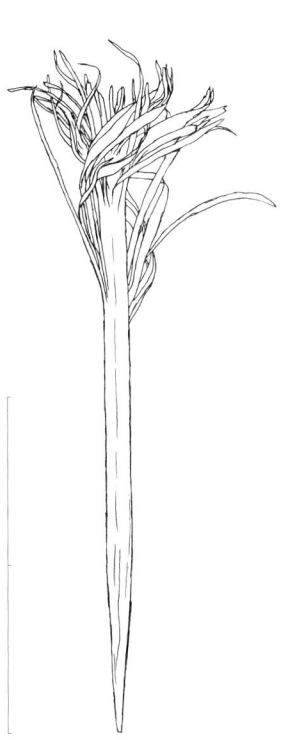

図 5-22　阿寒町徹別（釧路市春採）（記 89490-2）男性。L17　φ0.77

図 5-23　阿寒町徹別（釧路市春採）（記 89490-3）女性。L19　φ0.75

252

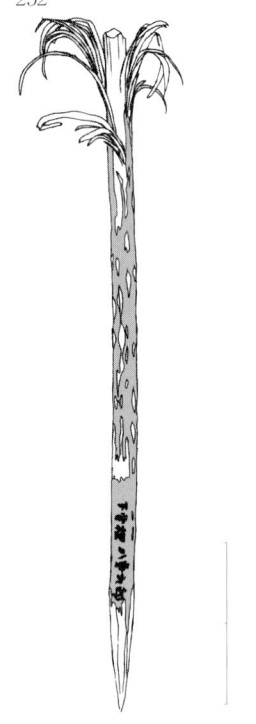

図 5-24 釧路市幣舞(鶴居村)-1
(記 8124)　男性。
L43.5　φ1.65

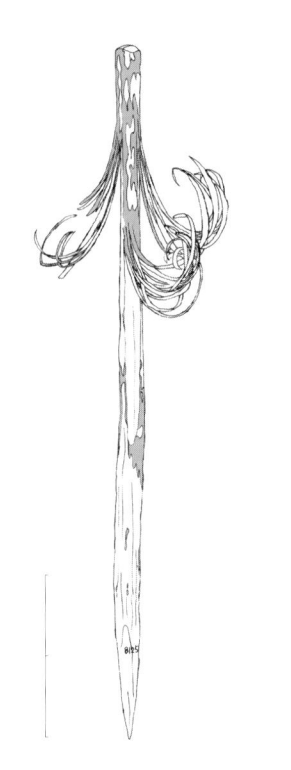

図 5-25 釧路市幣舞(鶴居村)-2
(記 8125)　女性。
L44　φ1.65

図 5-26 白糠町和天別-1
(記 89481)　主幣。
L45　φ2.9

図 5-27 白糠町和天別-3(記 89487-2)　男性。
L52.5　φ2.3

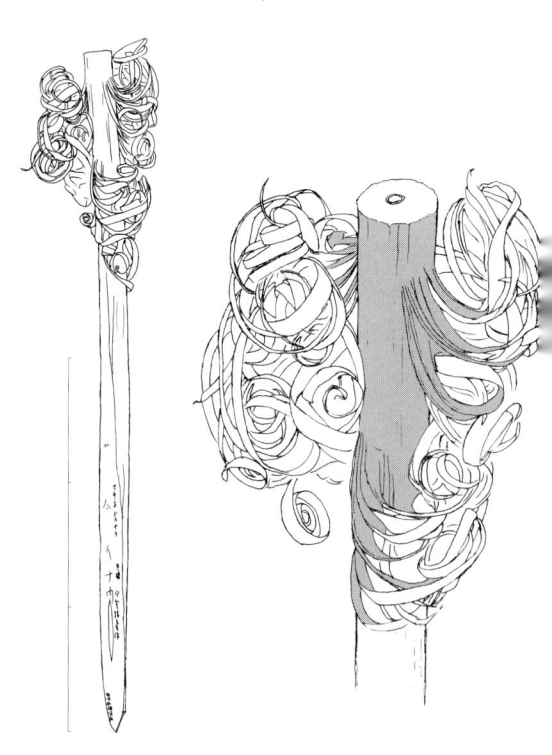

図 5-28 白糠町和天別-2(記 89487-1)　女性。
L47　φ2.54

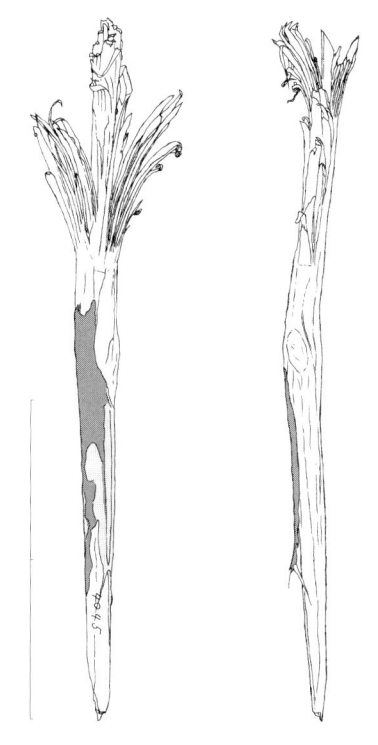

図 5-29 白糠町石炭岬-1（旭 4045） 女性。
L22　φ1.35

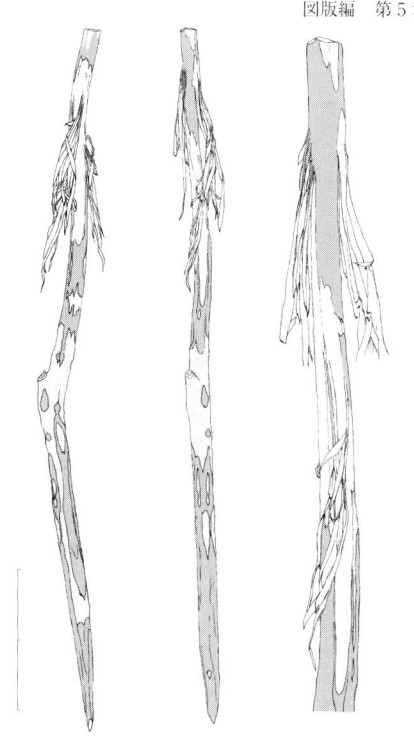

図 5-30 白糠町石炭岬-2（旭 4069）　男性。
L50　φ1.6

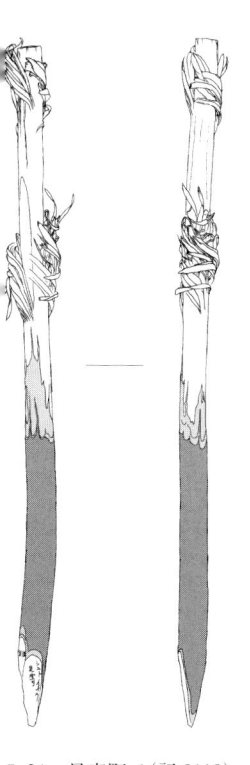

図 5-31 足寄町-1（記 8118）
8.5　φ2.1

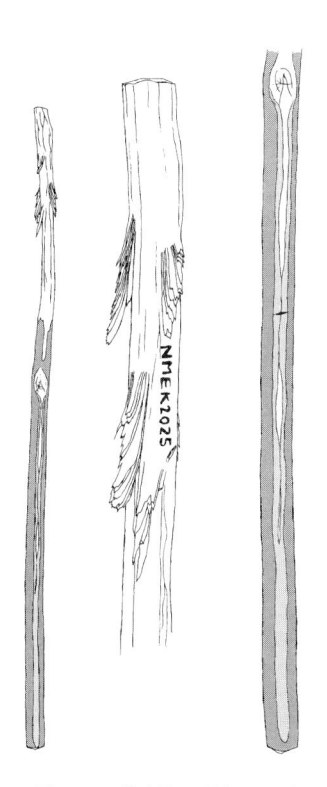

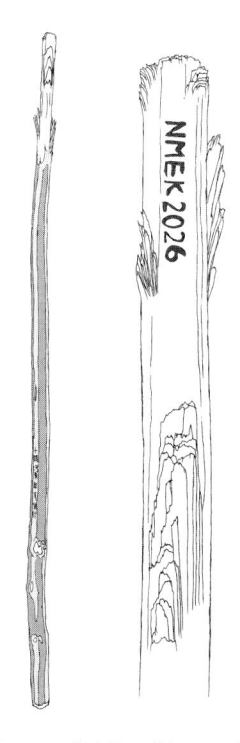

図 5-32 芽室町-1（民 K2025）
女性。L80.5　φ2.3

図 5-33 芽室町-2（民 K2026）
男性。L81.5　φ2.35

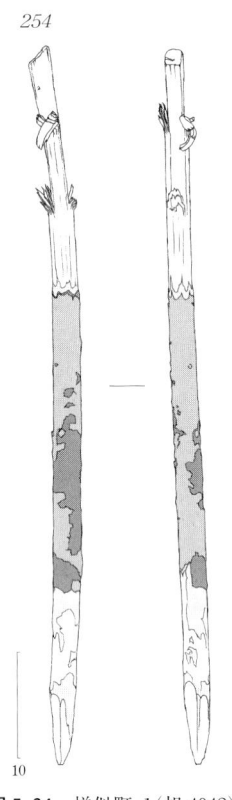

図 5-34　様似町-1（旭 4042）
L60　φ2.5

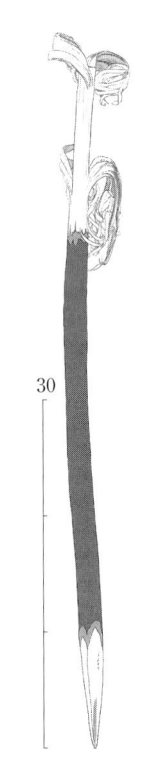

図 5-35　浦河町荻伏-1（記 89477-2）
L59　φ2.35

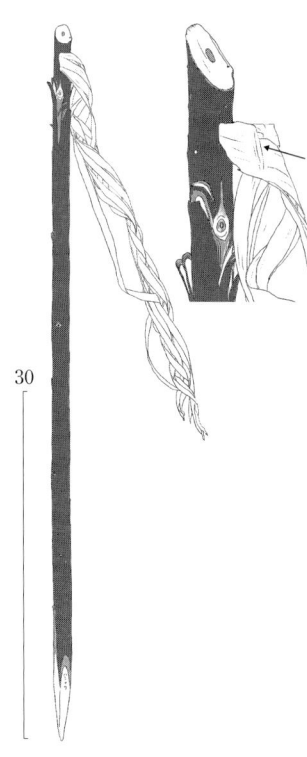

図 5-36　浦河町荻伏-2（記 89477-
L61　φ1.6

図 5-37　新ひだか町東静内-1（記 89469）
L43.5　φ1.0

図 5-38　新ひだか町東静内-2（記 89468）
女性。L50.5　φ2.72

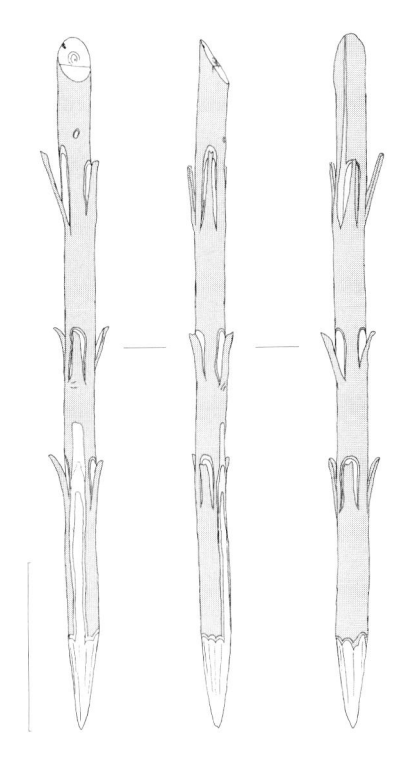

図 5-39　平取町紫雲古津-1（記 89461）
L41.5　φ1.94

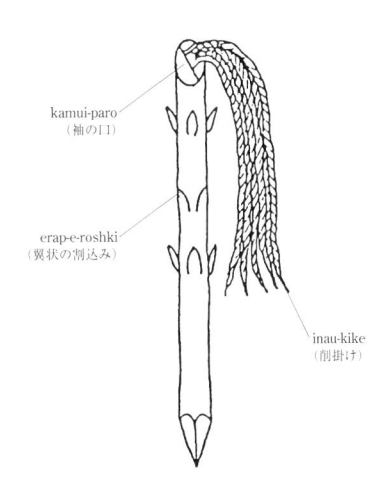

図 5-40　平取町二風谷-1
［久保寺 1971：753］

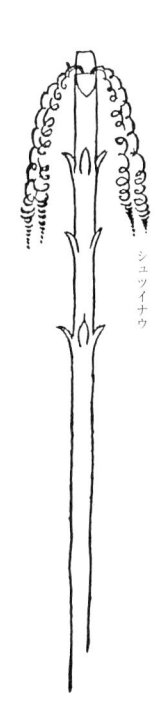

kamui-paro
（袖の口）

erap-e-roshki
（翼状の割込み）

inau-kike
（削掛け）

シュツイナウ

図 5-41　白老町-1
満岡（1962）p90 より

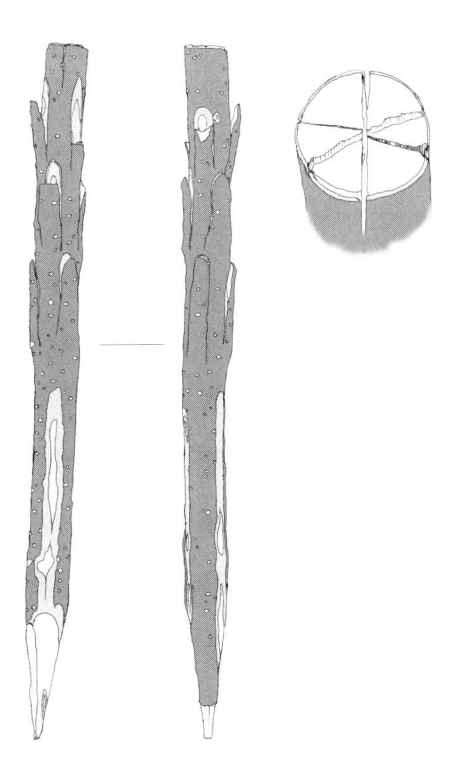

図 5-42　蛇田町-1（記 89446-1）
L33　φ2.3

図 5-43　長万部町ハシナウ（北 10847）
L97　φ1.2

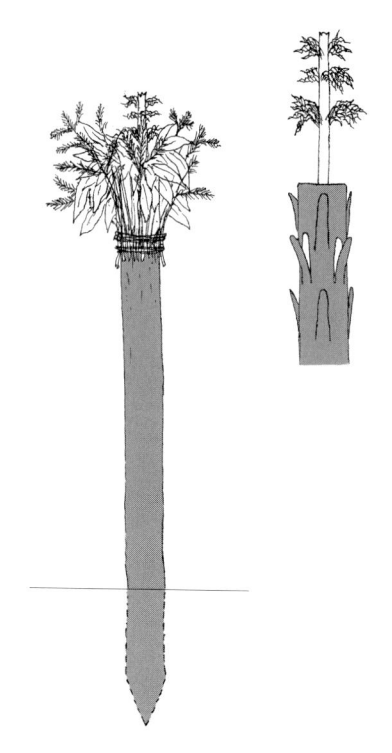

図 5-44　平取町二風谷
久保寺（1971）の記述をもとに作図

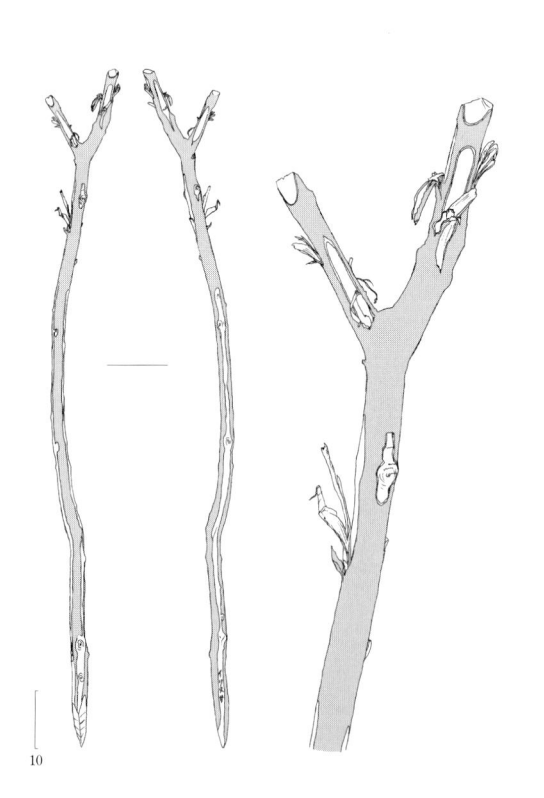

図 5-45　新十津川町（旭川市近文）イリヌサ（北 10190-10）
L146　φ5.4

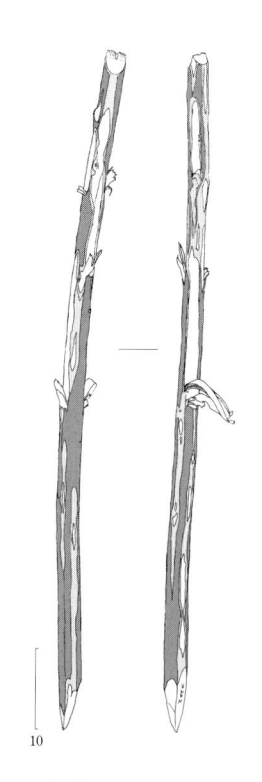

図 5-46　美幌町　イリヌサ（北 10202）
L82　φ2.85

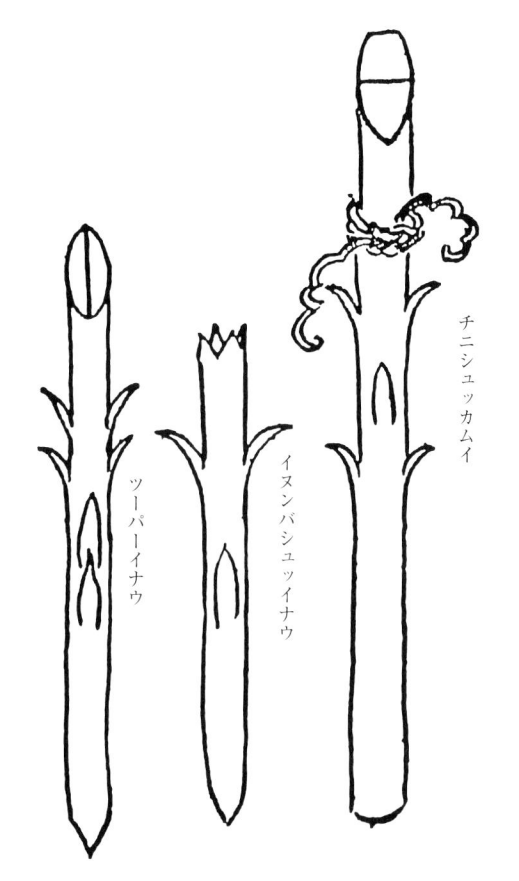

図 5-47 白老町　満岡(1962)より

図 5-48 『蝦夷生計図説』より

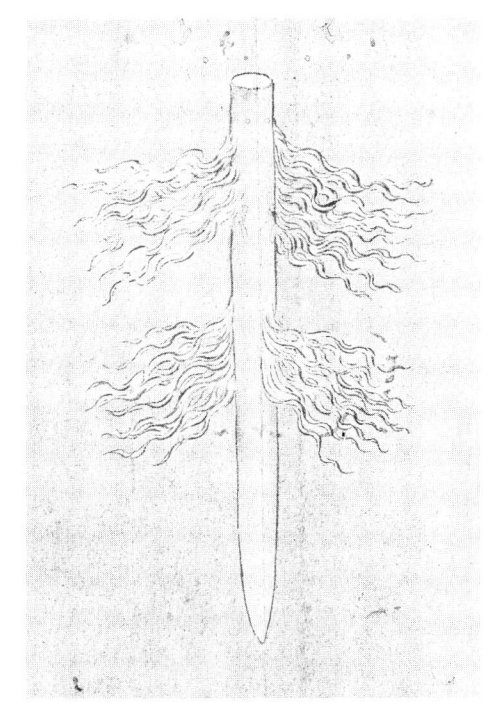

図 5-49 『蝦夷生計図説』より

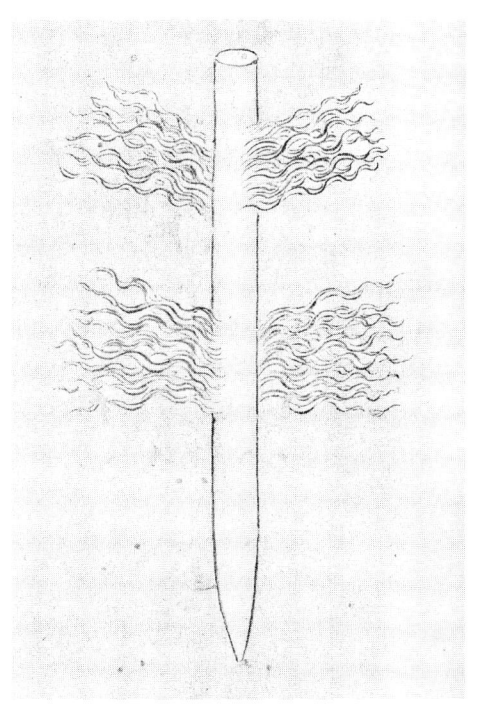

図 5-50 『蝦夷生計図説』より

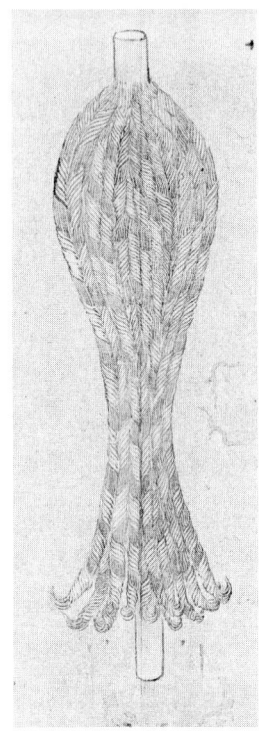

図 5-51 『蝦夷生計図説』より

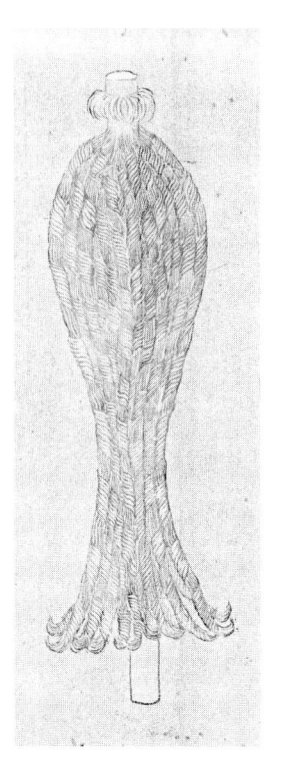

図 5-52 『蝦夷生計図説』より

図 5-53 『蝦夷生計図説』より

図 5-54 『蝦夷生計図説』より

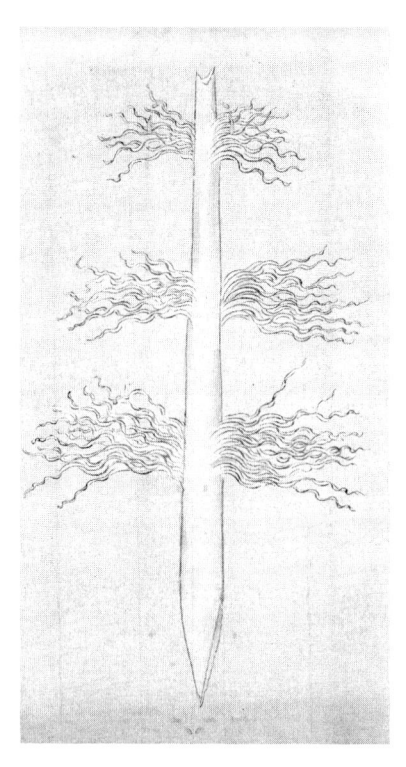

図 5-55 『蝦夷生計図説』より

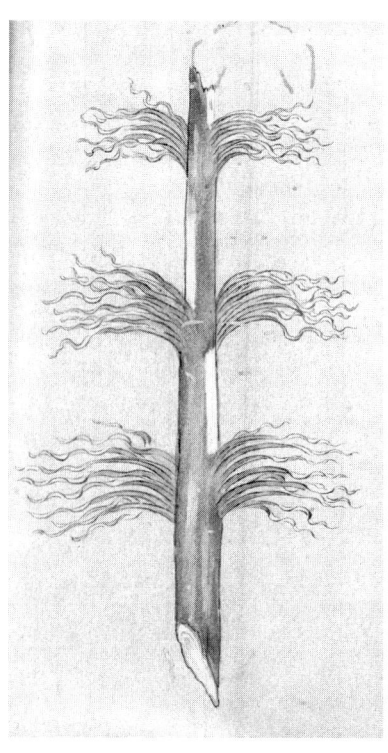

図 5-56 『蝦夷生計図説』より

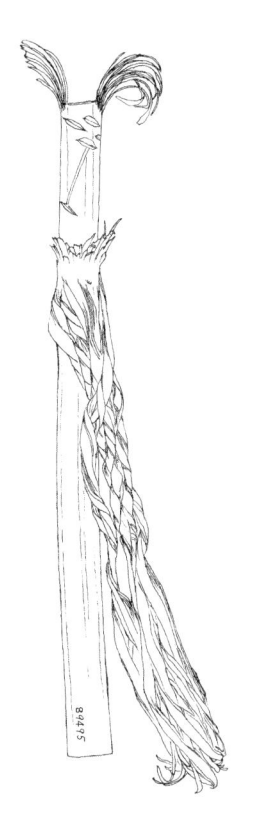

図 5-57　記 89495　斜里町

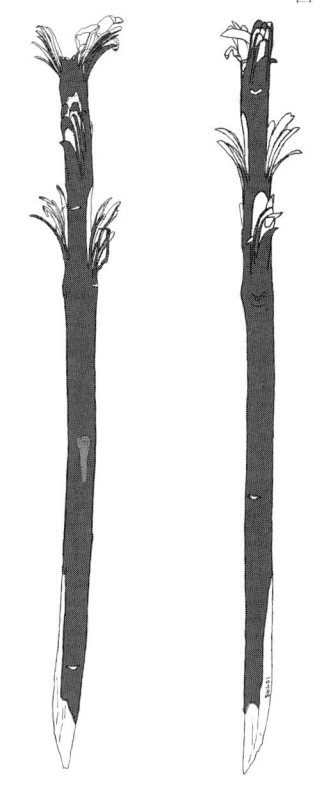

図 5-58　北 10798　帯広市伏古

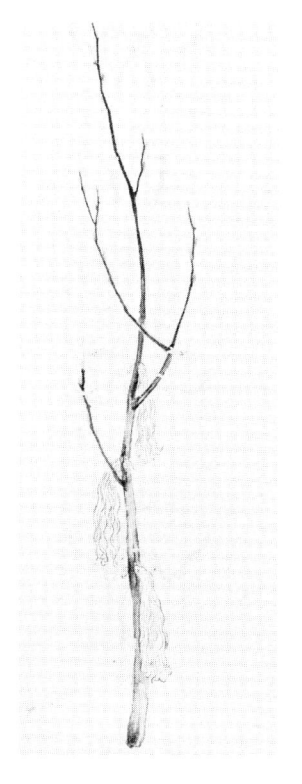

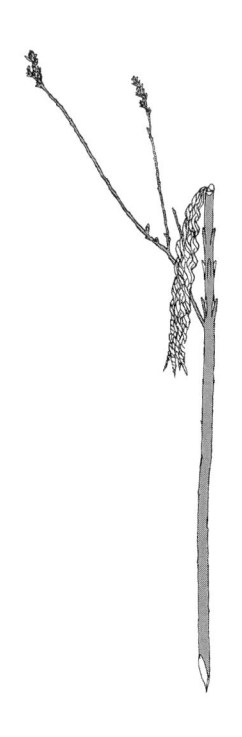

図 5-59　『蝦夷生計図説』より

図 5-60　白老町　アイヌ民族博物館(2000)より

260
第6章

通常の刻印

図6-3 複印式a 様似町
青柳編(1982)より

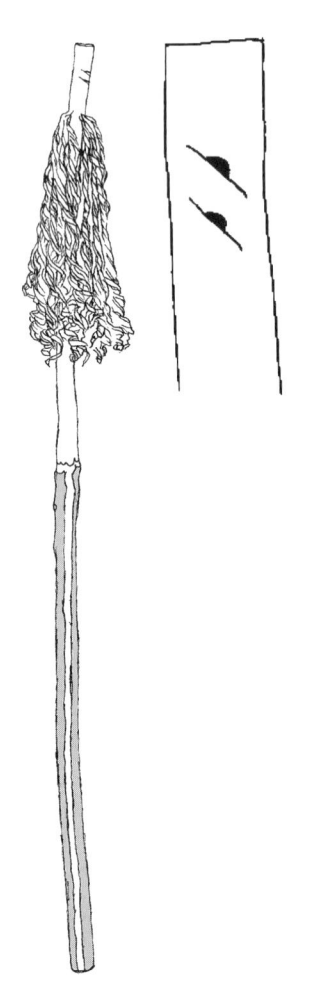

クマを獲ったとき

asipe-sirosi　　utasa-sirosi
前　人間へ向く　後　kamuiへ向く

図6-1 単印式a
八雲町 椎久家(北10178)

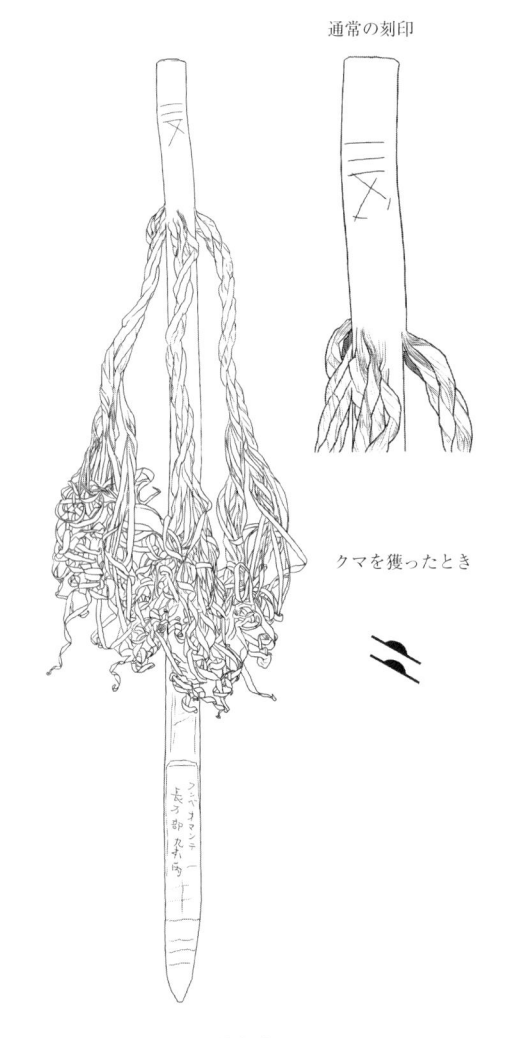

図6-2 単印式b
長万部町 尾江家(北10849)

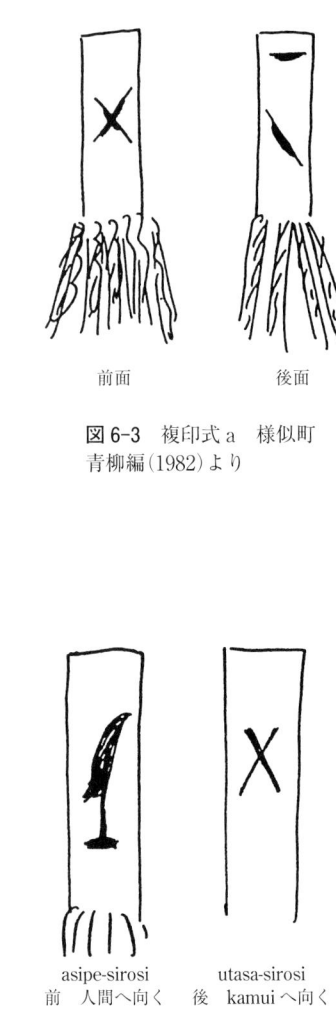

図6-4 複印式a
新ひだか町静内農屋
青柳編(1982)より

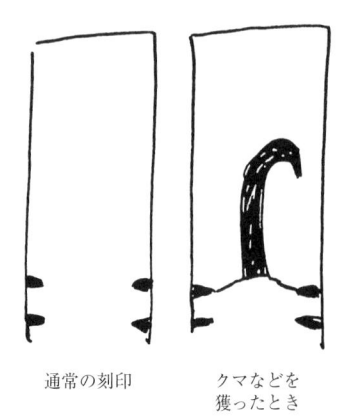

通常の刻印　クマなどを
　　　　　獲ったとき

父親の系統　　　　　　母親の系統

asipenoka(表)　utasa(裏)　　　kuchani-itokpa

図6-5 複印式b 名寄市
北風家 青柳編(1982)より

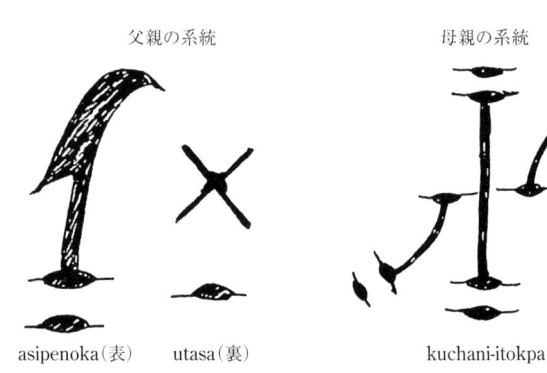

新十津川町(旭川市近文)
砂沢家 青柳編(1982)より

図版編 第6章 261

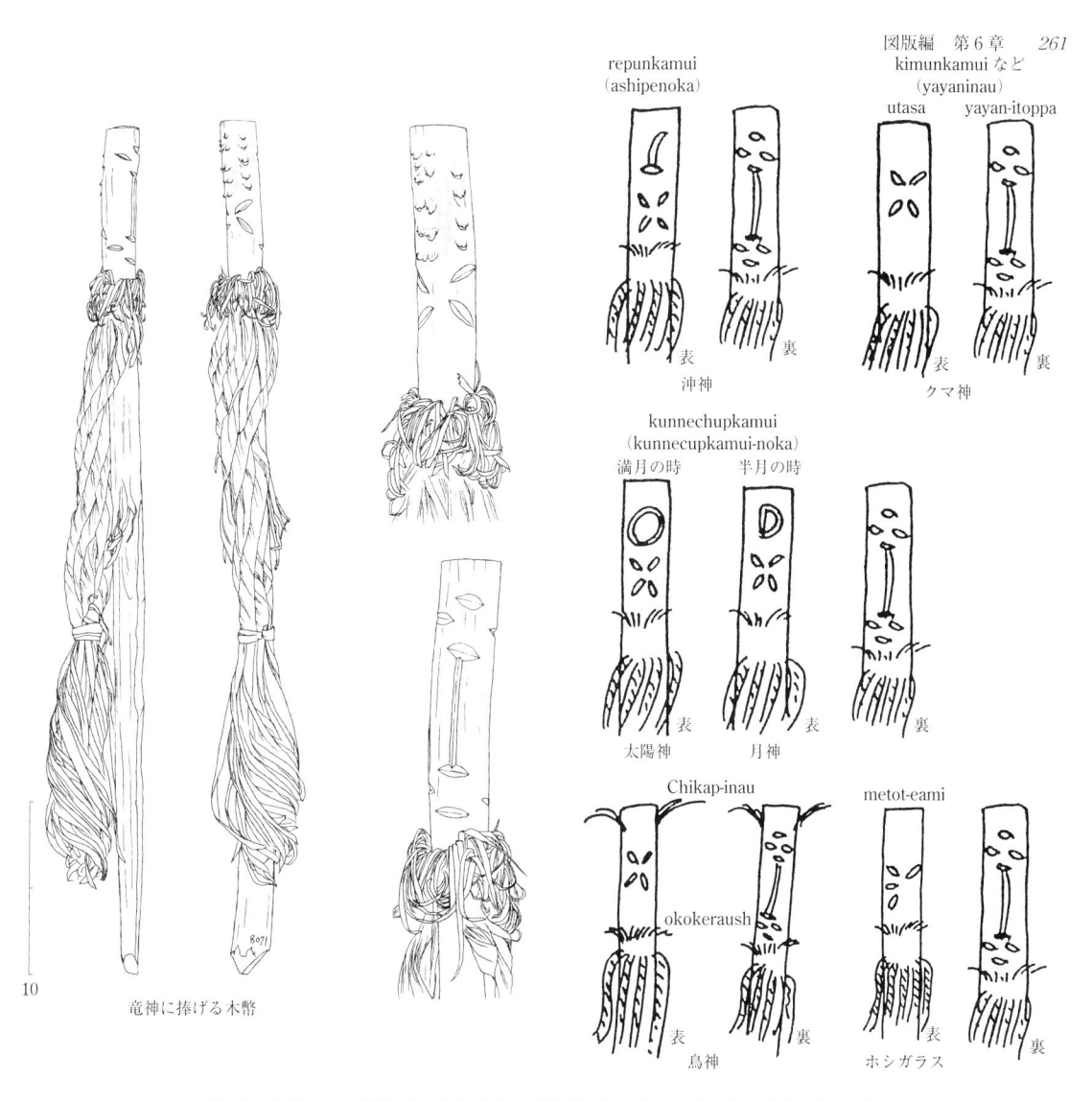

repunkamui
(ashipenoka)
表 沖神　裏

kimunkamui など
(yayaninau)
utasa　yayan-itoppa
表 クマ神　裏

kunnechupkamui
(kunnecupkamui-noka)
満月の時　半月の時
表 太陽神　表 月神　裏

Chikap-inau
okokeraush
表 鳥神　裏

metot-eami
表 ホシガラス　裏

10
竜神に捧げる木幣

図 6-6　複印式 c　美幌町　菊地家の例（記 8071）　諸神の例　青柳編（1982）より

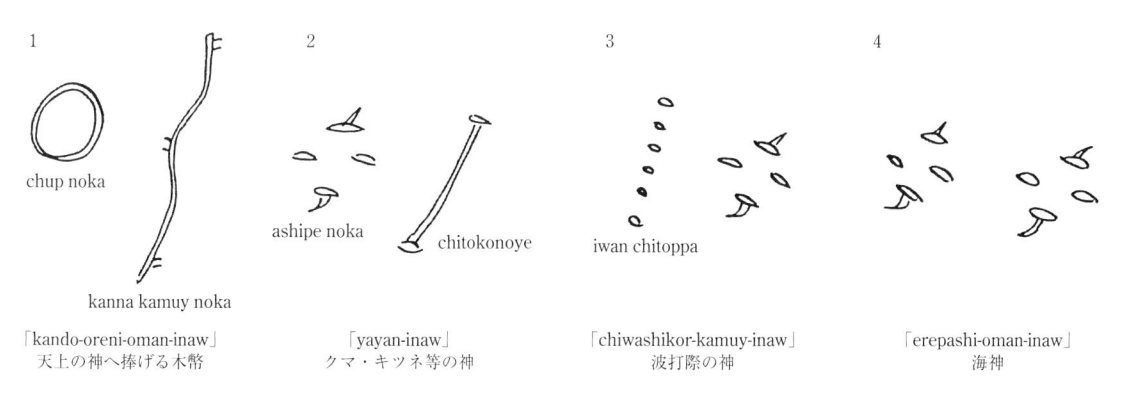

1
chup noka
kanna kamuy noka
「kando-oreni-oman-inaw」
天上の神へ捧げる木幣

2
ashipe noka
chitokonoye
「yayan-inaw」
クマ・キツネ等の神

3
iwan chitoppa
「chiwashikor-kamuy-inaw」
波打際の神

4
「erepashi-oman-inaw」
海神

図 6-7　複印式 d　釧路市幣舞（鶴居村）　八重家の例　青柳編（1982）より

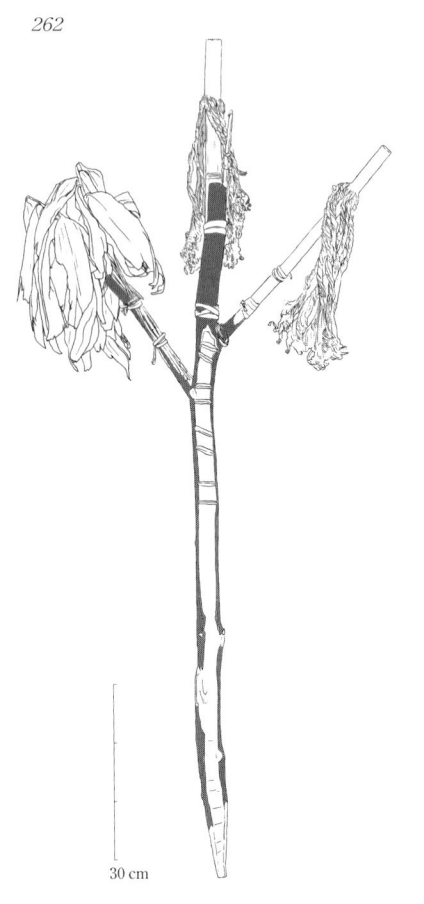

図 6-8 余市町の家神に見られる胴印（北 10187）

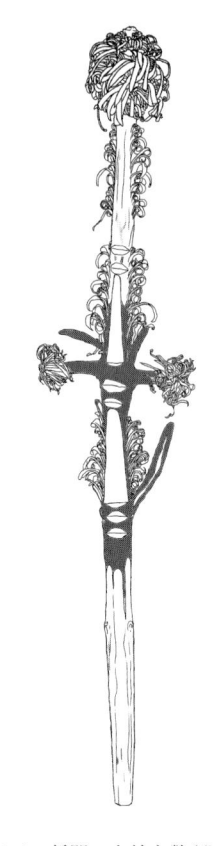

図 6-9 新問　火神主幣（北 34638）削印が 2 段に並ぶ

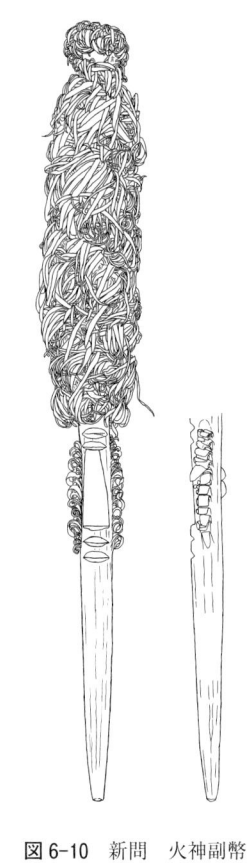

図 6-10 新問　火神副幣（北 34637）

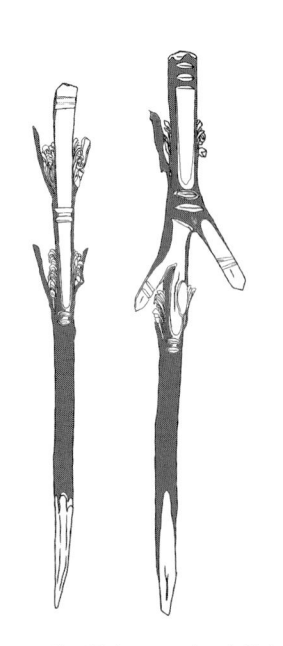

図 6-11 新問　海神副幣（北 45288）　主幣（北 34641）

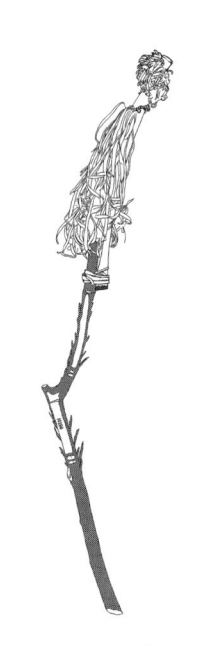

図 6-12 落帆　海神（北 10186）

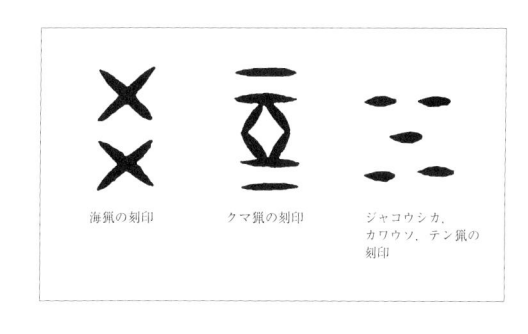

図6-13　鈴谷　削印上に刻印を刻む例　名取(1959)より

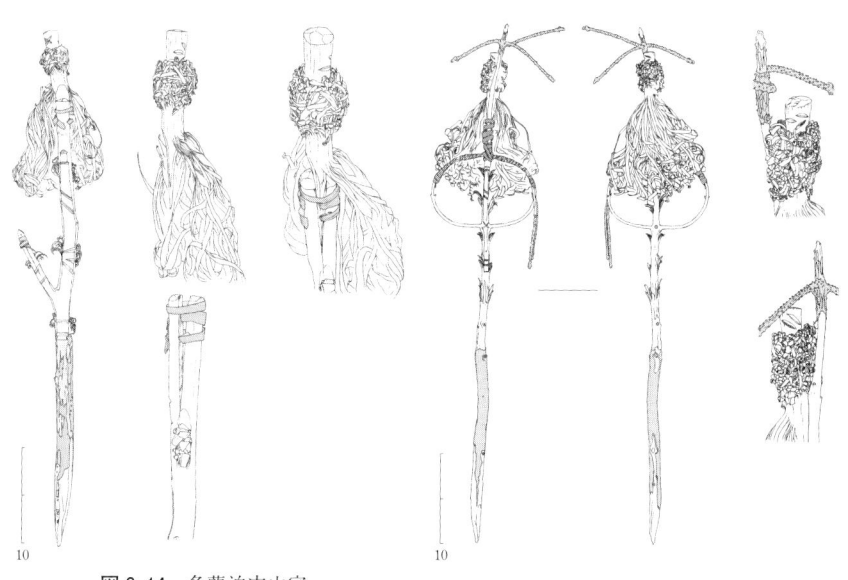

海獣の刻印　　クマ獵の刻印　　ジャコウシカ、
　　　　　　　　　　　　　　　カワウソ、テン獵の
　　　　　　　　　　　　　　　刻印

図6-14　多蘭泊内山家
海神　(旭)4084　　　　　　　　太陽神(記8147)

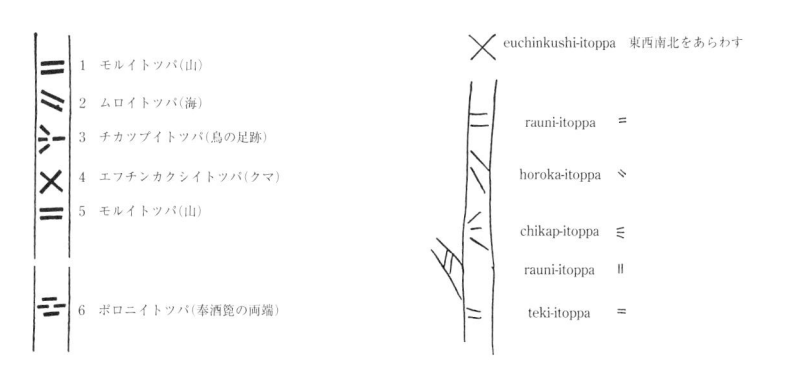

1　モルイトッパ(山)
2　ムロイトッパ(海)
3　チカップイトッパ(鳥の足跡)
4　エフチンカクシイトッパ(クマ)
5　モルイトッパ(山)
6　ポロニイトッパ(奉酒箆の両端)

euchinkushi-itoppa　東西南北をあらわす
rauni-itoppa
horoka-itoppa
chikap-itoppa
rauni-itoppa
teki-itoppa

図6-15　多蘭泊刻印諸例
杉山(1939)より　　　　　　　　青柳編(1982)より

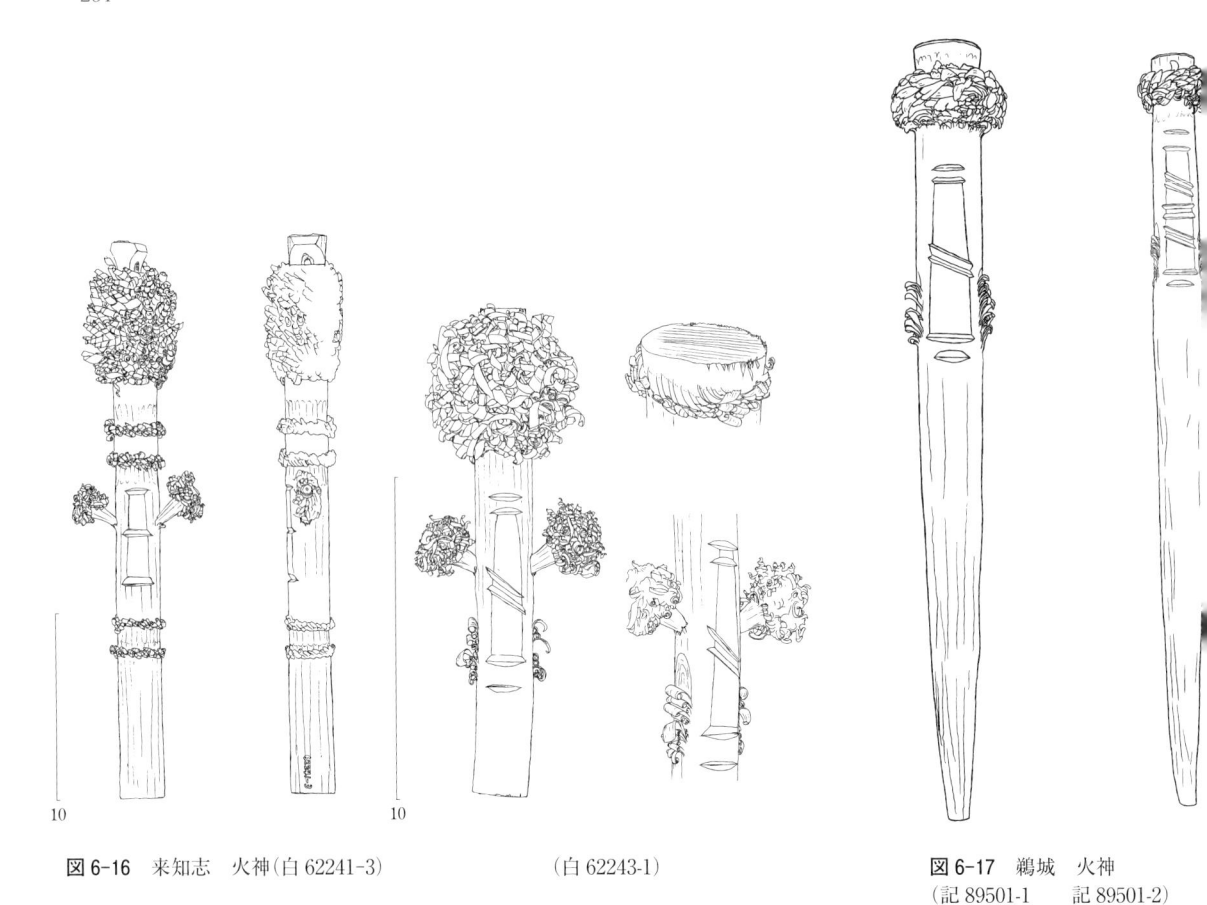

図 6-16　来知志　火神（白 62241-3）　　　　　　（白 62243-1）　　　　　　　図 6-17　鵜城　火神
　　　　　　　　　　　　　　　　　　　　　　　　　　　　　　　　　　　　　　（記 89501-1　　記 89501-2）

図 6-18　ウイルタのイナウ（敷香）
人面を刻んだ例

図 6-19　ウイルタ・ニヴフのイナウ（敷香）　人面を刻んだ例
名取（1959）より

図 6-20　樺太東海岸　柱に刻印を刻んだ例（石田収蔵撮影　（財）アイヌ文化振興・研究推進機構所蔵）

図 6-21　樺太東海岸　柱に刻印を刻んだ例（石田収蔵撮影　（財）アイヌ文化振興・研究推進機構所蔵）

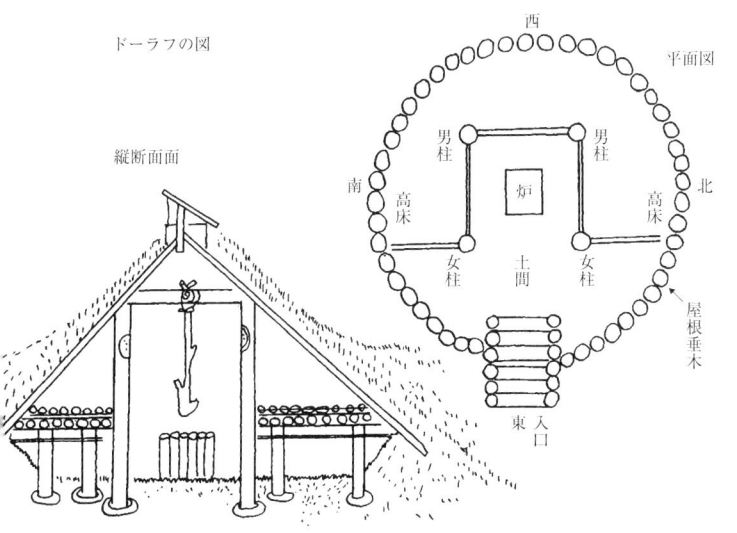

図 6-22　網走モヨロ貝塚　復元住居　北海道教育委員会(1974)より

図 6-23　左住居内の柱に刻まれた人面（丹菊逸治撮影）

図 6-24　木製守護神 a
（記 27155）

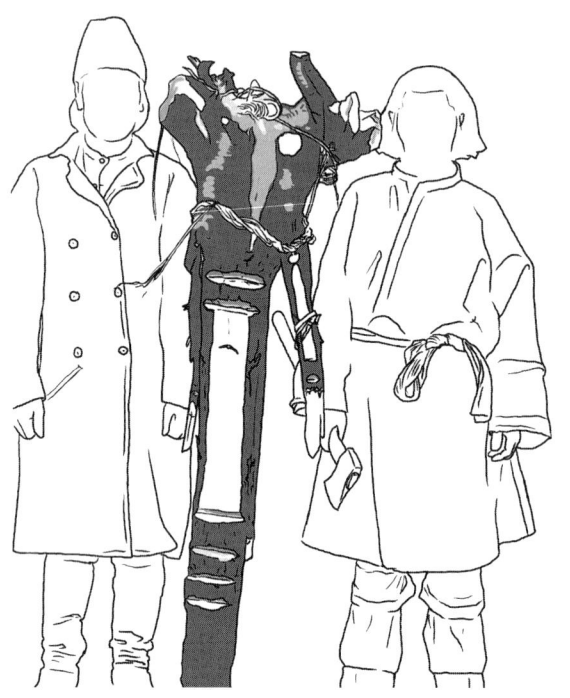

図 6-25　木製守護神 b　樺太東海岸（ピウスツキ撮影）
Fitzhugh（1999）より

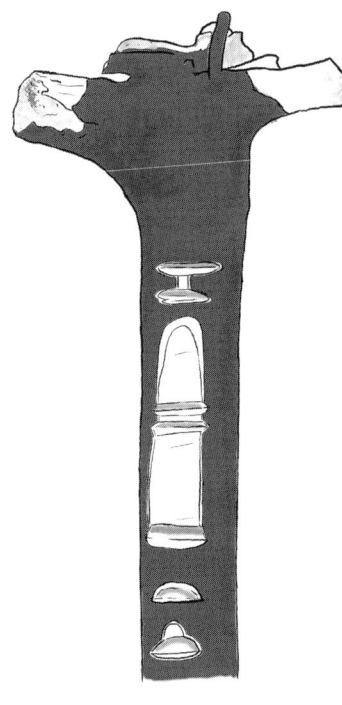

図 6-26　来知志　木製守護神 b
（クバーチャ撮影）
サハリン州郷土博物館所蔵

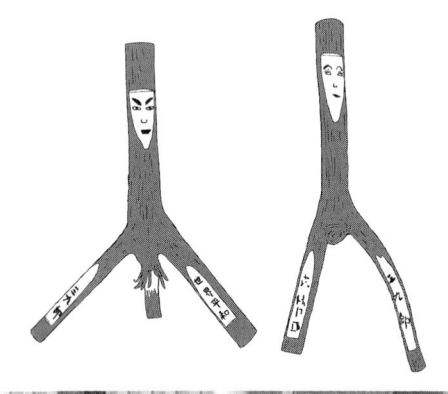

図 6-27　長野県のサンクロウ
神野（1996）p382 より

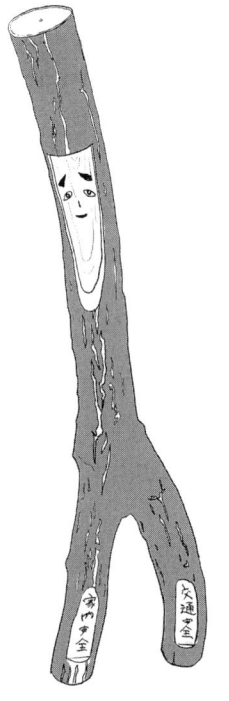

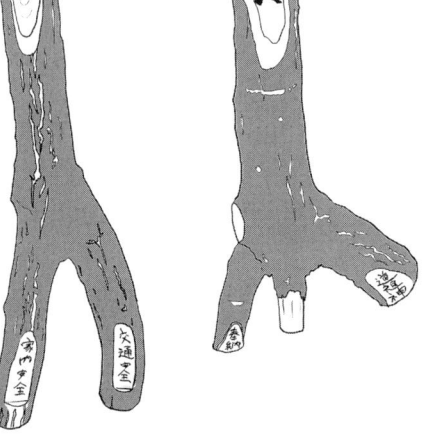

図 6-28　国立民族学博物館常設展示より

③奈良田のオホンダレ
（山梨県早川町）

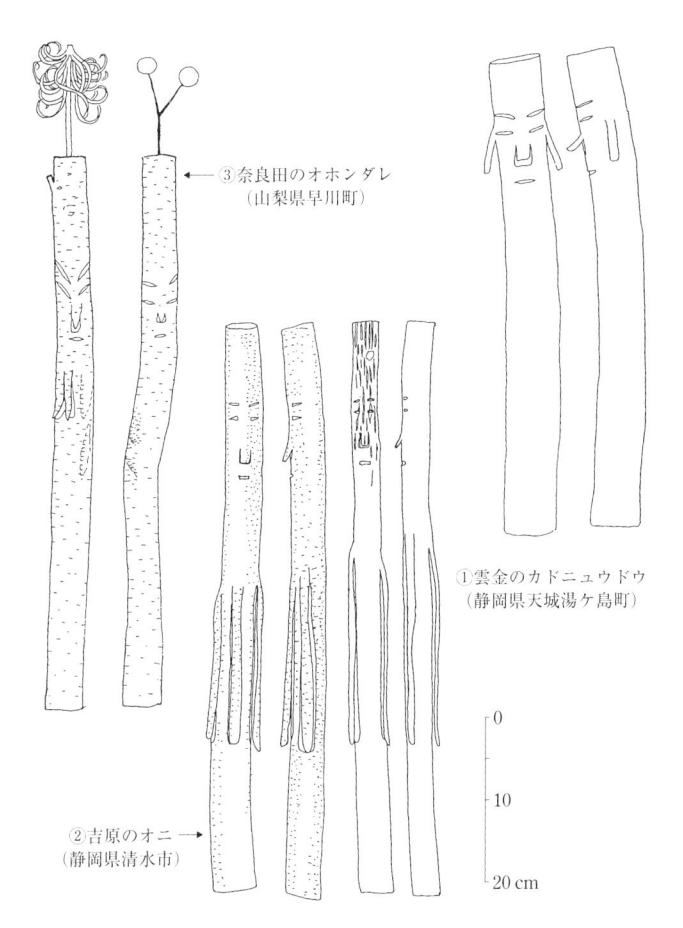

①雲金のカドニュウドウ
（静岡県天城湯ケ島町）

②吉原のオニ→
（静岡県清水市）

図 6-29　各地の木偶　左がオホンダレ様
神野（1996）p361 より

図 6-30　網走市藻琴　イケマ製の人偶　Munro(1962) より

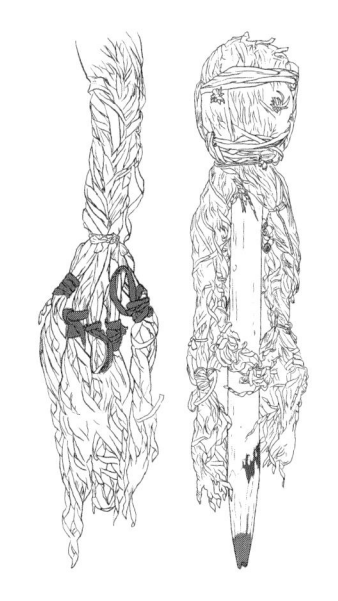

図 6-31　釧路市阿寒町　（記 89492）

図 6-32　樺太鵜城　家の守護神
女神（記 89515-2）　　　　　　　　　　　　　　　　　　男神（記 89515-1）

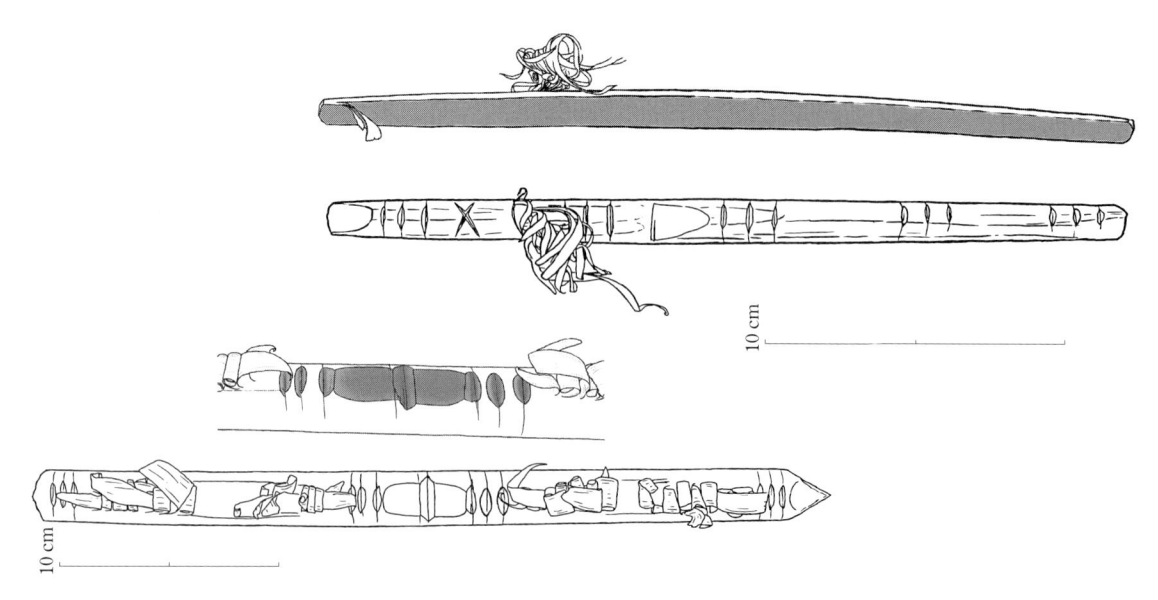

図 6-33　北海道の kikeuspasuy に見られる削印　上段　余市（北 10187）　　下段　沙流シケレベ（北 17674）

図版編 第7章 269

図 7-1 旭 8436-11　旭川市近文
小動物を包んで祀ったと見られるイナウ。燃長翅を作った後に主軸を切断。中空部分に小動物の脊椎が残存。

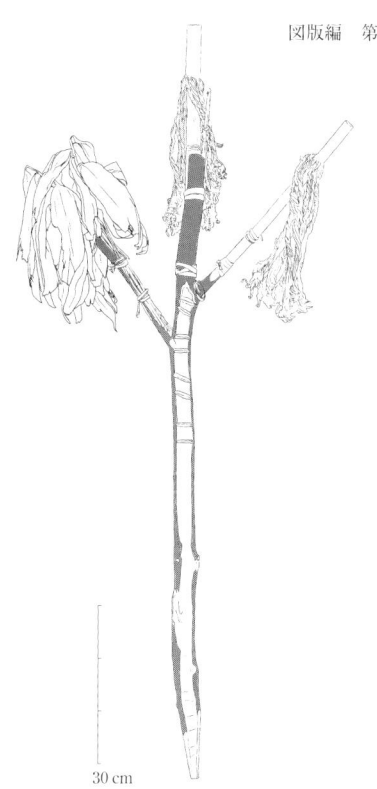

図 7-2 10187　余市町
「家の神のイナウ（女神）」3又の木に2本のイナウとササの葉を結束。

30 cm

図 7-3 （左）記 89471　浦河町荻伏
散長翅を持つイナウを剥幣で覆う。頭部は斜めに切断。
（右）記 89472　浦河町荻伏　対生短翅を持つイナウを剥幣で覆う。

図 7-4 民 H33417　釧路市幣舞（鶴居村）
マッタロクカムイ。長翅を束ねた房に、別に作った剥幣を挿し込む。煤付着。

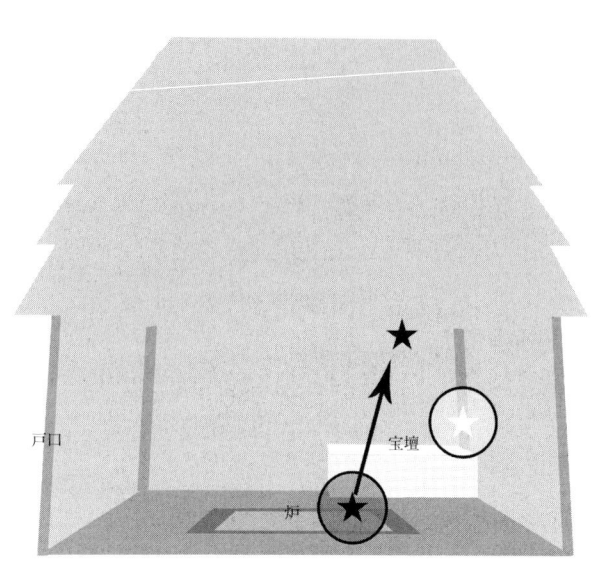

図 7-5 来知志・沙流など
☆家族神（火神の夫）
★宝壇のイナウ（火神の主幣→宝壇へ）
※火神は女性

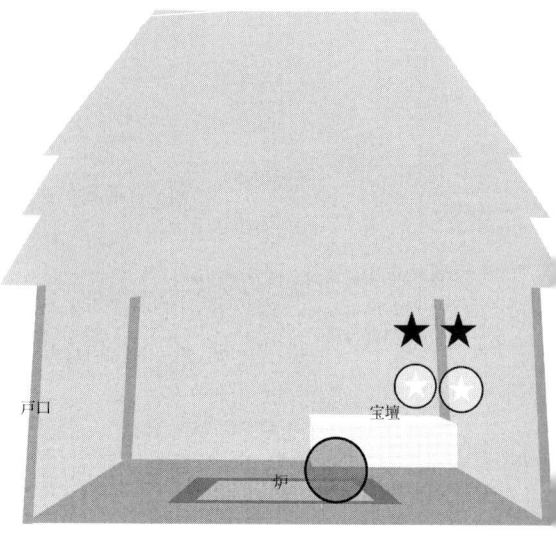

図 7-6 鵜城・小田寒など
☆家族神（夫婦）
★火神の主幣
※火神は女性　伴侶は不明

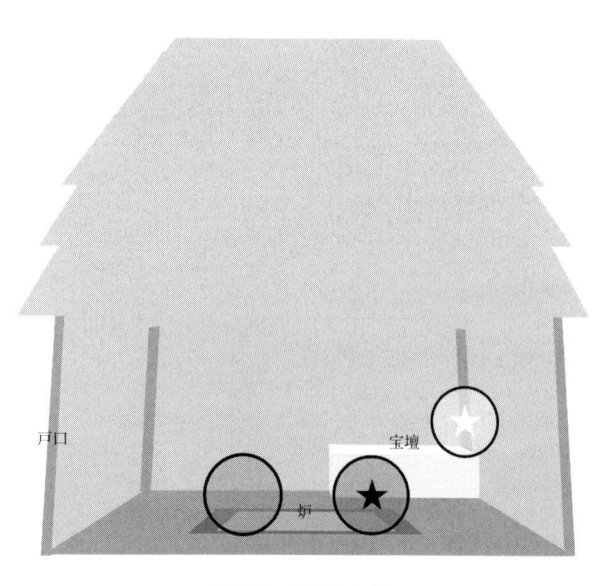

図 7-7 釧路市など
★火神の主幣
☆家長の守護神
※火神は男女とも炉中

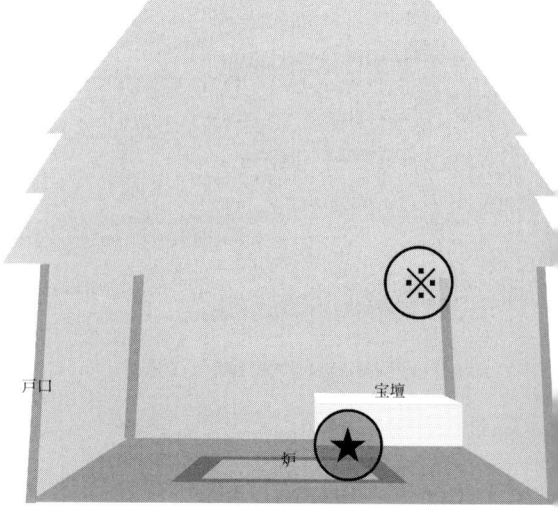

図 7-8 十勝音更町・帯広市伏古など
※宝壇の木幣（男性の火神へ）
★火神の主幣
※火神の女は炉中，男は宝壇の上

終章

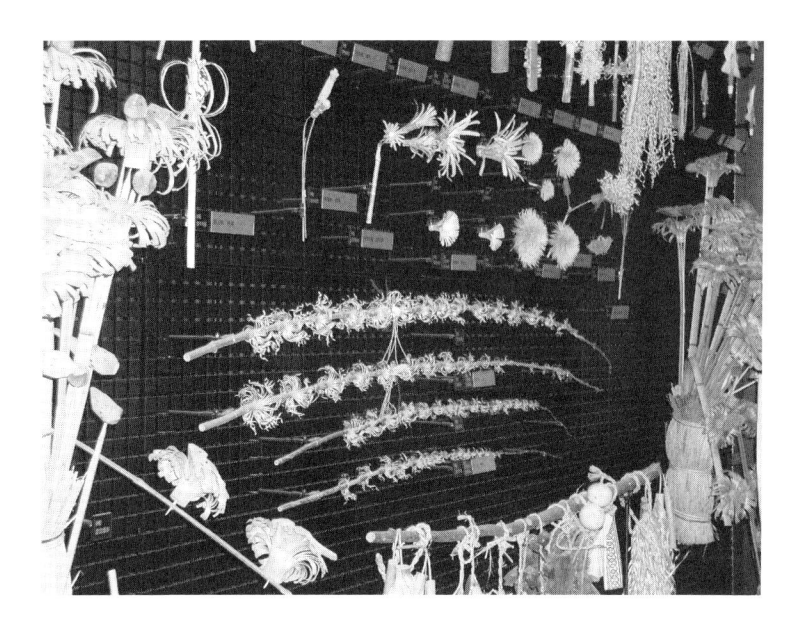

図終-1 民 H1032
秋田県の梵天(左)　本州各地の削りかけ(左)国立民族学博物館常設展示より

図終-2 ボルネオ島の削りかけ　カヤン(左)　ブラワン(右)

図終-3　北民 E-736
ウイルタのイッラウと木偶

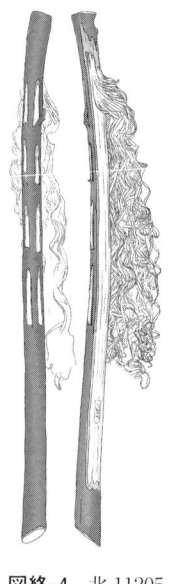

図終-4　北 11205
ニヴフのナウ

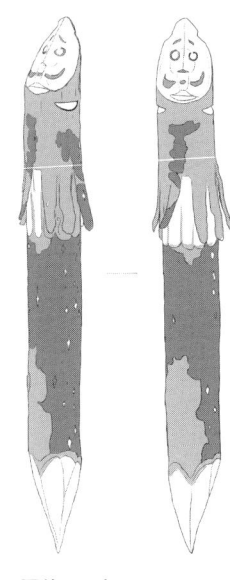

図終-5　旭 4095
オロチョンの削り掛け
つき木偶（大興安嶺）

図終-6　個人像　ハンガリーの削りかけ

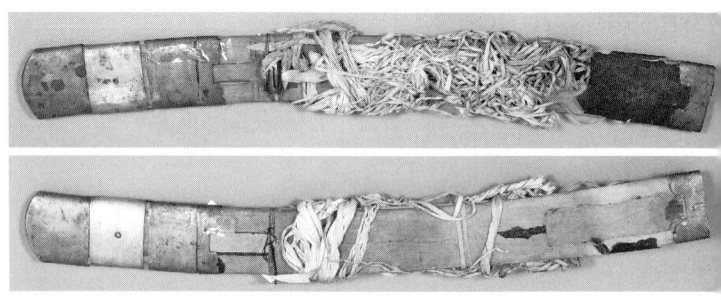

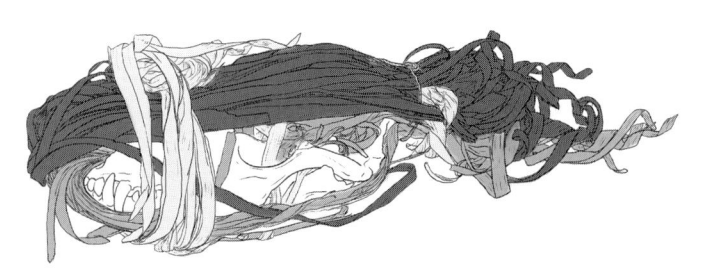

図終-7　イナウで包まれた宝刀（上　北 35430）と動物骨（下　北 33366）

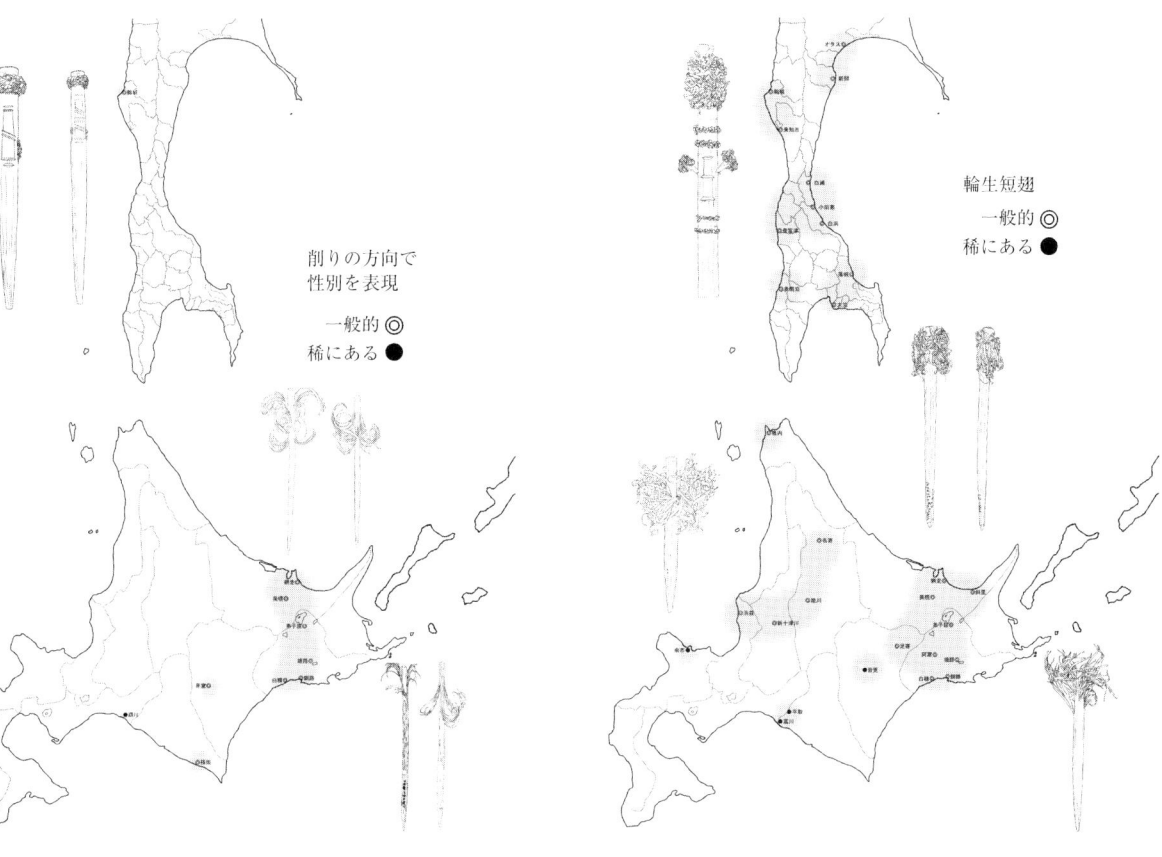

図終-8　短翅による性別表現が見られる地域

図終-9　輪生短翅の分布

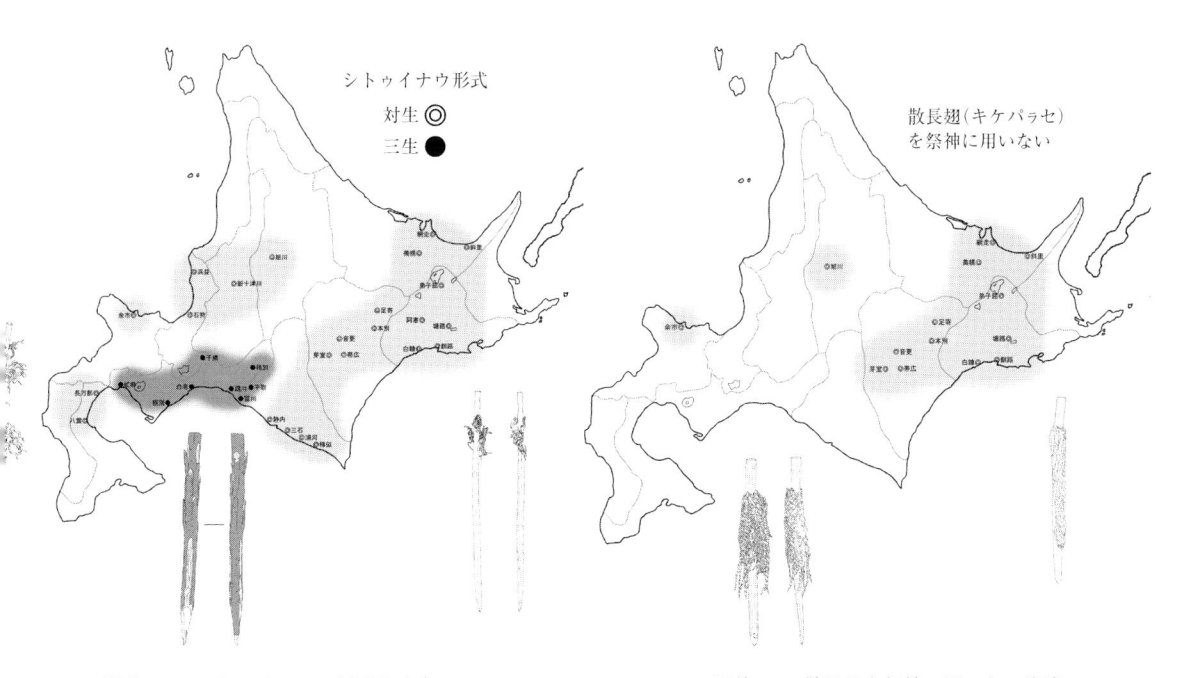

図終-10　シトゥイナウの類型と分布

図終-11　散長翅を祭神に用いない地域

頭印形式
複印式 ◎
単印式 ●

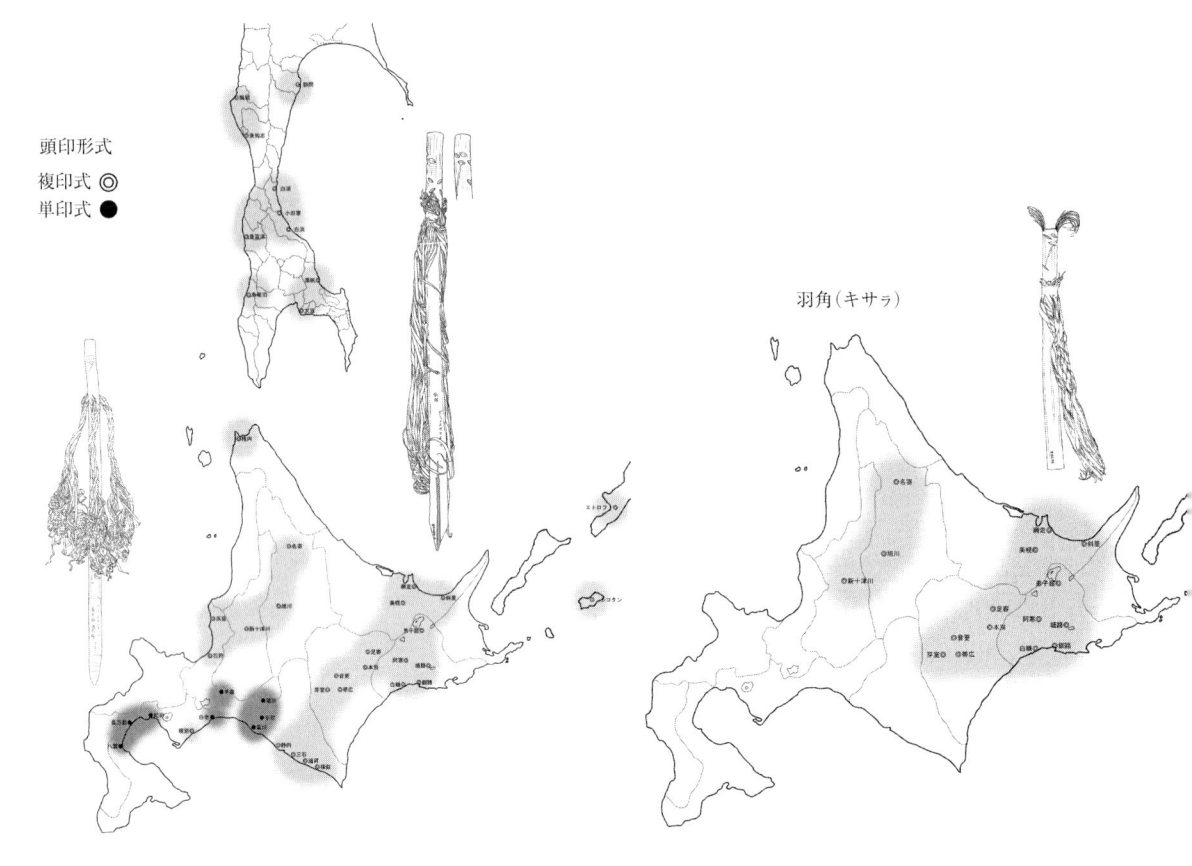

羽角（キサラ）

図終-12 頭印の類型と分布

図終-13 鳥神に用いる羽角の分布

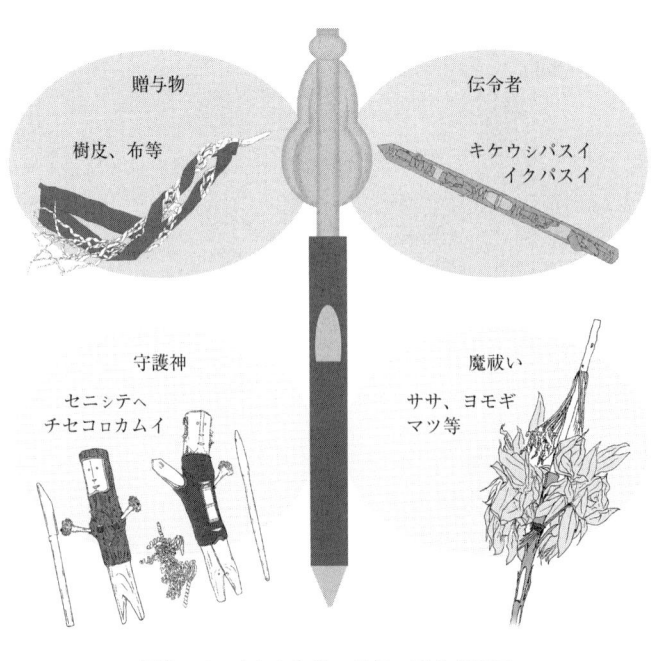

贈与物
樹皮、布等

伝令者
キケウシパスイ
イクパスイ

守護神
セニシテヘ
チセコロカムイ

魔祓い
ササ、ヨモギ
マツ等

図終-14 イナウと他の祭具の機能相関図

図版編　終章　275

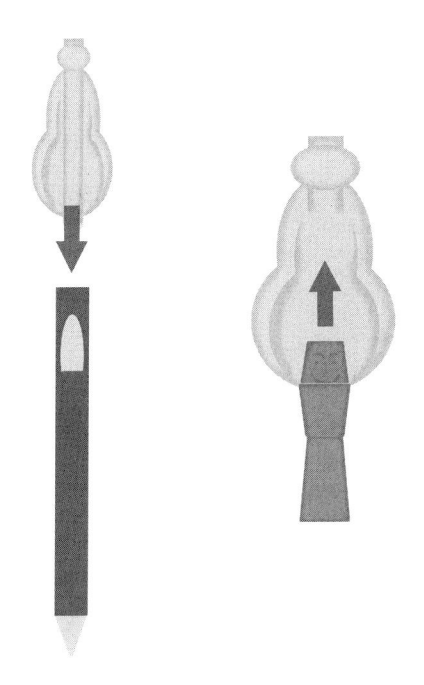

図終-15　木偶と木幣の構成

本州　　　　北海道南部　　　　樺太

守護神と
なる部位

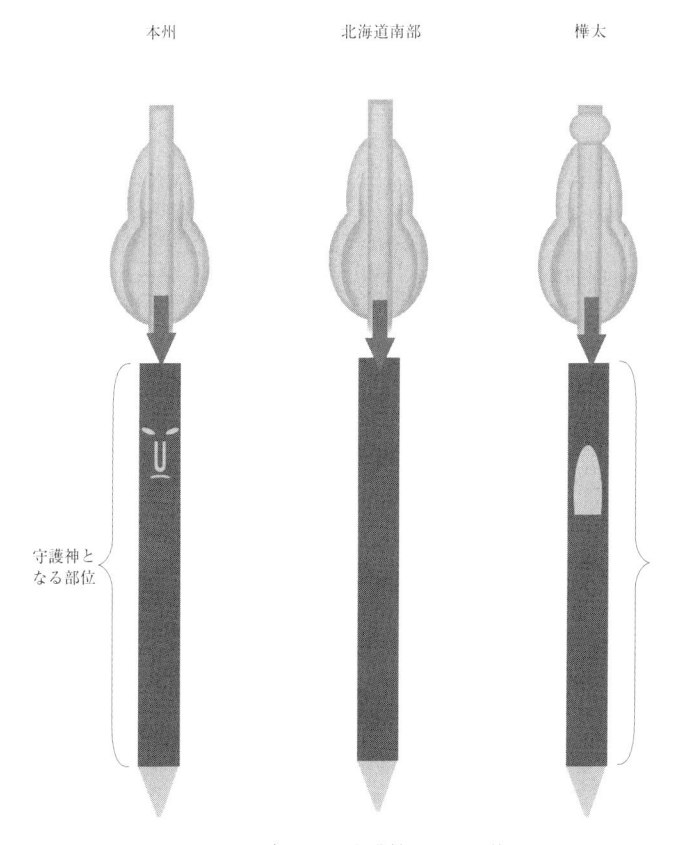

図終-16　各地域で守護神となる部位

資料編　文献抜書き

凡　例

※出典名，または小見出の後に，本文中の関連箇所を示した。
※内容のまとまりごとに，見出しをつけた。
※地域，話者等のデータは，見出しの下に記した。項目が変わっても，話者等が変わらない場合は「同上」とした。
※文献の詳細は参考文献一覧に記載した。
※煩雑を避けるため，アイヌ語の注解，インタビューにおける質問者の発話等は，必要な場合を除き要約・割愛した。

　　　　　　文献 1　『アイヌのくらしと言葉3』…… 278
　　　　　　文献 2　『アイヌのくらしと言葉4』…… 279
　　　　　　文献 3　『樺太土人研究資料』…… 280
　　　　　　文献 4　『ウウェペケレ集大成』…… 281
　　　　　　文献 5　『アイヌ叙事詩神謡・聖伝の研究』…… 281
　　　　　　文献 6　『アイヌ語樺太・名寄・釧路方言の資料』…… 285
　　　　　　文献 7　『アイヌの祈詞』…… 286
　　　　　　文献 8　『空知アイヌの生活誌』…… 288
　　　　　　文献 9　『民族調査報告書Ⅰ』…… 289
　　　　　　文献 10　『民族調査報告書Ⅱ』…… 291
　　　　　　文献 11　『樺太アイヌ　住居と民具』…… 293

文献1　『アイヌのくらしと言葉3』

①守護神のイナウ（第1章2）（第6章）（第4章2）
　話者等
　・地域：北海道静内町（現ひだか町）　・話者：葛野辰次郎　・採録者：萩中美枝　・採録年：1979年

pp.145-149
　あっちの方はね，昭和19年(1944)に俺んとこのばば育ててくれた爺様が作ってくれたの。で，なぜかったら，昭和19年(1944)の6月28日に召集されたんだ。そのときに，まぁ，見守ってくれる神として作ってもらったの。で，ヤナギの木なんだ。神のご神体っていうかな。そういうわけだ。
　それから，こっちの，あの右側の方はね，俺，22か，23かな，作ってもらったの。あの人はね，原島袖蔵って人，知ってるかい。
　こっちの古原さんなら知ってるな。あっ，分からんか。まだわからんな。その原島袖蔵って人のおじさんに当る人でね。やっぱり原島っていうんだろうな。あの爺さんも。その人が作ってくれたんだ。して，そっちのカムイはあれなんだプンカウ〈ハシドイ，ドスナラ〉。
　プンカウ，分かるべさ。それで作ってあるの。それで作ってあるんだけれども，それ，どういう具合に作ってあるのかわからんの。
　俺もまだ若いからな。22才や25，6の時代だから，そんな面倒くさいこと聞くわけにもいかないし。なーに，そったらことかまうもんかと思っておったんだ。
　で，それから，こう，ずっと色々と話聞いたらね。このシンヌカムイという。シンヌカムイったらな，がっちり，そこの家庭を見守って下さる神である。そこで，がっちり納まってもらうっちゅうことがシンヌカムイ。わかるわな。
　あんたらも専門だから。シンヌ，がりっと，こう落ちついていく神様なんだと。そして，その家庭を見守って下さる神なんだと。ということが，シンヌカムイという言葉使うの。
　で，そのシンヌカムイの，あの，カムイラマツ，いかに神様だって魂がなかったら，人を見守る力がないんだと。
　それでカムイラマツ，またはカムイセルマクというものが，その川の流れのきつい，川が流れるとこ，よどんでいる所もあるべさ。よどんでいるとこでなく，こう，よどんでいる所から，こう，サラサラと流れている所，あるわな。そこんとこの川の真中から，その，黒い小砂利，小石っていうか，小砂利ってゆうかな。そこを取って，それを持ってきて，今度はそのー，モシリコロフチ〈火の神様〉さ，まぁ，オソンコ，オソンココテ〈伝言する〉するんだな。オソンココテっていうのはわかるべな。
　うん，そしてオソンココテしたものを，このエラペロシキって，こう，胸をこう皮はいであるんだ。そのあわいの所へ入れて，そして，キケでもってこうガリッと結んで。
　そういうやり方もあるし，こんど，その反面，その，火をゴウゴウとたいて，その火の真ん中の燠火を，こう，本当にもう赤々と燃えてる，その燠火の真ん中から，小さい燠火を取って，それをこう水にちょっと入れるくらい。
(萩中)見たことがある。
　あーそうか。俺は，それ見ないんだ。まぁ話には聞いているんだ。だから，情ない。アイヌのくせにして，自分の風習，しきたりも分からないったらな。大きな顔していられないんだけれど，これも，やむをえないな。
　うん，うん，火の燠火も静内でやるの。で，それそうしてやってな。それを，今度その，胸にこう，やっぱり，さっきゆったように，こう皮はがして，そのあわいさ，こう皮はがしたんだから，このあわいさ，スッとこうして，こうイナウキケで。
(萩中)その上から，キケで縛るのか？
　うん，うん，ま，そうなんだ。そういうもんだそうだ。
　昨年あの，シャクシャインの，あの祝賀会に行ったら，（千歳の）小田(愛吉)さんおってよ。小田さんに話したらね。ま，話はだいたい似かよっているんだわな。だが，むこうの方はね，ササの葉に，こう包むんだわ。ササの葉に包んだものを，やっぱり，これさ，こう入れて，それでガリッと縛るんだと。こういうこと言っとったね。
(萩中)これは何が入っているのか？
　あーわかんない。まだ，自分のもんだけど，まだ見たことない。
(萩中)キケは，祈りのたびに新しくするのか？
　うん。そう，そう。
(萩中)古いキケはどうするのか？
　古いやつはね，いかに古くなっても，こう取って，ヌササ持っていって納めるの。その…
　kamuy no husko kosonte an＝tasare ki na kamuy itekke ioyamokte ki wa i＝kore ki yan〈神様の古い着物を交換しましたよ，神よ，決して怪しまないで下さいな〉って。イオヤモクテったらわかるべ？
　不思議がらないで下さい。

だから神様の古い、その衣類を、こう、まぁ取りかえてあげるんだから、そして新しいのを作って、そして…
(萩中)これは一対ではなく、別々の神なのか？
　うん、そっちはブンカウで、こっちはヤナギ、そして、使うんだチクペニ。
　なんだ専門家がわからんのか。チクペニって、エンジュの木。
　エー、エンジュの木がね、なんかね、なんかその流行病のようなもんでもまぁ、流行するっちゅうこと…
(萩中)病気のときには使うが、チセコロカムイには使わないと聞いた。
　いや、俺の方では使う。うん、俺の方では使う。
(萩中)シコロの木は使うか？
　あーそれはね、あのキケ〈削りかけ〉作るときは使うの。
　それから、まぁ、なんていうかな、少し話は大きいけど、八百万の神々の、捧げる御幣、あるいは、そのシコロの木使う。ところがね、シコロの木、一定にやればいいんだけど、そのまじわりで入れたら、カムイなんていうかな、ウコヤイラムポキウェン〈悋気する・こばみあう〉ということわかるか？
　おお、あんただけ、その…
　イナウもらって、わしはこの、普通のイナウもらった、ってな。
　その、お互いにやけるの。
(萩中)やはり、コンカニイナウ、シロカニイナウ、ヤヤンイナウなど色々あるのか？
　まぁまぁ、いってるね。うん。
(萩中)いま、神体についているキケは、葛野さんがつけたのか？
　エー、これはもう、無論、いま、その爺様もういないもの。
(萩中)何を使ったのか？
　あー、ヤナギ。
(萩中)どちらもヤナギか。
　はい。
(萩中)これは？
　これはね、あの、ミズキなんだ。
　ミズキでね。これは家の神様の、にあげるもんなんだ。家の神様にあげる。これは火の神様さ、先におあずけするの。そして、それ今度、こんとこさ、やっておくのよ。見たことあるわな。

文献2 『アイヌのくらしと言葉4』(第1章2)(第4章2)(第6章)
①イナウ一般について
　話者等
　・地域：北海道静内町(現ひだか町)　・話者：葛野辰次郎　・採録者：萩中美枝　・採録年：1980年

pp.245-253
(萩中)静内では、シュトゥイナウの削り段をいくつつけるか？
　うーん。あのー何ていったらいいか、おら方はね。下に、右と左に、反対側にだよ。それから棒の上の方に手前と後ろに、その上の方はまた右と左。だから下に2つ、上に4つだな。それから、あのー、どっか平取の方面か、サルンクル〈沙流川流域に住んでいる人〉は、あのー、下も2つ、上も2つ。だが、その間に、こうまた、ほんの少しつけるの。だから、それも下2つ、上4つなんだけど、上のつけ方が少し違うんだ。
　うん、だけど、三石から、そっちの浦河方面は、下は2つで、上も本当に2つしかないの。
　削った段の上の方は、先の方はね、マキリでもって、4箇所からはす斜めに刃物を入れて、そして、今度、刃物の傷の入ったとこから、ガリッと折るの。そしたら出来上がりよ。見たことあるべせ。うん。花咲いたみたいな格好になるんだ。まぁ、俺のやり方はこうなの。まぁ、少しおかしいと思うかも知れんけどな。
　あれ、あれはなんたっけ。あのー、葬式のときに使うやつ。あのなんだ。なに花ったっけ、あれ。
(萩中)しか花か？
　おう、しか花。まぁまぁ、そのしか花みたいなもんだな。わかりやすくいえば。
(萩中)シュトゥイナウに、ピンネシュトゥイナウとマッネシュトゥイナウはあるか？
　おら方では、それ、わかんないわ。聞いたことないわ。
(萩中)静内でもキケノイェという言い方をするか？
　あー、キケノイェイナウ、それ、いうよ。あのね、キケノイェはね、女の神にあげるの。キケノイェはね、ピンネイナウ〈男の木幣〉っていって、男の御幣だから、女の神さんにあげるもんなんだと。
　そして、マッネイナウ〈女の木幣〉は、女の御幣だから、今度はオッカイカムイ〈男の神様〉にあげるもんなんだと。

(萩中)マッネイナウは，削りかけがパラパラしたものか？
　うん。そう，そう。キケパルセイナウっていう。
(萩中)女神にはどんな神がいるか？
　うん。まず太陽の神，それから，火の神様，それにあの，食物の五穀豊穣の神な。うん，うん。それから水の神様。うん。こんなもんでないか。
(萩中)マッネイナウを受ける神はどんな神か？
　マッネイナウは，まあ後の神さあげるんだ。マッネイナウはな。
(萩中)月の神は？
　お月さんの神はないわ。太陽の神だけ祭るってゆってるんだ。
(萩中)クマの神は，マッネイナウを受けるのか？
　まぁ，そういうこったね。沖の神もやっぱり，マッネイナウ使うよ。そのカムイエカシになってるから。コタンコロカムイにも，マッネイナウ使うね。おら方は。
(萩中)ヌサコロカムイは？
　おう，キケチノイェ，男の御幣あげるの。
(萩中)ワッカウシカムイは？
　キケチノイェ…本当はそれ，あげないばないんだけど，俺はあげられないんだわ。本当はあげるんだろうがな。俺，それ見たことない。女の神様だからな。
(萩中)キケチノイェに何かつけるか？
　うん。お伴つけるように。あのー，ハシナウ〈小枝の木幣〉。それもつけるし，それからシュトゥイナウもつける。
(萩中)ハシナウとは枝がついたものか？
　いや，枝にならん。ただ一本棒だけど，そこさ，エラペロシキ〈樹皮を削り立てる〉立てるの。うん。それができたら，棒のてっぺんを少し削って，そこにイナウキケをはさめるの。
(萩中)エラペロシキはいくつ立てるのか？
　あの，おら方では，3枚3段だ。ところが，同じ静内でも他の人たちは3枚2段の6つしかつけない人もおるの。うん，それはメナスンクルオンカミをする人らな。
　[中略]
(萩中)神によって，ハシナウ，シュトゥイナウの数は決まっているのか？
　いや。そうでない。それは，みんなに2本ずつ。とにかく，そのキケパルセや，キケチノイェ1本に，ハシナウ2本ずつつけて，そして，シュトゥイナウが1本よ。
(萩中)全部で4本か。
　おう。それをウカムヌサっていって，重なりのヌサということなんだ。そして，そのキケパルセでも，キケチノイェでも，それ作れないときは，ハシナウ2本と，それから，あのー，シュトゥイナウ1本でやるの。
　[中略]
　まぁ，おら方で，使うのはね，そのカムイチイナウと，ヌサコロフチだけ，キケチノイェ使うの。
(萩中)イナウにする木は決まっているのか。
　まぁ，決まってるな。昔はね，うーん，シコロの木だとか，ヤナギ使ったんだけど，今もシコロの木ないもの。したからほとんどヤナギだわ。

文献3　『樺太土人研究資料』

①クマ送りの祭壇（第4章2）
　話者等
　　・地域：樺太東海岸大谷村　・話者：オハイベーカ　・採録者：葛西孟千代　・採録年月日：1909年1月9日

36丁
　祭壇は祭主オハイベーカの屋外稍広き処にして椴松の皮を削りたるイナホ六十本作りて一線に並立し前面は模様付のイソコテスケ(蓙巾四尺位長さ三四尋位にて室内の装飾品)を建て回し各自アイヌの佩刀数十振を掛け其前方約五間位の処に径八寸の椴松丸太を深く地上に刺し込み更に熊を之に繋留せり　因にイナオは牡熊には六十本牝熊には六十五本を製作して祭るを例とす

②イナウ一般について
　話者等
　　・地域：樺太各地？　・話者：不明　・採録者：葛西孟千代　・採録年：1900年代？

(第 1 章 2-1 および 2-3 参照)(第 6 章)
40-41 丁
　アイヌのイナオの用途は恰も日本人の幣束の如き意義を有する物にして此イナオは「ヌサ」「タクサ」「エプス」の三種を合して一体となし之を総称して即ちイナオと言う　ヌサはイナオの胴体にして蝦夷松(スンクー)又は白樺(タッハニ)にて胴体を作るものは男神を祭るに用う　又椴松(ヤエフ)榛ノ木(イフレカニ)にて胴体を作りたるものは女神を祭るに用うイナオ「エプス」「タクサ」は若木の婆柳(ヂスニ)又は泥柳(クルニ)を小刀にて恰も鉋屑の如く細長く削りたる物なれ共各種其削り方異なる　而してヌサの上部にエプスを其下部にタクサを付着し尚ヌサの稍下方左右に短き枝二本を存し之にイナオを結び付け又「ヌサ」の中央上下二ヶ所の一小部分を横に削りて彫刻を施し上部をイナオトコロ(腹)下部をイナオトウバ(臍)と称す　之れが具備して初めてイナオとして神に供うる物なり　イナオを樹立する時は必ず其左右両側にイナオウケマを樹つ　此もイナオの一種にして椴松またはシンコ松にて作り其上部に数本の枝葉を存し其枝葉の下にイナオのみを附着す　以上併立して神酒を供え山神・海神を祭る即ち暴風なき様漁獲ある様疫病流行せざる様病気全快する様等を祈願するものなり　然れども日本太古の神の如くイザナギ・イザナミの男女二柱の神と称するの謂に非ずして彼等祈願の場合山や海の男神を祈る時はピーネ・カムイと云い女神を祈る時はマッハネカムイと単称せり　熊の頭部を祭る木は椴松、シンコ松を用上中央より二股にして之に熊の頭部を刺し込み其下方にイナオを附し之をケオフニと云い一定の場所を選定し何人の熊の頭部と雖ども斯くして此処に祭るものなり。

文献 4 『ウウェペケレ集大成』(第 1 章 2-2)
①散文説話中に語られたブドウヅル製イナウの例
　　話者等
　　・地域：北海道二風谷　・話者：貝沢トゥルシノ　・採録者：萱野茂　採録年：1965 年 1 月 18 日

付属テープ第 3 話より(北原仮訳)
　…sutukap a＝kep a a＝kep a hine,sutukapnoye tu p ka a＝kar wa an pe ne a kusu, nisap inawke ka aykap hi kusu, konto sutukap inaw a＝nisuk hine a＝anu."asinuma ka a＝ep mak iki＝an pe ne ya ka a＝eramiskari p" sekor yaynu＝an kus sutukap ani inaw a＝kar hine inaw a＝nisuk,kamuy a＝kar hine kamuy a＝nisuk hine,a＝anu tek inonnoitak＝an anan. nea a＝macihi ka hocikacika.tun ne wa iyukohopparepa kor oka＝an ayne asinuma ka neun neun sino iki＝an a humi ne ya ka a＝eramiskarino an＝an ayne,utur ta sikmakaka＝an kor,nea a＝nisuk a kamuy i＝enkaske ekari wa i＝ewarewar.a＝kor okkaypo utar ka ewarewar…
　「(飢饉のために食料を求めて家族と山に入ったが，sukupkina という毒草を食べてしまいみな苦しみだした。)ブドウヅルの皮を剥いで束にしたものを 2 つ作ってあったので，急に木幣を削ることもできないのでブドウヅルの木幣に頼んで安置した。「自分も食べてしまったもの，どうしていいかわからない」と思ったのでブドウヅルで木幣を作って頼み，神を作って頼み，安置して祈ったのだった。私の妻も苦しんでおり，二人で吐いたり下痢したりして，私もどうなったかわからずにいるうちに，目を開けると，件の私が頼んだ神が私たちの上をまわって息吹をかけ，うちの若者たちにも息吹をかけて(治療していた)」

②ヨモギ製イナウの例(第 1 章 2-1)
　　話者等
　　・地域：北海道二風谷　・話者：二谷政吉　・採録者：萱野茂　・採録年：不明

pp.39-40
　昭和 10 年頃に，二風谷の二谷政吉さんが造林人夫で山に行って《中略》何となく夜になると，何が来るのか，とにかく魔物が来て，つかまって苦しい思いばかりする。それで言葉はよくわからないけどただよもぎ一本すっと切って，それに木綿糸で帯をさせて，入口のあまり人目にたたない所にすっと立てて，『どうぞよもぎの神様，私たちアイヌ，ここにたくさんいて働いていると，なにかしら夜になると変な恐ろしいものが，目には見えないけど来て，こわいから守って下さい』と言って，よもぎ一本すっと削って，それに木綿糸で帯しただけで，その晩から誰も，何もいやな夢も見なかった。

文献 5 『アイヌ叙事詩神謡・聖伝の研究』
①「神謡 6　熊神の神謡」中に語られた newsarkamuy「語り合う神」の例(第 1 章 2-2)
　　話者等
　　・地域：北海道新平賀　・話者：平賀エテノア　・採録者：久保寺逸彦　・採録年月：1932 年 9 月

pp.68-69

ni chiehum-na tuyep	木の枝の後先を切り整へ
e-rap-eroski,	それに翼状の刻みを入れて,
nea kamui	かの神の
sama ta	傍に
roshki hine	立て
okkipo utar	若人等
e-un-tek u(w)enumpa	それに手を揉み拝礼し
"uenno kamui	「神々同士で
u(w)eneusar na.	歓談し給ふべし.
pakno nekor	かくせる程に
tane shir-kunne	今や日も暮れ
ki ruwe-ne kor	んとすれば
kamui moimoye	神様をお動かしすることを
moire ruwe	遅くなりて出来難
-ne yakun,	ければ,
a-hoppa wa	このままにし置きて
nisatta-an yakun	明日
aki-an ma	また来りて
Pase kamui	重き大神を
kotan or a-osanke	村へ下げ
ki kusu-ne na.	奉るべし.
uneno kamui	（今晩は）神々同士にて
u-epunkine yan."	番をして下されよ.」
sekor okaipe	と
ye kane kor	いひつつ
chi-e-humna	後先を切り揃へ
-tuye chikuni	て木の枝
tuipa hine	を棒幣として
nea kamui	かの熊神の
samakehe ta	傍に
roshki hine	立て
eun tek-u(w)enumpa.	そを拝したり
orwano	それよりして
peurep	仔熊を
kai hine	背負ひて
sap wa isam.	山を下り行けり.
okakehe ta	その後
nep a-e-karpe	何せんために
ene oka hine	かく木を切り揃へて
hoppa hawe	残し立ち置きたる
oka ya? sekor	ものならん？と
yainu-an kusu	心に思ひつつ
eun-no kane	そこばかりを
inkar-an ma	見つめて傍目もふらず
an-an aine,	ありありしが,
ponno	一寸
yai-koi-iram-eunin	油断を
a-ki rok awa	我がしたる隙に
nea kamui	かの熊神の
tekkisama ta	傍に
ruirui ape	火勢烈しき火

a-e-parsere wa	燃え立ちて
an ruwe-ne.	ありけり．
ape-tekkisama ta	火のそばには
shine okkipo	一人の若者
rok wa oka	坐りゐて
itak hawe	その言へる様は
ene okahi;-	かくありけり；-
"Pase kamui!	「重き大神よ！
ape-sam ta	火のそばに
rap wa neyak	下りて来給へ，しかせば
u(w)eneusar-an kusu	今宵一夜を語り興じて
-ne na." sekor	明かさんは如何に．」と
hawe-an.	言ひたりけり．
tampe kusu	それ故
ape teksam	火のそばに
a-o-ran ruwe-ne.	我下りたり．
orwano	それより
pirka u(w)eneusar	（彼の若者と）楽しく物語り
a-ki rapok ta	興じてありけるが，その間
cihkap neyakka	鳥どもや
usa wen-kamui	種々の禍神たち
kam-ahupkar kusu	肉を奪はんとして
arki kor,	寄り来たれば，
nea okkaipo	かの若者
kanni tura	棒切れを手に
hopuni wa	起ち上がり
i-pushkani	我が周囲を
o-pash o-pash wa	駆けまはりて
kam-ahupkar kusu	肉を奪はんとして
arki wa okaipe	来れるものどもを
or kik kor	したたかに打ち
kesh-e-ampa	追ひ払ひ
konneshi-un	追ひ払ひ続けて
oka-an aine,	ゐたりけり，やがて
tane anakne	今は
nisat ek ruwe ne.	暁時と夜は白み来ぬ．
rapokketa	忽ち
tap ape-a pekor	今まで燃えてありしと
yainu anak	思ひし
nea ape	かの火は
isam ruwe-ne.	消えて，あらずなりぬ．
nea okkaipo ka	かの若者もまた
isam ruwe-ne.	あらずなりぬ．
chi-e-humna chikuni	（ただ空しく）短く切たる木の枝のみ
ash wa an ruwe-ne.	立ちゐたるのみ．

②「聖伝4」中に語られたイナウに関わる表現（第1章2-2）
　話者等
　・地域：北海道新平賀　・話者：平賀エテノア　・採録者：久保寺逸彦　・採録年月：1932年9月

p.512

Rikun-kanto wa	高天原より
Kike-chinoye-inau	キケチノエ幣

Inau-pinne-kur,	男の幣神
Kike-parse-inau	キケパルセ幣
Inau-matne-kur	女の幣神
a-e-ko-rante wa	汝の許を指し下した
ne yakne	る上
ainu otta	人間たちに
e-usaraye,	汝が頒ち与へ
ainu usapki ne	人間の仕事として
e-e-ipakashnu	汝より（人間に）教へ
ki kunihi	諭さしめんため
kamui uko-ramkor	神々相談して
ne wa kusu	決め、そこをもて
a-tom-un-no	汝の許を指して
Inau-pinne-kur	男の幣神
Inau-matne-kur	女の幣神
a-rapte awa	天降らしめしに

　　［中略］
p.513

ainu otta	人間たちの
kene sekor	榛と
a-ye chikuni,	呼ぶ樹,
kamui otta	神々の
a-reko katu	名付けて
Kami-hure-kur	肉赤彦
Kami-hure-mat	肉赤媛
ne ruwe-ne.	にてあるなり.
ki kusu	その故
nea chikuni	件の樹を
Shutu-inau kamui	棒幣の神として
upish rehochi	すべて六十
e-nishuk wa	己が手に造りて
e-shi-turare,	携へ行け,
ainu otta	人間たちの
punkau sekor	ハシドイと
a-ye chikuni,	呼ぶ樹,
kamui otta	神々の
a-reko katu	名付けて
Itak-rui-kur	饒舌彦
Itak-rui-mat	饒舌媛
ne ruwe-ne.	となすものなり.
nea chikuni	その樹を
Shutu-inau kamui	棒幣として
upish rehochi	すべて六十
e-nishuk wa	己が手に造りて
e-shi-turare,	携へ行け,
ainu otta	人間たちの
chukupeni sekor	エンジュと
a-ye chikuni,	呼ぶ樹,
kamui otta	神々
a-reko katu	名付けて
Kami-kunne-kur	肉黒彦
Kami-kunne-mat	肉黒媛

ne ruwe-ne.	となすものなり，
Shutu-inau ne	（そも）棒幣として
upish rehochi	すべて六十
e-nishuk nankor,	己が手に造るべし，
ainu otta	人間の
sokoni sekor	ニワトコと
a-ye chikuni,	呼べる樹，
kamui otta	神々の
a-reko katu	名付けて
Kami-shiunin-kur	肉青彦
Kami-shiunin-mat	肉青彦
ne ruwe-ne.	にてあるなり．
nea chikuni	その樹を
Shutu-inau kamui ne	棒幣の神として
upish rehochi	すべて六十
e-nishuk wa,	己が手に作りて
e-shi-turente,	携へ行くべし．
ainu otta	人間の
shushu sekor	柳と
a-ye chikuni,	呼ぶ樹，
kamui otta	神々の
a-reko katu	名付けて
Kami-retar-kur	肉白彦
Kami-retar-mat	肉白媛
ne ruwe-ne.	となすものなり．
nea chikuni	件の樹を
Shutu-inau kamui ne	棒幣の神として
upish rehochi	すべて六十
e-nishuk nankor,	己が手に作るべし．

文献6 『アイヌ語樺太・名寄・釧路方言の資料―田村すず子採録　藤山ハルさん・山田ハヨさん・北風磯吉さん・徹辺重次郎さんの口頭文芸・語彙・民族誌』

①人面を持つ守護神と素材について（第1章2-1）（第6章）
　話者等
　・地域：樺太西海岸来知志　・話者：藤山ハル　・採録者：田村すず子　・採録年月日：1959年10月20日

pp.93-94
【田村】oken〔オケン　木偶〕というのは何でしょうか？
　oke...,oken〔オケン　木偶〕っていうのは onne　oken〔オンネ　オケ　大きな・木偶〕，ほんで，ほんだからその，nii nan...,その家の，家の裏さおいた，おいたのも，その nii　nankorope〔ニーナンコロペ　木の・木偶〕もそれほんとに piri-kano an_=yee ne yeeka oken〔ピリカノアイイェーネイェーカオケン〕て kamu...,kamuy だからな。oken ってこういう名前だな。
【田村】oken というものは nii〔ニー　木〕で作るのですね？
　ee,〔エーええそのとおり〕nii,nii で作るんだからその niinankorope っていうの。
【田村】oken はどのような木で作るのでしょうか？
　tahnii〔タハニー白樺〕と，ガンピの木とよ，それからあの，ihurekani〔イフレカニ　榛の木〕ってば ihurekani ともいうし，kene〔ケネ　榛の木〕ともいうんだ。
　そして，kene っていうことばはこう簡単な言葉でさ，ihurekani はこれほんとに，昔 ekas uta〔エカシウタ　年寄り・たち〕の言葉でさ。その，kene, kene neewa, tahni neewa kene tura その oken，その，といっても神様，それからその，それからこんどあの sokoni o...,nankorope oken。
　そうしてその，kene と sokoni は女の木だとさ。そしてガンピの木は男木だと。それからあのエラ松だか sunku〔スンク　蝦夷松〕だかっていう木あるでしょ。その木は男の木だとさ。それからあの椴だか，っていう，椴松だかあるでしょ。

それは，お，女木だ。
【田村】：それらの木はアイヌ語では何と呼ぶのでしょうか。

それあの，椴松か。椴松…。tan manu〔タンマヌ　これはこうだそうだ〕，yayuh〔ヤユフ　椴松〕ってこういうんだ，おらほでは。（それから）sunku。おらで,，日本人でシンコっていうんだか，エラ松っていうんだか，an＝kotanu〔アンコタン　私の村〕では sunku。それで作る。（これは）男の木。tahni newa sunku tura ohkayonii〔タハニ　ネワ　スンク　トゥラ　オホカヨニー　白樺・と・蝦夷松・とは・男の木である〕。

で，この yayuh ていう nii は女は，これ女木でも，まあ，その夫婦あるもんだそうだ。お話にね，昔から sunku はあるんだって。エラ…,sunku その ohkayonii で，yayuh は mahnenii nee manu〔マハネニーネーマヌ女の木・である・という〕。それから kene も，kene もこれ mahnenii。）kene nankorope…。
【田村】：どうもありがとうございました。

文献7　『アイヌの祈詞』
①家の守護神への祈り
　話者等
　　・地域：北海道紫雲古津　・話者：鍋沢元蔵　・筆録年：1960年代

p.28
…chise kor nispa　　その家の主人と
utarihi turano　　　家族ともども
sukup sermaka　　　健康をかげながら
usapki sermaka　　　生活をかけながら
chikopunkine,　　　お守り給う，
tapanpe kusu　　　　そのために
chiesarama wa　　　（天より）選ばれになって
chipase nisuk　　　重い役にも
aiekarkarpe　　　　つき給いしもの…

②病気治療のためのイナウに ciramatkore するための祈り（第1章1-9）
　話者等：同上

pp.151-152
Mintar kor kamuy!　　庭の神よ！
iresu kamuy　　　　育ての神の
chisonko nure　　　御伝えを聞かれたで
eekarkan na,　　　ありましょう，
na sama ta　　　　そこで
iresu kamuy　　　　育ての神
kamuy kotchakehe　神のおん前に
etekne kusu nep　　働くべき者
sukup mat aynu　　若い女の
tumam so kasi　　　体の上が
nep wen pito　　　何の悪者かが
ekeske siri　　　　禍いしたこと
nehi ne yakka,　　であるけれども，
akoro'a mintari　　あなたの御庭
mintar kasi　　　　庭の上に
Sokoni-kamuy　　　ニワトコの神
Kene-kamuy　　　　ハンノキの神を
takusa turano　　　手草とともに
ikakiki kamuy　　　おはらいの神に
anisuk ruwe ne,　雇ったのです，
chiramat kore　　　魂を入れ

chikewtumkore	心を入れて
ikeske urar	禍いのもやを
mat aynu kurka	女の上に
akochasinure kusu	はらい清めさせるのに
inaw pirkahi	御幣のよいのを
chiramsutkore	お捧げした
nehi tapan na,	のでございますよ，

③病気治療のイナウを送る祈り
　話者等：同上

pp.153-155

kamuy kirisama	神のおそばの
Chikupeni-kamuy!	エンジュの神よ！
Chitunasi nisuk	私がにわかに雇い
ku ekarkar siri	ましたる
tap anakne,	このことは，
atanan aynu	見通せない人間
koyayattep	未熟者の
kotchake ta	身代わりに
Chikupeni-kamuy	エンジュの神を
ku esarama,	お選びして
potara kamuyne	呪いの神になるよう
nehi tapan na,	したのですよ，
sukup matkachi	若い女を
nep wen kamuy	何の悪神が
ekeske kusu	禍いしたためで
ani an neyakka	あるとしても
tane anakne	いまは
oriwakuske	送る場所へ
aorura katu	送ったことを
koram sinne	安心
ku ki wa an na,	したのですよ，
tapan pe kusu	それで
Nusakor-kamuy	祭壇の神
roski inaw	立てた御幣を
ekoonkami	拝みたてまつり
kamuy kirisam ta	神のおそばに
tonoto ani	御酒をもって
inaw pirkahi	御幣をよく
chietomte wa,	飾りつけ，
kamuy riwakka	神の昇魂を
ku ki siri ne yak	私がするのは
atumam-so kasi	あなたの体の上に
inaw kosonte	御幣の小袖が
emakurakotpa,	光り輝き
riwak kamuyne	昇天する神のごとく
akoro'a mosiri	あなたの国
metot tapkasi	山奥の頂きに
akamuy ramachi	あなたの魂が
koyaykannakar	自ら昇る
ki nankon na,	ことでありましょう，
Chikupeni kamuy!	エンジュの神よ！

資料編　文献抜書き　287

| pase kamuy! | 重き神よ！ |

文献 8 「空知アイヌの生活誌」(第4章2)

①クマの解体用イナウ
　　話者等
　　　・地域：北海道空知地方　・話者：空知保ほか　・採録者：平田角兵　・採録年：1962～1967年

pp.52-53
　穴熊はその場で解剖するが，その時十七・八センチメートルの楢の木を一二〇センチメートルの叉木にキケ(削花)をつけたり，イリイナウ(皮を剥ぐ木幣)をつけその叉木に木や肉や心臓，肺などを切って掛ける。解剖が終ったら肺の一部を切ってイリイナウに残しイソアニカムイ(獲物を授ける神)に謝礼として置き，皮，肉，頭などを背負って山を下る。(図あり)

②空知地方の祭神
　　話者等：同上

p.55
　空知アイヌは大体次のような神を祭る。
- アペフチカムイ(火の神)アイヌの生活に一番親しく且一番大切な神。火の祖母の意味で女神。
- ヌサコロカムイ(祭壇を司る神)その祭の主管者(主人)が詣り祭の執行上の諸件を依頼する。
- コタンコロカムイ(国や部落を守護する神)主人は参集者の一番尊敬する人にしてもらう。鳥の王様ともいうべき神で三番目に酒を捧げる神である。やはり川漁の神である。(略)
- ハイナウカムイ(猟を司る神)小鳥の形をしているというが見たことがないという。枝にいる神で元々は漁獲の神であったが山幸も祈るようになったと思われる。この神が一番何かの時，助けてくれる神と信じられている。
- シリコロカムイ(山林を司る神)木の神。
- ワッカウシカムイ(水の神)
- ムルクタウシカムイ(穀物の神)穀物の殻を捨てる所にまつる神。

　アペフチカムイは外のヌサ(祭壇にはまつらず家の中でまつる。この他にイソアニカムイがまつられているが，この神は山猟に関係がある。目玉の黒い鳥で夜獲物の居る方向を教えてくれると言われている。この他空知では山猟する山にも酒を上げる。それは次の山である。ホロカ・テテック・カムイ・シリ(新十津川南幌加の本流の奥にある山)この山で人を怪我させた熊を，他の者は獲りに行ってみるとこの熊は動けなくなっていた。
　エキップ・ラッキ・カムイ・シリ(群馬岳と恵袋別の中間)の岩が垂れさがっている意味の所で，イナウを上げる理由はわからない。
　キムン・タプ・コプとサンケ・タプコプ(歌志内の神威にある山で奥の方の手前という)ここは熊を獲りに行った人が熊に追われた時熊がブドウ蔓にひっかかったお陰で，熊から逃げることが出来て助かった所なのでイナウをまつる。
- 祖先まつり(シンヌラッパ)特別行わない。アイヌは死は穢れで，なるべくそれに触れないようにしている。死んだ人のことをアライシンカムイといってこの神の特別の命日がなく，先祖まつりとしてはまつらない。何かのお祭の時引き続き行う。ついでの様な形で供養する。シンヌラッパの供物は魚の乾燥したものを上げるが肉は上げない。穀物では団子など作るが米は生米を供える。先祖まつりの祭壇のことをシンヌラッパ・ヌサといい家の西方約一〇メートル離れた所に作り，イナウは上げるがシロシ(家紋)はつけず，酒に水を入れ薄めたものを上げる。

③空知地方の祭壇
　　話者等：同上

p.56
- 祭壇
　ラム・ヌサ(低い祭壇)山にって猟の時，木の皮のまま三本立てる。六箇所に印をつけ上を二つに割って作る。酒は上げず，猟の豊猟を祈り，また家を建てる時はその建てようとする箇所にラム・ヌサを立て，その晩寝ると夢に神のお告げがある。
　リ・ヌサ　家の裏約二〇メートル離れた場所に立て，此処で本格的な祭りや熊祭りその他の神事をする。
　ムルクタ・ヌサ　少し離れた所に作り，穀物の殻などを納める所で，つまり穀物を(食べ物を非常に大切にする習慣)祭る場所。

④新築祝い
　　話者等：同上

p.63
　（家が：引用者）出来上がるとはいる前に蓬の茎の弓矢で棟の両隅を射ち、隅ずみの悪魔を追い払いチセノミという式をする。また家の四隅にイナウ（木幣）を捧げ、これに酒を上げ外のヌサ（祭壇）も新しくして神がみに酒を上げる。炉ぶちにはチケイナウという本式なイナウ一本とその傍に小さなアペサムシペ（火の傍の者）というイナウを三本立てる。そのイナウを再び外のヌサ場で拝みミンダラフチ《広い所（炉の灰のたいらな所）》として火の傍に立てて自然に火が付くようにして、焼けると火の神がイナウを受取ったことになる。尚このイナウが十文字に燃えて倒れると主人に不幸があると言われ、更に拝むのである。チケイナウは神窓（東の方の窓）の入った左側にひっかけておく。ミンダラフチだけ女も詣ることができるイナウである。

文献9　『民族調査報告書Ⅰ』（第4章2）（第6章）
①火神のイナウ
　　話者等
　　・地域：樺太西海岸来知志　・話者：藤山ハル　・採録者：久保寺逸彦、海保嶺夫
　　・採録年月日：1969年7月25〜26日

p.12
　火の神にはウンチイナウをあげる。ウンチアハチイナウともいう。フシコアイヌはアーケシタにもセニシテへを立てる。これと、シモンソの上に建てた家神とはウムレヘカムイであるという。
　昔悪い病気がはやるとドスクルがイルシパをやってケネナンコロペとオソコニナンコロペとを作り、木製の小刀を添えて戸の両脇に立てる。これにウイタニをとってきて木偶のそばにぶらさげる。

②家族の守護神
　　話者等：同上

p.12
　ガンビかスンクの5〜6寸ぐらいの太さの木を根から掘りおこし、根元を上にして立てる。この神をチセコロカムイ、チセコロカムイヘンケ、ソイトゥホルンカムイ、チセコロセニシテへなどという。この神の両脇にも杖木を添えて、年に2回ぐらい、新しいタクサを作って護符の両脇へ巻いて下げる。この神は、家だけでなく家内に住まう人々をも全て守ってくれる。

③イナウ全般
　　話者等
　　・地域：樺太東海岸小田寒　・話者：灰場武雄　採録者：平川善祥、藤村久和　・採録年月日：1972年8月23〜24日

p.20
　木幣のことを全てイナウという。しかし、用途別に作られると名称がかわる。たとえば、家を作ったとき、家の守り神となる木幣はヌサというし、他のヌサにつく男女一対の従神をケマという。小田寒では、主神に向かって右に男神、左に女神を添える。ヌサにもいろいろな作り方があるから口だけではいい表せない。

④火神のイナウ
　　話者等：同上

pp.25-26
　火の神に捧げるイナウをウンチイナウとかウンチナウとかいう。これはたいてい主神へ1本、従神へ2本、合計3本1組になるものである。2本だけ作って捧げるときがあるが、その理由や意味は全く知らない。
　主神の長さは7〜8寸ぐらいで、従神はそれよりも幾分短い。主神はカワヤナギで作り、従神はジョーキ（雑木？落葉樹）とアオキ（青木→常緑樹）とを組み合せる。使用される樹種はハンノキ、エゾマツ、カワヤナギ、シラカンバ、オンコの5種である。

主神，従神とも木を割って魚串状に荒どりしてから作りはじめ，断面は蒲鉾のように前(腹)は平らで，後ろ(背)は丸みをもたせる。主神は全て木の幹から根元へ向けて削り，イナウサパを作る。ついでイナウコトロを調整して，そこへイナウクサをする。すなわち，イトㇹパ〈家紋，神紋〉を刻むことだ。イナウコトロの下の方に横に平行する刻みがある。これをドイトㇹパといい，海の神様を表す紋である。ウンチナウにつくほかのイトㇹパについてはよくわからない。

イナウコトロの両側に小さな削りのかえしをつける。この名称は忘れたが，左右合わせて奇数に作る。偶数にすることはない。

ドイトㇹパの下の方は炉に刺しやすいように削る。

主神と従神は，室内の戸口に立って炉の左隅からシモンソの炉ぶちにそって立てられる。炉ぶちの隅にはシラカンバかオンコ(従神)，その下手がカワヤナギ(主神)，その下にハンノキかエゾマツ(従神)のイナウが立つ。樹種の組み合せは2組しかない。一組はシラカンバ，カワヤナギ，エゾマツ，もう一組はオンコ，カワヤナギ，ハンノキである。シラカンバは樹木の王様だから，ウンチイナウを作っても前者の方の格はずうっと高い。

ウンチイナウの主神を小型に作り，タクサとしてイナウサパにつけることがある。この場合，イナウコトロにイトㇹパをつけない。同じウンチイナウでもイトㇹパをつけないことがあるが，その理由はわからない。

それにイトㇹパの上方を竹の子型に削り，そこへ，右下がりのドイトㇹパや横へ1本イトㇹパをつけることがある。右下がりのドイトㇹパは難病人をなおしたり困っているときに作る。早くいえば，多くのお願いのあるときに作る。横に1本あるのは一度山の中で見たことがある。

⑤家の守護神
話者等：同上

pp.26-27

家の守り神をチセコロカムイという。これはめったにあるものではなく，100軒に1つぐらいの割合で存在する。私の家にもあったが，煤で真黒になっていたので何が中に入っているのかわからない。祖父に聞いたが，その祖父もいつ頃から家にあったかは知っていなかった。相当古いものらしい。ただ，この中に魂が入っているものだという。見た限りでは，その御神体はヤナギ製のイナウでないかと思う。

これは室内の戸口に立って左奥隅の梁上にさしてあった。向って右が男神，左が女神である。

家の守り神は1年に2度お祭りする。春(4月の末頃)と秋(10月の末頃)に，チメスイナウでタクサを作って，チセコロカムイに巻く。

チメスイナウというのは，カワヤナギの白味のところを何回も削って，最後に削った削りかけの下から，少し刃を入れておこすとむけてくる。その先端を▲状に削るとできあがる〈写真参照〉。チメスイナウはイナウㇽのように左よりしたものを2本作る。この1本の長さは1尺2～3寸ぐらいある。2本の▲状のところをカワヤナギの内皮で縛る。これがチセコロカムイに捧げるタクサとなる。

タクサの結び目をチセコロカムイの「盆の窪」に当て，残りを前に回し，胸に当るところで2回左へひねり，さらに残った部分を左右へふり分ける。こういうことを2回する。だから，春・秋に2本づつ，合計4本のタクサを1年でかけることになる。

家にあったチセコロカムイは，父が送る機会を失ったので，「俺にヤイカシコロしなくても，1年に1度(秋に)でもいいから，タクサを作って与えてくれ」といわれた。

樺太にいるあいだは，父にいわれたとおり実行していたが，北海道へ引き揚げてくるとき，ロスケから酒，菓子，豆などをもらって山で送ってきた。この時にはチセコロイナウの直径が17～18cmぐらいにもなっていた。

チセコロカムイに捧げるイナウがソパイナウとかソパウンイナウという。ソパイナウは1対のイナウテへのある枝木6本で2組作る。1組の主神は1本でヌサといい，従神は2本(男神・女神)でイナウケマという。ソパイナウはチセコロカムイに捧げるイナウだから，チセコロカムイにタクサをつけるときに，作りかえられる。

使用する樹種は捧神の性別・季節・落葉樹と常緑樹の組み合わせなどによって決まる。男神を祭る場合のヌサは必ずエゾマツかシラカンバで，女神を祭る場合はトドマツかハンノキに限られている。イナウケマは，ヌサの種類によって樹種がかわる。

春のお祭りには男神のソパイナウは全てエゾマツで作り，女神へのソパイナウは全てハンノキで作る。秋のお祭りには男神のソパイナウは全てシラカンバで作り，女神へのソパイナウは，ヌサとイナウケマ1本をエゾマツで作り，もう1本のイナウケマはトドマツで作る。

ソパイナウは，チセコロカムイを祭ってある左奥隅からカムイプヤㇻの壁にそって立ちならび，セヘよりも幾分高い位置の壁にさしておく。春のお祭りのときは，ハンノキがエゾマツよりも木の位が高いので，ハンノキ製のソパイナウがチセコロカムイよりのところにさす。秋の場合シラカンバがなんといっても木の王様だからハンノキ製のソパイナウよりも家隅よりにさしておく。もう1組のソパイナウは，春のエゾマツ製のところにさすが，イナウケマのうちエゾマツ製はヌサの　側に(ママ)，トドマツ製のイナウケマはヌサの右側にたてる。主神はエゾマツ製である。

昔は、どこの家でもこのようにお祭りしていたものだが、私が物心つく頃にはかなり簡略化されてしまった。春・秋のお祭りは行わないかわりに、年に2度タクサを作ってソパイナウに向って左上の壁にさしたり、ソパイナウも3～4年に1度の割合で作りかえたりしていた。この儀式を知っている人が、心をこめてお祭りしても、後継者たちが関心を持たないので、自然と粗末な扱いになってしまうものだ。儀式を知っている人がいる限り、魂を送り返すわけにもいかないので、せめてタクサだけでも添えることになる。こんな状態だったから、神様から罰が当って人が死んだということを2～3度見聞きしたことがある。
　ソパイナウには何かの儀式があったとき、その喜びをチセコロカムイにもおすそ分けすることと、さらに霊力を強める意味で、タクサだけを作って、ソパイナウの左上のところにさしておく。

⑥刻印について
　話者等：同上

p.28
　刻印のことをイトホパ、イナウにつける刻印をイナウイトホパという。イナウイトホパは大別して2つある。祖先を祭るときにつける刻印をエカシシロシ、神様を祭るときにつける刻印をカムイシロシという。カムイシロシはイナウを捧げる神様によって異なる。すなわち、定例のお祭りや不定期にお願いする病魔払い、困難な事態の解決、天候回復などの目的によるものだ。だからカムイシロシにもたくさんの種類があるが、それはよくわからない。
　イトホパはイナウコトロの上と下につける。ある場合にはイナウケマにもつけることがある。熊送りのとき、イナウケマにはつけない。

⑦クマ送りについて
　話者等：同上

pp.28-29
　[前略]
　このときに使われるイナウはまた違ったもの（樹種・形態・組み合わせなど）を作る。
　祭壇は全てトドマツでイナウを作り、メスグマには60本、オスグマには65本のイナウを作る。
　熊の頭骨はトドマツかエゾマツの又木を使い、その両端にはタクサをつけて一定の場所におさめる。

⑧奉酒箆について
　話者等：同上

p.29
　[前略]
　模様や彫刻をつけないものもあるが、先端のところにキシパを一本入れる。これは私の家紋でどのイクニシにも必ず入っていた。裏面には何も彫刻はしない。

文献10　『民族調査報告書Ⅱ』(第4章2)(第6章)
①イナウに関する補充
　話者等
　・地域：樺太東海岸小田寒　・話者：灰場武雄　・採録者：藤村久和，平川善祥
　・採録年：1971年8月8日～10日

p.6
　イトホパは、ふつうカピシリにつけるが、カピシリの下につけることもある。その違いについては知らない。また、タクサの上にイトホパをつけることはない。
　海神へ捧げるイナウのイナウテへなどにはチメスイナウを2本づつ下げる。
　イナウは一度作っても神の意志にそぐわなかったり、作り方を違えたときなどは、新しくイナウを作り捧げるものである。私も北海道へ引き揚げてきてから、一度イナウをわずかにまちがえて作ったことがあった。わかっていたけれどそのまま神へ捧げたところ、その夜、夢を見て「作り直せ」といわれたので作り直したことがあった。昔なら古老達がたくさんいたので手直しすることもできた。それでも神様から手直しの指示を受けることがあったという。

②海神への祈願
　　話者等：同上

pp.6-7
　昔は海漁に入る前に沖へ舟をだし，海神への豊漁祈願をしたものである。物事を知っているヘンケたちが，それぞれに自家用の船にこぎ手と組んで乗り，イナウにする木・小刀・ドキ・タカイサラ・ひげべら・御酒など式に必要な道具類を積み込み沖へとでかける。沿岸を洗って沖へ向う海流との境までくると舟をとめ，装いを正して軸に向って正座してイナウを削り始める。儀式が終るまでは軸に背を向けることはできない。また，舟は錨でも下ろさない限り，波や風で舟の向きは変わるが，その動きを止めることもせずに儀式は継続される。イナウができあがると軸にイナウを立てて，海神へ祈る。儀式が終るとイナウを海に流してやる。このことをイナウクサという。イナウを海へ流したら後ろを見ずにさっさと帰ってくるものだ。私が36〜7才まで父が生きていたので，沖へ父に同行してこの儀式をならい覚えた。
　鱒は例年7月から8月10日ぐらいまで漁をするのだが，ある年の7月中旬になっても鱒が5〜10匹ぐらいしか網に入らず皆が困っていた。それでこのことを若い漁師たちにつげると半信半疑であったが，困ったときの神のみで，やってみようということになり，なぎを選んで沖へでてイナウクサをした。すると翌日から急に鱒がとれはじめ1網に2〜300匹も入り，走りの鮭もかって経験のないほどとれ網を起こすこともできず，袋網に魚を入れ綱をつけて沈め，やっとのことで陸へ引き揚げたことがある。

③奉酒箆について
　　話者等：同上

p.7
　細かい部分の名称は知らないが，先端部を爪状に作る。これはイナウコトロのかわりであり，この下手にドイトホパを刻む。イクニシに刻むドイトホパは白浜・小田寒・白浦あたり一帯で使われている。ただ，白木のイクニシにつけるイトホパは先端にのみ存在する。

④イヌ送りのイナウ
　　話者等：同上

p.17
　犬を送るイナウは2ひろ(17〜18尺)もあって，太陽神と同じ形に作り，上方の枝を曲げ輪状にし，その上にある枝へ犬のあごの片方を通してしばりつける。輪の両わきに，手足の先と尾をイナウルで包んでぶら下げる。このイナウはイナウシに立てられるが，鼻ずらは家のある方向に向けられる。これは死後も家やその家族を見守ってもらう意味でこうするのだそうだ。このようにして送るわけだが，頭骨のほかに手足の先と尾を添えてやらなければ神の国に帰ることができないものだということだった。ただ，陰茎，陰門の処置についてはわからない。

⑤クマ送りについて
　　話者等：同上

pp.21-22
　我々の部落では小田寒で5回，白浜に移ってから1回行った。他の部落の熊送りは11才のとき父母と共に樫保に招待されて見たくらいである。
　熊送りに使われるイナウへのイトホパは，いかなる場合にも共通して使われるものを刻むが，ヌサとイナウケマを除く他のイナウにはつけることがない。ヌサは7〜8尺もある大きなトドマツの上部の皮をはぎ，大きなタクサをつける。イナウケマもトドマツ製であるが，上部にある枝はできるだけ残してそこにタクサをつける。このようなイナウをたくさん作り（雄・雌・性別数は資料編Ⅰ29P参照），この前に模様入りのござをひき，熊をのべ，幣冠や刀・刀がけなどを下げて盛大なもてなしを行い，この場所で皮をはぐものである。刀がけの名は忘れたが男子はこれに刀をさし，正装して儀式を行う。小動物類はチメスイナウをつけて送るのがふつうである。」

⑥獲物を下ろす神
　　話者等：同上

p.22
　この神をエサンケへとかエサンケカムイという。後者はていねいないい方である。この神様を所有していたのは真野勘

助翁で，イナウルで包まれていた。中に入っているものを聞いたけれど絶対に答えてはくれなかった。外見から見たところでは獣か鳥の骨(頭骨?)であったようだ。山猟でも海漁にでかけるときでも，エサンケの状態を夢で見たり聞いたりして行くということであった。これは日頃上座の方に安置しておくものだという。このエサンケカムイは真野さん ikka が北海道へ引き揚げてくるとき送ってきたという。

文献 11 『樺太アイヌ　住居と民具』(第 4 章 2)
①イナウ一般について
話者等
・地域：樺太東海岸白浦ほか　・話者：白川仁太郎ほか　・採録者：山本裕弘，知里真志保　・採録年：1940 年代

pp.144-147

　幣を inau といい，その形式，形状には難しい約束がある。細い点では樺太の東海岸と西海岸，また南部と北部において相異がある様だが以下に述べる各々幣については大体同じ形状である。
　このイナウを建てるところと，その幣は屋内では炉隅にウンチ・イナウを，屋内奥隅にソーパ・イナウを建てる。屋外では家裏にチセ・オシマクン・イナウ，ウンチ・アシンケ・イナウ，チュフカト・イナウを建てる。
　以上のうちチュフ・カト・イナウ以外は全部新家の完成と共にイナウ・カラする。因みに屋外の幣を建てるところを何れも幣場イナウ・カラ・ウシ(inau kara usi「幣・建てる所」)という。チセ・オシマクン・イナウを建てるところはチセ・オシマクン・イナウ・カラ・ウシ(cise osimakun inau kara usi)ともいう。ウンチ・アシンケ・イナウ(unci asinke inau「火(灰)を・出す・幣」)を建てるところも inau kara usi という。ここはとくに una kuta usi「灰・捨・場」といっている。ただ，熊送りの際作る幣場のみイナウ・コホ inau kox「幣・所」という言葉を用いる。
　次に幣とそこに鎮座する神々について述べる。
　屋内の幣は：—
　ソーパ・イナウ　sopa inau「座頭の・幣」この幣は家の奥右墨に建てる。この場所を座頭(sopa)といい，ここにチセ・コロ・カムイ　cise koro kamuj「幣を・もつ・神」「家を支配する神」「家の守護神」の鎮座するところである。幣の形式を図 4 に示した。
　中央のものを単にイナウ(inau)幣といい，両脇に建てるものをイナウ・ケマ(inau kema)「幣脚」と呼んでこの三者をもってソーパ・イナウという。中心のイナウは 3〜4 尺でケマはその 3 分の 2 位である。上部房状の削花をヌサ(nusa)といい，柳の木(susu)を削って作る。この 3 本の組合せに一定の形式がある。
　その 2，3 例を図 5 に示した。中央の幣束に蝦夷松を用いると向って右を椴松，左は蝦夷松の束を建てる。白樺の場合は全部白樺，ハンノキの場合も同様である。屋外のものには椴松を主体に使う場合が多い。アイヌは白樺，蝦夷松を「雄木」，ハンノキ，椴松は「雌木」としているので男女の組合せには八釜敷しいのである。ソーパイナウの方向は白浜では正面を東，すなわち日の出に向って建てるという。白浜の家は入口が，東向きであるから正面奥壁面は東面している。その壁面に建てるから，このイナウは東面する。なお，このイナウは年に一回新しいものと取替える。新しく建てた時，取替えた時には神祈りを行う。なおチセ・コロ・カムイは次に述べる火の神の夫神で屋内，この夫婦神によって家は守護されているのである。

②屋背の祭壇について
話者等：同上

pp.150-151

「屋外に建てる幣は：—
　チセ・オシマクン・イナウ cise osimakun inau「家・裏にある・幣」
　これは家の背後 5〜6 間のところに建てる。ここにはソッキ・コロ・カムイ　soxki koro kamuj「家座を支配する神」「屋敷の神」が鎮座して家及び家内を守護する。幣の形式はソーパイナウと同じである。ただ，それよりは大きく中央の幣が長さ約 3 尺，イナウケマがその半分である。東面して 3 本並べ地上に突き建てる。この幣のそばに犬の頭骨を置く叉木を建てることは，すでに述べた。なほ，この幣の背後，10〜15 間(30.3〜45.45 m)のところに幣場を作り，このチュツ・カト・イナウ cux kato inau「日月に・象る・幣」を建て，太陽神に捧げる。
　ウンチ・アシンケ・イナウ unci asinke inau「火を・出す・幣」
　このイナウについてはウンチ・イナウの項で述べた。その形式はソーパ・イナウの如き幣を 2 本灰捨場に建てる。1 本は椴松の青木，他は蝦夷松の青きに削花をつけたものである。」

参 考 文 献

(発行者不詳)
   1931? 『鵜城出張所管内土人調査書』謄写版，全46ページ，付写真4枚，北海道立図書館所蔵。

アイヌ文化保存対策協議会編
   1970 『アイヌ民族誌』第一法規。

アイヌ民族博物館
   1985 『北方民族展—ウィルタ・ニブヒ・千島アイヌ・樺太アイヌ—』(第2回企画展)。
   1987 『ソビエト連邦極東少数民族展—サハリンアイヌを中心として—』。
   1989 『児玉資料目録I』。
   1991 『児玉資料目録II』。
   1994 『伝承記録　山川弘の伝承』。
   1996 『樺太アイヌ—児玉コレクション—』(第11回企画展図録)。
   1998 『公開シンポジウム　アイヌのすまいチセを考える』。
   2000 『伝承事業報告書　ポロチセの建築儀礼』。
   2002 『葛野辰次郎の伝承』。

青柳信克(編)
   1982 『河野広道ノート民族誌篇1』北海道出版企画センター。

赤坂憲雄
   1994 『柳田国男の読み方』筑摩書房。
   2000 『海の精神史　柳田国男の発生』小学館。

網走市立郷土博物館
   1983 『収蔵資料目録—民族編—』。

池上二良
   1980 「アイヌ語のイナウの語の由来に関する小考；ウイルタ語の illau の語源にふれて」『民族学研究』44巻4号，日本文化人類学会。

池上二良(編)
   1983 『川村秀弥採録　カラフト諸民族の言語と民俗』北海道教育庁。
   1997 『ウイルタ語辞典』北海道大学図書刊行会。

池上良正ほか(編)
   1998 『日本民俗宗教辞典』東京堂出版。

石狩川中流域文化研究会(編)
   2002 『ソラチウンクルの生活文化誌』私家版。

石田収蔵
   1987(1909) 「樺太アイヌの熊送」日本人類学会編『東京人類学会雑誌』第24巻第274号，第一書房。

稲生典太郎
   1997 『北方文化の考古土俗学』岩田書院。

犬飼哲夫
   1987(1939) 「アイヌの木皮舟」『北方文化研究報告』第1冊，思文閣出版。
   1987(1941) 「樺太オロッコの海豹猟」『北方文化研究報告』第2冊，思文閣出版。
   1987(1941b) 「アイヌのペカンベ祭(菱取り祭)」『北方文化研究報告』第2冊，思文閣出版。
   1987(1941c) 「シシャモカムイノミ(柳葉魚祭)」『北方文化研究報告』第3冊，思文閣出版。
   1987(1952) 「北海道における鹿の興亡」『北方文化研究報告』第4冊，思文閣出版。
   1987(1954) 「アイヌの鮭漁における祭事(一)」『北方文化研究報告』第5冊，思文閣出版。
   1987(1961) 「釧路アイヌの川漁(ヤス)について」『北方文化研究報告』第8冊，思文閣出版。
   1987(1965) 「釧路アイヌの鮭のテシ漁」『北方文化研究報告』第10冊，思文閣出版。

犬飼哲夫・武笠耕三
   1987(1953) 「アイヌの丸木舟の作製」『北方文化研究報告』第4冊，思文閣出版。

犬飼哲夫・名取武光
 1987(1939) 「イオマンテ(アイヌの熊祭)の文化的意義とその形式(一)」『北方文化研究報告』第1冊，思文閣出版。
 1987(1940) 「イオマンテ(アイヌの熊祭)の文化的意義とその形式(二)」『北方文化研究報告』第1冊，思文閣出版。
井上紘一
 2002 『樺太アイヌの民具』北海道出版企画センター。
稲生典太郎
 1997 『北方文化の考古土俗学』岩田書院。
伊福部宗夫
 1969 『沙流アイヌの熊祭』みやま書房。
今石みぎわ
 2006 『花とイナウをよむ』(財)アイヌ文化振興・研究推進機構　平成17年度奨励研究助成事業研究成果報告書。
 2009 『日本列島における削りかけ習俗の研究』(博士論文：東北藝術工科大学)。
 2013 「ボルネオ島サラワク州における削りかけ状木製具について―日本列島の削りかけ習俗との比較から―」『無形文化遺産研究報告』7，独立行政法人国立文化財機構東京文化財研究所。
内田祐一
 1991 「帯広・伏古におけるチセと付属施設について」『アイヌ民族博物館研究報告第2号』アイヌ民族博物館。
 1998 「チセの地域差―十勝アイヌを中心に―」『公開シンポジウム　アイヌのすまいチセを考える』アイヌ民族博物館。
梅原猛・高橋富雄(編)
 1984 『シンポジウム東北文化と日本』小学館。
SPb－アイヌプロジェクト調査団
 1998 『ロシア科学アカデミー人類学民族学博物館所蔵アイヌ資料目録』草風館。
大貫恵美子(OHNUKI-Tierney, Emiko)
 1968 *A Northwest Coast Sakhalin Ainu World View*. Ph.D. dissertation, Department of Anthropology, University of Wisconsin, Madison.
 1979 「南樺太北西海岸のアイヌの生活」知里眞志保・山本祐弘・大貫恵美子『樺太自然民族の生活』相模書房。
 1984(1974) *The Ainu of the Northwest Coast of Southern Sakhalin*. Waveland Press, Inc.
大林太良
 1985 「熊祭の歴史民族学的研究―学史的展望―」『国立民族学博物館研究報告』10巻2号。
 1991 「イナウの起源」『北方の民族と文化』山川出版社。
 1993 「アイヌの霊魂の観念」『北海道立北方民族博物館研究紀要』第2号。
 1997 『北の人　文化と宗教』第一書房。
沖野慎二
 1994 「アイヌ民族に〝うなり板〟は実在したか？」『北海道立北方民族博物館研究紀要』第3号。
 1999 「北海道大学農学部博物館のアイヌ民族資料(上)」『北海道立アイヌ民族文化研究センター研究紀要』第5号。
 2000 「北海道大学農学部博物館のアイヌ民族資料(中)」『北海道立アイヌ民族文化研究センター研究紀要』第6号。
 2001 「北海道大学農学部博物館のアイヌ民族資料(下)」『北海道立アイヌ民族文化研究センター研究紀要』第7号。
荻原眞子
 1996 『北方諸民族の世界観―アイヌとアムール・サハリン地域の神話伝承―』草風館。
 2000 「【資料紹介】B.ピウスツキのサハリン紀行」『北海道立アイヌ民族文化研究センター研究紀要』第6号。
 2004 「【資料紹介】V.N ヴァシーリエフ「エソおよびサハリン島アイヌ紀行」」『北海道立アイヌ民族文化研究センター研究紀要』第10号。
荻原眞子・古原敏弘(編)
 2002 『ロシア・アイヌ資料の総合的調査研究―極東博物館のアイヌ資料を中心として　Ainu Collections in Russia ―』文部省科学研究費補助金 2000-2001年度(基盤A-1)研究成果報告書，千葉大学文学部。
荻原眞子・古原敏弘
 2010 「アイヌのクマ送り関連資料概要―ペテルブルグの博物館収蔵品について―」『北海道立アイヌ民族文化研究センター研究紀要』第16号。
荻原眞子・古原敏弘・V.ゴルバチョーバ(編)
 2007 『ロシア民族学博物館所蔵アイヌ資料目録』。
小田原千代松
 1987(1908) 「樺太アイヌの熊祭」日本人類学会編『東京人類学会雑誌』第23巻第262号，第一書房。
小野寺克巳(編)
 1990 『原野彷徨　更科源蔵書誌』サッポロ堂書店。

葛西猛千代
 1975a(1943) 『樺太アイヌの民俗』みやま書房。(菊池編 1997 に再録)
 1975b(1928) 『樺太土人研究資料』私家版(謄写)。
加藤克
 2008 「北海道大学植物園所蔵アイヌ民族資料について―歴史的背景を中心に―」『北大植物園研究紀要』8。
神野善治
 1996 『人形道祖神―境界神の原像―』白水社。
萱野茂
 1974 『ウエペケレ集大成』第1巻，アルドオ。
 1978 『アイヌの民具』アイヌの民具刊行運動委員会。
 1979 『ひとつぶのサッチポロ』平凡社。
 1985 「アイヌの神と自然」『イヨマンテ 上川地方の熊送りの記録』小学館。
 1996 『萱野茂のアイヌ語辞典』三省堂。
 1998 『萱野茂のアイヌ神話集成』日本ビクター株式会社。
萱野茂(採録・解説)環太平洋民族文化保存研究会(編)
 1974 『ウエペケレ集大成』第1巻，アルドオ。
萱野茂(ぶん)斉藤博之(え)
 1974 『小学生 日本の民話・15 キツネのチャランケ』小峰書房。
萱野茂著・須藤功写真
 1976 『チセアカラ われら家をつくる アイヌ民家の復元』未来社。
樺太アイヌ史研究会(編)
 1992 『対雁の碑―樺太アイヌ強制移住の歴史』北海道企画出版センター。
樺太庁博物館
 1938 『樺太庁博物館土俗室陳列品解説』。
北原次郎太
 2001 『樺太アイヌ文化調査報告書2』(財)アイヌ文化振興・研究推進機構，平成12年度アイヌ関連総合研究等助成事業研究成果報告書。
 2002 「樺太アイヌの火神の祭壇」『ユーラシア言語文化論集』第5号，千葉大学ユーラシア言語文化論講座。
北構保男
 1983 『一六四三年アイヌ社会探訪記―フリース艦隊周航記録』雄山閣出版。
北原次郎太
 2001 『樺太アイヌ文化調査報告書2』(財)アイヌ文化振興・研究推進機構 平成12年度アイヌ関連総合研究等助成事業研究成果報告書。
 2002 「樺太アイヌの火神の祭壇」『ユーラシア言語文化論集』第5号 千葉大学ユーラシア言語文化論講座。
金田一京助・杉山寿栄男
 1993(1942) 『アイヌ芸術 木工編』北海道出版企画センター。
 1993(1943) 『アイヌ藝術 金工・漆器篇』北海道出版企画センター。
 1993(1923) 「アイヌの神典」『金田一京助全集 アイヌ文学Ⅴ』第11巻，三省堂。
葛野辰次郎
 1999 『キムスポ』クルーズ。
葛野辰次郎(著)池田実・伊藤せいち(編・解説)
 1983 『神の語り神互いに話しあう』オホーツク文化資料館。
久保寺逸彦
 1953a 「北海道日高国二風谷コタンに於ける家系と paseonkami「尊貴神礼拝」」『金田一京助博士古希記念 言語・民俗論叢』三省堂。
 1953b 「アイヌ族の祖霊祭祀―Shinurappa の宗教的儀礼に就いて」『日本人類学会日本民族学協会連合大会第六回紀事』日本人類学会日本民族学協会連合大会事務所。
 1968 「アイヌの建築儀礼について―沙流アイヌよりの聴書きー」『北方文化研究』第3号，北海道大学文学部付属北方文化研究施設。
 1971 「沙流アイヌのイナウに就いて」『金田一博士米寿記念論集』三省堂。
 1994 (編)『アイヌ語・日本語辞典稿』北海道教育委員会。
 1977 『アイヌ叙事詩 神謡聖伝の研究』岩波書店。

久保寺逸彦著・佐々木利和編
　2001　『アイヌ民族の宗教と儀礼　久保寺逸彦著作集』1，草風館。
久保寺逸彦・知里真志保
　1940　「アイヌの疱瘡神『パコロ・カムイ』に就いて」『人類学雑誌』第55巻第3号，日本人類学会。
　1940b　「アイヌの疱瘡神『パコロ・カムイ』に就いて(下)」『人類学雑誌』第55巻第4号，日本人類学会。
クレイノヴィチ, E. A.
　1993(1973)　『サハリン・アムール民族誌―ニヴフ族の生活と世界観―』桝本哲訳，法政大学出版局。
倉光秀明
　1953　『上川アイヌ熊まつり』。
河野広道
　1956　『アイヌの生活』北方文化写真シリーズⅣ，楡書房。
　1971a(1933)　「樺太の旅Ⅰ」『北方文化論　河野広道著作集Ⅰ』北海道出版企画センター。
　1971b(1933)　「樺太の旅Ⅱ』『北方文化論　河野広道著作集Ⅰ』北海道出版企画センター。
　1971c(1931)　「墓標の型式より見たるアイヌの諸系統」『北方文化論　河野広道著作集Ⅰ』北海道出版企画センター。
　1971d(1932)　「アイヌの一系統サルンクルについて」『北方文化論　河野広道著作集Ⅰ』北海道出版企画センター。
　1971e(1934)　「アイヌのイナウシロシ」『河野広道著作集Ⅰ　北方文化論』北海道出版企画センター。
　1971f(1953)　「アイヌのイナウの祖形―特に主神用のイナウについて―」『北方文化論　河野広道著作集Ⅰ』北海道出版企画センター。
　1982(1933)　「イナウ概論」『犀川会資料　全』北海道出版企画センター。
河野本道
　1976　（編著）『北方の民具1―ニクブン，ウィルタ，オロチョンの工芸と刺しゅう―』北海道出版企画センター。
　1979　（編著）『北方の民具2―エンチゥ(カラフト・アイヌ)の物質文化―』北海道出版企画センター。
　1980　（選）『アイヌ史資料集』6　樺太編，北海道出版企画センター。
児島恭子
　1996　「口承文芸から探るアイヌの霊魂観」『霊魂をめぐる日本の深層』角川書店。
小西雅徳
　1998　「石田収蔵の南樺太調査行について」野村崇先生還暦記念論集編集委員会編『北方の考古学』北海道富良野市。
　2000　（編集）『石田収蔵　謎の人類学者の生涯と板橋』(特別展図録)板橋区立郷土博物館。
齋藤玲子
　2002　「更科源蔵氏『コタン探訪帳』の概要について―弟子屈町立図書館所蔵ノートの紹介―」『北海道立北方民族博物館研究紀要』第11号。
栄栄吉・秋田春蔵・栄貞蔵
　1978　「イノンノイタㇰ」『アイヌ文化』第4号，アイヌ無形文化伝承保存会。
阪本英一
　1997　『群馬の小正月ツクリモノ』上(みやま文庫146)みやま文庫。
　1998　『群馬の小正月ツクリモノ』下(みやま文庫146)みやま文庫。
佐々木史郎
　2007　「北方諸民族におけるクマ送り儀礼」『ものが語る歴史13　アイヌのクマ送りの世界』札幌大学・ペリフェリア文化学研究所。
佐藤知己
　1992　「「抱合からみた北方の諸言語」」宮岡伯人編『北の言語』三省堂。
佐藤直太郎
　1958　『釧路市立図書館叢書第4篇　釧路アイヌのイオマンデ』市立釧路図書館編。
更科源蔵
　1933　「コタン夜話」『ドルメン』第2巻第8号，岡書院。
　1968　『歴史と民俗　アイヌ』社会思想社。
　1951　『コタン探訪帳』5，弟子屈町図書館所蔵(未公刊)。
　1953　『コタン探訪帳』8，弟子屈町図書館所蔵(未公刊)。
　1953-54　『コタン探訪帳』9，弟子屈町図書館所蔵(未公刊)。
　1955-56　『コタン探訪帳』10，弟子屈町立図書館所蔵(未公刊)。
　1956-59　『コタン探訪帳』11，弟子屈町立図書館所蔵(未公刊)。
　1959-61　『コタン探訪帖』12，弟子屈町立図書館所蔵(未公刊)。
　1962-64　『コタン探訪帳』18，弟子屈町立図書館所蔵(未公刊)。

1965-70 『コタン探訪帳』19，弟子屈町図書館所蔵（未公刊）。
更科源蔵・更科光
　1976〜1977 『コタン生物記』Ⅰ〜Ⅲ，法政大学出版局。
シーボルト，フィリップ・フランツ・フォン
　1979 『シーボルト『日本』』6，加藤九祚ほか訳，雄松堂書店。
市立函館博物館（馬場脩・姫野夫夫）
　1974 『国指定重要民俗資料「アイヌの生活用具コレクション」整理報告書　第1篇　カラフトアイヌのひげべら』。
　1976 『同　第2篇　北海道アイヌのひげべら』。
　1977 『同　第3編　アイヌの喫煙具』。
　1978 『同　第4編　アイヌの服飾品』。
　1979 『同　第5編　アイヌの狩猟用具・その他』。
　1987 『児玉コレクション目録　Ⅱアイヌ民族資料編』。
杉山寿栄男
　1975(1934) 『北の工藝』北海道出版企画センター。
千徳太郎治
　1980(1929) 『樺太アイヌ叢話』，河野選1980再録。
平良智子・田村雅史ほか(編)
　2011 『冨水慶一採録・四宅ヤヱの伝承　韻文編』1，『四宅ヤヱの伝承』刊行会。
高倉新一郎(編)
　1982(1933) 「蝦夷産業図説イナヲカルの図」『犀川会資料　全』北海道出版企画センター。
高橋靖以
　1996 「アイヌ語タライカ方言と北海道方言の間に見られる/r/と/t/の対応とその例外について」『第113回　日本言語学会大会予稿集』。
　2008 「第3章　菊池クラによる物語　Re ik Kikuci Kura ye rok oruspe」『知里真志保フィールドノート(5)』北海道教育委員会。
タクサミ, Ch. M・コーサレフ, V.D
　1998 『アイヌ民族の歴史と文化―北方少数民族学者の視座よりー』熊野谷葉子訳・中川裕監修，明石書店。
多田ヨネ(口述)田村将人(訳注)
　1999 「アイヌ文化調査ノート①　新問地方」『千葉大学ユーラシア言語文化論集』第2号。
田中了編
　1980 『資料館ジャッカ・ドフニ展示作品集』ウイルタ協会資料館運営委員会。
田村すず子
　1996 『アイヌ語沙流方言辞典』草風館。
田村雅史
　2003 「第Ⅳ編　アイヌ語釧路方言の資料」『アイヌ語樺太・名寄・釧路方言の資料―田村すず子採録　藤山ハルさん・山田ハヨさん・北風磯吉さん・徹辺重次郎さんの口頭文芸・語彙・民族誌―』(「環太平洋の「消滅に瀕した言語」にかんする緊急調査研究」成果報告書)
田村将人
　2000 『樺太アイヌにおけるイヌの「供犠」』(発表用資料)第8回「環オホーツク海文化のつどい」(紋別市)。
　2001 「(覚え書き)樺太アイヌにおけるイヌの供犠」『千葉大学ユーラシア言語文化論集』第4号。
丹菊逸治
　1998 「アイヌ語樺太西海岸方言の-rV音節で終る動詞について」『千葉大学ユーラシア言語文化論集』第1号。
千葉伸彦・萩中美枝・宇田川洋(編)
　1996 『北海道東部に残る　樺太アイヌ文化Ⅰ』常呂町樺太アイヌ文化保存会。
知里眞志保
　1973a(1944) 「樺太アイヌの説話(一)」『知里眞志保著作集』1，平凡社。
　1973b(1954) 「ユーカラの人々とその生活」『知里眞志保著作集』3，平凡社。
　1973c(1955) 「アイヌ文学」『知里眞志保著作集』2，平凡社。
　1973d(1956) 「地名アイヌ語小辞典」『知里眞志保著作集』3，平凡社。
　1973e(1959) 「アイヌの鮭漁―幌別における調査―」『知里眞志保著作集』3，平凡社。
　1973f(1959) 「アイヌ語獣名集」『知里眞志保著作集』3，平凡社。
　1973g(1960) 「アイヌに伝承される歌舞詞曲に関する調査研究」『知里眞志保著作集』2。
　1973h(1942) 「アイヌ語法研究―樺太方言を中心としてー」『知里眞志保著作集』3，平凡社。

1975(1954)　『分類アイヌ語辞典　人間篇』『知里眞志保著作集　別巻Ⅱ』平凡社。
1976(1953・1962)　『分類アイヌ語辞典　植物篇・動物篇』『知里眞志保著作集　別巻Ⅰ』平凡社。
　　　　　　　　「知里眞志保遺稿ノート」No.245　北海道立図書館所蔵(未公刊)。
　　　　　　　　「知里眞志保遺稿ノート」No.5　北海道立図書館所蔵(未公刊)。
　　　　　　　　「知里眞志保遺稿ノート」No.6　北海道立図書館所蔵(未公刊)。
　　　　　　　　「知里眞志保遺稿ノート」No.64　北海道立図書館所蔵(未公刊)。
1987(1953)　「樺太アイヌの神謡」『北方文化研究報告』第4冊，思文閣出版。

知里眞志保・山本祐弘(利雄)
1943　「樺太アイヌ民具解説」『樺太庁博物館報告』第5巻第1号，樺太豊原市。山本1970再録。
1973　「樺太アイヌの生活」『知里眞志保著作集』3，平凡社。

知里真志保・米村喜男衛
1980(1958)　「網走郷土博物館所蔵　土俗品解説」『北方郷土・民族誌』第3号，北海道出版企画センター。

知里眞志保・和田文治郎
1943　「樺太アイヌ語に於ける人体関係名彙」『樺太庁博物館報告』第5巻第1号，樺太豊原市。

東京国立博物館
1992　『東京国立博物館図版目録　アイヌ民族資料篇』。

東京大学総合研究資料館特別展示実行委員会(編)
1991　『乾板に刻まれた世界―鳥居龍蔵の見たアジア―』東京大学総合研究資料館。

東京地学協会(編)
1908　『樺太地誌』大日本図書株式会社。

ДОБРОТВОРСКИЙ, М. М
1996(1875)　Аинско-Русскiй Словарь. *Early European Writings on the Ainu Language 3*. REFSING, Kirsten (ed.), Oxford University Press.

ドブロトゥヴォールスキー, М. М
1996(1875)　「アイヌ語・ロシア語辞典(3)」寺田吉孝訳　『北海学園大学学園論集』第86・8087号。

鳥居龍蔵
1976(1919)　「考古学民族学研究・千島アイヌ」小林知生訳　『鳥居龍蔵全集』5，朝日新聞社。

中川裕
1995　『アイヌ語千歳方言辞典』草風館。
1996　「言語地理学によるアイヌ語の史的考察」『北海道立アイヌ民族文化研究センター研究紀要』第2号，北海道立アイヌ民族文化研究センター。
1998　「ペテルブルグMAEコレクションのアイヌ語資料」『千葉大学ユーラシア言語文化論集』第1号。
2010　『語り合うことばの力』岩波書店。

中村小市郎
1982(1801)　「唐太雑記」，高倉新一郎編『犀川会資料』北海道出版企画センター。

名取武光
1939　「北大付属博物館所蔵アイヌ土俗品解説　二」『ドルメン』第3巻第4号，岡書院。
1947　「ギリヤークとオロッコの幣と刻印」『民族学研究』第12巻第1号。
1974(1940)　「削箸・祖印・祖系・祖源及主神祈よりみたる沙流川筋のアイヌ」『名取武光著作集(二)　アイヌと考古学Ⅱ』。
1985　『アイヌの花矢と有翼酒箸』六興出版。
1987(1940)　「北海道噴火湾アイヌの捕鯨」『北方文化研究報告』第2冊，思文閣出版。
1987(1941)　「沙流アイヌの熊送りに於ける神々の由来とヌサ」『北方文化研究報告』第2冊，思文閣出版。
1987(1959)　「樺太・千島のイナウとイトクパ」『北方文化研究報告』第7冊，思文閣出版。

鍋沢元蔵(筆録)門別町郷土史研究会(編)
1966　『アイヌの祈詞』門別町郷土史研究会。

難波琢雄
1991　「北海道，サハリン地方のイナウについて」(B. ピルスッツキイ生誕125周年記念国際会議発表要旨)

難波琢雄・青木延広
2000　「沖の神(シャチ)とカムイギリ」『北海道の文化』第72号，北海道文化財保護協会。

西鶴定嘉
1942　『樺太アイヌ』樺太文化振興会。

ニコライ・ネフスキー(著)エリ・グロムコフスカヤ(編)
　1991　『アイヌフォークロア』魚井一由訳，北海道出版企画センター。
能仲文夫
　1983(1933)　『樺太アイヌの足跡』第一書房，1933年版は『北蝦夷秘聞―樺太アイヌの足跡―』北進堂。
野本亀雄・岡田路明
　2000　『白老地方のアイヌ民具および製作方法』アイヌ文化振興・研究推進機構研究助成事業「白老地方のアイヌ民具に関する調査研究および記録事業」報告書(未刊)。
萩中美枝・宇田川洋・宇田川倫・畠山歌子
　1987　『アイヌ衣服調査報告書(II)―樺太アイヌが伝承する衣文化1―』北海道教育庁。
　1988　『同(III)―樺太アイヌが伝承する衣文化2―』北海道教育庁。
　1989　『同(IV)―樺太アイヌが伝承する衣文化3―』北海道教育庁。
長谷部一弘
　1992　「馬場コレクション研究―函館博物館所蔵アイヌ民族資料いわゆる「馬場コレクション」について―」『市立函館博物館研究紀要』第2号。
服部四郎・知里眞志保
　1960　「アイヌ語諸方言の基礎語彙統計学的研究」『民族学研究』第24巻第4号。
服部四郎
　1961　「アイヌ語カラフト方言の「人称接辞」について」『言語研究』第39号。
　1981(1964)　(編)『アイヌ語方言辞典』岩波書店。
服部健
　1938a(1997)　「ギリヤーク」『北海道帝国大学理学部会誌』第6号。菊池編1997再録。
　1938b(1997)　「我が国北辺の未開種族ギリヤークに就て」『樺太庁報』第20号。菊池編1997再録。
　1956(1997)　『ギリヤーク―民話と習俗―』楡書房。菊池編1997再録。
服部健・横尾安夫
　1944(1997)　「ギリヤーク」帝国学士院東亜諸民族調査室編『東亜民族要誌資料』1。菊池編1997再録。
馬場脩
　1979a　『北方民族の旅』北海道出版企画センター。
　1979(1968)　「樺太アイヌの穴居家屋」『樺太・千島考古・民族誌』第1号，北海道出版企画センター。
ばふんけ・あといさらんで・しべけんにし(口述)青山樹三郎(編)
　1918　『極北の別天地　あいぬ生活と樺太事情』豊文社。
ピウスツキ, B(PILSUDSKI, B)
　1998a　[On the bear festival of the Ainu on the island of Sakhalin] *The Collected Works of Bronislaw Pilsudski 1* The Aborigines of Sakhalin. MAJEWICZ, A. F. ed.
　1998b　Materials for the study of the Ainu language and folklore. *The Collected Works of Bronislaw Pilsudski 2* MAJEWICZ, A. F. ed.
　1999a(1909)　「サハリン・アイヌの熊祭」和田完訳。和田完編著1999a再録。
　1999b(1909)　「サハリン・アイヌのシャーマニズム」和田完訳。和田完編著1999a再録。
　1999c(1909)　「サハリンの原住民」和田完訳。和田完編著1999a再録。
平田角兵
　1981　「空知アイヌの生活誌」『北海道の文化』第44号，北海道文化財保護協会。
福岡イト子
　1998　「上川アイヌの建築習俗」『公開シンポジウム　アイヌのすまいチセを考える』アイヌ民族博物館。
藤村久和(訳注も含む)
　1983a〜1992　「B・ピウスツキ／樺太アイヌの言語と民話についての研究資料」1〜30，北海道ウタリ協会札幌支部アイヌ語勉強会訳。『創造の世界』46〜84，小学館。
　1983b　「B・ピウスツキ／樺太アイヌの言語と民話についての研究資料」3『創造の世界』48，小学館。
　1984a　「アイヌ文化とエゾ文化」『東北文化と日本―もう一つの日本―』小学館。
　1984b　「河野広道先生のアイヌ文化調査の足跡」『河野広道博士没後二十年記念論文集』北海道出版企画センター。
　1984c　「B・ピウスツキ／樺太アイヌの言語と民話についての研究資料」7『創造の世界』52，小学館。
　1985a　「アイヌ語は生き残るか」『言語』14-2　大修館書店。
　1985b　『アイヌ，神々と生きる人々』福武書店。
　1985c　「B・ピウスツキ／樺太アイヌの言語と民話についての研究資料」9『創造の世界』54，小学館。
　1985d　「B・ピウスツキ／樺太アイヌの言語と民話についての研究資料」10『創造の世界』55，小学館。

藤村久和・加藤篤美
　1984　「アイヌの聖地と神まつり―十勝郡池田町のカムイエロキヒ―」『日本の神々―神社と聖地―』第12巻東北・北海道，白水社。
藤村久和・平川善祥・山田悟郎
　1973a　『民族調査報告書　資料編Ⅰ』北海道開拓記念館。
　1973b　『民族調査報告書　資料編Ⅱ』北海道開拓記念館。
　1975　『民族調査報告書　総集編』北海道開拓記念館。
藤村久和・若月亨編
　1994　『ヘンケとアハチ』札幌テレビ放送株式会社(STV)。
福山惟吉・知里眞志保
　1943　「樺太アイヌ語植物名彙(一)―白浜に於ける調査(上)―」『樺太庁博物館報告』第5巻第1号，樺太豊原市。
北海道ウタリ協会編
　1994　『アコロイタク　アイヌ語テキスト1』。
北海道開拓記念館
　1981　『北海道開拓記念館収蔵資料分類目録－1　民族Ⅰ』。
　1990　『更科源蔵資料目録』北海道開拓記念館一括資料目録，第22集。
北海道教育委員会
　1974　『オロッコ・ギリヤーク民俗調査報告書』。
　1977　(編)『アイヌ民俗文化財緊急調査報告書(無形民俗文化財2)』。
　1979　(編)『アイヌ民俗文化財緊急調査報告書(無形民俗文化財5)』。
　1981　(編)『アイヌ民俗文化財緊急調査報告書(無形民俗文化財6)』。
北海道教育庁生涯学習部文化課編
　1983　『昭和57年度アイヌ民俗文化財調査報告書』Ⅱ，北海道教育委員会。
　1985　『昭和59年度アイヌ民俗文化財調査報告書』Ⅳ，北海道教育委員会。
　1986　『昭和60年度アイヌ民俗文化財調査報告書』Ⅴ，北海道教育委員会。
　1992　『平成3年度アイヌ民俗文化財調査報告書』Ⅺ，北海道教育委員会。
　1993　『平成4年度アイヌ無形民俗文化財記録刊行シリーズⅥ　アイヌのくらしと言葉3』北海道教育委員会。
　1995　『平成6年度アイヌ無形民俗文化財記録刊行シリーズⅧ　アイヌのくらしと言葉4』北海道教育委員会。
　1997　『平成8年度アイヌ民俗文化財調査報告書』ⅩⅥ，北海道教育委員会。
　1998　『平成9年度アイヌ民俗文化財調査報告書』ⅩⅦ，北海道教育委員会。
北海道新聞社
　1981　『北海道大百科事典』上・下。
北海道総務部行政資料室
　1971　『樺太基本年表』北海道庁。
北海道立アイヌ民族文化研究センター
　1999　『北海道立アイヌ民族文化研究センター研究紀要』第5号。
　2000　『北海道立アイヌ民族文化研究センター研究紀要』第6号。
　2001　『北海道立アイヌ民族文化研究センター研究紀要』第7号。
北海道立北方民族博物館
　1994　『鳥居龍蔵のみた北方民族』(第7回特別展図録)。
　1997　『樺太一九〇五-四五　―日本領時代の少数民族―』(第12回特別展図録)。
　1998　『人，イヌと歩く―イヌをめぐる民族誌―』(第13回特別展図録)。
本田優子
　2006　「【研究ノート】樹皮を剥ぎ残すという言説をめぐって―更科源蔵の記録に基づく一考察―」研究紀要第13号。
ポンフチ
　1980　『ウレシパモシリへの道』新泉社。
松浦武四郎(著)佐々木利和(解説)
　1996(1859)　『蝦夷漫画』松浦武四郎記念館　三重県三雲町。
増田又喜
　1996　『アイヌ歌謡を尋ねて～私の場合～』近代文芸社。
間宮林蔵(述)・村上貞助(編)・洞富雄・谷澤尚一(編注)
　1988　「北夷分界余話」『東韃地方紀行他』平凡社。

安田千夏
   2001　「児玉コレクション「キケウシパスイ」について」『アイヌ民族博物館研究報告』第7号。
山田孝子
   1994　『アイヌの世界観』講談社。
   1996　「アイヌにおけるカムイの認識と祖霊祭祀」『霊魂をめぐる日本の深層』角川書店。
山辺安之助(著)金田一京助(編)
   1980(1913)　『あいぬ物語』。河野選1980再録。
山本三生(編)
   1930　『日本地理大系第10巻　北海道・樺太篇』改造社。
山本祐弘
   1943　『樺太アイヌの住居』相模書房。
   1968　『北方自然民族民話集成』相模書房。
   1970　『樺太アイヌ・住居と民具』相模書房。
由良勇
   1995　『北海道の丸木舟』マルヨシ印刷株式会社。
吉田巌
   1911　「アイヌ命名考」『東京人類学雑誌』第26巻第298号，東京人類学会。
   1911b　「アイヌ命名考(承前)」『東京人類学雑誌』第26巻第299号，東京人類学会。
   1957　『東北海道アイヌ古事風土記資料　愛郷譚叢　古老談話記録』第3篇，帯広市教育委員会。
   1984(1953)　「古稀談叢―十勝アイヌ十一故老の談話記録―」『吉田巌著作篇(三)民族学研究篇』(河野本道編『アイヌ史資料集資料編』第2期第3巻)北海道出版企画センター。
   1984(1956)　「杖のみたま―十勝アイヌ故老談話記録―」『吉田巌著作篇(三)民族学研究篇』(河野本道編『アイヌ史資料集資料編』第2期第3巻)北海道出版企画センター。
吉田千萬(編)
   1997　『樺太(サハリン)・千島の先住民族文献　和文編』環オホーツク叢書第1号，紋別市。
米村喜男衛
   1981(1937)　「北見アイヌ人」『北方郷土・民族誌』第1号，北海道出版企画センター。
陸地測量部
   1983　『樺太5万分の1地図』国書刊行会。
和田完
   1965　「アイヌ語病名資料―和田文治郎遺稿2―」『民族学研究』第30巻第1号。
   1987(1958)　「南樺太土着民における偶像」『北方文化研究報告』第7冊　思文閣出版。
   1987(1959)　「樺太アイヌの偶像」『北方文化研究報告』第7冊　思文閣出版。
   1999a(編著)　『サハリン・アイヌの熊祭　ピウスツキの論文を中心に』第一書房。
   1999b(1959)　「サハリン・アイヌの偶像」和田完編1999a再録。
和田こと
   1983　『走馬燈』明玄書房。
FITZHUGH, W. W.・DUBREUIL, C. O.(eds.)
   1999　*AINU Spirit of A Northern People*. Arctic Studies Center, National Museum of Natural History, Smithsonian Institution.
L. J. シュテルンベルグ(著)秋月俊幸(訳)
   2005(1933)　「アイヌ民族におけるイナウ崇拝」『アイヌ民族・オホーツク文化関連研究論文翻訳集』北地文化研究会。
Neil Gordon Munro
   1996(1962)　『AINU CREED AND CULT』THE KEGAN PAUL JAPAN LIBRALY vol.4 B. Z. Seligman (ed.), Kegan Paul International.

おわりに

　埼玉県で育った私は、94年に北海学園大学の夜間部に入学し、藤村久和先生のもとで初めてアイヌの宗教儀礼を本格的に学ぶ機会を得た。そればかりか、藤村先生の助手をしていらした高橋規さん、若月亨さんの暖かい指導と人柄に触れた事は、今に至るまで大きな宝となっている。本書につながる最初のレポートを書いたのは1998年の年末だった。当初、私の関心は、樺太のイナウを作りたいというだけであり、研究としてどのように形になるのか暗中模索の状態であったが、札幌学院大学の鶴丸俊明先生、非常勤講師としていらしていた笹木義友先生に激励をいただき、特に奥田統己先生には大学院進学のために様々な指導をしていただいた。その頃から北海道開拓記念館や(財)アイヌ民族博物館、北海道大学北方生物圏フィールド科学センター植物園が所蔵するイナウを見るためにたびたびこれらの博物館を訪れるようになり、道立ウタリ総合センターの津田命子先生をはじめ、多くの方々の親切な助言いただきながら資料の見方を学んだ。

　千葉大学在学中は、指導教官となってくださった荻原眞子先生が組織したアイヌ民具調査チームの調査に参加させていただき、民具研究の専門家による調査やデータ整理の方法を学ぶことができた。同大の中川裕先生には、中学生の頃から指導をしていただいていたが、中川先生の言語学的な知見に立った助言からは、資料名のアイヌ語を解釈する際ばかりでなく、イナウの意味を解釈し整理する上で大きな示唆を受けた。また、アイヌ語やアイヌ史を学ぶ先輩・友人とともに学べたことも幸いだった。本書での考察には、大学院在学中に学生同士で開いた勉強会等によって得た知見や着想が多く含まれている。専門が大きく違う上に、私の発表や説明はわかりにくいことこの上なかったが、熱心に耳を傾けいろいろな指摘をしてくれた学友達に心から感謝したい。

　2005年に私がアイヌ民族博物館に勤務するようになって間もない頃、今石みぎわ氏が訪ねて下さった。それまで本州の削りかけについて強い関心を持っていたものの、調査のために本州を訪れることもままならずにいたが、すでに本州で膨大な資料を収集し、豊かな知識を得ていた今石氏から多くのことを教えていただくことができた。アイヌのイナウについても鋭い知見を持つ今石氏との議論は刺激に満ちており、研究を進める上で大きな支えとなった。

　本書の元になった博士論文はこのような経緯によって2007年9月に提出することができた。その後、北海道大学副学長であられた逸見勝亮先生のご厚情により、北海道大学図書刊行会から書籍化のお話をいただけたこと、加えて平成25年度日本学術振興会科学研究費研究成果公開促進費の助成を得られたことは、まったく望外の幸福であった。

　他にも、私の遅々として進まぬ研究を暖かく見守って下さった多くの方々への感謝は一つ一つあげれば枚挙にいとまがないが、紙幅の関係上芳名のみを記して感謝を申しあげることとしたい。

50音順・敬称略
青柳信克，秋野茂樹，池田透，市川秀雄，内田祐一，大谷洋一，大塚和義，岡本東三，小川正人，沖野慎一，貝澤貢男，加藤克，金子亨，木田歩，切替英雄，楠本克子，小泉妙子，小谷凱宣，児玉マリ，古原敏弘，齋藤玲子，佐々木史郎，佐々木利和，笹倉いる美，佐藤知己，重松和男，白川八重子，菅泰雄，鈴木邦輝，瀬川拓郎，高松静子，高谷文仁，田口善久，立澤史郎，田中了，谷本晃久，田村雅史，田村将人，丹菊逸治，津山アイ子，手塚薫，出利葉浩司，難波琢雄，野本敏江，野本久栄，野本正博，長谷部一弘，福士廣志，本田優子，村木美幸，村崎恭子，安田千夏，安田益穂，藪中剛司，柳澤清一，山崎幸治，吉田睦，吉原秀喜，若月亨，和田完，和田健

2014年2月　　　　　　　　　　　　　　　　　　　　　　　　　　　　　　　　　　　　　北原次郎太

(日本国内)イナウ関連主要資料一覧

収蔵番号	収蔵館	地域	製作者	収集者	備考	最長	最大径
13-2	旭川	旭川?	門野ナンケアイヌ?	河野		66	3
230-36	旭川	旭川?		河野		44.5	2.45
230-43	旭川	旭川?		河野		43	2.4
540-2	旭川			河野			
578	旭川	旭川?	石山アツミヤスクル	河野	ハリキカイナウ	57	2.1
579	旭川	旭川?	石山アツミヤスクル	河野	ペラッチネイナウ	59	2.07
598	旭川	旭川?		河野		48	2.15
599	旭川	旭川?		河野		53.5	2.57
4001	旭川	空知?	空知家?	河野	540-1	69.5	2.65
4002	旭川	毛根		河野	540-2 ケネ	84	—
4005	旭川	浜益実田村	天川恵三郎	河野	540-5 X.1931 H.kono[ミズキ][1931.10 浜益実田村天川恵三郎氏作]	52.5	2.3
4006	旭川	[二風谷]		河野	[ヤナギ]	[72.5]	[3.4]
4007	旭川	幌別		河野	540-7[ヤナギ][ポンラップシロシ]	57.5	2.2
4008	旭川	浜益実田村	天川恵三郎	河野	540-8[ミズキ][1932.10 浜益実田村天川恵三郎氏作 68才]	45	2.38
4009	旭川	近文	空知家?	河野	540-9 空知ウンクル	62.5	3
4010	旭川			河野	540-10	53.5	2.25
4011	旭川			河野	540-11 未撮影	—	—
4012	旭川	[白糠:石炭岬]		河野	540-12[ハシドイ]	76	2.64
4014	旭川	[白糠:石炭岬]		河野	540-14[ハシドイ]	80	2.95
4015	旭川	[白糠:石炭岬]		河野	540-15[ハシドイ]	—[78.8]	2.7
4016	旭川	伏古	桑原ドレサン	河野	540-16[ヤナギ][伏古 桑原ドレサン]	68.3	2.8
4017	旭川	近文		河野	540-17 近文6/Ⅵ 1931 H/kono	67	2.15
4018	旭川	[浜益:実田]		河野	540-18[ミズキ]	46	2.1
4020	旭川	様似	古海サナスケ	河野	540-20[ヤナギ][様似 岡田, 古海サナスケ]	68	2.1
4022	旭川	八雲		河野	540-22 キケパルセ 八雲 H.kono[ミズキ]	81	2.25
4023	旭川			河野	540-23[長翅の上に対生短翅]	56	2.4
4024	旭川	旭川		河野	540-24 大雪山にてクマの頭骨に附しありしもの H.kono	49	2.77
4025	旭川	屈斜路?		河野	540-25[一木造。先祖供養?]	55	1.65
4027	旭川			河野	540-27	51	1.7
4028	旭川	白糠石炭岬	時田伊兵衛?	河野	540-28 白糠石炭岬 15/Ⅴ 1931 H.konov[ヤナギ]	44.3	2.15
4029	旭川	白糠石炭岬	時田伊兵衛?	河野	540-29 白糠石炭岬 15/Ⅴ 1931 H.kono[ハシドイ]	56.5	1.95
4030	旭川	旭川?		河野	540-30 4024と組?	66.5	3.15
4032	旭川	累標		河野	540-3212/Ⅶ 1931 H.kono[ミズキ]	44	2.3
4033	旭川	茨戸	能戸西雄	河野	540-33 茨戸 能戸[ヤナギ]	77.5	3.15
4034	旭川	[西帯広:伏古]		河野	540-34 15/Ⅵ 1931(ほか判読不能)[ヤナギ]	67.5	2.4
4036	旭川	[足寄]		河野	[中川カネカンテ(足寄系)]	[18.3]	[2]
4037	旭川	[西帯広:伏古]		河野		[18.3]	[2]
4038	旭川	[蘭越]		河野		[15.6]	[1.4]
4039	旭川			河野	[刻文付頭部のみ]	[14.1]	[1.8]
4040	旭川			河野	540-40	56	2.8
4041	旭川	[二風谷]		河野	[ヤナギ]	[46.5]	[2.6]
4042	旭川	様似岡田	古海サナスケ	河野	540-42[ヤナギ][様似岡田 古海サナスケ]	65	2.6

収蔵番号	収蔵館	地域	製作者	収集者	備考	最長	最大径
4045	旭川	白糠石炭岬	時田伊兵衛？	河野	540-45　15／Ⅵ 1931　H.kono　マチネシュトイナウ[ヤナギ]	22	1.35
4046	旭川	近文	川村イタキシロマ	河野	540-46　近文川村イタキシロマ　シュトイナウ　H.kono　6／Ⅵ 1931	26.3	1.22
4047	旭川	屈斜路	山中西蔵？	河野	540-47　クッチャロ[ミズキ]	40.5	1.25
4048	旭川	旭川	門野ナンケアイヌ	河野	540-48　旭川　門野ナンケアイヌ	30	1.25
4049	旭川	旭川	門野ナンケアイヌ	河野	540-49	32	1.2
4050	旭川	屈斜路	山中西蔵？	河野	540-50　クッチャロ Abeshutuinau[ヤナギ][apeshutinau]	20.5	1.2
4051	旭川	美幌	菊地儀之助	河野	540-51　ビホロキクチ　10-65 K[ヤナギ]	12.5	0.6
4052	旭川	浜益	山下三五郎	河野	540-52　ハママス　H.kono[紺の布をしばる][ツリバナ(エリマキ)][アペコロイナウ]	20	1.4
4054	旭川	[浜益]		河野	[ツリバナ(エリマキ)][ハママスアイヌ　ドシャンパチトッパ]	[19.6]	[0.8]
4055	旭川	[浜益]	[山下三五郎]	河野	[ツリバナ(エリマキ)][ハママス　山下三五郎作　レシャマントチトッパ]	[19.7]	[0.7]
4057	旭川	[浜益]	[山下三五郎]	河野	[ツリバナ(エリマキ)][ハママス　山下三五郎作]	[19.9]	[0.7]
4058	旭川	[浜益]		河野	[ツリバナ(エリマキ)][ハママス　山下三五郎　チトッパパシュイ　アシャンケチトッパ]	[19.8]	[0.7]
4059	旭川	二風谷		河野	540-59　C..Etter氏寄贈　二風谷アイヌ作	30	4.1
4060	旭川	[浜益]	[山下三五郎]	河野	[ツリバナ(エリマキ)][ハママス　山下三五郎作]	[11.5]	[0.7]
4061	旭川	[浜益]	[山下三五郎]	河野	[ツリバナ(エリマキ)][ハママス　山下三五郎作　イヌベシュ]	[12]	[0.7]
4062	旭川	[浜益]	[山下三五郎]	河野	[ツリバナ(エリマキ)]	[9.6]	[0.7]
4063	旭川	屈斜路		河野	540-63　クッチャロ[ヤナギ]	8.8	0.48
4064	旭川			河野	540-64	7	0.45
4065	旭川			河野	540-65	7	0.45
4066	旭川			河野	540-66	8.5	0.41
4069	旭川	白糠石炭岬	時田伊兵衛？	河野	540-69　ピンネシュトイナウ[ハシドイ]	50	1.6
4073	旭川	浜益	山下三五郎	河野	540-73　ウエサシペノカ(アシペノカ)シソの方にたてる　他判読不能[ツリバナ(エリマキ)]	19	1.25
4074	旭川			河野	540-74　アペサムシュペ	28	1.7
4079	旭川	[白老]		河野	[ヤナギ][ハシイナウ　白老　宮本]	[100.5]	[2]
4081	旭川	白浜		河野	580-11[トドマツ・シナノキ]	−[43.2]	−[6.1]
4082	旭川	白浜		河野	580-13　太陽神　H.kono[トドマツ・シナノキ]	76.5	2
4083	旭川	白浜		河野	580-13[トドマツ・シナノキ]	43.5	1.1
4084	旭川	多蘭泊	[内山奥太郎]	河野	580-14　レプンカムイイナウ[トドマツ・シナノキ]	55	2
4085	旭川	多蘭泊	[内山奥太郎]	河野	580-15　マシネクワ　H.kono　[トドマツ・シナノキ]	28.5	1.84
4086	旭川	多蘭泊	[内山奥太郎]	河野	580-16　イコンカライナ[トドマツ・シナノキ][イコンカラカムイ]	46.5	1.8
4087	旭川	多蘭泊	[内山奥太郎]	河野	580-17　オッカウクワ　H.kono[トドマツ・シナノキ][ナッカウクワ]	30	1.8

収蔵番号	収蔵館	地域	製作者	収集者	備考	最長	最大径
4088	旭川	白浜		河野	580-18　3／Ⅶ 1932　H. kono	42.5	3.12
4089	旭川	[樺太]		河野	540-81[ヤナギ]	34.5	1.7
4092	旭川			河野	540-84	40.5	2
4097	旭川	[旭川]		河野	[荒井ケトンヂナイ，ハリカイナウ，熊の頭左]	[22.5]	[2.3]
4103	旭川			河野	540-87[団子串？]	52	2.1
4104	旭川	秋田		河野		[64.8]	[1.5]
4105	旭川	秋田		河野		[41.8]	[1.5]
4106	旭川	秋田		河野		[41.9]	[1.8]
4107	旭川	秋田		河野		[25.2]	[0.9]
4108	旭川	秋田		河野		[31.6]	[1.1]
4109	旭川	秋田		河野		[19.4]	[04]
4281	旭川			河野	7281.64　シトイイナウ男	56	2.55
4463	旭川	[網走]		河野	[ミズキ][木幣＋木偶(イナウニポポ)]	[15.2]	[5.8]
5485	旭川	旭川？		河野		59.5	3
5754	旭川	[浦河]		河野	[浦河ピシュンコタン黒沢伸一方にて]	[27.9]	[2.1]
5755	旭川	[旭川]		河野	[旭川　村山佐一郎]	[12.9]	[1.6]
5756	旭川	[旭川]	[荒井ケトンヂナイ]	河野	[旭川　荒井ケトンヂナイ作　サケイナウ]	[17.7]	[2.2]
5757	旭川	[旭川]		河野	[門野家　カムイシロ]	[12.2]	[1.8]
5758	旭川	[浦河]		河野		[27.9]	[2]
5759	旭川			河野	[刻文付頭部のみ]	[19.8]	[2.2]
5760	旭川	[旭川]		河野	[荒井ケトンヂナイ，ペラシネイナウ，熊の頭右]	[16.2]	[2.1]
5761	旭川	[旭川]		河野	[村山佐一郎　カムイシロシ]	[12.3]	[1.8]
5762	旭川	[浦河]		河野	[深川家のもの　これは誰かが間違えたものだろう(深川ハル氏談)]	[18.9]	[1.7]
5763	旭川	[斜里]		河野	[上野家エカシシロシ]	[25.7]	[1.4]
7176	旭川			河野	230-74	64	4
7179	旭川	旭川？	門野ナンケアイヌ	河野	230-71	70	3.6
7182	旭川	旭川？		河野	ヒトンベカムイ　他判読不能	97.5	2.1
7189	旭川	旭川？		河野	チャッチャク	90	2.54
7192	旭川			河野	230-70　T 41	81.5	1.97
7198	旭川			河野		83.5	2.8
7199	旭川	旭川？		河野	13-3　判読不能	65	2.5
7200	旭川	旭川？		河野	キムンカムイ	96.5	1.75
7208	旭川	美幌	菊地儀之助	河野	T 77	14.2	1.1
7209	旭川	美幌	菊地儀之助	河野	T 78	12.5	0.65
7282	旭川			河野		60	3
7336	旭川			河野		54.2	2.47
7341	旭川	旭川？	尾沢カンシャトク？	河野		44	2.8
7344	旭川	旭川？	尾沢カンシャトク？	河野		40	2.4
7346	旭川	旭川？	尾沢カンシャトク	河野		45.5	3.3
7443	旭川	旭川？	石山長次郎	河野	7343　Ⅴ 28	54.5	2.25
7551	旭川	旭川？		河野		27.5	1.6
7578	旭川	旭川	尾沢カンシャトク？	河野	伝承のコタン　地鎮祭	57	3.35
8436-11	旭川	[旭川市：近文山山麓]		[市立旭川郷土博]	[イトクパ有り]	[39.8]	[1.1]
8436-14	旭川	[旭川市：近文山山麓]		[市立旭川郷土博]		[31.8]	[1.3]
8436-16	旭川	[旭川市：近文山山麓]		[市立旭川郷土博]		[40.2]	[1.8]
7654	記念館	[豊浦]		[口屋]	[削り花状の木幣]	[48.9]	[2]
8061	記念館	[白老]		[道教育委員会]	[削りかけ撚状木幣]	[86.3]	[12.5]
8062	記念館	[標茶]		[道教育委員会]	[削りかけ撚状木幣]	[62]	[3]

収蔵番号	収蔵館	地域	製作者	収集者	備考	最長	最大径
8063	記念館	[旭川]		[道教育委員会]	[削りかけ撚状木幣]	[69.2]	[3.1]
8064	記念館	[美幌]		[道教育委員会]	[削りかけ撚状木幣]	[43]	[2.6]
8065	記念館	[弟子屈]		[道教育委員会]	[削りかけ撚状木幣]	[53.6]	[2.5]
8066	記念館	[弟子屈]		[道教育委員会]	[削りかけ撚状木幣]	[52]	[2.2]
8067	記念館	[旭川]		[道教育委員会]	[削りかけ撚状木幣]	[57.8]	[2.7]
8068	記念館	[北海道]		[道教育委員会]	[削りかけ撚状木幣]	[43.7]	[2.5]
8069	記念館	[旭川]		[道教育委員会]	[削りかけ撚状木幣]	[69.3]	[3.1]
8070	記念館	[美幌]		[道教育委員会]	[削りかけ撚状木幣]	[57.4]	[1.3]
8071	記念館	美幌	菊地儀之助	河野[道教育委員会]	削りかけ撚状木幣	52.5	2.4
8072	記念館	茨戸[札幌]	[能戸酉雄]	河野[道教育委員会]	削りかけ撚状木幣	46	2.9
8073	記念館	[北海道]		河野[道教育委員会]	削りかけ撚状木幣	44.2	2.45
8074	記念館	空知[新十津川]	空知信二郎	河野[道教育委員会]	ドック[削りかけ撚状木幣]	69	2.54
8075	記念館	近文[旭川]	川村イタクシロマ	河野[道教育委員会]	6／Ⅴ／1931 H.kono キケイナウ [削りかけ撚状木幣]	61.5	3.1
8076	記念館	[美幌]		[道教育委員会]	[削りかけ撚状木幣]	[51.8]	[1.8]
8077	記念館	[標茶]		[道教育委員会]	[削りかけ撚状木幣]	[60.7]	[2.2]
8078	記念館	[旭川]		[道教育委員会]	[削りかけ撚状木幣]	[69.5]	[3.2]
8079	記念館	[白老]		[道教育委員会]	[削りかけ撚状木幣]	[71.3]	[2.6]
8080	記念館	[美幌]		[道教育委員会]	[削りかけ撚状木幣]	[48.5]	[2.8]
8081	記念館	[道東]		[道教育委員会]	[削りかけ撚状木幣]	[84.3]	[3]
8082	記念館	[道東]		[道教育委員会]	[削りかけ撚状木幣]	[77.8]	[3.6]
8083	記念館	[道東]		[道教育委員会]	[削りかけ撚状木幣]	[79.2]	[3.6]
8084	記念館	[道東]		[道教育委員会]	[削りかけ撚状木幣]	[82.8]	[3.1]
8085	記念館	[道東]		[道教育委員会]	[削りかけ撚状木幣]	[88.8]	[5]
8086	記念館	[道東]		[道教育委員会]	[削りかけ撚状木幣]	[40]	[2.5]
8087	記念館	[美幌]		[道教育委員会]	[削りかけ撚状木幣]	[49.2]	[2.2]
8088	記念館	[道東]		[道教育委員会]	[削りかけ撚状木幣]	[60]	[2.6]
8089	記念館	[道東]		[道教育委員会]	[削りかけ撚状木幣]	[43]	[2.3]
8090	記念館	[美幌]		[道教育委員会]	[削りかけ撚状木幣]	[52]	[1.8]
8091	記念館	[足寄]		[道教育委員会]	[削りかけ撚状木幣]	[62.3]	[2.1]
8092	記念館	[十勝？]		[道教育委員会]	[削りかけ撚状木幣]	[43.5]	[2.1]
8093	記念館	足寄	[小谷地吉松]	河野[道教育委員会]	1951 H.kono[削りかけ撚状木幣]	64	1.95
8094	記念館	[美幌]		[道教育委員会]	[削りかけ撚状木幣]	[49.2]	[1.9]
8095	記念館	[旭川]		[道教育委員会]	[削りかけ撚状木幣]	[58.6]	[2.2]
8096	記念館	[美幌]		[道教育委員会]	[削りかけ撚状木幣]	[50]	[2.1]
8097	記念館	[豊富]		[道教育委員会]	[削りかけ撚状木幣]	[61.4]	[2]
8098	記念館	[旭川]		[道教育委員会]	[削りかけ撚状木幣]	[72.8]	[2.8]
8099	記念館	[美幌]		[道教育委員会]	[削りかけ撚状木幣]	[47.5]	[1.9]
8100	記念館	[旭川]		[道教育委員会]	[削りかけ撚状木幣]	[75.5]	[2.7]
8101	記念館	白糠石炭岬	時田伊兵衛	河野[道教育委員会]	コタンコロカムイにあげたもの 5／Ⅵ 1931 H.kono[削りかけ撚状木幣]	48.5	2
8102	記念館	網走	[工藤貞助]	河野[道教育委員会]	[削りかけ撚状木幣]	63	2.4
8103	記念館	[道東]		[道教育委員会]	[削りかけ撚状木幣]	[69.5]	[2.7]
8104	記念館	[白老]		[道教育委員会]	[削りかけ垂状木幣]	[66.3]	[2.7]
8105	記念館	[平取]		[道教育委員会]	[削りかけ垂状木幣]	[64.6]	[2.5]
8106	記念館	茨戸[札幌]	[能戸酉雄]	河野	削りかけ垂状木幣	44.5	27.8
8107	記念館	[白老]		[道教育委員会]	[削りかけ垂状木幣]	[77]	[3]
8108	記念館	[様似]		[道教育委員会]	[削りかけ垂状木幣]	[76.8]	[2.5]
8109	記念館	旭川	門門ナンケアイヌ	河野[道教育委員会]	10-36 K[棒状の木幣]	102	2.15
8110	記念館	[美幌][道東]	[菊地儀之助]	河野[道教育委員会]	[削り花状の木幣]	39.7	1.7
8111	記念館	旭川		河野	10-79 K 旭川市○○町十一○○[削りかけ垂状木幣]	55	2.5

収蔵番号	収蔵館	地域	製作者	収集者	備考	最長	最大径
8112	記念館	屈斜路	[山中西蔵]	河野[道教育委員会]	10-27 K　Machineshutuinau クッチャロ[削り花状の木幣]	38.2	1.3
8113	記念館	長万部	尾江イタキリ	河野[道教育委員会]	シュトイナウ[削り花状の木幣]	−[67.6]	−[1.7]
8114	記念館	八雲	椎久年蔵	河野[道教育委員会]	1956　H. K[削り花状の木幣]	89	3.85
8115	記念館	近文[旭川]	空知家	河野[道教育委員会]	空知ウンクル[削り花状の木幣]	61	2.2
8116	記念館	常呂	布施	河野[道教育委員会]	日高出身　1951-1　熊祭の時[削り花状の木幣]	−[68.5]	−[3.3]
8117	記念館	八雲	[椎久年蔵]	河野[道教育委員会]	シュトイナホ　H. kono　シュトイナホにはイトクパなし[削り花状の木幣]	72.3	2.3
8118	記念館	足寄	[小谷地吉松]	河野[道教育委員会]	シュトイナウ[削り花状の木幣]	48.5	2.1
8119	記念館	[白老]		河野[道教育委員会]	[削り花状の木幣]	[58]	[2.2]
8120	記念館	屈斜路	[山中西蔵]	河野[道教育委員会]	クッチャロ　先祖供養？[削りかけ撚状木幣]	56.5	2.5
8121	記念館	[道東]		河野[道教育委員会]	10-73 K[削り花状の木幣]	53	2.53
8122	記念館	八雲	椎久年蔵	河野[道教育委員会]	[削り花状の木幣]	81	4
8123	記念館	近文[旭川]	空知	河野[道教育委員会]	アプサムシペ　火の神様アイヌ語アペサムシペ[削り花状の木幣]	30	2.35
8124	記念館	下雪裡[鶴居]	八重九郎	河野[道教育委員会]	[削り花状の木幣]	43.5	1.65
8125	記念館	下雪裡[鶴居]	八重九郎	河野[道教育委員会]	39.11.2[削り花状の木幣]	44	1.65
8126	記念館	下雪裡[鶴居]		河野[道教育委員会]	[削り花状の木幣]	[33.2]	[0.8]
8129	記念館	[余市]		河野[道教育委員会]	[削りかけ撚状木幣]	[52.3]	[2.8]
8130	記念館	[余市]		河野[道教育委員会]	[削りかけ撚状木幣]	[53.5]	[1.9]
8131	記念館	新問		河野[道教育委員会]	2/Ⅲ 1942　H. kono　10-78 K[削りかけ撚状木幣]	46.2	2
8132	記念館	新問		河野[道教育委員会]	2/Ⅲ 1942　H. kono　10-74 K[削りかけ撚状木幣]	33	3.7
8133	記念館	新問		河野[道教育委員会]	2/Ⅲ 1942　H. kono　10- K　道具ミニチュア付き[削りかけ撚状木幣]	52	5.25
8134	記念館	新問		河野[道教育委員会]	2/Ⅲ 1942　H. kono　10-26 K[削りかけ撚状木幣]	51	3.55
8135	記念館	新問		河野[道教育委員会]	2/Ⅲ 1942　H. kono　10-24 K[削りかけ撚状木幣]	49	3.4
8136	記念館	新問		河野[道教育委員会]	2/Ⅲ 1942　H. kono　10-89 K[削り花状の木幣]	28.7	1.4
8137	記念館	白浜		河野[道教育委員会]	H. kono　10-6 K[削りかけ撚状木幣]	−[41.5]	2.3
8138	記念館	白浜		河野[道教育委員会]	3/Ⅶ 1932　H. kono　10-51 K[削り花状の木幣]	27	1.3
8139	記念館	名寄(樺太)		河野[道教育委員会]	ウンチイナウ　ナヨロアイヌ[削り花状の木幣]	21.5	1.3
8140	記念館	名寄(樺太)		河野[道教育委員会]	イナウコーマプシシ　10-95 K　ナヨロアイヌ[削り花状の木幣]	21.5	1.25

収蔵番号	収蔵館	地域	製作者	収集者	備考	最長	最大径
8141	記念館	来知志	—	河野[道教育委員会]	10-86 K[89509によく似る][削りかけ垂状木幣]	32	2.2
8142	記念館	来知志		河野[道教育委員会]	[削り花状の木幣]	[21.4]	[3]
8143	記念館	多蘭泊	[内山奥太郎]	河野	ソパ　セレ	37.5	2.3
8143	記念館	多蘭泊	—	河野	10-85 K　ソパスセレマ	37.5	2.3
8144	記念館	来知志		河野[道教育委員会]	10-94 K[削り花状の木幣]	35.3	1.95
8145	記念館	白浜		河野[道教育委員会]	○神にあげる　10-82 K[削りかけ垂状木幣]	67.5	1.6
8146	記念館	白浜		河野[道教育委員会]	海神にあげる　H. kono　10-83 K[削りかけ垂状木幣]	69.5	1.9
8147	記念館	多蘭泊	[内山奥太郎]	河野	イナウ(ニンカリイナウ)	58	1.3
8147	記念館	多蘭泊	—	河野	10-14 K　ニンカリイナウ　昭和5年頃	13.3	1.3
8147	記念館	多蘭泊	—	河野	[脚部]	58	1.3
8148	記念館	オタス	ナキソノワシライ	河野	イナウ(イブシキイラオ)シスカオロッコ　昭和38年以前	36.8	3.4
8148	記念館	シスカ		河野	イブシキイラオ　オロッコ[昭和38年以前]	36.8	3.4
8149	記念館	[樺太敷香]		[道教育委員会]	[削り花状の木幣][収蔵陳列(ウイルタ)]	[28.6]	[1.5]
8150	記念館	[樺太敷香]		[道教育委員会]	[削り花状の木幣][収蔵陳列(ウイルタ)]	[31]	[0.5]
8151	記念館	浜益	山下三五郎	河野[道教育委員会]	ウサルフチイナウ(アパサムカムイのイナウ)10-84 K　ウドルケッチ[削り花状の木幣]	37.4	1.87
8152	記念館	白糠石炭岬	時田伊兵衛	河野	15／V 1931　H. kono	26.6	1.32
11373	記念館	[北海道]		[道文書課]	[削り花状の木幣]	[55.1]	[2]
11374	記念館	[北海道]		[道文書課]	[削りかけ撚状木幣]	[74.7]	[9.5]
11375	記念館	[北海道]		[道文書課]	[削りかけ垂状木幣]	[68.4]	[8.5]
11376	記念館	[北海道]		[道文書課]	[削りかけ垂状木幣]	[57.3]	[3]
11377	記念館	[樺太]		[道文書課]	[削りかけ垂状木幣]	[25.9]	[1.3]
11500	記念館	[平取]		[北海道新聞社]	[削りかけ垂状木幣]	[60.6]	[1.3]
11501	記念館	[平取]		[北海道新聞社]	[削り花状の木幣]	[44.7]	[2.6]
11502	記念館	[平取]		[北海道新聞社]	[削り花状の木幣]	[46.7]	[2.8]
14606	記念館	[鵡川]		[野崎]	[削りかけ撚状木幣]	[50.5]	[2.1]
14607	記念館	[鵡川]		[野崎]	[削りかけ垂状木幣]	[52.3]	[8.5]
14608	記念館	[鵡川]		[野崎]	[削りかけ撚状木幣]	[35.4]	[6.5]
14609	記念館	[鵡川]		[野崎]	[削りかけ撚状木幣]	[68]	[2.5]
14610	記念館	[鵡川]		[野崎]	[削りかけ撚状木幣]	[58.8]	[9]
14611	記念館	[鵡川]		[野崎]	[削りかけ撚状木幣]	[128]	[14]
14612	記念館	[鵡川]		[野崎]	[削りかけ撚状木幣]	[126]	[6.5]
14613	記念館	[鵡川]		[野崎]	[削りかけ撚状木幣]	[118]	[15]
14614	記念館	[鵡川]		[野崎]	[削りかけ撚状木幣]	[92.5]	[8]
14615	記念館	[鵡川]		[野崎]	[削りかけ撚状木幣]	[94.5]	[7]
14616	記念館	[鵡川]		[野崎]	[削りかけ撚状木幣]	[42.7]	[6.5]
14617	記念館	[鵡川]		[野崎]	[削りかけ撚状木幣]	[56.8]	[2.5]
14618	記念館	[鵡川]		[野崎]	[削りかけ撚状木幣]	[61.8]	[2.9]
14619	記念館	[鵡川]		[野崎]	[削りかけ撚状木幣]	[63.8]	[8]
14620	記念館	[鵡川]		[野崎]	[削りかけ撚状木幣]	[37.3]	[5.5]
14621	記念館	[鵡川]		[野崎]	[削りかけ撚状木幣]	[37.8]	[7]
14622	記念館	[鵡川]		[野崎]	[削りかけ撚状木幣]	[76.2]	[4.5]
14623	記念館	[鵡川]		[野崎]	[削りかけ撚状木幣]	[63]	[2.6]
14624	記念館	[鵡川]		[野崎]	[削りかけ撚状木幣]	[42]	[7]
14625	記念館	[鵡川]		[野崎]	[削りかけ撚状木幣]	[31.7]	[5]

(日本国内)イナウ関連主要資料一覧　　313

収蔵番号	収蔵館	地域	製作者	収集者	備考	最長	最大径
14626	記念館	[鵡川]		[野崎]	[削りかけ垂状木幣]	[34.5]	[2]
14627	記念館	[鵡川]		[野崎]	[削りかけ垂状木幣]	[46.1]	[3.5]
14628	記念館	[鵡川]		[野崎]	[削りかけ垂状木幣]	[32.9]	[9.5]
14629	記念館	[鵡川]		[野崎]	[削りかけ垂状木幣]	[43.3]	[2.4]
14630	記念館	[鵡川]		[野崎]	[削りかけ垂状木幣]	[56]	[3.3]
14631	記念館	[鵡川]		[野崎]	[削りかけ垂状木幣]	[36]	[9]
14632	記念館	[鵡川]		[野崎]	[削りかけ垂状木幣]	[33]	[2.5]
14633	記念館	[鵡川]		[野崎]	[削りかけ垂状木幣]	[35]	[2.6]
14634	記念館	[鵡川]		[野崎]	[削りかけ垂状木幣]	[30.5]	[2.1]
14635	記念館	[鵡川]		[野崎]	[削りかけ垂状木幣]	[32.4]	[9]
14636	記念館	[鵡川]		[野崎]	[削りかけ垂状木幣]	[48]	[8]
14637	記念館	[鵡川]		[野崎]	[削りかけ垂状木幣]	[56.5]	[4.2]
14638	記念館	[鵡川]		[野崎]	[削りかけ垂状木幣]	[31.2]	[9]
14639	記念館	[鵡川]		[野崎]	[削りかけ垂状木幣]	[27]	[2.7]
14640	記念館	[鵡川]		[野崎]	[削りかけ垂状木幣]	[38.2]	[3.2]
14641	記念館	[鵡川]		[野崎]	[削りかけ垂状木幣]	[43]	[9.5]
14642	記念館	[鵡川]		[野崎]	[削りかけ垂状木幣]	[36.7]	[8]
14643	記念館	[鵡川]		[野崎]	[削りかけ垂状木幣]	[36.3]	[2]
14644	記念館	[鵡川]		[野崎]	[削りかけ垂状木幣]	[44.5]	[9]
14645	記念館	[鵡川]		[野崎]	[削りかけ垂状木幣]	[47.8]	[9.5]
14646	記念館	[鵡川]		[野崎]	[削りかけ垂状木幣]	[32.3]	[7.5]
14647	記念館	[鵡川]		[野崎]	[削りかけ垂状木幣]	[48.7]	[8.5]
14648	記念館	[鵡川]		[野崎]	[削りかけ垂状木幣]	[40]	[1.8]
14649	記念館	[鵡川]		[野崎]	[削りかけ垂状木幣]	[39]	[9.5]
14650	記念館	[鵡川]		[野崎]	[削りかけ垂状木幣]	[23]	[7]
14651	記念館	[鵡川]		[野崎]	[削りかけ垂状木幣]	[34.2]	[8]
14652	記念館	[鵡川]		[野崎]	[削りかけ垂状木幣]	[37]	[7]
14653	記念館	[鵡川]		[野崎]	[削りかけ垂状木幣]	[28.5]	[1.9]
14654	記念館	[鵡川]		[野崎]	[削りかけ垂状木幣]	[22]	[1.6]
14655	記念館	[鵡川]		[野崎]	[削りかけ垂状木幣]	[36.3]	[8]
14656	記念館	[鵡川]		[野崎]	[削りかけ垂状木幣]	[38.2]	[8.5]
14657	記念館	[鵡川]		[野崎]	[削り花状の木幣]	[68]	[5.5]
14658	記念館	[鵡川]		[野崎]	[削り花状の木幣]	[67.2]	[4]
14659	記念館	[鵡川]		[野崎]	[削り花状の木幣]	[66.5]	[4.6]
14660	記念館	[鵡川]		[野崎]	[削り花状の木幣]		
14661	記念館	[鵡川]		[野崎]	[削り花状の木幣]	[31.8]	[3.3]
14662	記念館	[鵡川]		[野崎]	[削り花状の木幣]	[32.4]	[3.5]
14663	記念館	[鵡川]		[野崎]	[削り花状の木幣]	[35.2]	[1.8]
14664	記念館	[鵡川]		[野崎]	[削り花状の木幣]	[35.5]	[2]
14665	記念館	[鵡川]		[野崎]	[削り花状の木幣]	[35]	[1.5]
14666	記念館	[鵡川]		[野崎]	[削り花状の木幣]	[30.5]	[5]
14667	記念館	[鵡川]		[野崎]	[削り花状の木幣]	[45.2]	[3]
14668	記念館	[鵡川]		[野崎]	[削り花状の木幣]	[31.5]	[1.8]
14669	記念館	[鵡川]		[野崎]	[削り花状の木幣]	[33.5]	[2]
14670	記念館	[鵡川]		[野崎]	[削り花状の木幣]	[35]	[2.2]
14671	記念館	[鵡川]		[野崎]	[削り花状の木幣]	[33]	[1.5]
14672	記念館	[鵡川]		[野崎]	[削り花状の木幣]	[25.8]	[8]
14673	記念館	[鵡川]		[野崎]	[削り花状の木幣]	[33.5]	[1.5]
14674	記念館	[鵡川]		[野崎]	[削り花状の木幣]	[32.3]	[2.7]
14675	記念館	[鵡川]		[野崎]	[削り花状の木幣]	[30.2]	[4.3]
14676	記念館	[鵡川]		[野崎]	[削りかけ]	[50]	[1.5]
14677	記念館	[鵡川]		[野崎]	[削りかけ]	[50]	[1.5]

収蔵番号	収蔵館	地域	製作者	収集者	備考	最長	最大径
22216	記念館	[旭川]		[藤村]	[削りかけ]	[38]	[0.8]
22217	記念館	[旭川]		[藤村]	[削りかけ撚状木幣]	[54.8]	[3.1]
22218	記念館	[旭川]		[藤村]	[削りかけ撚状木幣]	[52.8]	[2.1]
22219	記念館	[旭川]		[藤村]	[削りかけ撚状木幣]	[53.5]	[3.5]
22220	記念館	[旭川]		[藤村]	[削りかけ撚状木幣]	[57.2]	[2.2]
22221	記念館	[旭川]		[藤村]	[削りかけ撚状木幣]	[54.1]	[3]
22222	記念館	[釧路]		[藤村]	[削りかけ撚状木幣]	[47.8]	[2.9]
22878	記念館	[阿寒]		[藤村]	[削りかけ撚状木幣]	[60.5]	[2.4]
22879	記念館	[阿寒]		[藤村]	[削りかけ撚状木幣]	[56.5]	[2.7]
22931	記念館	[鵡川]		[野崎]	[削りかけ撚状木幣]	[46]	[1.3]
22932	記念館	[鵡川]		[野崎]	[削りかけ撚状木幣]	[55]	[1.8]
22933	記念館	[鵡川]		[野崎]	[削りかけ垂状木幣]	[64.3]	[3.2]
22934	記念館	[鵡川]		[野崎]	[削りかけ垂状木幣]	[58]	[3]
22935	記念館	[鵡川]		[野崎]	[削りかけ垂状木幣]	[61.2]	[2.7]
22936	記念館	[鵡川]		[野崎]	[削りかけ垂状木幣]	[67]	[5.5]
22937	記念館	[鵡川]		[野崎]	[削りかけ撚状木幣]	[64.8]	[3]
22938	記念館	[鵡川]		[野崎]	[削りかけ撚状木幣]	[70.5]	[2.7]
22939	記念館	[鵡川]		[野崎]	[削りかけ撚状木幣]	[68.3]	[3.6]
22940	記念館	[鵡川]		[野崎]	[削りかけ撚状木幣]	[58]	[3]
22941	記念館	[鵡川]		[野崎]	[削りかけ撚状木幣]	[63.5]	[3]
22942	記念館	[鵡川]		[野崎]	[削りかけ撚状木幣]	[62]	[1.3]
22943	記念館	[鵡川]		[野崎]	[削りかけ撚状木幣]	[60.4]	[3.7]
22944	記念館	[鵡川]		[野崎]	[削りかけ撚状木幣]	[65.5]	[4.3]
22945	記念館	[鵡川]		[野崎]	[削り花状の木幣]	[50]	[2.3]
22946	記念館	[鵡川]		[野崎]	[削り花状の木幣]	[53]	[2.1]
22947	記念館	[鵡川]		[野崎]	[削り花状の木幣]	[52.2]	[2.2]
22948	記念館	[鵡川]		[野崎]	[削り花状の木幣]	[55.7]	[2.3]
23201	記念館	[北海道]		[藤村]	[削りかけ撚状木幣]	[94]	[2.5]
23202	記念館	[北海道]		[藤村]	[削りかけ垂状木幣]	[85.5]	[2.8]
23203	記念館	[北海道]		[藤村]	[削りかけ垂状木幣]	[79.8]	[3]
23204	記念館	[北海道]		[藤村]	[削りかけ垂状木幣]	[78.3]	[1.7]
23205	記念館	[北海道]		[藤村]	[削りかけ垂状木幣]	[79.5]	[3]
23206	記念館	[北海道]		[藤村]	[削りかけ垂状木幣]	[73.4]	[2]
23207	記念館	[北海道]		[藤村]	[削りかけ垂状木幣]	[75.5]	[2]
23208	記念館	[北海道]		[藤村]	[削りかけ垂状木幣]	[76]	[3.4]
23209	記念館	[北海道]		[藤村]	[削りかけ垂状木幣]	[70.6]	[1.7]
23210	記念館	[北海道]		[藤村]	[削りかけ垂状木幣]	[74]	[3.2]
23211	記念館	[北海道]		[藤村]	[削りかけ垂状木幣]	[73]	[2]
23212	記念館	[北海道]		[藤村]	[棒状の木幣]	[34.5]	[1.8]
23213	記念館	[北海道]		[藤村]	[棒状の木幣]	[33.1]	[1.5]
23280	記念館	[白老]		[浜弥一郎]	[削り花状の木幣]	[35.6]	[2.2]
23281	記念館	[白老]		[浜弥一郎]	[削り花状の木幣]	[41.3]	[3]
23282	記念館	[白老]		[浜弥一郎]	[削り花状の木幣]	[43]	[3]
23283	記念館	[白老]		[浜弥一郎]	[削り花状の木幣]	[28]	[2.3]
23284	記念館	[白老]		[浜弥一郎]	[削り花状の木幣]	[29.7]	[2.2]
23285	記念館	[白老]		[浜弥一郎]	[削り花状の木幣]	[37.4]	[2.8]
23478	記念館	[標茶]		[藤村]	[削りかけ撚状木幣]	[23.4]	[2.7]
23479	記念館	[標茶]		[藤村]	[削りかけ撚状木幣]	[44.5]	[2.6]
23480	記念館	[標茶]		[藤村]	[削りかけ撚状木幣]	[63.7]	[3.1]
23481	記念館	[標茶]		[藤村]	[削りかけ撚状木幣]	[64.3]	[2.8]
23482	記念館	[標茶]		[藤村]	[削りかけ撚状木幣]	[68.7]	[2.8]
23483	記念館	[標茶]		[藤村]	[削りかけ撚状木幣]	[64.8]	[2.3]

収蔵番号	収蔵館	地域	製作者	収集者	備考	最長	最大径
23484	記念館	[標茶]		[藤村]	[削りかけ撚状木幣]	[63.5]	[2.2]
23485	記念館	[標茶]		[藤村]	[削りかけ撚状木幣]	[67.8]	[3.3]
23486	記念館	[標茶]		[藤村]	[削りかけ撚状木幣]	[37.5]	[2.6]
23487	記念館	[標茶]		[藤村]	[削りかけ撚状木幣]	[65.2]	[2.7]
23488	記念館	[標茶]		[藤村]	[削りかけ撚状木幣]	[66.8]	[3.3]
23489	記念館	[標茶]		[藤村]	[削りかけ撚状木幣]	[75.3]	[2.7]
23490	記念館	[標茶]		[藤村]	[削りかけ撚状木幣]	[67.9]	[2.8]
23491	記念館	[標茶]		[藤村]	[削りかけ撚状木幣]	[66]	[2.3]
23492	記念館	[標茶]		[藤村]	[削りかけ撚状木幣]	[61.3]	[2.4]
27035	記念館	[北海道]		[酪農大学]	[削りかけ垂状木幣]	[75.7]	[2.5]
27055	記念館	[日高]		[酪農大学]	[棒状の木幣]	[81.3]	[2.4]
27056	記念館	[北海道]		[酪農大学]	[棒状の木幣]	[82.4]	[2.2]
27057	記念館	[日高]		[酪農大学]	[削りかけ撚状木幣]	[67.8]	[3.1]
27058	記念館	[日高]		[酪農大学]	[削りかけ撚状木幣]	[65.3]	[2.2]
27060	記念館	[日高]		[酪農大学]	[削り花状の木幣]	[58.1]	[2.1]
27061	記念館	[日高]		[酪農大学]	[削り花状の木幣]	[41]	[2.3]
27062	記念館	[日高]		[酪農大学]	[削り花状の木幣]	[54.6]	[2.3]
27063	記念館	[北海道]			[木幣の頭部]	[10.3]	[2.7]
27064	記念館	[北海道]		マンロー	[刻印模型][木幣の頭部]	11.9	2.62
27065	記念館	[北海道]		マンロー	[刻印模型][木幣の頭部]	11.7	2.63
27066	記念館	[北海道]		マンロー	[刻印模型][木幣の頭部]	10	2.4
27067	記念館	[北海道]		マンロー	[刻印模型][木幣の頭部]	10	2.33
27068	記念館	[北海道]		マンロー	[刻印模型][木幣の頭部]	10.5	2.2
27069	記念館	[北海道]		マンロー	[刻印模型][木幣の頭部]	11.7	2.66
27070	記念館	[北海道]		マンロー	[刻印模型][木幣の頭部]	12.4	2.7
27071	記念館	[北海道]		マンロー	[刻印模型][木幣の頭部]	10.9	2.2
27072	記念館	[北海道]		マンロー	[刻印模型][木幣の頭部]	10.3	2.25
27073	記念館	[北海道]		マンロー[酪農大学]	11[棒状の木幣]	24.5	1.55
27074	記念館	[北海道]		マンロー[酪農大学]	[棒状の木幣]	23.5	1.4
27075	記念館	[北海道]		マンロー[酪農大学]	[棒状の木幣]	23.5	1.5
27076	記念館	[北海道]		マンロー[酪農大学]	[棒状の木幣]	23.3	1.4
27115	記念館			マンロー	[木偶を木幣で包む]	31	6.7
32538	記念館	[白老]		[浜弥一郎]	[幣棚]	—	—
33127	記念館	[樺太]		[田中]	[削りかけ撚状木幣]	[24.5]	[1.5]
33128	記念館	[北海道]		[田中]	[削り花状の木幣]	[29]	[1.8]
33129	記念館	[樺太]		[田中]	[削りかけ垂状木幣]	[34.5]	[2.3]
33130	記念館	[樺太]		[田中]	[削りかけ垂状木幣]	[34.3]	[1.6]
33131	記念館	[樺太]		[田中]	[削りかけ垂状木幣]	[33]	[2.1]
33264	記念館	[北海道]		[佐々木]	[削り花状の木幣]	[59]	[2.3]
34894	記念館	[恵庭]		[栃木政吉]	[幣棚]	—	—
38022	記念館	[釧路]		[山本多助]	[幣棚]	—	—
41399	記念館	[鹿部][樺太]	—	熊野	[説明札あり][削り花状の木幣][収蔵陳列(ウイルタ)]	47	1.95
41400	記念館	[鹿部][樺太]	—	熊野	—[削りかけ撚状木幣]	34	2.23
41401	記念館	[鹿部]	—	熊野	[有翼酒箸]	30.3	0.9
89446-1	記念館	虻田	—	更科	火の神のシトイナウ[更科 1968：32][火の神用木幣][アペシュドイナウ]	33	2.3
89446-2	記念館	虻田	—	更科	火の神のシトイナウ(青) 1-2(鉛筆)[更科 1968：32][火の神用木幣][アペシュドイナウ]	33	2.43
89447-1	記念館	千歳	[栃木政吉]	更科	チクベニカムイカムイカッケマツ[寝床を見守る木幣][ソッキパエプンキネカムイ][本体]	56	3

収蔵番号	収蔵館	地域	製作者	収集者	備考	最長	最大径
89447-2	記念館	千歳	[栃木政吉]	更科	—[槍]	45.5	0.8
89448-1	記念館	千歳(鵡川系)[恵庭]	[栃木政吉]	更科	コンカニチホロカケプ火の神へシロカニチホロカケプとあげる （①と③は短い） [火の神用木幣][コンカニチホロカケプ]	42.5	2.4
89448-2	記念館	千歳(鵡川系)[恵庭]	[栃木政吉]	更科	シロカニチホロカケプ火の神へコンカニチホロカケプとあげる [火の神用木幣][シロカニチホロカケプ]	44.5	2.57
89449-1	記念館			更科	[山猟用木幣][水神][ワッカウシカムイ][栃木家で祭る幣棚の神]	[68]	[2.7]
89449-2	記念館			更科	[山猟用木幣][大地の神][シリコルカムイ][栃木家で祭る幣棚の神]	[72.3]	[2.5]
89449-3	記念館	千歳	栃木政吉	更科	コタンコロカムイイナウ [山猟用木幣][集落を見守る神][コタンコルカムイ][栃木家で祭る幣棚の神]	72	—[2.4]
89449-4	記念館	千歳(鵡川系)	[栃木政吉]	更科	ハシナウコロカムイとパセカムイにあげるイナウにイナウシロシをつける [山猟用木幣][狩猟神][ハシナウコルカムイ][栃木家で祭る幣棚の神]	71.5	2.84
89449-5	記念館	千歳(鵡川系)	[栃木政吉]	更科	[有翼酒箸]裏面書き込み：ハシイナウコロカムイとヌサコロカムイのイナウルにさげ熊をとったのにもアイヌテケカラカムイにもこれをもたせる [栃木家で祭る幣棚の神]	41.5	2.36
89449	記念館			更科	[土産用木幣][チェホルカケプ]	[41.5]	[2.1]
89450	記念館	千歳　蘭越	山中幸太郎	更科	チホロカケプ(ウライの傍に立てたるもの)[川猟用木幣][チェホルカケプ]	56	2.93
89451	記念館	[平取]		更科	[病気を見守る木幣][イモシカムイ][本体]	[52.9]	[22.5]
89451	記念館	[平取]		更科	—[刀]	[20.1]	[0.8]
89452	記念館	[平取]		更科	[病気を見守る木幣][イモシカムイ][本体]	[52.8]	[25]
89452	記念館	[平取]		更科	—[槍]	[61.5]	[0.7]
89452	記念館	[平取]		更科	—[刀]	[24.4]	[0.7]
89453-1	記念館	[平取]		更科	[家を守る木幣][チセコルカムイ]	[55.2]	[3.3]
89453-2	記念館	[平取]		更科	[家を守る木幣][チセコルカムイに捧げた木幣]	[52.5]	[2.7]
89454-1	記念館	二風谷	—	更科	チクペニカムイ[成長を見守る木幣]	53	3.28
89454-2	記念館	二風谷	—	更科	[下段の削りかけが長い]	53	2.24
89454	記念館						
89455	記念館	[平取]		更科	[削りかけ][チメスイナウ]	[54]	[0.7]
89456-1	記念館	二風谷	—	更科	アイウシニカムイ[病気を見守る木幣][？]	53.5	2.74
89456-1	記念館	二風谷	—	更科	—[刀]	19.5	—[1]
89456-1	記念館	二風谷	—	更科	—[槍]	50	—[0.8]
89456-2	記念館	二風谷	—	更科	[下段の削りかけが長い・台に挿した跡あり][本体？]	45	3
89457-1	記念館	二風谷	—	更科	ソコンニカムイ[更科 1968：117][病気を見守る木幣][リコンニカムイ][？]	47	2.35
89457-1	記念館	二風谷	—	更科	—[槍]	40	—[1.2]
89457-2	記念館	二風谷	—	更科	—[本体]	45	2.46
89457	記念館	二風谷	—	更科	—[刀]	18.5	—[0.9]
89458	記念館	[平取]		更科	[削り花状木幣][昭和32年3月22日]	[47]	[2.8]

収蔵番号	収蔵館	地域	製作者	収集者	備考	最長	最大径
89459-1	記念館	[平取]		更科	[大地の神用木幣][家を建てるときに木の神に山の木を貰って家を建てることを断わるため幣を作り祈る。][シランパカムイヌサ]	[79.4]	[3.8]
89459-2	記念館	[平取]		更科	[大地の神用木幣][家を建てるときに木の神に山の木を貰って家を建てることを断わるため幣を作り祈る。][シランパカムイヌサ]	[81.4]	[3]
89459-3	記念館	[平取]		更科	[大地の神用木幣][家を建てるときに木の神に山の木を貰って家を建てることを断わるため幣を作り祈る。][シランパカムイヌサ]	[81]	[2.7]
89459-4	記念館	[平取]		更科	[大地の神用木幣][家を建てるときに木の神に山の木を貰って家を建てることを断わるため幣を作り祈る。][シランパカムイヌサ]	[79.4]	[2.4]

収蔵番号	収蔵館	地域	製作者	収集者	備考	最長	最大径
89460	記念館	[門別]	[鍋沢元蔵?]	更科	[*付属札あり][病気を見張る神][本体]	42	2.8
89460	記念館	[門別]	[鍋沢元蔵?]	更科	一[刀]	19.5	1.15
89460	記念館	[門別]	[鍋沢元蔵?]	更科	一[槍]	37	0.9
89461	記念館	[門別]	[鍋沢元蔵?]	更科	[付属札アリ・守神・土付着][病気を見張る木幣][女の病気の守り神]	41.5	1.94
89462-1	記念館	門別?	[鍋沢元蔵?]	更科	[土付着][病魔払い用木幣]	40	1.81
89462-2	記念館	門別	[鍋沢元蔵?]	更科	[付属札アリ・病気治療][病魔払い用木幣]	51	2.1
89463	記念館	静内　農屋	[佐々木太郎]	更科	チセコロカムイ　ドスナラ[家を見張る木幣][チセコロカムイ。男神]	52.5	2.5
89464	記念館	[静内]	[佐々木太郎]	更科	シコロ[家を見張る木幣][チセコロカムイ。女神]	55.5	3.26
89465?	記念館	静内　農屋	[佐々木太郎]	更科	チセコロカムイ　ドスナラ	51.5	2.8
89466	記念館	[静内]	[佐々木太郎]	更科	エンジュ[家を見張る木幣][チセコロカムイ。女神]	53	3.16
89467	記念館	[静内]		更科	[削りかけ垂状木幣][キケパルセイナウ]	[40.8]	[2.3]
89468	記念館	東静内	[佐々木太郎]	更科	ソコンニカムイ男が病気したときのむ神[シナの繊維を巻く][更科1968：117][病気を見張る木幣][リコンニカムイ]	50.5	2.72
89469	記念館	[静内]	[佐々木太郎]	更科	札：ノヤチャウンノカシトイナウ　蛇がたたったとき（ヨモギ）[病気を見張る木幣][ノヤチャウノカシュドイナウ]	43.5	1
89470	記念館	静内	[佐々木太郎]	更科	札：ノヤチャウノカシンノカムイ　戦争のときハルコロしてヌサにおさめる　ニソクするものでアル（ヨモギ）[更科1968：113][戦争勝利を招来する木幣][ノヤチャウノカシュドイナウ]	43.5	1
89471	記念館	[荻伏][浦河井寒台]	[鱗川今太郎]	更科	[家を見張る木幣][チセコルカムイ]	46	2.1
89472	記念館	荻伏[浦河野深]	鱗川今太郎	更科	セレマクルカムイ[家を見張る木幣]	51	2.8
89473	記念館	[荻伏][浦河井寒台]	[鱗川今太郎]	更科	[家を見張る木幣][シンヌカムイ]	39.5	1.8
89474	記念館	[荻伏][浦河井寒台]	鱗川今太郎	更科	[家を見張る木幣][シリコルカムイ]	43.5	2.1
89475	記念館	[荻伏][浦河井寒台]	[鱗川今太郎]	更科	[火の神用木幣][シュドイナウ]	41.5	2.2
89476	記念館	[浦河井寒台]		更科	[山猟用木幣][チノイエカムイ]	[51.3]	[1.3]
89477-1	記念館	荻伏[浦河野深]	[鱗川今太郎]	更科	ハシナウ（シトイナウと一緒だが略式にこれだけ立てることもある）[狩猟神用木幣]	61	1.6
89477-2	記念館	荻伏[浦河野深]	鱗川	更科	シトイナウ（ハシナウと一緒にしてヌサに立てる）[狩猟神用木幣]	59	2.35
89478	記念館	荻伏[浦河野深]	鱗川今太郎	更科	フンネサカムイ海神のイナウ荻伏野深[海神用木幣][シュドイナウ]	53.3	2.5
89479	記念館	荻伏[浦河野深]	鱗川今太郎	更科	メンブツイナウ　コタンクルイナウ[集落神用木幣][シュドイナウ]	54	2.7
89480	記念館	荻伏[浦河野深]	鱗川今太郎	更科	セレマックルカムイ（トッパはノナブツイトッパ）[家を見張る木幣][キケパルセイナウ]	[59.5]	[2.8]
89481	記念館	白糠　和天別	伊賀猪之吉	更科	アベフチイナウ火の神のイナウ[火の神用木幣][シュドイナウ]	45	2.9
89482	記念館	白糠　和天別	伊賀猪之吉	更科	チセコロイナウ家の守イナウ[家を見張る木幣][チケイナウ]	56.3	2.66
89483	記念館	白糠　和天別	伊賀猪之吉	更科	アパサロンカムイイナウ入口の神のイナウ[戸口][戸口を見張る神][チケイナウ]	57	2.64
89484	記念館	白糠　和天別	伊賀猪之吉	更科	カンドコロカムイイナウ　雷神のイナウ[雷神用木幣][チケイナウ]	56	3.14

収蔵番号	収蔵館	地域	製作者	収集者	備考	最長	最大径
89485	記念館	白糠　和天別	伊賀猪之吉	更科	チカピナウ　鳥の神のイナウ[鳥神用木幣][チケイナウ]	53	2.3
89486	記念館	白糠　和天別	伊賀猪之吉	更科	キムンカムイ　熊神のイナウ[熊神用木幣][チケイナウ]	57.5	2.78
89487-1	記念館	白糠　和天別	伊賀猪之吉	更科	ピンネシトイナウ　男の場合イナウ[削り花状木幣][シュドイナウ(男)]	47	2.54
89487-2	記念館	白糠　和天別	伊賀猪之吉	更科	マチネシトイナウ　女の場合イナウ[削り花状木幣][シュドイナウ(女)]	52.5	2.31
89488	記念館	―[白糠和天別]	―	更科	あやまるイナウ　神に謝罪するときのイナウ[神への謝罪用木幣][チケイナウ]	51	3.75
89489-1	記念館	釧路	徹辺重次郎	更科	「ユーカラの世界」ピシュンヌサのイナウ 44-1[幣棚][ピシュンヌサ，チケイナウ]	76.5	4
89489-2	記念館	[釧路]	[徹辺重次郎]	更科	44-2(鉛筆)[幣棚][ピシュンヌサ，イナウケマ]	54.5	3.1
89489-3	記念館	釧路	徹辺重次郎	更科	ピシュンヌサのイナウ[幣棚][ピシュンヌサ，チケイナウ]	63	3.72
89489-4	記念館	釧路	徹辺重次郎	更科	ピシュンヌサのイナウ[幣棚][ピシュンヌサ，チケイナウ]	77.5	3.28
89489-5	記念館	釧路	徹辺重次郎	更科	ピシュンヌサのイナウ[幣棚][ピシュンヌサ，チケイナウ]	72.5	3.45
89489-6	記念館	釧路	徹辺重次郎	更科	ピシュンヌサの両端のイナウコタンクルカムイとクンネレッキカムイに同じ形のものをあげる[幣棚][コタンクルカムイ，クンネレッキカムイへの幣，チカピイナウ]	60	3.6
89489-7	記念館	[釧路]	[徹辺重次郎]	更科	チメシュイナウ　ヌサの両端のハシイナウから枝のようにさげる[幣棚][チメスイナウ]	－[54]	－[1.5]
89490-1	記念館	[釧路]		更科	[火の神用木幣][アペシュドイナウ]	[19.2]	[1.3]
89490-2	記念館	[釧路]	[徹辺重次郎]	更科	[更科 1968：32][火の神用木幣][アペシュドイナウ，ピンネ]	17[20]	0.77[0.8]
89490-3	記念館	[釧路]	[徹辺重次郎]	更科	[更科 1968：32][火の神用木幣][アペシュドイナウ，マッネ]	19[19.4]	0.75[0.6]
89491-1	記念館	塘路	諏訪長一郎	更科	kanna kamuy inau[更科 1968：30][幣棚][カンナカムイイナウ。チケイナウ]	62	2.83
89491-2	記念館	塘路	諏訪長一郎	更科	tokor kamuy inau[更科 1968：30][幣棚][トーコロカムイイナウ，チケイナウ]	61	2.97
89491-3	記念館	塘路	諏訪長一郎	更科	chikap inau[幣棚][チカプイナウ]	60.5	2.77
89492	記念館	[阿寒]	―	更科	[更科 1968：117][眼病治療木幣][短幣に剝幣を巻き人形に作る]	52	3.3
89493	記念館	[弟子屈屈斜路]	―	更科	マクタロクカムイ　家を見張る木幣][家を見張る木幣]　マクタロクカムイ]	82	4.4
89494	記念館	屈斜路	山中西蔵	更科	カンドコロカムイイナウ[更科 1968：152][雷神用木幣]	52	2.3

収蔵番号	収蔵館	地域	製作者	収集者	備考	最長	最大径
89495-1	記念館	二風谷	—	更科	—	28.5	0.85
89495-1	記念館	二風谷	—	更科	—	52.5	0.84
89495-1	記念館	[斜里]	[坂井惣太郎]	更科	[アザラシ漁用木幣][舟に立てる木幣。シュドイナウ]	46	2.55
89495-2	記念館	[斜里峰浜]		更科	[アザラシ漁用木幣][舟に立てる風の魔除。チカピイウ]	[51]	[3.2]
89495-3	記念館	[斜里]	[坂井惣太郎]	更科	[アザラシ漁用木幣][海神への木幣。チケイナウ]	48.5	2.9
89495-4	記念館	斜里	坂井惣太郎	更科	アザラシ狩イナウ sitoinau コタンクルカムイのイナウと共に船の艫に立てる [アザラシ漁用木幣][舟炉に立てる木幣。シュドイナウ]	44.5	2.8
89495-5	記念館	[斜里]	[坂井惣太郎]	更科	B ほか判読不能[アザラシ漁用木幣][初猟の大腸を添えて流す木幣。シュドイナウ]	43.5	2.5
89495-6	記念館	[斜里]	[坂井惣太郎]	更科	[アザラシ漁用木幣][シュドイナウ]	−[40.4]	2.5
89495-7	記念館	[斜里峰浜]		更科	[アザラシ漁用木幣][チケイナウ]	[62]	[2.9]
89495-8	記念館	[斜里]	[坂井惣太郎]	更科	右・左[同番号で2点] [アザラシ漁用木幣][沖の神への木幣。舟の右から流す。ポンシュドイナウ]	13.6	0.9
89495-9	記念館	[斜里峰浜]		更科	[アザラシ漁用木幣][沖の神への木幣。舟の左から流す。ポンシュドイナウ]	[15.3]	[1]
89496	記念館	[斜里峰浜]		更科	[神々へ捧げる肉串][ポンシュドイナウ]	[11.4]	[0.6]
89497	記念館	[旭川近文]		更科	[削りかけ撚状木幣][キケチノイェイナウ]	[78.7]	[3]
89498	記念館	[旭川近文]		更科	[削りかけ撚状木幣][キケチノイェイナウ]	[56.6]	[3.1]
89499	記念館	[旭川近文]		更科	[削りかけ撚状木幣][キケチノイェイナウ]	[55.6]	[2.9]
89500	記念館	空知[旭川近文]	空知保	更科	イリヌサ 三一.一.九[ヒグマ解体用木幣][イリヌサ、昭和31年1月9日]	61.5	2.7
89501-1	記念館	[樺太鵜城]	[柳川助太郎]	更科	ウンチイイナウ オッカイ[火の神用木幣][オッカイウンチイナウ]	28	2.45
89501-2	記念館	[樺太鵜城]	[柳川助太郎]	更科	ウンチイイナウ マチネ[火の神用木幣][マチネウンチイナウ]	27.9	1.85
89502-1	記念館	[鵜城]	[柳川助太郎]	更科	[ウンチクワ(男)][火の神用木幣]	28.6	1.6
89502-2	記念館	[鵜城]	[柳川助太郎]	更科	ウンチクワ 女[火の神用木幣]	27.3	1.53
89503	記念館	[柳川]	[柳川助太郎]	更科	[火の神用木幣][ウンチクワ]	28	2.85
89504	記念館	−[樺太]	—	更科	[火の神用木幣][ウンチクワ]	33.3	2.1
89505	記念館	[樺太鵜城]	[柳川助太郎]	更科	[火の神用木幣][ウンチクワ]	26.5	1.1
89506	記念館	[樺太鵜城]	[柳川助太郎]	更科	[火の神用木幣][ウンチクワ]	33	1.2
89507	記念館	−[樺太]	—	更科	[火の神用木幣][ウンチクワ]	35.5	1.83
89508	記念館	[樺太]	—	更科	[火の神用木幣][ウンチクワ]	32	1.7
89509	記念館	樺太 西海岸	[柳川助太郎]	更科	オッカイドスタクサ[男子巫術用手草]	31	2.55
89510	記念館	カラフト西海岸	[柳川助太郎]	更科	オッカイドスタクサ[男子巫術用手草]	26.5	3
89511	記念館	カラフト西海岸	[柳川助太郎]	更科	メノコドスタクサ[女子巫術用手草]	31	3.05
89512	記念館	[樺太]	[柳川助太郎]	更科	[太鼓の守り神][女子巫術用手草]	26	2.7
89513	記念館	カラフト東海岸	—	更科	[編み込まれた横棒]	7.5	0.85
89513	記念館	カラフト東海岸		更科	チセコロカムイヘンケ 棚に飾る(西はさげる)[家を見張る木幣][チヒコロカムイヘンケ]	27.5	3.35
89514	記念館	カラフト東海岸	—	更科	チセコロカムイイナウの飾り[家を見張る木幣を包む木幣]	25(54)	3.25
89515-1	記念館	樺太西海岸ウショロ	柳川助太郎	更科	チセコロセニシテ(オッカイ)[更科 1968：110][更科 1976：117] [家族を守護する木幣][チセコロセンニシテへ(オッカイ)]	56.5	6

(日本国内)イナウ関連主要資料一覧

収蔵番号	収蔵館	地域	製作者	収集者	備考	最長	最大径
89515-2	記念館	樺太西海岸ウショロ	柳川助太郎	更科	チセコロセニシテ(マチネ)[更科 1968：110][更科 1976：117][家族を守護する木幣][(マチネ)]	54.5	6
89516	記念館	樺太 西海岸[樺太鵜城]	[柳川助太郎]	更科	センシテ 体の弱い女の守神[女性を守護する木幣][センニシテヘ]	41.3	4.4
89517	記念館	樺太西海岸[樺太鵜城]	柳川助太郎	更科	舟の神チヒカムイ(黒) チシカムイ(青)[船を守護する木幣]	25(45)	3.3
89518	記念館	[鵜城]	[柳川助太郎]	更科	——[手草を守護する木幣][チヒカムイ]	29(45)	3.4
89519	記念館	[鵜城]	[柳川助太郎]	更科	タクサ 男 左[手草を守護する木幣]	28.5(46)	3.1
89520-1	記念館	[樺太]	—	更科	[手草][手草を守護する木幣]	23.3(32)	2.93
89520-2	記念館	[樺太]	—	更科	[手草][手草を守護する木幣]	24(32)	2.78
89521	記念館	[樺太]	—	更科	タクサイナウ 五尺[手草を守護する木幣]	31	2.88
89522	記念館	[樺太]	—	更科	チケイナウ 五尺[削りかけ垂状木幣]	28	2.55
89523	記念館	[樺太]	—	更科	—	9.5(20)	2.1
89523	記念館	[樺太]	—	更科	イノンナイタイナウ 四尺[削りかけ垂状木幣][イノンイタハイナウ]	19.8	1
89524	記念館	[樺太]	—	更科	ニンカリイナウ 五尺[輪持ちの木幣]	30	2.7
89525	記念館	[樺太]	—	更科	トクシシイナウ拾五尺 トド松 多ニブタニならばトソツニとの事[熊の霊送り用木幣]	—(62)	2.24
89525下	記念館	[樺太]	—	更科	—	3.75	0.86
89525左	記念館	[樺太]	—	更科	前 上	19	2.13
89525右	記念館	[樺太]	—	更科	前 上	22.5	2.3
89526	記念館	[樺太]	—	更科	[左輪に編み込んだ横棒][熊の霊送り用木幣]	7.26	1.04
89526	記念館	[樺太]	—	更科	[右輪に編み込んだ横棒][熊の霊送り用木幣]	7.5	0.67
89526	記念館	[樺太]	—	更科	ボロイナウ 五尺[熊の霊送り用木幣]	31	2.5
89526	記念館	[樺太]	—	更科	[左輪][熊の霊送り用木幣]	18	1.02
89526	記念館	[樺太]	—	更科	[右輪][熊の霊送り用木幣]	16	0.68
89527	記念館	[樺太西海岸鵜城]	[柳川助太郎]	更科	[戸口の守神][戸口を見張る木幣]	127	5.4
89528-1	記念館	[鵜城]	[柳川助太郎]	更科	[戸口の守神]	110	6.6
89528-2	記念館	[樺太]	[柳川助太郎]	更科	[戸口の神の槍]	123	3.9
89529	記念館	[鵜城]	[柳川助太郎]	更科	—[戸口を見張る木幣]	110	6.7
89530	記念館	[鵜城]	[柳川助太郎]	更科	—[戸口を見張る木幣]	113	6.6

収蔵番号	収蔵館	地域	製作者	収集者	備考	最長	最大径
89531-1	記念館	[鵜城]	[柳川助太郎]	更科	男 クサ 外[棒状木幣]	97	2.5
89531-2	記念館	[鵜城]	[柳川助太郎]	更科	女 クワ 外[棒状木幣]	103	2.7
89532	記念館	[鵜城]	[柳川助太郎]	更科	[外 男 クワ][棒状木幣]	64.5	2.6
89533	記念館	[鵜城]	[柳川助太郎]	更科	[外 女 クワ][棒状木幣]	80	2.75
89534	記念館	[平取二風谷]		更科	[個人のつき神][ドレンペイナウ]	[90]	[2]
89535	記念館	[平取二風谷]		更科	[個人のつき神]	[28]	[6.2]
89536	記念館	[浦川井寒台]		更科	[個人のつき神][ドレンペイナウ]	[50]	[4]
89537	記念館	[平取二風谷]		更科	[つき神への削りかけ][ドスイナウ]	[28]	[6]
89538-1	記念館	[阿寒伏古]		更科	[巫術の神を象徴した木幣][ポンパウンペ]	[40.5]	[6]
89538-2	記念館	[阿寒伏古]		更科	[巫術の神を象徴した木幣][シュドイナウ]	[48.8]	[2.5]
9636	北大				[オクダイツラフ アザラシ猟の際，船につけておく]	37	1
9637	北大					21.5	1
9638	北大				[オクダイツラフ アザラシ猟の際，船につけておく]	21.5	3
9639	北大				[ウグルシプナウ 捕獲したアザラシの頭骨の鼻に]	37	2.5
10178	北大	八雲	椎久年蔵	名取・犬飼	クマ送り祭壇 枠含め5点	—	—
10179	北大	[千歳]			[クマ祭り祭壇 1882.10]	—	—
10180	北大	[千歳]			[1882]	—	—
10182	北大	新十津川	樺勘太郎	名取・犬飼	クマ送り祭壇 5点	—	—
10183	北大	新十津川	樺勘太郎	名取・犬飼	クンネレップ送り祭壇 12点	—	—
10184	北大	[千歳]	[小山田]		[13本＋5本（2つに分かれている）]	—	—
10185	北大	白老	宮本伊之助	名取・犬飼	クマ送り祭壇 7点	—	—
10186	北大	大泊	千野辺与三郎	—	イオマンテ[①]	70	4.28
10186	北大	大泊	千野辺与三郎	—	イオマンテ[①]	200	2.64
10186	北大	大泊	千野辺与三郎	—	小札：札幌博物館[②]	80	4.45
10186	北大	大泊	千野辺与三郎	—	[②]	233	3.45
10186	北大	大泊	千野辺与三郎	—	[③-1 右の長幣]	51	2.94
10186	北大	大泊	千野辺与三郎	—	[③]	216(226.5)	3.88
10186	北大	大泊	千野辺与三郎	—	[③-2 左の長幣 頭部に輪の下がった短幣が挿してある]	56	3.71
10186	北大	大泊	千野辺与三郎	—	[④ 釘]	69	4.53
10186	北大	大泊	千野辺与三郎	—	[④ 土付着]	141(178)	3.3
10186	北大	大泊	千野辺与三郎	—	[⑤]	65	4.3
10186	北大	大泊	千野辺与三郎	—	[⑤ 土付着]	137.5	2.48
10186	北大	大泊	千野辺与三郎	—	[⑥ 釘]	67	4.32
10186	北大	大泊	千野辺与三郎	—	[⑥ 土付着]	124(158)	2.64
10186	北大	大泊	千野辺与三郎	—	[⑦]	82	4.87
10186	北大	大泊	千野辺与三郎	—	[⑦ 釘 土付着]	136.5	3.18
10186	北大	大泊	千野辺与三郎	—	[⑧]	43	3.5
10186	北大	大泊	千野辺与三郎	—	[⑧ 右枝 剥幣 底土付着]	142(163)	4
10186	北大	大泊	千野辺与三郎	—	[⑨ 釘 土付着]札表：ezomatsu todomatsu made by chinobe 裏ケマの径2寸ケマを之ヨリ一尺位長し rebun kamui inau chipatte chipatte-kamui inau ニモ用ヒル	62	4.45
10186	北大	大泊	千野辺与三郎	—	[⑨ 土付着]	145(163)	4.25
10186	北大	大泊	千野辺与三郎	—	[⑩ 釘]	27	2.6
10186	北大	大泊	千野辺与三郎	—	[⑪]	—	—
10186	北大	大泊	千野辺与三郎	—	[⑫]	60	4.2
10186	北大	大泊	千野辺与三郎	—	[⑬-1 左長幣]	61	4.25

収蔵番号	収蔵館	地域	製作者	収集者	備考	最長	最大径
10186	北大	大泊	千野辺与三郎	—	[⑬-2 右長幣]	54	3.5
10186	北大	大泊	千野辺与三郎	—	[⑬-3 幣脚 刻印と頭骨の向きが逆]	230	5.2
10186	北大	大泊	千野辺与三郎	—		—	—
10187	北大	余市	違星梅太郎	名取・犬飼	クマ送り祭壇 14点＋[家の神・女性]	—	—
10188	北大	増毛	山下三五郎	名取・犬飼	クマ送り祭壇 13点	—	—
10189	北大				[イナウ 6本]	—	—
10190	北大	近文	空知新次郎	名取・犬飼	クマ送り祭壇？ 5点	—	—
10191	北大	近文	門野ナンケアイヌ	名取	クマ送り祭壇 16点 1952.3	—	—
10192	北大	近文	門野ナンケアイヌ	名取	祭壇 10点 1952.3	—	—
10193	北大	近文	川村ランケトク	名取	クマ送り祭壇 1点	198	—
10194	北大	増毛	山下三五郎	名取	ハシナウ 1934.3 名取	122.4	27.6
10195	北大	[日高]		[名取]	[ハシナウ 1934.03]	105.5	2.5
10196	北大	近文？	門野ナンケアイヌ？	名取	笹のタクサ	130	2.6
10197	北大				[イナウ 1本]	106.7	27.9
10198	北大				[イナウ 1本]	120	25.5
10199	北大				[ヌサ 1本]	91.4	157.3
10200	北大		[古川]		[ヌサ Takusa(kamui nusa)1組10本]	168	106
10201	北大	美幌	菊地儀七	名取・犬飼	クマ送り祭壇 4点(調査未完)	164	2.4
10202	北大	[美幌]	[菊地]	名取・犬飼	irinusa 三本[10206まで一組]	82	2.85
10203	北大	[美幌]	[菊地]		[isinush]	103	2.4
10204	北大	美幌	菊地儀七	名取・犬飼	K-2 Bakko imoka inau	181	2.6
10205	北大	[美幌]	[菊地]			44.6	2.2
10206	北大	[美幌]	[菊地]		[10202から一組]	177	2.2
10207	北大	美幌	菊地儀七	名取・犬飼	K-6 shut imoka inau	207	2.4
10208	北大	美幌	菊地儀七	名取・犬飼	K-3 takusa	152	2.3
10209	北大	美幌	菊地儀七	名取・犬飼	K-5 takusa	167	2.6
10210	北大	[美幌]	[菊地]			45	2.4
10211	北大	[美幌]	[菊地]	名取・犬飼	[枝付き]	127	1.95
10212	北大	[美幌]	[菊地]	名取・犬飼	[枝付き]	147	1.9
10213	北大	[美幌]	[菊地]	名取・犬飼	[枝付き]	171	1.1
10214	北大	[美幌]	[菊地]	名取・犬飼	[枝付き]	127	1.5
10215	北大	[美幌]	[菊地]	名取・犬飼	[枝付き]	152	1
10216	北大	[鵡川]			[シシャモカムイノミ]	122	4.0 M 152.0
10217	北大	[鵡川]			[シシャモカムイノミ]	117	4.0 M 147.0
10218	北大	[鵡川]			[シシャモカムイノミ]	115	4.0 M 143.0
10219	北大	[鵡川]			[シシャモカムイノミ]	123	4.5 M 153.0
10220	北大	[鵡川]			[シシャモカムイノミ]	118	4.0 M 144.0
10221	北大	[千歳]	[小山田]		イナウ 57.0 脚 153.0 (191)		2.9
10222	北大	[千歳]	[小山田]		イナウ 74.0 脚 147.0 (196)		3.4
10223	北大	[千歳]	[小山田]		イナウ 65.0 脚 130.0 (174)		2.9
10224	北大				イナウ 55.5 脚 109 (140)		2.3

収蔵番号	収蔵館	地域	製作者	収集者	備考	最長	最大径
10225	北大					98.2	21.1
10226	北大				[1本]	80	3.4
10227	北大				[1本]	74	2.2
10228	北大		[古川]		[祭壇上になったもの]		
10229	北大			名取	クマ送りの祭壇　1点	205	—
10230	北大				クマ送り叉木	276.5	5.4
10536	北大	千歳烏柵舞	今泉栄吉	名取	有翼酒箸	34.2	2.28
10537	北大	千歳蘭越	小田伊三郎	名取	有翼酒箸	34.5	2.4
10538	北大	千歳根志越	小山田正造	名取	有翼酒箸	—	2.9
10539	北大	千歳蘭越	茅谷カムタチ	名取	有翼酒箸　ランコシ石田氏　寄	39.5	2
10698	北大	[近文]	空知信次郎	—	[1933.10]	47	2.51
10699	北大	[近文]	[空知家]	[名取]	[ペケンヌプリナウ狼の神　1933.03.10]	63.5	2.5
10700	北大	[近文]	[空知家]	[名取]	[ワッカウシカムイ水の神　1933.03.10]	51.7	2.4
10701	北大	[近文]	[空知家]	[名取]	[ムムヌサ穀物の神　1933.03.10]	61	3.2
10702	北大	[近文]	[空知家]	[名取]	[ポンホロカトックエトコププリク　クマの神　1933.03.10]	60.3	2.9
10703	北大	[近文]	[空知家]	[名取]	[リイナウ　セタウシホロケウカムイ　1933.03.10]	60	2.5
10704	北大	—	—	—	[帯広伏古？][犬飼・名取 1939？]	69.5	3.66
10705	北大	近文	空知家	—	チセコロイナウ　一九三三，一〇[胴部から剝幣を一片取り，軸部に縛る]	49.5	3.11
10706	北大	近文	空知家	名取	ムルクタウシ　一九三三，一〇　シュトイナウ	65.5	2.28
10707	北大	[近文]	[空知家]	[名取]	—	68	2.57
10708	北大	[近文]	[空知家]	[名取]	—	79.5	2.27
10709	北大	[近文]	[空知家]	[名取]	[ハシイナウ　1933.03.10]	64	2.7
10710	北大	[近文]	空知家	名取	ミンダラフチ　一九三二．一〇	26.3	1.2
10711	北大	近文	空知家	名取		26.3	1.3
10712	北大	[近文]	空知家	名取		24	1.4
10713	北大	[近文]	空知家	名取		23.7	1.37
10714	北大	近文	空知家	—	札：2[1933.10][胴部から剝幣を一片取り，軸部に縛る]	52.5	1.91
10715	北大				[1933.09]	68.2	2.2
10716	北大	[春採]			[レプンカムイ　1933.09]	68.5	2.1
10717	北大	[春採]			[キムンカムイ　1933.09]	61	1.8
10718	北大	[増毛]	山下三五郎	名取	コタンクルチカップ	72.5	3.1
10719	北大		[山下三五郎]	[名取]	[イナウ]	63.6	2
10720	北大	[増毛]	山下三五郎	名取	ヌサコロカムイ　ワッカウンカムイナウ	55.5	2.36
10721	北大	[増毛]	山下三五郎	名取		33.3	1.9
10722	北大	[浜益]	[山下三五郎]	—	キムンカムイイナウ　ペケレイナウ＝キケパラセイナウ，有翼酒箸付	71.5	2.35
10723	北大		[山下三五郎]	[名取]	[船の先につける]	44.5	3.6
10724	北大	[増毛]	山下三五郎	名取	ソッキコロカムイイナウ　其他	81.5	3.2
10725	北大	[増毛]	[山下三五郎]	[名取]	[日高のチセコロカムイイナウ]	72	5
10726	北大	近文？	空知家？	名取		48.6	1.8
10728	北大	近文？	空知家？	名取	リクッチリ	28.5	1.25
10729	北大	新十津川	樺勘太郎？	名取	リクチリ	45.5	2.57
10730	北大	音更	中村要吉	—	—	41(48.5)	2.53
10731	北大	音更	中村要吉	—	—	27(30)	2.48
10732	北大	[音更]	[中村要吉]	—	—	18.5	1.07
10733	北大	[音更]	[中村要吉]	—	—	20(21)	1.08

収蔵番号	収蔵館	地域	製作者	収集者	備考	最長	最大径
10734	北大	[音更]	[中村要吉]	―	―	18.8(20)	1.11
10735	北大	[音更]	[中村要吉]	―	―	19.5(20.5)	0.95
10736	北大	[音更]	[中村要吉]	―	―	19.5	0.86
10737	北大				[イナウ]	67	2.6
10738	北大				[イナウ]	69.3	2.1
10739	北大				[イナウ]	70.5	3
10740	北大				[イナウ]	70.5	2.7
10741	北大				[イナウ]	68	3.2
10742	北大				[イナウ]	72	3.2
10743	北大				[イナウ]	60.9	2.5
10744	北大				[イナウ]	73	3.3
10745	北大				[イナウ]	71	3.4
10746	北大				[イナウ]	65.2	3
10747	北大	―	―	―	ヌササンに下げる	51.5	2.72
10748	北大				[ヌササンに下げる]	53.5	2.3
10752	北大	―	―	―	アパサムカムイ(入口の右側)入口の神 ニサケル	52	2.36
10753	北大	阿寒	土佐籐蔵	―	フクロウ	56	2.29
10754	北大				[1935.02]	43	2.1
10755	北大	阿寒	土佐籐蔵	―	1932年8月 熊用 キムンカムイ	58	3.46
10756	北大	[対雁]	―	―	屋根祭幣(札：十一年 月 日 樺太産, 裏：208)	70	2.45
10757	北大	平取町ペナコリ				38.5	2.7
10758	北大	[伏古]	古川辰五郎	―	―	56	2.56
10759	北大	[平取]	[平村]	[名取]		52.9	2.2
10760	北大				[家の中]	57.8	2.1
10761	北大		[中山浅吉]		[1936]	86	2.3
10762	北大		[中山浅吉]		[1936]	87	2.5
10763	北大	[鵜城]	―	[宮城 鉄夫]	カバフト	50	2.87
10764	北大	[鵜城]	―	[宮城 鉄夫]	カバフト ラベル(カラフト 381)	33.5	3.3
10765	北大	[対雁]	―	―	7(鉛筆)[1878](札：十一年 月 日 樺太産, 裏：211)	50	2.21
10766	北大	[樺太]			[1878]	56	2.3
10767	北大	[対雁]	―	―	[1878]	48.5	2.28
10768	北大	北海道？[樺太]			―	41	2.3
10769	北大	北海道？[樺太]	―		[1878]	58	2.3
10770	北大	北海道？[樺太]	―		[1878]	55.5	2.3
10771	北大	北海道？[樺太]			[1878]	81	3
10772	北大	北海道？[樺太]			[1878]	69	2.3
10773	北大	北海道？[樺太]			[1878]	69	2.9
10775	北大	北海道？[樺太]			[1878]	69.9	2.7
10776	北大	北海道？[樺太]			[1877]	59.5	2.2
10777	北大	北海道？[樺太]			[1878]	77.7	2.6
10778	北大	北海道？[樺太]			[1878]	72.5	3
10779	北大	北海道？[樺太]	―	―	[1878]	67	2.3
10780	北大	新十津川	樺勘太郎	名取		31	1.8
10781	北大	新十津川	樺勘太郎	名取		31	1.97
10782	北大			名取		27	1.3
10783	北大			名取		26	1.27
10786	北大			名取		21	1
10787	北大	―	―	―	[灰(？)付着]	21.5	0.9
10788	北大			名取		21.7	0.8

収蔵番号	収蔵館	地域	製作者	収集者	備考	最長	最大径
10790	北大	[塘路？]	[島太郎？]	—	—	20.3(21.5)	0.74
10791	北大	[塘路？]	[島太郎？]	—	—	20	0.91
10792	北大	[塘路？]	[島太郎？]	—	—	18.8	0.99
10795	北大	[平取]	[平村]	[名取]		52.6	1.9
10796	北大	—	—	—	[土付着]	46	2.2
10797	北大	[石狩]			[1881]	51.3	1.6
10798	北大	—	—	—	[土付着]	47	1.64
10799	北大	石狩		名取	チエホロカケップ	21	1.1
10800	北大	樺太西海岸	—	三宅勉	カバフト ラベル(カラフト382)[縄状の削りかけが巻きつく]	65.5	2
10801	北大					−44	2.2
10802-上	北大	[対雁]	—	—	[カネニ 1878]	14(83.5)	2.17
10802-脚部	北大	[対雁]	—	—	枝アリ	74	3.7
10802-左	北大	[対雁]	—	—	—	13.5	1.93
10802-右	北大	[対雁]	—	—	—	16	2.19
10806	北大	[石狩]			[1878]	51.5	1.5
10807	北大	—			—	44	2.54
10808	北大	石狩			シノイナウ ラベル：203 6 札：十一年 月 日石狩産	63	2.95
10809	北大	[対雁]	—		3 カバフト 札表：十一年 月 日樺太産 裏：210 3	44	2.68
10810	北大				[イナウ]	43.2	3.5
10811	北大				[イナウ]	46.5	3.3
10812	北大				[イナウ]	74.3	2.8
10813	北大					57	2.4
10814	北大					70.5	2.1
10815	北大				[イナウ]	55.5	2.4
10816	北大	—	—	—	—	73	2.1
10817	北大					62.3	1.8
10818	北大					67	
10819	北大		[山下三五郎]			28	0.7/38.1
10820	北大		[山下三五郎]			26.5	0.7/26.6
10821	北大		[山下三五郎]		[7本]	23	0.8
10822	北大		[山下三五郎]		[3本]	23	0.7/23.0
10824	北大	八雲	椎久年蔵	名取	トイサッシュトイナウ 名取	74.5	2.9
10825	北大	[虹別]	—	[名取]	剣幣を刺し込む[名取 1940：97][青柳 1982：194]	70.5	1.57
10827	北大	荻伏		名取	Onihushi	59	2.55
10828	北大	[日高荻伏]				69.7	2.4
10829	北大	[日高荻伏]				58.8	3.7
10830	北大	近文	—	—	昭和九年六月 三浦氏寄贈	64	3.69
10836	北大	[音更]	中村要吉	—	アパサムイナウ	31.5	1.15
10837	北大	音更	中村要吉	名取	アパサムイナウ	28	1.3
10839	北大		[中村要吉]			35.0 (M 92.0)	2
10840	北大		[古川]			53.5	1.8
10841	北大		[古川]			57	2.1
10843	北大				[イナウ]	55	25
10844	北大	長万部		名取	フンベオマンテ九本の内	85.3	3.2
10845	北大	長万部		名取	フンベオマンテ九本の内	78	3.4
10846	北大	長万部		名取	フンベオマンテ九本の内	81	1.1
10847	北大	長万部		名取	フンベオマンテ九本の内	97	1.2
10848	北大	長万部		名取	フンベオマンテ九本の内	73.5	1.4

収蔵番号	収蔵館	地域	製作者	収集者	備考	最長	最大径
10849	北大	長万部		名取	フンペオマンテ九本の内	82.2	3.3
10850	北大	長万部		名取	フンペオマンテ九本の内	89	2.65
10851	北大	長万部		名取	フンペオマンテ九本の内	82	3
10852	北大	長万部		名取	フンペオマンテ九本の内	88.5	4.51
10853	北大	新十津川？	樺家？	名取		33.5	1.64
10854	北大	[新十津川]	樺家	名取		29	1.6
10855	北大	[新十津川]	樺家	名取		31	1.56
10856	北大	[新十津川]	樺家	名取		19	1.85
10859	北大		[宮本伊太郎]		カムイフチイナウ	54	2.9
10860	北大	[虹別]	―	[名取]	剝幣を刺し込む[名取 1940：97][青柳 1982：194]	69	1.93
10861	北大	大泊(楠渓)	―	―	takusainau kusunkotan[製作過程標本？]	81.5	3.61
10862	北大	久春内	―	―	chara-ni kusunnai ainu	28.5	2.87
10863	北大	―	―	―		27.5	2.12
10865	北大	海馬島	―	三宅勉	日ノ出浦コタン, 三十九, 七, 二五[下端に付着物]	89.5	3
10866	北大	海馬島	―	三宅勉	日ノ出浦コタン, 三十九, 七, 二五 ラベル(カラフト380)[下端に付着物]	87	3.88
10867	北大					48	1.7
10868	北大					49	1.7
10869	北大					49	1.8
10870	北大					50.5	1.3
10871	北大		[新井田家]		[イナウ]	73	1.7
10872	北大	―	―	―	[結束部の模型]	87.5	1.55
10873	北大	kusunkotan	―	―	takusa inau, [柳の棒に松の枝を縛り付ける]	30(56)	2.43
10877	北大	大泊	千野辺与三郎	―	札　表：made by 千野辺与三郎裏：kema-ezomatsu, Ina-kua-yanagi (rebunkamui chepattekamui true ength 7尺位	22.5(96.5)	1.68
10877	北大	大泊	千野辺与三郎	―	[麻のような紐で長幣を結束]	91	1.8
10905	北大				[2本]	23.5	1.2
11204	北大				[ナウ]	98	4.2
11205	北大				[ナウ]	101.9	5
11206	北大				[ナウ]	90.5	3
11207	北大	[オタス]	[上村力太郎]	[名取]	[Jonkor attung nau 1942]	87	4.5
11208	北大					70.5	3.0
11209	北大				[ナウ]	72	4
11210	北大	美幌	菊地儀七	名取・犬飼	クマ送り祭壇　11点(調査未完)	182	3
11211	北大	(余市)	違星梅太郎	―	―	68.5	2.94
11212	北大	(余市)	違星梅太郎	―	―	69	3.14
11213	北大	(余市)	違星梅太郎	―	―	68.5	3
11214	北大	(余市)	違星梅太郎	―	182	63.5	3.06
11216	北大				[Baba]	31	3.3
11217	北大	鵡川		名取	キケパルセ等[シシャモカムイノミ用 6点]	128	3.4
11219	北大				[イナウ]	60	2.3
11220	北大	浜益？	山下三五郎？		[イナウ]	60	2.3
11221	北大				[イナウ]	70.3	2.7
11226	北大				[イナウ]	44.5	1.7
11227	北大				[ナウ]		
11229	北大			名取		36.5	2.35
11229	北大					43	2.4

収蔵番号	収蔵館	地域	製作者	収集者	備考	最長	最大径
11230	北大	—	—	—	—	40	2.58
11231	北大	[伏古？]	[古川辰五郎？]	—	[犬飼・名取 1939]	21.5(24.5)	0.94
11232	北大			名取	[イナウ]	20.8	1
11234	北大	[伏古？]	[古川辰五郎？]	—	[犬飼・名取 1939]	20(24.5)	0.99
11235	北大	[伏古？]	[古川辰五郎？]	—	[犬飼・名取 1939]	21.2(24.5)	0.97
11238	北大	[伏古？]	[古川辰五郎？]	—	[犬飼・名取 1939]	20.3(24)	1.09
11239	北大	[伏古？]	[古川辰五郎？]	—	[犬飼・名取 1939]	20(24)	0.8
11250	北大				[イナウ？]	45	20
11255	北大	[オタス]	[上村力太郎]	[名取]	[1942]	62	1.3
11257	北大					55	1.9
11259	北大					54	2.2
11261	北大	[オタス]	[上村力太郎]	[名取]	[Nondon nau 1942]	65	1.3
11262	北大	[オタス]	[上村力太郎]	[名取]	[gibush nau 1942]	55	6
11263	北大	[オタス]	[上村力太郎]	[名取]	[1942]	18	—
11264	北大				[奉酒端]	33.3	2
17657	北大	厚真村東老軽舞村		名取	有翼酒箸	35.5	1.58
17664	北大	白老	森竹竹市	名取	有翼酒箸　タケモリタケイチ作竹森氏寄	34.8	2.9
17690	北大	新十津川	樺勘太郎	名取	有翼酒箸	34.3	2
17698	北大	室蘭本輪西町ポロモイ	坂下連吉	名取	有翼酒箸	37.8	2.45
17704	北大	新十津川	樺勘太郎	名取	有翼酒箸	33.7	1.9
17710	北大	余市	西村玉三郎	名取	有翼酒箸　一九三五.十一月	24	1.46
17713	北大	近文	川村イタキシルマ	名取	有翼酒箸　一九三五三月二十八日　近文川村カネトの父イタキシルマ作	28.9	1.9
17714	北大	茨戸	能戸西雄	名取	有翼酒箸　大井君寄贈	28.7	2.1
17718	北大	虻田	江良惣太郎	名取	有翼酒箸　白井	30.3	1.85
17721	北大	近文	空知信二郎	名取	有翼酒箸　10／Ⅲ 1933	28.4	1.92
17722	北大	鵡川村チン	新井田パスイテカン	名取	有翼酒箸	35.5	1.6
17724	北大	厚真村東老軽舞村		名取	有翼酒箸	35.5	1.7
17729	北大	浜益	山下三五郎		有翼酒箸　一九三五	27.1	1.75
17732	北大	浜益	山下三五郎		有翼酒箸　沖用　キケ一つなら印あるキケ二つなら印ゐらない	34.6	2.27
17732	北大	白老	熊坂シタッピリレ	名取	有翼酒箸　満岡	34.5	2
17734	北大	幌内	伊藤シトンマトク	名取	有翼酒箸	34	1.85
17736	北大	千歳蘭越	小山田次郎太	名取	有翼酒箸	36.2	1.7
17738	北大	春採	結城惣太郎	名取	有翼酒箸　一九三七年十一月二三日	30.2	3.02
17740	北大	近文	村山カイカウック	名取	有翼酒箸　佐々木氏寄贈	25.3	1.9
17743	北大	網走	工藤貞助	名取	有翼酒箸	41	2.56
17744	北大	近文	川村イタキシルマ	名取	有翼酒箸　一九三五　三月二十八日	29	1.94
17747	北大	名寄		名取	有翼酒箸　矢口氏	31.6	2.37
17753	北大	増毛	山下三五郎	名取	有翼酒箸　一九三六　七月二七日	34.6	2.62
17754	北大	白糠	時田伊兵衛	名取	有翼酒箸	24.7	2.7
17760	北大	名寄		名取	有翼酒箸　矢口氏　ナヨロのアイヌ作（ムカワより移住したアイヌの作ならん）	31.4	2.5
17761	北大	浜益	山下三五郎	名取	有翼酒箸　一九三六　七月二十七日	34.6	2.52
17762	北大	浜益	山下三五郎	名取	有翼酒箸　ハママシケ　アマカワ家　天川　沖用	35	2.33
17764	北大	シケレペ	木幡大六	名取	有翼酒箸　昭和四年九月二十一日　名取採集	35.8	2.4
17766	北大	名寄	北風磯吉	名取	有翼酒箸	37	2.2
17768	北大	屈斜路	弟子小太郎	名取	有翼酒箸　昭和十三年	40.1	2.62
17771	北大	虻田	末部加屋吉	名取	有翼酒箸　白井	34.5	2.72

収蔵番号	収蔵館	地域	製作者	収集者	備考	最長	最大径
17772	北大	白老	宮本伊之助	名取	有翼酒箸　満岡	33	2.62
17777	北大	塘路	島太郎	名取	有翼酒箸　一九三五.一〇月	29	2.4
17778	北大	浦河荻伏			有翼酒箸　Onihushi	23.1	2.1
17779	北大	網走	工藤貞助	名取	有翼酒箸　一九三六年(米村)モヨロ工藤貞助(八十三才)	41	2.6
17781	北大	近文	村山カイカウック	名取	有翼酒箸　一九三五年四月　佐々木氏寄贈	36.7	3
17783	北大	新十津川	樺勘太郎	名取	有翼酒箸　泥川　木皮舟を作ル時ノモノ	22.7	0.93
17784	北大	阿寒	音吉		クマ頭骨用イナウ刻印見本　Enkorushini	8	2.9
23733	北大	美幌	菊地儀七		刻印見本　レブンカムイイナウ	21	2.4
23734	北大	虻田			刻印見本	6.5	1.9
23735	北大	虻田			刻印見本	8.9	1.8
23736	北大	虻田			刻印見本	5.8	1.8
23738	北大	弟子屈屈斜路			イナウ頭部	15	1.5
23739	北大	帯広伏古	古川辰五郎		刻印見本	64.7	1.9
24690	北大	近文	川村カネト	名取	有翼酒箸	24	1.83
24698	北大	[近文]	[川村カネト]		[イナウ　1952.03.21]	—	—
24941	北大		[川村カネト]		[祭用具]	34	3
24942	北大				[祭用具]	38.5	3.2
24943	北大				[祭用具]	36	3.1
24944	北大				[祭用具]	37.2	3.5
24945	北大				[祭用具]	33.8	2.7
24946	北大				[祭用具]	35.5	2.2
24947	北大				[イナウ]	45	2.9
24948	北大				[イナウ]	45	3
24949	北大				[イナウ]	46.5	2.4
24950	北大				[イナウ]	44.2	3.3
24951	北大				[イナウ]	45.5	2.3
24954	北大	—	[茅谷カムタチ]	—	—	43	2.66
24956	北大	—	茅谷カムタチ	—		44.5	3.38
24957	北大				[イナウ]	61	2.5
24958	北大					62	1.6
24959	北大					47	1
24961	北大				[オクシテ]	48.5	1.1
24967	北大					65.8	0.7
24970	北大	[近文]	[川村カネト]			66.4	0.7
32983	北大	空知	空知保	名取	有翼酒箸　内浦　空知保	26.7	1.65
33510	北大					イナウ 79.0 脚 118.5	2.9
33511	北大					イナウ 72.0 脚 98.0	2.7
33512	北大					イナウ 71.0 脚 116.5	2.2
33513	北大					64.5	6.8
33514	北大				[ヌサ]	—	—
33722	北大					22	7.0　T 4.0
33723	北大	—	—	—	[枝に紙片を結ぶ]	58.5	0.4
33724	北大				[人型のイナウ。蝦夷産業図説に描かれたものを複製]	70.5	26.0　T？
33725	北大				[イナウ　Chinopu innau　長さ 4 尺]	26	3.4
33726	北大				[イナウ　Boto]	42	2.7

収蔵番号	収蔵館	地域	製作者	収集者	備考	最長	最大径
33728	北大	―	―	―	―	26(46)	3.4
33729	北大	―	―	―	―	43	3.2
33730	北大				[イナウ]	61.5	2.7
33731	北大				[イナウ]	60	2.9
33732	北大				[イナウ]	58.3	2.9
33733	北大				[イナウ]	62	2.5
33734	北大				[イナウ]	57.7	2.5
33735	北大				[イナウ]	59.5	2.7
33736	北大				[イナウ]	54	3
33737	北大				[イナウ]	56.8	2.5
33738	北大				[イナウ]	59.5	2.7
33739	北大				[イナウ 1本ヤク]	44	2.8
33740	北大				[イナウ]	52	2.5
33741	北大				[イナウ]	54.5	2.2
33743	北大				[イナウ]	21.5	1.1
33744	北大				[イナウ]	19.7	1
33745	北大				[イナウ]	17.4	0.7
33746	北大				[イナウ]	18	0.5
33747	北大				[イナウ]	18	0.6
33748	北大				[イナウ]	19.5	0.5
33749	北大					27.2	1.3
33750	北大	八雲	椎久年蔵	名取	アイネニ 木・布	37.6	1.1
33849	北大			名取		79.5	2.3
33850	北大			名取		73	2.2
33776	北大					37	1.3
33777	北大					26	1.9
33779	北大					30	1.3
33830	北大					182.5	2.7〜1.6
33849	北大					79.8	7.9
33850	北大					73	1.7
33851	北大	―	―	―	セニシテ	60	3.85
33852	北大	―	―	―	[長幣を冠にした物]	42	25
33853	北大	―	―	―	―	38	2.46
34605	北大	白浜	―	名取	―	48	2.9
34622	北大	[増毛]	山下三五郎	名取		20	1.9
34623	北大	[増毛]	山下三五郎	名取		33.5	2.15
34627	北大	多蘭泊	―	名取	チケイナウの__部[刻印を数種刻んだサンプル]	16	1.28
34628	北大	多蘭泊	―	名取	―	24	1.08
34629	北大	多蘭泊	―	Baba	ラベル(34629)白カバ	29.5	1.63
34630	北大	多蘭泊	―	Baba	白カバ	39.5	1.95
34631	北大	多蘭泊	―	Baba	トド	43.5	1.5
34632	北大	白浜	―	Baba	白樺	28.4	1.99
34633	北大	白浜	―	Baba	―	28	1.38
34634	北大	白浜	―	Baba	ラベル(34634)	29.3	1.4
34636	北大	新問	―	Baba	―	37.5	1.48
34637	北大	新問	―	Baba	―	37.5	1.52
34638	北大	新問	―	Baba	トド[枝アリ]	38.7	1.95
34639	北大	落帆	―	名取	セシシテ(札：火の神 落帆⑤)	23	1.41
34640	北大	落帆	―	名取	ウンヂエプシ	24	1.94
34641	北大	新問	―	名取	[逆木, 枝アリ]	35.5	1.86
34642	北大	新問	―	名取		32.5	1.16

収蔵番号	収蔵館	地域	製作者	収集者	備考	最長	最大径
34643	北大	[新問]	—	[名取]	[枝アリ]	34.5	1.35
34645	北大	新問	—	名取	niitoi(鉛筆)	38	1.75
34646	北大	新問	—	名取	niitoi surh____au(鉛筆)	38.5	1.6
34647	北大	落帆	—	名取	ウンヂエプシ	34	2.17
34648	北大	落帆	—	名取	イヌムエブシ（札：酒こしinau inumu-inau 落帆）[火の神]	19.5	1.96
34649	北大	落帆	—	[名取]	チシカムイ(札：チシカムイ落帆)	25.5	1.12
34650	北大	登富津	—	名取	to____(鉛筆)	19	1.15
34651	北大	登富津	—	名取	—	29	2.16
34652	北大	登富津	—	名取	—	29	1.55
34653	北大	多蘭泊	—	名取	—	35.5	2.39
34654	北大	多蘭泊	—	[名取]	—	35	1.98
34655	北大	智来	—	[名取]	chirai	50.5	4.09
34656	北大	智来	—	名取	chirai(札：⑨火の神　智来)	44.5	2.79
34657	北大	智来	—	名取	—	34	1.55
34658	北大	智来	—	名取	—	40(53.5)	3.9
34664	北大	[白浜]		[名取]	火の神	イナウ	26.3
34665	北大	[白浜]		[名取]	[イナウ]	イナウ	46
34666	北大	[網走]	[工藤貞助]			イナウ	62
34672	北大					59.5	2.8
45273	北大	[オタス]	[上村力太郎]	[名取]	[Mu nau 1942]	41.5	2.25
45274	北大				[奉酒箸？　Ukkuda iau　♀の記号あり]	23.1	2.2
45275	北大				[奉酒箸？　Ukkuda iau　♂の記号あり]	24	1.9
45276	北大					47	3.2
45277	北大					56	2.6
45278	北大	[オタス]	[上村力太郎]		[Munau]	52.7	2.5
45279	北大	[オタス]	[上村力太郎]		[Munau]	54.5	2.7
45281	北大				[ittage]	37	1.1
45282	北大				[Pureptegi]	45	1.6
45284	北大				[アラヘ]	42	3
45288	北大	新問	—	名取	niitoi(鉛筆)34640.34660(旧No.)	33	1.37

収蔵番号	収蔵館	地域	製作者	収集者	備考	最長	最大径
H 0003208	民博	日本国　北海道		大塚和義	削り掛け	[64]	[2.7]
H 0003209	民博	日本国　北海道		大塚和義	削り掛け	[64]	[2.5]
H 0003210	民博	日本国　北海道		大塚和義	削り掛け	[63]	[2.5]
H 0003211	民博	日本国　北海道		大塚和義	削り掛け	[48]	[3.2]
H 0003212	民博	日本国　北海道			削り掛け	[42]	[2.8]
H 0003213	民博	日本国　北海道			削り掛け	[41]	
H 0003214	民博	日本国　北海道			削り掛け	[41]	
H 0011009	民博	日本国　北海道静内		小峯和茂	酒箸(削り掛け付き)	[39]	[2.1]
H 0011010	民博	日本国　北海道静内		小峯和茂	酒箸(削り掛け付き)	[36]	[2.5]
H 0011011	民博	日本国　北海道静内		小峯和茂	酒箸(削り掛け付き)	[33]	[1.7]
H 0011012	民博	日本国　北海道静内		小峯和茂	酒箸(削り掛け付き)	[37]	[2]
H 0011016	民博	日本国　北海道		小峯和茂	削り掛け	[71]	[2.4]
H 0011017	民博	日本国　北海道		小峯和茂	削り掛け	[64]	[2.3]
H 0011018	民博	日本国　北海道		小峯和茂	削り掛け	[58]	[2.2]
H 0011019	民博	日本国　北海道		小峯和茂	削り掛け	[64]	[2.2]
H 0011020	民博	日本国　北海道		小峯和茂	削り掛け	[35]	[2]
H 0011971	民博	日本国　北海道			削り掛け(イナウ)	[59]	[14]
H 0011972	民博	日本国　北海道			削り掛け(イナウ)	[59]	[13]
H 0015019	民博	日本国　北海道		伏根弘三	削り掛け(イナウ)	[77.1]	[11.8]
H 0018720	民博	日本国　北海道日高国門別郡新平賀村		久保寺逸彦	信仰用　削り掛け　チエホロカケツプイナウ	[37.5]	[5.3]
H 0020586	民博	日本国　北海道日高国沙流郡二風谷		久保寺逸彦	削り掛け　キケパルセイナウ	[50]	[9.9]
H 0020587	民博	日本国　北海道日高国沙流郡二風谷		久保寺逸彦	削り掛け　チエホロカケツプイナウ	[48.9]	[7.9]
H 0020588	民博	日本国　北海道日高国沙流郡二風谷		久保寺逸彦	削り掛け　チエホロカケツプイナウ	[51.9]	[8.3]
H 0020589	民博	日本国　北海道日高国沙流郡二風谷		久保寺逸彦	削り掛け　チエホロカケツプイナウ	[52.5]	[7.5]
H 0020590	民博	日本国　北海道日高国沙流郡二風谷		久保寺逸彦	削り掛け　チエホロカケツプイナウ	[35.3]	[6.6]
H 0020591	民博	日本国　北海道日高国沙流郡二風谷		久保寺逸彦	削り掛け　キケパルセ	[52]	[9.2]
H 0022008	民博	日本国　北海道沙流郡平取町大字紫雲古津		石田英一郎	削り掛け　レプンカンペカムイ	[27]	[11.7]
H 0023828	民博	樺太　真岡支庁　真岡郡廣地村　多蘭泊(ソビエト社会主義共和国連邦)		宮本馨太郎	削り掛け	[26]	[3.9]
H 0024469	民博	日本国　北海道日高支庁沙流郡平取村二風谷		二谷国松	削り掛け(イナウ，山の神用)	[87]	[4.2]
H 0024470	民博	日本国　北海道日高支庁沙流郡平取村二風谷		二谷国松	削り掛け(イナウ，山の神用)	[71]	[2.9]
H 0024471	民博	日本国　北海道日高支庁沙流郡平取村二風谷		二谷国松	削り掛け(イナウ，山の神用)	[94]	[4.2]
H 0024472	民博	日本国　北海道日高支庁沙流郡平取村二風谷		二谷国松	削り掛け(イナウ，山の神用)	[88]	[1.5]
H 0024473	民博	日本国　北海道日高支庁沙流郡平取村二風谷		二谷国松	削り掛け(イナウ，木の神用)	[93]	[2.2]
H 0024474	民博	日本国　北海道日高支庁沙流郡平取村二風谷		二谷国松	削り掛け(イナウ，木の神用)	[99]	[2.7]
H 0024475	民博	日本国　北海道日高支庁沙流郡平取村二風谷		二谷国松	削り掛け(イナウ，木の神用)	[93]	[2.7]
H 0024476	民博	日本国　北海道日高支庁沙流郡平取村二風谷		二谷国松	削り掛け(イナウ，木の神用)	[90]	[2.7]
H 0024478	民博	日本国　北海道日高支庁沙流郡平取村二風谷		二谷国松	削り掛け(イナウ，火の神用)	[44]	[1.9]

収蔵番号	収蔵館	地域	製作者	収集者	備考	最長	最大径
H0024483	民博	日本国 北海道日高支庁沙流郡平取村二風谷		二谷国松	儀礼用 篦(酒箸)(削り掛け付き)	[40]	[2.4]
H0024488	民博	日本国 北海道日高支庁沙流郡平取村二風谷		二谷国松	削り掛け(イナウ)	[36]	[14]
H0024489	民博	日本国 北海道日高支庁沙流郡平取村二風谷		二谷国松	削り掛け(イナウ)	[36]	[9.8]
H0024490	民博	日本国 北海道日高支庁沙流郡平取村二風谷		二谷国松	削り掛け(イナウ)	[62]	[6.1]
H0024491	民博	日本国 北海道日高支庁沙流郡平取村二風谷		二谷国松	削り掛け(イナウ)	[59]	[7.7]
H0024492	民博	日本国 北海道日高支庁沙流郡平取村二風谷		二谷国松	削り掛け(イナウ)	[57]	[11]
H0024493	民博	日本国 北海道日高支庁沙流郡平取村二風谷		二谷国松	削り掛け(イナウ)	[70]	[17]
H0024495	民博	日本国 北海道日高支庁沙流郡平取村二風谷		二谷国松	削り掛け(イナウ)	[36]	[3.2]
H0024549	民博	日本国 北海道日高支庁沙流郡平取村二風谷		二谷国松	削り掛け(イナウ,火の神用)	[59]	[8.7]
H0024550	民博	日本国 北海道日高支庁沙流郡平取村二風谷		二谷国松	削り掛け(イナウ,火の神用)	[54]	[6.6]
H0024551	民博	日本国 北海道日高支庁沙流郡平取村二風谷		二谷国松	削り掛け(イナウ,火の神用)	[57]	[6.3]
H0024552	民博	日本国 北海道日高支庁沙流郡平取村二風谷		二谷国松	削り掛け(イナウ,火の神用)	[59]	[5.7]
H0024553	民博	日本国 北海道日高支庁沙流郡平取村二風谷		二谷国松	削り掛け(イナウ,火の神用)	[56]	[6.9]
H0024554	民博	日本国 北海道日高支庁沙流郡平取村二風谷		二谷国松	削り掛け(イナウ,木の神用)	[104]	[2.6]
H0024555	民博	日本国 北海道日高支庁沙流郡平取村二風谷		二谷国松	削り掛け(イナウ,木の神用)	[113]	[3]
H0024556	民博	日本国 北海道日高支庁沙流郡平取村二風谷		二谷国松	削り掛け(イナウ,木の神用)	[82]	[4.4]
H0024557	民博	日本国 北海道日高支庁沙流郡平取村二風谷		二谷国松	削り掛け(イナウ,木の神用)	[83]	[3.8]
H0024558	民博	日本国 北海道日高支庁沙流郡平取村二風谷		二谷国松	削り掛け(イナウ,木の神用)	[81]	[3]
H0024559	民博	日本国 北海道日高支庁沙流郡平取村二風谷		二谷国松	削り掛け(イナウ,木の神用)	[86]	[3.7]
H0024560	民博	日本国 北海道日高支庁沙流郡平取村二風谷		二谷国松	削り掛け(イナウ,木の神用)	[95]	[2.4]
H0024561	民博	日本国 北海道日高支庁沙流郡平取村二風谷		二谷国松	削り掛け(イナウ,木の神用)	[91]	[3.3]
H0024562	民博	日本国 北海道日高支庁沙流郡平取村二風谷		二谷国松	削り掛け(イナウ,木の神用)	[101]	[2.1]
H0024563	民博	日本国 北海道日高支庁沙流郡平取村二風谷		二谷国松	削り掛け(イナウ,木の神用)	[102]	[2.4]
H0024564	民博	日本国 北海道日高支庁沙流郡平取村二風谷		二谷国松	削り掛け(イナウ,木の神用)	[103]	[2.3]
H0024565	民博	日本国 北海道日高支庁沙流郡平取村二風谷		二谷国松	削り掛け(イナウ,木の神用)	[102]	[2.5]
H0024566	民博	日本国 北海道日高支庁沙流郡平取村二風谷		二谷国松	削り掛け(イナウ,木の神用)	[99]	[2.5]
H0024567	民博	日本国 北海道日高支庁沙流郡平取村二風谷		二谷国松	削り掛け(イナウ,木の神用)	[106]	[2.7]
H0024568	民博	日本国 北海道日高支庁沙流郡平取村二風谷		二谷国松	削り掛け(イナウ,山の神用)	[107]	[17]
H0024569	民博	日本国 北海道日高支庁沙流郡平取村二風谷		二谷国松	削り掛け(イナウ,山の神用)	[103]	[13]

収蔵番号	収蔵館	地域	製作者	収集者	備考	最長	最大径
H 0024570	民博	日本国　北海道日高支庁沙流郡平取村二風谷		二谷国松	削り掛け(イナウ，山の神用)	[97]	[6.7]
H 0024571	民博	日本国　北海道日高支庁沙流郡平取村二風谷		二谷国松	削り掛け(イナウ)	[70]	[3]
H 0024572	民博	日本国　北海道日高支庁沙流郡平取村二風谷		二谷国松	削り掛け(イナウ)	[151]	[1.9]
H 0024573	民博	日本国　北海道日高支庁沙流郡平取村二風谷		二谷国松	削り掛け(イナウ)	[142]	[2]
H 0024574	民博	日本国　北海道日高支庁沙流郡平取村二風谷		二谷国松	削り掛け(イナウ)	[85]	[2.5]
H 0024575	民博	日本国　北海道日高支庁沙流郡平取村二風谷		二谷国松	削り掛け(イナウ)	[122]	[2.5]
H 0024576	民博	日本国　北海道日高支庁沙流郡平取村二風谷		二谷国松	削り掛け(イナウ)	[100]	[2.6]
H 0024577	民博	日本国　北海道日高支庁沙流郡平取村二風谷		二谷国松	削り掛け(イナウ)	[98]	[2.5]
H 0024578	民博	日本国　北海道日高支庁沙流郡平取村二風谷		二谷国松	削り掛け(イナウ)	[140]	[2.5]
H 0024579	民博	日本国　北海道日高支庁沙流郡平取村二風谷		二谷国松	削り掛け(イナウ)	[149]	[2.8]
H 0024580	民博	日本国　北海道日高支庁沙流郡平取村二風谷		二谷国松	削り掛け(イナウ)	[142]	[2.5]
H 0024581	民博	日本国　北海道日高支庁沙流郡平取村二風谷		二谷国松	削り掛け(イナウ)	[148]	[2.7]
H 0024582	民博	日本国　北海道日高支庁沙流郡平取村二風谷		二谷国松	削り掛け(イナウ)	[161]	[2.7]
H 0024583	民博	日本国　北海道日高支庁沙流郡平取村二風谷		二谷国松	削り掛け(イナウ)	[141]	[2.6]
H 0024584	民博	日本国　北海道日高支庁沙流郡平取村二風谷		二谷国松	削り掛け(イナウ)	[150]	[2.5]
H 0025122	民博	北海道　胆振国　千歳郡千歳村　蘭越　第二部落		宮本馨太郎	儀礼用　篦(酒箸)(削り掛け付き)	[32]	[2.1]
H 0025123	民博	北海道　胆振国　千歳郡千歳村　蘭越　第二部落		宮本馨太郎	儀礼用　篦(酒箸)(削り掛け付き)	[32]	[2.4]
H 0025623	民博				削り掛け	[21]	[4]
H 0025624	民博				削り掛け	[13]	[6.3]
H 0025625	民博				削り掛け	[12]	[4.7]
H 0025626	民博				削り掛け	[13]	[2.4]
H 0025627	民博				削り掛け	[12]	[2.5]
H 0026076	民博				削り掛け	[48]	[14]
H 0026077	民博				削り掛け	[49]	[18]
H 0033375	民博	日本国　北海道　阿寒郡鶴居村字下雪裡	八重九郎	大塚和義	酒箸(削り掛け付き)	[35.6]	[7.5]
H 0033376	民博	日本国　北海道　阿寒郡鶴居村字下雪裡	八重九郎	大塚和義	酒箸(削り掛け付き)	[37.5]	[8.2]
H 0033377	民博	日本国　北海道　阿寒郡鶴居村字下雪裡	八重九郎	大塚和義	酒箸(削り掛け付き)	[37.3]	[7.1]
H 0033378	民博	日本国　北海道　阿寒郡鶴居村字下雪裡	八重九郎	大塚和義	酒箸(削り掛け付き)	[37.6]	[7.7]
H 0033379	民博	日本国　北海道　阿寒郡鶴居村字下雪裡	八重九郎	大塚和義	酒箸(削り掛け付き)	[32.7]	[5.2]
H 0033380	民博	日本国　北海道　阿寒郡鶴居村字下雪裡	八重九郎	大塚和義	酒箸(削り掛け付き)	[37.6]	[7.8]
H 0033417	民博	日本国　北海道　阿寒郡鶴居村字下雪裡	八重九郎	大塚和義	削り掛け(イナウ)マツタロツクカムイ	[58.1]	[12.7]
H 0033418	民博	日本国　北海道　阿寒郡鶴居村字下雪裡	八重九郎	大塚和義	削り掛け(イナウ)マツタロツクカムイ	—	—

(日本国内)イナウ関連主要資料一覧　335

収蔵番号	収蔵館	地域	製作者	収集者	備考	最長	最大径
H 0033419	民博	日本国　北海道　阿寒郡鶴居村字下雪裡	八重九郎	大塚和義	削り掛け(イナウ)マツタロツクカムイ	—	—
H 0033607	民博	日本国　北海道　阿寒郡鶴居村字下雪裡	八重九郎	大塚和義	削り掛け(イナウ)	[68]	[6.3]
H 0033608	民博	日本国　北海道　阿寒郡鶴居村字下雪裡	八重九郎	大塚和義	削り掛け(イナウ)	[87.4]	[6.2]
H 0034983	民博	日本国　北海道阿寒郡弟子屈町屈斜路湖畔		大塚和義	削り掛け(イナウ)	—	—
H 0034984	民博	日本国　北海道阿寒郡弟子屈町屈斜路湖畔		大塚和義	削り掛け(イナウ)	—	—
H 0034985	民博	日本国　北海道阿寒郡弟子屈町屈斜路湖畔		大塚和義	削り掛け(イナウ)	[66]	[13]
H 0034986	民博	日本国　北海道阿寒郡弟子屈町屈斜路湖畔		大塚和義	削り掛け(イナウ)	[63]	[13]
H 0034987	民博	日本国　北海道阿寒郡弟子屈町屈斜路湖畔		大塚和義	削り掛け(イナウ)	[57]	[13]
H 0034988	民博	日本国　北海道阿寒郡弟子屈町屈斜路湖畔		大塚和義	削り掛け(イナウ)	[70]	[14]
H 0034989	民博	日本国　北海道阿寒郡弟子屈町屈斜路湖畔		大塚和義	削り掛け(イナウ)	—	—
H 0034990	民博	日本国　北海道阿寒郡弟子屈町屈斜路湖畔		大塚和義	削り掛け(イナウ)	[50]	[14]
H 0034991	民博	日本国　北海道阿寒郡弟子屈町屈斜路湖畔		大塚和義	削り掛け(イナウ)	[60]	[15]
H 0034992	民博	日本国　北海道阿寒郡弟子屈町屈斜路湖畔		大塚和義	削り掛け(イナウ)	[56]	[15]
H 0034993	民博	日本国　北海道阿寒郡弟子屈町屈斜路湖畔		大塚和義	削り掛け(イナウ)	[57]	[13]
H 0034994	民博	日本国　北海道阿寒郡弟子屈町屈斜路湖畔		大塚和義	削り掛け(イナウ)	[57]	[15]
H 0034995	民博	日本国　北海道阿寒郡弟子屈町屈斜路湖畔		大塚和義	削り掛け(イナウ)	[50]	[17]
H 0034996	民博	日本国　北海道阿寒郡弟子屈町屈斜路湖畔		大塚和義	削り掛け(イナウ)	[64]	[7.5]
H 0034997	民博	日本国　北海道阿寒郡弟子屈町屈斜路湖畔		大塚和義	削り掛け(イナウ)	[42]	[12]
H 0034998	民博	日本国　北海道阿寒郡弟子屈町屈斜路湖畔		大塚和義	削り掛け(イナウ)	[64]	—
H 0034999	民博	日本国　北海道阿寒郡弟子屈町屈斜路湖畔		大塚和義	削り掛け(イナウ)	[67]	[14]
H 0035006	民博	日本国　北海道旭川市		大塚和義	削り掛け(イナウ)	—	—
H 0035007	民博	日本国　北海道旭川市		大塚和義	削り掛け(イナウ)	[66]	[15]
H 0035008	民博	日本国　北海道旭川市		大塚和義	削り掛け(イナウ)	—	—
H 0035009	民博	日本国　北海道旭川市		大塚和義	削り掛け(イナウ)	[32]	[8.8]
H 0035010	民博	日本国　北海道旭川市		大塚和義	削り掛け(イナウ)	[34]	[9.1]
H 0035011	民博	日本国　北海道旭川市		大塚和義	削り掛け(イナウ)	[37]	[11]
H 0035012	民博	日本国　北海道旭川市		大塚和義	削り掛け(イナウ)	[36]	[4.9]
H 0035013	民博	日本国　北海道旭川市		大塚和義	削り掛け(イナウ)	[47]	[5.8]
H 0035014	民博	日本国　北海道旭川市		大塚和義	削り掛け(イナウ)	[30]	[5.8]
H 0035015	民博	日本国　北海道旭川市		大塚和義	削り掛け(イナウ)	[31]	[6.2]
H 0035016	民博	日本国　北海道旭川市		大塚和義	削り掛け(イナウ)	[38]	[6.3]
H 0035017	民博	日本国　北海道旭川市		大塚和義	削り掛け(イナウ)	[31]	[7.6]
H 0035018	民博	日本国　北海道旭川市		大塚和義	削り掛け(イナウ)	[36]	[5.1]
H 0035019	民博	日本国　北海道旭川市		大塚和義	削り掛け(イナウ)	[40]	[4.9]
H 0035020	民博	日本国　北海道旭川市		大塚和義	削り掛け(イナウ)	[34]	[6.6]
H 0035021	民博	日本国　北海道旭川市		大塚和義	削り掛け(イナウ)	[40]	[7.1]

収蔵番号	収蔵館	地域	製作者	収集者	備考	最長	最大径
H 0035022	民博	日本国　北海道旭川市		大塚和義	削り掛け(イナウ)	[31]	[5.5]
H 0035023	民博	日本国　北海道旭川市		大塚和義	削り掛け(イナウ)	[28]	[6.5]
H 0035024	民博	日本国　北海道旭川市		大塚和義	削り掛け(イナウ)	[54]	[9.1]
H 0035025	民博	日本国　北海道旭川市		大塚和義	削り掛け(イナウ)	[51]	[12]
H 0035026	民博	日本国　北海道旭川市		大塚和義	削り掛け(イナウ)	―	―
H 0035027	民博	日本国　北海道旭川市		大塚和義	削り掛け(イナウ)	[59]	[12]
H 0035028	民博	日本国　北海道旭川市		大塚和義	削り掛け(イナウ)	[55]	[11]
H 0035029	民博	日本国　北海道旭川市		大塚和義	削り掛け(イナウ)	[51]	[11]
H 0035030	民博	日本国　北海道旭川市		大塚和義	削り掛け(イナウ)	[51]	[2.4]
H 0035034	民博	日本国　北海道旭川市		大塚和義	削り掛け(イナウ)用支え木	―	―
H 0035035	民博	日本国　北海道旭川市		大塚和義	削り掛け(イナウ)用支え木	―	―
H 0035036	民博	日本国　北海道旭川市		大塚和義	削り掛け(イナウ)用支え木	―	―
H 0035037	民博	日本国　北海道旭川市		大塚和義	削り掛け(イナウ)用支え木	―	―
H 0035038	民博	日本国　北海道旭川市		大塚和義	削り掛け(イナウ)用支え木	―	―
H 0035039	民博	日本国　北海道旭川市		大塚和義	削り掛け(イナウ)用支え木	―	―
H 0035040	民博	日本国　北海道旭川市		大塚和義	削り掛け(イナウ)の柵用股木	―	―
H 0035041	民博	日本国　北海道旭川市		大塚和義	削り掛け(イナウ)の柵用股木	―	―
H 0035042	民博	日本国　北海道旭川市		大塚和義	削り掛け(イナウ)の柵用横木	―	―
H 0065137	民博	日本国　北海道帯広市		大塚和義	幣柵用　削り掛け(イナウ)	[62]	[9.2]
H 0065138	民博	日本国　北海道帯広市		大塚和義	幣柵用　削り掛け(イナウ)	―	―
H 0065139	民博	日本国　北海道帯広市		大塚和義	幣柵用　削り掛け(イナウ)	―	―
H 0065140	民博	日本国　北海道帯広市		大塚和義	幣柵用　削り掛け(イナウ)	[61]	[14]
H 0065141	民博	日本国　北海道帯広市		大塚和義	幣柵用　削り掛け(イナウ)	[54]	[11]
H 0065142	民博	日本国　北海道帯広市		大塚和義	幣柵用　削り掛け(イナウ)	[59]	[8]
H 0065143	民博	日本国　北海道帯広市		大塚和義	幣柵用　削り掛け(イナウ)	[56]	[13]
H 0065144	民博	日本国　北海道帯広市		大塚和義	幣柵用　削り掛け(イナウ)	[58]	[11]
H 0065145	民博	日本国　北海道帯広市		大塚和義	幣柵用　削り掛け(イナウ)	[56]	[8.8]
H 0065146	民博	日本国　北海道帯広市		大塚和義	幣柵用　削り掛け(イナウ)	[58]	[17]
H 0065147	民博	日本国　北海道帯広市		大塚和義	幣柵用　削り掛け(イナウ)	[60]	[12]
H 0065148	民博	日本国　北海道帯広市		大塚和義	幣柵用　削り掛け(イナウ)	[56]	[14]
H 0065149	民博	日本国　北海道帯広市		大塚和義	幣柵用　削り掛け(イナウ)	[56]	[12]
H 0065150	民博	日本国　北海道帯広市		大塚和義	幣柵用　削り掛け(イナウ)	[60]	[8.6]
H 0065151	民博	日本国　北海道帯広市		大塚和義	幣柵用　削り掛け(イナウ)	[55]	[13]
H 0065152	民博	日本国　北海道帯広市		大塚和義	幣柵用　削り掛け(イナウ)	[61]	[10]
H 0065153	民博	日本国　北海道帯広市		大塚和義	幣柵用　削り掛け(イナウ)	[61]	[12]
H 0065154	民博	日本国　北海道帯広市		大塚和義	削り掛け(イナウ)	―	―
H 0065155	民博	日本国　北海道帯広市		大塚和義	幣柵用　削り掛け(イナウ)	[44]	[9.5]
H 0065156	民博	日本国　北海道帯広市		大塚和義	削り掛け(イナウ)	[40]	[8.9]
H 0065157	民博	日本国　北海道帯広市		大塚和義	削り掛け(イナウ)	[43]	[9.3]
H 0065158	民博	日本国　北海道帯広市		大塚和義	削り掛け(イナウ)	[46]	[8.6]
H 0065159	民博	日本国　北海道帯広市		大塚和義	削り掛け(イナウ)	[49]	[11]
H 0065160	民博	日本国　北海道帯広市		大塚和義	削り掛け(イナウ)	[40]	[10]
H 0065161	民博	日本国　北海道帯広市		大塚和義	削り掛け(イナウ)	[49]	[11]
H 0065206	民博	日本国　北海道帯広市		大塚和義	削り掛け(イナウキケ)	[60]	[8.7]
H 0065214	民博	日本国　北海道帯広市		大塚和義	削り掛け(イナウ)	[43]	[5.3]
H 0065215	民博	日本国　北海道帯広市		大塚和義	削り掛け(イナウ)	[45]	[7.1]
H 0065217	民博	日本国　北海道帯広市		大塚和義	幣柵用削り掛け(イナウ)支え木	―	―
H 0065232	民博	日本国　北海道日高支庁沙流郡平取村二風谷		大塚和義	削り掛け(イナウ)をさすカヤ束	―	―
H 0065240	民博	日本国　北海道日高支庁沙流郡平取村二風谷		大塚和義	削り掛け(イナウ)削り台	[15]	[8.9]

収蔵番号	収蔵館	地域	製作者	収集者	備考	最長	最大径
H 0065258	民博	日本国　北海道日高支庁沙流郡平取村二風谷		大塚和義	削り掛け(イナウ)	—	—
H 0065259	民博	日本国　北海道日高支庁沙流郡平取村二風谷		大塚和義	削り掛け(イナウ)	—	—
H 0065260	民博	日本国　北海道日高支庁沙流郡平取村二風谷		大塚和義	削り掛け(イナウ)	—	—
H 0065261	民博	日本国　北海道日高支庁沙流郡平取村二風谷		大塚和義	削り掛け(イナウ)	[90.2]	[1.8]
H 0065262	民博	日本国　北海道日高支庁沙流郡平取村二風谷		大塚和義	削り掛け(イナウ)	[89.1]	[4.2]
H 0065263	民博	日本国　北海道日高支庁沙流郡平取村二風谷		大塚和義	削り掛け(イナウ)	[87.1]	[1.5]
H 0065264	民博	日本国　北海道日高支庁沙流郡平取村二風谷		大塚和義	削り掛け(イナウ)	[90.4]	[4.7]
H 0065581	民博	日本国　北海道日高支庁沙流郡平取村二風谷		大塚和義	削り掛け(イナウ)用　カヤ束	[189]	—
H 0065582	民博	日本国　北海道日高支庁沙流郡平取村二風谷		大塚和義	削り掛け(イナウ)用　カヤ束	[202]	—
H 0122127	民博	日本国　北海道		望月薫弘	削り掛け	[43.5]	[4.8]
H 0122163	民博	日本国　北海道		望月薫弘	削り掛け	[42.9]	[3.5]
H 0145893	民博	日本国　北海道勇払郡鵡川流域		大塚和義	削り掛け	[26.7]	[10.6]
H 0168042	民博	日本国　北海道釧路郡釧路町達古部		大塚和義	削り掛け(イナウ)(復元)	—	—
H 0168043	民博	日本国　北海道釧路郡釧路町達古部		大塚和義	削り掛け(イナウ)(復元)	—	—
H 0168052	民博	日本国　北海道釧路郡釧路町達古部		大塚和義	幣柵用　削り掛け(イナウ)(復元)	—	—
H 0168053	民博	日本国　北海道釧路郡釧路町達古部		大塚和義	幣柵用　削り掛け(イナウ)(復元)	—	—
H 0168054	民博	日本国　北海道釧路郡釧路町達古部		大塚和義	幣柵用　削り掛け(イナウ)(復元)	—	—
H 0168055	民博	日本国　北海道釧路郡釧路町達古部		大塚和義	幣柵用　削り掛け(イナウ)(復元)	—	—
H 0168056	民博	日本国　北海道釧路郡釧路町達古部		大塚和義	幣柵用　削り掛け(イナウ)(復元)	—	—
H 0168057	民博	日本国　北海道釧路郡釧路町達古部		大塚和義	幣柵用　削り掛け(イナウ)(復元)	—	—
H 0168058	民博	日本国　北海道釧路郡釧路町達古部		大塚和義	幣柵用　削り掛け(イナウ)(復元)	—	—
H 0168059	民博	日本国　北海道釧路郡釧路町達古部		大塚和義	幣柵用　削り掛け(イナウ)(復元)	—	—
H 0168060	民博	日本国　北海道釧路郡釧路町達古部		大塚和義	幣柵用　削り掛け(イナウ)(復元)	—	—
H 0168061	民博	日本国　北海道釧路郡釧路町達古部		大塚和義	幣柵用　削り掛け(イナウ)(復元)	—	—
H 0168062	民博	日本国　北海道釧路郡釧路町達古部		大塚和義	幣柵用　削り掛け(イナウ)(復元)	—	—
H 0168063	民博	日本国　北海道釧路郡釧路町達古部		大塚和義	幣柵用　削り掛け(イナウ)(復元)	—	—
H 0168064	民博	日本国　北海道釧路郡釧路町達古部		大塚和義	削り掛け(イナウ)(復元)	—	—
H 0168065	民博	日本国　北海道釧路郡釧路町達古部		大塚和義	削り掛け(イナウ)(復元)	—	—
H 0168066	民博	日本国　北海道釧路郡釧路町達古部		大塚和義	削り掛け(イナウ)(復元)	—	—
H 0168067	民博	日本国　北海道釧路郡釧路町達古部		大塚和義	削り掛け(イナウ)(復元)	—	—

収蔵番号	収蔵館	地域	製作者	収集者	備考	最長	最大径
H 0224222	民博	日本国　北海道沙流郡平取町二風谷	貝澤守幸	大塚和義	削り掛け	[28]	[9.7]
H 0224223	民博	日本国　北海道沙流郡平取町二風谷	貝澤守幸	大塚和義	削り掛け	[57]	[17]
H 0224224	民博	日本国　北海道沙流郡平取町二風谷	貝澤守幸	大塚和義	削り掛け	[67]	[17]
H 0224225	民博	日本国　北海道沙流郡平取町二風谷	貝澤守幸	大塚和義	削り掛け	[67]	[19]
H 0224226	民博	日本国　北海道沙流郡平取町二風谷	貝澤守幸	大塚和義	削り掛け	[68]	[22]
H 0224227	民博	日本国　北海道沙流郡平取町二風谷	貝澤守幸	大塚和義	削り掛け	[66]	[20]
H 0224280	民博	日本国　北海道沙流郡平取町二風谷	貝澤守幸	大塚和義	削り掛け	[64]	[15]
H 0224281	民博	日本国　北海道沙流郡平取町二風谷	貝澤守幸	大塚和義	削り掛け	[53]	[17]
H 0224282	民博	日本国　北海道沙流郡平取町二風谷	貝澤守幸	大塚和義	削り掛け	[36]	[5.8]
H 0224283	民博	日本国　北海道沙流郡平取町二風谷	貝澤守幸	大塚和義	削り掛け	[29]	[4.8]
K 0001815	民博	日本国　北海道			削り掛け(イナウ)	[66.1]	[3.1]
K 0001855	民博	日本国　北海道			削り掛け(イナウ)	[66.5]	[2.8]
K 0001856	民博	日本国　北海道			削り掛け(イナウ)	[68]	[3.1]
K 0001857	民博	日本国　北海道			削り掛け(イナウ)	[63.9]	[2.7]
K 0001858	民博	日本国　北海道			削り掛け(イナウ)	[65.6]	[4.1]
K 0001859	民博	日本国　北海道			削り掛け(イナウ)	[66.9]	[2.5]
K 0001860	民博	日本国　北海道			削り掛け(イナウ)	[46.2]	[5.5]
K 0001861	民博	日本国　北海道			削り掛け(イナウ)	[64.6]	[6]
K 0001862	民博	日本国　北海道			削り掛け(イナウ)	[42.1]	[4.4]
K 0001863	民博	日本国　北海道			削り掛け(イナウ)	[36.1]	[1.2]
K 0001864	民博	日本国　北海道			削り掛け(イナウ)	[40.9]	[4.9]
K 0001865	民博	日本国　北海道			削り掛け(イナウ)	[69.5]	[2.8]
K 0001866	民博	日本国　北海道			削り掛け(イナウ)	[48]	[2.2]
K 0001867	民博	日本国　北海道			削り掛け(イナウ)	[69.9]	[3.7]
K 0001868	民博	日本国　北海道			削り掛け(イナウ)	[68.4]	[2.3]
K 0001869	民博	日本国　北海道			削り掛け(イナウ)	[40.6]	[4.1]
K 0001870	民博	日本国　北海道			削り掛け(イナウ)	[81.7]	[4.1]
K 0001871	民博	日本国　北海道			削り掛け(イナウ)	[24.8]	[1]
K 0001872	民博	日本国　北海道			削り掛け(イナウ)	[38.2]	[9.7]
K 0001873	民博	日本国　北海道			削り掛け(イナウ)	[54.2]	[3.4]
K 0001925	民博	日本国　北海道			熊送り儀礼用　削り掛け(イナウ)	[26.3]	[3]
K 0001929	民博	日本国　北海道			削り掛け(イナウ)	[66.6]	[2.9]
K 0001930	民博	日本国　北海道			削り掛け(イナウ)	[70.8]	[3.7]
K 0001931	民博	日本国　北海道			削り掛け(イナウ)	[30.2]	[2]
K 0002007	民博	日本国　北海道			削り掛け(イナウ)	[70.6]	[5.2]
K 0002008	民博	日本国　北海道			削り掛け(イナウ)	[66.1]	[5.4]
K 0002009	民博	日本国　北海道			削り掛け(イナウ)	[68.8]	[5.9]
K 0002010	民博	日本国　北海道			削り掛け(イナウ)	[59.7]	[4.6]
K 0002011	民博	日本国　北海道			削り掛け(イナウ)	[89.3]	[4.8]
K 0002012	民博	日本国　北海道			削り掛け(イナウ)	[65.7]	[5]
K 0002013	民博	日本国　北海道			削り掛け(イナウ)	[83.8]	[5.6]
K 0002014	民博	日本国　北海道			削り掛け(イナウ)	[63.4]	[3.9]
K 0002015	民博	日本国　北海道			削り掛け(イナウ)	[48.4]	[2]
K 0002016	民博	日本国　北海道			削り掛け(イナウ)	[55.1]	[2]

(日本国内)イナウ関連主要資料一覧　　*339*

収蔵番号	収蔵館	地域	製作者	収集者	備考	最長	最大径
K0002017	民博	日本国　北海道			削り掛け(イナウ)	[63.4]	[4.5]
K0002018	民博	日本国　北海道			削り掛け(イナウ)	[63.1]	[3.6]
K0002019	民博	日本国　北海道			削り掛け(イナウ)	[65.5]	[3.6]
K0002025	民博	日本国　北海道			削り掛け(イナウ)	[87.9]	[2.4]
K0002026	民博	日本国　北海道			削り掛け(イナウ)	[88]	[3.1]
K0002274	民博	日本国　北海道			削り掛け(イナウ)	[29.7]	[43.2]
K0002275	民博	日本国　北海道			削り掛け(イナウ)	[38.2]	[23.1]
K0002276	民博	日本国　北海道			削り掛け(イナウ)	[36.4]	[9.4]
K0002278	民博	日本国　北海道			削り掛け(イナウ)	[65]	[]
K0002287	民博	日本国　北海道			削り掛け(イナウ)	[65]	[5.8]
K0002288	民博	日本国　北海道			削り掛け(イナウ)	[86.1]	[4.1]
K0002296	民博	日本国　北海道			削り掛け(イナウ)	—	
K0002325	民博	クリル列島(千島列島)色丹島	鳥居龍蔵		削り掛け　RAPUSUPE	[41.2]	[5.5]
K0002326	民博	クリル列島(千島列島)色丹島	鳥居龍蔵		削り掛け　RAPUSUPE	[46]	[4.5]
K0002327	民博	クリル列島(千島列島)色丹島	鳥居龍蔵		削り掛け	[50.4]	[3.5]
K0002418	民博	サハリン(樺太)			削り掛け	[44]	[6.7]
K0002419	民博	サハリン(樺太)			削り掛け	[62.7]	[14.8]
K0002420	民博	サハリン(樺太)			削り掛け	[59.8]	[9.2]
K0002421	民博	サハリン(樺太)　東海岸			削り掛け	[44.9]	[5.6]
K0002711	民博	樺太			[削り掛け]	[78]	
K0002713	民博	樺太多来加湖付近			[削り掛け　ウッダオイナウ]	[14.5]	[3.3]
K0002714	民博	サハリン(樺太)東海岸ニヴフ；Nivkh：ギリヤーク；Giyak〈使用〉			クマつなぎ杭模型，または頭骨用叉木[儀式用小枝]	[66]	[3.3]
K0005182	民博	サハリン(樺太)アイヌ：Ainu または ウイルタ；Uita：オロッコ；Orok			削り掛け	[45]	[4.5]
K0005781	民博	日本国　北海道			削り掛け(イナウ)	[73]	[2.5]
K0006028	民博	東アジア			削り掛け	[18]	[1.8]
C196+303：1335	北方民			米村喜男衛			
E219	北方民	[美幌]		米村喜男衛	樺太	[9]	[1.1]
E220	北方民	[美幌]		米村喜男衛		[13]	[0.8]
E333	北方民	[網走]		米村喜男衛		[15]	
E362	北方民			米村喜男衛	マツネシトイナウ(女神)	50	3
E365	北方民	[網走]		米村喜男衛		[55.7]	
E372	北方民			米村喜男衛	クマの帯につける食料袋	[14.6]	[8.5]
E475	北方民	[網走]		米村喜男衛	樺太	[29.7]	
E476	北方民	[網走]		米村喜男衛		14.6	
E525	北方民	樺太東海岸新問	高山長兵衛	米村喜男衛	ウンチイナウ高山	[43]	[1.6]
E526	北方民	樺太西海岸来知志	山田藤作	米村喜男衛		[45]	[2.1]
E527	北方民	樺太西海岸来知志	山田藤作	米村喜男衛		[47]	[1.8]
E528	北方民	樺太西海岸来知志	山田藤作	米村喜男衛		[49.4]	[2.2]
E529	北方民	樺太東海岸新問	高山長兵衛	米村喜男衛		[64]	[2.1]
E530	北方民	樺太東海岸新問	高山長兵衛	米村喜男衛		[64]	[2.1]
E531	北方民			米村喜男衛		[35]	[1.3]
E562	北方民			米村喜男衛	盛装した子グマ(剥製に飾りつけ)	[110]	[33]
E563	北方民	樺太東海岸新問	高山長兵衛	米村喜男衛	赤く着色	[150]	[4]
E565	北方民	樺太東海岸新問	高山長兵衛	米村喜男衛	赤く着色	[54.5]	[2.9]
E566	北方民	樺太東海岸新問	高山長兵衛	米村喜男衛	赤く着色	[60]	[3.5]

収蔵番号	収蔵館	地域	製作者	収集者	備考	最長	最大径
E 567	北方民	樺太東海岸新問	高山長兵衛	米村喜男衛		[67]	[1.8]
E 568	北方民	樺太西海岸来知志	山田藤作	米村喜男衛		43	1.5
E 569	北方民	樺太東海岸新問	高山長兵衛	米村喜男衛	赤く着色	167[38]	[2.3]
E 570	北方民	樺太東海岸新問	高山長兵衛	米村喜男衛	赤く着色	[56]	[3.4]
E 571	北方民	樺太東海岸新問	高山長兵衛	米村喜男衛	赤く着色	168[57]	[2.6]
E 572	北方民	樺太東海岸新問	高山長兵衛	米村喜男衛	赤く着色	174[57]	[2.7]
E 573	北方民	樺太東海岸新問	高山長兵衛	米村喜男衛		[57]	[2.7]
E 576	北方民	樺太西海岸来知志	山田藤作	米村喜男衛	クマ送りの資料・一組として展示	[65]	[3]
E 577	北方民			米村喜男衛	クマ送りの資料・一組として展示	[83]	[16]
E 578	北方民			米村喜男衛	クマ送りの資料・一組として展示	[31.8]	[16.3]
E 579	北方民			米村喜男衛	木製サケ	[57]	[13.4]
E 580	北方民	樺太東海岸新問	高山長兵衛	米村喜男衛	赤く着色	[43]	[2.8]
E 697	北方民				アペシトイナウ	16.2	0.7
E 774	北方民	常呂町	金谷栄二郎	米村喜男衛	3本組・台付	[31]	[57]
E 812	北方民			米村喜男衛		[28.6]	[1.8]
E 835	北方民			米村喜男衛		[40]	[2]
E 880	北方民	[網走]		米村喜男衛		[17]	0.7
E 881	北方民	[網走]		米村喜男衛		15.6	0.8
E 915	北方民			米村喜男衛	[炉の木幣]	[22.5]	[1.3]
E 1459	北方民	[網走]	[北川コロゴロ]	米村喜男衛	ウイルタ	30	1.2

収蔵番号	収蔵館	地域	製作者	収集者	備考	最長	最大径
62237	白老	旭川	川村亀太郎	児玉	2088	26.5	1.25
62238	白老	旭川	川村亀太郎	児玉	2089	23	1.35
62241-1	白老	[来知志]	[山田藤作]	児玉	ピンネイナウ	29	2.4
62241-2	白老	[来知志]	[山田藤作]	児玉	マハネイナウ	28.5	2.15
62241-3	白老	[来知志]	[山田藤作]	児玉	ソンココロカムイ　ウンチイナウ	28	2.4
62242-1	白老	[来知志]	[山田藤作]	児玉	2137	28.3	2.5
62243-1	白老	[来知志]	[山田藤作]	児玉	2138[児玉家で整理した時，藤村久和がつけた番号][台付]	15.5	1.8
62243-2	白老	[来知志]	[山田藤作]	児玉	2183[差し込んだ剝幣を縛り合わせて輪を表現]	21.2	2.16
62243-3	白老	[来知志]	[山田藤作]	児玉	2138	17	2.24
62243	白老	[来知志]	[山田藤作]	児玉	[台：面取りを施し，台としてつくられている]	—	—
62244	白老	舌辛		児玉	舌辛アイヌ　30年9月(お払い用)タクサ　トシナラの木	19.5	3.9
74005	白老	紫雲古津			日高國沙流郡紫雲古津土人○沢○之○蔵　小樽高等商学校(ラベル)	82	2.55
74006	白老	平取			日高國沙流郡平取村　寺田教授寄　イナホ　キケノェ	59	2.4
74007	白老	平取			日高國沙流郡平取村　寺田教授寄　イナホ　キケノェ	41.8	2.2
74008	白老	平取			イナホ(ツイホロカケ)火神○祭ルニ用フ　日高國沙流郡平取村　寺田教授寄	35	2.25
74009	白老	平取			北海道大学理学部厚岸臨海実験場 1993.12.21寄贈　寺田教授寄	42.5	2.42
*000620	浦河博	樺太西海岸ウショロ	柳川助太郎	更科	チセコロカムイセニシテ	121	6.63
*000621	浦河博	[樺太西海岸ウショロ]	柳川助太郎	更科	—	68.5	2.05
*000621	浦河博	[樺太西海岸ウショロ]	柳川助太郎	更科		70	2.07
*000622	浦河博	[樺太西海岸ウショロ]	柳川助太郎	更科	ウンチイナウ女	38	3
*000622	浦河博	[樺太西海岸ウショロ]	柳川助太郎	更科	[枝付]	38.3	2.72
*000622	浦河博	[樺太西海岸ウショロ]	柳川助太郎	更科		—	—
*000622	浦河博	[樺太西海岸ウショロ]	柳川助太郎	更科	—	—	—
7147	天理	樺太東海岸か			対生腕・剝幣，下端の断面は方形	45.6	0.7
7148	天理	樺太東海岸か			対生腕・剝幣，下端の断面は方形	44.8	0.9
7149	天理	樺太東海岸か			対生腕・剝幣，下端の断面は方形	40.7	1.1
7150	天理	樺太東海岸か			対生腕・剝幣，頭部欠，下端の断面は方形，毛筆「ヘ」	43.5	1.8
7151	天理	樺太東海岸か			対生腕・剝幣，下端の断面は方形	52.4	
28999	天理	樺太東海岸か			輪生短・散長，1965.11.8寄贈	61	4
29000	天理	北海道			輪生短・散長，1965.11.8寄贈	47	1.9
29001	天理	樺太東海岸か			輪生短・散長，1965.11.8寄贈	77	3.8
25747	東博	北海道			2本一組，1本破損，明治16年10月北海道管理局寄贈，アペシャウシナヲ	19.5・11	—
25748	東博	北海道			2本一組，明治8年7月博覧会事務局引継，ピン子アペシャウシナヲ	19.2・19.3	—
24579	東博				2本一組，明治8年7月博覧会事務局引継，横棒結束，先端に剝幣	79・81	29・30
25750	東博	樺太[北海道]			2本一組，1本破損，明治8年7月博覧会事務局引継，キケノイチイナオ，編長翅	33・27	—
25751	東博	北海道			2本一組，明治8年7月博覧会事務局引継，外皮残存，先端を3つに割る	33.5・34	—
25752	東博	北海道			3本一組，明治8年7月博覧会事務局引継，撚長翅，束ねた跡あり	70.7・77・74.5	—
25753	東博	樺太[北海道]			明治8年7月博覧会事務局引継，キケノイチイナオ，輪生短翅・編長翅	52	—

収蔵番号	収蔵館	地域	製作者	収集者	備考	最長	最大径
25754	東博	北海道			明治8年7月博覧会事務局引継，キケハアロセイナオ，撚長翅	49	—
25755	東博	北海道			明治8年7月博覧会事務局引継，撚長翅	39	—
25758	東博	北海道			2本一組，明治8年7月博覧会事務局引継，脚部，キケハアロセイナオに結付	28.5・25.5	—
25756	東博	北海道			明治8年7月博覧会事務局引継，撚長翅，主軸破損	—	—
25757	東博	北海道			2本一組，明治8年7月博覧会事務局引継，	38・30.5	—
25819	東博	北海道			4本一組，明治8年7月博覧会事務局引継，撚長翅	70.5・61・40・43	—
25820	東博	北海道			4本一組の1本のみ現存，明治8年7月博覧会事務局引継，幣脚か	26.4	—
25821	東博	北海道			明治8年7月博覧会事務局引継，竹製，茶筅か	17	1.5
27418	東博	北海道			3本一組，大正元年東宮職より移管，3本をしばって盆に載せる，散長翅1本・撚長翅2本，明治44年に皇太子に献上したもの	—	—
27905	東博	樺太[北海道]			明治8年7月博覧会事務局引継，タクサイナオ，輪生短翅・撚長翅	48	—
27906	東博	樺太[北海道]			2本組の1，明治8年7月博覧会事務局引継，エブシュシュイナオ，輪生短翅	42.6	—
27907	東博	樺太[北海道]			2本組の1，明治8年7月博覧会事務局引継，エブシュシュイナオ，輪生短翅	43.4	—
27908	東博	樺太[北海道]			4本一組，昭和2年10月6日徳川頼貞寄贈，輪生短翅	22.5・26.6・25.7・25.5	—
27909	東博	樺太			本一組，昭和2年10月6日徳川頼貞寄贈，輪生短翅・長翅	78.8・72	—
27910	東博	北海道			4本一組，昭和2年10月6日徳川頼貞寄贈，撚長翅	66.5・68.5・69.7・70.7	—
27911	東博	北海道			昭和2年10月6日徳川頼貞寄贈，羽角・撚長翅	79	—
27912	東博	北海道			昭和2年10月6日徳川頼貞寄贈，コンカネイナウ，撚長翅，銅駄坊旧蔵	67	—
27913	東博	北海道			昭和2年10月6日徳川頼貞寄贈，撚長翅	79.5	—
27914	東博	北海道			昭和2年10月6日徳川頼貞寄贈，散長翅	63.3	—
27915	東博	北海道			2本一組，明治8年7月博覧会事務局引継，「四〇・一〇・三〇野間光彦寄贈」，銅駄坊旧蔵	54.3	—
27916	東博	北海道			昭和2年10月6日徳川頼貞寄贈，剥幣，銅駄坊旧蔵	53	—
28098	東博	樺太			昭和2年10月6日徳川頼貞寄贈，頭頂尖らせる，輪生短翅，銅駄坊旧蔵	23.8	—
28099	東博	樺太			昭和2年10月6日徳川頼貞寄贈，頭頂を割って鳥の一部をはさむ，輪生短翅，銅駄坊旧蔵	31	—
28100	東博	樺太			昭和2年10月6日徳川頼貞寄贈，剥幣，編長翅，獣皮付随，銅駄坊旧蔵	35	—
28046	東博	樺太			昭和2年10月6日徳川頼貞寄贈，セニシ，木の又部分を逆さに使用し人面を刻む，頸部に木綿を縛りつける	38.3	9

収蔵番号	収蔵館	地域	製作者	収集者	備考	最長	最大径
28102	東博	樺太			昭和2年10月6日徳川頼貞寄贈，礼冠，剝幣を編む，ダイシャクシギ(羽音を立てて飛来すると凶事がある)の頭骨付随，後方に編長翅にした剝幣を吊り下げる	55	—
28104	東博	樺太			昭和2年10月6日徳川頼貞寄贈，クマ・槍イヌ用額飾，剝幣を編む，銅駄坊旧蔵	140	—
28106	東博	樺太			昭和2年10月6日徳川頼貞寄贈，クマ用耳飾，剝幣を編む	20	16
28107	東博	樺太			昭和2年10月6日徳川頼貞寄贈，クマ用耳飾，剝幣を編む	15	15

この一覧は，アイヌ文化振興において博物館等の資料がより活用されることを目的とし，日本国内の主要なイナウ関連資料について，収蔵先，資料番号，寸法等の基礎的なデータを示すものである。ただし，この一覧に入っていない施設で，まとまった数のイナウを収蔵している期間もある。

収蔵館の略号は以下の通り。

旭川市立博物館→旭，北海道開拓記念館→記，北海道大学北方生物圏フィールド科学センター耕地圏ステーション植物園(前：北海道大学農学部博物館)→北大，国立民族学博物館→民，北海道立北方民族博物館→北方民，(一財)アイヌ民族博物館→白，浦河町立郷土博物館→浦，天理大学付属天理参考館→天理，東京国立博物館→東博

地域，収集者，製作者は本体記載のものを示し，目録・論文等によって得た情報は［　］内に入れた。

寸法は主軸部の最大長，最大径を示した。単位はcmである。

付属の説明札などを引用するときは　札：　をつけた。

北原次郎太（きたはら じろうた）
1976年東京都生まれ。北海道大学アイヌ・先住民研究センター准教授。千葉大学博士課程修了(学術博士)。2005年よりアイヌ民族博物館学芸課勤務。2010年4月より現職。アイヌの宗教文化と物質文化，とりわけイナウについての研究を専門とするほか，アイヌ語，口承文芸，芸能などの研究に携わる。

アイヌの祭具 イナウの研究

2014年2月28日　第1刷発行

著　者　　北　原　次郎太
発行者　　櫻　井　義　秀

発行所　北海道大学出版会
札幌市北区北9条西8丁目 北海道大学構内(〒060-0809)
Tel. 011(747)2308・Fax. 011(736)8605・http://www.hup.gr.jp

㈱アイワード　　　　　　　　　　　　　　　ⓒ 2014　北原次郎太
ISBN978-4-8329-6790-8

〈北大アイヌ・先住民研究センター叢書1〉 アイヌ研究の現在と未来	北海道大学アイヌ・先住民研究センター 編	A5・358頁 定価3000円
〈北大アイヌ・先住民研究センター叢書2〉 先住民パスクア・ヤキの米国編入 ―越境と認定―	水谷裕佳 著	A5・248頁 定価5000円
〈北大アイヌ・先住民研究センター叢書3〉 アイヌ史の時代へ ―余瀝抄―	佐々木利和 著	A5・420頁 定価5000円
アイヌ絵を聴く ―変容の民族音楽誌―	谷本一之 著	B5・394頁 定価16000円
近代北海道とアイヌ民族 ―狩猟規制と土地問題―	山田伸一 著	A5・512頁 定価7000円
近代アイヌ教育制度史研究	小川正人 著	A5・496頁 定価7000円
知里真志保 ―人と学問―	北海道大学北方研究教育センター 編	四六・318頁 定価3400円
ヌルガン永寧寺遺跡と碑文 ―15世紀の北東アジアとアイヌ民族―	A.R.アルテーミエフ 著 菊池俊彦・中村和之 監修 垣内あと 訳	A5・154頁 定価5000円
絶滅した日本のオオカミ ―その歴史と生態学―	B.ウォーカー 著 浜健二 訳	A5・356頁 定価5000円
日本植民地下の台湾先住民教育史	北村嘉恵 著	A5・396頁 定価6400円
〈北大文学研究科ライブラリ2〉 北方を旅する ―人文学でめぐる九日間―	北村清彦 編著	四六・278頁 定価2000円
アメリカ・インディアン史〔第3版〕	W.T.ヘーガン 著 西村頼男・ 野田研一・ 訳 島川雅史	四六・338頁 定価2600円
コリャーク言語民族誌	呉人惠 著	A5・398頁 定価7600円

〈定価は消費税含まず〉

――――北海道大学出版会――――